EDGAR CAYCE

L'ENCYCLOPÉDIE DE LA SANTÉ

EDGAR CAYCE ET LA SAGESSE DU NOUVEL ÂGE
Éditeur en chef: Charles Thomas Cayce
Éditeur du projet: A. Robert Smith

Déjà parus

- *Edgar Cayce, Les miracles de la guérison par les énergies du corps*
  William A. McGarey
- *Edgar Cayce, La croissance personnelle par les crises de l'existence*
  Harmon Hartzell Bro et June Avis Bro
- *Edgar Cayce, Éveillez vos pouvoirs psychiques*
  Henri Reed
- *Edgar Cayce, Le destin de l'âme ou le vrai sens de la vie*
  Mark Thurston
- *Edgar Cayce, Le temps qu'il nous reste, Recherche spirituelle et vieillissement*
  Richard Peterson
- *Edgar Cayce, Les mystères de l'Atlantide revisitée*
  Edgar Evans Cayce, Gail Cayce Schwartzer et Douglas G. Richards
- *Edgar Cayce, Les rêves: réponses d'aujourd'hui aux questions de demain*
  Mark Thurston

À paraître prochainement

- *Réincarnation: connaissez votre passé pour créer votre futur*
  Lynn Elwell Sparrow
- *Les clés de la santé: promesses et défis de la médecine holistique*
  Eric Mein
- *La vie de Jésus-Christ, de ses origines cosmiques à sa seconde venue*
  Richard Henry Drummond

Autres ouvrages sur Edgar Cayce parus chez le même éditeur

- *Edgar Cayce, les rêves et la réalité*
  Harmon H. Bro
- *Edgar Cayce et la réincarnation*
  Noël Langley
- *Les retours d'Edgar Cayce*
  W. H. Church
- *Edgar Cayce, les colères de la terre*
  Hugh Lynn Cayce
- *Edgar Cayce et la méditation*
  Herbert B. Puryear et Mark A. Thurston
- *Edgar Cayce, il est un fleuve...*
  Thomas Sugrue
- *Edgar Cayce, Les pierres qui guérissent*
  Edgar Cayce

EDGAR CAYCE

L'ENCYCLOPÉDIE DE LA SANTÉ

Reban Ann Karp

Traduit de l'anglais
par
Robert Le Flaguais

Editions de Mortagne

Données de catalogage avant publication (Canada)

Karp, Reba

Edgar Cayce, l'encyclopédie de la santé

Traduction de: Edgar Cayce encyclopedia of healing.

ISBN 2-89074-480-9

1. Guérison par l'esprit – Dictionnaires. 2. Guérison par l'esprit – Cas, Etude de – Dictionnaires.
I. Cayce, Edgar, 1877-1945. II. Titre.

RZ400.A4K3714 1995 615.8'51 C95-940279-9

Titre original
Edgar Cayce, Encyclopedia of Healing

This edition published
by arrangement with Warner Books Inc., New York

Édition
Les Éditions de Mortagne
250, boul. Industriel, bureau 100
Boucherville (Québec)
J4B 2X4

Diffusion
Tél.: (514) 641-2387
Téléc.: (514) 655-6092

Dépôt légal
Bibliothèque nationale du Canada
Bibliothèque nationale du Québec
Bibliothèque Nationale de France
1er trimestre 1995

ISBN: 2-89074-480-9

1 2 3 4 5 - 95 - 99 98 97 96 95

Imprimé au Canada

Avec mes vifs remerciements à l'équipe de recherche du Heritage Store:

Tom Johnson
Carol Baraff
Linda Keener
Barbara Salerno
Lyse Stryker
Earendil Spindelilus
Steve Borgardus
Jane Gilbert
Bob Fears

L'Encyclopédie de la santé est un documentaire et ne doit pas être interprété comme un guide d'autoguérison. Si vous désirez suivre les suggestions d'Edgar Cayce, faites-le seulement sous la supervision d'un professionnel de la santé.

TABLE DES MATIÈRES

Préface du Dr William A. McGarey 19

Brève biographie d'Edgar Cayce 21

Les causes des maladies, selon Cayce 27

L'encyclopédie de la santé, de A à Z 39

Acné 41
Alcoolisme 44
Amygdalite 49
Amyotropie péronière de Charcot-Marie-Tooth-Hoffmann 51
Anémie 53
Anthrax 56
Aphonie 58
Aphtes et herpès 60
Apoplexie 63
Appendicite 66
Arriération mentale 71
Artériosclérose 76
Arthrite 78
Arthrite rhumatoïde 90
Asthénie 94
Asthme 96
Atrophie 100
Blépharite 105
Bronches (dilatation des) 108
Bronchite 109
Brûlures 112
Bursite 114
Calvitie 119
Cancer de l'estomac et de l'intestin 122
Cancer de la peau 126
Cancer du poumon 127
Cancer et tumeurs du sein 130
Cancer de l'utérus 134
Cataracte 135
Catarrhe nasal 138

Cécité (perte de la vision) . . . 141
Cécité (prédisposition) . . . 142
Chorée . . . 146
Cicatrices . . . 147
Cirrhose . . . 150
Coccyx (blessure au) . . . 153
Cœur (souffle) . . . 155
Cœur (tachycardie paroxystique) . . . 158
Colique . . . 161
Colites (généralités) . . . 164
Colite ulcéreuse . . . 167
Côlon (occlusion) . . . 169
Colonne vertébrale (généralités) . . . 172
Cystite . . . 173
Daltonisme . . . 177
Dermatose . . . 178
Diarrhée . . . 180
Disques intervertébraux . . . 182
Diverticulite . . . 184
Dystrophie musculaire . . . 187
Eczéma . . . 191
Éducation des enfants (troubles de comportement) . . . 193
Emphysème . . . 199
Encéphalite . . . 201
Entérite . . . 205
Énurésie (incontinence urinaire nocturne) . . . 208
Épilepsie (caractères généraux) . . . 210
Épilepsie des enfants . . . 215
Érysipèle . . . 218
Escarre de décubitus (plaie de lit) . . . 220
Fausse couche . . . 223
Fractures et entorses . . . 224
Furoncles . . . 227
Glaucome . . . 231
Goitre . . . 233
Gonorrhée féminine . . . 235
Gonorrhée masculine . . . 238
Grippe . . . 240
Grippe (effets secondaires) . . . 244
Grossesse . . . 246
Grossesse (déroulement chronologique) . . . 254
Haleine fétide . . . 259
Hémophilie . . . 260
Hémorroïdes . . . 262
Hépatite . . . 265
Hernie abdominale . . . 268
Herpès . . . 272
Homosexualité . . . 272
Hydrocéphalie . . . 274
Hyperpilosité (poils superflus) . . . 276
Hyperthyroïdisme . . . 277

Hypoglycémie 279
Hypothyroïdisme 280
Hystérie 283
Impétigo 285
Incontinence urinaire 287
Indigestion et gastrite 288
Insomnie 292
Iritis (uvéite) 295
Kystes 299
Kyste cutané 301
Kyste ovarien 304
Kyste pilonidal 307
Laryngite 309
Leucémie 311
Lumbago 315
Lupus érythémateux 317
Lymphangite 319
Mal de tête (céphalée) 321
Maladie d'Alzheimer 323
Maladie de Gaucher 324
Maladie de Hodgkin 326
Maladie de Parkinson 328
Maladie de Raynaud 332
Maladie mentale 333
Maladie osseuse de Paget 336
Méningite 337
Ménopause 338
Menstruations anormales 343
Menstruations douloureuses 345
Migraine 347
Môles et verrues 350
Mongolisme (syndrome de Down) 353
Mort subite du nouveau-né 355
Myasthénie grave 357
Myopie 358
Narcolepsie 361
Néphrite (mal de Bright) 362
Névrite 364
Obésité 367
Œdème 371
Oreille (abcès) 373
Oreillons 375
Ostéochondrite 376
Ostéomyélite 378
Ovarite 379
Oxyures 382
Paludisme 385
Paralysie (généralités) 387
Paralysie faciale 389
Paralysie spinale 391
Paupières bouffies 395

Peau (problèmes de) 397
Phlébite 401
Pied d'athlète 403
Pieds (durillons) 407
Pieds (faiblesse, enflure, etc.) 409
Pleurésie 411
Pneumonie 413
Polyglobulie 416
Polype nasal 418
Possession 420
Prostatite 425
Prurit – Démangeaisons 427
Psoriasis 430
Purpura 434
Pyorrhée 436
Reins (généralités) 439
Reins (calculs) 442
Rétine (décollement) 446
Rhumatisme articulaire aigu 448
Rhume 449
Rhume des foins 459
Rougeole 461
Sarcome 465
Scarlatine 467
Sciatique 470
Sciatique et rhumatisme 473
Sclérodermie 479
Sclérose latérale amyotrophique 482
Scoliose 483
Séborrhée 486
Soins aux enfants (généralités) 488
Stérilité (déviation de l'utérus) 493
Stérilité féminine 496
Stérilité masculine 498
Streptocoques (infection) 500
Sumac vénéneux (herbe à puce) 502
Surdité nerveuse 504
Surdité (prolapsus des trompes d'Eustache) 506
Syndrome de Ménière 509
Tabagisme 513
Teigne 514
Thrombose coronarienne 515
Tic de la face 518
Tic douloureux de la face 519
Tinnitus (bourdonnement d'oreilles) 521
Torticolis 523
Tumeurs au cerveau 524
Tumeurs de l'utérus 526
Ulcère duodénal 529
Ulcères de la peau (décubitus) 530
Vaginite 533

Varicelle 535
Varices 536
Vertige 538
Vésicule biliaire (affection) 540
Vessie (rétrécissement de la) 542
Vitiligo 543
Xérodermie 547
Zona 549
La pharmacologie de Cayce 551
Acide tannique 553
Acigest 553
Al-Caroid 553
Alcool camphré 554
Alcool éthylique (solution à vingt pour cent) 554
Alpine Ray - Rino Ray 555
Amandes 555
Appareil radioactif (ou système à impédance) 555
Appareil au radium 556
Argile de Boucilla et Mudd 557
Aspirine 558
Aspirine (substitut) 559
Atomidine 559
Batterie B 561
Baume au soufre 561
Benzosol 561
Beurre au cacao 562
Beurre de cacao et pommade à la quinine (5188-1) 562
Bisodol 563
Black and white (produits) 563
Bœuf, fer et vin de Wyeth 563
Calcidin 565
Calcios 565
Calomel 566
Camomille 566
Cannelle (Eau de) 566
Capsules laxatives 567
Caroid (laxatif) 567
Carthame 568
Castoria (de Fletcher) 568
Céréales 569
Charbon activé 569
Chlorure d'or 569
Cigarettes 570
Cimex lectularius (Punaises de lit) 570
Citrocarbonate 571
Coca-cola (Sirop de) 571
Coridon 571
Composé Toris 572
Crême rafraîchissante 572
D.D.D. 573
Dentifrice Ipana 573

Diathermie 573
Dog-on-Foot 574
Eau de chaux 575
Eau de Clarie (5480-1) 575
Eau de Lithia 575
Eau d'orme rouge 576
Eau «Honeyida» et eau de Pluton 576
Élexir de pepsine lactée 577
Esprit de nitre 577
Extracteurs de jus de légumes 577
Extrait de foie Valentine 578
Formule contre la nausée 579
Formule de massage (1968-7) 579
Formule de massage pour l'arthrite 579
Formule laxative au soufre (5016-1) 580
Formule pour les cicatrices 580
Formule pour les pellicules (2611-2) 581
Formule pour les pieds (555-5) 581
Formule 636 582
Gingseng 583
Glyco-Thymoline 583
Hamamélis 585
Héliothérapie 586
Huile d'arachide 586
Huile de calame 587
Huile de Carron 587
Huile de foie de morue 588
Huile de germe de blé 588
Huile d'olive 588
Huile d'olive camphrée 589
Huile de ricin 590
Ichthyol 593
Inhalations (2186-1) 593
Innerclean 594
Iodex 594
Ipsab 595
Irrigations du côlon 595
Kaldak 597
Lait de bismuth 599
Lait de magnésie 599
Lanoline liquide 599
Landanum et aconit 600
Laxatif à l'ambroisie 600
Liniment pour maux de dos, entorses et contusions (Le régal des muscles) 601
Liniment pour rhumes (2036-6) 601
Listerine 602
Lotion pour l'acné (528-2) 602
Lotion pour le pied d'athlète 602
Molène 603
Myrrhe (teinture) et huile d'olive 603
Nujol 605

Occy-Crystine 607
Odeurs et parfums 607
Papier de Patapar 609
Passiflore (infusion) 609
Pétrole brut 610
Phosphate de soude 611
Pierres précieuses 612
Pile à électrolyte 612
Pommade et lotion de Ray 613
Pommade de Saint-Jacob 613
Poudre de Douvres 614
Poudre pour les soins corporels 614
Quinine 615
Radionique 617
Rayon sinusoïdal 617
Rayons ultraviolets 618
Rayon violet 619
Régulateur du foie Simmon 620
Remède pour maux de tête 620
Savon de Castille et savon à l'huile de noix de coco 621
Sel et sel de varech 621
Sels Éno 622
Shampooing à l'huile d'olive 622
Shampooing et savon à l'huile de pin 623
Sirop contre la toux (2431-29) 623
Sirop de figues 624
Sirop de Squill 624
Solution d'arsenic de Fowler 624
Solution de Dobell 625
S.S.S. 625
Stimulant pour l'élimination (4288-1) 625
Suif de mouton 626
Tim (1800-20) 627
Tisane de graines de pastèque 627
Tisane tonique du printemps (5450-3) 628
Tonicine 628
Tonique pour la colite (2085-1) 629
Tonique pour les fièvres (de Grove) 629
Tonique pour les yeux 629
Tonnelet de chêne carbonisé 630
Topinambours 631
Traitement d'Elliott 631
Traitement d'Erlanger 632
Vaccins 633
Ventriculine 634
Vibromasseur 634
Vitamines 635
Zilatone 637
Les traitements 639
Aide à l'élimination 641
Cataplasmes 645

Compresses et cataplasmes 648
Hydrothérapie 649
Hypnose 653
Jeûne 654
Manipulations vertébrales 655
Massages 657
Régime alimentaire 660
Toniques et plantes médicinales 666
Documents contemporains sur Cayce, Première partie 669
Alcoolisme n° 1 671
Alcoolisme n° 2 672
Amyotropie péronière de Charcot-Marie-Tooth 673
Arthrite n° 1 674
Arthrite n° 2 675
Arthrite n° 3 676
Arthrite n° 4 677
Arthrite n° 5 678
Arthrite n° 6 678
Arthrite n° 7 679
Asthme n° 1 680
Asthme n° 2 681
Blessures accidentelles n° 1 683
Blessures accidentelles n° 2 684
Calvitie n° 1 687
Calvitie n° 2 687
Calvitie n° 3 688
Calvitie n° 4 688
Calvitie n° 5 689
Cancer de la peau 690
Cancer de l'utérus (prédispositions) 691
Cataracte 693
Cicatrices 693
Colite 695
Colonne vertébrale 695
Crises infantiles 696
Démangeaisons (Prurit) 701
Dépression 702
Diabète 702
Diarrhée 703
Diverticulite 704
Eczéma 705
Épilepsie n° 1 706
Épilepsie n° 2 707
Fibromes n° 1 709
Fibromes n° 2 710
Fibromes n° 3 710
Gencives (Maladie des) 713
Genou endommagé 714
Glaucome n° 1 715
Glaucome n° 2 715
Grippe n° 1 716

Grippe n° 2 718
Hématome - Hémangiome 719
Hépatite 720
Hernie hiatale 721
Herpès 721
Kyste de l'ovaire 723
Kyste pilodinal 723
Laryngite 725
Lombago 725
Lupus érythémateux 726
Mal de tête (Généralités) 727
Maladie de Hodgkin 727
Méningite 729
Ménopause 730
Menstruations anormales 731
Mongolisme 732
Narcolepsie n° 1 733
Narcolepsie n° 2 733
Nausée 734
Nephrite (Mal de Bright) 735
Pneumonie 737
Psoriasis 737
Pyorrhée 738
Reins (Calculs aux) 739
Reins (Infection des) 740
Sciatique 741
Sclérodermie 741
Séborrhée 743
Sinus 744
Surmenage musculaire n° 1 et n° 2 745
Surmenage musculaire n° 3 745
Syndrôme de malabsorption - Mégacôlon 746
Tachycardie 749
Teigne 750
Tumeur du sein 750
Ulcères 753
Verrues plantaires 757
Yeux 759
Documents contemporains sur Cayce, Deuxième partie 761
Alcool 763
Arthrite 765
Attitudes mentales et émotions 767
Bégaiement 771
Cancer du sein 773
Cancer (Régime alimentaire) 773
Cécité (Prédispositions) 775
Dents et gencives 777
Élimination 779
Exercice 779
Hémophilie 781
Maladie d'Alzheimer 783

Massages 784
Modération 784
Musique 785
Nutrition 787
Nutrition (Figues) 788
Nutrition (Gibier) 789
Nutrition (Rosbif) 790
Nutrition (Sucre) 790
Obésité 793
Possession 795
Psoriasis 795
Relations sexuelles pendant la grossesse 797
Sommeil 799
Stress 799
Postface du Dr Randall A. Langston 801

PRÉFACE

Tous ceux qui sont malades veulent être guéris. Ce livre offre au lecteur un portrait encyclopédique de la façon dont Edgar Cayce – médium et voyant exceptionnel du XXe siècle – comprenait le phénomène de la guérison du corps humain.

Cayce est mort en 1945, mais il a laissé plus de 14 000 lectures que l'on continue à scruter et à utiliser pour la recherche ou la pratique médicale. Les informations que l'on en tire nous disent que l'être humain est éternel et de nature spirituelle. Il crée et construit grâce aux pouvoirs de son esprit et, dans la réalité que nous connaissons, il se sert d'un corps généré par son esprit, lequel est animé d'énergie spirituelle.

L'Encyclopédie de la santé: ce titre me semble tout à fait approprié, car Reban Ann Karp couvre dans son livre une multitude de sujets, de concepts, problèmes, thérapies et études de cas particuliers.

Depuis une trentaine d'années, je me suis rendu compte, par ma propre expérience, que la conception du corps humain selon Cayce contenait une grande part de vérité. Celui-ci a parlé des fonctions et des organes du corps qui remplissent leur rôle pour maintenir la vie de telle manière que nous puissions demeurer actifs et réaliser nos buts et notre destin dans ce monde.

Cette conception caycienne est fondamentale. Si nous pouvons assurer la coordination de fonctions telles que l'assimilation, l'élimination, la circulation, la respiration, la régénération, etc., alors la guérison se produira. Les émotions, les attitudes mentales, les croyances, les réponses aux événements de la vie, tout cela joue un rôle déterminant dans le déclenchement ou l'aggravation d'une maladie du corps; mais une thérapie mise en œuvre pour harmoniser et mettre à l'unisson le physique, le mental et la réalité spirituelle ne peut qu'assurer la santé dans la majorité des cas.

Une thérapie toute simple peut parfois accomplir des merveilles lorsqu'elle a pour but d'aider l'organisme. Tout récemment, un de mes patients, un homme dans la trentaine, contracta une hépatite. Avant même que les analyses de laboratoire m'indiquent de quel type d'hépatite il s'agissait, j'établis un programme de soins qui comprenait du repos, un régime spécial, des cataplasmes à l'huile de ricin appliqués sur l'abdomen et des attitudes mentales positives. Cette thérapie ramena à la normale la production d'enzymes de même que l'ictère, et, en moins de trois semaines, notre homme était capable de reprendre son travail.

Vous lirez certainement avec plaisir *L'Encyclopédie de la santé,* car ce livre vous aidera à concevoir votre organisme d'une façon nouvelle. Cela vous permettra d'avoir une meilleure maîtrise de votre propre santé. C'est de l'intérieur de vous-même que provient la guérison, c'est donc à vous de gérer votre santé.

William A. McGarey, M. D.

BRÈVE BIOGRAPHIE D'EDGAR CAYCE

Lorsqu'on présente un résumé de la vie de quelqu'un, il est généralement recommandé de commencer par le commencement, c'est-à-dire le jour de la naissance. Toutefois, si l'on tente de rassembler suffisamment de faits saillants pour donner au lecteur une idée de la vie d'Edgar Cayce, le fait de partir du début peut constituer un problème.

Edgar Cayce, le médium, naquit le 18 mars 1877 à Hopkinsville, au Kentucky. Il est mort le 3 janvier 1945 à Virginia Beach, en Virginie.

Voilà pour les statistiques. Pour l'un de ses fils cependant, le regretté Hugh Lynn Cayce, son père avait choisi de s'incarner pour révéler au monde contemporain les possibilités médiumniques ainsi que ses propres talents pour fonctionner dans des états de transe, pouvoirs qu'il avait conservés d'une ancienne incarnation.

On en conclut que ce qui a fait d'Edgar Cayce un médium a commencé bien longtemps avant le 18 mars 1877. Toutefois, nous nous limiterons à ce laps de temps relativement court qui va de 1877 à 1945 pour découvrir cet homme, le fils unique de Leslie et Carrie Cayce, qui a commencé sa vie dans une ferme du Kentucky. Plus tard, le père d'Edgar fut nommé juge de paix, un honneur qui lui valut le titre *d'esquire,* mais ne lui permettait pas de consacrer beaucoup de temps à ce fils sensible qui devenait adolescent.

Profondément attaché à sa mère, Edgar eut aussi des rapports très étroits avec son grand-père paternel, qui était le sourcier du comté. Après la mort de celui-ci, Edgar affirma qu'il revenait lui parler au cours de dialogues qui lui étaient tout aussi réels que les enfants imaginaires qui venaient jouer avec lui.

Edgar manifestait peu d'enthousiasme pour ses études, mais il découvrit par hasard, au cours d'une épuisante leçon d'orthographe en compagnie de son père, qu'il était capable d'absorber et d'apprendre un sujet quelconque en s'endormant sur le livre. Et cela ne demandait que peu de temps, juste la durée d'un petit somme. Par la suite, il se rendit compte qu'il réussissait beaucoup mieux en classe.

Un dimanche après-midi, encore tout ému par un sermon qu'il venait d'entendre à l'église, il s'esquiva dans les bois pour lire la Bible et pour prier afin d'obtenir le pouvoir de guérir les malades. Il fut brusquement environné par une lumière radieuse qui lui dit que ses prières avaient été exaucées et qu'il aurait l'occasion de guérir les malades s'il continuait à réciter fidèlement ses prières.

Hugh Lynn Cayce a mentionné que, pour beaucoup de gens, les talents de médium de son père étaient apparus après qu'il eut reçu une balle de baseball directement sur la colonne vertébrale alors qu'il avait quinze ans. Après l'accident, sa tranquille réserve habituelle fit place à une perte totale de maîtrise de lui-même. Il se mit à s'agiter et à se battre, poussant des cris et lançant des objets. Quand le juge de paix rentra chez lui, il mit son fils au lit. Celui-ci sombra alors dans un coma au cours duquel il demanda, à la grande surprise de ses parents, qu'on lui mette sur la nuque, à la base du cerveau, un cataplasme fait d'un mélange d'herbes spéciales et d'oignons crus hachés, faute de quoi il ne reviendrait jamais à son état normal.

Après l'installation du cataplasme, Edgar s'endormit calmement; à son réveil, le lendemain matin, il avait retrouvé sa personnalité normale.

À l'exception de quelques manifestations paranormales pendant son enfance, les pouvoirs médiumniques d'Edgar ne devinrent évidents qu'à l'âge adulte. L'événement particulier qui les a activés fut une paralysie des muscles de la gorge qui risquait de lui faire perdre la voix et son emploi de vendeur. Les médecins se révélant incapables de diagnostiquer la cause véritable du mal, Edgar consulta un hypnotiseur. Mis en état de transe, Edgar réussit à découvrir la source de son mal, c'est-à-dire un stress d'origine nerveuse qui provoquait des tensions et des contractions affectant les nerfs et les muscles de tout son organisme.

Quand il eut établi le diagnostic, Edgar demanda à l'hypnotiseur de lui suggérer, après l'avoir mis en état d'hypnose, que la circulation sanguine augmentait dans la zone de ses cordes vocales. Quelques instants plus tard, le cou d'Edgar se mit à rougir; lorsqu'il se réveilla, il pouvait parler tout à fait normalement.

Par la suite, il se rendit compte qu'il pouvait utiliser ce pouvoir pour aider les autres; il accomplissait ainsi la promesse faite dans les bois bien des années auparavant, lorsque la lumière radieuse lui avait dit qu'il pourrait guérir les malades, à condition de demeurer fidèle à sa promesse.

Ensuite, il aida ses semblables pendant de nombreuses années, à partir d'une transe hypnotique qu'il déclenchait lui-même et au cours de laquelle il avait accès à des informations sur pratiquement tous les sujets imaginables. Pendant une quarantaine d'années, il tint des «lectures», aidé en cela par sa femme Gertrude et sa secrétaire Gladys Davis Turner. Durant les premiers temps, les lectures se limitaient au domaine médical; mais, par la suite, l'étendue de ses pouvoirs augmentant, il aborda d'autres sujets comme la méditation, les rêves, la réincarnation et les prophéties.

Parmi les prédictions non encore réalisées que beaucoup de gens attendent se trouvent celles-ci: la disparition d'une partie du Japon dans l'océan; l'émergence du continent de l'Atlantide, qui a été apparemment englouti dans l'océan en 1530 av. J.-C.; la fin du communisme en Russie, événement qui ferait de ce pays «l'espoir du monde»; et un déplacement de l'axe de rotation de la Terre qui entraînerait un bouleversement des climats.

Il y a, à l'heure actuelle, plus de 14 000 lectures classées à la Fondation Cayce – Association for Research and Enlightenment (ARE), que l'on pourrait traduire par Association pour la Recherche et l'Éveil –, située entre les 67e et 68e rues à Virginia Beach. Ces 14 000 lectures, dont 8 976 ont trait à des sujets médicaux, représentent 900 000 pages – 14 millions de mots – de notes transcrites pendant qu'Edgar Cayce se trouvait dans sa transe médiumnique.

L'ARE est dirigée par le petit-fils de Cayce, Charles Thomas Cayce, président. L'objectif de l'ARE est de poursuivre l'étude et la recherche des lectures médiumniques de Cayce, ou encore, selon Hugh Lynn Cayce: «Nous sommes dans un nouvel âge de découvertes. L'homme découvre de nouveaux espaces au-dedans de lui-même. Nous faisons partie de cela, nous sommes complices.»

L'hôpital Cayce original fut construit en 1928, sur une colline dominant l'océan, par l'Association of National Investigators. À la suite de l'effondrement de la bourse, en 1929, la famille Cayce perdit la mainmise qu'elle exerçait sur les quartiers généraux; mais ceux-ci lui revinrent lorsque la Cayce Association se trouva en mesure de les racheter en 1956. Dans l'intérim, le bâtiment servit de maison de jeu, puis de club balnéaire et, pendant la Deuxième Guerre mondiale, de résidence pour les infirmières.

En 1975, l'ARE ajoutait une bibliothèque et un centre de conférences à ses locaux. L'inauguration eut lieu le 30 mars, qui était le dimanche de Pâques. La bibliothèque, d'une superficie de 2 000 mètres carrés, renferme l'une des plus importantes collections au monde de documents concernant des sujets tels que la télépathie, la préconnaissance et la perception extra-sensorielle.

En plus de la bibliothèque et du centre de conférences, l'ARE offre un service de thérapie, accessible aux membres seulement; on y administre les traitements qui sont le plus souvent mentionnés dans les lectures: massages, irrigation du côlon, bains de vapeur et bains tourbillons. Ce service est assuré par des infirmières et des massothérapeutes licenciés.

En outre, la direction de l'ARE organise des conférences d'une semaine pour aider les participants à atteindre de plus hauts niveaux de réalisation physique et spirituelle. Les sujets abordés concernent l'interprétation des rêves, la guérison, les mystères de l'Atlantide et de l'ancienne Égypte, pour n'en citer que quelques-uns.

Il y a aussi le camp de l'ARE, situé dans les Appalaches de la Virginie. Il est dirigé par le Service des Jeunes de l'ARE et met en pratique la philosophie des lectures de Cayce concernant les enfants, les adolescents et les familles. Les activités comprennent des ateliers, des promenades dans la nature, la natation, la méditation, des travaux de groupe sur les rêves, etc.

La clinique de l'ARE, à Phoenix en Arizona, est le seul centre de traitement holistique au monde; y sont appliqués les principes et les remèdes de Cayce concernant la santé, en complément des pratiques médicales et chirurgicales traditionnelles. Cette clinique fut fondée en 1970 sous la direction des docteurs William et Gladys McGarey.

Les groupes d'étude font aussi partie de l'ARE. Lorsque l'ARE fit l'acquisition, en 1956, de l'édifice abritant ses quartiers généraux, le nombre de groupes d'étude s'élevait à 140; aujourd'hui, on en compte plus de 1 500. Pendant les séances, les participants ont l'occasion de développer leurs pouvoirs psychiques, de redécouvrir Dieu et d'explorer d'autres aspects de la spiritualité, à partir des concepts exposés dans les lectures d'Edgar Cayce.

Et, finalement, quelque chose de très important: les fichiers mobiles, qui contiennent une collection de lectures portant sur des sujets aussi bien métaphysiques que physiques. Ces fichiers facilitent l'étude d'une maladie donnée (p. ex. l'arthrite), car ils permettent de trouver une information précise, ce qui évite de consacrer des heures de recherche à des centaines de lectures complètes. On dénombre actuellement 360 fichiers mobiles, et d'autres sont en préparation.

L'ARE met également à la disposition de ses membres une liste de médecins et autres professionnels de la santé qui ont exprimé leur intention de mettre en application les traitements suggérés dans les lectures de Cayce.

Cayce l'a dit lui-même: «Les temps sont arrivés où les entités individuelles se retrouvent ensemble dans l'expérience de l'incarnation pour une tâche bien définie.» (254-47)

LES CAUSES DE LA MALADIE, SELON CAYCE

Dans toutes les lectures se rapportant à des maladies, on note une insistance constante à rechercher la racine de chacune, ce qui montre l'importance, pour Cayce, d'adopter des attitudes et des habitudes plus constructives plutôt que de se contenter de soulager les symptômes.

Comme la plupart des lectures ont été faites pour des personnes prises isolément, on doit laisser aux médecins qui sont disposés à mettre à l'essai les thérapies de Cayce le soin d'en faire l'étude et d'en évaluer les résultats. Le Dr William A. McGarey, directeur de la clinique de l'ARE (4018 North Fortieth Street, Phoenix, Arizona 85018), a étudié les lectures et utilisé certains des traitements suggérés pour sa propre pratique. (Une liste de référence comprenant les noms des médecins qui appliquent les traitements de Cayce est à la disposition des membres de l'ARE.)

À cause de leur complexité, les lectures sont difficiles à analyser. Il semble aussi que beaucoup de lectures ont été données à des personnes qui avaient d'autres problèmes de santé que ceux abordés dans la lecture. Cette complexité n'aide pas à résoudre le problème de l'interprétation, et il est difficile de rattacher à une seule maladie les nombreux traitements recommandés pour une personne quelconque.

Les lecteurs remarqueront qu'il existait des dénominateurs communs apparents pour les causes des maladies suggérées par Cayce – assimilation et élimination déficientes, régime alimentaire inadéquat, déséquilibre acido-alcalin, lésions et subluxations spinales, déséquilibre-incoordination du système nerveux, déséquilibre-incoordination du système circulatoire, mauvais fonctionnement glandulaire, stress, excès et surmenage, karma, attitudes mentales et infections.

En dépit de la similitude des causes, les traitements étaient prescrits pour chaque problème particulier de santé; ils étaient établis sur mesure pour chaque personne, selon les maux dont elle souffrait.

Voici un bref relevé des causes telles qu'on les trouve dans les lectures:

• **Assimilation déficiente:** Une bonne assimilation assure un apport constant et complet des matériaux et des énergies de construction nécessaires à la production continuelle de nouveaux tissus et cellules. L'assimilation est déficiente lorsqu'un élément chimique indispensable à la reconstruction est absent du régime alimentaire et de la digestion, ou encore lorsque cet élément est mal utilisé ou que sa conversion en nutriments spécifiques nécessaires à chaque sorte de cellules est déficiente. Les maladies résultant d'une assimilation déficiente révèlent des carences dans la nutrition, ce qui a pour conséquence une dégénérescence des cellules.

• **Élimination déficiente:** C'est la cause de maladie la plus souvent citée dans les lectures de Cayce, et cela démontre l'importance fondamentale d'une bonne élimination pour maintenir l'harmonie et la santé de l'organisme. Quand les processus d'élimination sont entravés d'une façon ou d'une autre, beaucoup de symptômes de maladies peuvent apparaître. En accord avec la science médicale, les lectures décrivent de nombreux systèmes excréteurs qui, lorsqu'ils sont en état normal d'équilibre et de coordination, débarrassent l'organisme de toute substance nuisible, de façon efficace et complète. Ces systèmes excréteurs sont les voies gastro-intestinales, les reins et la vessie, les pores de la peau et les poumons. Lorsqu'un déséquilibre quelconque se produit dans l'un de ces systèmes, les processus d'excrétion ralentissent. Il en résulte une accumulation de déchets toxiques, ou toxines, qui peut mettre en danger n'importe quel composant ou système du corps, jusqu'au niveau de la cellule, en faisant obstacle à la reconstruction de l'organisme.

• **Régime alimentaire:** Pratiquement chacune des neuf mille lectures de Cayce sur les problèmes de santé comporte un conseil diététique. Cette masse de renseignements livre un message sans équivoque: les habitudes alimentaires constituent la base d'une bonne santé; elles sont la cause inévitable du déséquilibre et des maladies de l'organisme. Bien qu'il se défendît d'être un «maniaque des régimes», Cayce recommandait malgré tout de prendre grand soin de son alimentation et de lui accorder une attention constante. Le corps humain a besoin de nutriments: hydrates de carbone, protéines, sels minéraux, vitamines, sous les formes les plus complètes possibles, digestes et facilement assimilables. Ces nutriments doivent aussi favoriser une élimination efficace, maintenir l'harmonie du système et fournir les matériaux nécessaires à la reconstruction des cellules. Cayce recommandait tout particulièrement les fruits et les légumes frais pour satisfaire ces exigences, alors qu'il classait les bonbons et les gâteaux parmi les choses «dommageables pour l'organisme», des aliments dénués de nutriments et difficiles à digérer, qui ralentissent l'élimination et débalancent le métabolisme.

• **Déséquilibre acido-alcalin:** L'organisme entier essaie continuellement de maintenir l'équilibre entre l'acidité et l'alcalinité. Pour se maintenir en vie et en bonne santé, chaque cellule doit conserver un bon rapport entre ces deux pôles de sa composition. Dans le fluide qui baigne les cellules, cette composition double est à la base de la transmission des impulsions électriques positives-négatives d'une cellule à l'autre; ce processus intervient, par exemple, dans le transfert des influx nerveux entre le cerveau et le reste du corps. L'énergie électrique est produite par l'oxydation de matériaux aussi bien toxiques que nutritifs dans le fluide intercellulaire. Un excès d'acidité ou d'alcalinité bloque ces processus chimiques, ce qui entraîne de plus hauts niveaux de toxicité, une vulnérabilité accrue à la maladie et une quantité amoindrie d'énergie dans l'ensemble l'organisme.

• **Lésions et subluxations spinales:** Une subluxation de la colonne vertébrale est une dislocation partielle, ou incomplète, d'une ou de plusieurs vertèbres. Une lésion spinale est une blessure de la colonne qui endommage les tissus et qui accompagne généralement une subluxation. Les subluxations et les lésions peuvent avoir les mêmes effets dommageables. Comme les vertèbres transmettent les influx nerveux virtuellement à toutes les parties du corps, un trauma mécanique quelconque exercera une pression soit sur les ganglions du système nerveux autonome, soit directement sur les nerfs qui partent des extrémités. Ce qui aura pour effet de bloquer les influx nerveux dans les zones particulières de l'organisme qui sont alimentées par ces nerfs. Il peut en résulter un arrêt des drainages essentiels, un ralentissement progressif de la circulation du sang de même que des douleurs, aussi bien au niveau local qu'à celui du système sympathique (ou réflexe). Les subluxations et les lésions peuvent donc être la cause aussi bien que le résultat d'un stress physique exagéré. Dans les lectures, on trouve comme causes typiques des blessures ou des entorses.

• **Déséquilibre-incoordination du système nerveux:** L'organisme compte sur un système nerveux qui fonctionne pour transmettre les influx et les énergies qui régissent aussi bien les mouvements conscients que les fonctions inconscientes. Ces dernières fonctions comprennent la respiration, les battements du cœur, la circulation du sang et de la lymphe, le bon fonctionnement des glandes, la digestion, l'assimilation des nutriments et l'élimination des déchets, tous étant des aspects de la reconstruction métabolique dont chaque cellule a besoin. À leur tour, les cellules nerveuses dépendent de ces processus pour fonctionner efficacement. Un système nerveux en bonne santé a un besoin vital que l'organisme assimile certains nutriments indispensables et que les glandes sécrètent les substances dont toutes les cellules du corps ont besoin pour se reproduire elles-mêmes, y compris les cellules nerveuses.

Le système nerveux dans son ensemble comprend trois subdivisions principales: le système céphalo-rachidien, le système nerveux autonome et le système sensoriel. Le système céphalo-rachidien est responsable des mouvements conscients. Il inclut dans sa composition le cerveau, la moelle épinière et les organes fonctionnant de façon consciente, telles les cordes vocales. La colonne vertébrale comprend, en partant du haut, sept vertèbres cervicales, douze thoraciques (ou dorsales), cinq lombaires et enfin les segments reliés du sacrum et du coccyx. Chaque vertèbre est le site de ganglions qui dirigent les influx nerveux vers des endroits précis du corps. Le système autonome régularise «automatiquement» les organes qui fonctionnent de façon inconsciente. Le D^r^ McGarey l'appelle le «système nerveux de l'inconscient», alors que pour Cayce, il s'agissait du système nerveux «sympathique». La science médicale subdivise ce système en deux sous-classes: le sympathique et le parasympathique. Ensemble, ils agissent comme un instrument de contrôle et d'équilibrage qui aide l'organisme à répondre harmonieusement à des conditions internes ou externes de nature extrême. Le sympathique a un effet d'excitation – en activant, par exemple, les glandes surrénales – alors que le parasympathique empêche le corps de se laisser aller à des extrêmes.

Le système sensoriel (ou volontaire) reçoit des informations de toutes les parties du corps, y compris les organes sensoriels tels que la vue, l'odorat, l'ouïe, le goût et le toucher, et transmet les messages au cerveau. Il achemine également les messages du cerveau aux nerfs moteurs qui font agir les muscles. Un nerf moteur, avec ses ramifications, peut prendre en charge des milliers de fibres musculaires. En bref, le fonctionnement harmonieux des trois systèmes nerveux est essentiel pour assurer le bien-être physique et psychologique.

• **Déséquilibre-incoordination du système circulatoire:** La circulation du sang à travers l'organisme entier a pour fonction de fournir les nutriments nécessaires aux tissus et aux organes et de les débarrasser des déchets. Le système circulatoire se détériore lorsque le sang est dans l'impossibilité de se rendre librement dans toutes les parties du corps, empêchant ainsi les zones affectées de fonctionner normalement. Le système circulatoire dans son entier est sous la responsabilité du système nerveux sympathique ou autonome. Ses fonctions comprennent: l'équilibrage des circulations superficielle et profonde ainsi que leur coordination; l'entretien ou la gestion des plaquettes sanguines régularisant la coagulation; la production des substances qui assurent l'intégrité des parois veineuses et artérielles.

Cayce découvrit qu'un certain nombre de facteurs pouvaient entraîner un déséquilibre de la circulation: l'accumulation de toxines ou de déchets dans le foie, la rate ou le pancréas, lesquels, en entraînant la réabsorption par le courant sanguin de certaines de ces substances, causaient la toxémie; des perturbations dans la circulation du sang à l'intérieur du foie lui-même ou dans l'interaction du foie et des reins, ce qui pouvait déclencher d'autres causes interreliées; un régime alimentaire inadéquat qui pouvait gêner l'action du système d'excrétion et se révéler en même temps incapable de fournir les nutriments nécessaires; un surmenage physique ou mental entraînant une circulation ralentie ou paresseuse; un alignement défectueux des vertèbres, causé par des blessures, le stress ou d'autres facteurs – pressions, subluxations ou lésions à un endroit quelconque de la colonne vertébrale –, ce qui pouvait empêcher l'influx nerveux et la circulation de se rendre à un endroit quelconque du corps.

• **Mauvais fonctionnement, déséquilibre et manque de coordination glandulaire:** Une glande est un organe qui extrait certains éléments du sang pour les sécréter ensuite sous la forme de substances utiles à l'organisme – comme l'adrénaline –, ou au contraire nuisibles et devant être rejetées, comme l'urine. Certaines glandes sont dotées de canaux à travers lesquels elles alimentent un organe; d'autres n'en possèdent pas, ce sont les glandes endocrines, qui déversent directement leurs sécrétions dans le courant sanguin. Cayce identifia sept glandes endocrines en tout: les gonades, les cellules interstitielles du testicule, le thymus et la glande pinéale.

Dans un sens ésotérique, Cayce choisit les centres endocriniens comme sièges de la mémoire de l'âme et réceptacles du karma, ou leçons dont l'âme a besoin pour grandir. En conséquence, il considérait ces glandes comme le centre de production et de gestion de l'énergie pour l'harmonisation de l'esprit aussi bien que pour l'équilibre de l'organisme. D'où leur rôle primordial dans l'harmonie et dans la santé, à de nombreux niveaux.

L'une des fonctions vitales des glandes est la sécrétion des substances dont les cellules ont besoin pour se reproduire. Une déficience de cette fonction peut avoir bien des causes, chacune d'elles prédisposant à certains types de déséquilibres. Selon Cayce, la cause d'un déséquilibre glandulaire résiderait dans un manque de sels minéraux et de nutriments à l'intérieur du corps. Cela inclut des apports insuffisants en iode, un sel minéral dont la glande thyroïde a particulièrement besoin; ou encore une déficience en or qui peut entraîner une déficience de l'hormone nécessaire au bon fonctionnement des nerfs et, finalement, une carence en vitamines, éléments qui activent les tissus glandulaires.

• **Stress, excès et surmenage:** Cayce a mentionné les excès comme causes principales de nombreux dérèglements physiques et mentaux. En règle générale, les excès corporels englobaient le surmenage, dans le sens de travail excessif, alors que ce terme était lié à l'insuffisance de sommeil et au manque d'occasions de se relaxer. On comprend facilement qu'avec un système déjà affaibli, par suite d'un régime inadéquat ou de quelque déséquilibre physique déjà présent dans l'organisme, la surcharge peut facilement se produire. Lorsque le stress est d'origine mentale, les émotions le plus souvent mentionnées sont les préoccupations, l'anxiété et la colère. Les émotions négatives peuvent entraîner une fatigue extrême, des tensions musculaires et des problèmes de digestion et d'excrétion.

Par la suite, le corps s'affaiblit et s'épuise; les toxines sécrétées par le système glandulaire réussissent à envahir la circulation lymphatique et à bloquer les canaux d'élimination, ce qui provoque de la congestion et de l'acidité supplémentaire. Dans ces conditions, la résistance de l'organisme est diminuée, et le «malaise» est pratiquement inévitable.

• **Karma, attitudes mentales et émotions:** Les lectures d'Edgar Cayce disent clairement que les causes des maladies et les sources de la santé se prolongent au-delà du physique, jusqu'aux aspects mentaux et spirituels de la personne. Les attitudes mentales, les émotions et la loi du karma affectent le mental, le physique et le spirituel.

Un concept essentiel des lectures veut que chaque être humain incarne un esprit, ou une âme, qui est une partie de la Source de toute vie et de toute santé. On trouve dans les lectures différents termes pour décrire cette Source: la Force créatrice, les Forces universelles ou Dieu. Chaque personne qui recevait une lecture était appelée «entité»: un être existant en tant que trinité physique, mentale et spirituelle. Les lectures définissent la santé physique comme une coopération harmonieuse entre les composantes de l'organisme, mais elles insistent également sur le besoin d'harmonie nécessaire afin que les trois aspects de la personne puissent conserver la santé et éviter les maladies:

> Le corps, le mental et l'âme ne font qu'un au sein des forces physiques; car le corps est véritablement le temple du Dieu vivant. Dans chaque entité, il y a cette portion qui est une partie de la Force universelle et qui ne meurt pas. Tout doit se coordonner et coopérer. (1593-1)

L'une des causes les plus remarquables de ce message est que l'âme fait partie intégrante de notre existence matérielle, au même titre que nos organes physiques. Il est tout aussi remarquable qu'une partie de chacun d'entre nous soit également une partie de la Force universelle infinie et divine qui crée toute vie. «Tout ce qui prend forme matérielle a d'abord été conçu dans l'esprit.» (3395-2)

Cayce soutenait que le physique et le mental prenaient une forme vivante afin de manifester l'âme dans le règne matériel, non pas une seule fois mais à travers de nombreuses vies successives. L'expérience de différentes incarnations physiques et mentales permet à l'âme de s'harmoniser de mieux en mieux avec la Source spirituelle.

Selon Cayce, la loi du karma a trait aux causes et aux effets des pensées, des émotions et des actions, en particulier celles qui se transmettent d'une vie à l'autre: «Le karma est ce qui est apporté du passé, alors que cause et effet peuvent exister dans une seule expérience matérielle.» (2981-21) Tant qu'une entité n'est pas totalement à l'unisson avec Dieu, le principe du karma s'applique d'un moment à l'autre, d'une heure à la suivante et d'une vie à une prochaine vie. Toutes les expériences de la vie matérielle peuvent créer un karma, que Cayce appelait aussi la «rencontre constante avec soi-même». Pour donner une autre explication du karma, il citait souvent un passage de saint Paul, dans la Bible «...car tout ce qu'un homme sème, il le récolte».

Par la «rencontre constante avec soi-même» et la récolte de ce qu'on a semé, les actions et les problèmes du mental peuvent entraîner des maladies physiques. Les répercussions qu'ont sur le corps les attitudes mentales et les émotions sont bien souvent évidentes. La colère déclenche des maux de tête ou des indigestions; la dépression s'exprime par une fatigue généralisée; les perturbations émotionnelles provoquent des crises d'asthme. Cayce nous a laissé de nombreux exemples de l'effet direct que peuvent avoir sur l'organisme les attitudes et les émotions:

> On peut être certain que les attitudes influencent souvent l'état physique du corps. Personne ne peut haïr son voisin et ne pas souffrir du foie ou de l'estomac. On ne peut ni être jaloux ni se laisser aller à la colère sans avoir des troubles digestifs ou des problèmes cardiaques. (4021-1)

Depuis le début du siècle, la science médicale a peu à peu reconnu et étudié les rapports existant entre les attitudes mentales et les émotions, d'une part, et les maladies corporelles, d'autre part. La science qualifie cette relation de «psychosomatique», des mots grecs *psyche,* signifiant «le mental», et *soma,* le corps.

Les lectures affirment que les sécrétions des glandes dépendent des impulsions qu'elles reçoivent du système nerveux et émotionnel. La colère, le ressentiment, les disputes, la haine, l'autopunition, l'animosité et toutes les tensions nerveuses qui découlent de ces sentiments ou de ces attitudes déchargent des poisons dans la circulation lymphatique à partir du système glandulaire, diminuent l'énergie corporelle, entravent l'élimination et créent des conditions favorables à l'apparition de la maladie. Selon ce point de vue, les attitudes et les émotions, qui sont immatérielles, utilisent les nerfs et les glandes comme «conducteurs» matériels, comme une connection organique entre les aspects non physiques et le corps matériel. Les lectures parlent des émotions comme de l'«électronique», l'«incandescence» de la vie elle-même qui circule à travers l'organisme par le système nerveux et agit comme la communication vibratoire entre le physique, le mental et le spirituel.

> Si les forces sensorielles ou les centres nerveux constituent le passage du fini à l'infini, pourquoi ne pas harmoniser les forces corporelles du soi avec les beautés de l'infini et t'affirmer toi-même, reconnu par Dieu, un ouvrier sans honte? (3697-1)

À l'intérieur de la trinité indissoluble physique-mental-spirituel, toute maladie comporte les trois aspects d'une entité dans la «rencontre avec soi-même». Même le rhume, cette affection commune universelle, demande une modification mentale et émotionnelle de même que l'apprentissage d'une leçon spirituelle.

> Ainsi, vous pouvez attraper un mauvais rhume à la suite d'une colère. Vous pouvez attraper un mauvais rhume pour avoir maudit quelqu'un, même votre femme. Au lieu de renifler, mouchez-vous! Au lieu d'avoir du ressentiment, aimez! (288-44)

On pourrait peut-être inclure dans le karma les références aux défauts congénitaux. Selon les lectures, un certain nombre d'affections ont été attribuées, au moins en partie, à des défauts congénitaux ou à des faiblesses de l'organisme. Dans nombre de ces cas, Cayce découvrit que la faute en revenait à une blessure survenue soit pendant la grossesse, soit pendant le travail ou l'accouchement. Un petit nombre de lectures relient le dommage à une alimentation déficiente de la mère ou à de mauvaises attitudes mentales pendant la gestation.

Dans d'autres cas, les termes «défauts congénitaux» et «karma» ont été utilisés l'un pour l'autre, laissant à penser que tous les problèmes congénitaux méritent de l'attention et un traitement approprié en tant que situations karmiques. Vu sous cet angle, ce concept pourrait aider les parents à se libérer de la culpabilité qui accompagne habituellement l'arrivée d'un enfant affligé de défauts de naissance; il signifierait alors que l'enfant (et les parents) a choisi cette situation avec une intention particulière comprenant toujours l'amour, la patience et le service désintéressé indispensables aux soins d'un enfant dit «anormal».

• **L'infection:** Elle est simplement expliquée par la transmission d'une maladie d'un organisme à un autre ou la présence de micro-organismes monocellulaires, de bactéries ou de champignons dans le corps d'un hôte. Lorsqu'elle s'attaque à un organisme se trouvant en état de faiblesse, l'infection s'étend très rapidement si elle ne peut être tenue en échec. L'exemple de la façon dont on peut attraper un simple rhume illustre bien à quel point la résistance peut être amoindrie et l'organisme prédisposé à ce que Cayce appelait les «forces infectieuses».

Les causes d'un rhume sont souvent un régime alimentaire déficient combiné à des excès ou à du surmenage, lesquels provoquent une grande fatigue et la sensation de «ne pas être dans son assiette». Si, dans ces conditions, on se laisse aller à entretenir des attitudes et des émotions négatives, les énergies vitales s'affaiblissent encore plus. L'équilibre acido-alcalin du système est perturbé, le corps devient trop acide et le rhume se déclare. Si l'organisme est privé des soins nécessaires, il risque de contracter des maladies potentiellement plus graves telles que la pneumonie ou l'amygdalite.

Des séquences semblables de cause à effet peuvent aussi prédisposer le corps à d'autres problèmes. Par exemple, Cayce a fait remonter quelques cas de colite à des rhumes, à de la congestion ou à des grippes intestinales, lesquels auraient entraîné à leur tour des perturbations du système lymphatique. Il attribua la cause de la syphilis à un spirochète, la pyorrhée à un «insecte» particulier et le pied d'athlète à une infection par champignon. Il considérait aussi l'infection de la peau comme l'une des causes de la sclérodermie.

Après la guérison d'une infection, il arrivait fréquemment que Cayce remarquât l'apparition d'effets secondaires, souvent sous la forme d'une faiblesse particulière qui ne s'était pas manifestée antérieurement. Et comme les faiblesses peuvent accentuer la prédisposition aux maladies, les lectures ont beaucoup insisté sur l'importance de débarrasser complètement le système des reliquats d'une infection.

L'ENCYCLOPÉDIE DE LA SANTÉ de A à Z

La présente section est consacrée à une brève revue des quelque neuf mille lectures médicales classées à l'Association for Research and Enlightenment (la fondation Cayce), à Virginia Beach, Virginie. Les lecteurs intéressés doivent prendre note que les études présentées dans ce volume ne doivent pas être considérées comme exhaustives. Les personnes qui voudraient obtenir des renseignements supplémentaires pourraient venir consulter les fiches disponibles sur place, à l'ARE, et demander l'avis d'un médecin avant d'essayer une thérapie quelconque.

Les histoires de cas qui suivent la description des problèmes individuels exposés sont tirées des lectures elles-mêmes et sont souvent incomplètes, à cause du manque d'observations post-thérapeutiques. Cela ne signifie pas pour autant que les résultats obtenus n'ont pas été favorables, mais simplement qu'on a été dans l'impossibilité de garder le contact avec les personnes qui avaient reçu les lectures. Les histoires de cas ont pour but de présenter des exemples de lectures données pour un problème particulier.

On a cependant inclus, plus loin dans ce livre, les données d'histoires de cas récentes qui nous sont parvenues de personnes ayant suivi avec succès les conseils contenus dans les fiches en circulation.

On remarquera aussi que Cayce a donné des lectures sur la plupart des états pathologiques connus à son époque, mais on diagnostique et identifie de «nouvelles» maladies pratiquement tous les jours. Nous avons de plus été limités par le temps, si bien qu'on ne trouvera pas ici toutes les maladies sur lesquelles Cayce a donné des renseignements. Les personnes désirant un supplément d'informations sont priées de s'adresser à l'ARE.

A

ACNÉ

L'acné est une maladie de la peau caractérisée par des éruptions, des boutons et des comédons sur le visage; on en trouve parfois également sur le cou, le dos et les épaules. Bien que cette pathologie se manifeste habituellement à l'adolescence, elle persiste souvent à l'âge adulte si elle n'est pas correctement soignée dès son apparition. L'une des caractéristiques regrettables de l'acné est qu'elle peut laisser des cicatrices gaufrées sur la peau, même après la guérison.

Edgar Cayce a donné trente-sept lectures sur l'acné pour vingt-neuf personnes, la plupart étant des adolescents ou de jeunes adultes.

Il insista sur le fait que l'acné avait pour origine soit une élimination déficiente (dans quatre-vingt-sept pour cent des cas), soit un manque de coordination nerveuse ou glandulaire qui affecterait directement l'élimination. Dans presque vingt pour cent des cas, on note une mauvaise circulation et des carences, par exemple en fer, dans le sang.

Voici une de ses explications de l'acné et de ses causes: «À travers les réactions qui se produisent dans le courant sanguin, nous trouvons des facteurs inquiétants parmi lesquels on remarque le manque d'équilibre dans les réactions chimiques s'effectuant à travers tout le système pour une assimilation et une élimination correctes des énergies utilisées. Certaines sont destructrices dans leurs réactions, comme l'indique la manière dont l'élimination est perturbée, ce qui pousse à vouloir éliminer les poisons par l'intermédiaire de la transpiration; d'où les excoriations, les boutons, les comédons qui apparaissent sur cette partie du système.» (1691-1)

Cayce pensait que l'acné était le symptôme d'un déséquilibre chimique dans l'organisme, lequel se produisait lorsque les voies normales d'élimination étaient bloquées ou perturbées et que l'élimination des déchets cherchait à se faire à travers les canaux impropres des glandes de la peau.

Traitement

Les traitements de Cayce se concentraient essentiellement sur l'adoption de façons correctes de se nourrir; il donna des directives pour les régimes dans plus de soixante-dix pour cent des cas. La plupart du temps, il suggérait beaucoup d'aliments alcalinisants tels que les agrumes et leur jus, les légumes verts et les jus de légumes, le poisson, la volaille, le pain de blé entier, les céréales à grains entiers et le lait. Les aliments à éviter étaient la viande rouge, le porc, les aliments gras ou frits, les sucreries à base d'amidon, le chocolat, les pommes de terre blanches et le pain blanc. Il conseillait à certains de boire deux fois par jour un verre de lait ou de jus de tomate avec de la levure.

Il recommanda à plus de la moitié des personnes des manipulations de la colonne vertébrale pour maintenir une bonne coordination des nerfs. On devait les administrer deux fois par semaine au début. Il recommanda aussi très souvent diverses formes d'électrothérapie pour assurer un meilleur équilibre entre les forces de l'organisme. La méthode la plus fréquemment suggérée était la diathermie à basse fréquence, qu'on devait utiliser de concert avec les manipulations spinales. Il recommandait parfois aussi l'usage du rayon violet.

Il prescrivit à près de quarante pour cent des personnes des infusions de plantes contenant des ingrédients comme la teinture de stillingia, l'essence de racine de bardane et de patience. Dans deux cas, il recommanda des infusions de safran des prés comme aide digestive.

Le massage était un élément important du traitement, pour environ trente pour cent des cas. Il était conseillé de masser légèrement le corps en entier, en accordant une attention spéciale à la zone située le long de la colonne vertébrale. Le massage était effectué avec des combinaisons variées d'huiles et d'autres substances, telles l'huile d'olive mêlée à de la teinture de myrrhe et de la lanoline, l'huile minérale mélangée à de l'eau de rose, et la liqueur de menthe poivrée dans de l'eau distillée.

Il recommanda à vingt-cinq pour cent des personnes des applications locales sur les taches. Ces applications consistaient en savons et en pommades au Cuticura, en crèmes blanches et noires, en poudre de stéarate de zinc mélangée à des baumes (surtout dans les cas d'irritation de la peau) et en huile camphrée.

Histoire de cas

Six personnes seulement, parmi celles qui reçurent des lectures, déclarèrent avoir suivi les conseils de Cayce, mais toutes les six reconnurent avoir connu de remarquables améliorations ou une guérison complète.

Le cas 5218 est celui d'un homme de trente-cinq ans qui avait essayé sans succès, pendant vingt-deux ans, de se débarrasser d'une acné opiniâtre; celle-ci provenait, selon Cayce, d'une élimination déficiente et d'un mauvais fonctionnement glandulaire.

Au départ, les traitements consistèrent en un mélange composé d'une cuillerée à soupe de chacun des éléments suivants: soufre, sels de Rochelle et crème tartrique. Le patient devait prendre chaque jour une cuillerée à café de ce mélange dans un verre d'eau, jusqu'à épuisement de la potion. Pour améliorer l'état des troisième, quatrième et sixième vertèbres dorsales ainsi que des troisièmes vertèbres cervicale et lombaire, il devait subir des manipulations ostéopathiques deux fois par semaine, pour un total de douze. Un traitement à la diathermie devait être appliqué juste avant chaque manipulation.

Après la série de manipulations, le sujet devait recommencer à prendre son mélange de soufre, sels de Rochelle et crème tartrique, puis répéter le cycle diathermie-manipulations.

Les chocolats et pâtisseries étaient interdits; malgré tout, il était permis de prendre à l'occasion un verre de coca-cola non carbonaté, car Cayce estimait que cette boisson favorisait le nettoyage des reins.

Le cas 5218 rapporta des améliorations très nettes dans l'état de sa peau, bien qu'il n'ait pas suivi la totalité des traitements prescrits.

ALCOOLISME

Cayce était d'avis que l'alcoolisme est un état pathologique comportant des facteurs autant physiques que psychologiques. Il pensait que si la situation n'était pas corrigée, les deux sortes de facteurs se perpétuaient en se renforçant mutuellement, pour le plus grand dommage du mental et du physique. Cayce soutenait qu'il était impossible de proposer un traitement unique pour l'alcoolisme, «car chaque individu a ses propres problèmes personnels». (606-1)

Malgré tout, les lectures insistaient sur l'importance d'ajuster les traitements aux besoins individuels, tout en indiquant diverses façons de rendre le problème plus facile à aborder. Vingt-sept lectures furent données pour vingt-trois personnes alcooliques. Ces cas étaient remarquables pour deux raisons: premièrement, la plupart d'entre eux s'étaient produits pendant la Prohibition; et deuxièmement, la grande majorité de ces cas concernaient des hommes, et la plupart des lectures avaient été demandées par une autre personne, bien souvent leur femme.

Quelqu'un demanda à Cayce ce qu'il allait advenir de la Prohibition aux États-Unis; Cayce répondit que celle-ci s'était déjà révélée un échec parce que «personne ne peut jamais légiférer pour faire apparaître la bonté dans le cœur de quiconque». (3976-8)

Comme nous l'avons déjà mentionné, Cayce pensait que les causes de l'alcoolisme avaient des dimensions physiques et psychologiques. Du point de vue physique, le besoin d'alcool était exacerbé par des désordres tels que des déséquilibres des glandes surrénales et des lésions de la colonne vertébrale concentrées dans la zone dorsale. Tant et aussi longtemps que le besoin d'alcool était stimulé par un problème d'ordre physique, il était difficile, voire impossible, à la volonté d'exercer son emprise.

Parmi les symptômes typiques de la surcharge physique, on peut mentionner: le surmenage nerveux; une assimilation et une élimination déficientes; des déséquilibres glandulaires; une résistance amoindrie aux infections; une circulation perturbée entre le cœur et le foie; la surcharge d'autres organes comme le pancréas, la rate et les reins; des toxines dans le sang et, finalement, une tendance au diabète.

Cayce accordait autant d'importance aux causes psychologiques de l'alcoolisme qu'aux causes physiques. Il s'insurgea souvent contre l'indulgence excessive envers les stimulants, et, dans certains cas, il considéra que cette indulgence était d'origine karmique, un besoin hérité d'une vie antérieure.

Traitement

Les lectures sur l'alcoolisme indiquent différents genres de traitements particuliers, même si un grand nombre de personnes avaient en même temps d'autres problèmes physiques. Comme on peut s'y attendre, les traitements étaient de nature physique tout autant que mentale et spirituelle.

Pour aider à rétablir l'équilibre physique, la consommation d'alcool devait être interrompue, la plupart du temps totalement. Les choses étaient facilitées par la «cure d'or» de Cayce; celle-ci consistait en petites doses de chlorure d'or, habituellement mélangé à du bromure de sodium, prises dans de l'eau à des heures précises. La cure d'or était censée provoquer la nausée dès que l'on consommait de l'alcool.

Sur la façon de suivre la cure, les instructions différaient. Un cycle unique, avec prise de chlorure d'or seulement, fut suggéré dans la lecture 845-4. Cayce prescrivait d'en prendre une goutte dans de l'eau pendant deux jours, puis deux gouttes pendant deux jours, et trois gouttes pendant deux jours. Ensuite, deux jours de repos, puis répétition du cycle. Cayce prédisait que la réaction nauséeuse apparaîtrait vers la fin du second cycle. La lecture 2010-1 suggérait aussi de l'or seul, à raison d'un grain par 30 ml d'eau distillée. Ce cycle s'établissait comme suit: une goutte dans un demi-verre d'eau quotidiennement pendant cinq jours, deux gouttes pendant cinq jours, trois gouttes pendant cinq jours et quatre gouttes pendant cinq jours. Après un repos de cinq jours, le cycle recommençait.

On remarque une grande variation dans les dosages où Cayce avait prescrit l'or et le sodium.

Une autre médication, suggérée dans quelques lectures, devait produire le même résultat. Les ingrédients varient quelque peu d'une lecture à l'autre, mais ils étaient tous présentés sous forme de capsules. La dose prescrite pour le cas 845 était une combinaison comprenant environ une goutte d'huile d'eucalyptus, une demi-goutte d'huile de térébenthine et une demi-goutte de teinture de benjoin composée. D'autres combinaisons consistaient en eucalyptol, teinture de benjoin, teinture de valériane, huile de térébenthine rectifiée, benzol et codéine. Ces capsules devaient généralement être fabriquées une à la fois et conservées pendant un laps de temps très court.

Dans un certain nombre de cas, Cayce suggérait des traitements à l'électrothérapie, le plus souvent la pile à électrolyte avec du chlorure d'or. Ce traitement aidait, pensait-il, à rétablir les connections nerveuses et à introduire l'or dans le système au niveau vibratoire. Dans quelques cas, il suggéra l'utilisation d'un appareil radioactif. Les lectures interdisaient de prendre une seule goutte d'alcool pendant les traitements, en expliquant que «l'électricité et l'alcool ne font pas bon ménage. Pris ensemble, ils brûlent les tissus et ne sont bons pour personne». (323-1)

Parmi les autres traitements physiques suggérés, on peut mentionner les manipulations de la colonne vertébrale, la diète, l'hydrothérapie, l'exercice, les reconstituants et diverses méthodes pour purifier le système. Les directives diététiques mettaient l'accent sur les fruits et les légumes, le poisson, la volaille, l'agneau, les jus de viande et les bouillons. On devait éviter le bœuf, le porc et beaucoup d'aliments qui provoquaient de l'acidité, ainsi que l'alcool.

Les traitements à l'hydrothérapie recouraient à la transpiration et au nettoyage du côlon. Il était également recommandé de faire de l'exercice au grand air et de prendre des reconstituants comme l'Atomidine ou des suppléments de vitamines pour augmenter la résistance de l'organisme.

Cayce accordait autant d'importance aux traitements mentaux et spirituels qu'à ceux qui touchaient le plan physique. Tout d'abord, pour qu'un traitement quelconque réussisse, il était absolument indispensable que la personne accepte de changer. Dans certains cas, il considérait que la meilleure solution, et la plus facile pour commencer, était une cure de désintoxication dans une institution appropriée. Il conseillait fréquemment de changer de milieu et de compagnons.

Une fois la décision prise de cesser de boire, elle était mise à exécution en remplaçant une tendance à penser négativement par une plus constructive. L'une des suggestions était d'éviter les émotions négatives comme la colère, la haine ou l'autopunition. Une autre consistait à coopérer activement avec les traitements physiques prescrits. On considérait que la visualisation créatrice contribuait dans une large mesure à développer les attentes positives d'un esprit et d'un corps sains.

En outre, Cayce était persuadé que la clé de la guérison se trouvait dans la pratique d'une vision plus spirituelle de la vie. La prière surtout était importante. Il était conseillé à certaines personnes de réfléchir au soi et à ses rapports avec Dieu et avec l'Univers. Également conseillée, la lecture de la Bible pour développer la perspective spirituelle. Cayce mentionnait fréquemment les passages suivants: Genèse 1:5-6; Exode 19:5; Deutéronome 30; et Jean 14:17.

Finalement, on donnait les mêmes conseils aux proches des alcooliques concernant les attitudes positives. Cayce répétait souvent qu'il fallait prier régulièrement et éviter de condamner.

Histoire de cas

Le cas 2161 est celui d'un alcoolique de trente-huit ans; la lecture indiquait que sa prédisposition à l'alcool était mentale aussi bien que physique. Mentalement, il manquait de volonté pour lutter contre ses inclinations physiques, alors qu'au plan physique, c'était son sang qui était affecté et ses glandes, de plus en plus atteintes.

La surcharge généralisée avait entraîné une subluxation des sixième et septième vertèbres dorsales, ce qui entravait les impulsions nerveuses régissant les fonctions digestives et exacerbait la toxicomanie.

Les traitements consistaient à neutraliser l'envie d'alcool et à restaurer l'équilibre du système. On recommandait des manipulations vertébrales deux fois par semaine, jusqu'à un maximum de huit à dix, ceci pour corriger la subluxation de la région dorsale et coordonner cette zone avec la quatrième lombaire, les cervicales supérieures et le reste de la colonne vertébrale.

Il était également prescrit, durant cette période, de prendre matin et soir pendant cinq jours, dans un demi-verre d'eau, une goutte d'or à un grain aux 30 ml et deux gouttes de sodium à trois grains aux 30 ml. Après un repos de cinq jours, le patient devait commencer ses traitements à l'aide d'un appareil radioactif, avec une solution contenant de l'or à environ quatre grains aux 30 ml. Les applications devaient durer vingt minutes chaque soir pendant dix jours. Après une période de repos, le patient devait reprendre les doses d'or et de sodium, puis continuer la séquence de traitements tel qu'indiqué ci-dessus, jusqu'à disparition complète du besoin d'alcool.

Le régime se composait surtout de légumes crus tels que les carottes, céleri, laitues et tomates ainsi bien que de légumes cuits. On recommandait le poisson, la volaille et l'agneau plutôt que le bœuf. Le patient était prévenu qu'il ne devait absolument plus prendre d'alcool, faute de quoi il risquait de tomber malade après les manipulations et les traitements à base de chlorure d'or.

Sur le plan psychologique, Cayce conseilla à ce patient de développer sa volonté et sa vie spirituelle.

Un mois plus tard, la mère du patient rapporta que son fils suivait les conseils de Cayce et qu'il s'était senti un homme nouveau dès la première semaine. À la période où avait lieu cette conversation avec Cayce, son fils se sentait si bien qu'il avait pu reprendre son travail.

Les rapports qui ont suivi confirmèrent qu'il avait réglé son problème et qu'il était guéri.

AMYGDALITE

La plupart du temps, l'amygdalite est une infection bactérienne due aux streptocoques. Elle se caractérise par un mal de gorge, de la fièvre et des frissons, des maux de tête, un manque d'appétit et des amygdales enflées.

L'amygdalite est généralement considérée comme une maladie d'enfant, bien qu'elle apparaisse également chez les adolescents et les adultes.

On compte trente-sept cas dans cinquante et une lectures qui reçurent de l'information sur les causes et les traitements de l'amygdalite; cette affection fut également mentionnée dans bien d'autres lectures. La moitié environ des cas dont il est question dans cette section concerne des personnes de dix-sept ans et plus.

Causes et traitement

Edgar Cayce attribuait généralement l'amygdalite à trois causes: des subluxations ou des lésions spinales, une élimination insuffisante et une mauvaise circulation. Dans de nombreux cas, les trois causes étaient réunies. De plus, Cayce était d'avis que les infections ne pouvaient pas se produire si l'équilibre acido-alcalinisant était maintenu dans l'organisme.

Avant de prescrire des traitements pour l'amygdalite, Cayce évaluait toujours la gravité de l'infection. Si, effectivement, le cas était grave, il recommandait de préparer l'organisme à l'ablation des amygdales; c'est ce qu'il prescrivit dans quarante pour cent des cas: ablation immédiate ou éventuelle. Il fit cependant bien d'autres suggestions pour soigner les patients lorsqu'il n'était pas question de chirurgie.

Dans soixante pour cent des cas, les lectures recommandaient des manipulations vertébrales fréquentes, en prêtant une attention spéciale aux vertèbres cervicale et dorsale supérieure. En plus de relaxer et d'aligner les vertèbres, les manipulations avaient pour but de stimuler le drainage de la gorge pour éviter une augmentation des toxines dans le tissu lymphatique. Avant l'opération, Cayce recommandait presque toujours des manipulations pour assurer un bon drainage de l'infection avant l'ablation proprement dite des amygdales. Dans quelques cas, l'état du malade s'améliora à un point tel que l'idée de l'intervention chirurgicale fut abandonnée.

Dans plus du quart des lectures, il suggéra des massages et des frictions que l'on devait administrer avec diverses sortes de substances, incluant l'alcool et le beurre de cacao. Les massages de la gorge et du cou, aussi bien que du reste du corps, étaient d'une grande importance. Cayce déclara à la mère d'une petite fille de neuf mois qu'on pourrait contrer l'hypertrophie des amygdales et des végétations adénoïdes en faisant des massages du cou et de la zone cervicale.

Dans vingt-cinq pour cent des cas, Cayce souligna l'importance d'une élimination régulière, en en augmentant parfois le volume. Pour désintoxiquer l'organisme, il prescrivit des laxatifs salins, des lavements ou des irrigations du côlon. Pour vingt-deux pour cent des cas, il recommanda un régime alcalinisant à base d'agrumes et de jus d'agrumes, de légumes verts et d'autres aliments à propriétés alcalinisantes. Les viandes et les féculents n'étaient pas permis, ou alors en très petite quantité. À maintes reprises, il conseilla des diètes semi-liquides et des aliments sanguino-formateurs, comme le jus de foie de veau, pour purifier l'organisme et lui donner de la vigueur.

Dans certains cas, il prescrivit des tisanes, le plus souvent du podophyllum pris avec de la leptandrine et de la sanguinaria, du safran jaune pris dans du thé et de l'infusion de sauge combinée avec de l'élixir de calisaya et d'autres plantes. Ces tisanes devaient être prises à intervalles réguliers.

Dans quelques cas, il suggéra des gargarismes et des bains de bouche pour soulager l'irritation, en utilisant Lavoris, Glyco-Thymoline et autres antiseptiques alcalinisants.

Dans un cas, il recommanda l'application d'un cataplasme à la Glyco-Thymoline autour de la gorge pour diminuer l'inflammation.

Histoire de cas

La plupart des patients ou des parents d'enfants concernés n'envoyèrent pas de rapports, mais six cependant firent état d'une guérison complète ou d'une amélioration remarquable.

Un enfant, le cas 508, avait deux subluxations des vertèbres dorsales, lesquelles avaient entraîné l'inflammation d'une partie des ganglions lymphatiques de la gorge. Cayce recommanda des manipulations vertébrales quotidiennes pendant environ une semaine pour faciliter le drainage de la gorge. Le garçon devait aussi prendre un laxatif. Les agrumes, les légumes et leur jus, ainsi que d'autres aliments reconstituants lui étaient conseillés.

La mère de l'enfant, qui l'aidait à suivre ses traitements, fit savoir plus tard que son fils s'était complètement rétabli.

AMYOTROPHIE PÉRONIÈRE DE CHARCOT-MARIE-TOOTH-HOFFMANN

C'est une maladie rare caractérisée par l'hippocratisme des pieds et une atrophie musculaire progressive. Cette affection est due à la dégénérescence des cellules de la partie inférieure de la colonne vertébrale et des nerfs qui gouvernent la locomotion; elle commence dans les muscles alimentés par les nerfs péroniers, sur les côtés externes des jambes, et envahit lentement les muscles des mains et des bras.

Les symptômes apparaissent habituellement avant l'âge de vingt ans, mais ils peuvent aussi se manifester vers quarante ou cinquante ans.

Une seule personne ayant eu une lecture avait reçu le diagnostic d'un médecin confirmant qu'elle était atteinte de cette maladie. C'était une jeune femme de vingt ans, le cas 1122, qui avait perdu l'usage conscient de sa main gauche et commençait à traîner la jambe gauche. Sa condition avait été attribuée à une chute faite alors qu'elle était en patins à roulettes, à l'âge de quatorze ans. Cet accident avait provoqué des compressions dans les zones sacrée et coccygienne ainsi que des réactions à d'autres endroits de la colonne; ces compressions entravaient les influx nerveux normaux en provenance et à destination du cerveau et interféraient avec les mouvements.

Traitement

Les traitements typiques pour la paralysie et l'atrophie musculaire consistaient en manipulations vertébrales, massages avec différentes huiles, électrothérapie, modifications du régime alimentaire, administration de toniques pour les glandes, attitudes mentales positives et prière. La première place était cependant accordée aux manipulations vertébrales pour tenter de rétablir une coordination normale entre les systèmes sympathique et céphalo-rachidien. Cayce recommanda aussi les traitements aux rayons sinusoïdaux. On devait de plus envoyer à cette femme des suggestions positives de guérison au moment où elle s'endormait, apparemment pour renforcer d'autres enseignements métaphysiques auxquels elle croyait.

Histoire de cas

On ne reçut aucun compte rendu post-thérapeutique pour le cas 1122, mais on sait que Cayce a obtenu des résultats positifs pour des traitements de cas semblables. L'un de ces cas concernait une femme de soixante-quinze ans dont les jambes étaient paralysées depuis seize mois lorsqu'elle demanda une lecture.

Cayce lui donna des instructions précises pour les manipulations des zones lombaire et sacrée. Il conseilla également des massages et un régime bien équilibré.

Au bout de six mois de traitement, la patiente retrouvait l'usage complet de ses jambes. Le médecin qui l'avait soignée n'en revenait pas, étant donné l'âge de la dame.

ANÉMIE

Le terme «anémie» s'applique en gros à tout état pathologique dans lequel le nombre de globules rouges du sang tombe sous la normale, mais il y a plusieurs sortes d'anémie. Dans l'une, il y a insuffisance de globules, dans une autre, insuffisance d'hémoglobine ou même diminution de la quantité de sang dans l'organisme. Les symptômes caractéristiques comprennent l'essoufflement, la pâleur, la lassitude et le manque d'énergie.

Edgar Cayce accorda un total de quinze lectures concernant l'anémie à quatorze personnes âgées de quatre à cinquante-quatre ans.

Dans treize cas, Cayce remarqua une mauvaise circulation, associée à des déséquilibres du métabolisme. Certains types de déséquilibres digestifs interféraient fréquemment avec la production des globules sanguins, avec pour résultat une quantité insuffisante de globules rouges, et parfois également une déficience en globules blancs.

Dans huit cas, Cayce mentionna une élimination déficiente comme facteur principal de l'anémie; celle-ci entraînait une accumulation de toxines, ainsi que de l'hyperacidité et de l'infection, tous ces facteurs affectant négativement l'assimilation et la circulation. Un déplacement des vertèbres, mentionné dans huit cas, pouvait aussi aggraver le problème en infléchissant les influx nerveux conduisant aux organes digestifs et en ralentissant la circulation. Dans sept cas, il releva un facteur étroitement lié, qui était l'absence de coordination entre les systèmes sympathique et céphalo-rachidien. D'autres problèmes qui contribuaient à l'anémie et qui étaient parfois mis en cause faisaient référence à des déséquilibres glandulaires, à des infections, à des blessures et à des facteurs prénatals.

Traitement

Un traitement initial que Cayce recommanda à tous ses patients, sauf un, consistait à adopter un régime alimentaire mieux équilibré, pour fortifier l'organisme. Il suggéra fortement les légumes frais, les jus d'agrumes, le foie, les fruits de mer, le jus de bœuf, le lait, les grains entiers et d'autres aliments excellents pour les nerfs et le sang. Étaient interdits les aliments frits, les boissons gazeuses et le pain blanc.

Dans neuf cas, il conseilla également des traitements à l'électrothérapie, dans le but de stimuler la circulation. La plupart du temps, il recommanda le vibromasseur électrique et le rayon violet. Les lectures, pour plus de la moitié des cas, prescrivaient des manipulations vertébrales se concentrant sur la moitié inférieure de la colonne vertébrale, en coordonnant les autres régions au besoin. Il recommanda souvent aussi des suppléments alimentaires reconstituants du sang tels que le Codiron, l'Adiron et la Ventriculine. Il suggéra également des lavements et des laxatifs comme le lait de magnésie pour stimuler l'élimination.

À six reprises, il prescrivit des massages de la colonne vertébrale ou de l'abdomen à l'aide d'huile d'olive ou d'arachide, ou d'autres substances. D'autres suggestions occasionnelles avaient trait à des tisanes toniques, à des inhalations et à l'Atomidine pour usage interne.

Histoire de cas

Malgré l'absence de suivi médical dans la majorité des cas, trente pour cent des patients firent état d'une amélioration de leur santé, et certains reconnurent que leur guérison était complète.

Le cas 1796 en est un exemple; c'était un jeune homme de seize ans qui reçut une lecture pour une anémie. Cayce vit que des lésions localisées un peu partout dans le système nerveux avaient provoqué des problèmes circulatoires dans les zones dorsale et cervicale, ce qui entraînait une élimination déficiente et une mauvaise assimilation des aliments. Cela amena finalement une insuffisance dans le système circulatoire qui aboutit à l'anémie. Un état catarrhal s'était également installé, affectant les organes sensoriels.

Le premier traitement donné au jeune homme fut une série de dix à quinze manipulations ostéopathiques; celles-ci devaient aider à établir un drainage adéquat pour que le système se débarrasse de ses toxines et que l'élimination se normalise. Pour les mêmes raisons, Cayce recommanda une cuillerée à soupe de lait de magnésie au moins trois fois par semaine.

Au moment de la troisième ou de la quatrième manipulation, le rayon violet devait être appliqué en utilisant l'appareil à ampoule. De plus, des massages légers devaient être faits le long de la colonne vertébrale, toujours avec le rayon violet, de deux à trois fois par semaine à l'heure du coucher. Ils devaient durer trois minutes et couvrir les zones allant de la base du cerveau à l'extrémité inférieure de la colonne ainsi que le pourtour de la gorge et du thorax.

Il fut également prescrit une goutte d'Atomidine dans un demi-verre d'eau, pendant cinq jours avant le petit déjeuner. À la fin de deux cycles d'Atomidine, une période de repos de trois à quatre jours était conseillée, suivie de la prise d'Adiron à chaque repas, pendant un minimum de deux à trois semaines.

Cayce conseilla fortement les aliments reconstituants, lesquels comprenaient le foie, le poisson et l'agneau grillés. Également très recommandés: les aliments jaunes tels que carottes, pêches et maïs. Les fritures étaient interdites.

Le jeune homme suivit les instructions de Cayce et rapporta que sa santé et sa vitalité s'étaient grandement améliorées.

ANTHRAX

Un anthrax est une inflammation de la peau qui ressemble à un furoncle mais en plus étendu. Dans la lecture 270-41, Edgar Cayce décrivit l'anthrax comme «une rupture de tissus cellulaires qui laisse se former des accumulations à l'intérieur». Cinq personnes reçurent vingt-quatre lectures concernant cette pathologie particulière ainsi que d'autres.

Une perturbation dans le fonctionnement des glandes de l'assimilation était considérée au moins comme une cause dans presque toutes les lectures; et deux parmi celles-ci spécifiaient que les anthrax étaient la conséquence d'un déséquilibre chimique affectant les glandes. Dans la lecture 270-41, Cayce déclara effectivement que les anthrax «dépendaient de l'activité de la glande thyroïde».

Traitement

Les traitements prescrits pour les anthrax étaient bien au point; ils comprenaient des régimes et de la physiothérapie aussi bien que des applications locales.

Dans tous les cas, Cayce prescrivit des baumes et des pommades pour soulager les douleurs provoquées par les anthrax. Les mélanges le plus souvent recommandés étaient constitués de graisse de rognon de mouton liquéfiée, d'essence de térébenthine et d'alcool camphré, et aussi d'Iodex et de charbon activé. Les instructions conseillaient un massage avec la pommade jusqu'à complète absorption par l'anthrax, et cela au moins une fois par jour. L'incision ou l'ablation chirurgicale fut conseillée dans trois cas, et devait être accompagnée de soins postopératoires à donner à la maison.

Dans trois cas, Cayce suggéra des massages et des frictions sur tout le corps en utilisant de l'huile de pin, de l'huile d'olive et un vibromasseur, et en accordant une attention spéciale à des zones bien précises du dos et de la colonne vertébrale. Deux lectures soulignèrent l'urgence d'adopter un régime alcalinisant pour assurer une bonne élimination.

Histoire de cas

L'histoire de cas exposée ci-dessous concerne une femme de quarante-cinq ans, le cas 303. Bien que cette femme ait plus tard décidé de recourir à la chirurgie, un traitement identique à celui du cas 1325 donna d'«excellents» résultats.

Le cas 303 reçut dix lectures concernant des anthrax douloureux dans le dos et sur les jambes. Cayce attribua son problème à une insuffisance glandulaire, compliquée par une circulation ralentie et une élimination déficiente.

Pour soulager les douleurs le plus tôt possible, Cayce conseilla d'employer un baume composé d'une petite quantité d'Iodex mélangée à un demi-grain de charbon activé. Les massages devaient se faire tous les soirs avant le coucher, pendant deux semaines environ, au moyen d'un vibromasseur électrique; les endroits à masser étaient la base du cerveau et le pourtour de la gorge, du visage et de la tête. Pour faciliter l'élimination, Cayce recommanda un régime alcalinisant.

Au moment des troisième et quatrième lectures, les douleurs étaient toujours présentes; elles étaient dues à une circulation insuffisante dans la zone atteinte. La concentration du baume fut alors augmentée à quinze grains de charbon activé mélangés à 30 ml d'Iodex. On devait masser les anthrax deux fois par jour avec cette mixture. Cayce suggéra également une tisane tonique composée de blé bouilli dans du lait, d'élixir de Calisaya, de patience, d'extrait liquide de phytolaque, d'essence de stillingia et de teinture de piment. Cette tisane devait être prise plusieurs fois par jour.

À la sixième lecture, la personne se plaignit d'une irritation sur ses anthrax provoquée par le frottement des habits qu'elle portait. Cayce lui suggéra de se faire frictionner le dos et les jambes tous les soirs avec une pommade à l'Iodex et au charbon activé. On devait ensuite appliquer sur les plaies un pansement de gaze imbibé d'un mélange de suif de mouton, d'essence de térébenthine et d'alcool camphré. Arrivée à la lecture finale, la patiente décida de se faire opérer et on ne reçut aucun rapport par la suite.

En résumé, les trois cas ayant fait parvenir des rapports post-thérapeutiques signalèrent une amélioration notable de leur condition après avoir suivi les suggestions de Cayce.

APHONIE

L'aphonie est une perte de la voix causée par une maladie ou par une blessure au niveau de la gorge ou des cordes vocales.

Seize personnes reçurent un total de vingt et une lectures à ce sujet. La première concerne Edgar Cayce lui-même. On se souvient que celui-ci commença sa carrière de médium alors que, par transe hypnotique, il réussit à diagnostiquer et à suggérer un traitement pour soulager la grave laryngite dont il souffrait.

La cause la plus fréquente d'aphonie notée par Cayce est l'absence de coordination du système nerveux due au stress, au surmenage et à un mauvais alignement de la colonne vertébrale. Une légère paralysie du larynx ou d'un autre organe de la parole constituait parfois un facteur déclenchant.

Dans trente pour cent des cas environ, l'excès d'acidité dans l'organisme avait entraîné un refroidissement et de la congestion, lesquels avaient attaqué les organes de l'élocution. Dans vingt-cinq pour cent des cas, il fallait tenir compte d'une mauvaise élimination et d'une toxémie qui se produisaient parfois en même temps que la congestion.

Un facteur intéressant, qui était présent dans un autre quart des cas, était d'origine psychologique: le refoulement de peurs et d'angoisses, ce qui se traduisait par une perte de la voix. De temps à autre, cela comprenait aussi un déséquilibre psychique appelé «psychophonie».

Traitement

Cayce insista sur l'importance d'assurer et de maintenir une bonne coordination nerveuse dans tout le corps si l'on voulait traiter l'aphonie. Des manipulations vertébrales, en particulier sur les vertèbres cervicales, furent recommandées dans plus de soixante pour cent des cas, mais la fréquence du traitement fut rarement précisée.

Dans presque soixante pour cent des cas, les lectures mentionnent un nettoyage du côlon et l'usage de laxatifs doux tels que les sels Eno ou l'huile d'olive, pour débarrasser l'organisme de l'accumulation des toxines.

Des thérapies internes, telles que des régimes spéciaux ou des composés médicinaux naturels, furent recommandées dans plus de quarante pour cent des cas pour rétablir l'équilibre acide-alcalin normal du corps. On conseillait des fruits, des légumes et du poisson, les sucreries et les féculents étant à proscrire.

Finalement, un quart des lectures suggéraient les massages pour stimuler la circulation et favoriser la relaxation.

Histoire de cas

Trois personnes, dont l'une était Cayce lui-même, envoyèrent des rapports de réussite. Les treize autres, qui avaient aussi reçu des lectures sur l'aphonie, n'ont pas communiqué de résultats et n'ont même pas mentionné si elles avaient suivi ou non les traitements.

Le cas 294 était celui d'Edgar Cayce, qui avait commencé sa carrière quand il s'était rendu compte qu'il pouvait diagnostiquer des maladies et ensuite prescrire des traitements alors qu'il se trouvait en état de transe autoprovoquée.

Sa première lecture sur l'aphonie consistait en une description de la séance qu'il avait eue avec un hypnotiseur après avoir souffert d'une grave laryngite pendant un an. Il avait trente-trois ans à l'époque. Son discours inconscient, prononcé d'une voix normale, décrivit un état de tension nerveuse qui avait provoqué une constriction des nerfs et des muscles du corps entier. Cela avait affecté la circulation sanguine du larynx, et abouti à une impossibilité de parler. Cayce demanda à l'hypnotiseur de lui suggérer à son tour que la circulation s'accroisse dans la zone de ses cordes vocales, ce que fit l'hypnotiseur. Pendant quelques minutes, le cou de Cayce se mit à rougir violemment, après quoi l'hypnotiseur suggéra à la circulation de reprendre son cours normal. Lorsque Cayce se réveilla, il pouvait parler tout à fait normalement.

À l'âge de quarante-sept ans, le stress et le surmenage furent à nouveau responsables de la perte de voix de Cayce. La lecture qui fut faite à ce moment-là lui conseilla de maintenir une bonne circulation, une élimination normale ainsi que des attitudes positives pour hâter la guérison. Malheureusement, la fatigue dont il souffrait périodiquement, à cause de l'excès de demandes de lectures, entraîna une autre crise d'aphonie quatre ans plus tard. Cette fois, la lecture conseilla des manipulations ostéopathiques tous les deux jours, pour déclencher le drainage et stimuler l'élimination.

La dernière lecture de Cayce sur son propre cas d'aphonie, donnée à l'âge de cinquante-cinq ans, tenait l'insuffisance de l'élimination et la toxémie comme responsables de la perte de sa voix. Il lui fut suggéré de suivre rigoureusement un régime bien équilibré à base d'aliments alcalinisants et de prendre alternativement du lait de bismuth et du lait de magnésie, suivis d'une dose de phénolphtaléine pour purger le système.

Chaque fois, Cayce suivit ses propres conseils jusqu'à la guérison, mais il connut de fréquentes rechutes à cause de son désir de continuer à donner des lectures. Vers la fin de sa vie, son aphonie semblait être la façon qu'avait trouvée son organisme pour réclamer un peu de répit.

APHTES ET HERPÈS

Edgar Cayce donna seize lectures à treize personnes atteintes d'aphtes et une lecture pour chacun des deux cas souffrant d'herpès. L'aphte se caractérise par des ulcérations douloureuses, situées en général autour de la bouche ou des lèvres. L'herpès est une infection virale dans laquelle des lésions à répétition peuvent surgir n'importe où, mais le plus souvent sur les lèvres, dans la bouche et sur les organes génitaux. Ces maladies présentant des symptômes semblables, elles sont traitées ensemble dans cette section.

Dans tous les cas d'aphtes et d'herpès, Cayce souligna la présence d'autres problèmes physiques qui avaient prédisposé l'organisme aux irritations du visage. En général, il considérait ces plaies comme un signal d'alarme par lequel le corps tentait de circonvenir des conditions beaucoup plus graves.

Il pensait que toutes ces personnes souffraient de problèmes digestifs et d'une élimination insuffisante, ce qui entraînait un excès d'acidité dans leur organisme. Dans dix cas, les plaies du visage furent attribuées de façon précise à la régurgitation d'acides en excès dans l'estomac jusque dans la gorge et la bouche, y provoquant l'irritation des tuniques internes.

Dans sept cas, la cause principale des troubles digestifs initiaux fut attribuée à des subluxations ou lésions spinales ayant entraîné un défaut de coordination, surtout dans la zone du foie. Dans quatre autres cas, les troubles digestifs étaient attribués à un état toxique du sang et à une mauvaise élimination. Dans quelques cas, c'est la congestion qui était en cause.

Traitement

Dans onze cas, des changements de régime furent conseillés, de façon à incorporer beaucoup plus d'aliments alcalinisants comme des légumes verts en feuilles, crus ou cuits, des agrumes, et également du poisson, de la volaille, de l'agneau et des céréales à grains entiers. On devait éviter les aliments gras, les féculents et ceux qui produisaient de l'acidité.

Dans dix cas, les lectures prescrivirent des manipulations, des frictions ou des massages relaxants à faire particulièrement dans la région du dos et de la colonne vertébrale pour corriger le manque de coordination spinale et stimuler l'élimination. On pouvait utiliser diverses substances pour les massages. À deux reprises, Cayce suggéra un mélange de graisse de mouton, d'essence de térébenthine et d'alcool camphré pour soulager la congestion. Dans trois cas, les lectures conseillèrent des ajustements ostéopathiques précis pour corriger des lésions et subluxations spinales.

Pour le soulagement local des plaies, sept lectures indiquèrent un rinçage de la bouche avec un antiseptique alcalinisant tel que Lavoris ou Glyco-Thymoline, et Atomidine diluée. Elles recommandaient également des applications de vaseline carbolique, d'Ipsab non dilué, d'un mélange de laudanum-aconit et d'alcool camphré.

Cayce recommanda aussi des alcalinisants à prendre par voie interne, par exemple de petites quantités de Glyco-Thymoline dans de l'eau, du Bidosol et de l'Al-Caroid. Dans six lectures, il donna des précisions sur les méthodes à suivre pour accroître l'élimination. La plupart du temps, il citait Castoria, les irrigations du côlon et des composés préparés spécialement, certains à base d'infusion de plantes. Ces laxatifs devaient être administrés à différents intervalles pour stimuler le drainage des toxines hors du système. Dans trois cas, Cayce suggéra l'hydrothérapie, toujours dans le but d'accroître l'élimination et de stimuler la circulation. Aussi souvent que l'hydrothérapie, il recommanda les cataplasmes abdominaux à l'huile de ricin, à la Glyco-Thymoline ou au vinaigre et sel.

Histoire de cas

Le cas 2462 est celui d'un homme de trente-quatre ans. Cayce attribua la cause de ses aphtes à l'hyperacidité de son organisme. La cause première était due à des lésions spinales dans la zone dorsale et la partie inférieure de la colonne, lesquelles détournaient les influx destinés à la circulation et entraînaient finalement une très grande toxicité.

Le traitement qu'il prescrivit comprenait des manipulations ostéopathiques réparties sur une période de dix jours. Il se référait précisément aux cinquième, sixième, huitième et neuvième vertèbres dorsales ainsi qu'aux zones coccygienne et sacrée. Après la troisième manipulation, le patient devait suivre un traitement complet à l'hydrothérapie, lequel comprenait une séance de sauna, une irrigation du côlon, une douche chaude et froide ainsi qu'un massage complet de la colonne avec de l'huile d'arachide et ensuite de l'alcool. Après un repos de dix jours, on devait lui faire une autre série de six manipulations.

À la fin de son principal repas de la journée, il devait prendre une demi-cuillerée à café d'Al-Caroid dans de l'eau, suivie de deux grands verres d'eau. Une fois par mois, il devait boire un peu d'eau de lithia.

Le régime devait inclure des légumes crus au moins une fois par jour. Étaient à éviter les boissons gazeuses, les fritures, les gâteaux et les pâtisseries, mais le gâteau aux fruits était parfois permis. En application locale, il devait employer un antiseptique alcalinisant tel que la Glyco-Thymoline ou le Lavoris.

Un rapport post-thérapeutique déclara que le cas 2462 avait noté une amélioration, même si sa condition n'était pas encore tout à fait normalisée à ce moment-là. Les rapports cessèrent par la suite.

APOPLEXIE

Edgar Cayce consacra quarante-trois lectures à trente cas d'apoplexie. Cette maladie est communément appelée «crise cardiaque», bien que les lectures n'aient fait aucune référence particulière aux attaques cardiaques. La crise peut être provoquée soit par le blocage d'un vaisseau sanguin, soit par l'hémorragie déclenchée par l'obstruction d'un vaisseau.

L'attaque peut entraîner l'hémorragie cérébrale, la paralysie partielle ou totale et, dans certains cas, la mort. Les symptômes peuvent atteindre leur intensité maximale en quelques secondes, ou après quelques minutes, ou quelques heures. Les symptômes moins graves se manifestent par une désorganisation de la parole, de la pensée, des mouvements, des sensations et de la vision.

Le dénominateur commun qui apparaît dans les lectures de Cayce concernant l'apoplexie est la mauvaise circulation; celle-ci est accompagnée d'un affaiblissement ou de la destruction des cellules des parois des vaisseaux sanguins, ce qui a pour résultat la formation de caillots. Dans trente-cinq pour cent des cas, une élimination insuffisante constituait un facteur critique. Elle était souvent accompagnée de stress, de tension et de surmenage nerveux avec, de temps à autre, une mauvaise coordination nerveuse associée à des lésions et à des subluxations spinales. Le fait que de telles complications soient régulièrement notées dans tous les cas semble suggérer que Cayce considérait la cause des crises cardiaques comme liée à des perturbations chimiques et métaboliques qui influaient finalement sur le cœur et le système circulatoire.

Traitement

Pour les personnes souffrant d'insuffisance cardiaque, Cayce concentrait ses traitements essentiellement sur le rétablissement du bien-être de l'organisme et l'adoption de saines habitudes afin d'éviter la répétition des crises.

Il recommandait le plus souvent la physiothérapie et l'électrothérapie. Dans à peu près soixante-quinze pour cent des cas, il conseilla des massages légers quotidiens, en particulier ceux de la colonne vertébrale, des muscles du dos, des membres et des zones atteintes de paralysie. Pour ces massages, il suggérait souvent d'employer de l'huile d'arachide, ou de pin, ou d'olive, ou un mélange de ces huiles. Il y avait des mélanges plus stimulants pour les massages, qui renfermaient des ingrédients tels que l'huile de bois de cèdre, l'essence de wintergreen, la teinture de benjoin composée, l'huile de sassafras et l'huile de moutarde. Pour favoriser la détente musculaire et une bonne circulation, l'emploi d'un vibromasseur électrique était parfois considéré comme bénéfique.

Dans quarante pour cent des cas environ, Cayce recommanda différents types d'électrothérapie. Dans la majorité des cas, il encourageait les gens à se servir de la pile à électrolyte, pendant quinze à trente minutes chaque jour, en utilisant une solution de chlorure d'or et en faisant parfois alterner les solutions de chlorure d'or avec de l'alcool camphré. Cayce recommanda aussi l'emploi de l'appareil radioactif, mais les traitements ne furent ni assez spécifiques ni assez réguliers pour qu'on puisse en parler ici.

Puisqu'il y avait un lien entre les dysfonctionnements chimiques et l'élimination insuffisante, Cayce suggéra, dans presque quarante pour cent des cas, un régime alimentaire équilibré et fortement alcalinisant. Ce régime comprenait des légumes verts, des jus et des soupes de légumes, des agrumes et leur jus. Pour les cas les plus graves – qui incluaient la paralysie partielle ou totale –, il suggéra un régime liquide ou semi-liquide composé de jus, de bouillons et de jus de viande. On devait s'abstenir de consommer du porc et de la viande rouge et ne pas abuser des féculents ou des mélanges de féculents.

Cayce diagnostiqua la tension nerveuse et une mauvaise coordination des nerfs comme causes de l'apoplexie, ou facteurs y contribuant; il prescrivit donc l'ostéopathie dans plus de vingt pour cent des cas. Les traitements devaient être suivis de massages.

Dans presque vingt pour cent des cas, il recommanda différents laxatifs pour éliminer l'accumulation des toxines. Parmi les méthodes mentionnées, on retrouve les purgations au Zilatone, au Sal Hepatica, à l'huile d'olive ainsi que des lavements. Cayce insista aussi sur l'importance de se reposer et de se détendre sans travailler pendant la convalescence.

Histoire de cas

Une femme de cinquante-sept ans, le cas 1187, avait eu une attaque accompagnée de paralysie que Cayce attribua à une rupture des parois du système circulatoire provoquée par le stress et le surmenage. Il nota également des subluxations dans l'axe des neuvièmes vertèbres dorsale et lombaire, ce qui avait entraîné un certain nombre de perturbations du système sympathique.

La personne reçut un total de cinq lectures qui donnèrent les grandes lignes d'une série de traitements. On devait lui masser les pieds et les jambes avec un mélange de suif de mouton, d'alcool camphré et d'essence de térébenthine. Les mouvements devaient partir du tronc pour être dirigés vers le bas du corps. La patiente devait également recevoir des lavements pour soulager des pressions dans le côlon et le tube digestif, et se prêter à des manipulations vertébrales (à l'exception des vertèbres cervicales).

La seconde lecture fit état d'améliorations et recommanda de continuer les massages et les lavements; les parties du corps à masser incluaient maintenant la colonne vertébrale, les membres et le côté gauche. La lotion devait se composer d'un mélange d'huile blanche de Russie, d'huile d'olive, de teinture de myrrhe, d'huile de bois de cèdre, d'essence de wintergreen et de teinture de benjoin composée.

Dans d'autres lectures, la personne, le cas 1187, fut encouragée à recevoir des ajustements ostéopathiques additionnels dans la zone lombo-sacrée. Son régime devait se composer essentiellement d'aliments fortement alcalinisants, avec une préférence pour les jus de fruits et de légumes, les jus de bœuf, les protéines et les féculents en proportion équilibrée.

Son état s'améliora, et elle put graduellement faire de l'exercice modéré. Quelques ajustements furent nécessaires au cours de son rétablissement; elle devait continuer les massages pour conserver une bonne circulation, et l'utilisation du rayon violet se révéla bénéfique.

À la stupéfaction de ses médecins, la personne, le cas 1187, guérit totalement et vécut jusqu'à l'âge de soixante-dix ans sans jamais souffrir d'apoplexie.

APPENDICITE

C'est l'inflammation de l'appendice. Elle se manifeste fréquemment sous sa forme aiguë, avec une brusque apparition de symptômes graves incluant la douleur au côté droit de l'abdomen, l'anorexie, la nausée, le tout accompagné d'une fièvre légère et d'un nombre élevé de globules blancs.

Une cinquantaine de personnes reçurent des lectures au sujet de l'appendicite ou d'une prédisposition à cette affection, ou à d'autres problèmes connexes. Le résumé qui suit est basé sur trente-quatre lectures accordées à vingt-six personnes souffrant d'appendicite.

Bien que Cayce n'ait pas précisé les causes dans tous les cas, pour plus de la moitié de ceux-ci, il mentionna une élimination déficiente et souvent chronique comme facteur essentiel de l'appendicite. Cayce soutenait que la mauvaise élimination conduisait à un engorgement et à une accumulation de toxines dans l'appendice, le cæcum et dans la partie supérieure du côlon, ce qui provoquait souvent de l'inflammation et de graves désagréments.

Les deux autres causes le plus souvent mentionnées étaient une mauvaise circulation et des subluxations spinales, avec d'autres facteurs variant d'un cas à l'autre. Généralement, on trouvait un ensemble de deux ou de plusieurs facteurs.

Traitement

Les traitements de Cayce pour soigner l'appendicite allaient des laxatifs à l'ablation chirurgicale de l'appendice. En dépit du fait que les médecins avaient recommandé l'opération dans un grand nombre de cas, Cayce n'estima la chirurgie nécessaire que dans trois cas, à condition que ses traitements soient suivis fidèlement et sans délai. Ces traitements avaient pour but d'aider l'organisme à absorber et à éliminer l'inflammation, et à permettre ainsi à l'intestin de retrouver son état normal. Il avertit toutefois certains patients de surveiller leur température de près, car si elle se mettait à monter, il faudrait recourir à l'opération.

Les traitements de Cayce consistaient essentiellement à améliorer l'élimination, à corriger le régime alimentaire, à appliquer des cataplasmes et à faire des massages et des manipulations de la colonne vertébrale.

Pour stimuler l'élimination, il recommanda, dans vingt-deux cas, des laxatifs, des lavements ou des nettoyages du côlon, et parfois les deux. Les caractéristiques pouvaient varier, mais les laxatifs le plus souvent prescrits étaient l'huile d'olive, le Castoria, le lait de bismuth et les laxatifs à base d'herbe de Ste-Marie (ambroisie). On pouvait prendre l'huile d'olive en petites doses répétées toute la journée, ou encore en une seule fois en grande quantité (par exemple 125 ml). L'ambroisie, qui était pratiquement le remède spécifique de l'appendice, était surtout prescrite sous sa forme tonique, les ingrédients et les instructions variant selon les individus.

De nombreuses personnes souffrant d'élimination déficiente se voyaient prescrire des lavements ou des nettoyages du côlon. Tantôt il fallait se limiter aux lavements, tantôt les accompagner de laxatifs. On devait fréquemment ajouter du sel et du bicarbonate de soude à l'eau utilisée. (Il est important de rappeler que de nombreux médecins estiment qu'il faut absolument éviter de provoquer une élimination lorsque l'on craint l'appendicite.)

Dans plus de soixante pour cent des cas, Cayce recommanda des mesures diététiques correctrices. Ceux qui souffraient d'un état plus grave devaient suivre un régime liquide ou semi-liquide consistant essentiellement en jus de bœuf et en jus de fruits et de légumes. Deux fois, il recommanda du raisin et du jus de raisin. Pour éviter d'aggraver la surcharge de l'organisme, les diètes légères devaient se poursuivre jusqu'à la disparition de l'affection. Par la suite, l'accent était mis sur des aliments doux, alcalinisants et digestes, avec ajout progressif de foie et d'autres aliments reconstituants à mesure que les forces revenaient. Les viandes et les graisses n'étaient permises qu'en petite quantité, les fritures et le porc interdits, bien souvent pour une période allant de six mois à deux ans.

À neuf reprises, Cayce recommanda l'emploi de divers cataplasmes, les plus souvent utilisés étant ceux à l'huile de ricin ou les cataplasmes aux sels d'Epsom ou au jus de raisin. Les cataplasmes à l'huile de ricin avaient pour but de diminuer la congestion de toute la zone gastro-intestinale, ou, selon Cayce, «de soulager la tension et d'agir comme révulsifs aux propriétés ajoutées de façon interne». (562-1)

Les cataplasmes au jus de raisin devaient être posés au même endroit; ils étaient préparés en écrasant des grappes de raisin Concord et en plaçant le produit obtenu entre deux morceaux de linge, sur une épaisseur d'au moins un centimètre et demi. On devait garder les cataplasmes sur soi pendant un minimum de deux heures par jour, avec un changement de cataplasme pendant cette période. (Il est important de noter que de nombreux médecins estiment que toute application de chaleur sur l'abdomen devrait être rigoureusement évitée lorsqu'on craint une appendicite. On peut appliquer des cataplasmes d'huile de ricin sans utiliser de coussin chauffant si l'on estime que la chaleur n'est pas recommandée.)

Dans presque la moitié des cas, Cayce suggéra des manipulations de la colonne vertébrale. Bien qu'il fût parfois question de manipulations de toute la colonne, la plupart du temps, les ajustements devaient se limiter aux régions lombaire et dorsale, Cayce mentionnant souvent la quatrième vertèbre lombaire et les huitième et neuvième dorsales. Il recommandait aussi très fréquemment du repos.

À maintes reprises, il conseilla des massages et des frictions adaptés aux besoins individuels. Les endroits à travailler étaient soit le corps entier, soit des zones particulières. Les substances à employer pour les massages comprenaient l'alcool (sur la colonne vertébrale pour faire baisser la température), l'huile d'arachide, et un mélange d'huile d'olive et de teinture de myrrhe.

Histoire de cas

On trouve de nombreux rapports favorables provenant de personnes qui présentaient les symptômes de l'appendicite et qui ont suivi fidèlement les consignes de traitement de Cayce. Huit parmi elles ont relaté une guérison complète, sans recours à la chirurgie, et quatre autres ont mentionné un soulagement de leurs symptômes. Celles qui durent se faire opérer se rétablirent apparemment par la suite.

Le cas 1003 est typique; il s'agissait d'un jeune homme de vingt-cinq ans qui demanda une lecture à la suite d'une vive douleur qu'il éprouvait au côté droit. Cayce vit ce qu'il qualifia d'engorgement dans le côlon ascendant, ce qui produisait des toxines qui se répandaient dans tout l'organisme. La preuve se voyait dans les éruptions, les traînées rouges et les taches sur la peau à différents endroits du corps de cet homme. Un facteur aggravant était une pression dans la zone coccygienne, résultat d'un défaut d'alignement des vertèbres lombaires. La lecture attira l'attention sur le fait que l'inflammation du cæcum, ou début du gros intestin, était extrêmement dangereuse, mais qu'elle pouvait être atténuée si les traitements étaient correctement suivis.

Pour soulager la douleur, Cayce demanda de badigeonner les zones du cæcum inférieur et du côlon ascendant avec un mélange de teinture de laudanum et d'aconit, dans la proportion de trois pour un. Ces applications devaient être suivies de cataplasmes à l'huile de ricin pendant une période de quatre à cinq heures. Il conseilla également une irrigation à grand débit du côlon. Les traitements devaient être commencés immédiatement et répétés le jour suivant. Parmi d'autres recommandations, on retrouvait des manipulations ostéopathiques dans les zones lombaire, sacrée et coccygienne, une diète légère constituée essentiellement de jus de fruits et d'un peu de jus de bœuf, plus 125 ml d'huile d'olive qu'il fallait boire pour stimuler l'évacuation. Cayce insistait aussi sur l'importance de prendre beaucoup de repos.

La lecture avertissait le jeune homme que si sa température augmentait, cela voudrait dire que l'inflammation avait atteint un degré de gravité rendant l'opération inévitable. Mais cela ne se produisit pas, et le lendemain du jour de la lecture, la douleur avait disparu. Quatre jours plus tard, le cas 1003 reprenait son travail, et on ne rapporta par la suite aucune rechute concernant cette affection.

ARRIÉRATION MENTALE

Edgar Cayce accorda dix lectures à des arriérés mentaux dont les âges variaient de dix-neuf à soixante ans. Ces lectures furent données entre 1910 et 1944. Les descriptions des causes différaient dans chaque cas, mais divers facteurs revenaient cependant régulièrement: les mauvais alignements céphalo-rachidiens, les blessures et les perturbations glandulaires.

Dans plus de la moitié des dix lectures, Cayce mentionna les mauvais alignements céphalo-rachidiens comme facteurs empêchant le fonctionnement normal de l'organisme physique et mental. Dans trois cas, cette mauvaise conformation de la colonne vertébrale entraînait un stress physique et empêchait les nerfs et les glandes de fonctionner efficacement. Cayce était d'avis que cette dysfonction empêchait une coordination mentale normale. La lecture 499-1 décrivit un état d'extrême incoordination (et de dépendance totale de cette personne envers les autres); le système nerveux sympathique de cette personne était incapable de transmettre les réactions cérébrales puisqu'il était totalement déconnecté du système céphalo-rachidien.

Dans l'un des trois cas que nous venons de mentionner, il y avait une lésion à la deuxième et à la troisième vertèbres cervicales, et des problèmes dans les deux dernières (cartilagineuses) du coccyx. (4711-1) Dans le second cas, le cas 1399, les segments du coccyx et des vertèbres sacrées et lombaires étaient «trop rapprochés les uns des autres». Dans le dernier cas, il était question des première et seconde vertèbres cervicales. (5533-1)

Dans quatre des dix lectures, la cause de la maladie fut imputée à des blessures. Cayce en donna les exemples suivants: le cas

5234 eut un accident dans un tramway alors qu'il était bébé, et la fracture du crâne qu'il avait subie avait entraîné des lésions au cerveau. Il en résulta une tendance à faire des crises semblables à celles de l'épilepsie lorsqu'il était soumis à un certain stress. Dans un autre exemple, le cas 1399, une présentation par le siège à la naissance avait produit dans les centres coccygien et lombaire des subluxations qui s'étaient répercutées sur le système glandulaire. Pour le cas 4712, c'étaient des blessures dans les zones cervicale et coccygienne qui avaient provoqué des anomalies mentales et physiques, alors que la détérioration du cerveau dont souffrait le cas 5309, une personne de soixante ans, fut attribuée à des blessures et à la sénilité.

Quatre lectures consacrées à l'arriération mentale mentionnèrent des perturbations dans le système glandulaire. Le cas 5500-1 en fut un exemple, exemple pour lequel Cayce nota des glandes n'ayant pas bénéficié des éléments physiques indispensables, peut-être à cause de carences alimentaires, pendant la grossesse de la mère et la petite enfance du sujet. En conséquence, les nerfs de la personne étaient incapables de transmettre les impulsions de son cerveau, lesquelles auraient à leur tour coordonné ses systèmes nerveux sensoriel et sympathique avec ses problèmes céphalo-rachidiens.

Traitement

Les traitements de Cayce pour l'arriération mentale se ressemblaient beaucoup, la plupart étant assez particuliers. Il préconisait une approche holistique, et ses traitements contenaient des éléments spirituels et mentaux aussi bien que physiques. Il conseillait souvent aux personnes chargées de donner les soins d'être patientes et aimantes, et de conserver des attitudes constructives, car cette approche positive créait un climat propice à la guérison. Dans la lecture 4991-1, Cayce fit remarquer que, à celui qui avait la responsabilité du traitement, on n'imposait jamais plus qu'il ne pouvait en supporter, et qu'il s'agissait pour lui d'une occasion de se développer spirituellement. Les traitements «devraient être administrés dans une atmosphère et un environnement en accord avec cette croyance, ces leçons du corps qui ont pour but l'éveil spirituel, aussi bien que les progrès matériels». (5500-1)

Étant donné que, dans de nombreux cas, les patients se trouvaient depuis longtemps dans cet état, les traitements suggérés l'étaient aussi pour un usage à long terme. Cayce nota qu'il devait y avoir «une application régulière et persistante» (1299-1) et que «la patience et la persistance doivent être la manière d'apporter de l'aide». (5533-1)

Cayce avait de plus la conviction qu'on pouvait recevoir beaucoup d'aide en s'adressant à Dieu, la Source de toute guérison. La thérapie de guérison basée sur des suggestions positives fut recommandée aux cas 4497 et 5483. Cayce insista aussi sur le fait que, dans la mesure du possible, la personne retardée devait faire un effort sur elle-même pour aller mieux.

Dans toutes les lectures sur l'arriération mentale, sauf trois, Cayce recommanda de surmonter les émotions négatives en adoptant des attitudes positives. Les attitudes négatives à combattre étaient: se faire du souci (4712-1); broyer du noir par rapport à ses problèmes (4497-1); s'énerver, se mettre en colère ou être déçu (5234-1); éprouver de la colère (1399-1); manquer de stimulation et de confiance en soi. (5500-1) Selon Cayce, pour que le cas 5309 s'améliore, il fallait qu'il éprouve le désir de vivre.

Les manipulations vertébrales, qu'on trouve mentionnées dans six lectures, constituaient peut-être le traitement corporel le plus important. Elles étaient de nature très individuelle, bien que Cayce mentionnât parfois des zones particulières. Dans la septième lecture, il conseilla des massages spinaux, avec de l'huile d'olive et de la teinture de myrrhe à parts égales.

Le régime alimentaire et l'exercice faisaient parfois aussi partie des traitements recommandés. Pour le cas 5500, qui avait une façon excentrique de se nourrir, il conseilla un régime plus équilibré, en insistant sur les aliments riches en protéines et en sels minéraux, comme le fer et le silicium.

Cayce informa une autre personne, le cas 1399, qu'un bon régime était très important pour elle et qu'elle devait s'abstenir de sucreries, car ce qu'elle mangeait avait une influence directe sur ses crises. Cayce ne donna pas d'instructions spéciales sur l'exercice dans ces cas. Pourtant, il conseilla à deux personnes de faire le plus d'exercices possible au grand air.

On trouve dans les lectures quatre genres additionnels de traitements, à savoir la pile à électrolyte (dans cinq cas), l'or et le sodium (deux cas), la plaque de radium (un cas) et l'Atomidine (un cas).

Histoire de cas

L'explication que donna Cayce sur les causes et les traitements de l'arriération mentale du cas 1399, un jeune homme de dix-neuf ans, était, à bien des points de vue, représentative des autres lectures sur cette maladie mentale.

Une présentation par le siège lors de la naissance avait entraîné des perturbations dans les zones du coccyx et des vertèbres sacrées et lombaires; ces perturbations se perpétuaient encore au moment de la lecture. Cette situation avait retardé l'activité des systèmes glandulaires et créé un déséquilibre dans les réactions des sens et de l'imagerie. Pour Cayce, le problème était essentiellement de nature physique, même si le mental avait été affecté. Il était convaincu que le jeune homme pouvait être aidé s'il était soigné par une personne sympathique qui s'occuperait de lui avec patience et régularité.

Pour stimuler adéquatement les fonctions glandulaires, il recommanda tout d'abord de l'Atomidine, à prendre à raison d'une goutte dans un demi-verre d'eau chaque matin pendant dix jours, avant le petit déjeuner. Ensuite, un repos de trois à cinq jours, puis la reprise de la même dose pendant une autre période de dix jours.

Après le deuxième repos, on devait cesser l'Atomidine et commencer une série de manipulations vertébrales. Celles-ci devaient s'étendre sur une période de deux mois et demi; elles devaient soulager les problèmes céphalo-rachidiens dans les zones coccygienne, sacrée et lombaire, et coordonner les segments dorsal et cervical. Ces manipulations devaient se faire deux fois par semaine et être suivies d'un repos de deux à trois semaines, après quoi il y avait reprise du traitement pour une autre période de deux mois et demi. Pendant la première période de repos, il fallait prendre à nouveau de l'Atomidine et commencer l'emploi de la pile à électrolyte dans le but d'introduire de l'or dans le système sous forme vibratoire. Au début, la pile devait être utilisée pendant trente minutes par jour, puis deux fois par semaine au moment où l'on recommençait les manipulations.

Pendant la période de traitement d'une durée de cinq à six mois, Cayce considéra comme souhaitable que le jeune homme ait un compagnon pouvant l'aider à faire régulièrement et au grand air ses exercices de routine de même que son programme d'études et de récréation.

En résumé, Cayce était convaincu que si on suivait les traitements tel qu'indiqué, on pouvait obtenir, dans la plupart des cas, une guérison au moins partielle. Il y eut cependant une exception, pour le cas 4991-1, qui se trouvait «à un stade où l'on ne peut plus faire grand-chose». Pour d'autres, Cayce prédit que les traitements procureraient «à cet organisme les forces à peu près normales» (4712-1) et qu'ils «donneraient des résultats». (5500-1) Cayce s'attendait à donner d'autres traitements pour le cas 1399 dont on a parlé ci-dessus, ainsi que pour le cas 5333. Quant au cas 5234, qui était soumis à des crises de genre épileptique, la lecture parla simplement de précautions diététiques et conseilla la chirurgie à l'hôpital John Hopkins ou à la clinique Mayo. Lorsqu'on demanda à Cayce si l'opération guérirait complètement le patient, il répondit qu'«elle devrait éliminer les sources de ces pressions».

La mère de ce dernier patient, le cas 5234, qui avait sollicité la lecture, reçut un questionnaire auquel elle ne répondit pas. Toutefois, une connaissance de la famille déclara que l'opération n'avait pas été effectuée et que les crises se poursuivaient de façon régulière. Un autre cas, le 5500, reçut le conseil de faire effectuer les traitements dans une maison de santé, mais il ne suivit pas les traitements, ni là ni ailleurs. Pour les autres cas étudiés, on ne possède pas de rapport d'après-traitement.

ARTÉRIOSCLÉROSE

L'artériosclérose est responsable de la plupart des maladies dégénératives du système artériel; elle se caractérise généralement par un rétrécissement graduel, et finalement par une occlusion des artères. Elle atteint surtout les hommes ayant dépassé la quarantaine.

Edgar Cayce donna un total de trente-trois lectures à vingt-huit personnes qui souffraient d'artériosclérose ou de pathologies connexes, et dont l'âge variait de quarante-huit à soixante-neuf ans.

Dans les trois quarts des cas, la cause principale de la maladie était une mauvaise circulation, essentiellement due à un durcissement des parois des artères et à une pression sanguine élevée. Dans la moitié des cas environ, une insuffisance de l'élimination était en cause et entraînait l'accumulation des toxines dans le courant sanguin. Et un système circulatoire paresseux contribuait à son tour à l'accumulation des toxines.

Dans six cas, Cayce nota des subluxations spinales des régions dorsale et cervicale qui aggravaient les déséquilibres de l'organisme. Parmi les autres facteurs mentionnés, on peut citer le surmenage physique, un régime alimentaire inadéquat et des attitudes mentales négatives.

Traitement

Les traitements que Cayce prescrivit, dans la moitié des cas à peu près, pour soigner l'artériosclérose étaient des massages, de l'électrothérapie et des régimes mieux équilibrés.

Il suggéra aussi des massages au beurre de cacao effectués en mouvements descendants le long de la colonne vertébrale, à partir de la tête, et prescrivit parfois des tisanes toniques pour stimuler le système. Dans certains cas, il demanda de faire des cataplasmes chauds aux sels d'Epsom après les massages afin de libérer le corps de l'accumulation des toxines.

L'électrothérapie consistait à utiliser l'appareil radioactif ou la pile à électrolyte, habituellement avec de l'or, ou encore le rayon violet. Il recommandait fréquemment la prise d'une dose plus forte de vitamine du complexe B, notamment la vitamine B_1, de même qu'une alimentation riche en fer, en silicium et en phosphore. Les fritures et la plupart des viandes étaient à éviter.

Dans douze cas, il suggéra des manipulations vertébrales. Elles devaient se concentrer essentiellement sur les zones des cinquième, sixième, septième et neuvième dorsales et celles de la première et de la deuxième cervicales. Dans sept cas, il recommanda des irrigations du côlon pour aider à purifier l'organisme. Quelques cas mentionnent des doses d'or-et-sodium et de l'hydrothérapie.

Histoire de cas

Comme dans d'autres maladies graves, beaucoup de personnes parmi celles atteintes d'artériosclérose qui demandèrent une lecture à Cayce en étaient rendues à un stade avancé de la maladie et avaient épuisé toutes les ressources de la médecine officielle. Et pourtant, dans trente pour cent des cas, celles qui suivirent fidèlement les conseils qui leur furent donnés dans les lectures connurent un rétablissement, complet ou partiel, de leur santé.

Un cas particulièrement intéressant, le 1049, concerne une femme de soixante-trois ans à qui Cayce accorda une lecture sur l'artériosclérose. Il attribua l'état de la malade à une élimination insuffisante qui avait empêché une circulation normale dans toutes les parties du corps. La condition avait été encore aggravée par des dépôts calcaires.

Cayce conseilla à cette femme d'utiliser l'appareil radioactif pendant des périodes d'une semaine ou plus, selon la gravité des symptômes. À des intervalles de deux ou trois jours, elle devait employer le rayon violet avec l'applicateur à ampoule. La lumière devait couvrir toute la zone céphalo-rachidienne, en partant de la zone cervicale pour descendre sur les régions dorsale et lombaire, et parfois continuer jusqu'aux extrémités des jambes. La séance devait durer de huit à dix minutes, et être répétée de trois à quatre fois par semaine.

Cette patiente devait également se faire donner des massages à l'aide d'huile de pin ou d'olive, ou avec un mélange d'huile de pin et de teinture de myrrhe. Les massages devaient être suivis de frictions, à l'alcool éthylique uniquement.

Cette personne reçut aussi des conseils pour bien s'alimenter en consommant des aliments riches en fer et en silicium, comme les poires, qui devaient stimuler l'activité glandulaire, favoriser l'élimination des toxines et régulariser le courant sanguin. Elle devait aussi consommer des aliments riches en iode.

La patiente suivit les conseils de Cayce et rapporta une nette amélioration de sa condition.

ARTHRITE

Les rhumatologues américains reconnaissent environ une centaine de types d'affections arthritiques, ce terme englobant toute une gamme de maladies affectant le système musculo-squelettique. Essentiellement toutefois, l'arthrite a trait à l'inflammation des jointures, la forme la plus répandue étant l'arthrose, ou maladie dégénérative des articulations. Rencontrée plus rarement, mais plus douloureuse et encore plus invalidante, on retrouve l'arthrite rhumatoïde, qui prend la forme d'une maladie chronique et évolutive.

Bien que l'on connaisse des cas où les symptômes se sont atténués de façon temporaire, sans toutefois disparaître complètement, on peut dire que la médecine d'aujourd'hui n'est pas encore capable de guérir l'arthrite. Le médicament le plus souvent prescrit par les médecins pour en soulager les symptômes est l'aspirine, qui, en plus d'agir comme analgésique, aide à supprimer l'inflammation. On a également recours à la cortisone, mais bien qu'elle soit efficace, son emploi prolongé entraîne des réactions secondaires, comme un dérèglement du fonctionnement des surrénales, ce qui réduit la capacité de l'organisme à supporter le stress. On constate de plus que les symptômes ont tendance à s'aggraver lorsqu'on arrête la cortisone.

L'aspect le plus positif du traitement de Cayce est qu'il ne fait aucunement appel aux médicaments, mais uniquement aux méthodes naturelles telles que le régime alimentaire, l'hydrothérapie et les massages. Un autre aspect intéressant des lectures est qu'elles ont tendance à traiter le mental aussi bien que le physique et qu'elles suggèrent l'existence de facteurs psychosomatiques dans l'arthrite.

Les causes de l'arthrite qui ressortent des recherches de Cayce dans ses lectures se répartissent en sept catégories: assimilation et élimination déficientes, circulation défectueuse, mauvais fonctionnement des glandes, causes karmiques et psychologiques, traitements antérieurs, subluxations spinales et blessures.

L'assimilation et l'élimination déficientes apparurent comme les causes principales dans sept pour cent des cas. Pour un autre un pour cent, le déséquilibre intestinal constituait un facteur; dans cette catégorie, certains symptômes de l'arthrite pouvaient être attribués au dysfonctionnement du foie, des reins ou de la vésicule biliaire.

Selon Cayce, il existait un contexte de mauvaise élimination causée par un excès d'acide gastrique, cet état étant souvent le résultat de colères refoulées et d'autres émotions apparentées au stress. L'acide en excès a tendance à affaiblir les fonctions du système lymphatique, le foie devient moins actif, de sorte qu'il ne produit plus les enzymes nécessaires au bon fonctionnement du processus digestif.

Une cause moins fréquente était l'assimilation déficiente, qui avait pour effet de diminuer les forces de reconstruction indispensables à une élimination régulière. Selon Cayce, certains aliments en arrivaient à constituer des poisons, à cause de l'inaptitude de l'organisme à les utiliser correctement, et la constipation en était la conséquence habituelle. Des déchets qui n'avaient pu être totalement éliminés demeuraient dans la circulation sanguine, aggravant ainsi les problèmes digestifs et instaurant un cercle vicieux qui affaiblissait l'organisme.

Cayce pensait que les désordres corporels qui s'installaient à ce moment-là avaient un lien de parenté avec ceux qui existaient avant que l'élimination commence à être perturbée.

Une circulation défectueuse ou insuffisante constituait un facteur dans quarante pour cent des cas, et pourtant elle n'était la principale responsable de l'arthrite que dans un pour cent des cas mentionnés dans les lectures.

Dans huit pour cent des cas, la première cause de l'arthrite était attribuée à un mauvais fonctionnement des glandes. Dans un autre vingt-neuf pour cent, ce mauvais fonctionnement était considéré comme un facteur prédisposant à l'arthrite. Cayce mentionnait parfois des glandes particulières, comme la thyroïde ou les surrénales. Il parlait également de mauvaise coordination glandulaire entre le foie et les reins. Très souvent, c'est en termes généraux qu'il se référait aux glandes, à l'énergie des glandes ou aux systèmes glandulaires.

Le cas probablement le plus étrange d'arthrite mentionné par Cayce est celui où la maladie était causée par des facteurs karmiques ou psychologiques. Cela concernait trois pour cent des cas, mais Cayce en a parlé dans quinze pour cent des cas. Le karma, ou loi de cause à effet, n'est ni positif ni négatif, bien qu'on puisse considérer que la maladie soit le résultat d'un karma négatif.

Les conseils d'inspiration spirituelle que l'on retrouve dans les lectures constituaient une tentative de guérison globale de la personne à partir d'instructions thérapeutiques s'adressant à l'esprit autant qu'au corps. Dans la lecture 3196-1, l'arthrite avait été essentiellement causée par du ressentiment refoulé. Et dans le cas 3365, Cayce a déclaré à la personne qu'elle se sentirait beaucoup mieux et qu'elle verrait son état s'améliorer si elle réussissait à faire confiance à Dieu et à ne garder rancune à personne.

Cayce mentionna à l'occasion une autre cause, celle des traitements antérieurs administrés, soit pour l'arthrite, soit pour d'autres dérangements, et qui n'avaient fait qu'aggraver les souffrances. En ce qui concerne l'arthrite, dans dix pour cent des cas, des traitements nuisibles étaient tenus responsables.

Un exemple de traitement antérieur ayant donné des résultats négatifs se trouve dans le cas 1619, celui d'un homme de cinquante-deux ans à qui on avait fait des injections «préventives» (vaccins d'immunisation?) des années avant qu'il reçoive sa lecture. Cayce lui dit que ces injections avaient déréglé sa circulation et entraîné l'apparition des symptômes de l'arthrite.

Dans quelques lectures, Cayce reconnut la nécessité de soulager les douleurs arthritiques et donna des instructions pour faire préparer un substitut à l'aspirine. Les ingrédients actifs typiques étaient la teinture de benjoin, l'essence de térébenthine rectifiée, le baume du Canada et l'essence d'eucalyptus.

Cependant, dans la lecture 120-3, il recommandait de ne pas avoir recours au substitut si l'on prenait de l'aspirine le même jour. Il indiqua également que cette formule ne devait pas être utilisée indéfiniment, mais que son emploi devait au contraire être progressivement réduit, au fur et à mesure que d'autres traitements commençaient à agir.

Une autre cause essentielle de l'arthrite citée par Cayce avait trait aux subluxations spinales, aux blessures ou au défaut d'alignement des vertèbres. C'était indiqué comme cause première dans quatre pour cent des lectures sur l'arthrite et comme facteur contribuant dans un autre deux pour cent. La plupart des lectures mentionnaient le coccyx (base de la colonne vertébrale) ou la partie inférieure de la colonne comme origine du problème.

On trouva fréquemment mentionnés, au cours du traitement, d'autres facteurs moins souvent considérés comme des causes, soit le régime alimentaire, l'exercice et les attitudes mentales.

Selon Cayce, certains aliments et certaines autres substances, par exemple l'alcool ou le sucre blanc consommés en excès, étaient nuisibles ou inadéquats pour satisfaire les besoins nutritionnels de l'organisme. On devait faire de l'exercice modérément, car un système se trouvant déjà en condition de stress pouvait facilement être surmené par une activité physique exagérée. Et finalement, les attitudes négatives étaient malsaines, surtout si elles étaient refoulées et inexprimées.

Dans la lecture 2768-1, donnée à un homme de quarante-quatre ans, la cause essentielle de l'arthrite était un déséquilibre du système d'assimilation, ou système digestif, combiné à une incapacité d'éliminer convenablement les poisons de l'organisme. Il y avait en outre un manque de coordination entre les fonctions du foie et celles des reins. Des sédatifs et certains traitements entrepris pour soulager l'état du malade avaient introduit des poisons et provoqué de la toxémie, avec pour résultat des pressions qui entravaient les mouvements du corps et ralentissaient la circulation, provoquant ainsi une surcharge pour le cœur. Les accumulations se cristallisaient surtout aux extrémités des membres, entraînant des douleurs et une diminution de la résistance physique.

Traitement

Les traitements de Cayce pour soigner l'arthrite avaient pour but de restaurer la capacité du corps de fonctionner normalement; en conséquence, ils commençaient par une légère stimulation des pouvoirs naturels de l'organisme de se guérir lui-même. Cayce n'attachait qu'une importance secondaire aux méthodes visant à calmer la douleur parce qu'elles ne s'attachaient qu'aux symptômes de la maladie, sans s'attaquer à la racine.

Les traitements que nous allons aborder sont les régimes, les massages, la prise d'Atomidine, les irrigations du côlon, les lavements et les laxatifs, les bains et les cataplasmes aux sels d'Epsom, les manipulations de la colonne vertébrale, les attitudes et les émotions positives, les bains de vapeur, l'électrothérapie, l'or et le sodium, et finalement l'exercice.

Les traitements le plus souvent recommandés dans les lectures étaient la prise d'Atomidine, les bains aux sels d'Epsom, le nettoyage du côlon, les massages, les manipulations vertébrales et le régime alimentaire.

Le régime avait une importance particulière; les aliments à éviter étaient la farine blanche et ses dérivés (pain blanc, pâtes alimentaires, etc.), les fritures (à l'exception du bacon très croustillant), les boissons gazeuses, la bière et l'alcool (on permettait à l'occasion un verre de vin rouge), ainsi que les pommes de terre blanches (à l'exception de la pelure). Il fallait éviter de mélanger certains aliments, comme les féculents et les sucres (dans la plupart des desserts), le café ou le thé avec du lait ou de la crème, les agrumes et leur jus avec les céréales et les produits laitiers.

Un régime typique pour arthritiques, tel qu'on le trouve dans les lectures, insistait sur les fruits et les légumes, les grains entiers et les protéines légères. Il était fréquemment recommandé de réduire la consommation de viandes et de féculents, la viande étant parfois totalement exclue pendant une période donnée. Dans les cas graves, il était bon d'adopter une diète liquide ou semi-liquide pour éviter la surcharge du tube digestif.

Les massages étaient mentionnés dans soixante-trois pour cent des cas. La plupart du temps, ils devaient être donnés à la suite d'un autre traitement, comme les bains aux sels d'Epsom. À l'occasion, il était bon de faire suivre d'un massage un bain de vapeur ou l'emploi de la pile à électrolyte.

Pour ces massages, Cayce recommandait des huiles spéciales; quelquefois, un massage ostéopathique de routine aidait à faire fonctionner doucement les articulations, au maximum de leur flexibilité, et à faire des ajustements dans les régions moins flexibles. Il conseillait également des frictions avec une serviette après un bain aux sels d'Epsom. Les huiles le plus souvent recommandées pour l'arthrite étaient: tout d'abord, l'huile d'arachide; ensuite, un mélange à parts égales d'huile d'olive et de teinture de myrrhe (on chauffait une petite quantité d'huile d'olive à laquelle on ajoutait la myrrhe); et finalement, un mélange à parts égales d'huile d'arachide et d'huile d'olive.

Cayce suggérait de ne pas lésiner sur l'huile et d'en mettre autant que le corps pouvait en absorber. D'autres ingrédients comprenaient la lanoline, l'huile minérale, l'huile d'aiguilles de pin, l'huile de sassafras, l'hamamélis, l'huile de wintergreen, l'huile de bois de cèdre, l'huile de moutarde, le kérosène et la teinture de benjoin.

Cayce conseillait aussi de réchauffer l'huile de massage avant l'application afin, disait-il, d'augmenter la capacité d'absorption de la peau. La lecture 4358-3 parle d'un massage à l'huile d'olive épongée avec une solution de bicarbonate de soude et, pour finir, des frictions avec un mélange à parts égales de plantes médicinales: l'hydraste et l'immortelle.

On devait masser avec des mouvements circulaires à la fois fermes et doux, en évitant de pincer les muscles et en passant légèrement les mains sur la peau pour stimuler la circulation. Une attention particulière devait être portée aux zones bordant le cou et la colonne vertébrale ainsi qu'aux régions sensibles et douloureuses du corps. Contrairement aux suggestions faites dans d'autres lectures, alors que le massage devait se diriger vers le cœur, c'est la direction opposée que l'on suggérait dans six des sept cas où celle-ci était précisée, c'est-à-dire à partir du tronc vers les extrémités des membres.

Cayce n'a pas toujours indiqué la fréquence à laquelle les massages devaient être administrés, mais les plans de traitement mentionnaient habituellement une fois par semaine, ou une fois par mois, ou trois fois par semaine.

L'Atomidine faisait partie des traitements dans quarante-deux pour cent des lectures. Elle était également recommandée dans cinquante-quatre pour cent des cas où n'étaient mentionnées que des lésions glandulaires; dans quarante-huit pour cent des cas décrivant des lésions d'organes et de glandes; et dans trente-huit pour cent des cas où il n'était fait aucune mention des glandes.

À cause de sa haute teneur en iode, l'Atomidine ne devait être prise que sous surveillance médicale, et uniquement en dosages et en cycles de traitement bien spécifiés. Cayce prévenait que l'excès d'iode dans l'organisme risquait de stimuler exagérément la glande thyroïde et d'entraîner des effets dommageables pour le corps. On ne devait jamais prendre l'Atomidine en même temps que des médicaments pour la thyroïde, car ces substances avaient tendance à se neutraliser les unes les autres ou encore à trop stimuler le système.

Selon Cayce, le dosage habituel pour l'arthrite était une goutte par jour pendant cinq jours, un repos de cinq jours, puis une goutte par jour pour une autre période de cinq jours. Avant de recommencer un nouveau cycle, il recommandait une nouvelle phase de repos d'au moins cinq jours. Les dosages quotidiens variaient d'une goutte par jour pendant cinq jours à un maximum de huit gouttes par jour. Il était préférable de prendre l'Atomidine le matin dans un demi-verre d'eau, avant le petit déjeuner. La prise d'Atomidine se faisait souvent en conjonction avec les bains aux sels d'Epsom et les massages; les bains se donnaient pendant la période de repos qui suivait la phase de prise d'Atomidine.

Dans environ trente-sept pour cent des cas d'arthrite, les lectures recommandaient diverses méthodes pour stimuler nettement le processus d'élimination. Les plus fréquentes étaient l'application de cataplasmes à l'huile de ricin, à soixante-dix-neuf pour cent; les lavements, à soixante-dix-neuf pour cent; les irrigations du côlon, à vingt et un pour cent; et les sels Eno, à trois pour cent.

Pour l'irrigation du côlon, l'eau devait être à la température du corps; le rinçage qui suivait devait contenir un antiseptique tel qu'une cuillerée à soupe de Glyco-Thymoline par litre d'eau. Les lavements et les sels Eno étaient également recommandés. Des cataplasmes chauds à l'huile de ricin appliqués sur la région abdominale, associés à la prise d'huile d'olive, étaient destinés à restaurer l'équilibre de la digestion et de l'élimination.

Lorsque la réaction aux irrigations du côlon et aux lavements se révélait trop forte, on utilisait des méthodes plus douces, comme les bains aux sels d'Epsom, les bains de vapeur et un régime riche en aliments naturellement laxatifs.

Dans trente-quatre pour cent des lectures sur l'arthrite, Cayce recommanda les bains aux sels d'Epsom, qui devaient être pris pendant le repos entre les cycles d'Atomidine. Pour améliorer encore la circulation, il conseillait souvent de masser ou de frictionner les extrémités du corps pendant le bain. De plus, il était recommandé de solliciter l'aide de quelqu'un pour donner les frictions pendant le bain, puis de continuer avec une serviette après la sortie du bain. Il fallait toutefois rincer le corps avant les frictions avec la serviette pour le débarrasser des restes de sel.

La technique du bain consistait à immerger complètement le corps dans une baignoire pleine d'eau pendant vingt à trente minutes, en ajoutant de l'eau chaude au fur et à mesure, pour garder la température constante ou l'augmenter progressivement. La température de l'eau devait être maintenue à la limite du supportable sans provoquer de faiblesse. Une lecture suggérait 38° C. On devait placer sur la tête un sac rempli de glace ou un linge humide. On devait agir avec prudence quand on administrait des bains chauds aux sels d'Epsom à des personnes affligées d'hypertension artérielle ou de problèmes cardiovasculaires. La proportion de sels d'Epsom dans l'eau pouvait varier, mais elle était habituellement de 500 g de sels pour 9 l d'eau.

C'est dans quatorze pour cent des lectures sur l'arthrite que Cayce recommandait les cataplasmes aux sels d'Epsom. On devait les appliquer, selon les besoins, sur des zones extrêmement douloureuses avant de commencer les manipulations ostéopathiques dans le but de relaxer le système céphalo-rachidien. Les cataplasmes pouvaient être placés sur les zones atteintes une fois par jour seulement.

On trouve recommandées, dans vingt-sept pour cent des lectures sur l'arthrite, les manipulations vertébrales, une thérapie utilisée pour corriger manuellement l'alignement des vertèbres. La méthode la plus souvent conseillée était l'ostéopathie, bien que la chiropractie et la neuropathie fussent parfois suggérées.

Dans la lecture 1158-31, Cayce affirmait qu'aucune thérapie mécanique ne pouvait être en accord aussi parfait avec les tentatives de l'organisme pour se guérir lui-même que les manipulations de la colonne vertébrale. Dans une autre déclaration, à l'occasion de la lecture 110-4, Cayce affirma que les manipulations en général facilitaient les ajustements naturels en dispersant les zones congestionnées et en soulageant les ganglions surmenés, assurant ainsi un drainage correct et une meilleure circulation vers les organes.

Les instructions concernant la marche à suivre pour les traitements variaient; elles se révélaient souvent atypiques du contexte général des lectures. Par exemple, la directive la plus caractéristique et la plus répandue était de masser la colonne vertébrale de haut en bas, et pourtant certaines lectures indiquaient exactement le contraire, précisant plutôt qu'il fallait partir des extrémités et travailler en direction du centre du corps.

Dans presque un cinquième des lectures sur l'arthrite, il était suggéré d'adopter des attitudes mentales favorisant la guérison. Cayce était d'avis que les pensées positives annulaient les conséquences néfastes du stress émotif et qu'elles ouvraient le corps et l'esprit à la Source de toute guérison, à tout ce qui, dans la nature, est spirituel et ramène à l'unité.

Cayce rappelait aux personnes qui cherchaient le soulagement que c'est l'esprit qui «crée» la santé aussi bien que la maladie, et que seul le moi peut empêcher la guérison. Une preuve de confiance consistait, par exemple, à être «cohérent et persévérant» dans le traitement.

Les bains de vapeur furent conseillés dans dix-neuf pour cent des lectures sur l'arthrite. Ils étaient censés détendre le corps et stimuler la transpiration pour expulser, à travers les pores de la peau, les accumulations de déchets et de toxines. On ajoutait diverses substances à ces bains, la plus fréquemment conseillée étant l'hamamélis; venaient ensuite, au moins une fois, l'Atomidine, l'huile de pin, les sels d'Epsom et des mélanges d'iode et d'hamamélis, d'huile de pin et de wintergreen, ou encore d'huile de pin et de teinture de benjoin. Cayce avertit que les traitements aux bains de vapeur devaient se faire sous la surveillance d'une autre personne. Il conseilla également de placer un sac de glace ou un linge froid sur la tête du patient, pour éviter l'excès de fatigue.

Cayce conseillait fréquemment les bains de vapeur pris conjointement avec d'autres traitements, tels ceux comprenant l'hydrothérapie. Dans tous les cas, la séance de sudation devait être suivie de massages à l'huile.

Dans plus de quarante pour cent des lectures concernant les malades arthritiques, Cayce conseilla diverses méthodes d'électrothérapie. Elles comprenaient la pile à électrolyte, dix-sept pour cent des cas; l'appareil radioactif, neuf pour cent; le rayon violet, neuf pour cent; et la lumière ultraviolette, sept pour cent. La pile à électrolyte était généralement utilisée dans les cas les plus graves. Les lectures considèrent que cet appareil «émet des vibrations électriques de basse fréquence» et qu'il est conçu pour stimuler le système nerveux dans toutes les parties du corps, aidant ainsi à restaurer les énergies physiques épuisées.

Pendant le traitement, on installait les plaques positive et négative de façon qu'elles soient en contact avec des zones précises du corps. La plaque négative était généralement posée sur la région ombilicale, alors que la positive se trouvait sur la quatrième vertèbre lombaire et la neuvième dorsale, ou, occasionnellement, sur l'une des extrémités des jambes.

Cayce déclara que la pile à électrolyte avait un maximum d'efficacité immédiatement après les traitements hydrothérapeutiques, comme les bains aux sels d'Epsom. Elle devait généralement être utilisée pendant trente minutes le soir, au cours des périodes de repos séparant deux cycles ou autres traitements. Un massage avec les huiles devait habituellement suivre, avant le coucher. Cayce insista sur l'importance de méditer et d'avoir des pensées positives pendant que l'on utilisait la pile à électrolyte.

L'appareil radioactif, également appelé appareil à impédance, était également recommandé pour assurer un meilleur équilibre de la circulation des énergies du corps. Tout comme pour la pile à électrolyte, les plaques positive et négative étaient fixées à certaines parties particulières du corps, de préférence au poignet et à la cheville du côté opposé, mais les emplacements pouvaient varier lorsque des solutions étaient ajoutées, comme le chlorure d'or.

Les traitements utilisant l'appareil radioactif devaient durer trente minutes et être donnés en cycles de quatre, ou multiples de quatre. À nouveau, on recommandait la méditation et les prières pendant le traitement.

Une autre méthode d'électrothérapie faisait appel à un appareil à rayon violet, qui fournissait de l'électricité statique à un applicateur portatif en verre. Essentiellement, cet appareil était fait pour être appliqué le long de la colonne vertébrale et sur les régions du corps atteintes d'arthrite. Il était aussi recommandé d'associer cet appareil à d'autres traitements, particulièrement la prise de doses de chlorure d'or et de bromure de sodium avant le traitement au rayon violet et, dans un cas, des frictions à l'huile avec des cataplasmes salés.

La lumière ultraviolette (ou rayons UV) était un autre traitement d'électrothérapie conseillé par Cayce pour détendre le corps, énergiser le système nerveux et fournir un surplus d'oxygène aux principaux organes du corps. On devait l'appliquer surtout au-dessus de la colonne vertébrale et des membres inférieurs, parfois en conjonction avec d'autres thérapies et d'autres appareils. La durée du traitement pouvait varier de une minute et demie à trente minutes, et de une fois par jour à une fois par deux semaines. On pouvait remplacer les ultraviolets par les bains de soleil.

Dans quatorze pour cent des lectures sur l'arthrite, Cayce conseilla des solutions d'or et de sodium à usage interne. La plupart du temps, il suggérait de minuscules quantités de chlorure d'or et de bicarbonate de soude dans un demi-verre d'eau, bien que un tiers des suggestions ne parlent que du bromure de sodium.

L'or et le sodium devaient toujours être pris en même temps qu'étaient effectués d'autres traitements, en particulier les massages et l'électrothérapie. (L'or peut être toxique et ne peut être pris qu'avec la permission d'un médecin.)

Dans cinq pour cent des cas, les exercices faisaient partie du traitement recommandé; les lectures mettaient toutefois le patient en garde de ne pas surmener son corps ni de faire des exercices inappropriés, ce qui aurait risqué de provoquer stress et surcharge du système nerveux, avec, comme résultat, des lésions permanentes. Une lecture suggéra d'enfouir le corps entier dans le sable sur le bord de la mer, pour profiter des effets bénéfiques de la mer et des quantités minimes d'or que l'on trouve dans le sable. Une lecture conseilla de façon précise de nager dans l'océan.

ARTHRITE RHUMATOÏDE

L'arthrite rhumatoïde est une maladie inflammatoire systémique et chronique d'origine inconnue. Bien que cette affection puisse se déclarer à n'importe quel âge, elle apparaît surtout entre vingt et quarante ans. On constate une enflure symétrique et caractéristique des articulations, qui est associée à de la raideur, de la chaleur, de la sensibilité au toucher ainsi que de la douleur.

Edgar Cayce accorda un total de dix-neuf lectures à onze personnes souffrant d'arthrite rhumatoïde, leur âge variant de vingt-deux à soixante-douze ans.

L'un des principaux facteurs pouvant causer l'arthrite rhumatoïde a été mentionné dans sept cas. Il s'agissait de l'absence de sécrétions hormonales adéquates, ce qui entraînait des problèmes concernant la circulation, le sang, les niveaux de calcium et l'extraction des sels minéraux à partir des aliments. Six cas mentionnaient une élimination insuffisante; il s'ensuivait une accumulation de toxines dans l'organisme, ce qui amenait une telle surcharge des systèmes que l'arthrite rhumatoïde devait en résulter.

Dans quatre cas, Cayce mentionna un mauvais alignement spinal, surtout dans la partie inférieure de la colonne. Et, dans trois cas, c'était une assimilation insuffisante qui était responsable et contribuait à la maladie.

Traitement

Les traitements suggérés par Cayce aux personnes souffrant d'arthrite rhumatoïde ne variaient pas. Dix personnes reçurent des conseils diététiques qui mettaient l'accent sur les aliments alcalinisants. Cayce suggérait les légumes crus en grande quantité, en particulier le chou, le cresson, le céleri, les carottes et la laitue. Ceux-ci devaient être consommés au moins une fois par jour, sous diverses formes et selon divers mélanges. (Pour varier, Cayce suggéra aussi de hacher ces légumes et de les ajouter à de la gélatine.) Il préférait les légumes en feuilles aux légumes à gousses ou aux tubéreux. Il recommandait fortement les sources alimentaires contenant des sels minéraux particuliers tels que le magnésium, le silicium, le soufre et l'iode. Les aliments qui renferment ces minéraux sont le homard, les crevettes, les champignons, les oignons, les tomates, l'ananas, les coquilles Saint-Jacques, l'ail, les poires, les agrumes, le jaune de l'œuf, les épinards, les amandes, les noisettes, le seigle, le blé entier, le raisin, l'orge, les cerises, les groseilles à maquereau, l'avoine, les pruneaux, le blé concassé, les pommes, le riz brun, les choux de Bruxelles, les choux-fleurs, le chou frisé, la moutarde, les radis et les bleuets. Cayce recommandait aussi l'agneau et la volaille, mais on devait s'abstenir de consommer des viandes rouges, des fritures et des féculents. À deux reprises, il permit le gibier comme substitut acceptable à la viande ordinaire.

Neuf personnes reçurent des instructions de massages, qui devaient se faire fréquemment avec des mélanges d'huiles, dont la base était l'huile d'olive et l'huile d'arachide. On devait porter une attention spéciale aux membres, aux articulations et aux extrémités.

Dans sept cas, Cayce suggéra différentes formes d'électrothérapie: dans les cas graves qui révélaient une détérioration des nerfs, il recommanda l'usage de la pile à électrolyte pour aider au rajeunissement. Le rayon violet et l'appareil radioactif furent conseillés deux fois chacun.

L'hydrothérapie fut recommandée cinq fois, et le plus souvent sous la forme de bains aux sels d'Epsom. Ce traitement avait pour but de détendre le corps et de soulager la douleur.

Quatre personnes reçurent l'instruction de prendre des doses d'Atomidine pour pallier un manque de coordination glandulaire. Également suggéré dans quatre cas: le chlorure d'or, à prendre seul le plus souvent; mais dans trois lectures, il doit être combiné soit à du bromure, soit à du bicarbonate de sodium à prendre dans de l'eau; le but était d'aider le système nerveux.

Pour soulager, si possible, les articulations atteintes, Cayce recommanda dans quelques cas de recourir à des cataplasmes appliqués localement. À deux reprises, il mentionna les sels d'Epsom, et une fois chacune l'huile de ricin et la Glyco-Thymoline.

Dans trois cas, il conseilla des sédatifs, sous forme d'aspirine, de venin de cobra (à être administré par un médecin spécialiste en la matière) et d'une capsule comprenant de l'eucalyptol, de l'essence de térébenthine rectifiée et du benzosol.

Dans deux cas, il recommanda des toniques et des stimulants Kaldak pour aider l'élimination et, dans quatre cas, des ajustements de la colonne vertébrale en entier.

Histoire de cas

Parmi les personnes qui reçurent des lectures pour l'arthrite rhumatoïde, le nombre de patients qui suivirent fidèlement les instructions de Cayce se limita à trois. Deux rapportèrent des résultats encourageants, alors que le troisième ne connut pas d'amélioration. L'un de ceux qui rapporta une amélioration fut le cas 120, une femme de soixante-douze ans qui eut sept lectures pour l'arthrite rhumatoïde. Selon Cayce, des pressions spinales associées à une élimination insuffisante avaient ralenti la circulation et endommagé les nerfs régissant les articulations affectées, ce qui avait provoqué les symptômes de l'arthrite.

Sa première lecture suggérait de changer de milieu, mais sans mentionner d'endroit précis. Il était également question d'un régime devant inclure des aliments très riches en magnésium, en silicium et en soufre.

La patiente devait entreprendre des manipulations ostéopathiques sur toute la colonne vertébrale, en alternant chaque jour les traitements généraux et les traitements correctifs. On devait également lui donner, pendant trois minutes chaque fois, un traitement sinusoïdal sur les centres brachial et lombaire inférieur.

La seconde lecture de la dame recommandait des traitements au rayon violet qu'on devait lui appliquer au moins un jour sur deux, ou plus souvent au besoin. De une heure et demie à deux heures avant le traitement au rayon violet, elle devait prendre des petites doses de solution de bromure de sodium-chlorure d'or. Les instructions précisaient que pendant que l'on préparait une solution contenant un grain de chlorure d'or par 30 ml d'eau distillée, on devait en préparer une autre, contenant dix grains de soude à mettre dans 30 ml d'eau distillée. La patiente devait prendre deux gouttes de la solution d'or et quatre de la solution de soude dans un demi-verre d'eau.

À ce moment-là, les manipulations ne devaient se faire qu'une fois par semaine et être accompagnées de chaleur humide. Pour remplacer l'aspirine, Cayce prescrivit un composé d'eucalyptol, d'essence de térébenthine rectifiée et de benzosol, à prendre avec un sirop antidouleur. Il recommanda également des bains de vapeur à l'hamamélis pour relaxer le corps.

La troisième lecture conseillait des cataplasmes chauds imbibés de sels d'Epsom, à appliquer directement sur les articulations et les membres douloureux. Cette lecture recommandait aussi l'emploi de la pile à électrolyte ainsi que des exercices réguliers au grand air pour pouvoir bénéficier des rayons ultraviolets du soleil.

La quatrième lecture demandait à la femme d'arrêter le composé d'eucalyptol, et la cinquième recommandait l'emploi de l'appareil radioactif, avec prise d'iode.

La sixième lecture suggérait des traitements neuropathiques particuliers qui consistaient à masser doucement les extrémités le long des voies nerveuses menant au système nerveux central. Ce genre de massage était également recommandé dans la septième lecture.

ASTHÉNIE

Cayce était d'avis que l'asthénie, une pathologie caractérisée par une léthargie et un épuisement ne pouvant être soulagés par le repos, pouvait être due à des facteurs aussi bien psychologiques qu'organiques.

Les causes psychologiques de cet état sont la dépression, l'anxiété et la névrose cardiaque. Les causes organiques comprennent l'anémie, des problèmes métaboliques et endocriniens ainsi qu'un abus de médicaments calmants, pour n'en citer que quelques-unes.

Cayce donna onze lectures sur l'asthénie, à sept hommes et femmes. Dans tous les cas, les causes semblaient être des blessures ou des pressions à la colonne vertébrale, lesquelles avaient entraîné du stress sur différents organes du corps. Les parties et fonctions du corps le plus souvent affectées étaient les glandes, la circulation et l'élimination.

Cayce nota de plus que l'épuisement, physique ou mental, pouvait entraîner l'asthénie. Il pensait que les deux aspects de l'épuisement étaient très souvent responsables de l'affaiblissement du système nerveux et de l'asthénie qui en résultait.

Traitement

On ne trouva pas deux traitements identiques dans les lectures, bien que Cayce ait attaché une grande importance, dans presque tous les cas, aux manipulations et massages de la colonne à des endroits précis; ces massages devaient habituellement être exécutés avec de l'huile d'arachide ou d'hamamélis. Dans les deux cas qui traitaient des dommages infligés à la colonne par des blessures, il recommanda des manipulations vertébrales à effectuer au moins deux fois par semaine, jusqu'à ce que la situation s'améliore.

Cependant, dans presque toutes les lectures, il donna les grandes lignes d'une série de traitements particuliers pour chaque personne.

Dans cinq cas, le régime fut reconnu comme un important facteur de rétablissement. L'accent était mis sur les légumes, les fruits, le poisson, le gibier et les aliments riches en sels minéraux divers. Étaient éliminés les aliments qui entraînent de l'acidité, comme les pâtisseries, les gâteaux, le pain blanc, les pommes de terre et les aliments gras ou frits.

Dans quatre de ces cas, les lectures insistèrent sur la nécessité de vider régulièrement l'intestin. Les laxatifs recommandés étaient le Castoria, le sirop de figues et les sels Eno. Cayce suggéra parfois aussi une irrigation du côlon.

Pour redonner de la vie aux nerfs et fournir à l'organisme le stimulus nécessaire, il recommanda dans trois cas l'électrothérapie: le rayon violet, la lumière ultraviolette et l'appareil radioactif.

Dans deux cas, il conseilla des remèdes à base de tisanes.

Histoire de cas

Le cas 119 était celui d'un homme de soixante-douze ans qui se plaignait d'un manque d'énergie et d'un ralentissement dans ses réactions. Le diagnostic de Cayce révéla une blessure ancienne aux septième, huitième et neuvième centres dorsaux. Le dommage entraînait des perturbations de la digestion et de l'élimination. Il faut ajouter que l'état du sujet frôlait le diabète à cause d'une surproduction de sucres.

Il reçut deux lectures. La première lui conseilla de cesser tout travail pendant deux ou trois mois. Les traitements comprenaient un ensemble de manipulations vertébrales tous les deux jours, avec des corrections structurales une fois par semaine. Pour l'aider à digérer, on lui conseilla d'ajouter de l'ambroisie, sous forme de tisane, à son régime. Celui-ci devait faire une grande place aux aliments alcalinisants riches en calcium et en sodium, et éviter tous les amidons et sucreries.

Cayce estima que le patient pourrait retrouver une bonne santé en trois ou quatre mois s'il suivait le régime prescrit. Par la suite, ce patient entra à l'hôpital de Cayce pour y recevoir les traitements recommandés, et quelque temps après, le cas 119 signala qu'il était «complètement rétabli».

Le cas 5522 concernait une femme de trente-quatre ans qui se plaignait de faiblesse physique et de sentiments d'anxiété. Il apparut que son assimilation et son élimination déficientes avaient été causées par une tension nerveuse extrême et par un manque de coordination nerveuse.

Son traitement s'étendit sur une période de vingt-six jours. Il comprenait des massages et des manipulations vertébrales quotidiens, associés à la consommation répétée d'une tisane tonique composée de sirop d'écorce de merisier, de sirop composé de salsepareille, de teinture de stillingia, de sirop de rhubarbe, d'huile de sassafras, d'élixir de calisaya, de teinture de poivron, de baume de tolu et d'alcool éthylique.

On recommanda à cette personne un régime alcalinisant ainsi que des jus de viandes et des bouillons reconstituants, de même qu'un nettoyage occasionnel du côlon pour purifier le tube digestif.

On lui conseilla également l'usage quotidien de l'appareil radioactif, à raison d'une période de trente à soixante minutes chaque soir avant de se coucher. Les rapports qui suivirent les premières séries de traitements indiquaient une amélioration de la condition de cette patiente.

ASTHME

L'asthme est un état pathologique caractérisé par un rétrécissement généralisé des voies respiratoires, lesquelles peuvent se modifier spontanément en très peu de temps. Les allergies peuvent constituer une cause de cette maladie.

Les symptômes sont la toux, des crachats mucoïdes, une respiration sifflante et l'obstruction des bronches. Ces symptômes peuvent présenter divers degrés de gravité, de légers à mortels.

Cayce accorda un total de soixante-treize lectures à vingt-trois personnes qui souffraient d'asthme.

Au cours de ses lectures, Cayce attribua l'origine de l'asthme à des stimuli neurologiques déclenchés soit par des lésions et des adhérences dans les bronches et le larynx, soit par des pressions sur les ganglions autonomes et sur leurs connections avec le système céphalo-rachidien. En d'autres termes, il pensait que des problèmes à la colonne vertébrale étaient en cause et affectaient principalement la zone dorsale ou cervicale; ces problèmes pouvaient être ou non le résultat de subluxations véritables.

Cayce était en outre d'avis qu'un alignement spinal défectueux combiné à certains facteurs déclencheurs, tels que le stress ou un régime déficient, pouvait entraîner la constriction des bronches et, par conséquent, une crise d'asthme. Il en résultait fréquemment de la congestion, et les toxines, qui ne pouvaient être totalement expulsées des poumons, provoquaient une réaction du système sympathique dans les reins et le foie. Les glandes participant à l'assimilation étaient aussi, souvent, mises en cause au niveau du système sympathique.

Dans certains cas, des éliminations déficientes ou de la toxémie avaient provoqué un effondrement généralisé de l'organisme.

Traitement

Les traitements pour l'asthme commençaient généralement par une série de manipulations vertébrales précises destinées à détendre le corps, à désagréger les lésions et à corriger les subluxations. Les manipulations avaient pour but de soulager les pressions et de relaxer les tubes bronchiques.

Certaines restrictions étaient apportées au régime alimentaire, les plus fréquentes concernant l'interdiction des sucreries ou des aliments contenant des sucres. Une patiente fut avertie qu'«une sucrerie ne ferait qu'aggraver sa condition». (3046-1) On devait s'abstenir de nourritures indigestes telles que le bœuf, les fritures et l'abus de féculents, de même que certains mélanges provoquant de l'acidité. Cayce recommandait un régime reconstituant composé essentiellement de légumes, de fruits et de poissons.

Pour aider à ouvrir les passages bronchiques et à expectorer les mucosités, il suggérait l'utilisation d'un produit pour inhalation, généralement à base d'alcool. Les ingrédients de ce produit comprenaient habituellement de l'huile d'eucalyptus, un composé de teinture de benjoin, de l'essence de térébenthine, du baume du Canada, de l'huile d'aiguilles de pin et du baume à la teinture de tolu. Les instructions étaient de bien secouer l'inhalant avant de l'utiliser et d'en aspirer les vapeurs par le nez et, au besoin, par la bouche. Cayce suggérait parfois un inhalant sous forme de vaporisation; on le préparait en faisant bouillir de l'eau à laquelle on ajoutait de petites quantités d'eucalyptus et de benjoin dont on inhalait ensuite la vapeur.

Dans les cas où il constatait un déséquilibre glandulaire ou un besoin accru de calcium ou d'iode, Cayce recommandait des petites doses de ces éléments. Pour ceux qui manquaient d'iode, l'Atomidine ou la Calcidine (iodate de calcium) étaient suggérées.

Certaines lectures mentionnaient la nécessité de stimuler l'élimination, les méthodes à utiliser étant les laxatifs et les irrigations du côlon. À l'occasion, Cayce recommandait l'électrothérapie, les massages, l'hydrothérapie et les tisanes reconstituantes.

Il déclara, au cours de nombreuses lectures, qu'un changement de climat serait bénéfique; il conseilla des climats plus secs et plus chauds, ou encore l'air marin ou l'air de la montagne. Il mentionna aussi, à l'occasion, des facteurs psychologiques; dans quelques lectures, il fit observer que des attitudes mentales plus positives ne pourraient qu'aider et accélérer la guérison.

Histoire de cas

Cayce accorda trois lectures pour répondre à la requête de la mère d'une fillette de onze ans, le cas 3053, qui faisait des crises d'asthme depuis l'âge de trois ans. Dans son diagnostic, il mentionna une subluxation dans les deuxième, troisième et quatrième centres, laquelle, pensait-il, était à l'origine de l'asthme. La subluxation avait altéré les influx nerveux qui alimentent la trachée, les bronches et les glandes associées au processus d'assimilation. Cayce déclara que: «Telles sont les sources de cette perturbation, qui provoque le ralentissement de l'activité physique; de sorte que les accumulations aussi bien de lymphe que de mucus dans la région des bronches, du larynx et des parties supérieures des poumons résultent de ce ralentissement de l'activité conjuguée dans les glandes du corps, ce qui affecte l'assimilation.»

Selon Cayce, l'absence d'une assimilation efficace entraînait la constipation; celle-ci, jointe à une élimination insuffisante des déchets de la circulation sanguine à travers le système respiratoire, provoquait une accumulation de toxines dans le sang qui affectait également le foie.

Pour remédier à cet état, Cayce recommanda tout d'abord une série de manipulations ostéopathiques pour détendre la patiente. Ensuite, pour aider à stimuler l'activité de l'organisme et des glandes, il prescrivit une goutte d'Atomidine dans un demi-verre d'eau, à prendre chaque matin avant le petit déjeuner pendant cinq jours. À répéter chaque mois à la même date.

Pour maintenir l'alcalinisation du corps, il conseilla de prendre des doses de Glyco-Thymoline par voie buccale, à raison de cinq à six gouttes dans un demi-verre d'eau, trois fois par semaine.

Pour faciliter l'évacuation, il prescrivit deux laxatifs, l'un constitué de graines de séné et de graines de citrouille dans un excipient d'alcool, l'autre étant le sirop de pepsine de Caldwell, un autre laxatif à base de séné.

Il suggéra aussi, pour aider la respiration pendant les crises d'asthme, un inhalateur à vapeur contenant une solution constituée d'une cuillerée à café d'huile d'eucalyptus et d'une demi-cuillerée de teinture composée de benjoin à ajouter à de l'eau bouillante. Il fallait se couvrir la tête d'une serviette et respirer les vapeurs lentement et avec application. Cayce pensait que cette méthode pouvait aider à relaxer les réactions spasmodiques des bronches et de la gorge.

Le régime de la jeune fille devait être en même temps alcalinisant et reconstituant. Elle devait s'abstenir de manger des sucreries et faire attention à la façon de combiner ses aliments. Elle devait consommer des fruits de mer au moins deux fois par semaine, de la volaille et de l'agneau seulement à l'occasion. Les légumes crus devaient faire partie d'au moins un repas par jour. Il recommandait fortement les légumes tubéreux, surtout mélangés ensemble, ou deux légumes à racines, combinés à un légume vert en feuilles.

À une question se rapportant à un changement de climat, Cayce répondit que l'enfant n'en avait pas besoin, à moins que ce ne soit pour vivre à haute altitude, comme à Asheville, en Caroline du Nord. En revanche, il déclara que si ses conseils étaient suivis, non seulement la condition de la fillette s'améliorerait, mais que les problèmes de base seraient aussi réglés.

Un an plus tard, la mère fit savoir que sa fille était guérie et qu'elle n'avait plus de crises d'asthme. Dix ans plus tard, le cas 3053 fit savoir quelle n'avait pas eu une seule crise d'asthme depuis de nombreuses années.

ATROPHIE

L'atrophie musculaire est une affection qui consiste en une déperdition ou en un arrêt du développement des tissus musculaires et des nerfs apparentés. Cet état pathologique peut être ou héréditaire ou acquis; il représente souvent le symptôme d'une catégorie plus vaste de maladies telles que l'atrophie musculaire progressive, la myasthénie grave ou différentes formes de spasmes toniques musculaires. La forme progressive de l'atrophie musculaire systémique peut aboutir à la paralysie et à la mort.

Un total de vingt et une lectures furent données à dix-sept personnes souffrant d'atrophie musculaire ou de problèmes apparentés et dont les âges variaient de dix-sept à soixante-dix ans. Dans dix de ces cas, l'atrophie musculaire se révéla être plus un symptôme qu'une maladie en elle-même. Les diagnostics, qui variaient selon les cas, mentionnaient des pathologies telles que la dystrophie musculaire, l'arthrite, la paralysie et l'ostéochondrite.

Un mauvais alignement spinal fut cité dans cinq cas, ce qui avait pour effet de ralentir l'influx nerveux vers les muscles et de causer éventuellement l'atrophie. Un facteur étroitement lié était la mauvaise circulation; il fut mentionné cinq fois. Le karma fut aussi mis cinq fois en cause comme facteur possible.

Dans cinq cas, les lectures mentionnèrent une assimilation déficiente; celle-ci entraînait une carence en nutriments de l'organisme, ce qui contribuait à l'effondrement des tissus nerveux et musculaires. Des subluxations spinales furent mentionnées dans le même nombre de cas. Des infections qui affectaient directement les os et les muscles furent citées à deux reprises.

Traitement

La recommandation la plus fréquente portait sur les massages; les lectures pour treize personnes suggéraient à ce propos différents mélanges d'huiles tels que l'huile d'olive ou d'arachide et la lanoline.

À onze reprises, Cayce indiqua des traitements à l'électrothérapie, la méthode la plus souvent recommandée étant la pile à électrolyte, dans le but d'aider à reconstituer les connections nerveuses endommagées. Il mentionna aussi de temps à autre l'appareil radioactif et divers autres dispositifs.

Onze personnes reçurent des conseils concernant leur régime alimentaire. Les aliments riches en vitamines, comme les fruits et les légumes frais, étaient fortement recommandés de même que le sang de bœuf, pour ses propriétés reconstituantes. Furent également mentionnés des suppléments alimentaires tels que le Calcios et les vitamines.

À huit patients furent prescrites des manipulations vertébrales pour aider à supprimer les blocages des nerfs. Ces traitements avaient pour objectif d'améliorer les influx nerveux vers les muscles et, par la suite, de réduire l'atrophie.

Pour aider à détendre les muscles, Cayce recommanda dans trois cas des traitements à l'hydrothérapie consistant en bains de vapeur et en bains aux sels d'Epsom. Deux personnes reçurent également des conseils concernant les aides à la digestion, les cataplasmes, les tisanes reconstituantes et l'exercice.

Histoire de cas

Quatre personnes, sur les dix qui firent connaître le résultat de leurs traitements, rapportèrent une amélioration de leur état. Les autres ne suivirent pas les conseils qui leur étaient donnés par les lectures, ou elles ne le firent qu'en partie.

L'une de celles qui suivit les recommandations et en obtint des résultats positifs fut le cas 849, un homme qui reçut une lecture sur l'atrophie musculaire. Son état démontrait une lente atrophie des muscles de la jambe et de la cuisse droites. Cayce en imputa la cause au traitement inadéquat d'une blessure au genou droit qui avait provoqué un déséquilibre de la circulation sanguine. En conséquence, sa jambe «manqua de certaines hormones nécessaires pour prévenir l'atrophie dans les forces des cellules».

Il prescrivit aussitôt des manipulations vertébrales, à appliquer sur les vertèbres sacrées, coccygiennes et dorsales inférieures. De plus, les jambes, les pieds et les zones lombaire et sacrée devaient être massés à l'aide d'un mélange fait de graisse de mouton, d'essence de térébenthine, d'huile camphrée, de teinture composée de benjoin et d'huile de sassafras. Une flanelle chaude devait ensuite être placée sur tous les endroits douloureux.

La lecture conseillait en outre un régime sans alcool composé d'aliments reconstituants pour le sang et le corps tout entier, avec un supplément de Ventriculine sans fer comme stimulant gastrique.

Des traitements avec l'appareil radioactif devaient se faire régulièrement, sur une base de deux semaines de traitement suivies de deux semaines de repos. L'objectif était d'améliorer la circulation générale. Le cas 849 commença ses traitements avec l'appareil radioactif, et les effets sur son système nerveux furent tellement bénéfiques qu'il décida de suivre toutes les prescriptions de la lecture.

Lorsqu'il fit rapport de ses progrès, 849 déclara: «Il y a eu un soulagement immédiat apporté par le traitement prescrit dans ma dernière lecture. La jambe, qui s'atrophiait rapidement, s'est mise à reprendre du poids...»

B

BLÉPHARITE

La blépharite est une inflammation chronique du bord des paupières, souvent accompagnée de picotements, de démangeaisons et d'une sensation de brûlure. Dans ses lectures, Cayce y faisait référence en la nommant parfois inflammation des yeux et d'autres fois condition glandulaire apparaissant sur les paupières ou autour du globe oculaire. Nous avons fait des recherches sur les trois quarts des lectures se rapportant à ce sujet, pour un total de dix-huit lectures données à quatorze personnes atteintes de blépharite.

Conventionnellement, on attribue souvent la blépharite à une infection bactérienne ou virale, ou à des allergies à la poussière, aux pollens et aux moisissures. Cayce, cependant, a toujours considéré cette infection comme un effet secondaire d'autres problèmes internes résultant à leur tour de plus d'un facteur. Les «premières causes» typiques étaient liées à des compressions dans le système céphalo-rachidien (à cause d'une blessure, dans un cas), à des déséquilibres nerveux ou digestifs, à une élimination insuffisante et à un état pathologique du sang, telles l'acidité, la toxicité ou une vitalité affaiblie. Une lecture décrivit le problème comme en partie d'origine prénatale; une autre cause fut attribuée, en partie, à l'inhalation de vapeurs sur les lieux de travail.

Dans une lecture accordée à une femme de soixante-seize ans, le cas 774, Cayce remarqua des pressions sur les zones cervicale et dorsale supérieure de la colonne vertébrale, lesquelles restreignaient la circulation sanguine vers et à travers cette partie du corps. Il en était résulté une accumulation de substances toxiques dans le système; celles-ci avaient fini par infecter les globes oculaires, les toxines s'accumulant également dans la zone des conduits lacrimaux et entravant les réactions naturelles des paupières et de la rétine.

Dans une autre lecture, le cas 2577, un homme de cinquante et un ans avait contracté une forme d'infection du sang causée par une inflammation dans le système. De plus, le courant normal des éliminations des yeux se trouvait bloqué par des pressions s'exerçant dans les zones cervicale et dorsale, là où se fait la coordination entre le système nerveux central et le système sensoriel.

Pour le cas 1772, celui d'un homme de cinquante-huit ans, les causes de son problème oculaire résidaient dans une élimination inadéquate du système circulatoire, laquelle résultait de l'acidité répandue dans les systèmes d'assimilation et d'élimination. Cette perturbation avait entraîné un appauvrissement généralisé des organes et du système sensoriel; ce problème s'était aggravé aux yeux à cause de subluxations dans les centres cervical et pneumogastrique.

Traitement

Les lectures sur la blépharite mentionnèrent tellement souvent les pressions spinales qu'il n'est pas surprenant que le traitement recommandé le plus fréquemment – dans tous les cas étudiés, sauf deux – consistait en manipulations ou en massages de la colonne vertébrale, surtout dans la zone des vertèbres cervicales. La première application, destinée à traiter l'inflammation locale et mentionnée presque aussi souvent que les manipulations vertébrales, était un emplâtre composé de raclures de pommes de terre blanches et appliqué sur les yeux avec un pansement de gaze pendant des périodes de longueur variée. Comme la fonction de l'emplâtre était d'extraire et d'absorber les matières infectieuses, on devait en préparer un nouveau pour chaque application, et même plus souvent. Il était également conseillé de se laver régulièrement les yeux avec une solution antiseptique douce telle que l'acide borique.

Dans la moitié des cas, le rayon violet fut recommandé, avec le conseil de le passer sur la colonne vertébrale ou les yeux, ou les deux, selon les instructions. Dans quatre cas, ces traitements pouvaient commencer n'importe quand, alors que dans deux autres cas, les lectures recommandaient d'attendre la fin d'une série de traitements qui devait durer deux, trois ou quatre semaines. L'emploi de l'appareil radioactif fut recommandé deux fois.

Le traitement incluait parfois des méthodes susceptibles de stimuler les drainages et les assimilations. Cayce recommanda à l'occasion des laxatifs doux, des irrigations du côlon, des lavements et des tisanes reconstituantes. Il insista parfois particulièrement sur un régime bien équilibré – comme il l'a fait dans la plupart des lectures – composé d'aliments alcalinisants, laxatifs, fortifiants et faciles à digérer.

Des rapports post-thérapeutiques révélèrent que six personnes avaient bénéficié en partie des suggestions de Cayce. Dans trois cas, il parut difficile de guérir complètement le problème aux yeux, même si une nette amélioration put être enregistrée. Dans les trois autres cas, le problème fut totalement réglé, ou presque totalement. L'emplâtre aux pommes de terre réussit apparemment à soulager sept autres cas.

Histoire de cas

Le cas 1963 était celui d'un homme dans la soixantaine dont la blépharite était aggravée par un affaiblissement généralisé ainsi que par la neurasthénie et la toxémie. Cayce décrivit sa condition comme un épuisement nerveux accompagné de pressions produites par la présence de toxines réparties dans tout l'organisme. La principale source de l'inflammation des yeux était rattachée aux pressions s'exerçant dans la zone dorsale supérieure de la colonne vertébrale.

Cayce recommanda au patient de commencer par une irrigation du côlon tous les trois ou quatre jours pour neutraliser les effets des substances toxiques présentes, la dernière eau devant contenir une grande quantité de Glyco-Thymoline, qui est un alcaliniseur et un antiseptique. Au même moment était conseillée une légère manipulation de la colonne pour stimuler le système nerveux.

Deux fois par jour au minimum, cet homme devait mettre sur ses yeux un emplâtre de pommes de terre pendant une période allant de trente à soixante minutes. Après avoir retiré les emplâtres, il devait se laver les yeux avec une solution antiseptique faible, Glyco-Thymoline ou acide borique.

Lorsqu'il ne restait plus aucun mucus dans le côlon, on devait commencer les véritables ajustements ostéopathiques pour stimuler l'élimination et faire les corrections nécessaires dans les zones lombaire et sacrée.

Au départ, le régime devait se limiter à des aliments liquides ou semi-liquides, avec des jus de bœuf et du bouillon de poulet en abondance, un peu de poisson, et tous les légumes pouvant être facilement digérés. Comme source naturelle d'insuline, les topinambours étaient recommandés.

Le suivi de ce cas indiqua que le patient avait été très impressionné par la lecture et qu'il avait obtenu de bons résultats en suivant les conseils de Cayce. Il rapporta par la suite que sa santé s'était améliorée et que l'inflammation aux yeux avait disparu.

BRONCHES (Dilatation des)

La bronchiectasie est une dilatation chronique des tubes bronchiques due à une infection pulmonaire ou à l'obstruction des bronches. Elle se reconnaît à une respiration difficile et à des quintes de toux soudaines et très fortes, avec expectoration de matières contenant des mucosités et du pus.

Les deux lectures qui furent données à des personnes atteintes de dilatation des bronches révélèrent des différences aussi bien dans les causes de la maladie que dans les suggestions de traitement.

La cause principale trouvée pour le cas 3220, une femme dans la trentaine, était liée à un ensemble d'attitudes mentales et d'émotions négatives. Dans ce cas particulier, la cause physique était une brûlure chimique qui avait irrité la gorge, le larynx et la trachée.

Dans le cas 1467, la bronchiectasie d'un homme de trente-neuf ans fut attribuée aux conséquences de mauvaises assimilation et élimination.

Traitement

Pour le cas 3220, le traitement comprenait l'emploi d'un produit pour inhalation quatre à cinq fois par jour et une ou deux fois par nuit. Ce produit était composé de trente gouttes d'huile d'eucalyptus, de dix gouttes d'essence rectifiée de térébenthine, de quarante-cinq gouttes de teinture composée de benjoin, de trente gouttes de créosote rectifiée et de vingt gouttes de tolu ajoutées à une base de 125 ml d'alcool éthylique.

Cayce recommanda d'inclure dans le régime quotidien une cuillerée à café de jus de bœuf, des comprimés de vitamines du complexe B, à prendre le soir avant d'aller au lit, ainsi que beaucoup de poisson et de fruits de mer. De plus, une fois par semaine, la patiente devait recevoir des massages légers au beurre de cacao, en partant de la neuvième dorsale jusqu'à la base du cerveau. Quant à ses attitudes négatives, Cayce lui conseilla de modifier ses sentiments et ses émotions et de mettre son corps et son âme au service de Dieu.

Pour le cas 1467, il prescrivit des ajustements ostéopathiques occasionnels lorsque la digestion était perturbée ou que la personne souffrait trop de maux de tête ou de douleurs physiques. Il suggéra également des massages et des laxatifs doux composés d'une combinaison de légumes en alternance avec des sels minéraux.

BRONCHITE

L'inflammation de la gorge, des poumons et des tubes bronchiques que l'on connaît sous le nom de bronchite se reconnaît à de la fièvre, de la difficulté à respirer et de violentes quintes de toux provoquant des douleurs aiguës dans la poitrine. En plus d'être un état toxique localisé dans le système respiratoire, la bronchite, selon les lectures de Cayce, est le résultat de présences toxiques et de déséquilibres dans tout l'organisme.

Il existe, dans les fichiers de Cayce, quarante-cinq lectures sur la bronchite, destinées à trente et une personnes qui ont eu recours à lui pour combattre cette maladie des voies respiratoires.

Une cause typique de toxémie générale associée à la bronchite résidait dans une élimination insuffisante des toxines par les poumons et les organes jalonnant le tube digestif, combinée à des déséquilibres de la circulation. Des causes connexes souvent relevées avaient trait à une absence de coordination entre les systèmes sympathique et céphalo-rachidien, à une assimilation inadéquate et à des subluxations spinales.

Les problèmes liés à la colonne vertébrale appauvrissaient l'influx nerveux aux poumons et aux émonctoires, rendant ainsi encore plus toxique la circulation à l'intérieur des poumons. Ces organes devenaient incapables d'oxyder efficacement le sang, ce qui entravait la circulation hépatique. À ce stade commençait à se manifester un manque de coordination entre la circulation du sang et celle de la lymphe; cet état se combinait aux problèmes d'élimination et interférait également très souvent avec ceux de l'assimilation.

C'est seulement dans quelques cas que Cayce attribua la cause de la bronchite à un rhume, à une grippe ou à une congestion des poumons, bien que ces symptômes aient été très souvent présents en même temps.

Traitement

Les traitements prescrits par Cayce étaient aussi bien externes qu'internes. La majorité des lectures recommandaient un produit pour inhalation, lequel devait stimuler la circulation et agir comme antiseptique et expectorant pour diminuer la congestion des poumons.

Dans pratiquement tous les cas, Cayce insista sur l'importance du régime alimentaire; au moment où l'infection disparaissait, il recommandait une nourriture laxative en même temps que reconstituante, par exemple une diète liquide ou semi-liquide, l'accent étant mis sur les fruits, les jus de fruits et de légumes, et l'eau. Les aliments fortifiants comprenaient les jus de bœuf plutôt que la viande, les vitamines A et D, des toniques alcoolisés en petite quantité et des protéines légères (céréales, noix, fruits de mer).

Cayce insistait également sur l'importance de l'élimination et de l'alcalinisation du système. Les mesures de purification les plus souvent mentionnées étaient les lavements, les irrigations du côlon, les laxatifs et parfois des antiacides. Il était important de faire des massages à l'huile d'olive ou d'arachide et à la lanoline, pour améliorer la circulation et le tonus musculaire. Comme traitement d'appoint, ou comme forme de massage à part, il recommandait l'emploi du vibromasseur le long de la colonne vertébrale. Il mentionna également, mais un peu moins souvent, les manipulations vertébrales, afin d'améliorer les zones à problème et la coordination nerveuse et de favoriser l'élimination.

À l'occasion, il conseilla l'électrothérapie, le plus souvent le rayon violet. Celui-ci devait être appliqué sur la région cervicale de la colonne vertébrale ou sur la tête, le cou et la poitrine, à l'aide d'un applicateur à éponge pour les zones délicates.

Histoire de cas

Une femme de quarante-cinq ans, le cas 4252, demanda une lecture pour l'aider à se débarrasser non seulement d'une bronchite mais aussi de son asthme et de problèmes à la vésicule biliaire.

Dans le diagnostic qu'il fit de son état, Cayce expliqua que la cause de ses problèmes se trouvait dans une élimination insuffisante; le système céphalo-rachidien était également mis en cause de même que divers organes du système excréteur. Les complications du système respiratoire étaient attribuées à des subluxations spinales et à une mauvaise oxygénation du sang due à une élimination insuffisante.

Cayce recommanda deux genres de thérapie à base d'inhalations. La première consistait en eau-de-vie de pomme conservée chaude dans un barillet de chêne carbonisé dans le but de produire des vapeurs à l'intérieur. La patiente devait inhaler ces vapeurs au moins deux fois par jour; celles-ci agissaient comme agents de guérison pour la gorge, les poumons et le larynx ainsi que comme tonique du sang.

Le deuxième genre de thérapie consistait en une solution à base d'alcool que la personne devait respirer par le nez et la bouche, après l'avoir secouée énergiquement. Lorsqu'elle n'utilisait la solution que pour dégager ses narines, elle devait la mélanger à de l'eau bouillante et en inhaler les vapeurs en se mettant une serviette sur la tête.

Le régime de la patiente comportait essentiellement des aliments reconstituants et alcalinisants, les jus de fruits, les noix et le jus de bœuf étant considérés comme bénéfiques pour l'organisme. Elle devait en outre se faire donner des frictions à l'eau salée pour accélérer la circulation et faire suivre celles-ci de manipulations ostéopathiques effectuées en douceur. Elle devait répéter ce traitement tous les jours pendant trois semaines.

Les rapports indiquèrent certains progrès évidents mais aussi des rechutes périodiques, car la malade n'avait pas rigoureusement suivi les prescriptions de Cayce. Elle demanda néanmoins une autre lecture par la suite et vécut en bonne santé jusqu'à sa mort, quarante-trois ans plus tard, en 1974.

BRÛLURES

Il y eut sept lectures pour les victimes de brûlures, trois pour des enfants et une pour un adulte. Tous ces gens avaient subi des brûlures graves dans des accidents mettant en cause le feu, un métal brûlant ou de l'eau bouillante.

On trouve une grande uniformité dans les traitements suggérés dans les lectures. L'approche de Cayce concernait la personne tout entière; elle ne se limitait pas seulement aux soins à donner aux tissus brûlés mais aussi à l'aide à apporter au corps entier de façon qu'il soit capable de rétablir le système dans son état normal.

Dans trois des quatre cas, Cayce insista sur la nécessité de maintenir une bonne évacuation pour empêcher les tissus brûlés et détruits aussi bien que les toxines produites par les brûlures de se coaguler dans l'organisme. À cet effet, il recommanda la prise fréquente de laxatifs comme le Castoria de Fletcher, l'Alophen ou le Phénolax. Il signala également l'importance du régime alimentaire pour fournir une nourriture reconstituante; il recommanda instamment les fruits, les céréales à grains entiers, le pain de blé entier et les aliments riches en fer, comme les jus de viande, tout en interdisant de consommer des sucreries et une trop grande quantité de féculents.

Il mit l'accent sur la nécessité de bien protéger les brûlures par des pansements et demanda d'avoir recours à un médecin pour les appliquer. Au moment du changement de pansement, Cayce conseillait parfois de frictionner la partie brûlée avec de l'Unguentine et d'enduire le pourtour de la brûlure d'huile camphrée, pour empêcher que le pansement colle à la peau.

Une lecture suggéra l'application d'une pommade contenant de l'alun brûlé ou de l'alun chauffé en poudre, de l'alcool camphré et de la graisse de mouton autour de la zone brûlée, avant de poser le pansement. La brûlure elle-même devait être lavée avec une solution antiseptique. L'Unguentine et l'huile camphrée étaient également reconnues comme excellentes pour réduire ou éliminer les tissus cicatriciels.

Histoire de cas

Le cas 487 concernait un jeune garçon de huit ans qui avait trébuché dans un foyer en flammes et en était sorti avec de graves brûlures au côté gauche, de la cheville à la taille. Dans les deux premières lectures, Cayce insista sur la nécessité d'aider l'élimination. Il suggéra de prendre de petites doses quotidiennes de Calomel, d'Alophen ou de Phénolax, quelquefois suivies de doses de Castoria. Le traitement de la brûlure proprement dite était assuré par un médecin qui changeait les pansements chaque jour. Cayce conseilla aussi de faire suivre le nettoyage des brûlures d'une application d'Unguentine ou de celle d'une solution antiseptique très diluée au bichlorure de mercure. Pour empêcher la peau d'adhérer au pansement, il recommanda d'appliquer de l'huile camphrée autour de la brûlure.

Le régime recommandé était constitué de fruits en quantité, de bœuf, de poulet, de poisson, de lait et d'aliments toniques pour le sang; les bonbons et sucreries étaient à éviter.

À la troisième lecture, on put noter une amélioration dans la condition du garçon, mais aussi une accumulation de toxines dans le sang, d'où la nécessité d'assurer une meilleure élimination. Cayce conseilla de continuer les traitements qu'il avait prescrits et de les faire suivre d'une dose moyenne de laxatif en solution saline ainsi que d'un massage de la colonne dans la soirée.

Trois mois après la première lecture, le garçon n'avait plus besoin de béquilles et pouvait se déplacer librement sans ressentir de douleur. Il retrouva même l'usage complet de sa jambe gauche sans avoir besoin d'autres traitements.

BURSITE

La bursite est l'inflammation de l'une des membranes remplies de liquide qui se trouvent entre les parties mobiles du corps telles que les tendons, les ligaments, les os et les articulations.

Cayce donna à chacune des quatorze personnes, âgées de vingt à soixante et onze ans qui l'avaient consulté, une lecture sur la bursite et les états pathologiques connexes.

Généralement, il considérait la bursite comme le résultat de déséquilibres chimiques se produisant à l'intérieur du corps et auxquels étaient associés des désordres métaboliques. De tels déséquilibres étaient tenus responsables des accumulations irritantes dans les bourses séreuses.

Dans plus de soixante pour cent des cas, la cause principale était liée à une mauvaise élimination. Le déséquilibre créé entraînait une accumulation de toxines dans la circulation générale et une concentration de calcium ou d'autres substances dans les bourses, ce qui provoquait de la friction dans les articulations et, de là, de l'inflammation. Un facteur souvent mentionné, en réalité dans quarante pour cent des cas, était une circulation ralentie, qui pouvait être soit la cause, soit le résultat des problèmes en rapport avec l'élimination. En conséquence, la circulation ralentissait aux extrémités, entravant davantage l'élimination.

Un autre facteur mis en cause et mentionné à maintes reprises était une assimilation déficiente, citée parfois de pair avec l'hyperacidité. D'autres facteurs, que l'on a relevés dans deux cas chacun, faisaient état de subluxations spinales dans les zones dorsale et cervicale, de surmenage généralisé et, finalement, d'une blessure, qui était parfois le résultat d'excès, comme dans le cas de ce joueur de tennis qui avait joué trop intensément et pendant trop longtemps.

Traitement

Les traitements donnés aux personnes souffrant de bursite avaient comme idée première de ramener l'équilibre dans l'organisme et de soulager la douleur jusqu'à ce qu'elle devienne supportable. Dans soixante pour cent des cas, les lectures conseillaient de changer de régime et de consommer des aliments alcalinisants comme les fruits, les légumes et leur jus.

Cayce recommanda aussi, en quantité modérée, les grains entiers, le lait, les soupes, les bouillons et le jus de bœuf. On ne devait consommer la viande qu'en très petite quantité et uniquement sous forme de poisson, de volaille ou de foie de bœuf. On devait s'abstenir de toute viande rouge, de friture, de graisse, de sucre ainsi que de tout produit à base de farine blanche.

Cayce recommanda tout spécialement les laxatifs pour libérer l'organisme de ses toxines et de ses acides en excès, sous forme d'irrigations du côlon et de l'administration d'autres substances laxatives. Dans plus de quarante pour cent des cas, il prescrivit des massages utilisant parfois de l'huile d'arachide et parfois d'autres substances. Ces massages avaient pour but d'améliorer la circulation et l'élimination, et de diminuer l'irritation dans les bourses.

Dans presque trente pour cent des cas, Cayce conseilla de placer des cataplasmes chauds sur les régions atteintes pour aider à soulager la douleur. Il suggéra à trois personnes des applications aux sels d'Epsom, et à la Glyco-Thymoline pour l'une d'entre elles. Il recommanda également, dans trente pour cent des cas, des traitements à l'hydrothérapie; ceux-ci devaient prendre la forme de bains de vapeur ou autres sortes de bains, ou encore de douches, le tout prescrit de façon spécifique.

À deux personnes furent conseillées les manipulations vertébrales et l'électrothérapie et, pour deux autres, l'Atomidine et l'Acigest, un produit alcalinisant et digestif.

Histoire de cas

À peu près la moitié des quatorze personnes qui avaient reçu des lectures pour la bursite connurent une nette amélioration de leur état. C'est le cas du numéro 3012, une femme de cinquante et un ans qui avait eu une lecture. Cayce avait vu que sa bursite était due à une accumulation de calcium dans les jointures qui entraînait d'insupportables douleurs aux extrémités.

Pour commencer, il demanda à la malade de prendre de l'Atomidine en usage interne, une goutte dans un demi-verre d'eau chaque matin, pendant dix jours. Durant cette période, la patiente devait s'abstenir de toute boisson gazeuse ou alcoolisée.

Après avoir terminé sa cure d'Atomidine de dix jours, elle devait commencer des traitements d'hydrothérapie – bains de vapeur à l'hamamélis – suivis d'une douche chaude puis froide et, pour finir, une friction énergique avec un mélange d'huile d'arachide et d'huile d'aiguilles de pin. Elle devait se faire donner ces traitements une fois par semaine, pendant une période minimale de six semaines au cours de laquelle elle devait recevoir au moins une irrigation du côlon.

À la fin de ses traitements d'hydrothérapie, elle devait reprendre ses doses d'Atomidine, cette fois pour des périodes de cinq jours chacune, et les faire alterner avec des périodes sans le médicament. En ce qui concernait le régime, elle devait consommer des légumes le plus souvent possible et laisser de côté la viande et les fritures.

La personne suivit les traitements prescrits dans sa lecture et rapporta par la suite qu'elle avait retrouvé la santé et le plein usage de son corps.

C

CALVITIE

Il y a sept genres de calvitie pouvant frapper hommes et femmes. Les statistiques indiquent que plus de soixante-quinze pour cent de la population masculine connaît la calvitie, à des degrés différents, et que quatre-vingt-quinze pour cent des individus de ce groupe souffrent d'un genre connu sous le nom de calvitie hippocratique. La cause première de cette affection est apparemment héréditaire, mais il y a des facteurs qui y contribuent; ces derniers comprennent les déficiences hormonales, le régime alimentaire, le stress, l'anémie, les médicaments et les traitements capillaires.

Edgar Cayce donna quatre-vingt-douze lectures pour soixante-cinq personnes qui s'inquiétaient de la chute de leurs cheveux. Ces lectures comprenaient généralement des conseils sur la façon de renverser la tendance, mais aussi sur la manière de prévenir la perte des cheveux.

À un tiers environ des personnes venues le consulter au sujet de leur calvitie naissante, Cayce déclara que la perte était due à un défaut d'activité glandulaire, liée surtout à la thyroïde. Dans un cas, la lecture expliqua qu'une mauvaise coordination des activités des forces glandulaires intérieure et extérieure liées à la thyroïde était responsable de la chute des cheveux. Une autre lecture, accordée à une femme de trente-deux ans, établit qu'il y avait «un bouleversement du système glandulaire par des activités dans l'organisme qui annihilent l'effet de ces glandes en produisant de tels éléments, particulièrement dans la glande thyroïde; et ainsi détruisant les huiles qui étaient une partie de l'activité dans le système nerveux sympathique telle qu'affectant l'épiderme». (4086-1) Plus d'un quart des lectures mentionnaient une circulation déficiente, soit seule, soit combinée à un déséquilibre glandulaire, comme pouvant causer la calvitie. Dans plus de dix pour cent des cas, les lectures suggéraient que des attitudes mentales plus positives ne pouvaient qu'être bénéfiques.

Traitement

Les traitements variaient; ils dépendaient souvent de l'étendue de la perte de cheveux et de ce qui avait provoqué cette perte, à l'origine. Dans la plupart des cas, Cayce recommanda des applications locales, des changements dans le régime et des remèdes internes.

Les applications externes qu'il conseillait le plus souvent (dans plus du tiers des cas) consistaient en solutions d'alcool éthylique à vingt pour cent, en vaseline blanche et en pétrole brut. Les solutions pouvaient varier en concentration, mais le mélange le plus souvent utilisé était composé de vingt pour cent d'alcool éthylique pur (et non d'alcool à friction) et de quatre-vingts pour cent d'eau distillée. La vaseline blanche était la même que celle que l'on trouve aujourd'hui, et le pétrole était le produit brut, non raffiné, tel qu'on l'extrait du sol.

Un traitement typique consistait à masser le cuir chevelu avec de petites quantités de pétrole brut pendant trente à quarante minutes. On devait ensuite procéder au rinçage à l'aide de la solution alcoolisée et finir par un massage du cuir chevelu avec un peu de vaseline blanche. Le patient pouvait aussi, s'il préférait, terminer avec de l'alcool pour se débarrasser du pétrole, et ensuite se faire un shampooing; ou encore n'utiliser que le pétrole ou la vaseline et terminer par le traitement à l'alcool. Le saindoux et le kérosène étaient suggérés à l'occasion, en application externe.

Dans de nombreux cas de pellicules, Cayce prescrivit la Listerine. Les shampooings les plus souvent recommandés étaient ceux au goudron de pin ou ceux constitués en parties égales d'huile d'olive et de shampooing Castille pur.

Pour stimuler la circulation sanguine dans le cuir chevelu, le rayon violet fut conseillé huit fois et le vibromasseur, deux fois. Les manipulations vertébrales et, occasionnellement, les massages étaient un traitement indirect recommandé dans un très grand nombre de lectures.

Le remède interne le plus souvent mentionné était l'Atomidine, pour stimuler une activité paresseuse des glandes, laquelle entraînait un ralentissement de la pousse des cheveux. La dose habituelle était d'une goutte dans un demi-verre d'eau, chaque jour pendant cinq jours, avant le petit déjeuner; ensuite, cinq jours sans Atomidine, puis reprise de la dose quotidienne pour cinq autres jours, et, finalement, un arrêt de la prise du médicament pendant deux semaines. Ce cycle pouvait se répéter pendant une période allant jusqu'à six mois, en conjonction avec d'autres traitements, selon le degré d'amélioration de la condition.

Les aliments constituaient une autre source d'iode. Les plus fréquemment mentionnés étaient les épluchures de pommes de terre irlandaises (ou blanches régulières) ou leur eau de cuisson. Celles-ci étaient censées restaurer la couleur des cheveux aussi bien que stimuler l'activité glandulaire et la pousse des cheveux. Les fruits de mer étaient aussi hautement recommandés à cause de leur teneur en iode, et les carottes (qui ne contiennent probablement pas d'iode) furent également conseillées dans quelques cas. Des tisanes toniques ainsi que de l'hydrothérapie furent mentionnées dans quelques lectures, mais elles n'avaient probablement qu'un impact indirect sur le problème de la chute des cheveux.

Histoire de cas

Le cas 1467 reçut une série de dix-neuf lectures entre les âges de trente-deux à trente-neuf ans, certaines traitant de son problème de perte de cheveux. Selon Cayce, la condition résultait entre autres des suites d'une blessure allant de la troisième vertèbre dorsale jusqu'aux deuxième et troisième cervicales ainsi que des pressions subséquentes aux mêmes endroits, ce qui entravait la circulation dans le cuir chevelu. Étaient également mentionnées une accumulation de toxines dans la circulation superficielle, à cause de l'incapacité de l'organisme à éliminer par les voies normales, aussi bien qu'une inactivité glandulaire, surtout dans la thyroïde.

Pour corriger la cause première de la condition, Cayce suggéra des manipulations vertébrales qui devaient être faites de deux à trois fois par semaine, pendant deux à trois semaines. Après un repos de deux semaines, les traitements devaient être repris.

Pour le cuir chevelu, Cayce prescrivit des massages à la vaseline, suivis d'un rinçage avec une solution d'alcool éthylique à trente-cinq pour cent. Par la suite, on devait frictionner les cheveux et le cuir chevelu avec de petites quantités d'onguent Cuticura pour guérir la peau et encourager la repousse des cheveux. Si, malgré tout, la calvitie s'aggravait, on conseillait des applications locales supplémentaires en alternant les antiseptiques acides et alcalinisants, comme la Listerine ou le tonus du cuir chevelu de Fitch. Plus tard, Cayce recommanda des massages effectués tous les dix jours, avec de l'eau et du savon ordinaire, suivis d'un shampooing contenant de la quinine, toujours pour stimuler le cuir chevelu. Pour les cheveux, il suggéra des shampooings à l'huile d'olive.

Pour stimuler la thyroïde, il prescrivit un régime reconstituant ainsi que de l'Atomidine, à prendre cinq jours de suite, à raison de une à deux gouttes dans un demi-verre d'eau, avant le petit déjeuner. Le régime alimentaire avait aussi une grande importance. Les fruits de mer étaient fortement recommandés, de même que les légumes crus, les agrumes et les laxatifs naturels tels que les pruneaux et les figues.

Malgré le grand nombre de lectures accordées à cette personne, on n'a jamais su si elle avait suivi les traitements et si ses cheveux avaient repoussé.

CANCER DE L'ESTOMAC ET DE L'INTESTIN

Le mot «cancer» est un terme général qui regroupe différentes sortes d'excroissances anormales et malignes de tissus, la plupart étant susceptibles d'envahir les tissus environnants et de s'étendre à différents endroits. Le cancer de l'estomac affecte la partie supérieure du système gastro-intestinal. Les symptômes font état d'une perte de poids, chez les personnes ayant dépassé la quarantaine, ainsi que d'anémie et de sang dans les selles.

Cayce donna vingt-cinq lectures à treize personnes souffrant du cancer de l'estomac ou de l'intestin.

Pour traiter les excroissances cancéreuses, il prescrivit un ensemble de régimes et de soins. La plupart du temps, le cancer était à un stade si avancé que les traitements proposés dans la lecture n'avaient pas pour but de guérir, mais seulement de prolonger la vie et de diminuer la douleur.

Dans un tiers des cas, Cayce cita une élimination insuffisante comme la cause principale, ou un facteur important du cancer. Il déclara à un quart des personnes concernées que l'origine de leur état était liée à une assimilation inadéquate, jointe à une élimination insuffisante. Dans quelques cas, la cause essentielle était l'hyperacidité.

Dans tous les cas, le dénominateur commun fut malheureusement que le cancer en était à un stade avancé au moment où la lecture avait été demandée. Douze des personnes moururent dans les six mois qui suivirent leur dernière lecture, et l'une d'entre elles fut prévenue, au moment de la lecture, que sa mort était imminente.

On ne rapporta qu'une seule personne en bonne santé trois ans plus tard.

Traitement

Dans plus de la moitié des lectures concernant des cancers de l'estomac ou de l'intestin, Cayce recommanda le charbon activé, souvent combiné à l'utilisation du rayon violet. L'objectif était de stimuler la libération de l'oxygène dans l'organisme, ce qui permettait au courant sanguin, jusqu'à un certain point, de revitaliser le système. Le dosage du charbon variait de un huitième à un quart de grain, à prendre dans un verre d'eau deux fois par jour. On devait ensuite utiliser l'appareil à ultraviolet, une demi-heure plus tard, pendant deux ou trois minutes.

Dans la moitié des cas, en particulier ceux qui avaient trait à une élimination insuffisante, Cayce mentionnait généralement des changements au régime alimentaire. Il recommandait des aliments prédigérés ou facilement assimilables ainsi que des jus de bœuf. Pour stimuler les évacuations, il suggéra, dans un tiers des lectures, de recourir aux lavements, aux laxatifs et aux irrigations du côlon. Dans le même but, et à maintes reprises, il mentionna les cataplasmes à l'huile de ricin, utilisés tels quels ou combinés à des emplâtres aux sels d'Epsom.

Dans un quart des cas, il recommanda les massages ou les manipulations de la colonne vertébrale, et diverses prescriptions de tisanes dans deux tiers des cas. Dans cinq cas, il suggéra la sève d'orme ou la tisane d'ambroisie, à cause de leurs propriétés antiseptiques et calmantes pour l'estomac. Deux fois, il recommanda des composés de bismuth et de craie, également pour faciliter la digestion, et un mélange d'eau de chaux, d'eau de cannelle, de bromure de potassium et d'iodure de potassium pour arrêter les vomissements et les nausées.

Les lectures conseillèrent également le recours à la visualisation, à la prière, à la méditation ainsi qu'à l'imposition des mains pour favoriser le prolongement de la vie.

Histoire de cas

Le cas 2512 reçut deux lectures en huit jours; il s'agissait d'une femme qui s'était fait extraire une excroissance maligne du rectum huit mois auparavant. La première lecture attribua ses sensations d'épuisement et d'essoufflement à des réactions réflexes associées à l'état toxique de son organisme. La toxémie provenait d'un blocage des évacuations provoqué par la présence de mucosités sur toute la longueur du côlon. Cet état, combiné à un dérèglement du foie et un manque d'activité des canaux biliaires, avait entraîné un déséquilibre de la circulation hépatique.

Pour soulager la patiente, on devait placer des cataplasmes à l'huile de ricin chaude sur le foie et sur le côté droit de son abdomen et ce, pendant trois jours, à raison d'une heure par jour. Pour accélérer l'élimination, elle devait avaler deux cuillerées à soupe d'huile d'olive le soir du troisième jour. Le jour suivant, on devait lui faire suivre un traitement général à l'hydrothérapie qui comprenait une irrigation du côlon.

Après un arrêt de dix jours, on devait répéter le processus tous les dix jours, jusqu'à ce que le côlon soit propre et libre de toute mucosité. Les recommandations concernant le régime incluaient des légumes verts frais, en particulier ceux riches en vitamine B1.

La deuxième lecture de la malade lui fut donnée en réponse à des questions précises concernant la cause, la guérison et l'état de l'excroissance cancéreuse. Cette lecture attribua la cause première de son état à un déséquilibre chimique qui s'était manifesté en un endroit particulier de son corps et qui avait pris la forme d'une tumeur maligne, pour des raisons que Cayce n'a pas précisées.

La lecture demanda de continuer les traitements d'hydrothérapie conjointement au rayon violet et à la plaque de verre verte. Elle suggéra aussi une irrigation du côlon avec une solution faible de sel et de soude; elle recommanda des jus de bœuf, des agrumes, des vitamines B et des légumes jaunes. Au besoin, la personne pouvait recourir aux analgésiques narcotiques pour calmer la douleur.

À la fin de la lecture, Cayce expliqua que les traitements qu'il recommandait ne pourraient pas guérir la malade, mais uniquement lui prolonger la vie. Des rapports reçus par la suite indiquèrent que la patiente, le cas 2512, était morte une semaine après sa dernière lecture.

CANCER DE LA PEAU

Huit cas de cancer de la peau furent discutés dans dix-sept lectures. La majorité des personnes se plaignaient d'irritation, de *rash* ou d'ampoules sur le visage et autour de la tête, ainsi que de plaies ouvertes et douloureuses.

De tous les genres de cancer, celui de la peau est le plus répandu et le plus facile à guérir. Il y a trois types principaux de cancer de la peau: le carcinome basocellulaire, l'épithélioma épidermoïde et le mélanome malin, qui représente jusqu'à cinq pour cent de tous les cancers de la peau.

Les causes du cancer de la peau décrites par Edgar Cayce étaient différentes dans chaque cas. Parmi les principales, on trouvait: une élimination insuffisante, un déséquilibre dans le fonctionnement de la thyroïde, des infections et un empoisonnement au mercure. Dans tous les cas, les perturbations internes qui résultaient de ces conditions finissaient par affecter la circulation superficielle et les sécrétions glandulaires des couches de la peau. Dans un autre cas, le cancer de la peau fut considéré comme la conséquence d'une vieille blessure à la lèvre qui en avait endommagé les muscles et avait entraîné le développement de cellules anormales de la peau; ces cellules s'étaient révélées très dangereuses pour les tissus normaux qui les entouraient.

Traitement

Les recommandations pour traiter le cancer de la peau furent aussi variées que les causes pouvaient l'être. Dans quatre cas, les lectures recommandèrent l'électrothérapie, sous forme d'application de radium, d'infrarouge, d'ultraviolet ou du rayon violet. Les deux dernières applications devaient être utilisées après l'ingestion de petites doses de carbone ou de charbon activé.

Dans trois cas, Cayce insista sur un strict régime alcalinisant composé essentiellement de fruits et de légumes, de poisson à l'occasion, de volaille et d'agneau, de pain de blé entier et de céréales. On devait s'abstenir de viandes rouges, de sucre et de fritures, et ne pas abuser des aliments provoquant l'acidité.

Dans deux cas, il prescrivit de la crème de plantain, faite à partir de feuilles de plantain hachées et cuites dans de la crème, comme pommade à appliquer directement sur la peau cancéreuse. Il suggéra également, à deux reprises, des frictions dans le dos et sur la colonne vertébrale, à l'aide de différentes sortes d'huiles, pour stimuler et relaxer en même temps les muscles et les nerfs. De plus, et dans deux cas, il conseilla des tisanes de molène et des laxatifs.

Histoire de cas

Dans la majorité des cas, il n'y eut pas de rapports d'observations post-thérapeutiques. Dans un cas, toutefois, il y eut amélioration et dans un autre, le 4907, on rapporta une guérison complète.

Ce cas particulier concernait un homme de soixante-dix-sept ans atteint d'un cancer aux lèvres. Cayce recommanda, pour le soigner, un huitième de grain de charbon activé à prendre chaque jour dans un verre d'eau, suivi d'une application du rayon violet sur la partie supérieure du corps pendant trois à cinq minutes. Il conseilla également au sujet de consommer plus d'aliments alcalinisants et de s'abstenir de tout féculent difficile à digérer.

Le patient suivit les conseils de Cayce et fit savoir qu'il était guéri de sa maladie.

CANCER DU POUMON

Edgar Cayce accorda des lectures à sept personnes atteintes d'un cancer du poumon, dont les âges variaient de dix à soixante ans. Les symptômes habituels de cette maladie étaient l'essoufflement, l'extrême fatigue et les douleurs intenses dans la poitrine et les poumons.

Dans cinq cas, Cayce n'expliqua pas la cause du cancer mais mentionna la présence de germes ou de bacilles destructeurs dans le sang et dans le système. Il ne précisa pas leur origine ni leur méthode d'introduction dans l'organisme, sauf dans deux cas.

L'un concernait une fillette qui avait malencontreusement inhalé une épingle en laiton, laquelle avait causé beaucoup de dégâts dans le système respiratoire. L'autre cas était celui d'un mauvais rhume qui avait entraîné une inflammation du système respiratoire et une accumulation subséquente de liquide dans les poumons.

Dans presque tous les cas, les fonctions respiratoires étaient gravement perturbées et provoquaient des conditions réflexes dans l'organisme tout entier. L'impossibilité pour les poumons d'oxyder le sang avait pour effet de créer une extrême fatigue et un manque de vitalité. Quelques personnes souffraient aussi d'une élimination insuffisante, ce qui réduisait encore la capacité du corps à combattre les bactéries.

Traitement

Pour aider la fonction respiratoire, Cayce prescrivit des inhalations dans six lectures. Le plus souvent, il recommandait l'inhalation de vapeurs d'eau-de-vie de pomme; les instructions expliquaient la façon de remplir un barillet de chêne carbonisé avec de l'eau-de-vie de pomme et de laisser le barillet auprès d'une source de chaleur de façon que les vapeurs s'accumulent dans la partie vide du barillet. Selon Cayce, l'inhalation de vapeurs deux ou trois fois par jour devait rendre la respiration plus facile et aider à éliminer les toxines.

Un autre produit pour inhalations que Cayce conseillait parfois était constitué d'un mélange, en petite quantité, d'essence rectifiée de térébenthine, d'huile d'aiguilles de pin et d'huile d'eucalyptus; ce mélange était ajouté à une base d'alcool éthylique. À la moitié des personnes, il recommanda de prendre un huitième de grain de charbon activé tous les jours et de faire suivre cette dose par une application de lumière ultraviolette ou de rayon violet, habituellement au-dessus de la partie du dos se trouvant à l'opposé des poumons. Cayce était d'avis que la lumière du rayon permettait au charbon activé de réagir dans le courant sanguin, ce qui favorisait la destruction des cellules cancéreuses. L'application du rayon ne devait pas dépasser quelques minutes; elle était censée être d'autant plus efficace qu'elle était faite immédiatement après la prise de charbon activé. Dans un cas, il recommanda une friction sur la région malade à l'aide d'une pommade à l'Iodex mélangée à du charbon activé pour soulager la douleur.

Un tiers des personnes reçurent des conseils pour leur alimentation. Une nourriture typique recommandée par Cayce devait favoriser l'élimination en même temps qu'une bonne assimilation; elle consistait en légumes verts en feuilles, en poisson et volaille, en foie, gélatine et pain brun. La viande n'était permise qu'en petite quantité, et le porc était interdit.

Les personnes dont la maladie avait atteint un stade avancé étaient encouragées à prier et à se prendre en main pour se soigner elles-mêmes en adoptant des attitudes positives.

Cayce déclara à une personne que «pour mettre les forces de destruction en déroute, la connaissance, la conscience du divin doivent être en éveil à l'intérieur de soi».

Histoire de cas

Dans quatre cas, on n'eut aucune nouvelle, ou encore les rapports indiquèrent que les lectures n'avaient pas été suivies. Deux personnes dont l'état était très avancé au moment de leur lecture moururent quelque temps après, mais on rapporta qu'elles avaient connu une certaine amélioration après avoir suivi les traitements de Cayce.

Un cas concernait une femme qui avait suivi scrupuleusement son traitement et avait connu une amélioration si remarquable qu'elle avait pu recommencer à travailler et à fonctionner normalement, malgré le fait que sa condition de départ était très grave.

Le cas 1070 était celui d'un homme de quarante-huit ans qui n'avait pas eu de résultats positifs. Cayce attribua son cancer des poumons à des agents infectieux qui s'étaient répandus dans les tissus mous de la gorge, des poumons et d'autres parties de son corps. Sa respiration était gravement perturbée, tout comme le fonctionnement de son foie et de son pancréas, ce qui se répercutait sur l'élimination. Les médecins l'avaient condamné.

Le traitement devait s'étendre sur une période de vingt-six à trente-six jours. Le malade devait prendre chaque jour un huitième de grain de charbon activé dans de l'eau, et, tous les deux jours, on devait lui faire une application d'ultraviolets de trois à cinq minutes après l'ingestion du charbon activé. L'emploi de la lampe à ondes courtes au mercure ou au quartz était également recommandé; on devait la tenir à une distance de 90 à 105 cm du corps.

Cayce conseilla de placer cette lampe au-dessus de la zone céphalo-rachidienne correspondant aux poumons et de l'y laisser pendant une période de une minute et demie à deux minutes et demie.

Après la mise en route du traitement au charbon activé et au rayon violet, le sujet devait inhaler fréquemment des vapeurs d'eau-de-vie de pomme au-dessus d'un barillet en chêne carbonisé, dont le volume était triple de celui de l'eau-de-vie. Cayce recommandait de garder le barillet près d'une source de chaleur et de le tenir fermé en tout temps, à l'aide d'un bouchon, pour qu'il produise plus de vapeurs.

Le patient devait aussi, au besoin, subir une irriguation du côlon pour améliorer l'élimination. On encouragea le cas 1070 à demander une seconde lecture après le premier traitement de trente-six jours, mais on apprit qu'il avait abandonné tout espoir, ainsi que le traitement.

CANCER ET TUMEURS DU SEIN

Cayce accorda quinze lectures sur le cancer et dix sur les tumeurs du sein. Étant donné les similitudes des causes et des traitements dans les deux cas, les données sur ces deux états pathologiques sont présentées ensemble.

Le diagnostic pour six des treize femmes révéla la présence d'éléments toxiques et d'«humeurs» destructrices dans le sang. Dans la plupart des cas, l'élimination était déficiente et les toxines s'accumulaient dans les glandes lymphatiques, en particulier dans les glandes mammaires. Dans deux autres cas, la cause des tumeurs ou des excroissances cancéreuses des seins fut attribuée à une déficience hormonale; à deux reprises, Cayce découvrit dans le sang un déséquilibre chimique, causé dans un cas par un excès de potassium qu'il rendit responsable des tumeurs du sein.

Traitement

Bien que l'on ne trouve pas deux traitements exactement semblables pour l'une ou l'autre de ces pathologies, un modèle se dégage malgré tout, qui met l'accent sur le régime alimentaire, l'électrothérapie et les applications locales. Pour dix cas de cancer ou de tumeurs du sein, la nourriture devait être riche en aliments alcalinisants; on devait s'abstenir de consommer des amidons, des aliments gras ou frits ainsi que toutes les viandes, à l'exception, dans certains cas, de poisson ou de poulet pris occasionnellement. Les amandes et noix du Brésil étaient fortement recommandées, car Cayce pensait qu'elles contenaient des éléments essentiels à la prévention du cancer.

Une partie importante du traitement résidait dans l'utilisation de la lumière et de l'électrothérapie, surtout du rayon violet. Les instructions habituelles consistaient à avaler un huitième de grain de charbon activé dans de l'eau, un quart d'heure environ avant de s'exposer aux rayons. On devait maintenir l'appareil à une distance de 95 cm à 1 mètre du corps. Pour empêcher la peau de rougir, on devait placer une plaque de verre verte à environ 45 cm du corps. Dans quelques cas, Cayce recommanda d'autres formes d'électrothérapie, à utiliser conjointement avec la lumière ultraviolette.

Dans six cas, il suggéra diverses applications locales qui devaient être faites doucement sur le sein et son pourtour, et ce, quotidiennement. Les pommades le plus souvent utilisées étaient le beurre de cacao ou un mélange de charbon activé et d'Iodex. Dans quatre cas, il insista sur la nécessité d'assurer une bonne élimination.

Pour stimuler les glandes, il recommanda dans trois cas la prise d'Atomidine dans de l'eau une fois ou deux par jour, selon des doses variables.

Histoire de cas

Cayce donna cinq lectures au cas 4438, qui avait une tumeur non cancéreuse au sein gauche. La lecture révéla qu'un excès de potassium dans le sang avait déclenché une réaction chimique dans les glandes et que cette réaction avait à son tour provoqué une accumulation de déchets dans les glandes lymphatiques du sein.

La première lecture prescrivit l'emploi du rayon violet trois fois par semaine. Avant le traitement, qui devait durer trente minutes, la patiente devait prendre un quart de grain de charbon activé avec de l'eau. Si l'on utilisait la grosse lampe, la distance à respecter se situait à environ 1 m; avec la petite lampe, 85 cm. Les rayons devaient être dirigés précisément sur la zone des troisième, quatrième et sixième vertèbres dorsales. On doit noter en passant que les rayons devaient toujours être dirigés vers certaines endroits particuliers du système céphalo-rachidien, et non pas vers le sein.

Pour purifier les glandes, la personne devait prendre, deux fois par jour pendant dix jours, huit gouttes d'Atomidine dans un verre d'eau. Elle devait ensuite se reposer cinq jours, puis répéter le cycle d'Atomidine, etc., et ce, pendant une période de trois à quatre mois.

Pour les applications locales, Cayce prescrivit un mélange de 7,5 ml d'Iodex et un quart de grain de charbon activé. Après un massage léger du sein avec ce mélange, on devait recouvrir celui-ci d'une gaze et de fourrure de lapin si l'on pouvait s'en procurer.

Dans ce cas particulier, il était absolument essentiel de maintenir un régime bien équilibré; si le sang contenait des graisses et des protéines en excès, l'absorption par l'organisme de la pommade Iodex-charbon pouvait en effet produire à l'intérieur de ce dernier une réaction chimique dommageable. Cayce encouragea donc la personne à respecter un régime rigoureux à base de légumes verts en feuilles et de noix. Les viandes, graisses et aliments huileux étaient interdits, et les légumes à tubercules devaient être consommés modérément.

Dans la deuxième lecture, Cayce reprocha à la patiente de ne pas suivre ses traitements avec assez d'exactitude et de régularité.

Juste avant la troisième lecture, le mari de cette dame fit savoir à Cayce que celle-ci se sentait mieux, mais que le sein était enflé et que du liquide s'en écoulait par de petites fissures de la peau. Cayce répéta qu'il était indispensable de maintenir la cohérence de toutes les phases du traitement, ce qui semblait manquer dans ce cas. Il conseilla de prolonger de dix à quinze minutes le traitement aux rayons, en le faisant précéder de la prise de charbon activé. La concentration de la pommade devait être augmentée en mélangeant trois quarts de grain de charbon activé à 15 ml d'Iodex. Finalement, Cayce recommanda une tisane purgative composée de podophyllum, de leptandrine, de sanguinaria, de cascara sagrada et de séné.

Dans la troisième lecture, la patiente se plaignit d'une boule douloureuse qui s'était formée à l'articulation de son épaule gauche et qui gênait les mouvements de son bras. Cayce expliqua que cet état était dû au développement et à la migration du sarcome qui s'était fixé dans les ganglions lymphatiques des aisselles. Il prescrivit un composé de feuilles et de racines de plantain cuites dans du beurre ou de la crème épaisse, dont on devait enduire légèrement la boule.

Dans la cinquième lecture, il prévint la malade que si son état ne s'améliorait pas rapidement, il faudrait recourir à la chirurgie. On ne reçut aucun rapport de suivi pour ce cas.

En résumé, parmi les treize femmes qui sollicitèrent l'aide de Cayce pour des tumeurs ou des cancers du sein, cinq ne donnèrent aucune nouvelle concernant leurs progrès et deux n'auraient pas suivi les prescriptions données dans les lectures. Mais les six qui suivirent les conseils de Cayce obtinrent de bons résultats; parmi elles, deux rapportèrent une «complète guérison».

CANCER DE L'UTÉRUS

Parmi les six cas de cancer de l'utérus mentionnés dans les lectures d'Edgar Cayce, seulement trois en ont expliqué les causes: il s'agissait de «forces destructrices» ou d'organismes nuisibles qui envahissaient l'utérus et la région pelvienne, détruisant les tissus sains et créant des cellules malignes.

Il y eut un total de vingt lectures sur le cancer de l'utérus, la majorité s'adressant à des femmes qui n'avaient approché Cayce que lorsque leur condition maligne avait déjà été établie. C'est pourquoi la discussion sur les causes était passée sous silence, les efforts portant plutôt sur le soulagement des personnes atteintes, sinon sur leur guérison.

Traitement

La majorité des recommandations portaient sur des traitements à l'électrothérapie, à l'aide des rayons X et de la lumière ultraviolette, mentionnés dans deux lectures. Il discuta aussi des appareils au radium ou radioactifs. La durée et l'intensité de l'exposition aux rayons dépendaient de la gravité de la condition.

Quatre lectures conseillèrent des lavages internes fréquents avec des solutions diluées d'Atomidine, de Glyco-Thymoline, de Créoline ou de Lysol. La dilution habituelle pour l'Atomidine ou la Glyco-Thymoline était de une cuillerée à café pour un litre d'eau chaude; pour la Créoline ou le Lysol, les dilutions étaient beaucoup plus faibles.

Pour soulager les douleurs localisées, Cayce recommanda des emplâtres chauds; ceux-ci étaient composés de sels d'Epsom, de sel chaud ou d'un cataplasme de feuilles de plantain que l'on appliquait sur l'abdomen, la région utérine ou encore sur la base de la colonne.

Il fit des recommandations diététiques à deux reprises, en insistant sur les aliments reconstituants et faciles à digérer. Deux fois également, il prescrivit des laxatifs.

Il souligna parfois l'importance des attitudes positives. Les patientes étaient encouragées à cultiver la bonne humeur plutôt que de se lamenter sur leur problème, car «la crainte de la condition et de son issue provoque autant de souffrance que la condition elle-même». (4741-1)

Histoire de cas

Dans le cas 468, le cancer était en phase terminale; aussi, les efforts de Cayce portèrent-ils sur le soulagement des souffrances et le réconfort accordé à la malade.

Sous la supervision d'un médecin, il prescrivit une médication quotidienne consistant en petites doses d'huile d'eucalyptus, d'essence de térébenthine rectifiée, de baume du Canada et de codéine. Pour éviter la progression du mal, la personne devait prendre tous les deux jours, quelques minutes avant l'application du rayon violet, un quart de grain de charbon activé. Le faisceau des rayons devait être placé au-dessus des vertèbres dorsales supérieures, pendant deux ou trois minutes.

À l'occasion, et pour empêcher la zone vaginale de s'infecter, la malade devait se donner des douches internes avec des solutions composées de trois gouttes de Lysol ou de trois à dix gouttes de Glyco-Thymoline dans un litre d'eau.

On ne possède pas de rapport de suivi pour ce cas.

CATARACTE

La cataracte est l'opacité partielle ou complète du cristallin de l'œil ou de sa capsule. Au fur et à mesure qu'elle progresse, la cataracte laisse passer de moins en moins de lumière jusqu'à la rétine. Le degré de perte de vision correspond à la densité de la cataracte.

Cayce accorda un total de vingt-six lectures à dix-neuf personnes atteintes de cette maladie.

Il découvrit que la cataracte était causée par une accumulation de matières qui ne s'éliminaient pas, mais s'accumulaient au contraire autour des yeux et dans les centres réflexes des yeux. Au bout d'un certain temps, l'accumulation était assez grande pour entraîner la formation d'une pellicule entravant la vue.

D'après Cayce, ces accumulations étaient le résultat final de deux causes principales. La première, et de loin la plus importante, était l'absence d'élimination de ce qu'il appelait les «forces de rebut», lesquelles se créaient dans le cours de l'activité normale des yeux. Étant donné que chaque mouvement musculaire du corps consomme de l'énergie, il génère automatiquement des rebuts qui doivent être éliminés de l'organisme. En conséquence, Cayce pensait qu'un système présentant une circulation ralentie ou réduite ouvrait la porte à une accumulation de plus en plus grande de déchets.

La deuxième cause importante était souvent liée à des compressions spinales, qui pouvaient interférer avec les influx nerveux et les empêcher de se propager dans l'ensemble du système sensoriel. Parmi les autres causes, mentionnées seulement dans quelques cas, on retrouve la congestion ou l'inflammation des muqueuses, ou encore une blessure externe aux yeux.

Traitement

Les recherches de Cayce lui firent découvrir des origines communes à la cataracte, que l'on pouvait facilement traiter à condition que le nerf optique n'ait pas été endommagé. Les traitements se ressemblaient beaucoup. La recommandation la plus fréquente, que l'on retrouve dans presque les trois quarts des cas, était de soigner la colonne vertébrale à l'aide de manipulations ou de massages, ou d'un ensemble des deux. Dans la moitié des cas, Cayce suggéra diverses formes d'électrothérapie. La plus fréquemment mentionnée était le rayon violet, appliqué sur la colonne ou sur les yeux, les vibrations électriques à basse fréquence de la méthode Erlanger, appliquées directement sur les yeux, et la lumière ultraviolette.

À peu près un tiers des personnes reçurent des conseils diététiques; l'hydrothérapie fut conseillée à quelques reprises, tout comme les cataplasmes à la pomme de terre, en cas de besoin.

Cayce ne recommanda l'opération chirurgicale que dans trois cas. Et, dans ces cas, la préparation et le moment choisi pour l'opération furent d'une importance capitale. Les traitements visaient surtout à renforcer l'organisme et à diminuer les pressions pour faciliter un rétablissement complet. Dans deux autres cas, Cayce trouva préférable d'éviter l'opération; ses traitements se concentrèrent sur l'expulsion des toxines par les canaux de l'absorption et de l'élimination naturelles. Les traitements avaient pour but de faire peu à peu disparaître les pressions, de stimuler la circulation et d'effectuer un drainage du système tout entier.

Histoire de cas

Un adulte, le cas 5451, reçut sept lectures qui conseillèrent des manipulations ostéopathiques; celles-ci devaient s'attacher particulièrement aux première et deuxième vertèbres dorsales, aux troisième, quatrième et cinquième cervicales, ainsi qu'aux zones de drainage sur les côtés supérieurs du visage.

Des séances de sauna devaient être faites avant les manipulations, pour bien détendre le corps.

De plus, on devait appliquer à cette personne de la lumière ultraviolette sur les jonctions des systèmes nerveux sympathique et céphalo-rachidien, dans les zones dorsale et cervicale, pendant trois à cinq minutes chaque fois, en alternance avec des applications du rayon violet tous les deux jours, pendant une période de deux à sept minutes. Selon les besoins, l'élimination devait être augmentée, et les cataplasmes aux pommes de terre utilisés pour purifier le système. Après ces drainages, le patient devait faire des exercices oculaires.

Malheureusement, la plupart de ceux qui avaient demandé des renseignements sur la cataracte ne suivirent pas les instructions contenues dans les lectures ou ne donnèrent aucune nouvelle par la suite. Deux personnes, toutefois, annoncèrent d'excellents résultats.

L'une des deux était le cas 2178, celui d'une petite fille de trois ans ayant reçu dans l'œil un morceau de métal qui avait pénétré et provoqué de l'irritation. La lecture permit de découvrir que l'inflammation résultant de la perforation risquait éventuellement de coaguler la muqueuse et de déclencher une cataracte.

Cayce déclara cependant que les traitements qu'il recommandait feraient probablement disparaître la particule et qu'on ferait ainsi l'économie d'une opération. Un rapport de suivi indiqua que les instructions de Cayce contribuèrent grandement à empêcher l'apparition d'une cataracte. Après seulement quelques jours de traitement, la condition de l'œil s'était améliorée.

Un autre cas, le 1861, concernait un homme dans la trentaine, aveugle de naissance, qui avait demandé l'aide de Cayce. Après avoir suivi les traitements recommandés dans maintes lectures, il finit par voir suffisamment pour être capable de lire à l'aide de puissantes lunettes.

CATARRHE NASAL

Le catarrhe est une inflammation de la muqueuse caractérisée par une sécrétion trop abondante de mucus.

Cayce donna quatorze lectures à douze personnes (hommes, femmes et enfants) souffrant de catarrhe dans les tissus mous de la face et de la tête, en particulier dans les fosses nasales. Dans la majorité des cas, on notait des symptômes d'étourdissement, de congestion nasale, d'écoulements dans l'arrière-nez et de tintement dans les oreilles.

Dans cinq cas, l'affection fut attribuée à des déficiences du sang et dans quatre cas, à des perturbations nerveuses affectant les organes sensoriels. Les déficiences du sang étaient le résultat d'une circulation sanguine déséquilibrée à travers la tête, qui laissait s'accumuler trop de mucus dans les tissus mous de la face et de la gorge. Dans deux cas, l'anémie fut tenue responsable du problème circulatoire et dans deux autres cas, ce sont les déficiences du sang elles-mêmes qui étaient à l'origine du catarrhe.

Dans cinq cas, on nota des problèmes spinaux, généralement dans les vertèbres dorsales, qui avaient modifié les influx nerveux aux tissus mous de la face. Cette situation entraînait une circulation déficiente qui déclenchait une accumulation de mucus dans les sinus et la gorge. De nombreuses lectures soulignèrent le fait que les mucosités s'écoulant de la gorge et des sinus dans le tube digestif perturbaient grandement la digestion. Cayce nota, de plus, que les conditions du système sympathique dans la circulation étaient le plus souvent produites par de mauvaises transmissions nerveuses, et vice versa.

Traitement

D'une lecture à l'autre, les traitements étaient très semblables. Onze d'entre elles contenaient des instructions précises concernant le régime alimentaire; celui-ci se composait en général d'une majorité d'aliments à réaction alcalinisante, tels les agrumes, les légumes et leur jus, le poisson, la volaille et l'agneau. Cayce déconseillait les viandes rouges, les féculents comme les pommes de terre blanches, les fritures et les sucreries. Il recommandait souvent de remplacer le pain blanc par du pain de blé entier.

Six lectures donnaient des instructions au sujet d'un inhalateur contenant de l'alcool éthylique pur et des expectorants variés que l'on préparait en secouant la solution dans une petite bouteille. Deux fois par jour, le malade devait en inhaler les vapeurs au moyen d'un petit tube qu'il insérait dans une narine, puis dans l'autre, et finalement dans la bouche.

Six lectures renfermaient des suggestions pour des ajustements ostéopathiques de la colonne vertébrale. On devait habituellement les administrer une fois par semaine, ou toutes les deux semaines, avec divers intervalles de traitement et de repos. Pour assurer un bon drainage des sinus, Cayce recommandait le plus souvent une correction des vertèbres dorsales et cervicales.

Il suggéra l'hydrothérapie à trois personnes; le traitement consistait généralement en une séance de sauna, suivie de frictions et de massages sur tout le corps avec de l'alcool ou un mélange égal d'huile d'olive et d'huile d'arachide.

Le traitement commençait par deux séances hebdomadaires de sauna et de massages, et ce, pendant de nombreuses semaines. On devait alors interrompre le traitement pendant une semaine, pour le reprendre ensuite pendant trois ou quatre semaines, à raison d'une fois par semaine.

Pour cinq personnes, Cayce jugea nécessaire de désintoxiquer l'organisme. Trois d'entre elles reçurent la recommandation d'avoir à se faire donner une irrigation du côlon, une à deux fois par semaine, tandis que les deux autres devaient prendre une cuillerée à café de Castoria à l'occasion.

Histoire de cas

La plupart des personnes qui avaient reçu des lectures pour le catarrhe nasal n'envoyèrent aucun rapport d'après-traitement, mais quatre d'entre elles, dont une fillette de six ans, firent connaître de bons résultats.

La fillette eut deux lectures, 628-2 et 628-3, pour de graves écoulements du nez qui se produisaient tous les matins au réveil. Cayce expliqua qu'un problème aux deuxième et troisième vertèbres dorsales affectait la circulation sanguine dans la tête et perturbait la circulation traversant la gorge, où il trouva des accumulations de mucus.

Il recommanda un ajustement le long des centres céphalo-rachidiens, à pratiquer tous les trois ou quatre jours, avec une période de repos suivant le troisième ou le sixième traitement, pour reprendre ensuite une série de trois ou quatre ajustements. Cayce recommanda également un régime alcalinisant pour empêcher les accumulations acides dans l'organisme de la fillette.

Celle-ci reçut aussi des instructions concernant la préparation d'un inhalateur, à utiliser matin et soir.

Deux mois après les lectures, le père de la jeune patiente fit savoir que les traitements avaient beaucoup aidé sa fille.

CÉCITÉ (Perte de la vision)

Edgar Cayce donna cinquante-trois lectures sur ce sujet, pour un nombre total de vingt-neuf personnes atteintes d'une perte de vision à des degrés variables. Il découvrit que la perte de vision était habituellement due aux mêmes causes de déséquilibres physiques que celles responsables d'autres genres de problèmes oculaires. Des causes typiques faisaient état d'empiétements sur les nerfs résultant de compressions spinales, d'une élimination insuffisante, d'une circulation réduite ou ralentie, de toxines ou de forces infectieuses logées à l'intérieur du système et d'un régime alimentaire inadéquat.

Il établit aussi une corrélation entre la cécité et certains traitements antérieurs qui auraient malheureusement fait plus de mal que de bien, et aussi entre la cécité et des conditions prénatales ou karmiques.

Traitement

Cayce était d'avis qu'on pouvait rétablir une vision au moins partielle, à condition que le nerf optique n'ait pas été totalement atrophié ou affaibli. C'est pourquoi il était permis d'espérer, si la perte de vision n'était pas encore totale. Les traitements, dans ces conditions, pouvaient grandement différer; ils dépendaient de la nature des affections apparentées qui étaient souvent présentes.

Dans les trois quarts des cas, le traitement le plus régulièrement recommandé comprenait des ajustements et des massages de la colonne, plus particulièrement dans les régions dorsale et cervicale. L'électrothérapie était prescrite pratiquement aussi souvent, plus spécialement sous la forme de la pile à électrolyte avec de l'or, ou celle du rayon violet au-dessus de la colonne vertébrale et des yeux. Cayce recommandait aussi, pour ses traitements, le vibromasseur, l'appareil au radium et divers autres appareils.

Dans un peu plus du tiers des cas, Cayce prescrivit des changements dans le régime, en insistant surtout sur l'équilibre et l'alcalinité. D'autres recommandations incluaient des laxatifs, des lavements, l'augmentation de la sudation, des tisanes, des emplâtres de pommes de terre et des antiseptiques doux pour le nettoyage des yeux.

Les traitements n'étaient pas foncièrement différents lorsque la perte de vision était due à des causes karmiques ou prénatales.

Histoire de cas

La majorité des gens qui reçurent des lectures concernant la perte de vision ne suivirent pas les instructions de Cayce ou ne firent pas connaître les résultats obtenus. Certains, cependant, connurent des améliorations, mais très peu, ou pas du tout, dans le domaine de la vision.

Des trois personnes qui se donnèrent la peine de signaler une amélioration de leur vision, un cas est particulièrement intéressant. Il s'agit du cas 4061, celui d'un jeune enfant souffrant d'un glaucome infantile que l'on considérait comme totalement incurable. Après un mois de traitement, on put noter une amélioration régulière de son état. Cinq semaines plus tard environ, l'enfant était devenu beaucoup plus calme, et ses yeux, qui étaient durs auparavant, étaient redevenus mous et normaux. Il était dorénavant capable de voir un peu et «s'améliorait à pas de géant».

La deuxième lecture rapporta qu'il avait augmenté de dix pour cent sa vision à l'œil droit et de quinze à vingt pour cent à l'œil gauche. Des rapports post-thérapeutiques indiquèrent qu'au cours des années suivantes, sa perception de la lumière, des objets et des couleurs avait continué à s'accroître régulièrement.

CÉCITÉ (Prédispositions)

Cayce accorda vingt-trois lectures à dix-sept personnes qui souffraient d'une détérioration progressive de leur vision. Il était évident, dans tous ces cas, que si l'on ne prenait pas rapidement les mesures nécessaires, ces gens risquaient tous de perdre l'usage d'un œil ou des deux.

Cayce pensait que les prédispositions à la cécité étaient le résultat d'un ensemble de facteurs, les principaux étant l'affaiblissement de l'organisme, une mauvaise élimination des toxines ainsi que des compressions spinales qui provoquaient des surcharges sur les nerfs. Dans seulement trois cas sur les vingt-trois, la détérioration de la vision fut attribuée en partie à des blessures.

La lecture 148-1, donnée à un homme de cinquante-six ans, révéla une rétention de l'élimination et une attaque du système par des toxines accumulées dans différentes parties du corps. Certains organes finirent par être affectés, en particulier le système sensoriel. L'ingestion de substances (non précisées) dans l'organisme avait aggravé son état et perturbé sa digestion à un point tel que des pressions s'étaient produites dans toute la région cervicale de la colonne vertébrale, augmentant ainsi la quantité de toxines dans le système. Le nerf facial et le nerf optique avaient réagi à la situation, et la vision s'était affaiblie.

Cayce définit cet état comme un étranglement externe du nerf optique plutôt que comme une atrophie interne. Il nota également, conjointement avec l'«étranglement», une irritation de la cavité orbitaire et une pellicule sur les yeux eux-mêmes.

Dans un autre cas, celui d'un jeune garçon de huit ans, un événement prénatal aurait influencé la prédisposition. Des faiblesses dans l'organisme de la mère, pendant la grossesse, avaient entraîné chez l'enfant, le cas 545, une susceptibilité aux faiblesses et aux déformations après la naissance. En conséquence, les influx nerveux furent insuffisants pour assurer un bon développement de la vision. Les muscles sustentateurs de l'œil manquaient de force; il ne purent empêcher un mauvais alignement des yeux, ce qui porta atteinte à la vision.

Le cas 2348, une femme âgée de trente-deux ans, reçut quatre lectures. Cayce diagnostiqua une élimination insuffisante en même temps que des perturbations nerveuses et des subluxations dans les zones dorsale et cervicale de la colonne; celles-ci avaient paralysé l'alimentation nerveuse et sanguine dans les organes sensoriels, les yeux en particulier, ce qui avait eu comme résultat une tendance à l'inflammation du nerf optique et des régions situées en arrière des yeux.

Pour le cas 3740, un homme d'âge mûr, c'est la congestion et la non-élimination des bactéries qui avaient proliféré dans la partie la moins résistante de l'organisme qui furent tenues responsables de la détérioration de sa vue. La combinaison des deux facteurs avait imposé une surcharge aux nerfs du système sensoriel, en particulier le nerf optique, et avait abouti à l'étranglement du nerf optique à partir de l'extérieur.

L'état de cet homme n'était pas dû à un affaiblissement ni à une atrophie de ce nerf, mais Cayce prévint que ce serait le cas si on n'empêchait pas l'étranglement de s'installer.

Traitement

Dans tous les cas, sauf un, le traitement principal recommandé par Cayce pour traiter la vision affaiblie consistait en manipulations vertébrales, sous forme d'ajustements ou de massages, ou encore les deux.

En outre, dans plus des deux tiers des cas, il suggéra divers types d'électrothérapie, la plupart du temps la méthode Erlanger, dans laquelle des courants à basse fréquence étaient appliqués sur la zone entourant les yeux. Dans quelques cas, il conseilla l'usage de l'appareil radioactif et de la pile à électrolyte.

Pour presque un tiers de ces personnes, il était de première importance qu'elles suivent un régime alimentaire bien équilibré et fortifiant. Dans deux cas, Cayce recommanda une opération aux yeux et des compresses de Glyco-Thymoline sur la colonne vertébrale. Pour la plupart des cas, Cayce était d'avis que la détérioration de la vision pouvait être arrêtée, et même souvent inversée si l'on suivait ses traitements.

Histoire de cas

Il est dommage que la plupart des gens dont il est fait mention ci-dessus, ou bien n'acceptèrent pas les suggestions faites dans les lectures, ou bien ne communiquèrent pas le résultat de leurs traitements. Toutefois, les cinq personnes qui suivirent rigoureusement les conseils de Cayce notèrent toutes une amélioration de leur vision, et, dans un cas au moins, la vision s'améliora de cent pour cent.

Le traitement prescrit pour le cas 2558-1, celui d'une femme de cinquante ans souffrant d'iritis, était typique. On devait lui faire subir des manipulations vertébrales à peu près deux fois par semaine pendant six semaines, et occasionnellement par la suite. Ces manipulations devaient être concentrées sur la dernière vertèbre dorsale, le centre pneumogastrique et la région cervicale, en faisant, une fois sur deux, certaines corrections dans ces zones.

Après une série de douze ajustements, on devait administrer à cette personne des traitements Erlanger deux fois par semaine, pendant au moins quatre à cinq semaines, et les faire suivre d'une période de repos de une à deux semaines. Il devait ensuite y avoir deux à quatre traitements supplémentaires, une autre période de repos et la reprise des traitements. Ceux-ci devaient être pratiqués directement sur le nerf optique, la cavité oculaire et la pupille elle-même. Chaque traitement devait se terminer par un lavage des yeux avec une solution douce.

On devait accorder une attention particulière à l'élimination pendant toute la durée du traitement. Des instructions diététiques furent également données, avec une insistance particulière sur les aliments riches en vitamines B_1, C et A; on les trouve surtout dans les légumes et les fruits de couleur jaune tels que la courge, le maïs, les pêches et les carottes.

Les viandes pouvaient être consommées avec modération. Le poisson, la volaille et l'agneau étaient permis, à condition de ne pas être frits. Également recommandés: les légumes crus, y compris les carottes, la laitue, le céleri, les pousses fraîches de luzerne et le cresson.

CHORÉE

Le mot «chorée» vient du grec *choreia,* qui signifie «danser». De fait, cette pathologie se caractérise par des soubresauts musculaires involontaires et par des spasmes des membres et des muscles faciaux. La chorée de Sydenham a été justement appelée la «danse de Saint Guy»; il y en a d'autres sortes, comme celle de Huntington.

Edgar Cayce accorda un total de cinq lectures pour trois jeunes gens atteints de chorée. Il nota divers effets de la maladie, comme une perte d'appétit, une vision altérée, de la tension, des dents fragiles et de la fatigue nerveuse.

Dans le cas 1225, Cayce attribua la cause de la maladie à une diète inadéquate présentant une carence en nutriments essentiels, en particulier le calcium. Cette déficience en calcium, élément capital pour le bon fonctionnement des nerfs et des muscles, avait entraîné un déséquilibre de la coordination musculaire et nerveuse; celui-ci avait à son tour provoqué des perturbations glandulaires dans tout l'organisme.

Les deux autres cas de chorée, 2780 et 5428, furent attribués à des blessures et à des traumatismes de naissance; ceux-ci étaient localisés dans la zone lombo-sacrée de la colonne vertébrale, ce qui avait déclenché une incoordination dans le système nerveux sympathique et, par la suite, dans les glandes. Ces enfants, âgés respectivement de neuf et quatre ans, étaient visiblement sous-développés pour leur âge et présentaient une tension et une nervosité tout à fait anormales.

Traitement

Pour le cas 1225, celui d'un jeune homme de dix-huit ans, le traitement nécessita une modification radicale de son régime alimentaire pour le rendre plus alcalinisant. Les sucres pouvaient être consommés sous une forme moins artificielle, comme celle des graines de cacao, et il fallait éviter les dérivés de la canne à sucre. Cayce recommanda un nettoyage complet du système circulatoire, à effectuer quatre fois par jour au moyen d'une tisane reconstituante et deux fois par jour avec une cuillerée à café de lait de magnésie. Le jeune homme devait aussi profiter le plus souvent possible du soleil et du grand air. Il devait en outre suivre des séances de massage dans le dos, le long de la colonne, au moyen du vibromasseur électrique.

Pour les deux autres cas, 2780 et 5428, Cayce recommanda des manipulations ostéopathiques pour corriger les défauts d'alignement, en coordonnant la zone lombo-sacrée avec la cervicale. Pour le premier cas, les manipulations devaient être effectuées de deux à trois fois par semaine, pendant trois ou quatre semaines. Pour le cas 5428, celui d'un jeune enfant de quatre ans, le traitement devait se faire progressivement, en raison de son jeune âge, pour en arriver à une fois par semaine. Cayce suggéra également l'utilisation de l'appareil radioactif pendant une heure tous les jours, avec des bains chauds pour relaxer l'enfant. Il conseilla finalement la prise périodique d'élixir d'aubépine dans de l'eau, en commençant avec deux gouttes par jour pendant cinq jours, puis trois gouttes pendant cinq jours.

Les cas 1225 et 2780 suivirent les conseils de Cayce et guérirent complètement. L'enfant de quatre ans, le cas 5428, mourut peu de temps après une opération chirurgicale.

CICATRICES

On distingue deux types de cicatrices dans les trente-quatre lectures consacrées à ce sujet et données à trente et une personnes. Le premier type résultait de lésions externes telles que des incisions chirurgicales, des brûlures ou des blessures. Le second comprenait les cicatrices internes causées par l'accumulation de tissu à l'intérieur du corps. Dans le premier cas, les traitements consistaient simplement en applications locales d'huiles curatives.

Un régime totalement différent de thérapies internes et externes était toutefois nécessaire pour faire disparaître les agrégations de tissus internes. C'est pour cette raison que la section portant sur les traitements est divisée en deux parties distinctes.

Traitement des cicatrices externes

Les recommandations de Cayce pour ce genre de traitement furent tout à fait semblables dans les dix-huit cas; elles demandaient simplement de préparer un produit à appliquer localement et de masser légèrement à l'endroit de la cicatrice au moins deux fois par jour.

Dans presque les trois quarts des cas, il recommanda l'huile camphrée, à utiliser soit seule, soit mélangée à d'autres huiles. Les huiles le plus souvent conseillées étaient les huiles douces (végétales) ou une combinaison d'huile d'arachide et de lanoline. Quelques lectures recommandèrent l'usage d'autres substances telles que l'huile d'olive chauffée avec de la myrrhe, l'huile d'olive combinée à du beurre de cacao, ou de l'huile douce mélangée à de l'Unguentine.

Cependant, Cayce ne cessait de faire l'éloge de l'huile camphrée, car elle représentait «la meilleure application pour faire disparaître toute cicatrice ou tout tissu cicatriciel sur n'importe quelle partie du corps». (1566-4)

À quelques reprises, Cayce souleva la question de la nature karmique des cicatrices. Par exemple, il déclara à deux femmes qui avaient le visage défiguré par des cicatrices que leur condition présente, sur le plan physique, était le résultat des attitudes mentales malsaines qu'elles avaient eues dans des vies antérieures.

Dans tous les cas, néanmoins, Cayce affirma que les endroits cicatrisés pouvaient guérir et la peau retrouver à peu près sa texture originelle, à condition d'appliquer les traitements et de s'armer de patience et de persévérance.

Traitement des cicatrices internes

Il y eut treize cas concernant la formation de tissus cicatriciels dans les organes sensibles du corps. Ces cicatrices étaient généralement attribuées à des dysfonctions circulatoires ou à de l'incoordination glandulaire. Dans le cas 3661, par exemple, la présence de tissu cicatriciel dans la zone des bronches fut attribuée à des déviations des influx nerveux à travers les vertèbres cervicales et dorsales supérieures; cette dysfonction gênait la bonne circulation du sang dans les bronches et la trachée, et provoquait «un épaississement des parois du tissu». Dans quelques cas, la formation de tissu cicatriciel interne contribuait à bloquer le système circulatoire et d'autres systèmes. Dans un cas, l'accumulation de tissu cicatriciel sur les vertèbres cervicales amenait un état proche de la cécité.

Dans les cas de cicatrices internes, le traitement comprenait presque toujours des massages ou des manipulations vertébrales des régions affectées. Les massages devaient être exécutés de façon névropathique ou au moyen d'un vibromasseur. En outre, dans plus de quarante pour cent des cas, les lectures réclamaient l'application de sels d'Epsom chauds ou de cataplasmes à l'huile de ricin, ou, tout simplement, de chaleur humide aux endroits du corps où se trouvaient les tissus cicatriciels. L'électrothérapie, recommandée dans plus de trente pour cent des cas, faisait généralement appel au rayon violet à utiliser plusieurs fois par semaine. Dans un quart des cas, des irrigations du côlon occasionnelles et des laxatifs à base végétale constituaient une grande partie du traitement.

Les irrigations du côlon, conjuguées à un régime alimentaire alcalinisant, conseillé dans plus de quinze pour cent des cas, avaient pour but d'assurer l'élimination du tissu cicatriciel hors du système.

Histoire de cas

Deux histoires de cas sont relatées ci-dessous, l'une concernant les cicatrices internes et l'autre, les cicatrices externes.

Le cas présentant des cicatrices externes était celui d'une petite fille de un an qui avait accidentellement renversé sur elle une casserole d'eau bouillante et s'était ainsi grièvement brûlée au visage, à la poitrine et aux pieds. Après avoir fait des suggestions sur la façon de traiter les brûlures, Cayce expliqua aux parents les détails d'un traitement qu'ils devaient commencer dix ou quinze jours plus tard pour faire disparaître les cicatrices des brûlures. Il prescrivit des massages légers à faire quotidiennement à l'aide d'un mélange d'Unguentine, d'huile douce et d'huile camphrée.

Les parents du cas 2015 ne donnèrent aucune nouvelle après la lecture, mais ils contactèrent cependant Cayce deux ans plus tard; ils voulaient savoir de quelle manière ils pourraient effacer les profondes cicatrices qui se voyaient encore. Cayce suggéra alors de masser les cicatrices avec soit de l'huile camphrée seule, soit un mélange d'huile camphrée, d'huile d'arachide et de lanoline.

Les parents suivirent le traitement pendant un certain temps et firent savoir que toutes les cicatrices avaient disparu du corps de leur enfant.

L'autre cas se rapportait aux cicatrices internes; il s'agissait d'un homme de cinquante et un ans doté d'une mauvaise santé à cause de l'interférence qui se produisait entre le tissu cicatriciel interne et les adhérences, d'une part, et les processus biochimiques normaux de l'organisme, d'autre part. En traitant le cas 1940, Cayce mit en relief le besoin d'améliorer l'élimination; il recommanda des irrigations du côlon occasionnelles et un régime composé surtout de légumes crus et de salades, et bannissant les fritures. Le Codiron devait être pris chaque jour comme supplément alimentaire. Cayce recommanda également des manipulations névropathiques et des massages ainsi que l'application de couvertures chaudes et froides sur le corps pour faire disparaître le tissu cicatriciel et les adhérences en stimulant les muscles et les nerfs.

Aucun rapport d'après-traitement ne parvint après la lecture.

CIRRHOSE

La cirrhose est une maladie chronique et évolutive du foie caractérisée par une atrophie des cellules et un accroissement du tissu conjonctif.

Edgar Cayce accorda six lectures à cinq personnes qui souffraient de cette maladie. La plupart étaient dans la cinquantaine ou la soixantaine. Cayce trouva dans tous les cas une cause commune, soit une élimination insuffisante qui avait, dans certains cas, entraîné une détérioration de la coordination entre tous les organes de l'élimination. L'anémie était un symptôme supplémentaire dans trois cas, et la toxémie fut mentionnée deux fois. Les autres symptômes et les problèmes qui s'y rattachaient variaient d'un cas à l'autre.

Traitement

Les traitements de Cayce pour soigner la cirrhose prirent deux formes bien distinctes. Trois lectures recommandèrent des méthodes foncièrement semblables pour améliorer l'élimination et stimuler le foie; on avait surtout recours aux cataplasmes à l'huile de ricin et à l'huile d'olive, aux lavements et à l'irrigation du côlon, de même qu'à un régime adéquat. Dans deux cas, Cayce conseilla des manipulations vertébrales. Les traitements d'accompagnement pouvaient varier d'un cas à l'autre.

Pour deux personnes, le traitement entier se résuma à deux préparations de tisanes, différentes dans chaque cas. Pour le premier, la formule consistait en une tisane fortifiante semblable à celle suggérée dans la lecture «tonique de printemps» (5450-3) ainsi qu'en eau de clarie. Pour le second, la lecture donnait une formule différente de tisane et suggérait de plus une formule laxative contenant du séné, de la cascara sagrada, un composé de réglisse et de la carthame.

Histoire de cas

Une femme de cinquante-huit ans, le cas 1648, demanda une lecture, car elle souffrait de divers problèmes de santé. Sa maladie de foie était accompagnée d'une incoordination de l'élimination, de toxémie, d'hyperuricémie, d'eczéma, d'essoufflement, de mucosités intestinales, d'yeux bouffis, d'insomnies et de maux de tête. Cayce déclara que tous les symptômes étaient soit la cause, soit la conséquence de la cirrhose. Il attribua essentiellement son état aux répercussions d'une grippe et à la fièvre qui l'accompagnait, laquelle avait perturbé la circulation supérieure du foie, entraînant une tendance à un durcissement ainsi que des taches sur le lobe droit.

Cayce recommanda des massages tous les soirs, en partant des côtes inférieures pour aller jusqu'à la région de l'aine, avec utilisation d'un mélange, à parts égales, de suif de mouton, d'essence de térébenthine et d'alcool camphré. Il suggéra aussi des cataplasmes à l'huile de ricin, à effectuer deux soirs par semaine au moment du coucher, et ce, pendant deux semaines. Ces cataplasmes devaient rester en place sur le corps pendant une heure ou deux au minimum.

Après le troisième ou le quatrième cataplasme, la patiente devait prendre deux cuillerées à table d'huile d'olive; deux jours plus tard, elle devait commencer à recevoir une série de manipulations ostéopathiques centrées sur les zones cervicale et dorsale supérieure. Ces traitements devaient être administrés tous les deux jours ou encore deux fois par semaine. La personne devait en même temps se faire donner des massages de l'abdomen pour aider le côlon à se vider. Après trois de ces traitements, elle devait se faire donner une irrigation du côlon. Ensuite, une période de repos de deux semaines avant de reprendre une séquence complète de traitement. Mais cette fois, il fallait inclure, dans les manipulations ostéopathiques, les zones lombaire et sacrée en plus de celles déjà mentionnées.

Cayce prodigua aussi à cette femme des conseils sur son alimentation, en mettant l'accent sur les fruits et les légumes frais et crus. Elle devait s'abstenir de consommer des fritures, des viandes et des féculents en trop grande quantité. Plus tard, elle devait ajouter des noix à son régime, à cause de la richesse de celles-ci en protéines. Pour vaincre ses problèmes d'insomnie attribués à son état nerveux, Cayce recommanda l'utilisation de l'appareil radioactif.

Quelques jours après la lecture, la patiente fit savoir que Cayce avait parfaitement décrit ses symptômes et qu'elle commençait les traitements qu'il lui avait conseillés. Elle écrivit quelques semaines plus tard pour dire qu'elle était à mi-chemin des traitements et qu'elle se sentait déjà comme une autre personne.

Elle ne donna plus de nouvelles par la suite.

COCCYX (Blessure au)

Edgar Cayce accorda vingt-deux lectures à dix-sept hommes et femmes adultes qui avaient subi des blessures à la zone coccygienne, à la suite de chutes ou d'autres accidents. Les blessures avaient provoqué de nombreuses perturbations telles que des maux de tête, des douleurs au bas du dos, une désorientation sensorielle et des problèmes d'excrétion.

Comme cause secondaire des troubles circulatoires hépatiques et ceux de la région pelvienne, Cayce diagnostiqua l'incoordination entre les systèmes nerveux céphalo-rachidien et sympathique.

Les lectures illustrèrent l'interdépendance des systèmes nerveux avec d'autres systèmes et mirent en évidence l'approche holistique dans le traitement lui-même.

Traitement

Les traitements recommandés par Cayce pour ces blessures mettaient l'accent sur la correction à apporter au défaut d'alignement remarqué dans les zones coccygienne et lombo-sacrée, afin de rétablir la coordination dans le système nerveux et de soulager les pressions dans la partie inférieure de la colonne.

Dans l'ensemble des dix-sept cas, sauf un, il conseilla des manipulations ostéopathiques ou chiropratiques de la colonne; celles-ci devaient être effectuées quelques fois par semaine, pendant une période de seize à vingt semaines.

Dans près du quart des cas, Cayce recommanda des massages ou des frictions du dos pour faciliter la relaxation. Ce traitement avait pour objectif de détendre la zone affectée pour permettre ensuite les manipulations. Dans les autres cas, on devait appliquer de la chaleur humide sur le bas du dos et sur les segments qu'on se préparait à manipuler.

Dans quarante-deux pour cent des cas, Cayce conseilla l'électrothérapie pour rétablir la coordination et l'équilibre du système nerveux. Dans quatre lectures, il fit précisément mention de la pile à électrolyte ou de l'appareil radioactif: on devait l'appliquer plusieurs soirs par semaine, pendant une période de trente à soixante minutes. Cayce suggéra également d'autres formes d'électrothérapie, comme la machine radionique Abrams et la diathermie, mais il ne donna aucune précision sur la façon de les utiliser.

Il prescrivit aussi différentes sortes de toniques pour aider le système nerveux à retrouver son équilibre. Plus du cinquième des lectures recommandèrent une tisane tonique faite avec des ingrédients tels que l'écorce de merisier, la racine de salsepareille et la racine de patience. Une lecture mentionna de l'or et du bicarbonate de soude.

Dans dix-sept pour cent des cas, il suggéra des irrigations du côlon et des lavements pour favoriser une élimination rendue insuffisante par la mauvaise circulation sanguine dans la zone du bassin.

Histoire de cas

Parmi ceux qui bénéficièrent des lectures données par Cayce se trouvait une femme de soixante-deux ans, le cas 4033, qui se plaignait de vives douleurs dans une jambe, à partir de la hanche jusqu'au genou; ces douleurs ressemblaient à de la sciatique et causaient des problèmes à cette personne depuis des années. Cinq médecins différents s'étaient révélés incapables de faire le bon diagnostic. Ses symptômes incluaient des maux de tête et une sensation de congestion au même endroit.

La lecture de Cayce permit de découvrir une ancienne blessure à l'extrémité inférieure de la colonne vertébrale, laquelle avait entraîné une lésion des vertèbres coccygiennes et de la neuvième thoracique. La circulation hépatique, qui affecte les fonctions du foie et des reins, avait été soumise à une forte surcharge à cause du dommage infligé aux nerfs; Cayce décela un déséquilibre généralisé entre les systèmes céphalo-rachidien et sympathique.

Il prescrivit des manipulations ostéopathiques à effectuer deux fois par semaine; on devait les faire précéder d'applications de chaleur humide sur le bas de la colonne, pour détendre les muscles. Le traitement devait durer de seize à dix-huit semaines. Il recommanda ensuite un sédatif à base de bromure ainsi que des massages pour dénouer les tensions de tout l'organisme.

Les manipulations ostéopathiques devaient être suivies de traitements à la diathermie pour coordonner les influx nerveux à travers la région lombaire ainsi que dans les segments de la neuvième et de la troisième cervicales. La patiente devait ajouter à son régime des aliments reconstituants pour le système nerveux tels que les fruits de mer, le foie, le bœuf et les légumes crus.

Elle suivit les conseils donnés dans la première lecture, et la deuxième enregistra des améliorations. Cayce lui conseilla de continuer les traitements ostéopathiques et les applications d'ondes courtes selon les besoins, et sur une base occasionnelle.

À la suite de sa deuxième lecture, la patiente déclara qu'elle se sentait complètement soulagée de ses malaises. Quatre autres personnes rapportèrent une guérison totale. Par contre, deux autres ne tinrent pas compte de leur lecture, et leur état empira au cours des années.

CŒUR (Souffle)

Edgar Cayce donna à quatre adultes et à deux jeunes enfants des lectures dans lesquelles il mentionna des problèmes de souffle ou de troubles valvulaires dans le cœur ou dans les artères principales. Trois lectures contenaient des avertissements relatifs à un danger imminent alors que les trois autres se contentaient de décrire la maladie.

Les symptômes communs liés à ce problème comprenaient des douleurs dans la tête et les membres, de la fatigue et des étourdissements. Dans la plupart des cas, on était en présence d'autres perturbations, certaines provenant de la même cause. Chaque cas avait ses propres caractéristiques, mais il y avait de nettes ressemblances dans les causes et les traitements que mentionnaient les lectures. Pratiquement tous les cas étaient jugés guérissables.

La cause la plus commune du souffle au cœur, que Cayce cita dans cinq cas, était le ralentissement ou le déséquilibre de la circulation. À maintes reprises, il mentionna particulièrement la circulation hépatique. Dans quatre cas, une élimination insuffisante constituait une cause évidente; elles affectaient la circulation par la présence de toxines dans le courant sanguin.

Trois des six cas souffraient d'incoordination dans leur système nerveux, notamment entre le sympathique et le céphalo-rachidien. Cette incoordination se manifestait sous la forme de problèmes de la moelle épinière dans deux cas, l'un par des lésions et l'autre par un engorgement autour du coccyx.

Par deux fois, Cayce cita l'incoordination dans le foie et les reins; dans un cas, il mentionna que cette incoordination était la cause principale de la maladie. Dans deux cas, il parla d'une assimilation inadéquate, mais on ne sait pas très bien si elle représentait la cause du problème ou le résultat d'autres dysfonctions. Dans deux cas, il situa les problèmes à un niveau mental-spirituel, l'un ayant un rapport avec la peur et l'autre «faisant partie de l'évolution de l'entité».

Traitement

Les traitements de Cayce concernant le souffle au cœur furent assez uniformes. Toutes les lectures faisaient référence au régime alimentaire; cinq sur six préconisaient une diète standard alcalinisante, composée essentiellement de légumes frais et crus, d'agneau, de volaille et de poisson. Les aliments frits, de même que la farine raffinée et le sucre, étaient bannis. Un homme devait suivre une diète semi-liquide pendant toute la durée de son traitement.

Le secteur qui venait en deuxième lieu parmi les priorités de traitement était celui de l'élimination; il fut mentionné dans quatre lectures. Dans trois cas, Cayce préconisa des lavements et des irrigations du côlon et dans l'autre, l'emploi des sels Eno. Quatre fois également, il conseilla des massages; ceux-ci devaient souvent être faits autour des zones cervicale et dorsale, en utilisant des mélanges d'huiles variées, la plupart à base d'huile d'arachide. Il suggéra à une femme des manipulations vertébrales dans la zone dorsale, à la place des massages.

Deux fois, il recommanda des emplâtres, l'un avec de la Glyco-Thymoline à appliquer à la base du cerveau, l'autre, à l'huile de ricin, à poser sur le foie et les canaux biliaires. À deux autres personnes, il conseilla des bains de vapeur à l'Atomidine, l'une des deux devant ajouter de l'hamamélis à l'Atomidine. L'électrothérapie fut suggérée à deux reprises, une fois sous la forme de rayon violet et l'autre, en utilisant la pile à électrolyte. L'exercice fut aussi suggéré deux fois, et trois lectures donnèrent des conseils quant aux attitudes mentales. Par exemple, il rappela au cas 2952 qu'il lui fallait suivre les conseils indiqués dans la lecture avec patience et persévérance; l'affirmation suivante lui fut donnée: «J'appartiens à Dieu. Il prend soin de moi et, en ayant recours à Sa nature, à Son service, je peux mieux servir mon prochain pour la plus grande gloire de Celui qui me donne la vie, la lumière et l'immortalité.»

Histoire de cas

Trois des six personnes qui avaient reçu des lectures envoyèrent des rapports; toutes les trois signalèrent des résultats positifs.

Un cas intéressant, le 3036, fut celui d'un homme de soixante-six ans qui reçut deux lectures pour des étourdissements et de la fatigue. Bien que l'homme ne présentât encore aucun signe de souffle au cœur, Cayce le prévint que cette affection risquait de survenir et d'entraîner une crise cardiaque.

La cause essentielle du problème de cet homme était une assimilation déficiente; en outre, une élimination insuffisante était responsable de la présence de «poisons» dans son sang.

Selon Cayce, ces perturbations avaient à leur tour affecté le système nerveux et entravé les fonctions de locomotion et l'activité mentale.

Cayce lui conseilla de «s'abstenir d'utiliser des calmants et des médicaments dans toute la mesure du possible». Il lui recommanda aussi un régime alcalinisant, en évitant de «consommer des matières cellulosiques en trop grande quantité», ce qui serait néfaste aux processus de digestion et d'élimination.

Pour favoriser une bonne élimination, il conseilla les sels Eno. Le sujet devait en prendre une cuillerée à café dans un verre d'eau chaque matin avant le petit déjeuner, pendant trois à cinq jours, arrêter pendant cinq ou six jours et recommencer ensuite la série.

Pour stimuler la circulation, aider à expulser les toxines hors de l'organisme et détendre le patient, Cayce recommanda les bains de vapeur légers, préparés en versant dans le récipient deux cuillerées à café d'Atomidine pour 120 ml d'eau. Ces bains de vapeur étaient hebdomadaires et devaient être suivis de frictions énergiques à l'aide d'un mélange de trois parties d'huile de pin pour une partie d'huile d'olive.

Le cas 3036 fit savoir que son état s'était amélioré après avoir suivi les conseils de Cayce, mais qu'il était encore sujet à des étourdissements; il se décida donc à solliciter une seconde lecture. Cayce lui recommanda alors de continuer les bains de vapeur et les massages; et aussi d'«être patient et compréhensif; d'utiliser positivement ses capacités s'il voulait aller de mieux en mieux».

CŒUR (Tachycardie paroxystique)

La tachycardie paroxystique est l'accélération rapide et soudaine du pouls et des battements du cœur. Dans les vingt-six lectures accordées à seize personnes affectées par ce problème, Cayce nota divers symptômes d'accompagnement qui concernaient presque tous des perturbations circulatoires ou nerveuses.

Dans cinq cas au moins, la cause avait un rapport avec une insuffisance de l'élimination, laquelle avait entraîné la toxicité du sang. Cinq autres lectures mentionnèrent la présence de subluxations ou de lésions spinales: celles-ci avaient provoqué un déséquilibre dans la coordination des influx nerveux aboutissant au cœur. Dans trois cas, Cayce nota de l'anémie; dans deux autres, une grave tension nerveuse était à l'origine des battements de cœur irréguliers.

Traitement

Dans tous les cas, les traitements se révélèrent assez semblables, l'accent étant mis avant tout, comme on le trouve dans neuf lectures, sur l'amélioration du régime alimentaire. Les aliments que Cayce recommandait étaient les fruits, les légumes (surtout crus), le poisson, la volaille et l'agneau. Les autres viandes et les fritures étaient à éviter.

Huit cas nécessitèrent une série de trois ou quatre ajustements spinaux pour soulager les pressions dans la colonne vertébrale; celles-ci, d'après Cayce, contribuaient aux battements rapides et à d'autres problèmes liés à cet état.

Dans sept cas, Cayce suggéra des massages pour détendre le corps et provoquer une bonne circulation. Dans deux cas, il conseilla l'huile d'arachide comme l'huile de massage la plus efficace; dans quelques cas, on devait avoir recours au vibromasseur comme complément à la thérapie des massages.

Les lectures recommandèrent, dans sept cas, l'emploi d'appareils faisant appel à l'électrothérapie, en particulier l'appareil radioactif et la diathermie à ondes courtes, mentionnés chacun dans deux cas. En général, on ne trouva pas dans les lectures d'indications précises quant à la fréquence et à la durée de l'utilisation.

Pour pallier une élimination insuffisante, Cayce prescrivit dans six cas diverses sortes de laxatifs. Des irrigations du côlon devaient être faites à intervalles réguliers, allant de quelques fois par semaine à une fois toutes les six semaines. En outre, il conseilla dans certains cas la prise fréquente d'une tisane composée soit de graines de psyllium, soit d'huile d'olive ou de lait de bismuth mélangé à du lait de magnésie pour faciliter l'élimination.

Finalement, Cayce recommanda l'hydrothérapie dans trois cas, avec saunas, bains de vapeur et frictions, l'objectif étant d'améliorer l'élimination à travers la peau.

Histoire de cas

Cinq personnes firent état de bons résultats après avoir observé les conseils prodigués dans leurs lectures, y compris une femme qui n'avait que partiellement suivi les recommandations. Deux personnes confirmèrent n'avoir pas tenu compte des prescriptions de Cayce, et les autres ne donnèrent pas signe de vie.

Cayce donna huit lectures au cas 279, un homme de trente et un ans qui souffrait de crises périodiques de tachycardie. Le diagnostic révélait un sang anémié et des subluxations de la colonne vertébrale, deux facteurs qui contribuaient à la maladie. Cayce nota de plus que le sujet éprouvait continuellement de l'anxiété et se faisait du souci, ce qui ne faisait qu'augmenter son appréhension des crises.

À l'époque de sa première lecture, le patient suivait déjà des traitements ostéopathiques. Cayce ajouta à ces traitements une série d'irrigations du côlon à recevoir une semaine sur deux, pendant de nombreuses semaines, de même qu'une hydrothérapie hebdomadaire incluant des bains de vapeur et des frictions énergiques. Comme régime, le cas 279 devait consommer plus de fruits, de céréales, de soupes et de bouillons de légumes, de même que du poisson, de la volaille, de l'agneau ou du bœuf (mais jamais frits).

À la deuxième lecture, Cayce nota des améliorations; les lectures suivantes encouragèrent le patient à poursuivre les ajustements ostéopathiques deux fois par semaine. Il devait également continuer ses irrigations du côlon jusqu'à ce qu'il se sente tout à fait bien. Sur le plan mental, Cayce lui enjoignit de cesser de se faire du souci inutilement pour des questions d'argent, ce qui, dans le passé, avait beaucoup contribué à ses malaises. La tisane aux graines de psyllium, à prendre à l'occasion, faisait partie du traitement proposé pour soulager les problèmes digestifs résultant des perturbations anciennes.

Le cas 279 suivit les conseils donnés par les lectures et déclara qu'il se sentait beaucoup mieux. Il ignora toutefois les prescriptions diététiques et finit par prendre de l'embonpoint, ce qui lui valut plus tard d'autres problèmes de santé.

COLIQUE

La colique, ou douleur abdominale, affecte surtout les jeunes enfants de moins de trois mois. Les symptômes typiques de cette affection sont des crises de pleurs qui se prolongent et se produisent surtout le soir, le ballonnement abdominal, et beaucoup de flatulences ou de gaz. Ces désagréments sont probablement dus à des facteurs émotionnels aussi bien que physiques.

Edgar Cayce donna un total de vingt-trois lectures à seize enfants souffrant de colique. Leur âge variait de six jours à dix-huit mois, bien que la plupart fussent âgés de trois mois au maximum. La cause la plus fréquente du problème se trouva être une mauvaise assimilation due à une diète inadéquate. Le groupe comportait des bébés nourris au sein et d'autres nourris au biberon.

Le problème pouvait tout simplement être lié à ce que la nourriture n'apportait pas les nutriments nécessaires en quantité suffisante. Dans le cas des bébés nourris au sein, c'est le régime de la mère qui était inadéquat. Un autre problème mentionné par Cayce était le mélange de certains aliments incompatibles, comme le lait et le jus d'orange, ce qui pouvait provoquer une indigestion et une inflammation du tube digestif.

Une autre réflexion intéressante des lectures portant sur la colique était que le climat émotionnel prévalant au moment des repas affectait très nettement la capacité du corps d'assimiler la nourriture. D'après Cayce, c'était aussi vrai pour les adultes que pour les enfants. Pour lui, une diète inadéquate avait pour conséquence une élimination insuffisante; celle-ci entraînait à son tour un déséquilibre entre les systèmes digestif et excréteur, avec, comme résultat final fréquent, une accumulation de déchets dans l'organisme. Les toxines se multipliaient, provoquant l'inflammation du côlon et parfois des éruptions cutanées.

Pour un tiers des lectures, la colique était causée par diverses infections du système; par exemple un rhume et de la congestion qui, d'après Cayce, provoquaient un déséquilibre dans le système digestif et aboutissaient à la colique.

Traitement

La plupart des traitements suggérés se ressemblaient beaucoup. Tous les bébés devaient avoir une diète constituée d'aliments facilement assimilables. Les mères qui allaitaient leur enfant devaient supprimer de leur régime les aliments générateurs de gaz comme le chou, et également les mets trop épicés. Il va sans dire qu'un régime alimentaire bien équilibré était pour elles absolument indispensable.

La formule prescrite pour les bébés nourris au biberon était le lait condensé (Carnation, probablement en boîte). Le jus d'orange devait être évité tant que l'enfant n'avait pas atteint l'âge de cinq ou six mois. Dans un cas, Cayce mentionna la bouillie d'avoine et les carottes comme aliments faciles à digérer. Il suggéra aussi des aliments constituant la source de certains sels minéraux et vitamines; ces derniers pouvaient varier d'un cas à l'autre.

Dans tous les cas, sauf deux, il prescrivit un genre quelconque de médicament léger, le plus fréquemment cité étant la Glyco-Thymoline, à raison d'une goutte ou deux dans de l'eau; ceci afin d'équilibrer les activités du côlon et d'alcaliniser le système. Il prescrivait souvent aussi du Castoria, que l'on devait donner à l'enfant en toutes petites doses, durant la journée, pour aider les fonctions digestives et favoriser une élimination en douceur. Dans neuf cas, on devait ajouter à la formule du bébé de petites doses d'eau de chaux, qui est un antiacide. À l'occasion, on pouvait aussi ajouter de l'eau de cannelle et d'autres aides digestives. Dans un petit nombre de cas où les éruptions cutanées étaient présentes, on pouvait recourir à la tisane de colchique.

Cayce recommanda des massages pour sept bébés, afin de détendre leur corps et d'harmoniser la circulation. Les substances les plus fréquemment utilisées pour les frictions étaient le beurre de cacao et l'huile d'olive camphrée (à utiliser séparément). On devait les faire pénétrer doucement le long de la colonne vertébrale et sur le diaphragme et les épaules. Pour les éruptions cutanées, Cayce suggéra toute une variété d'applications adoucissantes, comme des pommades et des poudres contenant du zinc, et des baumes.

Comme pour bien d'autres maladies, Cayce insistait sur l'importance d'acquérir et de conserver des attitudes et des émotions positives lorsqu'on s'occupait de jeunes enfants; il était d'avis que si les parents avaient des sentiments positifs, les effets des traitements seraient très bénéfiques pour l'enfant.

Des rapports d'après-traitement indiquèrent que, pour plus de la moitié des lectures, les parents suivirent les conseils de Cayce et purent témoigner d'une amélioration certaine de la santé de leur enfant.

Histoire de cas

Le cas 928 était celui d'un bébé de trois semaines, de sexe féminin, qui souffrait de coliques. La lecture révéla une mauvaise coordination entre l'assimilation et l'élimination, ce qui avait pour conséquence une carence en certains enzymes nécessaires à la digestion.

Le premier traitement recommanda une cuillerée à café d'eau de chaux diluée dans de l'eau après chaque allaitement. On devait aussi donner au bébé, une fois par jour et après une tétée, une demi-goutte de Glyco-Thymoline, également diluée. On pouvait aussi lui donner du Castoria en très petites doses.

De plus, Cayce suggéra un massage spinal avec du beurre de cacao une ou deux fois par jour. On devait maintenir l'abdomen du bébé au chaud à l'aide d'une bande de flanelle imprégnée, à parts égales, de graisse de rognon de mouton et d'huile douce (huile d'olive).

On apprit par la suite que les parents avaient suivi les prescriptions de la lecture et que la colique avait disparu.

COLITES (Généralités)

La colite est une inflammation du côlon au cours de laquelle l'organisme perd sa capacité d'assimiler correctement la nourriture. La diarrhée oblige la nourriture à traverser les intestins si rapidement que la digestion n'a pas le temps de s'effectuer, ce qui fait que le corps s'appauvrit et s'épuise.

Six personnes, de un mois à soixante-cinq ans, reçurent chacune une lecture au sujet de leur colite. Dans quatre cas, la cause première fut attribuée à la congestion du tube digestif, laquelle fut deux fois mentionnée comme grippe intestinale. Le corps devenait fiévreux et le côlon, congestionné et enflammé. La fatigue et l'irritation subséquentes du tube digestif empêchaient le déroulement normal de l'assimilation et de l'élimination, ce qui entraînait l'apparition de la colite.

Parmi d'autres causes premières, mentionnées chacune une fois, on nota une blessure dans la région du foie et de l'estomac; celle-ci produisait un excès de mucus tout le long du canal alimentaire ainsi que des subluxations spinales qui provoquaient de l'incoordination nerveuse et ralentissaient l'assimilation. Dans trois cas, la cause était une irrigation sanguine appauvrie; dans deux autres cas, c'étaient des problèmes à la colonne vertébrale qui affectaient les nerfs.

Traitement

Les traitements d'Edgar Cayce pour la colite étaient assez semblables; dans tous les cas, une partie essentielle du traitement consistait en restrictions diététiques. Les parents des deux enfants qui reçurent une lecture pour la colite furent avisés qu'ils devraient les sous-alimenter pendant un certain temps, pour soulager la surcharge des intestins et favoriser le nettoyage.

D'autres principes directeurs incluaient des aliments reconstituants tels que les fruits, les jus de fruits et de légumes, les viandes légères en petite quantité et le jus de bœuf, pris comme médicament.

Dans cinq cas, Cayce conseilla des manipulations vertébrales; pour stimuler les organes de l'élimination, ces manipulations devaient se faire généralement le long du système céphalo-rachidien tout entier. Cayce étant bien renseigné sur les causes de la colite, il portait une attention spéciale aux huitième et neuvième vertèbres dorsales.

Pour normaliser le conduit intestinal, Cayce prescrivit dans trois cas des tisanes toniques, le ginseng entrant chaque fois dans leur préparation. À l'occasion, il suggéra d'autres aides digestives.

À trois reprises, il mentionna les cataplasmes, les massages et les laxatifs. Deux fois, il recommanda des cataplasmes au jus de raisin; on devait les préparer en plaçant une couche épaisse de raisin Concord écrasé sur une bande de gaze que l'on devait ensuite laisser sur l'abdomen pendant plusieurs heures. Dans un troisième cas, Cayce suggéra un emplâtre à la Glyco-Thymoline à mettre sur l'abdomen.

Dans deux cas, les massages devaient se faire le long de la colonne vertébrale et, dans le troisième cas, sur l'abdomen. Les matières à utiliser étaient l'huile d'olive ou d'arachide. Ces massages avaient pour but de détendre l'organisme et de l'aider à retrouver sa vitalité. Les aides à l'élimination prenaient souvent la forme de lavements ou d'irrigations du côlon pour soulager la congestion du côlon et l'aider à se débarrasser des agents irritants.

Histoire de cas

Une lecture typique concernait une femme de cinquante ans; Cayce attribua sa colite à une grippe intestinale qui avait infesté la circulation de la lymphe tout le long du tube digestif. De plus, le côlon et la partie inférieure du jéjunum étaient enflammés, ce qui provoquait parfois des poussées de fièvre. Cette personne souffrait en outre d'anémie, ce qui affaiblissait son organisme.

La première recommandation pour le cas 5057 fut une tisane fortifiante constituée d'une infusion de ginseng sauvage, d'une infusion de gingembre sauvage, de pepsine lactée et d'alcool éthylique. La patiente devait absorber cette préparation pendant dix jours, s'arrêter pendant cinq jours et continuer en alternant jusqu'à consommation complète.

Au moins une fois par semaine, elle devait appliquer sur tout son abdomen un cataplasme aux raisins écrasés. Les raisins devaient être étalés sur de la gaze en une couche de 1cm d'épaisseur et rester ainsi jusqu'à ce qu'ils soient complètement secs, c'est-à-dire pendant quatre heures environ.

Si la personne ressentait des crampes au tube digestif ou au côlon, elle devait prendre un tonique constitué de racine d'alun, de sirop ordinaire et d'alcool éthylique ou encore de whisky de seigle. Deux ou trois jours plus tard, elle devait recevoir une irrigation du côlon.

La patiente fut prévenue de ne pas abuser des féculents et de consommer de préférence de petites quantités de fruits de mer, de poissons d'eau douce, de volaille et d'agneau, de même que quelques légumes tubéreux. Elle devait aussi se faire donner des manipulations ostéopathiques pour être bien relaxée.

Les recommandations de la lecture furent suivies mais on ne connaît pas leur efficacité. Les mêmes traitements furent toutefois suivis par quatre personnes qui observèrent de très bons résultats. Il a de plus été rapporté que les conseils de cette lecture particulière furent suivis par d'autres personnes qui constatèrent une nette amélioration de leur état.

COLITE ULCÉREUSE

La colite ulcéreuse est une inflammation dont les causes sont inconnues; elle est caractérisée par des diarrhées sanguinolentes accompagnées de crampes abdominales, de fièvre et d'amaigrissement. Cependant, la constipation peut se produire à la place de la diarrhée. La colite ulcéreuse a tendance à s'atténuer temporairement ou, au contraire, à s'exacerber.

Cayce accorda une lecture à chacun des huit cas souffrant de colite ulcéreuse ou d'états pathologiques apparentés. Leur âge allait de vingt à soixante ans. Il attribuait généralement la colite à une circulation lymphatique trop active; celle-ci entraînait un excès de mucosités dans le tube digestif, lesquelles provoquaient à leur tour de l'irritation et de l'inflammation. Dans la moitié des cas, Cayce attribua la cause de cet état à la grippe intestinale. Une élimination insuffisante était le plus souvent le résultat que la cause de la colite; il arrivait fréquemment que l'estomac fût tellement dérangé qu'il ne pouvait assimiler que très peu de nourriture. Dans deux cas, les conditions étaient encore aggravées par des subluxations spinales et des déséquilibres nerveux.

Traitement

On note une grande régularité dans les traitements que Cayce suggéra pour la colite. Dans chaque cas, il recommanda des versions variées d'un genre spécial de tisane fortifiante conçue pour stimuler les fonctions d'assimilation. La prescription la plus typique était une combinaison de ginseng sauvage, de gingembre sauvage et d'élixir de pepsine lactée, avec parfois de la stillingia.

À sept personnes, il conseilla des modifications à leur régime alimentaire pour hâter la guérison. Les lectures mettaient généralement l'accent sur les aliments alcalinisants facilement assimilables comme les jus de viandes, les légumes crus, les fruits et parfois des préparations spéciales telles que le lait malté, le lait caillé et l'*arrow-root.* Les sucreries, les graines et la plupart des féculents étaient bannis, au moins temporairement, à cause de leur caractère acide.

Dans trois cas, Cayce recommanda des manipulations vertébrales pour stimuler les fonctions de circulation et d'excrétion en même temps que pour détendre le corps. Les corrections visaient particulièrement la zone médiane de la colonne. Dans trois cas, des traitements facilitant l'élimination, telle l'irrigation du côlon, furent suggérés pour libérer le tube digestif des mucus et des toxines. À deux reprises, Cayce recommanda des massages névropathiques avec, dans un cas, l'emploi d'huile d'olive et de myrrhe.

Histoire de cas

Quatre personnes, parmi celles qui avaient reçu des lectures sur la colite, suivirent les traitements et firent connaître les résultats; les trois quarts notèrent une nette amélioration.

L'un de ceux dont la condition s'était améliorée était le cas 5215, une femme de cinquante et un ans qui avait eu une lecture pour une colite chronique. Selon Cayce, c'est une grippe intestinale qui avait entraîné un bouleversement de son tube digestif, avec comme résultat une élimination insuffisante dans tout l'organisme. Cet état de choses avait enflammé le côlon, d'où la colite. L'insuffisance de l'élimination avait aussi provoqué des manifestations névritiques et arthritiques aux extrémités des membres.

Le premier traitement de Cayce consista en une tisane tonique pour aider à calmer le système intestinal. Elle se composait d'une infusion de ginseng et de gingembre sauvages à laquelle on ajoutait un élixir de pepsine lactée et d'alcool.

Il recommanda de plus une série de seize à vingt-quatre manipulations ostéopathiques. Elles devaient être faites d'une manière détendue, pour apporter des corrections dans les zones lombaire et sacrée et amener la coordination de la sixième vertèbre dorsale avec les centres brachial et cervical.

Son régime devait se composer d'aliments alcalinisants et digestes, avec un minimum de sucreries. À cause de son caractère acide, le vinaigre devait être mis de côté.

Pour améliorer encore l'élimination, Cayce suggéra des irrigations du côlon, avec de l'eau, du sel et du soda pour commencer, et ensuite de la Glyco-Thymoline comme antiseptique intestinal pour le rinçage. Après un mois de traitement, la personne nota une amélioration de son état.

CÔLON (Occlusion)

L'occlusion du côlon est caractérisée par une accumulation de déchets dans les voies gastro-intestinales, ce qui peut conduire à des affections beaucoup plus graves, comme la diverticulite et une toxicité systémique généralisée.

Cayce accorda un total de quarante-deux lectures sur l'inclusion du côlon à trente personnes, âgées de six à soixante-quinze ans. La cause principale de cette maladie, mentionnée dans la majorité des cas, était l'insuffisance de l'élimination; la conséquence était une accumulation de déchets dans le côlon, ce qui entraînait congestion et toxicité. Dans la moitié des cas, un facteur mis en cause était la mauvaise circulation dans la région de l'intestin; cet état affaiblissait le côlon et conduisait à un ralentissement encore plus marqué de l'élimination ainsi qu'à une augmentation de la quantité des toxines.

Un autre facteur, mentionné dans trente pour cent des cas, comprenait les subluxations spinales ou le manque de coordination entre les systèmes sympathique et céphalo-rachidien. Ce facteur était parfois lié à des expériences prolongées d'émotions stressantes comme le souci et la nervosité. Avec à peu près la même fréquence (trente pour cent), l'accumulation des toxines était attribuée à une mauvaise assimilation consécutive à des façons incorrectes de s'alimenter.

Dans vingt pour cent des cas, des problèmes glandulaires étaient présents; d'autres facteurs, mentionnés à l'occasion, reliaient le problème à une grippe intestinale et à d'autres infections, à des défauts d'alignements spinaux, à des attitudes mentales malsaines et à un surmenage du système entier.

Traitement

Le traitement recommandé dans quatre-vingts pour cent des cas était une légère stimulation de l'élimination pour soulager les douleurs le plus vite possible. Recommandés au moins aussi souvent, on retrouvait les purgatifs aussi bien que les lavements et les irrigations. Les deux méthodes faisaient souvent partie du traitement général. Les purgatifs le plus souvent suggérés comprenaient le Castoria, les préparations à base d'ambroisie, l'huile d'olive et les laxatifs salins. Dans certains cas, on devait faire alterner les laxatifs à base végétale et ceux à base minérale.

Dans les trois quarts des cas, Cayce attira l'attention sur les changements à adopter et sur les précautions à prendre à l'égard du régime alimentaire. La diète type devait se composer essentiellement d'aliments alcalinisants et facilement assimilables. Il conseilla fréquemment des diètes liquides ou semi-liquides, à suivre jusqu'à la disparition des douleurs; il recommandait aussi de boire de grandes quantités d'eau, en même temps qu'il mettait en garde de trop manger.

Dans plus de la moitié des cas, il suggéra des manipulations vertébrales, en portant une attention toute spéciale aux parties médiane et inférieure, ou dorsale et lombaire, de la colonne vertébrale.

Également souvent suggérés, les cataplasmes appliqués sur l'abdomen pour soulager les tensions à l'extrémité inférieure de l'intestin. Par ordre de fréquence, les plus souvent mentionnés étaient ceux à l'huile de ricin, suivis de ceux aux sels d'Epsom.

Les massages furent recommandés dans trente pour cent des cas, avec utilisation de substances diverses qui comprenaient le beurre de cacao, une combinaison d'huile d'arachide, d'huile d'olive et de lanoline, et une combinaison d'huile de pin et d'essence de wintergreen. Les massages devaient parfois se concentrer sur les muscles abdominaux.

L'hydrothérapie fut suggérée dans plus de vingt pour cent des cas, avec des saunas et des bains de vapeur mentionnés la plupart du temps. Dans les trois cas où les douleurs étaient insupportables, Cayce recommanda d'appliquer sur le ventre une combinaison de teintures de laudanum et d'aconit jusqu'à ce que les autres traitements aient eu le temps de faire effet. De plus, l'électrothérapie fut mentionnée dans quatre cas, le repos dans trois cas et le recours à la Calcidine et aux tisanes toniques à deux reprises.

Histoire de cas

Dans plus de la moitié des cas, on n'obtint aucune information concernant l'issue des traitements de Cayce. Cependant, douze des treize personnes qui envoyèrent un rapport firent connaître des résultats positifs. L'une d'entre elles était un homme de quarante-huit ans, le cas 644, qui se plaignait de nombreux symptômes, comme l'essoufflement, des douleurs dans l'abdomen ainsi que dans la région du cœur, qui irradiaient tout le long du bras, et également des douleurs au visage, dans la tête et dans la gorge.

Cayce détermina que le principal problème de cet homme était une élimination insuffisante causée par des empiétements sur le système céphalo-rachidien à la hauteur des plexus des huitième et neuvième dorsales. L'empiétement était responsable d'un apport de sang inégal entre les parties supérieure et inférieure du corps. Les impulsions ralenties dans le bas du corps avaient pour conséquence des occlusions dans le cæcum, dans le côlon transverse et dans le côlon ascendant; ce qui, par la suite, avait entraîné une poussée de l'activité des canaux hépatiques de même qu'une circulation et une élimination encore plus ralenties tout le long du tube digestif. En outre, les compressions vertébrales avaient provoqué un ralentissement de la digestion et une sensation d'estomac plein sans rapport avec la quantité de nourriture ingérée.

Cayce commença son traitement en faisant prendre au sujet une petite dose d'huile d'olive (un quart à une demi-cuillerée à café) à toutes les deux heures pendant trois jours. L'huile devait agir comme lubrifiant pour les intestins et en même temps comme nourriture pour les sucs gastriques. À la suite du premier cycle de trois jours, on devait poser des emplâtres à l'huile de ricin sur la région du cæcum et du foie trois ou quatre heures par jour pendant trois ou quatre jours. Ce traitement avait pour but de réduire l'inflammation et d'aider l'organisme à se guérir lui-même.

Pour augmenter le débit de la lymphe et de l'élimination sans créer d'irritation au cæcum et aux autres canaux et glandes, Cayce recommanda au patient de prendre du régulateur de foie Simmon. Après la prise du régulateur, il devait se faire donner un lavement trois ou quatre fois par jour pendant deux ou trois jours.

Pour diminuer les pressions sur le visage, la tête et la gorge, Cayce prescrivit une série de trois à six manipulations ostéopathiques dans la région dorsale pour les coordonner avec la région cervicale. Pendant cette période, il recommanda une diète d'aliments semi-liquides et alcalinisants en même temps qu'un nouveau cycle de doses d'huile d'olive. Ce cycle consistait à prendre l'huile pendant deux ou trois jours, à arrêter pendant deux ou trois jours et à reprendre le cycle. La lecture indiqua qu'il serait bon de poursuivre indéfiniment ce cycle à l'huile d'olive.

Un rapport de l'état de santé du patient fit savoir qu'il avait «suivi les conseils de la lecture et obtenu de bons résultats à cent pour cent... (alors que) les symptômes avaient disparu tel qu'annoncé».

COLONNE VERTÉBRALE (Généralités)

Une entorse ou une blessure de la colonne vertébrale provoquait habituellement une multitude de symptômes dont se plaignaient les personnes sollicitant les conseils de Cayce. Les lectures démontrent que des lésions et du tissu cicatriciel se formaient peu à peu au cours des années à la suite d'une blessure à la colonne et comprimaient les terminaisons nerveuses, ce qui avait pour conséquence d'empêcher ces gens de fonctionner normalement.

Quelques-uns des symptômes mentionnés dans les lectures et associés à une entorse ou à une blessure au dos sont les bouffées de chaleur, surtout pendant les périodes de repos; la fatigue; les «douleurs» provenant du foie, du pancréas et de la partie supérieure du tube digestif; les douleurs névritiques aux bras et aux jambes; les crises de sciatique; l'hyperactivité des reins et de la vessie; la constipation; les maux de tête; la nervosité; l'insomnie; le gonflement de l'estomac et les flatulences; la stérilité.

Traitement

Le traitement le plus courant était les manipulations ostéopathiques. Sur six lectures, cinq recommandaient ces ajustements. Si la blessure était ancienne, Cayce conseillait les massages à l'huile aussi bien que l'électrothérapie et les cataplasmes; ceci pour augmenter le volume de la circulation, faire disparaître d'anciens tissus cicatriciels et améliorer l'élimination.

Une personne devait utiliser une solution chaude de sels d'Epsom saturée en la plaçant avec de lourds emplâtres sur la partie blessée afin que la chaleur et l'effet du produit se fassent sentir plus longtemps. Ces emplâtres devaient être appliqués quotidiennement ou, au minimum, de deux à trois fois par semaine, être suivis d'ajustements ostéopathiques légers et, pour finir, d'un massage effectué avec un mélange à parts égales d'huile d'olive et d'huile d'arachide.

Un autre cas devait avoir recours à des emplâtres à la Glyco-Thymoline chaude pour détendre la colonne vertébrale; ceux-ci devaient être suivis d'un massage aux huiles d'olive et d'arachide. Le sujet ne devait recevoir des manipulations ostéopathiques qu'après la fin d'une série de vingt emplâtres.

Cayce conseilla fortement une diète comportant des légumes crus et des fruits en quantité. Comme une bonne élimination était essentielle, il recommanda souvent les irrigations du côlon.

CYSTITE

La cystite est une inflammation de la vessie qui touche généralement l'urètre (le tube qui vide l'urine de la vessie). Les symptômes principaux sont les mictions fréquentes et l'incontinence urinaire. Les cas aigus se caractérisent par de la sensibilité au toucher, des douleurs pendant les mictions et des envies continuelles d'uriner. L'urine est acide et peut contenir du sang en grande quantité et un peu de pus. Les cystites se rencontrent plus souvent chez les femmes que chez les hommes, et les rechutes sont très fréquentes.

Edgar Cayce donna un total de trente-six lectures à vingt-sept personnes souffrant de cystite, leur âge variant de sept à soixante-douze ans.

Selon Cayce, la cause essentielle de la cystite, qu'il cita dans vingt-trois cas, était l'insuffisance de l'élimination. Lorsque le foie et les reins n'arrivent pas à expulser correctement les déchets et les toxines, la quantité de bactéries qui se trouvent normalement dans la vessie augmente dans une proportion telle que l'infection et l'inflammation se déclarent. Dans dix cas, Cayce mentionna le ralentissement de la circulation dans le foie et les reins comme un facteur lié au premier.

À sept reprises, il cita les problèmes spinaux ainsi que des lésions et subluxations dans la partie inférieure de la colonne comme aggravant les problèmes d'élimination. Dans six cas, il était question d'une mauvaise assimilation et, pour cinq autres, les rhumes et les infections avaient diminué la résistance et conduit à la cystite.

Traitement

Le principal traitement, que l'on retrouve dans quinze cas, consistait en des conseils diététiques. Les lectures insistaient particulièrement sur l'importance de manger beaucoup de fruits et de légumes, surtout ceux qui sont riches en vitamines B. Il recommandait aussi fortement les grains entiers et les flocons d'avoine et demandait de boire beaucoup d'eau. On devait s'abstenir des fritures et des féculents pris en trop grande quantité.

Cayce suggéra des manipulations spinales à douze personnes. Quand il précisait un endroit, les zones dorsale et lombaire inférieure étaient celles qui retenaient le plus souvent son attention.

Dans dix cas, il recommanda les massages, avec l'emploi de substances diverses telles que l'huile d'olive et une combinaison de suif de mouton, d'alcool camphré et d'essence de térébenthine. À dix personnes, on conseilla de recevoir des lavements ou des irrigations du côlon, ou de prendre des laxatifs divers.

Le recours aux cataplasmes, le plus souvent au sel chaud, fut également suggéré. On devait les poser sur la vessie et le côté droit du corps lorsque les douleurs étaient trop fortes.

Dans trois autres cas, Cayce fit diverses recommandations: douches vaginales avec une solution légère d'Atomidine ou de Glyco-Thymoline, méthodes variées d'hydrothérapie, tisane aux graines de melon d'eau et à d'autres substances digestives.

Histoire de cas

Le cas 2462 était celui d'un homme de trente-quatre ans qui reçut une lecture sur la cystite. Cayce découvrit qu'il avait des lésions entre la moitié et l'extrémité inférieure de la colonne vertébrale, ce qui faussait les influx nerveux en direction des organes de l'élimination et avait entraîné de la toxicité, de l'acidité et, finalement, la cystite.

Pour corriger la situation, il prescrivit trois manipulations générales en profondeur, en portant une attention particulière aux vertèbres supérieures et à la neuvième dorsale ainsi qu'aux zones coccygienne et sacrée. Après la troisième manipulation, le patient devait suivre des traitements complets d'hydrothérapie comprenant des séances de sauna, des irrigations du côlon et des douches chaudes et froides. Ces traitements devaient être complétés par des massages énergiques le long de la colonne avec de l'huile d'arachide et, pour finir, des frictions à l'alcool.

Le sujet devait se reposer pendant dix jours après ces traitements, avant de recevoir six autres manipulations suivies de la routine habituelle à l'hydrothérapie. On lui conseillait de prendre, après son principal repas, un peu d'Al-Caroid dans de l'eau et, une fois par mois, un verre d'eau de lithia.

Au moins une fois par jour, il devait consommer des légumes crus. Les boissons gazeuses et les fritures lui étaient interdites; il pouvait manger du gâteau aux fruits et des pâtisseries, mais modérément.

Le patient, le cas 2462, suivit les conseils de sa lecture et fit connaître de bons résultats. Il écrivit: «Les traitements m'ont donné beaucoup de satisfaction, bien qu'il y ait encore place pour de l'amélioration... (et) le fonctionnement du système d'élimination redevient peu à peu normal.»

Onze des vingt-sept personnes qui avaient reçu des lectures firent parvenir des rapports. Dix déclarèrent que les conseils de Cayce leur avaient fait le plus grand bien.

D

DALTONISME

Le daltonisme est l'incapacité de reconnaître et de différencier l'ensemble des sept couleurs primaires, ou quelques-unes seulement.

Il ne se trouva qu'une seule personne à solliciter de l'aide pour son daltonisme au moyen d'une lecture. C'était un jeune homme de vingt-cinq ans, le cas 820, qui obtint trois lectures pour un genre non précisé de daltonisme, présent depuis la naissance. Cayce attribuait principalement cette anomalie à des facteurs karmiques, mais il mentionnait également des déficiences physiologiques notables.

Il était d'avis que l'incapacité de distinguer les couleurs était due à une «déflexion» des influx nerveux à partir du nerf pneumogastrique, situé dans les deuxième, troisième et quatrième vertèbres dorsales, jusqu'au nerf optique, situé dans les vertèbres cervicales, lequel contrôle la circulation autour des yeux. Cette «déflexion» provoquait à l'intérieur des yeux un amoncellement de toxines qui, lorsque ajouté à l'activité continuelle des muscles oculaires, finissait par surcharger le système sensoriel en entier.

Selon l'explication de Cayce, le daltonisme était «la conséquence d'un manque de circulation sanguine et d'énergie nerveuse à partir de ces extrémités nerveuses essentielles qui émanent des systèmes céphalo-rachidien et sympathique dans la zone supérieure dorsale et cervicale». (820-2) En conséquence, le ralentissement de la circulation avait entraîné de l'irritation ainsi qu'un œdème des paupières et d'une partie des globes oculaires; cet œdème affectait l'image qui était réellement enregistrée sur la rétine ou «le caractère de ce qui est réfléchi dans le cristallin et l'iris, et en réponse au centre optique lui-même». (820-2)

Traitement

Le traitement consista en deux ou trois manipulations ostéopathiques chaque semaine, pendant deux ou trois semaines, pour corriger la première vertèbre dorsale et ensuite les première et seconde cervicales. Pour stimuler les nerfs, on devait appliquer le rayon violet sur les deux zones de la colonne après chaque manipulation. La pile à électrolyte avec l'or devait être utilisée régulièrement (à des intervalles non précisés) pendant la période de repos suivant les traitements. La plaque de cuivre devait être placée sur la quatrième vertèbre dorsale et celle de nickel entre la première et la seconde cervicales. Le traitement à la pile à électrolyte avait pour but de faciliter les corrections entre la zone cervicale et les centres cérébraux et de renforcer d'autres influx nerveux vers la tête aussi bien que vers le cou. Les traitements devaient se faire en cycles de deux à trois semaines alternant avec trois semaines de repos, jusqu'à ce que des améliorations soient notées.

Cayce recommanda également un régime riche en agrumes, en légumes verts et crus, en pain de blé entier. Le sujet pouvait consommer de la viande et des pommes de terre avec modération, et manger les épluchures de pommes de terre. Il devait s'abstenir de consommer des bananes et des pommes crues.

On ne possède pas de rapport post-thérapeutique pour le cas 820.

DERMATOSE

La dermatose est une inflammation de la peau caractérisée par des rougeurs, de l'enflure et des démangeaisons. De nombreuses formes de dermatose paraissent être des réactions allergiques provenant de sources internes ou externes.

Les lectures d'Edgar Cayce sur ce sujet ont suggéré que cette maladie de la peau était habituellement causée par une élimination défectueuse forçant le courant sanguin, qui charrie des toxines intestinales, à les éliminer à travers la peau. Dans tous les cas, le régime alimentaire était tenu responsable de cette mauvaise élimination. La lecture donnée pour le cas 1573 nota que le régime, «comme on l'a indiqué, constitue l'essentiel du problème». Dans un seul cas, la maladie de la peau fut attribuée à des réactions psychologiques plutôt que physiologiques.

Traitement

Cayce fit porter l'essentiel de son action correctrice sur le rééquilibrage du système en agissant sur le tube digestif. Le régime alimentaire en constituait la base: les viandes rouges, les sucreries, le sel, les fritures et la plupart des fruits étaient à proscrire; devaient y figurer, au contraire, le poisson, la volaille, l'agneau, les légumes verts, les grains entiers et les bouillons.

Pour stimuler l'élimination, on devait prendre des laxatifs et des sels Eno, et avoir recours aux lavements et aux irrigations du côlon. Comme action externe, dans quatre cas, les parties malades devaient être saupoudrées d'un mélange contenant du stéarate de zinc et un baume.

Quelques lectures conseillèrent les manipulations vertébrales; celles-ci devaient être effectuées particulièrement de la septième à la neuvième vertèbres dorsales et sur les centres cervicaux. Dans tous les cas, il était entendu que les traitements ne seraient d'aucune utilité si on ne suivait pas le régime alimentaire approprié.

Histoire de cas

Dans les quatre lectures accordées au cas 480, celui d'une jeune femme de vingt-deux ans, Cayce expliqua que l'organisme de celle-ci s'efforçait de rejeter l'excès de toxines par l'intermédiaire des organes de la respiration et de la transpiration.

Il remarqua, en outre, que les éruptions «comme nous les voyons ont pour origine les valeurs alimentaires qui ont été, et sont, de nature impropre pour le système». Tous les efforts devaient donc porter sur le régime. Les aliments à réaction alcalinisante étaient favorisés, tandis que les viandes rouges, les sucres et les graisses étaient à éviter. Les parties malades devaient être saupoudrées d'un baume au stéarate de zinc pour soulager les démangeaisons.

Le rapport post-thérapeutique établit que la personne avait suivi les conseils diététiques de Cayce et que les éruptions et les démangeaisons avaient diminué.

DIARRHÉE

La diarrhée est un accroissement de la fréquence et de la fluidité des émissions fécales. Cayce en parla dans cinq lectures accordées à quatre personnes.

Il décrivit la diarrhée comme un état caractérisé par une circulation exagérément active dans le tube digestif, les causes les plus importantes étant une mauvaise digestion et une assimilation inadéquate.

Dans deux cas, la diarrhée faisait suite à une opération chirurgicale. D'autres causes possibles étaient les substances laxatives, une mauvaise dentition, l'incoordination et la tension nerveuse, des excès de table et la présence de toxines dans l'organisme.

Traitement

Les traitements de Cayce variaient pour soigner la diarrhée, mais ils mettaient toujours l'accent sur l'aide à donner à la digestion, la reconstruction de la vitalité et l'amélioration de la circulation. Pour le régime alimentaire, il insistait sur les aliments à réaction alcalinisante, fortifiants et facilement assimilables, comme les fruits et les jus de fruits (poires et agrumes), les légumes crus et cuits et les protéines légères (soupe de mollusques, poisson, volaille et bœuf). Une lecture mit en garde contre l'abus de féculents et une autre, contre les mélanges féculents et sucres, les fritures, les boissons gazeuses et les spiritueux.

Il mentionna en outre d'autres façons d'aider la digestion, par exemple les tisanes de carthame et de camomille, la racine d'alun à mâcher (à prendre toutes les deux avant les repas), l'Al-Caroid (avec les repas) et l'huile d'olive. Dans deux lectures, il mentionna un mélange d'élixir de pepsine lactée et de lait de bismuth pris dans de l'eau. Il mentionna aussi, chacun une fois, comme aides à l'assimilation et à l'élimination, les irrigations du côlon et les cataplasmes à l'huile de ricin.

Il recommanda quelquefois d'ajouter au régime du fer facilement assimilable; une lecture mentionna un supplément du nom d'Advion et un autre, connu sous le nom de Codiron. Les sources alimentaires recommandées étaient le jus de bœuf de même que certains fruits, comme les poires et les agrumes. Une lecture indiqua la soupe de mollusques comme source de phosphore.

Cayce mentionna deux fois les manipulations vertébrales et les massages comme méthodes propres à améliorer la circulation et, en général, à relaxer le corps. La fréquence des manipulations variait de une fois à l'occasion, dans un cas, à une série de trois ou quatre, dans un autre cas. Le massage devait faire partie intégrante d'un traitement global d'hydrothérapie, lequel incluait, dans un cas bien précis, des applications d'eau chaude et froide.

À deux reprises, Cayce suggéra d'adopter des attitudes mentales positives. Il encouragea une patiente à cultiver la bonne humeur et une autre, à aider ses semblables.

Histoire de cas

Une femme de soixante-sept ans, le cas 2085, avait contracté une diarrhée à la suite d'excès de table. Elle avait abusé des combinaisons de sucre et de féculents, ce qui avait perturbé la pression sanguine, le cœur, le foie, les canaux biliaires, le pancréas et les reins. Son régime inadéquat, en plus du surmenage qu'elle avait imposé à son organisme, avait eu pour résultat des bouleversements de la digestion. Cayce jugea cependant que ces derniers ne seraient que temporaires si la patiente était capable de prendre les mesures correctives qui s'imposaient.

Comme traitement, il lui prescrivit donc, pour un ou deux jours, un régime constitué principalement de fruits et de jus de fruits, avec l'accent mis sur les agrumes et autres aliments très digestes. Pour son régime habituel, il recommanda des topinambours (cuits dans du papier de Patapar et consommés trois fois par semaine), des légumes crus et cuits (haricots secs, lentilles, légumes verts en feuilles), ainsi que des protéines légères (poisson, volaille).

Il suggéra également des emplâtres à l'huile de ricin à placer sur le foie pendant une heure à la fois, deux ou trois jours par semaine. Il recommanda aussi trois ou quatre manipulations vertébrales pour améliorer l'élimination et réduire les tensions existant entre le foie et le cœur. Celles-ci devaient être effectuées surtout sur les vertèbres cervicales inférieures et les dorsales supérieures.

Pour favoriser l'assimilation, Cayce suggéra des doses quotidiennes d'une cuillerée à café de lait de bismuth avec dix gouttes d'élixir de pepsine lactée, le tout mélangé à de l'eau.

DISQUES INTERVERTÉBRAUX

Dans chacune des trois lectures données par Cayce sur les disques intervertébraux, le sujet avait subi des blessures à un de ces disques, ce qui avait entraîné diverses perturbations du système sympathique à travers l'organisme. À cause des particularités et des conséquences de chaque blessure, les deux dossiers médicaux dont il est donné un résumé ci-dessous constituent une histoire de cas pour deux des trois lectures.

Dossier n° 1

Le cas 2805 était celui d'un homme de trente-deux ans qui se plaignait de raideurs et de gêne dans les membres et les épaules ainsi que d'une sensation de douleur sourde dans tout le corps. Cayce découvrit une lésion spinale circulaire dans la zone coccygienne et une lésion spinale latérale dans les troisième et quatrième dorsales.

La compression dans la région du coccyx et le long de l'axe lombaire supérieur affectait les impulsions des influx nerveux céphalo-rachidiens en direction du système glandulaire. En outre, comme résultat d'un mauvais fonctionnement des glandes, la numération des globules rouges et blancs variait par intermittence; cette absence de coordination provoquait des perturbations dans de nombreux organes.

Cayce suggéra une routine d'hydrothérapie pour une durée de six à dix semaines. Des douches d'eau froide et chaude devaient être suivies de bains de vapeur; pour ceux-ci, on devait employer une cuillerée à café d'Atomidine par litre d'eau bouillante dans la cabine du sauna. Pour les premières séances, on devait placer, sur la zone du coccyx, une serviette épaisse trempée dans une solution saturée de sels d'Epsom, et continuer par un massage léger avec un mélange à parts égales d'huile d'olive et de teinture de myrrhe.

Pour favoriser l'élimination, Cayce recommanda un régime à base de fruits et de légumes. Il demanda aussi au patient de faire chaque soir quelques exercices d'assouplissement, tels que mouvements et étirement des membres.

En résumé, le sujet fit preuve de confiance concernant les lectures et préféra les conseils de Cayce à ceux des médecins qu'il avait consultés, au point qu'il finit par inciter son frère à obtenir une lecture de Cayce.

Dossier n° 2

Le cas 4020 était celui d'un policier de trente-huit ans qui déclara à Cayce qu'il risquait de perdre son emploi à cause de douleurs au dos qu'il éprouvait pendant son travail. Dans son cas, les médecins de la clinique Mayo avaient diagnostiqué une hernie discale; Cayce, au contraire, était d'avis que c'étaient les mauvaises élimination et assimilation qui avaient affaibli les nerfs locomoteurs et les forces musculaires aux extrémités des membres.

Cayce recommanda des traitements à l'hydrothérapie; ceux-ci comprenaient un bain de vapeur léger suivi d'un massage complet une fois par semaine, pendant trois semaines, puis une période de repos de trois semaines, et ensuite reprise des traitements. Il conseilla également la thérapie des ondes courtes sur les zones dorsale supérieure et lombo-sacrée. Le régime alimentaire se composait de poisson, de volaille, d'agneau et de légumes crus. Pour corriger la mauvaise assimilation du sucre, Cayce recommanda les topinambours, cuits dans leur propre jus, une fois par mois. Les bonbons et les sucres artificiels étaient bannis, mais les sucres naturels comme le miel étaient permis.

Le policier rapporta que son état s'était amélioré à la suite des traitements de Cayce, mais il préféra malgré tout le diagnostic des médecins de la clinique Mayo et déclara que, selon lui, le diagnostic de Cayce avait été incorrect.

DIVERTICULITE

Les manifestations cliniques de la diverticulite varient selon la gravité et l'inflammation; elles peuvent inclure des douleurs et des crampes dans le bas de l'abdomen, du côté gauche, des frissons, de la fièvre et des signes d'irritation du péritoine. La diverticulite est une complication des maladies diverticulaires qu'on rencontre plus fréquemment chez les personnes âgées; elle peut demeurer totalement asymptomatique.

Edgar Cayce accorda cinq lectures sur la diverticulite pour trois personnes dans la cinquantaine.

Le diagnostic, pour tous les cas examinés par Cayce, semblait tourner autour de problèmes causés par la circulation lymphatique, telles une production excessive de mucosités et de l'inflammation. Dans deux cas, cet état fut attribué à une accumulation de toxines dans l'organisme, laquelle irritait les parois de l'intestin et entraînait la production de mucus. Dans un cas, la cause de la maladie était une mauvaise élimination et, dans un autre, c'était le résultat de problèmes d'ordre céphalo-rachidien.

Traitement

Les traitements de Cayce pour la diverticulite furent assez uniformes. Les trois cas reçurent des conseils particuliers concernant leur régime. Les lectures pour deux de ces cas insistèrent fortement sur les fruits et les légumes crus, ainsi que sur toutes sortes de jus. (Ces conseils, incidemment, contrastent fortement avec les traitements orthodoxes de la médecine officielle qui interdit généralement de consommer des crudités et des fibres cellulosiques.)

Cayce recommanda aussi, dans tous les cas, des lavements doux et des irrigations du côlon pour purifier les intestins des toxines et débarrasser le diverticulum des accumulations. Il conseilla des massages à deux personnes, pour détendre leur corps et stimuler la circulation; ces massages devaient être effectués sur la moitié inférieure de la colonne vertébrale. Dans l'un des deux cas, il indiqua le mélange huile d'arachide-huile d'olive.

Deux fois, Cayce recommanda les traitements à la lumière ultraviolette, concentrés au-dessus de la colonne vertébrale. Au début, les applications devaient être de courte durée, avec la lumière placée à environ 95 cm du corps. À deux reprises également, il suggéra des emplâtres à poser sur l'abdomen et au creux des reins, et composés respectivement d'huile de ricin et de Glyco-Thymoline. Pour le cas le plus grave, il prescrivit une solution de teinture de laudanum et d'aconit à appliquer sur l'abdomen pour soulager la douleur jusqu'à ce que l'état s'améliore.

Histoire de cas

Deux des trois personnes qui avaient reçu une lecture sur la diverticulite en suivirent apparemment les recommandations et obtinrent de bons résultats.

L'une d'elles, le cas 3079, était un homme de cinquante-cinq ans, qui reçut trois lectures pour sa maladie. Les symptômes présentaient notamment, parmi d'autres désagréments, une enflure de l'abdomen.

Dans la première lecture, Cayce indiqua que la tension et la raideur avaient leur origine dans les zones lombaire et dorsale inférieure de la colonne à cause d'accumulations toxiques dans le sang et d'une élimination insuffisante de la part du côlon. Il en était résulté une inflammation de la lymphe dans le bas-ventre, le dos et les extrémités des membres, ce qui avait vraisemblablement entraîné la diverticulite.

Le premier traitement consistait en une goutte d'Atomidine à prendre dans un demi-verre d'eau, tous les jours, avant le petit déjeuner, pendant deux semaines. À la fin de cette période, le patient devait prendre le soir, pendant les dix jours suivants, une solution d'or et soda. Pendant le traitement au complet, il devait recevoir une irrigation du côlon chaque semaine ainsi que des massages de la colonne vertébrale (effectués sur les zones sacrée et lombaire) tous les soirs, à l'aide d'un mélange d'huile d'arachide et d'huile de ricin.

Cayce lui prescrivit aussi un jeûne spécial de six jours; il ne devait alors consommer que du jus de cresson le premier jour, des jus de carotte et de laitue le deuxième jour, du jus de bœuf le troisième, des jus de céleri et de laitue le quatrième, du jus de pomme frais le cinquième et du jus de raisin frais le sixième jour. Après le jeûne, son régime devait comporter des jus de fruits de mer et des bouillons de viande deux ou trois fois par semaine, du pain de maïs en quantité et un peu de volaille, comme du poulet, dont il devait croquer les cartilages. Le pain blanc était déconseillé.

Cayce nota une amélioration de l'état du sujet au cours de sa deuxième lecture et le mit en garde contre une tendance au surmenage. Il recommanda des cataplasmes à la Glyco-Thymoline, à placer au creux des reins pour aider à réduire les pressions.

La troisième lecture conseilla au patient de diminuer la quantité et la fréquence de sa dose d'or et soda, et de reprendre sa dose d'Atomidine pendant les périodes de repos qui séparaient les prises d'or et soda. Les autres traitements devaient demeurer inchangés.

Pendant toute la période de ses lectures, le cas 3079 connut une amélioration régulière de son état; dans son dernier rapport, il déclara se sentir beaucoup mieux et ne plus éprouver de sensation d'enflure ou de douleur.

DYSTROPHIE MUSCULAIRE

La dystrophie musculaire est une maladie héréditaire et évolutive caractérisée par une atrophie et une raideur des muscles. De nombreuses formes de cette maladie dégénérative sont congénitales; elles font leur apparition peu après la naissance, mais la dystrophie musculaire peut aussi se manifester plus tard dans la vie.

Edgar Cayce donna dix lectures à neuf personnes, dont l'âge variait de sept à cinquante-quatre ans et qui présentaient une forme quelconque de dystrophie musculaire.

Dans tous les cas, Cayce attribua la maladie, au moins en partie, à des facteurs karmiques ou à des déséquilibres glandulaires. Les lectures indiquaient généralement que les maladies dégénératives étaient le résultat de perturbations glandulaires ou chimiques qui affaiblissaient les influx nerveux.

Même si les lectures traitant de cette maladie se faisaient aussi encourageantes que possible, Cayce disait clairement que les traitements exigeraient des efforts persistants, peut-être durant des années, pour inverser le processus de dégénérescence et apporter une quelconque amélioration. Pendant tout ce temps, Cayce incitait les patients à développer leur vie spirituelle. Trois personnes au moins reçurent le conseil de garder l'espoir, d'être patientes et de tâcher de comprendre la nature karmique de leur invalidité.

Le karma fut mentionné comme cause directe dans six cas; il fut fortement suggéré que la dystrophie musculaire, et probablement aussi d'autres maladies dégénératives, pouvaient constituer un héritage mental, physique et émotionnel. Les lectures indiquaient souvent que les centres glandulaires du corps étaient les dépositaires du karma. Les situations karmiques étaient généralement considérées comme des chances qui étaient données aux âmes de croître, aussi bien celles des parents que celles des malades eux-mêmes.

Les facteurs prénatals furent cités dans deux cas en tant que cause première et considérés comme karmiques, à l'instar d'une blessure qui s'était produite à la naissance dans l'un des cas. Dans de telles conditions, Cayce était d'avis que certaines leçons spirituelles devaient être apprises. L'une des lectures sur le sujet contenait la remarque suivante: «En analysant les conditions ici présentes, nous trouvons que la majeure partie en est prénatale, et cependant pas imputable à ce qu'on pourrait appeler le péché des Pères ni à l'entité elle-même, mais constitue bien plus une leçon que l'entité doit apprendre avec patience et persévérance.» (3681-1)

Cayce soutenait que dans des situations karmiques, l'attitude des personnes concernées était d'une importance vitale. On peut illustrer ce fait en rappelant la remarque que Cayce fit à l'intention de quelques personnes qui lui demandaient de l'aide: ils pouvaient guérir s'ils choisissaient de le faire. À son avis, la personne qui recherchait la vérité spirituelle et essayait de mieux aider les autres avait déjà fait son choix.

Traitement

Les traitements de Cayce pour ces personnes étaient assez semblables. Dans tous les cas, il suggérait l'électrothérapie pour aider à reconstituer les nerfs et à inverser l'évolution de l'atrophie. À l'exception de deux cas, il recommandait toujours la pile à électrolyte, habituellement en conjugaison avec du chlorure d'or. L'or devait être utilisé en alternance avec d'autres substances, comme le nitrate d'argent et l'alcool camphré.

Il recommanda également des massages à tous les patients, dans le but de stimuler les ganglions nerveux et de restaurer la capacité de réagir des muscles atrophiés. Les massages devaient être donnés quotidiennement sur la colonne vertébrale, les jambes et d'autres parties du corps, en général aussitôt après le traitement à l'électrothérapie. L'huile habituellement recommandée était l'huile d'arachide, généralement mélangée à de l'huile d'olive et à de la lanoline; mais à deux reprises, Cayce suggéra le beurre de cacao.

Dans cinq cas, les traitements comportaient des suggestions diététiques qui mettaient l'accent sur des aliments reconstituants riches en vitamines A, D et celles du complexe B. Il suggéra au moins une fois des suppléments vitaminiques.

À deux personnes, il prescrivit, pour usage interne, de faibles doses de chlorure d'or et de bromure ou de bicarbonate de soude. Il suggéra aussi, dans deux cas, des manipulations vertébrales.

Histoire de cas

Parmi les personnes qui reçurent des lectures, trois suivirent les conseils donnés par Cayce et firent connaître les résultats obtenus. Deux notèrent de l'amélioration alors que pour le troisième, les résultats étaient négatifs.

L'un de ces trois cas était celui d'un jeune garçon de neuf ans, le cas 3649, qui avait eu une lecture sur la dystrophie musculaire. Il avait été vu précédemment à la clinique Mayo où on avait diagnostiqué une dystrophie musculaire hypertrophique. Cependant, les docteurs n'avaient pu suggérer aucun traitement. Le frère du garçon était également atteint de la même maladie.

Cayce était d'avis que l'état du malade avait une origine karmique. Au point de vue physique, il l'attribuait à des pressions provenant apparemment d'une blessure qui se serait produite à la naissance.

La lecture suggéra d'utiliser la pile à électrolyte tous les jours, pendant une demi-heure environ. On devait ensuite administrer au garçon un massage en profondeur, avec du beurre de cacao, en agissant le long de la colonne vertébrale, à partir de la nuque jusqu'à la plante des pieds.

Le père de l'enfant effectua les traitements pendant un certain temps et écrivit: «Nous donnons le traitement à notre garçon et il va un peu mieux.»

E

ECZÉMA

L'eczéma est une maladie inflammatoire de la peau, aiguë ou chronique, mais non contagieuse; il se caractérise habituellement par des démangeaisons douloureuses, en combinaisons variées. La démangeaison peut être grave et prolongée, au point d'entraîner fréquemment des perturbations émotionnelles.

Edgar Cayce donna un total de quinze lectures à huit personnes souffrant d'eczéma; leur âge s'échelonnait de la vingtaine à la quarantaine.

Cayce attribuait cette maladie à une incoordination des organes excréteurs; cette dysfonction avait provoqué un excès d'acidité dans l'intestin et déversé dans le sang un surplus de toxines; l'organisme avait alors été obligé d'éliminer ces toxines à travers le système de transpiration et les pores de la peau.

Certains facteurs aggravaient souvent la situation; c'étaient, par exemple, une incoordination des circulations profonde et superficielle, des subluxations spinales et des déséquilibres glandulaires.

Plus d'une fois, Cayce tint responsables de la maladie le temps très chaud ou des réactions allergiques. Par exemple, il attribua partiellement les éruptions cutanées du cas 2516 à la présence de poussière d'aluminium dans l'usine où il travaillait.

Traitement

Les traitements de Cayce pour soigner l'eczéma se ressemblaient à beaucoup de points de vue. Dans sept cas sur huit, il insista sur le régime. Les instructions qu'il donnait s'inspiraient des lectures, dans une large mesure, avec une insistance sur les aliments à réaction alcalinisante, fortifiants et laxatifs. Trois personnes se virent interdire la bière et les boissons gazeuses parce qu'elles favorisaient, selon Cayce, l'incoordination physique.

Dans cinq cas, il recommanda des manipulations vertébrales qui devaient corriger des subluxations à l'origine de l'eczéma. D'autres traitements se préoccupaient surtout d'assimilation et d'élimination, alors que certains se consacraient à soigner l'eczéma par des méthodes externes.

La tisane de carthame fut suggérée dans quatre cas comme aide digestive. La molène fut mentionnée aussi souvent, autant comme tisane ou tonique que sous la forme d'une solution à usage externe pour nettoyer ou calmer.

À trois personnes, Cayce suggéra des doses de tisane tonique; deux d'entre elles reçurent le conseil de prendre une tisane composée de racine de patience, de racine de bardane, de serpentaire, de feuilles de buchu, de podophylline, d'ambroisie, de fleur de sureau, de whisky de seigle et de baume de tolu.

Cayce recommanda les irrigations du côlon dans la moitié des cas, comme aide supplémentaire à l'élimination. À trois reprises, il suggéra, pour purifier le sang, une poudre laxative constituée à parts égales de soufre, de crème de tartre et de sels de Rochelle. Il mentionna également des laxatifs variés.

Pour empêcher la peau de trop se dessécher et de se craqueler, différents types d'applications extérieures se révélèrent très utiles. Cayce mentionna à deux reprises des substances palliatives: le savon Cuticura, les onguents de Ray, la Glyco-Thymoline et une poudre contenant du stéarate de zinc et du baume.

Histoire de cas

Une femme de quarante-quatre ans, le cas 2332, souffrait de pied d'athlète et d'eczéma lorsqu'elle s'adressa à Cayce pour une lecture. Celui-ci attribua ses problèmes à une «déflexion» (un blocage possible dans les nerfs ou la circulation) provenant de subluxations dans les zones lombaire, sacrée et coccygienne. Son état était aggravé par un dérangement des glandes, en particulier les surrénales. La déflexion dans les membres inférieurs avait entraîné de l'inflammation aux streptocoques et des problèmes dans la circulation superficielle, lesquels avaient à leur tour causé l'eczéma et le pied d'athlète. Les fonctions d'élimination présentaient un manque de coordination, si bien que des toxines avaient envahi l'organisme et que les systèmes nerveux et circulatoire en souffraient.

Cayce recommanda une série de six à huit manipulations concentrées sur le bas de la colonne. Une fois sur deux, elles devaient également s'appliquer à la première vertèbre cervicale et à la troisième et neuvième dorsales. Chaque soir avant de se coucher, la patiente devait prendre une petite quantité de tisane de molène (de 30 ml à 45 ml). La préparation de cette tisane se faisait en laissant infuser 50 g de feuilles fraîches dans un litre d'eau. Toute quantité excédentaire ne devait pas être conservée plus de deux jours. Le régime alimentaire de cette femme ne devait comporter ni aliments frits, ni pommes de terre, ni pain blanc, ni bœuf, mais plutôt beaucoup de légumes, comme des courges, des carottes et de l'okra. De temps à autre seulement, elle pouvait inclure dans son régime des haricots secs, des légumes à bulbe et des fruits (alors que pour d'autres cas, les fruits étaient considérés comme bénéfiques).

La lecture lui conseilla aussi de ne pas mélanger des aliments acides différents, comme des tomates et des pêches. Elle devait s'abstenir de boire de la bière et des boissons gazeuses, mais le sirop de coca-cola dans de l'eau pure était permis pour aider les reins. En outre, on lui suggérait d'utiliser, comme émollient pour les zones affectées, une combinaison à parts égales d'huile d'olive et d'huile d'arachide. Les rapports reçus par la suite indiquèrent que le pied d'athlète et l'eczéma avaient été tous les deux «guéris».

ÉDUCATION DES ENFANTS
(Troubles de comportement)

Cayce recevait fréquemment la visite de parents qui venaient le questionner sur leurs enfants. La cause la plus fréquente des consultations était l'irritabilité, mais les problèmes qui poussaient les parents à poser des questions étaient très variés et allaient de la désobéissance au mensonge chronique.

Six enfants présentant des troubles de comportement reçurent une lecture chacun; une septième lecture fut demandée sur l'éducation des enfants en général, en réponse à des requêtes concernant la meilleure façon d'enseigner aux jeunes esprits et de les éduquer pour qu'ils puissent plus tard réaliser tout leur potentiel.

Cayce attribuait des causes variées aux problèmes de ces enfants. Dans les sept cas, on trouvait un certain déséquilibre nerveux qui indiquait habituellement un désordre au niveau du système céphalo-rachidien. Deux enfants souffraient de déséquilibres glandulaires et deux autres avaient une mauvaise circulation. Dans un cas, les problèmes étaient presque entièrement d'origine karmique, mais Cayce ne révéla pas les détails du karma. Dans un autre cas, le karma fut mentionné comme facteur secondaire.

Lorsque Cayce discutait des raisons expliquant les troubles de comportement, il proposait souvent des façons différentes de les aborder; il suggérait de les considérer comme des réactions naturelles à des circonstances données plutôt que comme des états anormaux ou déréglés. Par exemple, alors que le comportement d'une fillette de six ans, le cas 566, était considéré comme anormal, Cayce indiqua que l'enfant réagissait tout simplement à des «pressions existantes» (émotionnelles?) et des «forces physiques manifestes».

Cayce encouragea les parents des enfants en question à essayer de voir au-delà des inconvénients créés par le problème de comportement et de le considérer comme l'expression inévitable de forces actives dans le développement de l'enfant. Cayce commenta ainsi les mensonges continuels du cas 566: «Ces [mensonges] au corps sont *réels;* et non des mensonges. Si le corps continue à être harassé par ce que les autres considèrent être un mensonge, il se construit... une autodéfense, sans comprendre, et le corps deviendra *de plus en plus* entêté, sentira de plus en plus qu'il est incompris, et qu'il *doit* de plus en plus exagérer, qu'il *doit* se développer, pour être complètement considéré dans la combinaison des choses!» (566-7)

Un autre cas concernait un enfant rebelle et négligent. Cayce dit aux parents que la raison pour laquelle les gens oublient est que «quelque chose à l'intérieur d'eux-mêmes, toute leur conscience intérieure, s'est révolté, et ils *se préparent* à oublier». (5022-1) En d'autres termes, Cayce considérait également ce genre de comportement comme une réaction directe aux conditions dans lesquelles se trouvait l'enfant et non pas comme un phénomène survenant par hasard.

Traitement

Dans ses discussions sur la façon d'aborder les problèmes de comportement, Cayce recommanda une approche holistique; celle-ci comprenait des traitements corporels aussi bien qu'une réflexion portant sur les aspects mentaux, émotionnels et spirituels de la situation. Le traitement corporel le plus habituel, recommandé dans quatre des six cas, était un bain quotidien pour détendre le corps et ouvrir les pores; on le faisait suivre d'un massage spinal au moyen de beurre de cacao, d'huile d'olive, ou d'un mélange d'huile d'arachide, d'huile d'olive et de lanoline.

Voici une description générale de la technique de massage la plus souvent recommandée:

1. Appliquez une petite quantité d'huile sur toute la surface du dos. Puis, en commençant par un côté du corps, posez vos mains perpendiculairement à la colonne vertébrale et poussez l'une d'elles en avant, en travers du dos. Au moment où vous ramenez cette main vers vous, poussez l'autre en avant et créez ainsi un mouvement de va-et-vient avec les deux mains. Continuez ainsi en remontant et en descendant la colonne, puis changez de côté.

2. En vous servant du bout des doigts et des pouces, frottez en décrivant de petits cercles de chaque côté de la colonne et sur toute sa longueur, mais évitez de masser la colonne elle-même.

Sur le côté droit, faites les mouvements circulaires dans le sens des aiguilles d'une montre et sur le côté gauche, faites l'inverse. Travaillez en descendant du haut de la colonne vers le bas.

3. Pour finir, installez-vous à la tête de l'enfant. Placez vos deux mains, les doigts écartés, sur les épaules en haut du dos. Puis faites-les glisser sur toute la longueur du dos jusqu'au haut des hanches, en laissant vos pouces glisser de chaque côté de la colonne. Exercez une pression moyenne, comme si vous vouliez extraire quelque chose du dos.

À de nombreuses reprises, Cayce insista pour que les parents se chargent eux-mêmes des massages plutôt que de laisser ce soin à une infirmière ou à un thérapeute. La raison en était que les problèmes de l'enfant n'appartenaient pas qu'à lui, mais qu'ils devaient également servir de leçon et constituer des occasions pour les parents et les enfants de travailler ensemble.

Dans un cas, Cayce prévint les parents que «[la condition] dépend beaucoup de l'usage de la volonté des parents envers l'entité (l'enfant) et des obligations aussi bien que des occasions que les autres ont envers l'entité. Et ceux qui sont responsables devraient mettre leurs expériences en parallèle, en comparant leurs obligations et leurs occasions avec celles de l'entité. Car, grâce à cette mise en parallèle, la compréhension mutuelle des objectifs sera beaucoup plus grande et fera partie de l'expérience de ceux qui ont tendance à rendre le hasard ou des circonstances inévitables responsables de ces troubles». (2143-2)

À l'occasion, Cayce suggérait d'autres traitements corporels tels que les manipulations vertébrales, l'emploi de l'appareil radioactif et le recours aux cataplasmes à l'huile de ricin. Un psychiatre de Californie, membre de l'ARE, reconnut que ces cataplasmes à l'huile de ricin faisaient un bien «incroyable» aux patients perturbés ou handicapés. Une étude effectuée par l'ARE recommanda l'emploi de ces cataplasmes cinq fois par semaine.

Pour développer un sentiment d'harmonie intérieure chez ces enfants, dans quatre cas sur six, Cayce conseilla aux parents de donner à leurs enfants des suggestions avant leur sommeil. Il demandait parfois d'accompagner ces suggestions d'un massage ou d'un cataplasme à l'huile de ricin, car il pensait que ces deux traitements favorisaient la relaxation et le sommeil.

Cayce expliquait ainsi l'avantage de cette méthode: «Dans cet état où le corps perd conscience pendant le sommeil, l'âme... peut recevoir des impressions et des suggestions qui referont surface à l'état de veille, ou dans le corps physique normal. [L'esprit] devient alors capable de retenir ces suggestions et d'en faire des idées et des idéaux dans toute activité du corps.» (5747-1)

Les suggestions devaient être faites au moment où l'enfant s'endormait. Cayce demanda à des parents de prononcer les paroles suivantes, avant de faire les suggestions: «Mon Dieu, dans Ta pitié et Ton amour, sois présent parmi nous alors que nous tentons de guider le corps et l'esprit de celui-ci, Ton enfant, pour qu'il devienne un meilleur canal à Ton service, en ce moment.»

Cayce demandait aux parents de prononcer le prénom de l'enfant et de faire ensuite les suggestions suivantes: «Ton soi inconscient, ton soi superconscient, ton soi intérieur vont réagir à la volonté de Dieu le Père, afin que tu sois un meilleur canal pour Son service sur la terre.» (4058-1)

Les suggestions faites avant le sommeil peuvent être très efficaces; aussi Cayce considérait-il comme important qu'elles soient le fait de personnes ayant des attitudes positives et aimantes. Il disait également aux parents qu'ils pouvaient modifier les suggestions à leur gré et utiliser leurs propres termes.

Le recours à ces suggestions ne constituait pas, pour Cayce, une tentative pour influencer directement le comportement de quelqu'un; elles servaient plutôt à rappeler que la nature du soi intérieur est d'essence spirituelle. Par ailleurs, il demanda aux parents d'un des enfants de prendre note des rêves de celui-ci, mais sans essayer de les interpréter. Il était simplement question d'en garder trace pendant toute la durée du traitement pour pouvoir déceler des changements dans les sentiments et les attitudes intérieures. Cayce demanda, sans autre explication, de ne pas dire à l'enfant que ses rêves étaient enregistrés.

Cayce aborda le problème de l'attitude des parents dans toutes les lectures portant sur les comportements des enfants. Il demanda aux parents de faire un effort de patience, de gentillesse et de compréhension; il leur recommanda d'être sincères et de se «voir» eux-mêmes dans la situation de l'enfant, comme si son problème était le leur. Pour leur servir d'inspiration, il leur suggéra de lire des passages de la Bible tels que l'Exode 19:5 et 20; le Deutéronome 30; et l'histoire d'Hannah et Elkanah.

Histoire de cas

Un seul couple de parents envoya un rapport, qui soulignait l'amélioration remarquable de l'enfant. Des informations supplémentaires sur l'efficacité des méthodes de Cayce furent obtenues d'un psychiatre californien qui nota les très nets progrès que permettaient de réaliser les cataplasmes à l'huile de ricin. On reçut des conclusions tout aussi favorables provenant de l'étude faite par l'ARE qui portait sur un traitement à base de cataplasmes à l'huile de ricin, de massages de la colonne vertébrale et de suggestions avant sommeil faites durant une période de vingt-huit jours. Les rapports étaient différents les uns des autres mais ils indiquèrent tous, cependant, des améliorations dans le comportement des enfants.

Recommandations générales aux parents

Dans la lecture 5747-1 adressée aux parents en général, Cayce donna les grandes lignes de son point de vue concernant les attitudes et les idéaux qui devraient, à son avis, inspirer l'éducation des enfants. Il insista sur l'importance, pour les parents, de se mettre eux-mêmes au service du «Grand Maître»; il fit remarquer qu'idéalement, la préparation au métier de parent devrait commencer avant la conception des enfants.

Quand on lui demanda quelle était la meilleure méthode pour élever des enfants, il répondit : «Tout d'abord, et avant toute chose, enseignez, entraînez et imprimez dans l'esprit en développement qu'il doit réussir à être en accord avec le soi intérieur qui cherche à s'exprimer dans sa relation avec son

Créateur, et lorsqu'on entraîne un esprit, un enfant, à aller dans la bonne direction, il ne l'abandonnera pas quand il sera plus vieux.»

Pour stimuler l'intérêt et la curiosité de l'enfant, Cayce était d'avis que l'approche holistique, qui fait appel à la suggestion créatrice, était préférable à la contrainte autoritaire.

Il conseillait aussi d'avoir recours à la nature pour parler de Dieu aux enfants: «L'herbe, les fleurs, les oiseaux» étaient une «expression de l'activité des Énergies créatrices».

Cayce soutenait que l'aspect le plus important de l'apprentissage de l'enfant était le développement des «forces de l'imagination plutôt que des forces matérielles ou objectives». Les lectures mettaient en garde contre l'habitude de classer les enfants selon leur niveau respectif éducationnel et spirituel. Cette façon de faire ne pouvait que ralentir les progrès et déclencher l'agressivité.

Parmi les conseils que donnent les lectures sur la façon d'être un bon parent, on trouve cette citation: «*À moins d'être comme des petits enfants, vous n'entrerez pas dans le royaume des cieux.* Soyez donc capables, de par votre volonté, de ne faire qu'un *avec eux* et leurs problèmes, car pour le petit enfant qui commence juste à avoir *ses* problèmes, ceux-ci sont aussi importants que les vôtres, et pourtant il est si facile de les lui faire oublier, comme il devrait en être de même pour les vôtres! Éduquez-les en tant qu'enfants, et lorsqu'ils vieilliront, ils garderont l'habitude de mettre leurs problèmes de côté.»

EMPHYSÈME

L'emphysème est un état pathologique caractérisé par une présence anormale d'air dans les tissus du corps. Les symptômes habituels sont une respiration sifflante, une sensation de faiblesse, de l'essoufflement et des douleurs dans la poitrine. La toux est fréquemment aggravée par une infection respiratoire intercurrente.

Edgar Cayce accorda trois lectures sur l'emphysème. Ces trois lectures se rapportaient à une même personne, qui les demanda entre les âges de trente et un et trente-trois ans. Selon Cayce, l'apparition de la maladie avait pour origine des déséquilibres nerveux qui avaient «miné sa vitalité au niveau pulmonaire».

Traitement et histoire de cas

Le premier traitement de Cayce fut une médication destinée à aider les poumons et à soulager la douleur. La préparation devait se prendre pendant une période de cinq jours; elle était faite de baume du Canada, d'huile de térébenthine rectifiée, de benzosol et d'héroïne. Cette première lecture recommandait aussi des massages du système céphalo-rachidien, à l'aide d'un mélange d'huile d'olive et de teinture de myrrhe. Le régime devait être léger et consister essentiellement en aliments sinon prédigérés, du moins très faciles à digérer.

À la suite de cette lecture, le cas 5642 fit savoir qu'il lui était impossible de se procurer de l'héroïne, mais qu'il s'était fait faire les massages et qu'il se sentait mieux.

La seconde lecture conseilla, pour les poumons, un inhalant à base d'alcool éthylique, qui contenait de l'eucalyptol, de la créosote, du baume de sapin, de la teinture de benjoin, de l'huile de térébenthine et du tolu. Comme aide digestive, Cayce conseilla une tisane tonique contenant de l'écorce de merisier et d'autres ingrédients. Le patient devait recevoir des lavements selon les besoins, et les massages devaient continuer. Le régime devait comporter des légumes en quantité.

La troisième lecture suggéra essentiellement de continuer les traitements en cours. Le patient suivit les conseils de Cayce et connut une très nette amélioration de son état de santé, qu'il exprima en ces termes: «De toutes les façons, je me sens infiniment mieux.»

ENCÉPHALITE

L'encéphalite est une maladie virale; c'est une inflammation du cerveau dont les symptômes sont la fièvre, les malaises, la rigidité du cou, le mal de gorge, la nausée et les vomissements. Apparaissent aussi, dans les stades plus avancés, la stupeur, le coma et les convulsions.

Cayce donna des lectures à quatre enfants et à un adulte. Les symptômes communs à tous étaient la fièvre et les convulsions fréquentes.

Trois des cas d'encéphalite furent directement attribués à des blessures, bien que dans deux cas, ce ne fut pas immédiatement évident à cause du temps que la maladie avait mis à se déclarer. Pour le cas 3401, par exemple, celui d'une jeune fille de quinze ans, aucun signal d'alarme; elle était en parfaite santé, jusqu'au jour où elle s'était réveillée fiévreuse et dans l'impossibilité de se lever.

Le cas 2999, celui d'un bébé de un an de sexe masculin, ne présenta aucun symptôme de stress pendant les cinq mois qui suivirent deux chutes successives. Une jeune fille de vingt-deux ans, le cas 2042, était encore inconsciente sept mois après un accident.

Dans quatre cas sur cinq, la cause principale de la maladie était un mauvais alignement spinal. Les zones problèmes concernaient surtout les vertèbres cervicales, de la première à la quatrième, les centres lombaires-coccygiens et, occasionnellement, les dorsales. Ces défauts d'alignement empêchaient les influx nerveux d'aboutir aux différentes parties du corps et provoquaient une mauvaise coordination entre les systèmes céphalo-rachidien et autonome, ce qui avait pour résultat une pression sur le cerveau. Dans deux de ces cas, des déséquilibres glandulaires étaient également en cause.

Dans ces quatre cas d'encéphalite, il y avait de toute évidence un pronostic favorable. Le cinquième cas, par contre, était entièrement différent. Il s'agissait d'une petite fille de deux ans, le cas

3555, qui était malade depuis sa naissance. La lecture décrivit son cas comme une situation karmique pour elle-même et pour ses proches, et sa maladie comme un état qu'aucun traitement physique ne pourrait soulager.

Traitement

Pour diminuer les pressions et restaurer une bonne coördination nerveuse, Cayce recommanda, dans quatre cas, des manipulations vertébrales à faire à intervalles rapprochés. Dans le cas de la patiente qui était demeurée inconsciente après son accident, il indiqua que les ajustements devaient se faire à la première et à la seconde vertèbre cervicale ainsi qu'aux lombaires inférieures, afin de ramener la jeune femme à la conscience.

Pour le bébé de un an, le cas 2999, Cayce suggéra des traitements de guérison «magnétique», à donner en même temps que les manipulations et chaque fois que des convulsions étaient à craindre (voir l'histoire de cas pour plus de détails). Il recommanda deux fois l'emploi de la pile à électrolyte, avec la solution à chlorure d'or pour stabiliser les nerfs. Une troisième lecture précisa que l'emploi de la pile pourrait commencer plus tard, après l'arrêt des convulsions.

À deux reprises, il conseilla la Glyco-Thymoline pour la colonne vertébrale, dans un cas sous forme d'un massage doux et dans l'autre, au moyen d'un emplâtre à appliquer sur la zone chylifère, le cou et le haut de la colonne. Dans un cas, Cayce recommanda des massages au beurre de cacao, à effectuer sur toute la longueur de la colonne, en partant toujours de la tête.

Il fit mention du régime alimentaire dans deux lectures, avec l'accent mis sur les aliments générateurs de santé et d'énergie nerveuse.

Pour la situation karmique, Cayce déclara que le seul traitement qui avait une chance d'aider l'enfant était l'injection d'un seizième de grain d'atropine dans le bas de la colonne, pour empêcher les accumulations d'eau dans le cerveau. Il prévint néanmoins les parents que les injections risquaient d'entraîner des lésions dangereuses, à moins que des mesures préventives extraordinaires ne soient prises; il conseilla donc finalement de ne pas tenter ce genre de traitement.

Il insista sur l'importance de la prière auprès de deux personnes. Il avertit l'un des parents en ces termes : «Ne priez pas d'une certaine façon pour le corps de votre enfant si vous devez vous comporter différemment avec les enfants de vos voisins.» (3401-1) Et, à la mère d'un autre enfant, il conseilla de «prier de toutes ses forces».

Histoire de cas

Les rapports concernant l'encéphalite indiquent que dans deux cas, les conseils des lectures ne furent pas suivis et que dans un autre, on enregistra une très nette amélioration.

Le cas 2999 était celui d'un petit garçon de un an dont la croissance avait été normale. À l'âge de trois mois, il avait fait deux chutes successives sans en garder de traces apparentes. Cependant, deux mois plus tard, il semblait mal à l'aise; une semaine après, il tombait malade et ne réagissait plus. Conduit à l'hôpital, il manifesta les symptômes de la pneumonie et de la méningite spinale, avec convulsions et température élevée. Après avoir été gravement malade pendant des mois, son état s'était amélioré mais était encore très loin de la normale. Des séances de chiropractie l'avaient quelque peu aidé.

La lecture de Cayce attribua la maladie aux blessures qui avaient endommagé les plexus nerveux de plus d'un centre le long de la colonne vertébrale. L'incoordination entre les systèmes céphalo-rachidien et autonome s'était manifestée par action réflexe; elle faisait en sorte que les réponses volontaires étaient devenues involontaires dans les ganglions, en particulier dans l'axe lombaire de la première à la quatrième vertèbre cervicale.

Le traitement de Cayce consista à masser la colonne de l'enfant avant de le mettre au lit, le soir, avec autant de Glyco-Thymoline que la peau pouvait en absorber. Tous les matins, après le bain, on devait lui faire un autre massage, cette fois avec du beurre de cacao; on devait masser le dos en mouvements circulaires à partir de la tête jusqu'à la neuvième dorsale, et ensuite en partant du bas de la colonne pour remonter vers la même zone. On devait également lui faire subir des ajustements spinaux, espacés de trois à cinq jours.

La deuxième lecture indiqua qu'il y avait un peu d'amélioration en même temps qu'une aggravation apparente due au fait que l'organisme faisait des efforts pour redevenir normal. Cayce conseilla de continuer les traitements et de concentrer les ajustements sur la partie de la colonne liée à la zone chylifère. Lorsqu'une convulsion survenait, on devait placer un linge mouillé à la base du cerveau. Plus tard, après l'arrêt des convulsions, on pouvait avoir recours à la pile à électrolyte.

Cayce conseilla un genre de traitement tout à fait inhabituel; il consistait en une série de sessions de «guérison magnétique» qu'il décrivit ainsi : «Placez votre main droite sur le côté droit du corps (de l'enfant) et la main gauche au-dessous du même côté, vers le haut du corps. Nous appliquerons le même traitement magnétique dans la zone où les forces nerveuses secondaires se dirigeant vers les forces sensorielles s'associent au système céphalo-rachidien. Cela aidera à calmer le corps. On placera la main droite entre les épaules, et la gauche sur le sternum, ou au-dessus.»

Pour obtenir les meilleurs résultats possibles, Cayce conseillait d'avoir les mains parfaitement propres et de les frotter vigoureusement l'une contre l'autre avant de commencer le traitement, puisque l'objectif était de «permettre aux vibrations du corps de pénétrer le corps de l'enfant». On devait faire ce genre d'«imposition des mains» pendant quelques minutes et à maintes reprises durant la journée, chaque fois que l'enfant risquait de faire des convulsions, comme pendant les ajustements. On se rendit compte que la mère ne pouvait pas faire les traitements continuellement, car ceux-ci risquaient d'épuiser son énergie nerveuse.

L'enfant réagit très bien aux traitements; sa coordination s'améliora de façon spectaculaire et les convulsions cessèrent.

Bien que l'enfant fût devenu presque aveugle et sourd, Cayce semblait penser que ces désordres pourraient être guéris si on y consacrait un temps suffisant. Il ne reçut toutefois aucune autre demande de lecture.

ENTÉRITE

L'entérite est une maladie inflammatoire chronique qui frappe généralement les jeunes adultes et peut entraîner des complications légères ou graves. Cette maladie se caractérise par des crises et des rémissions; les symptômes comprennent des douleurs abdominales dans le quadrant inférieur droit, des crises de diarrhée et une fièvre légère.

Edgar Cayce donna trois lectures concernant l'entérite. Bien que la cause qui avait déclenché la maladie eût été différente dans chaque cas, les causes principales, chez les trois sujets, furent attribuées à une élimination insuffisante, à des déséquilibres circulatoires et à une incoordination des systèmes nerveux sympathique et céphalo-rachidien. Dans deux cas, Cayce releva aussi des subluxations vertébrales.

Pour le cas 533, la cause première de l'entérite avait été un coup porté à un côté qui avait causé des blessures internes. Dans la lecture 805-1, l'empoisonnement par septicémie fut attribué aux suites d'une opération. Des lésions s'étaient formées dans le gros intestin, divisant celui-ci en compartiments et empêchant l'élimination. L'entérite du cas 562 était le résultat d'une affection des nerfs dans les organes excréteurs; celle-ci avait provoqué des spasmes dans le gros intestin, ce qui avait causé de la constipation et de l'inflammation dans le tube digestif.

Dans les trois cas, on avait affaire à un empoisonnement du système circulatoire; à cause du processus de putréfaction, les toxines avaient en effet été réabsorbées par le système. Cela aggravait le problème de l'élimination et finissait par affecter la colonne vertébrale elle-même en y provoquant des lésions, lesquelles étaient à l'origine de l'incoordination nerveuse.

Traitement

Dans tous les cas, les traitements de l'entérite insistèrent sur l'importance d'un régime alimentaire adéquat. Cayce recommanda instamment de maintenir une proportion de quatre-vingts pour cent d'aliments alcalinisants pour vingt pour cent d'aliments acides et de boire de six à seize verres d'eau par jour.

Pour refaire les forces du corps, il conseilla le lait de poule, les œufs dans de la bière, le jus de bœuf et les jus de fruits. Pour améliorer la circulation et détendre le corps, il suggéra des massages dans les trois cas, et des manipulations vertébrales à deux reprises. Pour faciliter l'élimination, deux lectures conseillèrent des lavements doux et de petites doses d'huile d'olive. Deux fois également, Cayce recommanda les onguents à l'huile de ricin ou aux sels d'Epsom pour détruire les adhérences ou les lésions se trouvant à l'intérieur de l'intestin.

Pour soulager la douleur, deux lectures prescrivirent de badigeonner l'abdomen avec un mélange de teinture de laudanum et d'aconit avant d'y appliquer les onguents. La troisième lecture indiquait une méthode alternative qui consistait à enduire le ventre d'huile d'olive et de teinture de myrrhe. Cayce insista aussi deux fois sur la nécessité de prendre du repos pour permettre à l'organisme de refaire le plein d'énergie.

Histoire de cas

Le cas 633 était celui d'un jeune homme de vingt-trois ans qui avait contracté l'entérite à la suite d'une blessure provoquée par un mancheron de charrue qui l'avait heurté sur le côté du corps. Cayce lui donna de nombreuses lectures. À la suite de la blessure, le côlon avait fini par adhérer au péritoine (la membrane qui enveloppe les organes digestifs et excréteurs), ce qui avait entraîné de l'inflammation. Le jeune homme était dans un état pitoyable et se plaignait de vives douleurs dans le côté. Les médecins étaient convaincus qu'une opération était inévitable. Pour soulager la douleur, Cayce suggéra de badigeonner le côté droit de même que la peau au-dessus du côlon transverse et du côlon descendant avec des teintures de laudanum et d'aconit, dans la proportion de trois pour un. On devait ensuite appliquer sur le côté gauche des onguents à l'huile de ricin et d'autres aux sels d'Epsom pour améliorer les fonctions d'élimination du côlon et des reins.

Quarante-huit heures après le début de la thérapie, Cayce prescrivit une série de trente-six manipulations vertébrales afin de commencer à coordonner les systèmes sympathique et céphalo-rachidien et de détendre le corps. Le jeune homme devait adopter une diète semi-liquide à base d'*arrow-root* et de lait caillé, des aliments très digestes. Le lait de poule pouvait l'aider à digérer et était bénéfique au système circulatoire. Cayce lui recommanda également de boire entre six et quatorze verres d'eau chaque jour et de beaucoup se reposer.

La seconde lecture indiqua que le laudanum et l'aconit n'étaient plus nécessaires, mais qu'il fallait pourtant continuer à utiliser les onguents à l'huile de ricin. Les lavements étaient maintenant prescrits pour favoriser l'élimination; le jus de bœuf et les jus d'agrumes pouvaient faire partie de la diète.

La troisième lecture fit état d'une amélioration très nette et conseilla de l'exercice physique léger au grand air.

La fréquence d'application des onguents à l'huile de ricin devait être ramenée à deux ou trois fois par semaine. Cayce ajouta des jus de légumes au régime du cas 633, en même temps qu'un œuf cru mélangé à de la bière; il fit savoir que dix jours plus tard, le jeune homme pourrait commencer à consommer des aliments solides, tout en respectant les règles d'un régime fortement alcalinisant.

La dernière lecture accordée au jeune homme confirma l'amélioration continue de son état, mais elle le mit en garde de ne pas retomber dans ses anciennes habitudes alimentaires. Les seules suggestions que Cayce ajouta furent de consommer de l'huile d'olive et de se faire masser à l'occasion; il insistait à nouveau sur l'importance des fibres alimentaires et d'un régime bien équilibré.

Dans un rapport au congrès de l'ARE, en juin 1934, le Dr Richardson, médecin du jeune homme, déclara que son patient avait connu des résultats positifs et que les lésions étaient guéries.

ÉNURÉSIE (Incontinence urinaire nocturne)

L'incontinence urinaire, ou énurésie, est habituellement un problème concernant les enfants qui, malgré une bonne maîtrise de leur vessie pendant la journée, urinent au lit pendant la nuit. Dans la majorité des cas, il s'agit d'un phénomène inconscient, dans la mesure où l'enfant n'a pas appris à se réveiller au moment où le besoin d'uriner se fait sentir. On pense que les causes de l'énurésie sont plus psychologiques que physiques.

Edgar Cayce accorda sept lectures pour six enfants qui présentaient ce problème. C'étaient des garçons et des filles, et leur âge variait de un à douze ans. L'incontinence ne fut jamais le point central des lectures; bien souvent, elle n'en était même pas le point le plus important. En réalité, le cas du bébé de un an ne constituait pas un véritable problème pour Cayce; celui-ci était encore trop jeune, pensait-il, pour que l'incontinence ne soit pas une conséquence naturelle de son degré de développement.

Pour Cayce, c'étaient les causes psychologiques qui étaient surtout responsables de l'incontinence qu'il considérait comme le résultat d'un désaccord entre les volontés consciente et inconsciente. Ce fait apparut clairement dans le cas 2779, celui d'un garçonnet de onze ans qui avait commencé à mouiller son lit. Pour ce cas particulier, Cayce jugea que le problème était d'origine karmique; l'enfant subissait les conséquences d'une vie antérieure alors que, en tant que pasteur dans l'Amérique coloniale, il avait, une fois, forcé des enfants psychiquement doués à «boire la tasse». Le cas 3165 concernait un autre garçon de onze ans qui avait une forte dépendance émotionnelle envers sa mère, que celle-ci avait encouragée.

On trouve d'autres cas qui avaient des causes plus physiques. Le cas 674 était celui d'un jeune garçon de douze ans souffrant d'asthme bronchique et de diabète. Cayce attribua son problème d'incontinence à des pressions qui s'exerçaient sur les neuvième et dixième vertèbres dorsales, ce qui entraînait un surcroît d'activité des reins. Le cas 3289 fut moins typique; il s'agissait d'une fillette de sept ans qui souffrait d'une grave infection des reins et chez laquelle le manque de maîtrise de la vessie fut attribué à l'irritation.

Traitement et histoire de cas

Dans quatre cas, Cayce recommanda aux parents de faire des suggestions positives, en général au moment où l'enfant commençait à s'endormir. Cayce leur demandait de conserver un ton de voix positif et chaleureux et d'éviter toute référence à des choses négatives.

Pour le cas d'origine karmique, Cayce demanda que les suggestions nocturnes soient dites par un hypnotiseur plutôt que par les parents. Pour l'enfant manifestant une dépendance exagérée envers sa mère, cette dernière devait non seulement lui faire des suggestions pour les reins et la vessie, mais elle devait aussi lui donner des conseils à suivre pour satisfaire aux aspirations morales, mentales et matérielles de toute sa vie.

Dans deux cas, Cayce suggéra des manipulations vertébrales; dans l'un de ces cas, ces manipulations devaient être faites deux fois par semaine dans la région des neuvième et septième vertèbres dorsales. Cayce se rendit compte qu'elles «soulageraient énormément les pressions qui s'exerçaient sur les reins – ou de l'activité envers la réaction du pancréas – aussi bien que l'état général des relations entre les réponses sympathiques et céphalo-rachidiennes dans l'organisme». (679-2) Dans l'autre cas, des ajustements périodiques ne pourraient qu'être bénéfiques.

Les contrôles ultérieurs indiquèrent que les suggestions de Cayce avaient été suivies dans tous les cas, sauf un. Trois de ces enfants furent déclarés «guéris» de leur incontinence, et un autre connut au moins une nette amélioration. On ne reçut aucune nouvelle de la fillette qui avait eu une infection aux reins.

ÉPILEPSIE (Caractères généraux)

L'épilepsie est une maladie nerveuse chronique qu'on a désignée de toutes les façons, allant de la possession démoniaque à la folie. En réalité, il s'agit d'un dérèglement du cerveau qui se manifeste par des crises périodiques au cours desquelles se produisent toutes sortes de décharges explosives dans l'activité électrique du cerveau.

Les symptômes habituels sont les dysfonctions motrices, sensorielles et mentales. Le sujet peut perdre conscience, être saisi de convulsions et éprouver des maux de tête à l'issue des crises.

Edgar Cayce accorda plus de deux cent cinquante lectures à des personnes souffrant d'épilepsie ou de problèmes qui y étaient liés. Le compte rendu que nous vous présentons ci-dessous est basé sur quatre-vingt-quatre lectures données à trente-sept épileptiques dont l'âge allait de vingt mois à soixante-deux ans.

Même si Cayce attribuait l'épilepsie à des causes multiples, le facteur le plus souvent mentionné était le déséquilibre glandulaire qui se manifestait par des adhérences ou des lésions dans la zone chylifère de l'intestin. Dans certains cas, d'autres glandes étaient concernées, en particulier la glande pinéale. Cayce mentionna la présence, dans la zone chylifère, d'un «point froid» qui était le signe de l'épilepsie; au cours d'une lecture, il expliqua que «dans *toute* condition... véritablement épileptique, on découvrira une zone ou un point froid entre le canal chylifère et le cæcum». (567-4)

Dans une autre lecture, Cayce expliqua de quelle façon une anomalie dans la zone des canaux chylifères – découverte ici parallèlement à d'autres déséquilibres préexistants du système nerveux – pouvait conduire à des crises d'épilepsie.

«Nous découvrons que ce fut partiellement un état prénatal qui a affecté – ou affecta vraiment – le système nerveux de l'organisme, ce qui, combiné à ces réactions provoquées dans le canal chylifère, sur le côté droit, a propagé ces réactions au système sympathique et empêché parfois l'équilibre ou la coordination parfaite entre les systèmes sympathique et cérébro-spinal. Ainsi, c'est de cette façon que la réaction spasmodique se produit à la base du cerveau ou à travers ces connexions où chaque système pénètre dans le cerveau.» (2153-1)

Dans seize cas, la cause directe de la maladie fut attribuée à des subluxations et à des lésions spinales. Même si les vertèbres du bas de la colonne qui font face aux canaux chylifères étaient souvent mises en cause, les mauvais alignements pouvaient se trouver à n'importe quel endroit de la colonne vertébrale. Ces défauts d'alignement entraînaient des compressions sur les vertèbres cervicales supérieures, ce qui gênait la bonne marche des influx nerveux vers le cerveau et provoquait les crises.

Cayce mentionna également comme responsable une élimination insuffisante qui aggrava, dans onze cas, la maladie. Il était d'avis qu'un système excréteur paresseux ne pouvait qu'entraîner une surabondance de toxines dans le système, ce qui irritait les nerfs et les glandes. Dans dix cas, il attribua la cause de la maladie à des dérèglements du système nerveux; ceux-ci se rapportaient la plupart du temps à une mauvaise coordination entre les impulsions nerveuses du sympathique et celles du système céphalo-rachidien, y compris celles conduisant au cerveau. Bien souvent, le problème était dû, au moins en partie, à de mauvais alignements spinaux.

Dans neuf cas, Cayce indiqua que l'épilepsie avait une origine partiellement karmique; il voulait dire par là que la prédisposition physique envers cette maladie était présente, ou s'était formée, au moment de la naissance, dans un but d'évolution de l'âme.

Dans huit cas, il mentionna la présence de facteurs prénatals, tel un mauvais régime alimentaire chez la mère. En conséquence, Cayce rappela quelquefois aux parents que l'enfant épileptique représentait une situation karmique pour eux-mêmes également et que la meilleure façon de la vivre était de soigner leur enfant eux-mêmes, dans toute la mesure du possible.

Traitement

Les traitements recommandés par Cayce furent relativement uniformes. Dans vingt-cinq cas, il donna, dans leurs grandes lignes, les règles de diététique à observer. L'accent était mis sur les aliments légers et alcalinisants, riches en sels minéraux et en vitamines, faciles à digérer. La liste conseillée comprenait des fruits et des légumes avec leur jus, de même que des grains entiers, des noix, des dérivés du lait, du poisson et des viandes légères que l'on devait consommer avec modération. Par contre, à cause de leur action néfaste sur le système nerveux et le cœur, les viandes grasses et les aliments frits étaient à proscrire.

Dans vingt-six cas, Cayce suggéra des manipulations vertébrales, sous la forme habituelle des ajustements ostéopathiques.

Les zones qui réclamaient une attention particulière pouvaient varier; mais la plupart du temps, elles concernaient les première, deuxième et troisième vertèbres cervicales, qui régissent directement les influx nerveux vers le cerveau. Cayce pensait que les ajustements finiraient par supprimer les lésions spinales et par rétablir un alignement correct et une bonne coordination du système nerveux. C'est pourquoi il prescrivait fréquemment des séquences de traitements s'étendant sur une assez longue période.

Dans le but de réparer les lésions affectant la zone du canal chylifère et de détendre les nerfs, Cayce recommanda à vingt et une personnes des onguents généralement composés d'huile de ricin; ils étaient le plus souvent constitués de quelques épaisseurs de flanelle imbibée d'huile chaude. On devait les placer tous les jours sur l'abdomen pendant une heure et les maintenir à la bonne température au moyen d'un coussin chauffant électrique. De l'huile d'olive, à prendre par voie orale, accompagnait souvent la période d'application des onguents; il fallait ensuite rincer l'abdomen avec une solution au bicarbonate de soude.

Cayce recommanda également, dans quatorze cas, diverses formes d'électrothérapie ou d'héliothérapie pour rétablir la coordination du système nerveux et améliorer la circulation. La plupart du temps, il suggérait la pile à électrolyte et l'appareil radioactif, et, à l'occasion, le rayon violet et la lumière ultraviolette.

Pour treize personnes, il prescrivit une tisane à la passiflore; cette boisson tonique devait renforcer les nerfs, rétablir une bonne coordination nerveuse et agir comme calmant. Elle était le plus souvent recommandée sous forme d'infusion. Pour la préparer, il fallait ajouter 4,5 l de passiflore séchée (y compris les fleurs et les fruits) à 9 l d'eau distillée. Ce mélange devait macérer dans un récipient en verre jusqu'à ce qu'il ne reste que deux litres de liquide après filtrage; on devait alors ajouter à ce liquide un litre d'alcool éthylique à 90 degrés. Le dosage prescrit était de trois cuillerées à soupe par jour, à prendre au moment des repas.

Cayce recommanda des massages à quinze personnes; ces massages devaient être faits sur la colonne vertébrale et sur d'autres parties du corps pour détendre ce dernier et aider à réduire les lésions. Cayce précisait parfois les ingrédients actifs que l'on devait faire pénétrer dans la peau; les formules comprenaient de l'huile d'arachide, de l'huile d'olive ou du beurre de cacao.

Dans seize cas, il prescrivit des laxatifs pour purifier le système et soulager les pressions exercées sur la colonne vertébrale. La plupart du temps, il mentionnait les lavements et les irrigations du côlon ou encore des laxatifs doux extraits de végétaux tels que le Castoria ou l'huile d'olive.

Il y eut des traitements inhabituels, qui ne furent proposés qu'à deux reprises et qui faisaient appel au sel et à la glace. Le premier traitement consistait à mettre une pincée de sel sur la langue du patient dans le but de relaxer le corps et d'empêcher le déclenchement des crises. Quant à la glace, elle devait être placée à la base du cerveau pour diminuer la gravité des crises. (Ce traitement à la glace donna d'excellents résultats.)

Histoire de cas

Quand on pense à la gravité de l'épilepsie et aux complications qu'elle entraîne souvent, on peut dire que le taux de réussite de Cayce a été extrêmement élevé. Presque la moitié des cas firent état d'une guérison complète ou d'une amélioration considérable. Les autres ne donnèrent pas de nouvelles, ou encore ils ne suivirent pas complètement les conseils de Cayce.

L'un des cas, le 2153, qui enregistra de l'amélioration était celui d'une jeune fille qui avait eu douze lectures pour l'épilepsie entre les âges de douze et quatorze ans. Cayce attribua la cause de la maladie à une lésion de la colonne vertébrale qui affectait la zone chylifère et empêchait les influx nerveux de parvenir normalement au cerveau, ce qui provoquait les crises. Selon lui, la lésion s'était produite sur la colonne pendant la période prénatale.

Dans sa première lecture, Cayce prescrivit des onguents à l'huile de ricin chaude à appliquer sur la région du foie, afin d'assurer une bonne élimination et d'aider à détruire les lésions. La jeune fille devait en même temps avaler une cuillerée à soupe d'huile d'olive. On devait lui faire des massages une fois par semaine, sur toute la longueur de la colonne vertébrale, en utilisant un mélange d'huile d'arachide et d'huile d'olive. Avant qu'elle s'endorme le soir, on devait lui mettre une pincée de sel sur la langue.

Les conseils diététiques faisaient mention de fruits et de légumes ainsi que d'aliments riches en vitamines B, B_1, A, C et D. Les sucreries étaient bannies.

La deuxième lecture conseilla de continuer l'utilisation des onguents en rinçant ensuite l'abdomen avec une solution tiède de bicarbonate de soude dilué dans de l'eau.

On pouvait maintenant commencer les ajustements ostéopathiques et les corrections sur l'ensemble de la colonne. Pour calmer les nerfs et diminuer l'intensité des crises, Cayce recommanda de la tisane de passiflore composée d'eau, de fleurs et de fruits de passiflore ainsi que d'alcool éthylique. Chaque fois qu'une crise semblait imminente, et en tant que mesure préventive, on devait placer de la glace sur les trois premières vertèbres cervicales.

De nouvelles instructions diététiques furent ajoutées au cours de cette lecture. Le petit déjeuner devait se composer de lait de soja et de fruits; une salade de légumes crus devait constituer le déjeuner, et le repas du soir devait comporter du poisson, de la volaille ou de l'agneau accompagnés de légumes cuits.

Les huit lectures suivantes conseillèrent essentiellement de poursuivre les traitements, de conserver des attitudes mentales positives et de croire fermement que le résultat, quel qu'il puisse être, serait pour le mieux. Certaines lectures recommandèrent des massages plus en profondeur et un régime plus alcalinisant.

La onzième lecture demanda que les massages de la jeune fille soient faits par une massothérapeute. Cayce recommanda aussi l'utilisation du Petrolagar pour aider à éliminer les toxines qui s'étaient accumulées dans l'organisme et il maintint son interdiction de sucreries et de boissons gazeuses.

La dernière lecture suggéra l'emploi de la pile à électrolyte avec de l'alcool camphré. Elle recommanda en outre des massages sur les genoux et le bas des jambes avec du vinaigre de pomme pur et du sel, toujours dans le but d'aider le système nerveux à réparer les lésions.

La jeune fille suivit les traitements pendant les deux années que durèrent les lectures, et son état finit par s'améliorer considérablement. Elle avait adopté une façon beaucoup plus positive de voir les choses, et les crises étaient devenues beaucoup moins fréquentes.

ÉPILEPSIE DES ENFANTS

Edgar Cayce donna vingt lectures pour quatre enfants qui présentaient des symptômes d'épilepsie: convulsions irrépressibles des membres et coordination musculaire très déficiente.

Deux enfants étaient dans l'impossibilité de parler à cause de l'absence à peu près totale de coordination entre le cerveau et les cordes vocales, et aucun d'entre eux n'était capable de mener une vie normale.

Dans tous les cas, les causes de la maladie étaient directement liées à un mauvais fonctionnement du système nerveux qui entraînait un manque de coordination entre celui-ci et les muscles. Cayce fit référence, de façon précise et à deux reprises, à un «engorgement» des nerfs pneumogastrique et périneural qui se produisait au déclenchement des crises.

Deux des enfants avaient subi des dommages pré- et postnatals au cerveau, l'un à la suite d'un difficile accouchement par le siège et l'autre comme résultat d'une neurochirurgie subie au cours de sa troisième année. Dans le troisième cas, Cayce trouva des lésions spinales dans les vertèbres cervicales et dorsales; dans le dernier cas, le facteur déclencheur avait été une incoordination entre les nerfs hypogastrique, pneumogastrique et périneural.

Traitement

Face aux symptômes de l'épilepsie, ce sont surtout les manipulations vertébrales que Cayce conseillait; le plus souvent, il donnait des instructions précises, suggérant de les appliquer sur les zones affectées de la colonne vertébrale, à raison de deux fois par semaine en moyenne, sur des périodes plus ou moins longues. Dans trois cas, il prescrivit l'électrothérapie; deux faisaient référence à la pile à électrolyte. Dans trois cas également, il recommanda des massages de la colonne pendant quinze minutes, à la main ou à l'aide d'un vibromasseur.

Dans pratiquement tous les cas, Cayce insista sur l'importance de l'exercice effectué au soleil et au grand air, pour favoriser le développement de l'enfant. D'un autre côté, il appartenait aux parents de décider s'ils voulaient avoir l'avis d'un médecin pendant le traitement suggéré par Cayce. Dans trois cas, ce dernier demanda aux parents de faire des suggestions positives et encourageantes à leur enfant pendant qu'il se trouvait dans un état de relaxation.

À deux reprises, Cayce recommanda d'avoir recours à la tisane de passiflore comme sédatif léger, ce qui, apparemment, donna de très bons résultats pour le cas 146.

Histoire de cas

Cayce accorda cinq lectures au cas 161, celui d'un jeune garçon de onze ans qui avait des crises de «haut mal»; il était incapable de parler à cause de l'étendue de l'incoordination nerveuse qui résultait des pressions excessives exercées sur l'hypophyse. Cayce fit vaguement référence à des dommages qu'aurait subis le cerveau à la suite d'une opération et d'une injection qui y avaient été faites alors que l'enfant était âgé de trois ans. L'incoordination nerveuse qui en était résultée avait entraîné une perturbation des circulations sanguine et lymphatique ainsi qu'une assimilation inadéquate. En outre, l'enfant souffrait d'asthme.

Le traitement réclamait l'emploi quotidien, pendant une demiheure, de la pile à électrolyte, l'anode positive étant fixée à la base du cerveau et la négative, dans la région ombilicale.

Cayce recommanda également des manipulations vertébrales sur une base quotidienne, de même que l'exercice à l'extérieur. Pour aider à surmonter ses problèmes d'assimilation, l'enfant devait boire un mélange de lait de bismuth et de pepsine.

Dans la quatrième lecture, Cayce déclara que les traitements n'étaient pas faits comme il l'avait demandé. Il expliqua aux parents comment laver à l'éponge, avec de l'eau chaude et ensuite de l'alcool, la colonne vertébrale de l'enfant.

À la cinquième lecture, Cayce décela une amélioration dans le corps de l'enfant. Six ans plus tard, cependant, on apprit que les traitements avaient été abandonnés et que le garçon était mort à l'âge de dix-sept ans.

En dépit du fait que, dans ce cas particulier, l'issue s'était révélée négative, des rapports positifs parvinrent de personnes qui avaient suivi les traitements selon ce que Cayce avait recommandé dans ses lectures.

ÉRYSIPÈLE

L'érysipèle est une inflammation aiguë de la peau causée par une infection de streptocoques. Les symptômes comprennent habituellement des douleurs, des malaises, des frissons et de la fièvre modérée. On remarque souvent un point rouge brillant localisé près d'une fissure à la base du nez ou sur la joue.

Edgar Cayce donna sept lectures sur l'érysipèle à trois personnes.

Bien que ses explications sur l'origine de la maladie aient pu varier, on retrouvait malgré tout des dénominateurs communs. Pour le cas 409, il attribua aux excrétions de la peau infectée l'empoisonnement du corps tout entier, ce qui affectait l'élimination et d'autres fonctions de l'organisme.

Dans les lectures données pour le cas 1014, Cayce diagnostiqua un refroidissement et la congestion des poumons et d'autres organes, les jugeant responsables de l'apport réduit en sang et en énergie nerveuse; il expliqua que le corps étant occupé à essayer de rétablir l'équilibre entre les différents systèmes, sa résistance aux maladies s'en trouvait affaiblie et qu'il ne pouvait empêcher l'infection de se répandre. Les poisons sécrétés par la maladie ne manquaient pas de provoquer la dégénérescence des organes de l'assimilation et de l'élimination.

Dans le cas d'une fillette de dix ans, le cas 5479, le problème capital était, selon Cayce, un manque de coordination entre le cerveau et le reste du corps. Il découvrit que cet état était dû en partie aux effets secondaires de la digitaline qui avait été prescrite par un médecin. Les symptômes de l'érysipèle étaient ainsi apparus dans un organisme qui ne reviendrait probablement jamais à son état normal.

Les symptômes communs aux trois cas étaient une élimination insuffisante, une assimilation inadéquate et des déséquilibres circulatoires. Un autre facteur commun dans les deux premiers cas était l'infection.

Traitement et histoire de cas

Les traitements variaient selon les cas. Celui du 1014 comprenait des mesures diététiques, des lavements à l'huile, des tisanes et des massages.

Le traitement du cas 5479 recommandait également des massages et des tisanes avec, en plus, des doses de sirop de Squill pour stimuler le cœur, et l'emploi de l'appareil radioactif avec la solution au chlorure d'or.

Les quatre lectures données pour le cas 409, celui d'une jeune femme de vingt et un ans, révélèrent que la maladie s'était propagée aux tissus musculaires des jambes et la rendait incapable de marcher. Les excrétions toxiques des lésions cutanées s'étaient répandues dans tout l'organisme, affectant l'élimination et entravant le système circulatoire. La circulation ralentie était à son tour responsable de l'inflammation de l'estomac et de digestions pénibles.

Le premier traitement de Cayce concernant l'érysipèle, en accord avec d'autres précédemment conseillés, fut d'augmenter à un demi-grain la dose quotidienne de charbon activé. La jeune femme se sentit mieux et demanda une deuxième lecture. En même temps que le charbon activé, Cayce lui conseilla de placer des compresses de molène sur le haut de ses jambes deux fois par semaine, aux endroits où l'érysipèle avait ralenti la circulation capillaire. Il recommanda aussi des massages quotidiens à l'aide d'un mélange composé à parts égales d'huile d'olive et de teinture de myrrhe, avec instruction de frictionner en direction du tronc pour éliminer les toxines et améliorer la circulation. Pour remplacer les manipulations, on devait utiliser un vibromasseur et le passer sur toute la longueur de la colonne vertébrale. L'accent était mis, d'autre part, sur un régime bien équilibré et légèrement laxatif ainsi que sur les activités au grand air, pratiquées le plus fréquement possible.

Dans sa troisième lecture, Cayce nota une amélioration et demanda à la jeune femme de continuer les mêmes traitements, en y ajoutant l'emploi du rayon violet et la pratique d'exercices à faire le matin et le soir. L'état de la patiente s'améliora temporairement, mais elle revint consulter Cayce pour une quatrième lecture lorsque son érysipèle récidiva. Cayce attribua la rechute de la patiente à des abus de table et à des faiblesses internes. Il recommanda les mêmes traitements que précédemment, avec, en plus, de la tisane de pastèque qui devait améliorer les fonctions d'élimination des reins et de la vessie. La tisane se préparait en faisant macérer 15 ml de pépins écrasés dans 250 ml d'eau pendant trente à cinquante minutes. La malade devait en boire une cuillerée à soupe deux ou trois fois par jour pendant deux ou trois jours.

ESCARRE DE DÉCUBITUS (Plaie de lit)

Les escarres sont des ulcérations causées par une insuffisance de l'apport sanguin et de l'alimentation des tissus à la suite d'un séjour prolongé au lit; elles affectent surtout les personnes qui sont confinées dans leur lit pendant de longues périodes.

Edgar Cayce donna une lecture à chacune des sept personnes qui souffraient de cette affection.

La cause principale, citée dans six cas, était une circulation ralentie dans la zone ulcérée résultant du contact avec le lit. Dans un cas, la cause citée fut une élimination inadéquate.

Cayce suggéra des applications externes dans cinq cas. Le plus souvent, il recommandait l'onguent à l'ichthyol et, à l'occasion, l'huile camphrée et l'Iodex.

Dans deux cas, il prescrivit des massages pour améliorer la circulation autour des zones affectées. On devait utiliser des mélanges comme de l'huile d'olive à la teinture de myrrhe. Dans deux autres cas, il recommanda des manipulations vertébrales qui devaient être effectuées dans les régions cervicale, dorsale et lombaire.

Histoire de cas

On ne reçut qu'un seul rapport de suivi à la suite des lectures. Le cas 585, celui d'une femme de quarante-sept ans, reçut des manipulations vertébrales et utilisa l'onguent à l'ichthyol, ce qui, éventuellement, la délivra des escarres. La patiente eut une lecture selon laquelle on devait lui faire des ajustements sur la partie dorsale supérieure et sur la zone cervicale tout entière; ceux-ci devaient être faits en deux séries de six ajustements, à des intervalles de trois ou quatre mois. Comme traitement extérieur, l'onguent à l'ichthyol était conseillé.

Le rapport reçu sur le résultat de la lecture établit que «le remède pour l'escarre avait été merveilleux; le patient n'a plus jamais eu de plaies».

F

FAUSSE COUCHE

Edgar Cayce accorda trente et une lectures sur la fausse couche à dix femmes, qui l'avaient soit déjà vécue ou encore qui voulaient savoir comment l'éviter. Pour les deux aspects du problème, les conclusions des lectures se révélèrent très uniformes.

Cayce découvrit des perturbations dans les organes pelviens, surtout l'utérus, chez six femmes qui avaient déjà fait une fausse couche ou qui risquaient d'en faire une. Dans certains de ces cas, une déviation de l'utérus rendait l'accouchement difficile; pour d'autres, c'étaient des affections localisées ailleurs dans l'organisme, par exemple dans les systèmes nerveux ou digestif, qui avaient entraîné des problèmes dans les organes pelviens. Une autre cause potentielle de perte du fœtus était liée à la faiblesse de la musculature dans les zones pelvienne et abdominale.

Traitement

À toutes les dix, Cayce recommanda des manipulations et des massages spinaux pour détendre et renforcer l'organisme. Il considérait aussi comme déterminant pour la réussite de la grossesse l'exercice modéré alternant avec une période de repos suffisante. Il conseillait tout spécialement la promenade au grand air et au soleil; il demandait aux futures mères de ne pas rester debout trop longtemps et de ne pas se fatiguer en faisant trop d'activités.

Il suggéra également des douches vaginales à l'Atomidine ou à la Glyco-Thymoline, à raison d'une cuillerée à soupe de la solution dans un litre d'eau se trouvant à la température du corps. Dans tous les cas où une bonne élimination et l'alcalinité du corps étaient indispensables pour assurer une grossesse normale,

Cayce limitait la consommation du porc, des fritures et des stimulants comme le thé ou le café; il conseillait au contraire de manger des fruits et des légumes et de boire beaucoup d'eau. Dans quelques cas, il prescrivit des fortifiants tels qu'on les trouve dans le Codiron, le Calcios et le tonique à base de bœuf, de fer et de vin pour renforcer l'organisme et lui donner de l'énergie.

Mais le plus important, pour ces femmes, était les sentiments profonds éprouvés envers l'enfant qu'elles portaient en elles. Cayce maintenait qu'il fallait «déterminer en soi-même si les forces physiques étaient capables, ou *avaient le désir...*» et comprendre que «la détermination, *le désir* devaient exister à l'intérieur de soi». (140-33)

Histoire de cas

Le cas 4280 était celui d'une femme de trente-huit ans qui avait déjà fait une fausse couche et éprouvait de l'inquiétude au sujet de l'enfant qu'elle portait. Elle demanda conseil à Cayce. Celui-ci découvrit des lésions et des lacérations dans la zone du pubis qui risquaient de compromettre les futures grossesses; en conséquence, il prescrivit des manipulations ostéopathiques qui devaient s'effectuer autour des aines et de l'abdomen pour que la mère soit mieux à même de mener sa grossesse à terme. Elle devait surtout se nourrir de poisson, de volaille et de légumes, et éviter les plats lourds, le thé, le café et les pommes. Pour empêcher les nausées matinales, Cayce lui conseilla de prendre un peu d'eau de chaux dans un verre de lait avant de déjeuner. Bien des mois plus tard, la personne fit savoir que son accouchement avait été parfaitement réussi.

FRACTURES ET ENTORSES

Les fractures et les entorses sont des blessures aux muscles, aux ligaments et aux os. Les fractures sont plus ou moins graves; elles vont des petites fêlures dans un os jusqu'à des fractures compliquées où l'os fait saillie à travers la peau. Les entorses sont le résultat de la foulure ou de la torsion d'une articulation, avec rupture partielle des ligaments. On peut voir apparaître une zone rouge ou bleuâtre qui indique que des vaisseaux sanguins ont éclaté.

Edgar Cayce donna un total de quarante-sept lectures, sur toutes sortes de fractures et d'entorses, à trente-quatre personnes âgées de quatorze à quatre-vingt-trois ans.

Traitement

Les traitements pour les fractures et les entorses sont d'une grande uniformité d'une lecture à l'autre. Le principal traitement, que l'on trouve dans vingt-trois cas, était de masser les endroits blessés ou de les envelopper d'un pansement. Le pansement était fréquemment composé d'une solution salée au vinaigre de pomme dont on imbibait un linge avant de l'appliquer sur la blessure. Cayce recommanda souvent aussi un mélange d'huile d'olive et de teinture de myrrhe ou d'autres combinaisons à base d'huiles. La lecture 326-5 donna la formule d'un massage tout usage qui devait convenir, selon Cayce, à tous les maux de dos, entorses, foulures et contusions: «À 30 ml d'huile d'olive, ajoutez 60 ml d'huile blanche de Russie, 15 ml de teinture de benjoin, 180 ml de kérosène, 15 ml d'hamamélis et vingt gouttes d'huile de sassafras».

Dans douze cas, il suggéra diverses formes d'électrothérapie pour accélérer le processus de guérison de la blessure, les plus souvent mentionnées étant le rayon violet et, parfois, les lumières ultraviolette ou infrarouge.

Il donna à dix personnes des conseils concernant les aliments qui pouvaient leur fournir les éléments indispensables à la guérison. Il demanda souvent d'augmenter la consommation d'aliments riches en sels minéraux, particulièrement en calcium, en fer et en phosphore. Il recommanda aussi les reconstituants comme les fruits frais et leur jus, le céleri, la laitue et les carottes. Les fritures et le bœuf étaient interdits.

Dans sept cas, Cayce conseilla des manipulations vertébrales pour aider à la coordination de l'organisme et activer ses capacités d'autoguérison. Il recommanda aussi, dans quatre cas, des applications locales à base de bichlorure de mercure et d'iode. Dans le même nombre de cas, il conseilla des traitements laxatifs sous forme de lavements, de doses de lait de magnésie ainsi que d'emplâtres composés d'ingrédients comme la molène. Dans deux cas, il demanda d'avoir recours à la chirurgie. De temps à autre, il prescrivit le repos et l'exercice, en demeurant attentif à conserver un bon équilibre entre les deux.

Histoire de cas

Les rapports post-thérapeutiques furent exceptionnellement positifs, dix-sept personnes indiquant avoir obtenu de bons résultats en suivant les conseils donnés dans les lectures.

Un cas intéressant (1771) était celui d'une femme de vingt-quatre ans qui obtint deux lectures au sujet d'une blessure résultant d'un accident au cours duquel elle s'était fracturé la rotule et foulé le genou.

La première recommandation de Cayce fut de mettre de la chaleur humide sur le membre blessé une ou deux fois par jour. Il conseilla aussi de masser le genou avec une solution salée au vinaigre de pomme. Si le massage se révélait trop douloureux, on devait avoir recours, au bout de deux ou trois jours, à des traitements aux rayons infrarouges. La lecture mit également la personne en garde contre le danger de trop faire travailler le genou.

Au cours de la seconde lecture, Cayce suggéra de masser le genou tous les matins avec un composé à base d'huiles comprenant 125 ml d'huile d'arachide, 60 ml d'huile d'aiguilles de pin, 30 ml d'huile de sassafras et une cuillerée à soupe de lanoline.

La patiente suivit les conseils de Cayce et fit savoir par la suite que la douleur avait disparu et que le genou guérissait très bien.

FURONCLES

Un furoncle est une tuméfaction inflammatoire extrêmement douloureuse d'un follicule pileux qui forme un abcès. Les symptômes typiques incluent la rougeur, le gonflement et la sensibilité au toucher.

Cayce accorda un total de trente-huit lectures pour trente et une personnes présentant des furoncles ou des conditions similaires; leur âge variait de vingt et un mois à soixante-huit ans. Dans plus de quatre-vingts pour cent des cas, le principal facteur qui avait amené le développement des furoncles était une élimination insuffisante. Cela signifiait généralement que les toxines que l'organisme ne réussissait pas à évacuer correctement provoquaient des infections locales. Une insuffisance dans le drainage du foie, du côlon et des reins contribuait à l'augmentation des toxines.

Dans quinze pour cent des cas, une circulation lymphatique et hépatique ralentie constituait une cause conjointe. Une autre cause, découverte dans cinq cas, était une infection provoquée, par exemple, par une piqûre de moustique ou par différentes sortes de «germes». Dans trois cas, Cayce attribua l'apparition des furoncles à un régime mal équilibré. Un excès d'aliments gras avait empêché l'évacuation régulière; ce qui avait entraîné comme conséquence l'irritation et un empoisonnement de l'organisme.

Traitement

Dans vingt cas, les traitements prescrits avaient trait à des changements de régime; on devait s'abstenir de matières grasses, de sucre, de fritures ainsi que de la plupart des viandes, et consommer de préférence des légumes, des fruits et des aliments reconstituants et boire beaucoup d'eau.

Dans seize cas, Cayce conseilla diverses méthodes pour augmenter le volume des évacuations. Il mentionna fréquemment un composé laxatif et dépuratif du sang contenant, à parts égales, de la crème tartrique, des sels de Rochelle et du soufre. Il suggéra également d'autres genres de laxatifs, comme du sirop de figues, ou encore des lavements et nettoyages du côlon, et, dans cinq cas, des tisanes.

Pour détendre le corps et améliorer la circulation en général, il recommanda des manipulations vertébrales dans quatorze cas; celles-ci devaient être effectuées sur l'axe lombaire, la neuvième vertèbre dorsale et la zone cervicale.

Dans dix cas, Cayce proposa certaines solutions typiques, dans le but d'assécher les furoncles; elles incluaient de la pommade de plantain, des solutions aux sels d'Epsom, du bichlorure de mercure, des composés d'iode et de l'alcool camphré.

Il conseilla également des massages et des frictions à dix personnes, avec utilisation de substances typiques telles que l'huile d'olive mélangée à de la teinture de myrrhe, et du beurre de cacao.

Dans neuf cas, il recommanda diverses formes d'électrothérapie pour améliorer la circulation en général; il s'agissait, la plupart du temps, du rayon violet, de l'appareil radioactif ou du vibromasseur (avec l'applicateur à éponge), à utiliser le long de la colonne.

Dans quatre cas, l'hydrothérapie, sous forme de bains et de séances de sudation, devait améliorer la circulation et aider à débarrasser le corps des toxines. Dans trois cas, Cayce prescrivit des emplâtres sur les endroits infectés et, après l'incision des furoncles, l'utilisation de glace, de sels d'Epsom et de Glyco-Thymoline.

Histoire de cas

Les rapports indiquent que la moitié environ des personnes ayant eu des lectures sur les furoncles suivirent les instructions données et s'en trouvèrent soulagées.

Un cas rapporta «une guérison complète», sans problèmes ultérieurs; c'était le cas 1747, une femme de trente-quatre ans qui avait reçu une lecture sur les furoncles. Cayce avait découvert que l'origine de ses désagréments résidait dans un excès de toxines dans son système, résultat d'une élimination insuffisante. Cet état avait déclenché une inflammation entre la circulation de la lymphe et la circulation en général, et celle-ci s'était ensuite manifestée par une poussée de furoncles.

Cayce prescrivit à la personne des manipulations ostéopathiques, à effectuer deux fois par semaine, et de l'hydrothérapie une fois par semaine. De plus, elle devait se faire donner un nettoyage complet du côlon deux fois par mois environ, conjointement avec des bains de vapeur à l'huile de pin ou au wintergreen. Elle devait ensuite être frictionnée avec du rhum salé et, plus tard, avec de l'alcool.

Son régime devait consister en aliments reconstituants tels que les légumes verts, de même que le poisson, la volaille et l'agneau pour les protéines.

Elle devait s'abstenir de consommer trop de féculents et de viandes indigestes. Et, finalement, pour guérir les plaies ouvertes laissées par les furoncles, elle devait enduire ces dernières d'une pommade à base de plantain.

G

GLAUCOME

Le glaucome est la deuxième cause, en importance, de la cécité. On le connaît sous deux formes. La plus répandue est le glaucome à angle ouvert, caractérisé par une accentuation du rétrécissement concentrique du champ visuel. L'autre est le glaucome aigu, ou à angle fermé, qui se signale par des douleurs et une vision embrouillée.

Il existe dix-sept lectures sur le glaucome dans les filières d'Edgar Cayce; elles furent données à quatorze personnes parvenues à différents stades de cette maladie de l'œil.

D'après Cayce, les causes les plus fréquentes du glaucome étaient: un dysfonctionnement glandulaire, en particulier des surrénales; des toxines ou «forces infectieuses» dans l'organisme; la déflexion des influx nerveux normaux aux yeux, résultant généralement de mauvais alignements spinaux; une circulation ralentie et une élimination insuffisante; des déséquilibres des reins et du foie; et une baisse générale de l'énergie dans tout l'organisme. Dans deux cas, Cayce indiqua que le glaucome était en partie d'origine karmique, ce qui suggérait une prédisposition innée à la maladie.

Selon lui, l'une quelconque des conditions énumérées ci-dessus, soit prise seule, soit combinée à d'autres, pouvait entraîner une carence en nutriments, un ralentissement de la circulation ou des influx nerveux anormaux vers les yeux; par la suite, ces conditions entraînaient des douleurs, l'inflammation et une détérioration progressive de la vision.

Traitement

Les traitements suggérés dans les cas de glaucome furent très uniformes. Les manipulations vertébrales, effectuées aussi souvent par massages que par ostéopathie, furent mentionnées dans tous les cas, sauf un. Elles devaient être concentrées sur les zones cervicale et dorsale, et faire parfois suite à des applications de chaleur.

Les traitements à l'hydrothérapie furent recommandés dans la moitié des cas à peu près. Ils comprenaient de la chaleur (surtout humide), à appliquer sur des endroits précis de la colonne vertébrale; des séances de sauna (à chaleur sèche, mais avec parfois de la vapeur provenant d'un baquet rempli d'eau bouillante); des bains de vapeur avec des substances telles que l'Atomidine ou l'hamamélis; des irrigations du côlon; et des douches à jet très fin, chaudes ou froides.

Dans à peu près un tiers des cas, Cayce recommanda des traitements à l'électrothérapie, à prendre en suivant des instructions très précises. La plupart du temps, il était question de l'appareil radioactif, des traitements Erlanger, de la pile à électrolyte et, quelquefois, tout simplement, des «vibrations électriques à basse fréquence». Il insistait souvent sur l'importance d'une bonne alimentation et prônait particulièrement les carottes et autres légumes, à consommer crus ou cuits.

Histoire de cas

La lecture donnée à un homme adulte, le cas 698, comprenait un traitement typique. On conseillait un bain de vapeur à l'Atomidine, à une température ne dépassant pas 38° C, à prendre une fois par mois au minimum. L'objectif était d'aider l'élimination, de diminuer les pressions et d'améliorer l'état des glandes dans le système. Par la suite, on devait ajouter à l'eau de l'eucalyptus, de l'essence de wintergreen et de l'huile d'aiguilles de pin.

Chaque bain de vapeur devait être suivi d'un massage pour lequel on utilisait un mélange de Nujol, d'hamamélis, de teinture de benjoin et d'huile de sassafras; le massage devait se concentrer particulièrement sur les zones cervicale, dorsale supérieure et lombaire. Des lavements complets devaient accompagner tous les traitements à l'hydrothérapie, pour faire baisser la pression artérielle.

Le régime devait demeurer très alcalinisant, en évitant les viandes rouges et indigestes et en insistant au contraire sur les aliments riches en phosphore, en or et en silicium, comme les carottes, les salsifis, les courges, les pelures de pommes de terre blanches et l'okra.

La thérapie comprenait également des traitements effectués avec l'appareil radioactif.

On ne reçut aucun rapport post-thérapeutique.

GOITRE

Le goitre est l'hypertrophie anormale de la glande thyroïde, qui est située à la base du cou. Dans de nombreux pays, le goitre simple est le résultat d'une carence en iode.

Dans la lecture 3797-1, Edgar Cayce définit cet état pathologique comme «l'encrassement des glandes provoqué par des sécrétions qui ne s'éliminent pas par leurs voies normales ainsi que par le manque de stimulation au centre qui gère cette circulation».

Cayce donna dix-huit lectures à treize personnes sur ce sujet. Dans neuf cas, le problème était causé par une mauvaise circulation. En général, Cayce n'entrait pas dans des explications détaillées à propos des problèmes circulatoires; mais, dans certains cas, il attribua les perturbations nerveuses et glandulaires constatées à une circulation sanguine déficiente.

Dans le cas 850, une oxydation insuffisante du sang avait entraîné un désordre nerveux qui avait à son tour provoqué un déséquilibre glandulaire.

De la même façon, dans le cas 4600, un métabolisme inadéquat du sang avait déclenché des réactions nerveuses provoquant un déséquilibre des fonctions glandulaires. Cinq lectures attribuèrent une des causes de la pathologie à une élimination insuffisante et quatre autres mentionnèrent l'absence de certains éléments tels que l'iode, le calcium et le fer.

Traitement

Dans presque tous les cas de traitement du goitre, Cayce prescrivit des ajustements de la colonne vertébrale pour rétablir une coordination nerveuse normale. Il recommanda l'électrothérapie à neuf patients, en général sous forme de rayon violet ou à l'aide de l'appareil radioactif, mais, dans deux cas, il conseilla le recours à la pile à électrolyte.

Dans les deux tiers des lectures, il donna des conseils diététiques: consommer beaucoup de fruits, de légumes crus ou cuits et des protéines légères; éviter de manger du porc et des fritures; ne pas combiner, au cours du même repas, deux ou plusieurs aliments contenant de l'amidon, par exemple des pommes de terre, du pain blanc et des pâtes alimentaires.

Dans quelques cas, Cayce précisa que seul le sel de mer, iodé, devait être utilisé. En outre, il prescrivit à six personnes de l'Atomidine, en doses variées, dans le but de purifier et d'équilibrer le système glandulaire.

Dans trois cas, il souligna la nécessité pour les personnes en cause de se soigner elles-mêmes en se mettant en harmonie mentale et spirituelle avec des vibrations bénéfiques se trouvant à l'intérieur comme à l'extérieur d'elles-mêmes.

Histoire de cas

Une femme de cinquante-trois ans souffrait d'une hypertrophie de la thyroïde à cause d'une carence en iode et d'une quantité exagérée de potassium dans son sang. Les symptômes du cas 813 étaient significatifs d'un état hypothyroïdien: fatigue, manque d'énergie, coordination nerveuse ralentie et distorsion sensorielle.

Le traitement commença par une goutte d'Atomidine dans un demi-verre d'eau matin et soir, avec une augmentation d'une goutte par jour, jusqu'à un maximum de dix gouttes le dixième jour. Devait suivre une période de repos de trois jours, au cours de laquelle Cayce recommandait l'usage manuel du rayon violet, à appliquer tous les soirs aux régions entourant la gorge et les clavicules.

Après la deuxième série de traitements à l'Atomidine et au rayon violet, la personne devait se faire donner, trois fois par semaine, des manipulations ostéopathiques en profondeur. Celles-ci avaient pour but de drainer les vertèbres cervicales et dorsales supérieures et de stimuler l'élimination dans tout l'ensemble du tube digestif. La deuxième semaine de manipulations achevée, la patiente devait observer une semaine de repos, après quoi les manipulations devaient être reprises, en respectant les mêmes intervalles. Les traitements à l'Atomidine pouvaient se poursuivre pendant la période des manipulations, mais pas le rayon violet.

Au sujet de la diète, Cayce conseilla au cas 813 d'inclure à son alimentation des aliments riches en fer, en iode et en silicium et d'en bannir les sucreries et les amidons.

Dans les rapports post-thérapeutiques, le cas 813 signala qu'elle ne pensait pas que sa «guérison complète» fût le résultat des traitements, mais qu'elle était plutôt due aux chants psalmodiés et aux exercices de méditation qu'elle avait commencés en même temps que les traitements. Il est tout de même intéressant de noter que trois autres personnes rapportèrent une guérison complète de leur goitre à la suite des traitements recommandés par Cayce.

GONORRHÉE FÉMININE

La gonorrhée est une inflammation contagieuse des muqueuses génitales qui se transmet essentiellement par le coït. Les symptômes peuvent inclure douleur et sensations de brûlure au moment de la miction et une décharge de mucus. D'autres complications peuvent survenir, comme la vaginite.

Cayce accorda douze lectures à cinq femmes atteintes de gonorrhée. Quatre d'entre elles se firent dire que leur état était dû, en partie ou totalement, à de mauvaises attitudes mentales et à des émotions négatives. Par exemple, dans la lecture donnée au cas 272, Cayce déclara que «les causes sont également physiques et psychopathologiques». La lecture décrivit l'évolution physique de la maladie et ses rapports étroits avec des attitudes négatives.

Dans la moitié des cas environ, le sang était porteur de bacilles qui auraient dû normalement être éliminés par le tube digestif; mais avec la gonorrhée, les bacilles avaient envahi le système circulatoire et entraîné des complications comme l'engorgement du foie aussi bien que l'hyperacidité des reins.

Traitement

Tels qu'on les trouve mentionnés dans les lectures, les traitements consistaient généralement en une série de douches vaginales et de bains de siège, en certaines restrictions alimentaires et en une modification des attitudes. Cayce envisagea les opérations (le genre n'était pas précisé, mais il s'agissait probablement de dilatation et de curetage) comme une alternative dans la moitié des cas, lorsqu'il y avait danger d'aggravation de la maladie. Ce sont toutefois les douches vaginales qui étaient le plus souvent conseillées. Dans quatre cas sur cinq, il recommanda la Créoline (fortement diluée) comme antiseptique. Dans la moitié de ces cas, il conseilla, pour les douches, de l'Atomidine diluée, à cause de ses qualités antiseptiques. Quelques femmes devaient prendre ces deux solutions pour les douches en alternance pour purifier et alcaliniser le vagin.

Dans les trois quarts des cas, Cayce suggéra les bains de siège. Les solutions de ces bains consistaient généralement en teinture de myrrhe ajoutée à de l'eau bouillie, avec de la gomme douce, du tolu ou de l'aloès. Dans la moitié des cas environ, Cayce suggéra de l'Atomidine comme stimulant des glandes, à prendre par voie orale. Dans deux cas, il suggéra l'emploi du rayon violet pour hâter la guérison. Le régime recommandé était alcalinisant et bien équilibré. On devait éviter les viandes, les matières grasses et les fruits de mer; la consommation de sucreries et d'amidon n'était tolérée qu'en petite quantité.

Histoire de cas

Cayce donna huit lectures à une femme de trente-deux ans atteinte de gonorrhée; elle avait demandé un diagnostic et voulait savoir si son mari avait bien des relations extra-conjugales avec sa belle-sœur.

La première lecture pour ce cas 272 se concentra sur son état; elle expliqua que c'étaient ses propres attitudes mentales qui jouaient un rôle décisif dans l'évolution de sa maladie: «Nous nous trouvons ici au cœur de la plus grande détresse, car nous voyons accumulées dans les forces mentales du corps celles de l'agression, du mécontentement, du rejet sur autrui de la responsabilité de ses problèmes, qui ont produit et emmagasiné des influences préjudiciables.» Des subluxations dans la quatrième vertèbre lombaire avaient aggravé ce déséquilibre en accélérant les écoulements des organes pelviens.

Le traitement de la patiente consistait surtout en conseils pour l'amener à modifier ses attitudes et pour lui apprendre à pardonner. Cayce prescrivit une tisane pour calmer et rééquilibrer les nerfs aussi bien que pour modifier les forces vibratoires de l'organisme. On devait également effectuer des ajustements ostéopathiques dans les zones cervicale, dorsale supérieure et lombaire.

La deuxième lecture recommanda des douches vaginales deux fois par jour, avec du Lysol (fortement dilué) ou un antiseptique aux propriétés semblables. Pour faire disparaître les écoulements, on devait appliquer le rayon violet sur le bas de la colonne et la zone du pubis. À l'occasion de cette lecture, Cayce remplaça la tisane du début par une autre, dans le but de purifier le système. Il communiqua aussi des instructions diététiques: très peu de viandes et de matières grasses, mais, par ailleurs, des légumes, en gousses ou en feuilles, qui devaient constituer l'essentiel du régime.

Les lectures suivantes données par Cayce recommandèrent un curetage pour soulager la patiente. Celle-ci devait se donner des douches contenant de la Créoline (une demi-cuillerée à café pour 4,5 l d'eau) et ensuite de l'Atomidine (30 ml pour 300 ml d'eau) pour tenter d'extirper totalement l'infection. Cayce conseilla aussi l'Atomidine, à prendre deux fois par jour par voie orale, à raison de cinq à huit gouttes dans un demi-verre d'eau. Elle pouvait aussi prendre des laxatifs à l'occasion.

Des rapports subséquents révélèrent que la santé de la patiente s'était peu à peu améliorée; sa dernière lettre témoignait d'un changement radical dans ses attitudes mentales, qui étaient devenues beaucoup plus positives.

GONORRHÉE MASCULINE

La gonorrhée est une maladie vénérienne; c'est l'inflammation contagieuse de la muqueuse génitale. Chez les hommes, elle se caractérise par des brûlures au moment de la miction et par des écoulements séreux et laiteux. Au bout de quelques jours, les douleurs s'aggravent et les écoulements deviennent jaunes et plus abondants, parfois sanguinolents.

Edgar Cayce donna dix-huit lectures pour neuf hommes souffrant de gonorrhée, lesquelles se concentrèrent essentiellement sur les traitements. En général, il diagnostiqua les symptômes comme provenant d'une infection se situant dans la zone génitale. Très fréquemment, il indiqua que l'infection génitale avait introduit des substances toxiques dans le sang et dans les glandes lymphatiques, ce qui entraînait des perturbations du système digestif et une incoordination entre les centres nerveux céphalo-rachidien et sympathique. Il y avait également des problèmes d'élimination à cause des mictions douloureuses et du rétrécissement de l'urètre ou de l'orifice de la vessie.

Traitement

Le traitement le plus fréquent, mentionné dans sept cas, consistait en rinçages du pénis à l'aide d'une seringue à urètre. On devait les faire plusieurs fois par semaine, dans le but de nettoyer la vessie et la prostate et d'empêcher le rétrécissement de l'urètre. La solution typique par excellence consistait en Atomidine diluée dans de l'eau distillée. La concentration habituelle était de sept à dix gouttes d'Atomidine pour 30 ml d'eau distillée.

Dans la plupart des cas, Cayce énonça des règles diététiques rigoureuses. Étaient déconseillés: le bœuf et le porc, les matières grasses et les amidons, comme le pain blanc, les pommes de terre blanches et le riz. Fortement recommandés au contraire étaient les fruits et les légumes verts feuillus. Les patients devaient s'abstenir de fumer et de boire de l'alcool pendant les traitements.

Cayce suggéra très fréquemment des massages et des frictions à l'aide d'huile d'arachide ou d'olive et d'alcool, de même que des séances de sauna pour détendre le corps et l'aider à se désintoxiquer.

Dans quatre lectures, il prescrivit diverses tisanes comme de la racine de patience, des feuilles de buchu, de la bardane, de la mandragore et du baume de tolu. Prises en petite quantité dans le courant de la journée, ces tisanes devaient purifier l'ensemble de l'organisme et favoriser la digestion.

Les attitudes mentales étaient un facteur capital dans le soulagement et la prévention de la gonorrhée. Cayce prévint le cas 849 qu'il pourrait recouvrer une bonne santé à condition de «mener une vie propre, *physiquement* et *mentalement,* et de s'appliquer à pratiquer l'introspection (...) en se gardant pur et non souillé par l'influence du monde».

Histoire de cas

Le cas 2317 était celui d'un homme de trente-cinq ans, qui était en mauvaise santé à la suite d'une gonorrhée. Son sang s'en était ressenti et provoquait des irrégularités dans l'ensemble des systèmes nerveux et circulatoire; un déséquilibre entre le système céphalo-rachidien et le sympathique avait entraîné du stress dans tout l'organisme.

Comme traitement, Cayce recommanda des rinçages du pénis avec un mélange d'une cuillerée à café d'Atomidine pour 60 ml d'eau distillée. En outre, le patient devait prendre trois gouttes d'Atomidine dans de l'eau chaque matin. Cayce prescrivit également une tisane pour débarrasser le système de l'infection, à raison d'une cuillerée à café quatre fois par jour. Cette tisane se composait de racine de patience, de bardane, d'écorce de frêne épineux, de fenouil, de racine de mandragore, de feuilles de buchu, de fleur de sureau et de baume de tolu. Cayce recommanda aussi des irrigations du côlon, à effectuer de temps à autre pour désintoxiquer le côlon des substances libérées par la tisane.

On ne reçut aucun rapport du cas 2317; un autre cas, toutefois, le 391, qui avait reçu six lectures, rapporta que ses symptômes avaient disparu après qu'il eut suivi les recommandations de Cayce.

GRIPPE

La grippe est une maladie infectieuse causée par un virus. Les symptômes habituels sont la fièvre, les frissons, la toux, les maux de tête, les douleurs musculaires et parfois la nausée.

Edgar Cayce donna un total de vingt-trois lectures relatives à des affections grippales, à treize personnes dont les âges variaient de trois à soixante-quinze ans.

Dans tous les cas, la cause immédiate de la maladie était une infection de type viral. Mais des descriptions plus détaillées des causes, telles que l'indiquent les lectures, révèlent des facteurs ayant miné suffisamment la résistance de l'organisme pour que le virus de la grippe réussisse à s'y installer.

Dans huit cas, Cayce signala des déséquilibres de la circulation et de l'élimination. La congestion des systèmes hépatique et lymphatique qu'entraînaient les problèmes circulatoires provoquait généralement des pressions et des irritations sur les muqueuses avec, comme résultat, une production excessive de lymphe, puis de l'infection et de la fièvre.

Une élimination insuffisante, qui entraînait une accumulation de toxines dans le côlon et le courant sanguin, constituait un problème lié de près à une mauvaise circulation, car l'organisme était congestionné et la fonction circulatoire, surchargée. Une mauvaise assimilation et des défauts d'alignement de la colonne vertébrale constituaient d'autres facteurs d'une certaine importance. Quand tous ces facteurs étaient présents, ils créaient des conditions favorables à la prolifération des bactéries qui, à leur tour, déclenchaient la fièvre et tous les symptômes de la grippe.

En outre, les bactéries envahissaient la gorge et la région des bronches, provoquant des problèmes respiratoires comme la congestion des sinus et des poumons ainsi que la toux.

Traitement

Les traitements prescrits par Cayce aux personnes atteintes de la grippe avaient comme objectif principal de diminuer la congestion et d'aider l'organisme à combattre l'infection. Il donna des conseils diététiques dans tous les cas, sauf deux, et montra l'importance des régimes liquides ou semi-liquides qui n'exigeaient du système que le minimum d'effort jusqu'à ce que le pire soit passé. Pour ces personnes, la diète était constituée presque entièrement de fruits et de jus de fruits (surtout des agrumes), de légumes et de jus de légumes, de jus de bœuf et de lait de poule préparé avec un jaune d'œuf, du lait et un peu d'alcool.

Pour les cas moins graves, on pouvait consommer d'autres aliments digestes et fortifiants, pour autant que le régime demeurât suffisamment alcalinisant. Celui-ci comprenait alors des céréales à grains entiers, du foie, du poisson et des œufs. Devaient être évités les autres viandes, les graisses ainsi que les sucreries et les féculents en trop grande quantité.

Pour décongestionner l'organisme et le débarrasser de son excès de toxines, Cayce suggéra diverses méthodes pour stimuler l'élimination, et cela dans onze cas. Le plus souvent, c'étaient des lavements ou des irrigations du côlon et le Castoria. Les instructions habituelles concernant le Castoria étaient d'en prendre de petites doses très souvent dans la journée, jusqu'à ce que l'effet soit obtenu.

Cayce conseilla à six personnes de se faire donner des manipulations vertébrales pour équilibrer la circulation et stimuler le drainage des reins et du côlon. C'étaient habituellement des manipulations complètes, avec une attention particulière aux zones dorsale et cervicale. Les massages, qui furent recommandés pratiquement aussi souvent, devaient aussi équilibrer la circulation et favoriser les drainages.

Pour réduire la congestion, Cayce recommanda dans deux cas des frictions aux jambes et aux pieds avec un mélange de suif de mouton, d'alcool camphré et d'essence de térébenthine.

Différentes sortes de thérapie par inhalation furent conseillées à cinq personnes. Elles comprenaient des inhalants à base d'alcool ou des vaporisateurs, ou encore elles utilisaient les vapeurs se dégageant d'un récipient rempli d'eau bouillante, toutes ces méthodes devant agir comme expectorants pour soulager la congestion et diminuer la toux. Dans deux cas, Cayce suggéra des tisanes antitussives pour faciliter l'expectoration des mucosités; à deux autres personnes, il prescrivit un mélange de blancs d'œufs, de citron, de miel et de glycérine.

Dans quatre cas, il suggéra d'appliquer des emplâtres chauds en différents endroits du corps. Dans un cas, c'étaient des emplâtres aux sels d'Epsom qui devaient être placés sur l'abdomen, et au creux des reins, dans un autre cas. Cayce recommanda également, dans un cas, de placer des cataplasmes à base d'oignons sur la gorge et la poitrine; pour l'autre cas, il fallait placer ces cataplasmes sur le cou, l'arrière de la tête et au creux de l'estomac. Ces cataplasmes devaient demeurer en place au moins deux ou trois heures; ils étaient faits d'oignons crus écrasés, puis placés dans un sac de tissu, sur une épaisseur de 0,5 à 1,2 cm. À la fin du traitement, on pouvait prendre un bain.

L'hydrothérapie fut conseillée à trois personnes, dont deux fois sous la forme de bains d'eau à la moutarde pour les pieds et les jambes, dans le but de stimuler la circulation. Cayce mentionna à l'occasion d'autres traitements variés tels que la Calcidine, la tisane de safran, l'électrothérapie et le bicarbonate de soude dans de l'eau.

Il donnait aussi, de temps en temps, des conseils de simple bon sens, comme de rester au chaud en évitant les courants d'air, de garder les pieds secs et chauds et de s'accorder beaucoup de repos jusqu'à la guérison complète.

Histoire de cas

Le cas 431 était celui d'un homme âgé de trente et un ans; il reçut une lecture pour la grippe, la congestion et le refroidissement. Son état fut attribué à une insuffisance de l'élimination et à un mauvais drainage du duodénum; ces dysfonctions avaient entraîné un état d'acidité dans le tube digestif et abaissé la résistance de l'organisme face aux germes de la grippe.

Comme le tube digestif était affecté, Cayce prescrivit une diète liquide aux jus de fruits de même qu'un lavement complet à l'eau salée et bicarbonatée, pour accroître l'élimination et désintoxiquer l'organisme. Pour favoriser l'élimination, il suggéra aussi de petites doses de Castoria, à prendre toutes les vingt ou trente minutes jusqu'à libération de l'intestin.

Il recommanda l'Alka-Seltzer comme alcalinisant, car il était d'avis que ce médicament avait un effet calmant sur l'estomac. On devait en prendre une cuillerée à soupe après la prise de deux ou trois doses de Castoria.

Il suggéra en outre des ajustements ostéopathiques pour régulariser l'élimination; pour aider le foie à mieux fonctionner, il demanda de prendre du Zilatone le soir du jour où un ajustement avait été fait.

Il semble que le patient ait suivi les conseils de Cayce, car, quelques jours plus tard, il fit savoir que son état s'était amélioré.

GRIPPE (Effets secondaires)

La grippe a ceci de particulier qu'elle débute par un brusque accès de fièvre, des frissons, des malaises, de la toux et une sensation de faiblesse. Elle peut avoir un tel effet débilitant que pour certaines personnes, le rétablissement demande beaucoup de temps.

Edgar Cayce accorda un total de douze lectures à onze personnes qui subissaient les effets secondaires de la grippe. Dans dix cas, le problème principal était un dérangement de la circulation hépatique qui entravait la production de la lymphe, un processus qui avait déjà été affaibli par l'attaque initiale de grippe.

Dans tous les cas, sauf trois, Cayce mentionna l'insuffisance de l'élimination comme responsable de l'augmentation de la toxicité du corps. Un facteur connexe, trouvé chez sept personnes, faisait état d'une assimilation inadéquate. L'organisme affaibli était dans l'incapacité d'extraire les nutriments appropriés des aliments, ce qui ne pouvait que l'affaiblir davantage.

Dans quatre cas, des subluxations spinales avaient aggravé le problème. Des lésions et des compressions dans les zones dorsale et cervicale entravaient les influx nerveux normaux et provoquaient d'autres perturbations dans le système circulatoire.

Traitement

Les traitements de Cayce avaient surtout pour but de renforcer la résistance du corps. Dans dix cas, il donna des conseils diététiques qui mettaient l'accent sur les aliments reconstituants et alcalinisants tels que les fruits, les légumes et leur jus, de même que sur les grains entiers, les jaunes d'œufs, le poisson et les viandes légères; il fallait éviter le porc, l'excès de féculents, le pain blanc et les fritures.

Dans huit cas, Cayce recommanda un nettoyage de l'intestin pour en extraire les accumulations de toxines et de déchets; la plupart du temps, ce nettoyage prenait la forme de lavements et d'irrigations du côlon, mais on avait parfois recours aux laxatifs.

Cayce conseilla également les manipulations vertébrales dans sept cas, avant tout pour aider à diminuer les pressions dans la région du foie et des reins. Deux lectures recommandèrent des massages ostéopathiques pour détendre entièrement l'organisme.

Dans quatre cas, on devait recourir à l'électrothérapie pour stimuler la circulation; une fois sur deux, l'appareil radioactif était suggéré. Dans quatre cas également, Cayce conseilla des tisanes toniques. Celles-ci devaient stimuler l'assimilation et redonner de l'énergie au corps; elles contenaient des substances digestives comme du ginseng et du gingembre sauvages de même que de la stillingia. D'autres digestifs, tel l'Acigest, reçurent trois recommandations. L'hydrothérapie, les massages, l'exercice et l'usage de Calcios furent conseillés chacun à deux reprises.

Histoire de cas

Le cas 2580 était celui d'un homme, d'âge non précisé, qui reçut une lecture à la suite d'un refroidissement et d'une grippe. La maladie l'avait laissé avec un estomac dérangé, une circulation lymphatique ralentie et un côlon prolabé. Sa pression sanguine était irrégulière, et il éprouvait des étourdissements et des maux de tête.

Pour désintoxiquer le côlon, Cayce recommanda deux irrigations à faire pendant les dix premiers jours du traitement. Après quoi, on devait commencer les manipulations ostéopathiques et faire des corrections dans les sixième et septième vertèbres dorsales ainsi que dans l'axe lombaire et dans la zone comprise entre les troisième et quatrième dorsales et la première cervicale. On devait effectuer de huit à dix ajustements et les faire suivre d'une période de repos d'une semaine; on reprenait par la suite une autre série de manipulations.

Le patient devait s'abstenir de matières grasses et de viandes grasses, mais pouvait manger modérément du poisson, de la volaille et de l'agneau. Les boissons gazeuses étaient à éviter; par contre, il devait consommer des fruits et des jus de fruits ainsi que des légumes crus et leur jus.

Pour aider la digestion, Cayce conseilla deux remèdes à base de plantes. Le premier, l'écorce d'orme, devait être mâché une ou deux fois par jour pour en avaler le jus. Le second était une tisane légère préparée avec de la carthame que le patient devait boire une fois par jour.

Le sujet fit savoir qu'il avait été très satisfait de sa lecture, même s'il n'avait pas suivi les conseils donnés, pour des raisons personnelles. En résumé, trois seulement des onze personnes qui avaient eu une lecture sur ce sujet communiquèrent des résultats; deux d'entre elles, qui avaient suivi les conseils, se déclarèrent complètement rétablies.

GROSSESSE

Soixante-huit lectures au total discutèrent de la santé de vingt-neuf femmes, dont les âges s'étendaient de seize à trente ans et qui se trouvaient à des stades plus ou moins avancés de leur grossesse. Certaines d'entre elles reçurent deux lectures ou plus.

On peut dire, en gros, que les lectures concrétisent une approche extrêmement uniforme quant aux soins et à l'éducation à donner à la mère aussi bien qu'à l'enfant pendant cette période. Elles offrent tout un échantillonnage d'instructions concernant les soins à apporter à pratiquement toutes les étapes de la gestation et traitent du déroulement normal, et parfois anormal, du processus.

Traitement

Cayce attribuait les nausées matinales que ressentent la plupart des femmes pendant les trois premiers mois de la grossesse aux changements radicaux qui prennent place dans l'organisme de la mère. Il soutenait que c'était là un phénomène normal et qu'on pouvait le soulager de différentes façons; le remède qu'il conseilla le plus souvent était un calmant pour l'estomac, à prendre selon les besoins. La formule de base, qu'il recommandait également pour le mal des transports, se composait d'eau de chaux, d'eau de cannelle et d'une solution diluée d'iodure de potassium et de bromure de potassium.

Dans certains cas, la formule était différente; l'iodure de potassium était quelquefois absent, ou bien la formule se réduisait à l'eau de chaux et à l'eau de cannelle en parties égales. Cayce conseillait toujours d'y avoir recours avec beaucoup de modération; dans un cas, il estima que la formule pourrait être plus préjudiciable qu'utile.

À quelques femmes, Cayce conseilla seulement l'eau de chaux, soit nature dans de l'eau, soit mélangée à d'autres substances. Dans trois cas, il suggéra d'ajouter un peu d'eau de chaux à du lait.

D'autres liquides destinés à combattre les nausées étaient le jus de limette (ou limonade), le jus d'orange, le jus de raisin fraîchement écrasé et, à l'occasion, du sirop de Coca-Cola dans de l'eau pure. Cayce conseilla à deux femmes de ne pas se lever ni déjeuner trop tôt le matin.

La majorité des femmes enceintes, c'est-à-dire vingt-deux en tout, reçurent des conseils diététiques; l'accent était mis sur un régime alcalinisant bien équilibré, composé d'aliments reconstituants et sanguinoformateurs tels que les fruits, les légumes, le lait, les grains entiers, le poisson et les viandes légères comme la volaille et le foie.

À quelques reprises, Cayce recommanda des aliments riches en sels minéraux – qui étaient d'une importance vitale – comme le calcium, le chlore, l'iode, le fer, la chaux, le phosphore et le silicium, ou encore des aliments riches en vitamines comme celles du complexe B, ainsi que les vitamines A et D. Ces aliments comprenaient les carottes, le céleri, le chou, les topinambours, les courges, les haricots, les salsifis, les oignons et la laitue. Les fruits le plus souvent recommandés étaient les agrumes, le raisin consommé sous forme de jus et les melons. Cayce rappelait parfois de boire beaucoup d'eau.

Pendant les trois premiers mois, les boissons gazeuses, l'alcool et le café devaient être quelquefois évités; pendant le reste de la grossesse, le vin rouge, le pain brun, le café et le thé n'étaient permis qu'en très petites quantités.

En général, si la santé de la future mère était bonne, Cayce ne conseillait pas de suppléments alimentaires. Toutefois, pour satisfaire aux besoins particuliers de la grossesse, il prescrivit dans dix cas du Calcios, une source de calcium facilement assimilable. Il déclara que «Calcios est la meilleure façon de prendre du calcium. Il est plus facilement assimilable et est plus bénéfique aux femmes enceintes que tout autre produit contenant du calcium». (951-7)

Le Calcios, qui a à peu près la consistance du beurre d'arachide, devait être consommé sous la forme d'une mince couche étalée sur un craquelin de blé entier. Ce supplément de calcium était surtout recommandé pour les deuxième et troisième trimestres de la grossesse; il devait être pris à peu près deux fois par semaine, avec le repas de midi.

Dans trois cas, Cayce suggéra de très faibles doses d'Atomidine pour fournir un supplément d'iode et stimuler les glandes. D'autres suppléments alimentaires furent conseillés à l'occasion, comme l'huile de germe de blé, l'Adiron, des gélules d'huile de foie de morue blanche, la Ventriculine (sans fer) et le Codiron.

Une grande partie des lectures mirent l'accent sur l'importance des attitudes parentales pendant la grossesse, lesquelles, selon Cayce, se répercutaient sur le caractère et le tempérament de l'enfant. Il demandait régulièrement aux futures mères de conserver des attitudes constructives et optimistes et de fuir les occasions de disputes, d'anxiété et de surexcitation.

Cayce les encourageait à se fixer un idéal spirituel ou, comme il l'expliqua dans une lecture: «Que la mère conserve des attitudes de telle sorte que l'on puisse savoir que celles qui amènent une âme à se manifester dans ce monde matériel possèdent des privilèges, des occasions de donner une expression aux forces créatrices d'une façon active, que l'évolution de cette âme dans le monde matériel ne recherche pas seulement la joie, la paix et l'harmonie dans l'expérience de cette âme, mais soit une occasion de plus pour l'amour de Dieu de se manifester aux enfants des hommes.» (575-1)

Cayce soutenait que les attitudes mentales influencent les motivations innées de l'enfant. Il prévint l'une des femmes que le genre d'entité qu'elle attirerait dépendrait des intérêts qu'elle déciderait de cultiver pendant sa grossesse, qu'ils soient par exemple portés vers l'art, ou la mécanique, ou les questions financières, etc. D'autres couples furent encouragés à approfondir leur désir de voir s'incarner une grande âme qui constituerait une bénédiction pour beaucoup de gens.

Cayce insista sur l'importance de la grossesse et de la maternité en ces termes: «Lorsque l'on étudie la maternité, on s'aperçoit que rien ne la surpasse. Et tous les actes de la maternité tendent à la réalisation des objectifs de la vie... car en donnant au monde l'évolution d'une âme dans et à travers ce plan matériel, la maternité prend part aux forces créatrices de l'univers.» (140-15)

Cayce conseilla comme traitement corporel, dans dix-sept cas, des manipulations vertébrales; il les trouvait de première importance pour conserver le tonus et la détente du corps devant les exigences exceptionnelles de la grossesse. Les objectifs principaux étaient de stimuler la circulation, de renforcer la musculature de l'abdomen et de la région voisine de la colonne vertébrale, de provoquer la détente générale et de corriger certains déséquilibres particuliers.

Le point central de ces ajustements était le bas du dos ou la région lombo-sacrée et pelvienne. Le point secondaire se trouvait dans les zones dorsale (milieu du dos) et cervicale (cou). La fréquence pouvait varier, mais la recommandation habituelle, pour une grossesse sans problème, était de une ou deux fois par mois. Une lecture précisa que si les manipulations se faisaient tel que conseillé, il en résulterait une amélioration générale de la santé due à la grossesse.

Le type de manipulation généralement conseillé était l'ostéopathie, bien que la neuropathie fût suggérée à l'occasion. En fait, Cayce pensait que l'approche ostéopathique en obstétrique était particulièrement bénéfique pour la mère et pour l'enfant; aussi conseilla-t-il à certaines femmes de choisir un hôpital ostéopathique pour accoucher.

Les massages étaient recommandés aussi souvent que les manipulations, parfois conjointement avec les ajustements spinaux, mais le plus souvent à leur place. De fait, l'objectif des massages était le même que celui des ajustements. Le plus souvent, les massages devaient se faire le soir ou pendant les moments de repos, soit tous les jours, soit de façon plus espacée. Une concentration sur des endroits précis, comme le bas de la colonne vertébrale, les jambes ou le ventre était parfois mentionnée. La formule de massage typique comprenait de l'huile d'olive, de la teinture de myrrhe, de l'huile d'arachide et du beurre de cacao.

Cayce était d'avis que, pour se sentir bien, la future mère avait besoin d'exercice et de repos en rapports harmonieux. C'est pourquoi il insistait sur l'importance de l'exercice quotidien, surtout au grand air. Il conseillait instamment la marche, la durée de l'exercice variant selon l'état d'avancement de la grossesse, la résistance de la patiente et la température ambiante. Même si l'envie d'activité était absente, Cayce recommandait d'aller dehors le plus souvent possible, surtout en été.

Il suggérait parfois d'autres genres d'exercices, qui consistaient à tourner la tête et le cou, à se hisser sur la pointe des pieds et à se pencher en avant, à remuer les jambes en mouvements circulaires, à s'accroupir, ramer, nager et danser; tous ces exercices devaient être faits régulièrement et modérément.

Cayce insistait fortement sur l'importance du repos pendant la grossesse. Les lectures mettaient en garde contre le surmenage sous toutes ses formes, y compris les travaux domestiques. On devait s'abstenir de forcer, de pousser, de tirer, de grimper, de monter ou de descendre les escaliers en courant, de soulever des poids et de rester debout trop longtemps. Le même conseil était valable pour la période suivant l'accouchement. Les sources de fatigue mentale ou émotionnelle, comme le souci ou la surexcitation, devaient aussi être évitées.

À maintes reprises, Cayce conseilla des méthodes douces pour stimuler l'élimination, la plupart du temps sous forme de lavements ou d'irrigations du côlon, de laxatifs doux comme le lait de magnésie et ceux à base de séné comme le Castoria. Il mit quelquefois en garde contre le fait de surcharger les reins, surtout pendant les deux derniers trimestres; il recommanda certains aliments tels que la pastèque, le chou, les légumes tubéreux ainsi que la tisane aux graines de pastèque et le sirop de Coca-Cola dilué dans de l'eau; il conseilla surtout de boire beaucoup d'eau. À l'inverse, les substances diurétiques devaient être évitées pendant le troisième trimestre, pour ne pas surmener les reins.

Il y eut aussi d'autres recommandations concernant la grossesse. Cayce prescrivit à quelques femmes, qui étaient parvenues aux derniers stades, de porter un support abdominal flexible; à quelques autres, il conseilla de se faire soigner les dents. À maintes reprises, il suggéra diverses tisanes, comme celles aux graines de pastèque (pour les reins), au trèfle (pour les glandes mammaires), au plantain (pour une tumeur), à la camomille, à la carthame et à l'orme rouge (pour la digestion), à la molène (pour les varices) et au marrube blanc.

Cayce déconseillait toujours les médicaments pendant la grossesse, y compris les sédatifs. En général, il ne recommandait pas non plus l'électrothérapie, à l'exception de l'appareil radioactif qui fut suggéré une fois pour un cas d'insomnie.

Il recommandait presque toujours l'allaitement au sein après la naissance de l'enfant, «ainsi que toutes les femmes normales devraient faire» (301-6); l'allaitement devait se poursuivre aussi longtemps que la mère était en bonne santé et qu'elle avait suffisamment de lait pour le bébé. Il n'y eut que trois exceptions: l'une, jusqu'à ce que soient corrigées les insuffisances du régime alimentaire de la mère, et les deux autres, à cause de la santé et peut-être de l'âge des futures mères.

Histoire de cas

Il semble bien que dans la majorité des cas, les conseils de Cayce furent effectivement suivis et que pratiquement toutes les grossesses se terminèrent par l'arrivée d'un enfant en bonne santé.

Une femme qui souffrait d'un anthrax avancé et douloureux de l'urètre réussit à donner naissance à un enfant normal (par césarienne). Elle déclara qu'elle devait sa propre vie et celle de son bébé «à l'aide de Cayce et de Dieu».

Un cas intéressant fut le 2635, celui d'une jeune femme en bonne santé âgée de vingt-trois ans qui eut trois lectures de Cayce pendant sa grossesse. La première, donnée au cours du troisième mois, nota que l'état était normal et que la grossesse se déroulait normalement.

Pour aider le développement structurel du fœtus, Cayce recommanda à la patiente de prendre du Calcios (ou toute autre source de supplément de calcium) pendant les deux ou trois mois suivants, à raison de deux fois par semaine environ.

Il lui conseilla également deux ou trois manipulations ostéopathiques pendant le troisième et le cinquième mois de sa grossesse, dans le but de favoriser la croissance de l'enfant; ces manipulations devaient porter en particulier sur les troisième et quatrième vertèbres dorsales, et descendre jusqu'à la région sacrée.

Son régime devait comprendre une bonne quantité d'aliments reconstituants. La vitamine D pouvait être obtenue à partir du Calcios, et les vitamines A et C provenaient des légumes frais et crus qui devaient faire partie d'au moins un repas par jour.

Comme exercice quotidien, la jeune femme devait marcher de trente à cinquante minutes et rester dehors, au grand air, jusqu'à quatre-vingt-dix minutes. Elle devait s'abstenir de pousser, de tirer, de forcer ou et de soulever des poids.

Cayce était convaincu que les attitudes mentales de la mère pendant la grossesse avaient une influence sur le caractère de l'entité qu'elle avait attirée, de même que sur son propre développement physique et mental. Tout en conseillant à la jeune femme de «continuer à être douce», il s'exprima en ces termes:

«Continuez à être heureuse et restez dans l'attente du caractère et des dispositions que vous souhaitez voir chez votre enfant; sachant et réalisant en vous-même, comme cela devrait être chez votre compagnon, que cette attente constitue un canal pour la manifestation de l'amour de Dieu sur la terre. Non par devoir ou obligation, mais comme une occasion d'être une servante du Seigneur.

»Ces attitudes, cette nature de prière pendant les périodes de méditation et de préparation, non seulement amélioreront le soi, mais les attitudes de l'enfant correspondront mieux à vos attentes.» (2635-2)

À la deuxième lecture, Cayce nota que l'enfant se développait normalement. À nouveau, il conseilla les promenades quotidiennes. La jeune femme devait ajouter à son régime alimentaire un mélange composé, en parties à peu près égales, de jus de carotte et de jus de céleri.

Ce mélange devait être pris régulièrement de deux à trois fois par semaine, pendant au moins six semaines, le but étant de donner un supplément de vitalité aux forces nerveuses de l'enfant en développement ainsi qu'à celles de la mère.

La troisième lecture indiqua encore une fois que l'enfant se développait tout à fait normalement, mais la mère fut prévenue qu'elle devait s'abstenir d'en faire trop. Elle devait prendre du Calcios pour une autre période de dix jours. Cayce remarqua que le jour de l'accouchement approchait et il encouragea la future mère à se préparer sans se laisser aller à l'anxiété.

Trois semaines plus tard, celle-ci donna naissance à un garçon en parfaite santé.

GROSSESSE (Déroulement chronologique)

Trente lectures furent accordées à treize femmes enceintes dont les âges s'échelonnaient de seize à trente-sept ans; elles consistèrent essentiellement en remarques et en simples conseils sur la façon de se nourrir, de se sentir à l'aise et de conserver des attitudes positives pendant toute la durée la grossesse.

Cayce démontra l'importance de l'alimentation pour la mère et le fœtus en faisant des recommandations précises dans plus de trois quarts des lectures. Il mentionna souvent les aliments riches en calcium, phosphore et silicium comme essentiels au bon développement de l'ossature et de la musculature. Ces aliments sont les suivants:

Calcium: Salsifis, carottes, pelures de pommes de terre irlandaises, amandes et avelines (grosses noisettes), navets, persil, panais, chou rouge, épinards, flocons d'avoine, blé entier, seigle entier, flétan, fromage, oignons, ail, rhubarbe, lait, chou cru.

Phosphore: Jaune d'œuf cru, blé entier, amandes, noix, poisson, crustacés, orge, seigle, pois, lentilles, chou cru, lait, flocons d'avoine, salsifis, cervelle, foie, agneau, rognons.

Silicium: Flocons d'avoine, épinards, pommes, orge, jaunes d'œufs, fraises, pois, figues, lait de chèvre, faînes, raisins, amandes, noix, châtaignes, carottes, blé concassé, riz non raffiné, seigle, pêches, cerises, blé entier, asperges, choux, groseilles à maquereau, endives, vin rouge avec pain brun, *pumpernickel,* ou blé entier, ou pain au levain.

Un régime équilibré comportant les aliments ci-dessus, avec en plus du poulet et de la volaille, des agrumes et leur jus, constituait une alimentation adéquate pour les femmes enceintes.

Le plus important de tous les nutriments était le calcium; Cayce conseilla à cinq femmes de manger un craquelin tartiné de Calcios plusieurs fois par semaine, comme supplément alimentaire. Il insista également sur la nécessité d'un équilibre harmonieux entre le calcium et la chaux.

Dans les deux tiers des lectures, il conseilla l'exercice, la marche étant considérée comme le meilleur exercice possible pour les femmes enceintes. Il demandait aussi à ces dernières d'éviter de trop se pencher en avant, de soulever des objets trop lourds, de travailler à la hâte et de rester debout trop longtemps. Il était également important qu'elles gardent leurs pieds au chaud et au sec pour éviter les refroidissements.

Cayce prodigua des conseils pour soulager les malaises dont les femmes enceintes se plaignaient le plus souvent, par exemple les nausées et les étourdissements au cours des premiers mois, la surcharge des reins et de la vessie ainsi que la constipation.

Pour aider les reins, il suggéra de manger de la pastèque ou de boire de la tisane de graines de pastèque pour faciliter l'élimination. Il n'était pas porté à recommander les laxatifs vendus dans le commerce; il conseilla plutôt de la tisane de séné dans quelques cas et, au besoin, du lait de magnésie ou le Castoria de Fletcher pour combattre la constipation.

Dans deux autres cas, il recommanda l'irrigation du côlon, mais il faisait généralement remarquer que si l'on suivait fidèlement le régime recommandé, l'élimination ne serait plus un problème, surtout si l'on consommait des légumes frais et crus en quantité. Contre les nausées, il prescrivit systématiquement l'eau de chaux ou le jus de limette, ou encore un mélange composé de quelques gouttes d'eau de chaux dans un verre de lait.

Dans la moitié des cas environ, il recommanda les massages et manipulations du dos pour soulager les pressions sur la colonne vertébrale et le bas du dos; c'étaient en effet les endroits qui devenaient douloureux chez certaines femmes dans les derniers mois de la grossesse. Dans presque la moitié des cas, il suggéra un massage léger, à faire le soir sur les deux côtés de la colonne et sur les jambes, pour diminuer la fatigue et la tension musculaires et maintenir une bonne circulation. Vers la fin de la grossesse, il était bon de garder les jambes allongées le plus souvent possible.

Selon Cayce, la façon dont la future mère voyait les choses était essentielle pour la réussite de la grossesse aussi bien que pour le développement des attitudes de l'enfant. Les lectures conseillaient donc à la mère de s'abstenir de critiquer, de se mettre en colère et de se faire du souci, mais d'adopter au contraire des points de vue calmes et positifs, ces traits de caractère pouvant affecter l'évolution de l'enfant. La lecture 711-4 fournit une affirmation positive dans le même esprit: «Seigneur, fais de moi un canal de bénédictions pour les autres par Ta compassion et Ton amour tels que manifestés en Jésus, le Christ. Que mon corps et mon esprit soient toujours en accord avec Tes intentions envers les enfants des hommes.»

Les lectures proposèrent une conception de la grossesse tout à fait inhabituelle; selon cette conception, les traits de caractère et la personnalité de l'enfant étaient énormément influencés par les pensées et les comportements de la mère, tout spécialement pendant les troisième et quatrième mois de la grossesse. À maintes reprises, Cayce fit remarquer que si l'on désirait trouver chez un enfant certain trait de caractère, la mère devait entretenir des pensées dans cette veine et créer autour d'elle un environnement propice à l'éclosion de cette qualité. Si la mère baignait dans la musique classique, l'enfant saurait apprécier ce genre de musique; si elle désirait qu'il soit doué «pour la mécanique, alors il fallait penser à la mécanique et travailler avec ces choses». (2803-6) Par ailleurs, les attitudes mentales de la mère avaient un impact certain sur l'enfant; si bien qu'une mère aimante et tolérante avait tendance à déteindre sur son enfant, alors qu'une femme irritable et vindicative transmettait ces mêmes défauts au sien. La lecture 2803-6 dit ceci: «L'énergie spirituelle – qui est la vie – est telle que ce qui a été projeté et ce qui est construit est le résultat des attitudes et des forces mentales aussi bien que physiques du corps.»

Histoire de cas

Une femme de trente-deux ans, le cas 540, obtint deux lectures (540-6 et 540-7) de Cayce pendant son premier et son troisième mois de grossesse. Dans les débuts, elle avait connu quelques nausées et un peu de constipation; Cayce lui conseilla donc de prendre du jus de limette dans de l'eau sucrée, pour combattre les nausées, et de modifier son régime pour améliorer l'élimination. Elle ne devait avoir recours au lait de magnésie et au Castoria de Fletcher qu'en cas de nécessité.

Il recommanda à cette personne un régime équilibré qui devait inclure des pastèques, des courges, des haricots verts et des oignons. Il lui conseilla également de porter une gaine souple, qui ne devait pas exercer trop de pression sur le ventre. Il l'encouragea par ailleurs à adopter des attitudes mentales positives et chaleureuses.

Dans la deuxième lecture, Cayce demanda à la future mère d'augmenter sa dose de calcium en buvant plus de lait pur; il lui conseilla également de consommer plus de fer et de silicium. Pour faciliter l'élimination, il recommanda la tisane aux graines de pastèque. La jeune femme devait éviter les fritures, et les manipulations ostéopathiques lui furent conseillées selon les besoins.

La grossesse se déroula sans complications, et la patiente donna naissance à un garçon en bonne santé.

Des rapports ultérieurs confirmèrent que lorsque les recommandations des lectures avaient été suivies, les mères avaient donné naissance à des enfants en bonne santé. Il n'y eut que très peu de cas où l'on connut des difficultés à l'accouchement.

H

HALEINE FÉTIDE

Dans les huit cas auxquels il accorda des lectures, Edgar Cayce trouva que l'haleine fétide – bromopnée – était le résultat d'une élimination insuffisante, de déséquilibres de la circulation, d'une mauvaise assimilation et de subluxations spinales. Il cita l'incoordination du système nerveux et un régime alimentaire inadéquat comme causes secondaires.

Selon Cayce, ce problème avait son origine dans une élimination paresseuse, souvent associée à des subluxations spinales. La circulation se ralentissait et le sang charriait des toxines en excès, ce qui empêchait la distribution correcte des nutriments à toutes les parties de l'organisme. Il en résultait une accumulation d'aliments dont la mauvaise haleine constituait le symptôme.

Traitement

Les traitements pour l'haleine fétide se révélèrent très uniformes; dans six cas sur les huit concernés, Cayce recommanda des ajustements spinaux pour coordonner les centres sympathique et céphalo-rachidien et pour améliorer le débit des impulsions nerveuses. Presque aussi souvent, il suggéra des éliminants variés, tels les laxatifs, les irrigations du côlon et les lavements. Dans trois cas, il suggéra des massages pour stimuler la circulation. Il mentionna aussi d'autres traitements pour désintoxiquer, comme les saunas et les bains de boue. Dans une autre lecture, il prescrivit le rayon violet pour coordonner les systèmes sympathique et céphalo-rachidien et améliorer ainsi la circulation.

Histoire de cas

Le cas 2461 était celui d'un homme de quarante-sept ans qui se plaignait d'agitation, de légers maux de tête, de fatigue et de mauvaise haleine. Cayce fut d'avis que les causes premières de sa détresse résidaient dans l'insuffisance de l'élimination et dans les tensions existant dans les zones lombaire et sacrée.

La mauvaise élimination avait entraîné un ralentissement de la circulation, une toxicité du sang et un déséquilibre de la pression sanguine. L'état de cet homme était encore aggravé par un abus d'alcool, la toxicité entraînant de l'hyperacidité et des perturbations dans le système digestif, les poumons et le foie. La mauvaise haleine était la résultante des efforts que faisait le système pour se débarrasser des poisons qui l'envahissaient par l'intermédiaire des poumons.

Le premier traitement se composait de sels Eno; le patient devait les prendre comme laxatif chaque matin, avant le petit déjeuner, pendant dix jours, les faire suivre d'un repos d'une semaine, et recommencer ensuite pour une autre période de dix jours. Le cycle devait se répéter jusqu'à disparition de l'état toxique.

Après la première période de dix jours, le sujet devait entreprendre un traitement général à l'hydrothérapie incluant des saunas, des massages et des frictions, et administré une fois par semaine pendant dix semaines. Pendant cette période, on devait lui faire subir deux irrigations du côlon; à la suite de quoi il devait subir une série de six à huit ajustements ostéopathiques, avec une attention spéciale portée à la zone dorsale et au bas de la colonne. Pour purifier le système, un changement de régime était conseillé; le patient devait suivre les instructions habituelles de Cayce, sans oublier de boire beaucoup d'eau. Une fois par semaine, il devait prendre un verre d'eau de lithia.

HÉMOPHILIE

L'hémophilie est une maladie du sang caractérisée par une perte de sang prolongée à la suite d'une blessure ou d'une opération chirurgicale. Elle est causée par une anomalie chimique du sang qui empêche la coagulation normale du sang de se produire.

Bien que l'hémophilie soit habituellement considérée comme résultant de facteurs héréditaires, Cayce ne mentionna pas l'hérédité dans les deux lectures qu'il a données à des personnes atteintes d'hémophilie. Il attribua cette affection uniquement à une mauvaise assimilation provoquée par une déficience chimique, ou encore à «la carence en ces éléments dans le courant sanguin qui construisent les parois et donnent la résistance nécessaire aux parois des artères et des veines... Ainsi, lorsque des contusions ou des blessures se produisent dans le corps, il y a formation de caillots sanguins». (2769-1)

Malgré l'opinion contemporaine qui soutient que l'hémophilie est généralement due à des facteurs congénitaux et familiaux, Cayce considérait cet état comme guérissable; en conséquence, il prescrivit deux traitements spéciaux, bien que nettement différents.

Traitement et histoires de cas

La première lecture fut donnée pour un bébé de dix mois, de sexe masculin, chez qui la peau se couvrait de grandes taches bleues et noires lorsqu'il s'y produisait une légère contusion. On devait ajouter à son régime de petites quantités de pudding fait avec du sang de foie de veau et lui donner des traitements à la pile à électrolyte. Ceux-ci devaient durer vingt minutes, en alternant chaque jour les solutions – chlorure d'or, alcool camphré et Atomidine – et en changeant en conséquence les plaques de place.

Les rapports indiquèrent que les conseils de la lecture ne furent pas suivis, le père du bébé ne leur faisant pas confiance.

Le cas 2832 était celui d'une femme de trente ans. Ses traitements comprenaient de l'hydrothérapie hebdomadaire avec bains de vapeur, lesquels étaient suivis de massages complets avec un mélange d'huile d'olive, d'huile d'arachide et de lanoline. Le traitement devait être effectué pendant quatre ou cinq semaines, puis cesser pendant trois ou quatre jours. Devait alors suivre une série d'ajustements ostéopathiques pour soulager les compressions spinales qui étaient apparues comme résultat de la maladie.

Cayce recommanda également de l'exercice au grand air et un régime bien équilibré riche en jus d'agrumes, en légumes crus, en poisson, volaille et agneau, de même qu'en vitamines A, D, B_1 et en fer.

On ne reçut aucun rapport de ce cas.

HÉMORROÏDES

Les hémorroïdes sont des veines, localisées dans les tissus se trouvant à l'intérieur ou autour du rectum, qui ont augmenté de volume. On peut en attribuer l'origine aux efforts faits pour évacuer des selles dures et sèches, ou encore aux reliquats d'une grossesse, avec les pressions exercées par un agrandissement de l'utérus. Des troubles du foie peuvent aussi contribuer à cette affection. Les symptômes les plus communs sont la gêne et la douleur, accompagnées de démangeaisons et parfois de saignements du rectum.

Edgar Cayce donna un total de cent vingt-six lectures pour quatre-vingt-quatorze personnes souffrant d'hémorroïdes, leur âge variant de dix-sept à soixante-dix-huit ans. Le facteur principal, mentionné dans soixante-sept cas, était l'insuffisance de l'élimination. Les lectures attribuèrent souvent l'apparition des hémorroïdes à des perturbations se produisant dans le côlon, lesquelles augmentaient la quantité des toxines dans l'organisme et entraînaient de l'hyperacidité. Une autre conséquence de l'état toxique était une circulation appauvrie, ce qui constituait une cause secondaire de la maladie dans vingt-cinq cas.

Dans dix-huit cas, Cayce indiqua que c'étaient des problèmes dans la colonne vertébrale, surtout des subluxations, qui avaient provoqué les hémorroïdes. Dans quinze cas, le facteur contribuant était une mauvaise assimilation; neuf fois, ce facteur était lié à un déséquilibre glandulaire qui affectait souvent les reins ou le foie. Chez les hommes, selon Cayce, ce déséquilibre glandulaire pouvait provoquer une hypertrophie de la prostate et, conséquemment, une pression accrue sur les veines de la zone rectale.

Dans sept cas, Cayce mentionna une débilité généralisée et des séquelles de blessures affectant le bas de la colonne vertébrale. Finalement, des bouleversements émotifs avaient contribué à six reprises à l'apparition des hémorroïdes.

Traitement

Les traitements pour les hémorroïdes se révélèrent très uniformes d'une lecture à l'autre. Dans soixante-cinq cas, Cayce suggéra des applications locales pour soulager la douleur et l'enflure. La plupart du temps, il recommandait un mélange qu'il appelait Tim et qui se composait de benjoin, d'iode, de matières grasses du lait et de tabac. Dans dix-sept lectures, il prescrivit une combinaison d'acide phénique (phénol), d'huile minérale et de glycérine. En outre, il mentionna six fois un produit connu sous le nom d'onguent Pazo; on pouvait par ailleurs utiliser un mélange d'aconit et de laudanum lorsque les douleurs étaient intenses.

Cayce prescrivit des modifications au régime alimentaire dans cinquante-deux cas. Il demanda instamment d'augmenter la consommation de fruits et de légumes crus à cause de leurs propriétés laxatives. Il recommanda aussi fortement les aliments alcalinisants et fortifiants comme les grains entiers et le jus de bœuf.

À dix-neuf reprises, il conseilla de stimuler l'élimination, au moyen d'irrigations du côlon, de lavements et de laxatifs doux tels que l'huile d'olive, le Castoria et les sels Eno.

Pour aider à rétablir une circulation et des impulsions nerveuses normales, il prescrivit, dans trente-quatre cas, des ajustements spinaux qui devaient se concentrer sur le bas de la colonne vertébrale.

Vingt-cinq fois, il suggéra des massages pour activer la circulation et stimuler les organes internes. Très souvent, on devait utiliser des mélanges d'huiles tels que lanoline, huile d'olive et huile d'arachide, ou encore huile d'olive et myrrhe.

Cayce recommanda l'exercice physique dans vingt-trois lectures; toutes, sauf trois, indiquaient la méthode suivante: Pieds nus, tenez-vous droit et étirez-vous en levant lentement les mains au-dessus de la tête en même temps que vous vous mettez sur la pointe des pieds. Penchez-vous ensuite vers l'avant et essayez de toucher le plancher avec vos doigts.

La plupart des lectures recommandaient de faire cet exercice pendant deux ou trois minutes le matin et le soir, avant de mettre ses vêtements. Cayce disait qu'à cause de son efficacité, cet exercice aidait à soulever suffisamment les organes internes pour que puisse s'éliminer une grande partie des pressions s'exerçant dans le bas de l'abdomen.

Cayce suggéra l'hydrothérapie à vingt personnes pour améliorer la circulation et l'élimination à travers les pores de la peau. Les moyens le plus souvent mentionnés étaient les bains de vapeur et les bains de siège.

Il conseilla à dix-neuf personnes diverses formes d'électrothérapie, la plupart du temps le rayon violet, en utilisant l'applicateur rectal, à l'occasion.

À dix-neuf personnes également, il mentionna, comme aides digestives, l'élixir de pepsine lactée, l'Acigest et la tisane de carthame, ce qui devait aussi accroître les possibilités d'assimilation.

Bien que différentes sortes d'emplâtres aient été recommandées par les lectures dans seize cas, six seulement furent spécialement conçues pour les hémorroïdes, les autres étant prescrites pour des problèmes liés à cette affection. Parmi ces six cas, quatre mentionnèrent des cataplasmes aux sels d'Epsom placés en travers de la région inférieure du dos; deux demandèrent d'appliquer des poches de glace sur la zone rectale. Ces applications avaient pour but d'améliorer la circulation et d'asssurer la détente du corps.

Histoire de cas

Sur les cinquante personnes qui envoyèrent des rapports après leurs traitements, quarante-cinq déclarèrent avoir suivi les conseils de Cayce et obtenu de bons résultats. L'une d'entre elles, le cas 98, était une femme de trente-quatre ans qui eut deux lectures sur les hémorroïdes. Cayce avait noté comme causes importantes de ses problèmes une élimination insuffisante, des lésions spinales dans la zone dorsale, un excès d'anxiété et des stations debout prolongées.

Le premier traitement suggéré consistait en ajustements ostéopathiques des vertèbres dorsales, à recevoir à peu près une fois par semaine. Comme les changements apportés par ces corrections risquaient d'être préjudiciables s'ils survenaient trop rapidement, Cayce conseilla de les faire alterner avec des massages légers. Des traitements aux rayons sinusoïdaux furent également recommandés pour la rate et le foie.

Les recommandations diététiques comportaient des grains entiers ainsi que des huîtres et du poisson, car ces aliments possèdent les nutriments essentiels sans avoir trop de sucre ou d'amidon; des légumes riches en phosphore et en silicium furent aussi conseillés. Le café et le thé étaient bannis, mais l'Ovaltine et le cacao étaient permis à l'occasion.

La deuxième lecture accordée à la personne suggéra la prise d'huile d'olive par voie orale pour diminuer l'enflure, ainsi que des applications locales de Tim pour la même raison.

HÉPATITE

L'hépatite est une inflammation du foie causée par une infection; elle peut se transmettre de différentes façons, y compris par le sang contaminé ou les transfusions sanguines. Les symptômes sont la perte d'appétit, les nausées, la fièvre, la sensibilité au toucher autour du foie et l'hypertrophie du foie. Si l'affection persiste, la jaunisse peut apparaître, et on assiste alors à une perte rapide de poids et d'énergie.

Bien que l'on connaisse deux types bien distincts d'hépatite, il est difficile de savoir, à partir des lectures, de quel type il était question.

Edgar Cayce donna quatorze lectures à treize personnes atteintes d'hépatite; leur âge variait de un à soixante-huit ans. Dans cinq cas, il attribua la cause à l'insuffisance de l'élimination qui provoquait la torpeur du foie, laquelle, à son tour, conduisait à l'hépatite. Dans quatre cas, ce fut la cholécystite, une inflammation de la vésicule biliaire résultant d'une assimilation inadéquate, qui fut donnée comme cause. L'infection provenant d'autres sources était tenue responsable dans deux cas. Dans un cas, Cayce mentionna une circulation déficiente dans la région du foie comme cause de la maladie et, dans un autre, un déséquilibre glandulaire.

Traitement

Les traitements les plus fréquents comprenaient des substances pour stimuler l'élimination ainsi que divers cataplasmes, chacun étant recommandé à huit reprises. Leur objectif commun était de débarrasser la région du foie de l'excès de toxines. Le plus souvent, c'étaient les cataplasmes à l'huile de ricin qui étaient conseillés, mais ceux à la molène furent mentionnés une fois. On devait les installer en travers de la partie inférieure de l'abdomen et de la zone du foie. Pour favoriser l'élimination, Cayce suggéra les irrigations du côlon ou lavements complets, avec des quantités variables de sel et de bicarbonate de soude; on devait les faire suivre d'une cuillerée à café de Glyco-Thymoline par litre d'eau comme purification finale du côlon. Cayce suggéra parfois aussi des laxatifs et des boissons toniques. L'un des éliminants qu'il recommandait était «Castoria en quantité suffisante pour agir en profondeur: une demi-cuillerée à café toutes les demi-heures jusqu'à ce que la défécation soit accomplie en totalité».

Dans six cas, il fit des recommandations diététiques; il insista sur l'importance des aliments alcalinisants comme les fruits, les légumes et leur jus. La consommation de viande devait diminuer, et être parfois complètement arrêtée, à l'exception du jus de bœuf. Dans certains cas, Cayce suggéra de consommer des aliments prédigérés, jusqu'à ce que l'organisme soit en mesure de s'alimenter normalement.

Il conseilla à six personnes des massages à l'aide de substances diverses incluant le beurre de cacao et des mélanges d'huiles. Le but de ces massages était de stimuler la circulation autour du foie et de désintoxiquer le foie et les organes voisins.

Histoire de cas

Sur les treize personnes qui reçurent des lectures sur l'hépatite, cinq envoyèrent des rapports avec des résultats favorables, après avoir suivi les conseils de leur lecture. Il n'y eut aucun rapport défavorable.

Un cas intéressant, le 3670, fut celui d'une femme de soixante ans qui reçut une lecture. La cause principale de son hépatite fut, d'après Cayce, une cholécystite, ou inflammation de la vésicule biliaire, qui avait entraîné une assimilation déficiente, privant ainsi l'organisme de toute énergie.

Cayce recommanda l'utilisation de cataplasmes à l'huile de ricin; ceux-ci devaient être constitués de trois à quatre épaisseurs de flanelle imbibée de cette huile et placés sur le foie et la vésicule biliaire, pendant une heure chaque fois – matin, après-midi et soir –, jusqu'à ce que l'état de la patiente se soit amélioré. On devait maintenir sur la flanelle un coussin chauffant électrique pour la garder au chaud. Après chaque application, la personne devait se faire donner des massages légers, selon la méthode névropathique ou ostéopathique, non pour corriger quoi que ce soit, mais simplement pour détendre le corps; ceux-ci devaient être suivis d'un autre massage léger au beurre de cacao, cette fois sur l'abdomen et la région des canaux biliaires.

Après la première application, la patiente devait avaler une demi-cuillerée à café d'huile d'olive et continuer ainsi toutes les heures jusqu'à ce qu'elle s'endorme. Toute la technique des cataplasmes, des massages et de l'huile d'olive devait se poursuivre jusqu'au nettoyage complet de l'organisme.

Le régime de la personne devait comprendre des aliments reconstituants, comme les soupes aux légumes et au poulet ainsi que le jus de bœuf. Le riz n'était pas conseillé, mais on pouvait ajouter de l'orge à la soupe au poulet, si désiré. On pouvait également faire cuire des pommes de terre, des carottes et des betteraves dans les soupes. Le jus de betterave était recommandé, le café et le thé, permis, mais sans lait.

La personne envoya de nombreux rapports établissant qu'elle-même et sa famille avaient suivi toutes les recommandations de Cayce et qu'elle avait connu un rétablissement complet après avoir été guérie de son inflammation à la vésicule biliaire et de l'hépatite qui en avait résulté.

HERNIE ABDOMINALE

La hernie abdominale est une protusion anormale d'un organe, ou d'une partie de celui-ci, à travers la paroi qui entoure la cavité abdominale; on pense habituellement qu'elle est soit d'origine congénitale, soit acquise à la suite d'efforts pour soulever une charge excessive, soit consécutive à une opération chirurgicale.

Edgar Cayce donna vingt et une lectures à des personnes souffrant de hernies abdominales; par leur entremise, il expliqua à quel point un ensemble de comportements excessifs pouvait parfois entraîner l'affaiblissement de la paroi abdominale.

Il était d'avis que l'affaiblissement initial était le résultat d'une augmentation progressive des toxines dans le système. Il attribuait cette toxicité à une élimination insuffisante et à un état parfois lié à des lésions dans la zone lombaire de la colonne vertébrale. Cette accumulation toxique créait également un déséquilibre des circulations lymphatique et sanguine ainsi qu'un manque de coordination entre les systèmes nerveux céphalo-rachidien et sympathique. Les influx nerveux étant entravés, la digestion devenait difficile et les sécrétions hormonales, insuffisantes.

Dans de telles conditions, Cayce pensait qu'il suffisait d'un effort physique très léger pour provoquer la rupture de la paroi abdominale et créer une hernie.

Traitement

Selon son habitude, Cayce orienta ses traitements vers le rétablissement de l'équilibre entre les différents systèmes du corps, en créant des conditions optimales pour la guérison. Il insista sur l'importance des attitudes mentales et des émotions positives.

Dans la majorité des cas, il recommanda le port d'un bandage herniaire pour soutenir le processus de guérison.

Il découvrit qu'un régime strictement alcalinisant se révélait très efficace pour guérir une hernie. Il ne devait comporter que peu ou pas de viande, mais beaucoup de légumes, pour aider à redonner de la force aux structures affaiblies.

Cayce suggéra également des manipulations vertébrales, en particulier dans les vertèbres lombaires ou dans le segment de la colonne se trouvant à l'opposé de l'abdomen. Il prescrivit aussi des lavements et des irrigations du côlon, pour expulser les toxines de l'organisme, ainsi que des massages et autres formes de physiothérapie, pour non seulement désintoxiquer l'organisme, mais aussi pour que le corps soit mieux à même de profiter des manipulations vertébrales.

Histoire de cas

Dans les lectures faites pour un homme de cinquante et un ans, le cas 333, Cayce découvrit un manque de coordination dans l'élimination et un système glandulaire qui affaiblissait la structure de l'abdomen, y compris l'ossature et la colonne vertébrale. L'incoordination entre les systèmes céphalo-rachidien et sympathique entraînait une insuffisance de l'apport sanguin, ce qui, à la longue, avait réduit l'épaisseur des parois du côlon. Une douloureuse saillie du côlon à travers la paroi abdominale s'était produite.

Pour remédier au déséquilibre glandulaire, Cayce recommanda l'Atomidine. La dose devait être de trois gouttes dans un verre d'eau le matin et trois gouttes dans un demi-verre d'eau le soir. Le traitement devait se poursuivre pendant cinq jours, avec ensuite un arrêt de cinq jours. À partir du onzième jour, la dose devait passer à cinq gouttes le matin et le soir pour une période de cinq jours, avec ensuite un autre arrêt de cinq jours. On devait alors reprendre le premier dosage des trois gouttes, et ainsi de suite jusqu'à ce que le cycle complet ait été répété cinq fois. Cayce prescrivit en outre six ajustements spinaux complets, de même que six lavements pour stimuler l'élimination. Des bains aux sels d'Epsom, accompagnés de massages à l'aide d'un liniment stimulant, devaient être pris deux fois par semaine, le soir, pendant les cycles d'Atomidine.

Dans une lettre à Edgar Cayce, le cas 333 écrivit: «Les lectures me rapprochent plus que jamais d'une prise de conscience de l'amour de Dieu et de Son ministère par l'entremise du maître Jésus. Vous m'avez évité un avenir de détresse et de souffrances physiques et mentales.» Il déclara aussi qu'il avait maintenant besoin de servir et d'aimer ses semblables.

Par la suite, l'attention qu'il portait à ses traitements se relâcha, et ses malaises reparurent. La hernie avait ralenti les mouvements péristaltiques du côlon et provoqué son engorgement. Conséquemment, les poisons s'accumulaient dans l'organisme et entraînaient des perturbations de la circulation, ainsi que de la nervosité et de l'agitation.

Afin de mieux harmoniser la circulation sanguine et de soulager quelques-unes des tensions, Cayce recommanda une nouvelle série de traitements; celle-ci comprenait des ajustements ostéopathiques complets trois fois par semaine, des massages le matin et le soir, des restrictions alimentaires et le port d'un bandage herniaire.

Il semble que le patient n'ait pas respecté les consignes alimentaires de Cayce; il s'était donc mis à ressentir une fatigue continuelle, accompagnée d'étourdissements fréquents. Une troisième lecture révéla d'autres problèmes liés à la toxémie causée par la hernie. Cayce suggéra alors l'ostéopathie une fois par semaine pendant cinq semaines, une rectification du bandage herniaire et un effort pour acquérir de meilleures attitudes mentales (confiance), tout cela associé à la lecture de la Bible. À la suite de quoi le sujet écrivit que son état s'était amélioré.

Trois ans plus tard, le cas 333 eut une récidive de sa hernie. Dans la lecture qu'il demanda alors, il se vit répondre par Cayce que sa lymphe avait débordé et avait envahi le courant sanguin, ce qui provoquait ses malaises. Le traitement suggéré comprenait l'hydrothérapie et les irrigations du côlon habituelles suivies de massages, avec, en outre, un ajustement ostéopathique en profondeur deux fois par semaine. Cayce avertit le patient de ne pas abuser des sucres et des matières grasses et de ne pas exagérer la consommation de cigarettes.

Trois mois plus tard, l'état du patient empira, et il craignit d'avoir une crise cardiaque. La lecture que Cayce fit alors indiqua que les forces toxiques s'étaient accumulées dans tout l'organisme; elles provoquaient des pressions dans la région abdominale, ce qui déclenchait des étourdissements et de l'enflure. Le traitement recommandé à ce moment-là fut une irrigation du côlon en profondeur, suivie d'une application de chaleur sur le plexus solaire, puis d'un bon massage complet.

Trois semaines plus tard, le cas 333 se sentait mieux, malgré quelques étourdissements. Une lecture fit savoir qu'il existait dorénavant un déséquilibre entre la circulation lymphatique et la circulation sanguine superficielle. La lymphe formait dans la gorge des poches qui risquaient de forcer le recours à l'opération.

Les pressions occasionnées par le port du bandage, aussi bien que la hernie elle-même, entravaient les évacuations normales de l'intestin; les traitements suivants incluèrent plus d'irrigations du côlon, d'ajustements ostéopathiques et de massages. Le régime devait comprendre du jus de bœuf (mais pas de viande de bœuf), des fruits de mer, des légumes crus en feuilles et des soupes de légumes. Le cas 333 cessa d'envoyer des rapports.

HERPÈS

Voir APHTES ET HERPÈS, (page 60)

HOMOSEXUALITÉ

Edgar Cayce a accordé presque neuf mille lectures médicales; parmi celles-ci, neuf seulement traitent de l'homosexualité. On ne doit toutefois pas s'en étonner, car ces lectures furent données entre 1926 et 1944, à une époque où l'homosexualité était totalement «taboue», en partie parce qu'on la considérait comme une maladie mentale et aussi parce que les organisations d'entraide n'étaient encore qu'un rêve pour l'avenir.

Parmi les personnes qui reçurent des lectures, huit étaient de sexe masculin. Sur les huit, sept savaient qu'ils étaient homosexuels; pour cette raison, ils manquaient de confiance en eux-mêmes. Dans leur cas, il y avait souvent des problèmes physiques à soigner, lesquels, selon les lectures, avaient été provoqués, sinon aggravés, par leurs propres sentiments d'anxiété et de culpabilité.

L'autre personne mâle était un bébé âgé de un mois, chez lequel Cayce dénota une forte tendance à l'homosexualité. Il conseilla les parents et leur donna des indications précises sur le régime alimentaire, ainsi que sur l'environnement matériel et le climat émotionnel à donner à l'enfant pour qu'il ne développe pas ces tendances. On ne sut malheureusement pas si ses conseils furent suivis ou non.

Un seul cas concernait une femme qui s'était adressée à Cayce pour savoir si elle était lesbienne. Cayce lui répondit qu'elle ne l'était pas; il expliqua les sentiments qu'elle éprouvait en les reliant à une vie antérieure, au cours de laquelle une expérience particulière avait déclenché de la méfiance envers la sexualité masculine; c'était cette peur des hommes que la patiente prenait à tort pour un lesbianisme latent.

Cayce la conseilla ainsi: «Alors travaille pour montrer que Dieu t'approuve, bon ouvrier sans honte, vivant chaque phase de ses expériences et se gardant de se condamner; ne te condamne pas toi-même, ne condamne pas autrui.» (3685-1)

Puis, le cas 479 écrivit à Cayce en ces termes: «Dois-je agir afin que ma conduite, si elle est connue des autres, mérite la considération générale ou puis-je me comporter, sans dommage, en accord avec mes propres valeurs morales?»

La réponse de Cayce fut immédiate et pleine de compassion:

«Qu'il y ait des défauts au plan physique (...) qui aient des causes profondes prénatales, cela est trop souvent condamné par l'entité (...) et ce que l'on croit être péché ou erreur n'est qu'un effet de la miséricorde d'un Père, qui est toute bienfaisance et sagesse, envers une âme (...) car, dans Sa miséricorde, Il a accordé à chacun tout ce qu'un cœur peut désirer sur le plan physique: rechercher un compagnon ou une compagne pour partager des expériences dans toute sphère d'activité où l'entité âme-corps puisse se trouver (...) Alors, que les actes de ton corps, temple de ton âme, soient reconnus comme purs dans ta propre conscience.»

Histoire de cas

La lecture la plus complète sur l'homosexualité s'adressa au cas 1089; elle couvrit en effet treize ans d'échanges de correspondance. Ce fut aussi l'une des rares lectures où la cause karmique avait été clairement énoncée plutôt que de rester implicite. Cayce révéla à cet homme que lorsqu'il vivait à la cour de France, avant la Révolution, il avait fait circuler des dessins humoristiques sur certains homosexuels, tout en éprouvant lui-même inconsciemment une forte attirance envers leurs agissements. Comme résultat, il était homosexuel dans sa vie présente et, à son tour, il faisait les frais du ridicule et de l'intolérance qu'il avait infligés aux autres.

Cayce le conseilla en ces termes: «Ne condamne pas si tu ne veux pas être condamné. Car, en réalité, la mesure par laquelle tu juges les autres, par cette même mesure on te jugera. Et tout ce que tu condamnes chez autrui (oui, chaque homme, chaque femme), cela, tu le deviens toi-même.» (1089-1)

Ce cas 1089 était la preuve de l'ignorance dans laquelle on tenait les questions sexuelles dans les années 30, car cet homme pensait que son homosexualité résultait de sa pratique habituelle de la masturbation. La lettre suivante de Cayce traitait précisément du rapport entre le sexuel et le spirituel.

«Le sexe, bien sûr, est un domaine très important dans la vie de chacun; c'est ce qui distingue le grand homme du vaurien, le bien du mal; c'est l'expression des forces réactives de notre propre nature; si on lui permet d'agir à sa guise, sans rien se refuser, il mène au déséquilibre physique et mental; mais si on lui donne l'influence véritable qu'il devrait avoir dans la vie, il rapproche l'homme de son Dieu, et c'est le rôle que tu devrais lui donner.»

Dans une lecture précédente, Cayce avait donné un conseil de valeur universelle: «Regarde à l'intérieur de toi et vois toutes les folies de tes actions; tu peux mieux les comprendre en étudiant la nature, en étudiant le sol et ses produits, les diverses activités de tout ce qui est en croissance: les oiseaux et les abeilles, les fleurs, les arbres, toutes ces choses qui vivent et agissent autour de toi.

»Retire-toi du monde de temps en temps et permets-toi d'étudier tout cela. Et que la plus grande part de ton temps se passe en méditation et en prière. Lis jusqu'au dernier mot, jusqu'au dernier message qu'Il laissa, que le Maître laissa (ne les apprends pas par cœur mais garde-les bien vivants): “Il y a beaucoup de demeures dans la maison de mon Père; s'il n'en était pas ainsi, je vous l'aurais dit”.» (1089-3)

HYDROCÉPHALIE

Edgar Cayce accorda cinq lectures à quatre personnes atteintes d'hydrocéphalie, trois d'entre elles étant des enfants âgés de quatorze ans au maximum. Souvent appelée «eau dans le cerveau», l'hydrocéphalie se caractérise par une accumulation excessive de liquide qui dilate les ventricules du cerveau. Chez les jeunes enfants, cette accumulation se manifeste par une augmentation du volume de la boîte crânienne.

Cayce attribuait généralement l'hydrocéphalie à une défectuosité du système céphalo-rachidien ou à une déficience prénatale qu'il décrivit une fois comme «une absence de coordination dans les centres où l'on trouve les plus grandes plaques de lymphe, à l'endroit où se coordonnent les systèmes nerveux central et céphalo-rachidien». (3208-1)

Traitement

Les traitements de Cayce pour l'hydrocéphalie variaient en fonction de la nature unique de chaque cas. La suggestion la plus fréquente était les manipulations vertébrales, qu'il fit dans trois cas pour améliorer la coordination nerveuse.

Dans le quatrième cas, celui d'un jeune garçon de huit ans, il conseilla les massages suédois pour améliorer le drainage.

Il recommanda à la seule adulte qu'il traita, une femme de quarante-deux ans, de se faire opérer pour enlever le tissu cicatriciel pernicieux qui se trouvait sur la colonne vertébrale et de placer sur son abdomen des emplâtres chauds à l'huile de ricin. Selon les recommandations de Cayce, cette femme se fit faire des traitements dans un sanatorium ostéopathique.

Il conseilla au garçon de huit ans des traitements à la diathermie au-dessus des régions chylifère et du plexus solaire; à une fillette de cinq ans, il recommanda de se faire donner une injection d'atropine à la base de la colonne vertébrale. Il suggéra également l'intervention d'un névropathe pour corriger un défaut du coccyx.

On ne reçut aucun rapport de ces cas.

HYPERPILOSITÉ (Poils superflus)

Cayce donna une lecture à chacune des dix-neuf femmes, dont la plupart étaient dans la vingtaine ou la trentaine, qui se plaignaient d'une croissance exagérée de poils sur le visage ou sur le corps.

Le rasage et les techniques épilatoires – cires à épiler, électrolyse, etc. – sont des méthodes externes qui s'attaquent à l'excès de poils. L'approche de Cayce, au contraire, était orientée vers l'intérieur. Dans quinze cas, il attribua la cause principale de l'hyperpilosité à un déséquilibre des sécrétions glandulaires qui entraînait une stimulation excessive de la pousse des poils. Son diagnostic se fondait sur l'hyper- et l'hypoactivité de la glande thyroïde. L'hyperactivité n'était présente, toutefois, que dans un seul cas. Dans les quatre autres cas, Cayce attribua l'hyperpilosité en grande partie à des conditions karmiques, mais il n'expliqua pas quel genre de leçon on pouvait tirer d'une telle anomalie. Il donna aussi comme cause possible une mauvaise circulation.

Traitement

Étant donné que, pour Cayce, la cause principale de l'excès pileux se trouvait dans des désordres glandulaires, il prescrivit divers traitements pour stabiliser le système glandulaire; une fois rééquilibré, celui-ci devait ralentir et même faire disparaître peu à peu toute trace de poils superflus. Dans sept cas, Cayce fit des recommandations diététiques variées qui mettaient l'accent sur les légumes crus et cuits ainsi que sur les aliments riches en iode, comme les fruits de mer et les épluchures de pommes de terre.

Dans six cas, il suggéra l'Atomidine pour régulariser et purifier le système glandulaire. Une dose typique était de une à deux gouttes d'Atomidine dans un demi-verre d'eau, à prendre avant le petit déjeuner.

HYPERTHYROÏDISME

L'hyperthyroïdisme est une affection causée par une sécrétion excessive ou par une hyperactivité de la glande thyroïde. Les symptômes sont l'agitation, l'irritabilité et une perte de poids inexplicable, en dépit d'un bon appétit.

Edgar Cayce accorda quatorze lectures à neuf personnes ayant une thyroïde hyperactive. Dans la majorité de ces lectures, Cayce fit état d'un déséquilibre chimique des éléments du sang, lequel entraînait un déséquilibre du système glandulaire. Dans trois cas, le déséquilibre était causé spécifiquement par un excès de potassium et une carence en iode. Dans trois autres cas, des subluxations ou des blessures spinales étaient responsables de l'affection parce que le manque d'impulsions nerveuses se répercutait sur le fonctionnement des glandes.

Tous les sujets souffraient de perturbations physiologiques diverses, conditions réflexes résultant de l'hyperactivité de la thyroïde. Les plus communes étaient le stress du système nerveux, qui se répercutait sur les fonctions d'élimination et d'assimilation, de même que les problèmes de circulation, qui affectaient la pression du sang et sa toxicité. Là où les blessures et subluxations spinales étaient responsables du trouble glandulaire, la circulation et l'élimination étaient lourdement entravées.

Traitement

Dans la majorité des lectures, on recommanda des manipulations vertébrales ou des massages pour diminuer les pressions sur les centres nerveux. Dans sept cas, Cayce donna des conseils diététiques particuliers; il insistait sur les légumes crus et cuits, les agrumes et leur jus, le poisson, la volaille, l'agneau, la cervelle et le foie.

Dans plus de la moitié des cas, il recommanda l'Atomidine pour purifier les glandes; la dose habituelle était d'une goutte par jour dans un demi-verre d'eau pendant une période de cinq jours; il y avait ensuite arrêt de cinq jours, puis reprise de l'Atomidine.

Dans quatre lectures, Cayce suggéra le recours aux appareils électrothérapeutiques tels que la pile à électrolyte, la lumière ultraviolette et l'appareil radioactif, pour stimuler les glandes.

Il prescrivit à trois personnes ayant des problèmes digestifs des lavements et une irrigation du côlon une ou deux fois par mois pour dégager le côlon et le tube digestif.

Il donna également des conseils spirituels dans quelques-unes des lectures. Dans le cas 726-1, il fit la suggestion suivante: «C'est à l'intérieur de soi-même qu'on doit trouver ce qui peut prendre conscience de l'*édification* de ce qui est nécessaire aux corps physique, mental et spirituel pour apporter sa contribution au cours de cette vie.»

Histoire de cas

Le cas 2568 était celui d'un homme de cinquante-neuf ans dont l'hyperthyroïdisme avait provoqué une excroissance sur le visage. Cayce diagnostiqua un excès de potassium dans le sang, ce qui entraînait une hyperactivité de la thyroïde et du métabolisme et perturbait la circulation hépatique de même que la circulation entre le cœur et les poumons. Cayce découvrit des subluxations spinales entre la quatrième et la sixième vertèbres dorsales, lesquelles avaient causé une incoordination des systèmes nerveux et entravé l'élimination.

Cayce prescrivit des ajustements ostéopathiques des zones dorsale et lombaire ainsi que des bains de vapeur hebdomadaires à l'hamamélis et à l'huile d'aiguilles de pin, qui devaient être suivis d'un massage. Pendant le premier mois de traitement furent aussi recommandées deux irrigations du côlon pour faciliter l'élimination. Le patient devait également suivre un régime essentiellement composé de fruits et de légumes, de poisson, de volaille et d'agneau; il devait éviter les fritures.

Le rapport final fut envoyé par un ami du cas 2568; il déclara que le sujet avait suivi les traitements et qu'il avait ensuite vécu de nombreuses années en bonne santé.

HYPOGLYCÉMIE

L'hypoglycémie est caractérisée par un faible niveau de sucre dans le sang, selon un rapport à peu près inverse à celui des hauts niveaux que l'on trouve dans le diabète. Les deux états sont d'ailleurs étroitement liés, et l'hypoglycémie peut précéder le diabète.

Parmi les symptômes de l'hypoglycémie, on note la fatigue, la dépression, la nervosité, les maux de tête, un pouls rapide, les vertiges, l'anxiété et l'irritabilité.

Edgar Cayce donna cinq lectures à quatre personnes présentant différents symptômes d'hypoglycémie, leur âge allant de cinq à cinquante-neuf ans. La cause principale, citée dans deux cas, était un dérangement de la circulation sanguine. Une infection du sang, une assimilation inadéquate et une affection de la prostate furent mentionnées une fois chacune comme cause du dérèglement.

Traitement

Dans trois des cas, Cayce suggéra des changements de régime consistant à augmenter la consommation de fruits à cause de leur richesse en sucres naturels. Les sucres industriels étaient à proscrire. À l'une des personnes, il prescrivit de la vitamine B_1.

Les autres traitements présentaient une grande diversité, en accord avec les besoins de chacun. Ils comprenaient des irrigations du côlon, de l'électrothérapie, des massages et une prescription relative à l'utilisation du charbon activé, à l'exercice et à l'air frais.

Histoire de cas

Un cas typique fut le 420, un jeune homme de vingt-trois ans qui eut une lecture sur l'hypoglycémie. Selon Cayce, c'était la mauvaise coagulation du sang causée par la présence d'urée dans l'hémoglobine qui avait provoqué ce désordre.

Cayce conseilla un changement de régime. Le jeune homme devait boire chaque matin, immédiatement après son lever, un verre et demi d'eau tellement chaude qu'il ne pourrait l'avaler que par petites gorgées. Son petit déjeuner devait se composer de jus d'agrumes et de raisin ainsi que de pain grillé, sec ou beurré. À l'occasion, il pouvait consommer des œufs et des fruits, frais ou cuits.

Le repas de midi devait se composer d'une salade verte, la lecture insistant sur l'importance d'une bonne mastication. Le jeune homme pouvait boire du lait avant ou après le repas.

Le repas du soir devait inclure des légumes bien cuits, avec, à l'occasion, de la viande d'agneau ou de la volaille. Le bœuf était à éviter, quoique le jus de bœuf fût recommandé, de même que les soupes de légumes.

Les sucreries faites à partir de sucre de betterave ou de saccharine étaient permises comme collations entre les repas, ainsi que des crèmes au chocolat ou des gâteaux aux noix. Cayce recommanda en outre l'utilisation de l'appareil radioactif pour corriger le déséquilibre circulatoire et des irrigations du côlon pour débarrasser l'organisme de ses toxines.

On ne reçut aucun rapport concernant les résultats de ce traitement.

HYPOTHYROÏDISME

L'hypothyroïdisme est la carence en hormones de la thyroïde, qui peut affecter virtuellement toutes les fonctions organiques. Les symptômes comprennent, parmi d'autres, la faiblesse, la fatigue, la constipation, l'anémie et une peau sèche, bouffie et jaunâtre.

Edgar Cayce donna dix lectures sur cette affection, à l'intention de huit personnes. Il attribua dans sept cas la cause à un déséquilibre chimique du sang; la plupart du temps, il s'agissait d'un excès de potassium et d'une carence en iode. Cayce insistait beaucoup sur l'importance de l'iode qui constituait, d'après lui, «l'un des quatre principes dont la présence est indispensable à l'activité d'un organisme normal». (2072-6) L'iode était considéré comme essentiel au bon fonctionnement de la glande thyroïde.

Dans la plupart des cas, le dérèglement de cette glande entraînait des perturbations physiologiques dans tout l'organisme; élimination insuffisante, manque de coordination des forces nerveuses, ralentissement de la circulation, problèmes digestifs et respiratoires. Les troubles physiques avaient tendance à imposer au système nerveux un stress qui entraînait une grande sensibilité nerveuse et émotive.

Traitement

Dans six cas, Cayce recommanda l'électrothérapie, le plus souvent sous forme de rayon violet, dans le but de stimuler l'activité glandulaire dans la région de la gorge.

À cinq personnes, il donna des conseils diététiques qui mettaient l'accent sur les légumes crus et cuits, les jus de fruits et de légumes, les agrumes, le poisson, la volaille et l'agneau, tous à consommer sans restriction.

Dans plus de la moitié des lectures, Cayce suggéra des ajustements ostéopathiques ou des massages spinaux avec de l'huile d'arachide et de l'huile d'olive, pour détendre les nerfs et les muscles. Il prescrivit de l'Atomidine à la moitié des personnes, comme stimulant de la thyroïde. Des instructions précises demandaient de la prendre quotidiennement pendant cinq jours, d'arrêter, puis de reprendre la dose quotidienne qui était habituellement d'une goutte dans un demi-verre d'eau, à boire avant le petit déjeuner. Dans deux cas, Cayce prescrivit de l'extrait de thyroïde, à prendre sous surveillance médicale.

Dans de nombreux cas, l'adoption d'attitudes plus positives envers soi-même et envers autrui constituait une partie importante du traitement.

Histoire de cas

Le cas 1247 était celui d'une femme adulte qui souffrait de mauvaise élimination et d'un épuisement physique continuel. Cayce diagnostiqua que son état était dû à un déséquilibre du sang concernant sa teneur en potassium et en iode; ce déséquilibre entraînait une incoordination entre les réflexes nerveux céphalo-rachidien et sympathique ainsi que des perturbations dans la circulation hépatique. Il en résultait une surcharge des glandes surrénales, qui aident au bon fonctionnement de la rate; l'assimilation aussi bien que l'élimination en étaient perturbées.

Son manque de vitalité fut attribué à un métabolisme ralenti, à cause d'une déficience concernant certains éléments du sang.

Cayce recommanda l'emploi de la pile à électrolyte avec le chlorure d'or pendant deux périodes de vingt-huit jours, avec une période de repos de cinq à dix jours entre chaque traitement. Durant les dix à quinze premiers jours du traitement, la pile devait être utilisée quotidiennement pendant vingt minutes, puis trente minutes pour le reste de la période. Après chaque traitement, on devait administrer à la patiente un massage complet, de la tête aux pieds, en utilisant un mélange d'huile d'olive, d'huile minérale, d'huile d'aiguilles de pin ainsi qu'un composé de teinture de benjoin, d'huile de wintergreen et de racine de sassafras. Après un repos de cinq à dix jours, la malade devait prendre de l'Atomidine par voie orale, à raison d'une goutte par jour dans un demi-verre d'eau. Le traitement à l'Atomidine devait être suivi d'un autre repos de cinq jours.

À la suite de la deuxième série de traitements à la pile à électrolyte, la patiente fut prévenue qu'il lui fallait suivre un régime riche en fruits de mer, assaisonnés avec du sel de mer ou du varech, et qu'elle devait s'abstenir de pain et de pommes de terre. Cayce recommanda aussi des applications quotidiennes du rayon violet sur les régions du système nerveux sympathique. Ces dernières devaient être effectuées pendant cinq à sept minutes chaque soir, avant le coucher, en éloignant progressivement l'ampoule de la tête et en faisant appel à des mouvements circulaires. Pour faciliter l'élimination, Cayce prescrivit un laxatif alcalinisant, comme le lait de magnésie, et des lavements doux à réaliser fréquemment.

HYSTÉRIE

L'hystérie relève essentiellement de la psychiatrie; c'est un mot qu'on emploie pour désigner des choses différentes. Habituellement, on considère comme hystériques des personnes qui sont obsédées par tout ce qui touche à la médecine et à la chirurgie. Ce sont généralement des femmes dans la trentaine ou la quarantaine.

Edgar Cayce donna à deux femmes une lecture chacune sur l'hystérie. Dans les deux cas, il découvrit que la cause principale était un genre de neurasthénie résultant d'une nature extrêmement émotive. Le mot «neurasthénie» est aujourd'hui démodé; il se réfère à un groupe de symptômes qu'on attribuait autrefois à la faiblesse ou à l'épuisement du système nerveux. Les lectures semblent avoir employé le mot hystérie dans ce sens.

Traitement

Pour provoquer la détente chez les deux femmes atteintes d'hystérie, Cayce recommanda des massages légers le long de la colonne vertébrale, en utilisant de l'alcool dans un cas et de l'huile de pin dans l'autre. Pour l'une des deux, il conseilla un sédatif, sans plus de précision, pour calmer le corps et diminuer le stress émotionnel. Toutes les deux se virent conseiller également la «guérison magnétique» (ou imposition des mains), un régime reconstituant, des manipulations vertébrales et des bains de vapeur à l'hamamélis.

Histoire de cas

Le cas 4060 était celui d'une femme de quarante-sept ans qui reçut une lecture sur l'hystérie. La mort de son époux et sa situation financière précaire la rendaient extrêmement nerveuse et sujette à l'insomnie. Cayce attribua sa détresse à une incoordination nerveuse; il lui dit: «Ce sont apparemment les résultats de "batteries" déchargées, ou le manque de coordination des centres de l'axe lombaire, la neuvième dorsale, à travers les centres brachiaux et toute la région des cervicales, ou bien ce sont les connections entre les systèmes céphalo-rachidien et sympathique qui deviennent court-circuitées.» (4060-1)

En conséquence, Cayce prescrivit une série de six à huit ajustements spinaux, conjointement avec des traitements approfondis d'hydrothérapie. Ceux-ci devaient inclure des bains de vapeur préparés avec de petites quantités d'hamamélis et suivis de massages à l'huile de pin.

La patiente suivit les recommandations de la lecture et fit ensuite le rapport suivant: «La lecture a parfaitement décrit mes problèmes physiques et mentaux. J'ai suivi les traitements selon les instructions et maintenant je suis guérie.»

I

IMPÉTIGO

L'impétigo est une affection aiguë et inflammatoire de la peau; elle est caractérisée par l'éruption de pustules résultant habituellement de l'action de staphylocoques. La contagion se transmet souvent par un autre enfant. L'unique symptôme est la démangeaison.

La seule lecture ayant trait à l'impétigo fut faite pour un enfant de deux ans, le cas 305, qui souffrait d'une inflammation des amygdales en même temps que de l'impétigo. Son médecin ne lui avait donné qu'un mois à vivre. La lecture révéla que l'enfant était sous-alimenté, sa nourriture ne fournissant pas à son organisme tous les éléments dont il avait besoin.

Le régime alimentaire constitua donc un facteur important du traitement de l'enfant. Le porc, le bœuf et les viandes frites devaient être éliminés; le jus de bœuf maigre était cependant considéré comme bénéfique. Les sucreries ne devaient être prises que très parcimonieusement.

Traitement et histoire de cas

Le régime quotidien suggéré était le suivant: au petit déjeuner, des jus d'agrumes de toutes sortes, mais à la condition de ne prendre ni lait ni céréales en même temps. Avec les céréales, l'enfant devait consommer des jus de pruneaux ou de rhubarbe. Des jaunes d'œufs cuits en cocotte et du pain brun grillé devaient aussi faire partie du petit déjeuner. Au milieu de la matinée, le garçonnet pouvait au besoin prendre un verre de lait malté (mais non chocolaté) mélangé à un jaune d'œuf et quelques gouttes de calvados (alcool de pomme).

Le repas de midi se composait d'un mélange de jus de légumes fraîchement cuits, tels les épinards, carottes, choux, navets, haricots et lentilles. On devait extraire les jus des légumes cuits dans du papier de Patapar et les consommer ensuite avec du pain de blé entier et du lait, autant qu'il était possible d'en boire. Au milieu de l'après-midi, la lecture suggérait un autre lait malté, ou encore des fruits ou des jus de fruits de toutes sortes, à l'exception des bananes et des pommes. Les bonbons étaient interdits. Le repas du soir devait essentiellement se composer des légumes bien cuits provenant du repas de midi, consommés autant que possible sans viande. Lorsqu'on voulait donner à l'enfant de la viande, Cayce recommandait l'agneau, servi avec des pois, des carottes et des oignons. D'autres sources possibles de protéines étaient le poisson, la cervelle, les tripes et les pieds de porc.

Des traitements médicinaux furent également conseillés, comme l'Atomidine, à raison d'une goutte par jour dans un demi-verre d'eau le matin, avant le petit déjeuner, et deux gouttes dans un demi-verre d'eau avant le coucher. L'enfant devait prendre deux fois par jour une aide digestive à base de fer, mais pas dans du lait.

En outre, on devait lui faire des massages chaque soir, à l'aide du mélange suivant: deux cuillerées à soupe de suif de mouton fondu, une cuillerée d'alcool camphré, une cuillerée d'essence de térébenthine, une cuillerée à café de teinture de benjoin et une demi-cuillerée à café de kérosène. On devait bien agiter le mélange avant de s'en servir et le garder dans un contenant ou une cruche en verre fermés par un bouchon. On devait masser l'enfant tout le long de la colonne vertébrale, en partant de la base du cerveau pour descendre jusqu'en bas, et aussi sous les bras et sur la poitrine, sur les aines et le long du côlon ascendant, à partir du foie vers le bas. La lecture prédisait que si l'on appliquait ces traitements avec persévérance, l'impétigo disparaîtrait en même temps que l'infection aux amygdales.

Vingt-quatre ans plus tard, les parents écrivirent pour annoncer que, après avoir surmonté quelques problèmes de santé, leur fils avait atteint la taille de 1,82 m et qu'il pesait 90 kg.

INCONTINENCE URINAIRE

L'incontinence des reins est l'incapacité de retenir l'urine au moment d'un effort ou par suite d'une vessie surdistendue et flasque, parmi d'autres causes. Cayce donna cinq lectures à cinq personnes, la plupart âgées, qui souffraient de cet état.

Les explications de Cayce variaient d'un cas à l'autre. Pour deux d'entre eux, la faute en revenait à une alimentation inadéquate, laquelle avait entraîné une accumulation d'acides et de sucres dans le système et, dans un cas, avait provoqué l'engorgement de l'urètre. Dans deux autres cas, Cayce attribua la cause de l'incontinence à un empiétement des nerfs à la suite de problèmes à la colonne vertébrale; ces problèmes résultaient de subluxations ou de réactions chimiques non équilibrées qui avaient affecté l'énergie nerveuse. Dans un autre cas, un homme de soixante-douze ans avait ce problème à cause d'une surcharge dans la zone génitale.

Traitement

Les traitements de Cayce pour l'incontinence portaient presque exclusivement sur le régime alimentaire, les massages et les manipulations, ainsi que sur l'application de cataplasmes chauds.

Dans chaque lecture, Cayce fit des mises au point diététiques; les aliments généralement prohibés étaient les mélanges de sucres et d'amidons, le porc et les fritures. Il encourageait au contraire la consommation de salades, céleri, carottes, betteraves, soupes de légumes et gélatine.

Dans quatre cas sur cinq, il recommanda des manipulations ou des massages spinaux pour favoriser la détente et soulager le stress imposé au système excréteur. Dans quatre lectures également, il donna des directives concernant la préparation et la mise en place de diverses sortes de cataplasmes chauds, essentiellement constitués de Glyco-Thymoline ou d'huile de ricin; on devait les placer sur l'abdomen ou le pubis pour soulager la vessie. Dans deux cas, il conseilla des irrigations du côlon et de l'huile d'olive à prendre par voie orale.

Histoire de cas

Le cas 5146 était celui d'une femme de cinquante-quatre ans qui éprouvait des besoins d'uriner tellement fréquents qu'elle n'osait plus faire de visites sociales ni même de petits déplacements.

Cayce assura que son problème était causé par un état exagérément acide de son tube digestif, résultat d'une diète totalement inadéquate. L'excès d'acidité entraînait des complications dans l'estomac et les intestins, lesquelles se répercutaient à leur tour sur les reins, devenus beaucoup trop actifs. Cayce découvrit aussi des subluxations spinales de la cinquième à la neuvième vertèbres dorsales. Il mit des restrictions sur l'ensemble des sucreries, gâteaux, tartes et pâtisseries; il conseilla à la patiente d'utiliser des cataplasmes chauds à l'huile de ricin, de les placer sur son foie et son abdomen durant une heure tous les jours, pendant trois jours, et de les faire suivre d'un cataplasme chaud à la Glyco-Thymoline sur le pubis, les reins et la vessie. La personne devait également avaler une cuillerée à café d'huile d'olive toutes les heures, jusqu'à ce que l'effet se fasse sentir sur l'excrétion.

Pour rétablir l'alcalinité de l'organisme, il lui était conseillé de boire chaque jour trois verres d'eau contenant chacun cinq gouttes de Glyco-Thymoline. Elle devait aussi se faire donner des ajustements à la colonne vertébrale pour corriger les subluxations.

INDIGESTION ET GASTRITE

L'indigestion est une indisposition provenant d'une digestion qui se fait mal. Les symptômes habituels en sont les aigreurs d'estomac, les nausées, les ballonnements, les crampes, un goût désagréable dans la bouche, les vomissements et la diarrhée. L'indigestion peut être également un symptôme qui accompagne d'autres affections. L'appendicite présente souvent les mêmes symptômes que l'indigestion.

La gastrite est une inflammation de la muqueuse de l'estomac qui se caractérise par des symptômes typiques allant de l'anorexie à l'hémorragie, encore que la gastrite chronique puisse ne présenter que peu ou pas de symptômes.

Cayce donna à quatre-vingt-trois personnes un total de cent neuf lectures portant sur l'indigestion et la gastrite. Les âges s'étendaient de neuf mois à soixante-quatorze ans.

La cause principale des problèmes digestifs était l'insuffisance de l'élimination, que Cayce cita dans quarante-huit cas. Selon lui, c'était la mauvaise élimination de l'excédent de toxines par les intestins qui était responsable de l'irritation des muqueuses intestinales; ce qui entraînait les problèmes digestifs, et parfois la gastrite.

Dans trente-six cas, c'est l'assimilation inadéquate qui fut tenue responsable des ennuis digestifs. Cette mauvaise assimilation de la nourriture avait pour conséquence l'irritation et l'inflammation de la muqueuse gastrique; ces conditions, à leur tour, provoquaient l'indigestion et une augmentation de la quantité de toxines, ce qui entraînait d'autres complications gastriques.

Dans quarante cas, Cayce trouva comme cause un manque de coordination du système nerveux, lequel provenait généralement de défauts d'alignement dans la colonne vertébrale. Ceux-ci perturbaient le bon fonctionnement de l'estomac, ce qui se manifestait souvent par de l'hyperacidité.

Dans vingt-neuf cas, il mentionna, comme facteur important, un ralentissement de la circulation, qui pouvait également résulter d'un excès de toxicité du système et de la surcharge des canaux d'élimination qui en découlait. Cayce mentionna dans divers cas l'anémie et les tendances anémiques comme des facteurs étroitement liés à l'indigestion.

Dans sept cas, il attribua la cause des affections à des déséquilibres glandulaires. Bien qu'il n'ait que rarement tenu les régimes inadéquats comme directement responsables des problèmes digestifs, il donna si fréquemment des conseils diététiques dans ses lectures qu'une alimentation déficiente devait certainement constituer une des causes des problèmes. Cayce mentionna aussi parfois les adhérences ou les lésions à l'intérieur de l'estomac et des intestins.

Traitement

Dans cinquante-quatre cas, les conseils diététiques constituèrent l'essentiel du traitement. Cayce avait compris que les habitudes alimentaires de ces gens pouvaient être acceptables en temps normal, mais que, dans les circonstances présentes, des changements étaient indispensables pour régler les problèmes immédiats. Il recommandait donc des aliments digestes et riches en vitamines et en sels minéraux; l'accent était mis sur les fruits et les légumes frais de même que sur des suppléments comme le jus de bœuf. Il conseillait aussi de s'alimenter selon des horaires réguliers et de mâcher la nourriture avec soin.

Il recommanda des manipulations vertébrales dans trente-sept cas; elles devaient être concentrées sur les vertèbres dorsales correspondant à l'estomac et aux intestins.

Dans trente-quatre cas, il conseilla de stimuler l'élimination pour désintoxiquer l'organisme et reposer les intestins, le plus souvent en ayant recours aux lavements et aux irrigations du côlon. Il suggéra également des stimulants tels que le lait de bismuth ou le Castoria. À l'occasion, les deux méthodes, interne et externe, pouvaient être utilisées conjointement.

Cayce conseilla l'électrothérapie dans vingt-huit cas, le plus souvent sous forme d'applications à l'appareil radioactif et au vibromasseur. Et dans vingt-quatre cas, comme aides à la digestion, il mentionna l'Acigest, l'Al-Caroid, la sève d'orme, la tisane de carthame, la pepsine et l'huile d'olive, qui reçurent chacune de nombreuses recommandations. L'objectif était d'adoucir la muqueuse stomacale et d'améliorer l'assimilation et l'élimination.

Il recommanda à dix-sept personnes des massages pour détendre le corps et aider différents organes à fonctionner plus normalement. Les huiles de massage devaient inclure l'huile d'olive ou le suif de mouton avec la formule camphre-térébenthine.

Il suggéra aussi, dans quinze cas, les cataplasmes abdominaux, la plupart du temps avec de l'huile de ricin ou des sels variés; il mentionna également les cataplasmes au raisin et à la Glyco-Thymoline.

À neuf personnes, il recommanda diverses tisanes de plantes pour aider la fonction digestive et d'autres fonctions, ainsi que pour harmoniser le système. Des traitements à l'hydrothérapie, de nature générale ou particulière, furent prescrits dans huit cas pour favoriser la relaxation. Dans trois cas, Cayce recommanda l'Atomidine et le Calcios. Finalement, il y eut d'autres suggestions ayant trait aux bienfaits du repos, du soleil, du grand air et de l'exercice fait avec modération.

Histoire de cas

La majeure partie de ceux qui avaient eu des lectures pour les problèmes de l'estomac ne firent pas connaître les résultats de leurs traitements; vingt-deux personnes firent toutefois savoir que leur état s'était grandement amélioré.

Le cas 5545 était intéressant, bien qu'il n'ait fait parvenir aucun rapport après les traitements. Il s'agissait d'un homme de quarante et un ans qui avait eu trois lectures pour une gastrite aiguë. Selon Cayce, cet homme souffrait d'une hyperacidité résultant d'une mauvaise assimilation et d'une circulation paresseuse; cette acidité avait entraîné des lésions dans la muqueuse de l'estomac.

Pour combattre l'acidité, Cayce lui conseilla d'adopter un régime composé d'aliments alcalinisants et faciles à digérer. Il lui fallait s'abstenir de thé et de café. En outre, pour neutraliser les acides de l'estomac, le patient devait prendre une substance appelée «chaux de bismuth» (lait de bismuth?). Cayce lui suggéra aussi, pour aider la digestion, de la sève d'orme et de la tisane de carthame, toutes les deux à prendre avant les repas.

La deuxième lecture recommanda des manipulations vertébrales concentrées sur les quatrième, septième et huitième vertèbres dorsales afin d'atténuer les déséquilibres de l'estomac. Il conseilla également des doses quotidiennes d'une cuillerée à café d'huile blanche de Russie mélangée à la même quantité de Pétrolagar pour faciliter l'élimination.

La troisième lecture suggéra de continuer le traitement expliqué ci-dessus et de recevoir une irrigation du côlon si le besoin s'en faisait sentir.

INSOMNIE

L'insomnie est une difficulté de s'endormir qui touche la plupart des gens à un moment donné de leur vie. La cause peut en être physique, émotionnelle, ou les deux. Le souci, la peur et d'autres formes d'anxiété en sont des causes communes. D'autres facteurs peuvent avoir trait à la réaction à certains aliments, à un excès de lumière ou même au degré de confort d'un lit. Des aliments contenant de la caféine, comme le café ou le thé, peuvent aussi empêcher le sommeil.

Les lectures de Cayce renferment plus de trois cent cinquante références à l'insomnie. La présente recherche concerne soixante-douze personnes, âgées de quatre à soixante-dix-huit ans, qui reçurent un total de soixante-dix-neuf lectures sur le sujet. Bien entendu, certains de ces cas avaient aussi d'autres problèmes physiques, démontrant ainsi le fait que le manque de sommeil peut être le signe de la présence d'autres déséquilibres.

Cayce recommanda une fois de faire bon usage de la période passée à ne pas dormir. Le cas 2051 demanda: «Comment se fait-il que j'aie de la difficulté à rester endormi après quatre heures du matin, et que faire pour y remédier?»

Cayce répondit: «C'est une habitude et, partiellement, une réaction physique. Vous ne devriez pas tenter de la combattre, mais plutôt l'utiliser à votre profit. Si vous êtes éveillé, utilisez la première demi-heure, au moins, à méditer directement sur ce que notre Seigneur aimerait que vous fassiez ce jour qui vient. Vous apprendrez vite à dormir plus longtemps que l'heure suivante.»

Les facteurs causant l'insomnie variaient grandement selon les cas particuliers. Dans un tiers des cas environ, les problèmes émotionnels représentaient la cause principale; dans les autres cas, il s'agissait d'un mélange de facteurs physiques et émotionnels.

Les causes physiques responsables de cet état incluaient le diabète, la ménopause, l'arthrite, les suites d'une opération chirurgicale et le cancer. La catégorie plus vaste des troubles physiques comprenait très souvent des facteurs tels qu'une mauvaise assimilation et une mauvaise élimination. Ces déficiences entraînaient un excès de toxines dans l'organisme, ce qui perturbait souvent le système nerveux et entraînait finalement l'insomnie.

Dans huit cas, c'étaient des pressions sur la colonne vertébrale qui étaient à l'origine du problème.

Traitement

Pour soigner les insomniaques, Cayce tenait compte avant tout de leur état physique et émotionnel. Les traitements étaient adaptés aux besoins individuels; ils ne peuvent donc être considérés comme spécifiques au traitement de l'insomnie.

Le traitement physique le plus fréquemment recommandé était l'électrothérapie, l'appareil radioactif étant mentionné vingt-cinq fois sur quarante et une. L'objectif du traitement avec cet appareil était d'équilibrer les systèmes nerveux et circulatoire de manière qu'il en résulte une meilleure détente et une plus grande harmonie. Cayce disait que les effets seraient encore plus marquants si l'appareil était utilisé juste avant, ou pendant, la période de méditation. Dans quelques cas, il conseilla également le vibromasseur, pour ses propriétés relaxantes.

Dans trente-deux cas, Cayce donna des instructions diététiques; la plupart avaient pour but d'améliorer la qualité du sommeil par l'adoption d'un régime global plus digeste, mais un seul fut précisé, c'est-à-dire: prendre un verre de lait chaud avec une cuillerée à café de miel au moment d'aller au lit.

Les manipulations vertébrales firent l'objet de vingt-trois suggestions; elles devaient être faites dans le but de favoriser la détente en réduisant les tensions le long de la colonne. Les massages furent recommandés vingt fois, également comme méthode de détente pour l'organisme. On devait utiliser diverses substances, comme l'huile d'arachide, un mélange de suif de mouton et d'autres mélanges d'huiles, et les faire pénétrer dans la peau.

Des méthodes pour stimuler l'élimination furent suggérées dans neuf cas, afin de désintoxiquer l'organisme; il s'agissait d'irrigations du côlon, de lavements et de laxatifs.

À sept reprises, Cayce recommanda des aides digestives comme l'Al-Caroid et le bicarbonate de soude. Les lectures affirmaient que ces deux substances favorisaient la détente corporelle. D'autres traitements, aux effets moins directs, furent mentionnés jusqu'à cinq fois chacun; il s'agissait d'Atomidine, de cataplasmes divers et d'hydrothérapie.

Cayce conseilla à dix personnes de faire de l'exercice dans le but de fatiguer le corps et de créer le besoin de sommeil. Il accorda en outre beaucoup d'attention aux aspects non physiques de l'insomnie. Des occupations susceptibles de favoriser le développement spirituel, telles la méditation ou la lecture de la Bible, furent suggérées dans dix cas; à deux occasions, ce furent des exercices mentaux.

Histoire de cas

Vingt-six personnes suivirent les recommandations de Cayce et déclarèrent par la suite qu'elles avaient eu de bons résultats. Il n'y eut pas d'autre rapport.

L'un des exemples où les conseils furent suivis, avec un rapport pour confirmer le fait, fut celui d'une femme de quarante ans qui avait reçu deux lectures au sujet de diverses affections, dont l'une était l'insomnie. Cette dernière fut attribuée à un défaut de coordination dans le système nerveux, qui résultait d'une circulation paresseuse et de déséquilibres glandulaires.

Cayce suggéra comme premier traitement une tisane de plantes contenant de la valériane comme sédatif. Il conseilla ensuite des séances de sauna pour débarrasser l'organisme de certaines toxines accumulées par suite de la circulation paresseuse. Ces séances devaient avoir lieu deux fois par semaine pendant deux semaines et être suivies de massages complets, d'une durée de vingt à trente minutes, en utilisant de l'alcool à friction et des huiles dont le nom n'était pas précisé.

Cayce recommanda également le recours quotidien à l'appareil radioactif; la patiente devait l'utiliser chaque jour en faisant sa sieste, pendant une durée d'une demi-heure à une heure, ou d'une heure et demie si elle s'endormait.

Des modifications à son régime mettaient l'accent sur des aliments facilement assimilables comme les fruits et les jus d'agrumes. Pour le repas de midi, les salades étaient particulièrement recommandées. La viande devait être limitée à la volaille et au poisson. Cayce conseillait aussi de boire beaucoup d'eau pour purger l'organisme.

La deuxième lecture accordée au cas 515 précisa que les massages devaient se faire avec de la myrrhe et être immédiatement suivis de l'utilisation du coussin chauffant. Pour encourager l'élimination, la patiente devait prendre de l'huile d'olive par voie orale.

IRITIS (Uvéite)

L'iritis est l'inflammation du tractus uvéal (iris, corps ciliaire et choroïde). À l'occasion, Edgar Cayce rattachait l'iritis à la névrite, ou il l'y associait. La névrite se caractérise par des lésions de un ou plusieurs nerfs et peut être inflammatoire.

Cayce donna un total de trente lectures pour onze personnes qui présentaient soit un cas établi d'iritis, soit une tendance à souffrir de cette inflammation. L'un de ces cas, le 538, reçut à lui seul seize lectures en rapport avec son état.

Les principales causes que Cayce attribuait à l'iritis étaient diverses; mais il les trouvait au moins dans deux des catégories suivantes: déséquilibre glandulaire, affaiblissement généralisé, rhume et congestion, pressions spinales, non-élimination de substances toxiques, troubles rénaux, acidité, maladie, blessure, épuisement nerveux, mauvaise circulation et traitements antérieurs ayant aggravé l'affection.

Aucun ordre évident ne ressort de cette énumération; Cayce pensait cependant que n'importe lequel des facteurs mentionnés pouvait entraîner des pressions sur les nerfs qui fournissent des nutriments aux yeux; ce qui avait pour effet de ralentir l'élimination des toxines hors de la zone concernée et de permettre à l'inflammation de s'installer.

Traitement

Le traitement le plus fréquent – mentionné dans tous les cas, sauf trois – consistait en manipulations vertébrales ou en massages. Cayce conseilla aussi l'électrothérapie, le plus souvent sous la forme de la pile à électrolyte, du rayon violet (à passer au-dessus de la colonne vertébrale) et de l'appareil radioactif. Dans un peu plus de la moitié des cas, il souligna l'importance du régime alimentaire; il le conseillait bien équilibré et comportant des aliments aux propriétés laxatives. Dans le même nombre de cas, il suggéra des applications locales pour diminuer l'inflammation, utilisant l'acide borique ou la Glyco-Thymoline, des compresses froides et des gouttes pour instillations oculaires.

À maintes reprises, il recommanda des laxatifs, des lavements et des irrigations du côlon pour stimuler l'élimination. À quelques personnes, il conseilla de se reposer sous une faible lumière et d'éviter de se fatiguer les yeux, surtout à l'occasion d'un travail de précision effectué sous un éclairage très fort ou très faible.

Histoire de cas

Pas loin de la moitié de ceux qui avaient reçu des lectures rapportèrent une amélioration après avoir suivi les conseils de Cayce. Le médecin qui soigna le cas 934 fut impressionné par son rétablissement. Lorsque la patiente – le cas 934 – vint le consulter pour des ajustements spinaux, elle était pratiquement aveugle, et ses yeux étaient totalement recouverts d'une pellicule blanche. Néanmoins, au bout de quelques traitements, ses yeux commencèrent à s'éclaircir. Un peu plus d'un an après sa première lecture, la malade fit savoir que ses yeux étaient dégagés, qu'il ne restait dessus qu'une pellicule si fine qu'on ne la remarquait même pas et que l'inflammation avait totalement disparu.

Un schéma de traitement typique fut accordé au cas 1267, celui d'une femme de cinquante-deux ans qui souffrait d'un épuisement général de ses énergies à cause d'une subluxation spinale dans les zones dorsale supérieure et cervicale. Cette condition entravait la circulation en direction de la tête, ce qui avait peu à peu créé de l'inflammation, dilaté et étouffé le nerf optique et, en conséquence, affecté la vision des deux yeux.

Comme premiers soins, Cayce recommanda des ajustements ostéopathiques, surtout dans les régions affectées; ceux-ci devaient stimuler toutes les énergies nerveuses et musculaires des yeux et coordonner le bas de la colonne dans le but de rendre les drainages plus faciles. Ces ajustements devaient être administrés de deux à trois fois par semaine pendant une période de trois semaines, être suivis d'une période de repos de dix à quatorze jours; puis une autre période d'ajustements pendant deux semaines, une autre période de repos et, finalement, une autre série.

Pendant les périodes de repos, la patiente devait utiliser l'appareil radioactif; au bout de trois applications, elle devait passer au rayon violet et appliquer celui-ci sur sa tête, son cou et sa colonne vertébrale, sur toute la longueur. Ces traitements devaient se faire en douceur et ne pas dépasser trois à cinq minutes.

Comme collyre liquide, Cayce prescrivit une solution diluée de Glyco-Thymoline. La patiente devait en outre placer des cataplasmes aux pommes de terre sur ses yeux, de une à deux fois par semaine, juste avant de se coucher. Elle devait les garder en place pendant au moins dix minutes et se nettoyer les yeux par la suite.

Cayce recommanda aussi des irrigations du côlon à effectuer à intervalles réguliers, en utilisant du sel et du bicarbonate de soude toutes les deux ou trois fois et en ajoutant de la Glyco-Thymoline pour éviter l'inflammation et encourager l'élimination.

Il n'y eut aucun rapport post-thérapeutique de la part du cas 1267; cependant, des comptes rendus au sujet de cette personne indiquent qu'elle fut très impressionnée par sa lecture et qu'elle envisagea de suivre les conseils de Cayce.

K

KYSTES

Un kyste est habituellement un sac avec une enveloppe bien marquée qui contient un fluide ou d'autres matières. On le trouve soit juste sous la peau, soit dans une partie profonde de l'organisme.

Edgar Cayce donna un total de trente-trois lectures à vingt-quatre personnes ayant des kystes; les deux tiers étaient des femmes.

Dans la moitié à peu près des lectures consacrées aux kystes, Cayce en attribua la cause aux accumulations de lymphe qui prenaient la forme de poches à différents endroits du corps.

Dans un quart des cas, une élimination insuffisante et une circulation ralentie étaient responsables de leur apparition.

Cayce prévint un tiers des patients que le recours à la chirurgie serait inévitable si on laissait le kyste créer une trop grande surcharge dans l'organisme.

Traitement

Dans la moitié des cas, les lectures revenaient régulièrement sur la nécessité de faire des massages localisés. Pour les kystes de la peau, on devait les masser directement avec une combinaison d'huile de ricin et de bicarbonate de soude; les kystes apparaissant au bas de la colonne vertébrale devaient être frictionnés avec un mélange composé de 30 ml d'Iodex pour cinq grains de charbon activé. Pour les accumulations de lymphe et les kystes graisseux, Cayce suggérait de les frictionner avec un mélange de suif de mouton, d'alcool camphré et de térébenthine après avoir pris un bain chaud.

Dans un tiers des cas, il recommanda des manipulations ostéopathiques pour stimuler l'élimination et la circulation, et aussi pour aider à corriger d'autres problèmes affectant l'organisme. L'hydrothérapie, sous diverses formes, ainsi que les irrigations du côlon firent moins souvent partie des recommandations des lectures; elles dépendaient de l'état de l'organisme des patients.

Pour se débarrasser des kystes, un moyen efficace était le régime alimentaire, la majeure partie devant être constituée de légumes crus en feuilles. Les fruits de mer étaient également fortement recommandés alors que les viandes rouges, le porc et les féculents devaient être évités.

Histoire de cas

Une femme de trente-huit ans, le cas 3247, obtint deux lectures; elle avait une cystite chronique, et des opérations chirurgicales antérieures avaient permis que son estomac et sa vessie aient des adhérences avec les organes environnants.

La première lecture expliqua que les opérations avaient laissé du tissu cicatriciel dans lequel s'étaient formés des kystes. Étant donné la quantité de tissu cicatriciel, la lecture suggéra qu'une autre opération serait peut-être à envisager si les traitements offerts se révélaient sans effet. En plus des formations kystiques sur le tissu cicatriciel, Cayce découvrit des subluxations aux huitième et neuvième vertèbres dorsales et à la troisième cervicale; celles-ci avaient affecté la circulation générale et entraîné des perturbations des systèmes excréteurs.

Cayce suggéra des traitements hebdomadaires d'hydrothérapie, afin de provoquer une légère sudation; ceux-ci devaient être suivis d'un bain de vapeur, puis d'une douche chaude et froide, et finalement, d'une friction. Après le début du traitement, la patiente devait recevoir une série de six manipulations vertébrales; l'abdomen devait ensuite être massé avec un mélange constitué à parts égales d'huile d'olive et d'huile d'arachide. Il lui était également suggéré de faire masser la région affectée avec une pommade composée d'une pincée de bicarbonate de soude mélangé à une cuillerée à café d'huile de ricin. Mais ce massage ne devait s'effectuer qu'après la fin de tous les autres traitements.

La deuxième lecture indiqua que des perturbations persistaient dans toute la région abdominale. Des cataplasmes à l'huile de ricin devaient être faits quatre ou cinq jours par semaine et être suivis d'un massage de la zone abdominale.

À la fin de chaque série de cataplasmes, la patiente devait avaler de petites quantités d'huile d'olive, trois ou quatre fois par jour. (Les injections d'hormones *theeline* et estrogène devaient être arrêtées, car elles avaient tendance à créer des dépôts dans le système.) Arrivée à ce point, l'éventualité d'une opération était toujours présente.

Ce fut la dernière lecture accordée au cas 3247; on ne reçut aucune nouvelle, ni aucun résultat de la part de cette personne.

KYSTE CUTANÉ

Un kyste est un sac fermé, possédant une membrane bien distincte, qui apparaît à la surface de la peau et est rempli d'une substance liquide ou semi-liquide.

Edgar Cayce donna un total de dix-neuf lectures pour quinze personnes ayant des kystes cutanés ou des affections du même genre.

Les causes principales des kystes cutanés, telles que relevées par Cayce, dans soixante pour cent des lectures, étaient l'élimination insuffisante et la mauvaise circulation. Cayce pensait que la perturbation apparaissait lorsque la circulation était entravée d'une quelconque façon et, qu'en conséquence, les fonctions d'excrétion ralentissaient. Les toxines commençaient alors à se multiplier et à envahir le courant sanguin et les kystes se formaient à la surface de la peau. Dans une lecture, Cayce fit un commentaire sur la formation des kystes: «Nous trouvons que ceux-ci ont un rapport avec le fait que la circulation de la lymphe et l'activité des émonctoires se séparent de la circulation plus profonde. Et lorsque les forces cellulaires se font assaillir, soit sous forme de contusions, soit par manque des éléments nécessaires au système pour maintenir la force de la vie, alors elles s'érigent en système particulier. Elles empruntent ainsi au système et deviennent (...) à l'origine et souvent (...) malignes de nature.» (1013-1)

Dans trente pour cent des cas, une certaine forme d'incoordination glandulaire représentait un facteur pouvant contribuer à la formation des kystes. Ce fait était généralement associé à une surproduction de lymphe provoquée par la concentration de toxines dans l'organisme.

Dans vingt-cinq pour cent des cas, Cayce mentionna comme facteurs une mauvaise assimilation, un régime alimentaire inadéquat et des problèmes spinaux. Un régime exagérément acide, c'est-à-dire contenant trop de viandes, de sucreries et de féculents entraînait un ralentissement des évacuations. Des subluxations spinales et diverses autres sources de compression du système nerveux accentuaient encore les perturbations dans les fonctions circulatoire et excrétrice du corps.

Traitement

Les directives diététiques et les manipulations vertébrales représentaient les deux genres de traitement le plus souvent recommandés par Cayce, chacun dans soixante-cinq pour cent des cas. Il demandait de maintenir un régime alcalinisant en n'abusant pas des sucreries, des féculents, des graisses, des fritures et des plats lourds à digérer, comme le bœuf ou le porc. Les aliments le plus vivement conseillés étaient les agrumes et autres fruits, les légumes crus et cuits, les grains entiers, les œufs, le lait, le poisson, la volaille et, modérément, l'agneau.

Pour aider à rétablir une circulation normale, Cayce recommandait les manipulations vertébrales, en faisant les corrections nécessaires aux endroits où des compressions existaient. Les manipulations avaient aussi pour but d'apporter la détente, qui aidait à son tour l'organisme à se désintoxiquer.

Dans quarante-cinq pour cent environ des lectures, Cayce suggéra les massages, les applications externes et l'électrothérapie. Les massages devaient entraîner une relaxation générale; les applications externes avaient pour but d'aider à dissoudre le kyste, et l'électrothérapie, de guérir et de renforcer le système circulatoire.

Les pommades étaient constituées d'une combinaison de substances telles que: huile de ricin et bicarbonate de soude; Iodex et charbon activé; suif de mouton, alcool camphré et essence de térébenthine. On devait appliquer l'électrothérapie au moyen de l'appareil radioactif et de la lumière ultraviolette, mentionnés deux fois chacun par Cayce.

À quatre reprises, il recommanda les lavements, les irrigations du côlon et les laxatifs pour aider l'élimination. Il prescrivit aussi à trois personnes de l'Atomidine à faibles doses pour corriger des déséquilibres glandulaires.

Histoire de cas

On ne reçut de rapports que de la moitié des cas environ. Toutefois, ceux qui écrivirent déclarèrent qu'ils avaient tiré grand profit des conseils de Cayce.

Bien qu'on manque d'information concernant l'issue finale, on peut citer comme cas typique celui d'une femme de vingt-sept ans qui reçut une lecture sur les kystes. Cayce attribua la formation de ceux-ci à un déséquilibre entre les niveaux physique, mental et spirituel de la personne. Sur le plan physique, cet état se manifestait par une mauvaise assimilation, et il en était résulté «une incapacité de refaire les forces à partir de l'activité du système glandulaire qui devait fournir les éléments indispensables aux fonctions du corps». À cause de «vibrations» déphasées, le cas 1436 avait, à certains endroits du corps, des accumulations qui étaient devenues des kystes.

Pour purifier et stimuler les glandes, en particulier celles du système digestif, Cayce demanda au cas 1436 de prendre une goutte d'Atomidine chaque jour, trois jours par semaine pendant trois semaines. Elle devait également utiliser l'appareil radioactif pendant une demi-heure, et Cayce lui demandait instamment de méditer pendant cette période.

Après trois semaines de ces traitements, la patiente devait commencer des manipulations ostéopathiques qui allaient se concentrer sur les vertèbres coccygiennes, la neuvième et la dernière dorsale, ainsi que les dorsales et cervicales supérieures. Ces manipulations devaient être effectuées deux fois par semaine pendant trois semaines, être suivies d'un repos d'un mois, et ensuite trois ou quatre traitements de plus.

Son régime devait consister en deux repas quotidiens, l'un composé de mets cuits, l'autre d'aliments crus. Les viandes étaient à éviter, sauf le poisson et la volaille qui pouvaient être consommés à l'occasion. Le petit déjeuner devait se composer de jus d'agrumes ou de céréales, mais pas les deux en même temps. Les céréales pouvaient être constituées de blé entier bien cuit ou d'un mélange d'orge et de seigle.

On devait en outre masser légèrement les zones des kystes à l'aide d'une combinaison de suif de mouton, d'essence de térébenthine et d'alcool camphré.

KYSTE OVARIEN

Un kyste ovarien est une cavité, ou un sac, à paroi mince renfermant une substance liquide ou semi-liquide, qui s'est développée sur l'ovaire ou y est attachée. Il peut entraîner des douleurs abdominales et l'arrêt des menstruations, selon le genre et l'endroit où il est situé.

Douze lectures furent données à six femmes, âgées de vingt-huit à cinquante-quatre ans, dont les ovaires et les trompes de Fallope présentaient des protubérances ressemblant à des kystes.

Dans soixante pour cent des lectures, les dérèglements à l'origine des kystes étaient attribués à une élimination insuffisante, à la congestion et aux déséquilibres du système nerveux. L'insuffisance de l'élimination conduisait généralement à une accumulation de toxines dans l'organisme, plus précisément dans la zone pelvienne. Dans certaines conditions, les bactéries proliféraient dans l'ensemble des organes du pelvis, infectant les ovaires et provoquant l'apparition de kystes. Dans trois cas, la névralgie était un facteur conjoint, alors que le manque de coordination nerveuse était mis en cause dans un autre cas.

Traitement

Les traitements de Cayce pour les kystes ovariens pouvaient varier considérablement, selon la nature et la gravité de l'affection. Pour soulager la douleur, la congestion et l'infection locale, il recommandait le plus souvent des douches vaginales et l'application d'emplâtres. Il conseilla à cinq femmes de prendre une douche avec des solutions diluées d'Atomidine, de Glyco-Thymoline, ou de l'une ou l'autre alternativement. Dans cinq cas, il prescrivit aussi des emplâtres abdominaux très chauds. Les substances le plus souvent utilisées étaient l'huile de ricin, la Glyco-Thymoline et un mélange de suif de mouton, d'essence de térébenthine et d'alcool camphré.

D'autres traitements, dont chacun fut recommandé dans la moitié des cas, consistaient en modifications du régime alimentaire, en manipulations vertébrales, en laxatifs et en massages. Les détails du régime pouvaient varier, mais il devait être alcalinisant, reconstituant et digeste. Les manipulations étaient conseillées pour améliorer la coordination du système nerveux, avec priorité sur les hanches et la zone lombaire. Les irrigations du côlon étaient conseillées pour faciliter l'élimination, alors que les massages devaient relaxer le corps et accélérer la circulation. Ceux-ci étaient effectués à l'aide de substances variées.

En outre, Cayce recommanda deux fois les traitements à l'électrothérapie au moyen du rayon violet, et dans un autre cas, il suggéra l'exposition au soleil. Il conseilla à une patiente de consulter un gynécologue et à une autre d'aller à l'hôpital si son état s'aggravait.

Histoire de cas

Cinq femmes envoyèrent chacune un rapport sur les résultats des lectures; ce rapport établissait qu'elles avaient suivi les conseils de Cayce et en avaient tiré le plus grand bien. Le cas 5270, celui d'une femme de trente-sept ans, reçut une lecture au sujet du kyste qu'elle avait sur l'ovaire droit. D'après Cayce, son état était dû à une subluxation de la colonne, qui était centrée sur les troisième et neuvième vertèbres dorsales et dans la région lombaire.

Son traitement consistait en emplâtres à la Glyco-Thymoline appliqués sur le bas-ventre et la zone du pubis. Ils devaient rester en place pendant une demi-heure chaque jour, pour une durée totale d'une semaine.

À la fin de cette période, on devait commencer à faire trois manipulations ostéopathiques par semaine, en se concentrant sur les vertèbres cervicales (neuvième et supérieures), et sur les zones brachiale et mastoïdienne.

Après une demi-douzaine de manipulations, des traitements doux de diathermie devaient être effectués deux fois par semaine, au-dessus de la zone lombo-sacrée, en même temps que les manipulations.

En même temps que ces traitements, la patiente devait se donner des douches vaginales avec des solutions de Glyco-Thymoline en alternance avec de l'Atomidine, en changeant tous les jours. La Glyco-Thymoline devait être préparée à raison de deux cuillerées à soupe dans 1,5 l d'eau à la température du corps, et la solution à l'Atomidine, à raison d'une cuillerée à café dans 1,5 l d'eau à la température du corps.

Pour redonner de la vigueur à l'organisme, Cayce indiqua des moyens d'améliorer le régime en y incluant des aliments riches en vitamines B_1 et B_2, ainsi qu'en niacine et en phosphore. En outre, une cuillerée à café de Zyrone devait être prise chaque matin.

Les médecins de la patiente avaient déclaré qu'ils ne pouvaient plus rien faire pour elle. Malgré tout, elle suivit les conseils de Cayce, à la suite de quoi son état s'améliora considérablement; moins d'un mois plus tard, les sécrétions de son kyste avaient complètement cessé.

KYSTE PILONIDAL

Les kystes pilonidaux apparaissent autour du coccyx ou de la zone anale, et ils sont accompagnés de légères pousses de poils. Cayce accorda des lectures à trois personnes affectées par cet état.

Nous présentons ci-dessous deux des trois cas concernés, celui d'un jeune homme de vingt ans avec des kystes pilonidaux localisés près de l'anus et celui d'un homme de vingt-sept ans souffrant de kystes pilonidaux et d'un herpès simple dans la bouche.

Traitement

Les lectures 661-1, -2, -3 et -5 furent données au jeune homme de vingt ans qui souffrait de kystes pilonidaux près de l'anus; ceux-ci étaient apparus à la suite d'une blessure subie au bas de la colonne vertébrale. Comme solution à appliquer localement, Cayce prescrivit un composé constitué de 30 ml d'Iodex mélangé à deux grains de charbon activé, le tout étalé sur une bande de gaze et ensuite sur le kyste.

Il était bon aussi de nettoyer régulièrement la zone du kyste avec une solution faible de bichlorure.

Cayce recommanda également une série de dix manipulations vertébrales, à effectuer deux fois par jour, pour corriger l'alignement défectueux de la colonne.

Il prescrivit aussi de boire un verre d'eau contenant une demi-cuillerée à café de lait de bismuth et six gouttes de pepsine lactée, à prendre après les repas, d'abord deux jours de suite, puis tous les deux jours.

Les lectures suivantes conseillèrent une série de traitements à l'Atomidine pour équilibrer le fonctionnement des glandes. Pendant cinq jours, le jeune homme devait prendre, deux fois dans la journée, un demi-verre d'eau contenant une goutte d'Atomidine. Après un arrêt d'un jour, le dosage était porté à deux gouttes dans de l'eau, à prendre pendant cinq jours. Après une période de repos, le traitement complet devait être repris.

Afin de corriger l'état de la colonne vertébrale, Cayce recommanda un minimum de dix manipulations ostéopathiques, qui devaient être suivies de traitements au rayon violet.

Dans la lecture 661-5, accordée à peu près trois ans plus tard, Cayce indiqua que le régime du jeune homme était trop riche en aliments gras et générateurs d'acide, ce qui avait entraîné une poussée de taches autour du menton et du visage. Le kyste s'était par la suite aggravé, à cause d'un manque de soins. Cayce recommanda diverses corrections au système céphalo-rachidien, avec une attention spéciale aux vertèbres coccygiennes et aux neuvième et dixième dorsales. Des traitements à la diathermie étaient prescrits une fois par semaine pour soulager le patient, ainsi que de petites quantités de tisane d'orme et de carthame. Une pommade faite avec un quart de grain de cendre de carbone par 30 ml d'Iodex devait être appliquée sur le kyste. Les aliments gras ou frits, de même que le sucre, le beurre et les viandes étaient à proscrire.

Comme le patient 661 fit savoir qu'il ne réussissait pas à trouver un ostéopathe pour faire sa diathermie, on ne put enregistrer aucune amélioration dans son cas.

L'autre cas était celui de la lecture 670, le jeune homme de vingt-sept ans qui souffrait de kystes pilonidaux et d'un herpès simple dans la bouche, causés par une acidité excessive. Les manipulations ostéopathiques, faites tous les deux ou trois jours, avaient pour but de corriger le mauvais alignement de la colonne et de soulager le problème du kyste. Cayce prescrivit en outre un composé de soufre, de crème de tartre et de sels de Rochelle pour améliorer l'élimination.

On ne reçut aucun rapport de ce cas.

L

LARYNGITE

La laryngite est une inflammation de la muqueuse laryngée, causée par une infection bactérienne ou orale, qui entraîne une perte partielle ou complète de la voix. Le principal symptôme en est l'enrouement.

Edgar Cayce donna à quatre personnes une lecture chacune; elles souffraient de laryngite ou de problèmes connexes et étaient âgées de vingt-cinq à cinquante-neuf ans.

Cayce considérait la perte de la voix comme un effet secondaire de la congestion et de l'infection qui avaient envahi l'organisme tout entier et fini par affecter les bronches et le larynx.

Dans tous les cas, une cause primordiale se trouvait dans une élimination insuffisante, qui ralentissait et surchargeait toute la circulation hépatique et provoquait finalement une accumulation de toxines dans le courant sanguin. En conséquence, la congestion et la fièvre se déclaraient dans l'organisme, et la gorge et le larynx finissaient par être enflammés. La mauvaise assimilation était parfois mise en cause; un excès d'activité, qui avait diminué la résistance de l'organisme à l'infection, était un autre facteur cité une fois par Cayce.

Traitement

Les traitements de Cayce à l'intention des personnes atteintes de laryngite se concentraient sur l'élimination des forces d'infection hors du système. Dans tous les cas, il suggéra l'utilisation d'un inhalateur pour soulager l'irritation de la gorge et des fosses nasales ainsi que pour faciliter la respiration et l'expectoration des mucosités. Les inhalants étaient habituellement à base d'alcool éthylique; dans un cas, il recommanda un aérosol. Les solutions contenaient de l'eucalyptus ou encore de la teinture de benjoin, de l'huile d'aiguilles de pin ou d'autres substances.

Il recommanda des traitements d'hydrothérapie dans trois cas, pour stimuler le système circulatoire et aider à éliminer les toxines. Il conseilla à deux patients de prendre des bains de pieds jusqu'à mi-jambe dans de l'eau chaude additionnée de moutarde, à raison d'une demi-cuillerée à café de moutarde en poudre par 4,5 l d'eau.

Dans un cas, il recommanda des massages de pieds et, dans un autre, des massages du haut de la colonne vertébrale. Les pieds devaient être massés avec un mélange de suif de mouton, d'essence de térébenthine et d'alcool camphré.

Dans deux cas, il conseilla des laxatifs, des manipulations vertébrales et un régime spécial. Les laxatifs étaient à base de légumes, et les manipulations devaient être faites aux endroits favorables à la détente du corps. Le régime devait se composer d'aliments alcalinisants et reconstituants, avec une préférence pour les aliments de couleur jaune.

Histoire de cas

Sur les quatre personnes qui reçurent des lectures de Cayce, trois suivirent ses recommandations et notèrent de très bons résultats.

Un cas en particulier fut le 1100, une femme de quarante et un ans qui reçut une lecture pour la laryngite. Son état fut attribué à une congestion du sang causée par une insuffisance de l'élimination et une moindre résistance à l'infection.

Cayce s'expliqua ainsi: «Nous sommes en présence d'une crise aiguë provoquée par un affaiblissement généralisé (...) à cause d'activités et d'un rhume provenant de congestion qui ont déclenché des forces infectieuses dans les tissus de la gorge, des bronches et du larynx.» (1100-7)

Ses premières recommandations furent de prendre des bains à la moutarde pour les pieds et le bas des jambes, suivis de frictions à l'aide d'un mélange de suif de mouton, d'essence de térébenthine et d'alcool camphré.

Pour soulager directement les fosses nasales et la gorge, la lecture prescrivit un inhalant en aérosol composé de 15 ml d'alcool éthylique, de 60 ml d'eau distillée, de cinq gouttes d'huile d'eucalyptol, de deux gouttes d'huile rectifiée de térébenthine et de dix gouttes de teinture composée de benjoin. On devait verser ce mélange dans un atomiseur et l'utiliser toutes les deux heures ou deux heures et demie; le soulagement était garanti au bout de vingt-quatre heures.

Cayce prescrivit également de l'Atomidine à prendre dans de l'eau, à raison d'une goutte le matin et de deux le soir pour commencer; pour les deux jours suivants, la dose devait être augmentée chaque fois d'une goutte, jusqu'à ce qu'elle atteigne trois gouttes le matin et cinq, le soir du troisième jour. Après une journée de repos, la patiente devait reprendre le cycle de quatre jours.

Son régime devait mettre l'accent sur les œufs, le pain de blé entier et les légumes. Comme supplément alimentaire, elle devait prendre de l'extrait de foie Valentine et, pour aider le foie, du Caroid et des cachets de sels biliaires.

Elle devait aussi recevoir des manipulations vertébrales pour rééquilibrer l'organisme; celles-ci devaient porter surtout sur les zones des dorsales et des cervicales supérieures, et faire des corrections autour des centres de la tête, du cou, des oreilles et du nerf pneumogastrique.

La patiente suivit ses traitements et déclara qu'elle avait connu une amélioration immédiate de son état.

LEUCÉMIE

La leucémie est une forme de cancer du sang, une maladie des tissus sanguinoformateurs caractérisée par une prolifération anormale de globules blancs. Elle s'accompagne de faiblesse, d'anémie, de douleurs aux articulations et d'enflure des ganglions lymphatiques.

Edgar Cayce donna des lectures à vingt-cinq personnes souffrant de leucémie ou ayant une prédisposition à cette maladie. La recherche de traitement qui suit concerne dix individus dont les âges s'étendaient de la petite enfance à la fin de l'âge adulte. Cayce accorda treize lectures à ce groupe.

Il cita comme cause principale, dans la moitié des cas environ, des troubles de la circulation résultant d'infection, d'anémie ou de déséquilibres chimiques. Dans quinze pour cent des cas, la cause était liée à une élimination insuffisante qui avait entraîné la toxicité du sang. Dans une des lectures, Cayce décrivit la leucémie comme résultat «d'un état de déséquilibre entre les forces chimiques du corps, si actif dans les assimilations du système sanguin qu'il détruit le plasma qui est censé revêtir le globule rouge du sang.

»Ainsi, c'est un état du plasma, ou une incapacité pour l'hémoglobine de produire dans les émanations du plasma les forces coagulantes; ou bien le sang blanc est tellement confondu avec le sang rouge qu'il en détruit le plasma.» (2699-1)

Cayce mentionna aussi parfois les problèmes glandulaires. Il cita, par exemple, quelques cas de splénomégalie, ou engorgement de la rate, l'organe qui fabrique les globules rouges du sang; le nombre de ces globules avait nettement diminué à cause d'une anomalie dans le fonctionnement de cet organe.

Traitement

Les traitements prescrits par Cayce pour la leucémie étaient assez simples. Dans soixante pour cent des cas, il suggéra différentes formes d'électrothérapie, y compris la lumière ultraviolette au quartz de mercure, la pile à électrolyte, l'appareil radioactif, le coussin au radium et la lumière infrarouge. Cayce précisa que la lumière ultraviolette devait être réfléchie à travers une vitre «guérissante» verte qui agissait comme filtre spécial. On devait installer la vitre à 35 cm du corps et la lampe, à 1,25 m. La source de lumière devait être placée au-dessus du dos, plus précisément au-dessus de la région des côtes et de la rate. Une lecture indiqua que le traitement devait s'appliquer tous les deux jours.

Dans la moitié des cas, Cayce recommanda d'inclure des aliments sanguinoformateurs dans le régime, comme de l'extrait de foie, du foie de veau, du jus de bœuf, du jus d'orange frais et des légumes crus, qu'il considérait comme essentiels pour redonner de la vitalité au sang. Ces aliments devaient être consommés quotidiennement.

Il conseilla également des transfusions de sang dans quarante pour cent des cas, afin de remplacer le sang malsain par du sang frais et vigoureux.

Dans trente pour cent des cas, il prescrivit diverses sortes d'injections; elles comprenaient l'atropine, les extraits de foie, l'iode et les solutions salines. Dans les cas les plus graves, il suggéra parfois des injections et des transfusions, à faire en même temps.

Dans trente pour cent des cas aussi, il recommanda l'Atomidine, la dose type étant de trois à cinq gouttes dans de l'eau, à administrer en séquences de cinq jours.

Histoire de cas

La plupart des personnes qui avaient reçu des lectures pour la leucémie étaient déjà parvenues à un stade avancé de la maladie; les rapports disponibles révélèrent généralement une issue fatale. Il y eut pourtant une personne qui rapporta une amélioration après avoir suivi les conseils de Cayce. Les médecins avaient diagnostiqué dans son cas une leucémie lymphoïde et ne lui avaient accordé que deux mois à vivre. Cayce, de son côté, pensait que l'issue de la maladie n'était pas nécessairement fatale; sept mois après la lecture, le patient était toujours en vie, bien qu'ayant encore certains problèmes (3616).

Un exemple détaillé de cas de leucémie traité par Cayce concernait un garçon de quatorze ans qui reçut une lecture. Le diagnostic médical dans ce cas, le 2488, faisait état d'une leucémie lymphoïde aiguë accompagnée de splénomégalie; mais Cayce considérait la maladie, au moins à ce stade, comme de l'anémie plutôt qu'une véritable leucémie. Cayce fit la prédiction que si les suggestions indiquées dans la lecture étaient suivies à la lettre, le déséquilibre sanguin serait corrigé, à condition que les transfusions qui seraient faites se révélassent plus bénéfiques que nuisibles. Cayce, dans ses lectures, s'était inquiété de la qualité des transfusions; son premier conseil fut de prendre beaucoup de précautions dans la détermination des groupes sanguins, car l'objectif désiré n'avait pas été atteint.

Pour accroître les bienfaits des transfusions, Cayce prescrivit des traitements au rayon violet; les applications devaient se faire dans la région des côtes et de la colonne vertébrale, et ne pas dépasser une durée d'une minute. On devait placer une vitre de couleur verte entre la source de lumière et le corps.

Pour aider à maintenir la structure de l'organisme et combattre l'anémie, on devait faire suivre les traitements aux ultraviolets de manipulations vertébrales. Le repos était fortement recommandé, et on pouvait donner au jeune garçon autant de jus d'orange et de foie, ou d'extrait de foie, qu'il pouvait en absorber. Cayce soutenait que la valeur nutritive des aliments était supérieure à celle dérivée des vitamines et des injections.

On demanda à Cayce son opinion sur le phosphore que les médecins se préparaient à prescrire à l'enfant; il répondit qu'on ne devait y avoir recours qu'en dernier ressort, en cas d'élévation de la température et d'accroissement du nombre de globules blancs.

La mère du garçon était très satisfaite de la lecture; malgré tout, la numération globulaire était un peu plus élevée le jour suivant, c'est pourquoi on administra le phosphore au malade. Les médecins acceptèrent le rayon violet et la diète prescrits par Cayce.

Quelques jours plus tard, le jeune garçon pouvait se lever et se déplacer, mais l'hôpital fit savoir par la suite qu'il ne répondait plus à aucun traitement. Il mourut deux semaines plus tard.

LUMBAGO

«Lumbago» est un terme général pour décrire des douleurs rhumatismales dans le bas du dos, ou lombes (région lombaire). Un total de vingt-trois hommes et femmes, âgés de vingt et un à quatre-vingts ans, demandèrent l'aide d'Edgar Cayce pour régler ce problème.

Dans les deux tiers des lectures portant sur le lumbago, la cause fut attribuée à une insuffisance de l'élimination causée par la difficulté à digérer. Cayce était d'avis que l'incapacité de l'organisme à éliminer les toxines entraînait des accumulations d'acide urique dans le sang et affectait la circulation entre le foie et les reins. Les perturbations qui en résultaient, jointes au besoin d'éliminer, avaient pour effet de produire de fortes douleurs dans la région du bas du dos.

Dans sept cas où le lumbago fut attribué à une élimination insuffisante, l'empoisonnement urémique fut également mis en cause. Cayce découvrit aussi chez beaucoup de gens une numération érythrocytaire (nombre de globules rouges) basse, donc de l'anémie, laquelle contribuait de façon caractéristique à la fatigue et à un surmenage généralisés.

Dans quatre cas, la toxicité du sang se révéla une cause; elle provenait d'un déséquilibre entre l'acidité et l'alcalinité du corps. Dans trois cas, ce sont des lésions ou des blessures spinales dans la région lombaire inférieure qui furent tenues responsables des compressions et des distensions des muscles du bas du dos.

Traitement

Dans les deux tiers des cas, Cayce suggéra des laxatifs tels que l'huile de ricin, l'Alophen, les sels Eno, le lait de magnésie et l'huile d'olive. Il conseilla aussi, dans quelques cas, des irrigations du côlon pour dégager les voies gastro-intestinales.

Il donna des conseils diététiques à onze personnes pour les aider à améliorer leurs évacuations. Il mettait l'accent sur les fruits et les légumes frais, les céréales, à prendre par intermittence, et le pain de blé ou de seigle entiers. Il encouragea certaines personnes à inclure dans leur régime un plus grand nombre d'aliments à réaction alcalinisante. Le porc et les graisses n'étaient pas recommandés, et la viande et les stimulants devaient être consommés le moins possible.

Dans plus de la moitié des lectures, Cayce recommanda des massages et des manipulations des zones affectées pour soulager les maux de dos et la congestion de l'abdomen inférieur. Il conseillait souvent de frictionner la région douloureuse du dos avec un composé constitué à parts égales de suif de mouton, d'alcool camphré et d'essence de térébenthine, et de faire suivre les frictions par l'application d'un emplâtre au sel chaud. Il donna aussi des instructions particulières dans huit cas concernant l'emploi d'emplâtres chauds saturés soit d'huile de ricin, soit du composé décrit ci-dessus, à appliquer également sur les zones douloureuses.

Dans neuf cas, il conseilla l'électrothérapie pour soulager le mal de dos; il s'agissait habituellement du rayon violet et de la lumière ultraviolette.

En plus des traitements corporels, Cayce insista sur l'importance des attitudes mentales; il suggéra que «les attitudes correctes et les forces mentales générales soient maintenues avec ce qui est constructif pour les relations interpersonnelles, pour y conserver un meilleur équilibre». (348-19)

Histoire de cas

La variété des lectures accordées par Cayce est illustrée par les deux cas suivants: le premier, un homme de cinquante-neuf ans et le second, une femme de trente-neuf ans.

Selon Cayce, le premier cas, le 379, souffrait d'un lumbago à cause d'une mauvaise élimination qui avait entraîné des perturbations dans la circulation hépatique et des accumulations d'acide urique dans le courant sanguin. Il recommanda au patient de s'envelopper le dos et le ventre d'un emplâtre à l'huile de ricin chaude pendant une heure et demie chaque fois qu'il avait une crise et de prendre en même temps une cuillerée à soupe d'huile d'olive pour faciliter les évacuations. La lecture lui conseillait également de manger du topinambour cru tous les jours ou tous-les deux jours, pour renforcer le système glandulaire et encourager l'élimination.

Sept mois plus tard, le sujet fit savoir qu'il avait obtenu de bons résultats après avoir suivi les traitements.

Le deuxième rapport, celui de la patiente de trente-neuf ans, le cas 1955, indiquait un dérangement de la circulation entre les zones inférieure et supérieure du foie, ce qui entraînait des pressions sur les nerfs et des douleurs dans le bas du dos.

Le premier traitement de Cayce porta sur le régime, qui devait se composer de légumes, de poisson, de volaille et d'agneau ainsi que de pain de blé ou de seigle. Elle devait s'abstenir de porc et d'aliments gras ou contenant trop d'amidons. À l'occasion, elle devait se faire donner une irrigation du côlon complète.

Cayce recommanda également l'usage quotidien, le soir, de l'appareil à rayon violet qui devait être passé de haut en bas, de chaque côté de la colonne vertébrale. Il lui conseilla de boire de la tisane de graines de pastèque deux fois par semaine pour stimuler les reins. On devait préparer cette tisane en versant un demi-litre d'eau bouillante sur une cuillerée à café de graines écrasées. Cayce recommanda par ailleurs une série de manipulations vertébrales.

Le rapport d'après-traitement indiqua que, plusieurs mois plus tard, la patiente était totalement délivrée de son lumbago.

LUPUS ÉRYTHÉMATEUX

Le lupus érythémateux est une affection superficielle de la peau, localisée et de forme discoïde. Sous sa forme bénigne, connue sous le nom de lupus discoïde, la peau du visage présente une seule ou de nombreuses plaques rouges caractéristiques. Le lupus érythémateux aigu disséminé, qui peut entraîner de graves lésions viscérales, affecte surtout les jeunes femmes. Les symptômes comprennent la fièvre, l'anorexie, les malaises et l'amaigrissement. L'évolution de la maladie est caractérisée par une alternance de crises et de rémissions, l'état pouvant passer d'une légère affection épisodique à une maladie mortelle.

Edgar Cayce ne donna qu'une lecture sur le lupus érythémateux, à une femme âgée de quarante-quatre ans, le cas 5288-1. La cause principale relevée par Cayce était une perturbation du système excréteur qui avait entraîné une accumulation de toxines. Il nota également un manque de coordination entre la circulation lymphatique et certaines zones céphalo-rachidiennes qui avait produit d'irritantes accumulations de liquide sous la peau.

Les symptômes de la personne consistaient en cloques et taches cutanées, en nausées, maux de tête, fièvre, sensation de faiblesse et étourdissements, indigestion, évacuations insuffisantes, toux occasionnelle, vision brouillée et pression sur les tympans.

Traitement et histoire de cas

Le premier traitement fut l'électrothérapie, effectué avec l'appareil sinusoïdal ou à ondes courtes; le traitement devait être appliqué une fois par semaine pour aider à vider la vésicule biliaire et pour stimuler les reins et les énergies de l'organisme. Cayce conseilla aussi des massages ostéopathiques deux fois par semaine, pour améliorer la circulation générale.

Pour faciliter la digestion, la patiente devait prendre une fois par jour un mélange composé de trois à cinq gouttes d'élixir de pepsine lactée et d'une demi-cuillerée à café de lait de bismuth ajoutées à un demi-verre d'eau. Si les évacuations n'étaient pas revenues à la normale deux jours plus tard, Cayce conseillait une irrigation du côlon accompagnée de mesures diététiques.

Il rappela à la personne la gravité de sa maladie et lui demanda d'adopter des attitudes mentales plus positives et moins anxieuses, avec le désir d'aider les autres aussi bien qu'elle-même de façon créatrice.

Un mois plus tard, après avoir suivi les recommandations de la lecture, la patiente rapporta qu'elle se sentait beaucoup mieux.

LYMPHANGITE

Edgar Cayce donna huit lectures à six personnes souffrant de lymphangite, ou inflammation des vaisseaux lymphatiques.

Dans pratiquement tous les cas, les problèmes qui revenaient avec insistance étaient ceux de l'insuffisance des évacuations, de la mauvaise assimilation et d'une mauvaise circulation du sang dans les zones affectées. Dans quelques cas, Cayce attribua la cause de ces problèmes à la déviation d'influx nerveux résultant de subluxations et d'empiétements de la colonne vertébrale. Dans les autres cas, les causes ne furent pas clairement identifiées, mais les facteurs principaux étaient toujours une élimination insuffisante, le sang «appauvri» et un régime alimentaire inadéquat.

Traitement

Bien que les facteurs fussent semblables, les traitements variaient considérablement d'une personne à l'autre. Dans la moitié des cas, Cayce insista tout particulièrement sur la nécessité d'alcaliniser l'organisme en consommant plus de fruits et de légumes, moins de féculents, et en supprimant les fritures.

Dans trois cas, il conseilla l'électrothérapie ou l'héliothérapie, chaque fois sous une forme différente. Ces traitements comprenaient l'appareil au radium, la lumière ultraviolette et le rayon violet.

D'autres lectures recommandèrent des manipulations sur les segments de la colonne atteints de subluxations, tandis que d'autres encore suggéraient des massages légers du dos et de la colonne, généralement sur une base quotidienne.

Les laxatifs furent également conseillés; ils comprenaient de l'huile d'olive, du lait de magnésie et un laxatif non identifié, à base végétale ou minérale. Cayce prescrivit aussi différentes tisanes, de même que des emplâtres variés. Une fois, il recommanda l'hydrothérapie avec usage de la machine «Elliott».

Histoire de cas

Même si les traitements variaient selon les personnes concernées, le cas 2643 présente un intérêt particulier. Il s'agissait d'une femme de trente-quatre ans qui souffrait d'une lymphangite du tube digestif dont l'origine remontait à une blessure au dos. Son traitement comportait l'application, une heure par jour pendant trois jours, de cataplasmes chauds à l'huile de ricin sur l'abdomen. Après le cataplasme du troisième jour, la femme devait avaler trois cuillerées à soupe d'huile d'olive.

Après un jour de repos, elle devait commencer à recevoir une série de manipulations ostéopathiques centrées sur la sixième et la septième vertèbres dorsales et le coccyx; ces manipulations devaient se faire deux fois dans la semaine, après quoi la séquence des cataplasmes à l'huile d'olive devait reprendre une fois de plus. Pendant la série de deux semaines, la personne devait recevoir deux irrigations du côlon pour assurer de bonnes évacuations.

Il est intéressant de noter que cette femme, qui souffrait par ailleurs de la maladie de Hodgkin, annonça une guérison complète de ses deux maladies après avoir suivi les traitements recommandés.

D'autres rapports, généralement très positifs, parvinrent de deux cas additionnels. L'un d'entre eux concernait un adolescent de dix-sept ans qui souffrait d'une lymphangite si grave que même les médecins de la clinique Mayo ne pouvaient rien pour lui.

Entre autres problèmes, les accumulations de lymphe dans le visage, les yeux et la tête l'avaient rendu aveugle. Il suivit les traitements de Cayce et retrouva la vision, mais il ne survécut malheureusement pas longtemps.

M

MAL DE TÊTE (Céphalée)

Quinze personnes, habituées des maux de tête, reçurent un total de dix-sept lectures. À l'exception des migraines (voir p. 347), les trois causes les plus fréquentes citées par Edgar Cayce furent l'incoordination nerveuse, les dérèglements de la fonction digestive et les carences du sang.

Dans sept lectures, la source du mal de tête fut attribuée à une incoordination entre les systèmes sympathique et céphalo-rachidien, incoordination causée, d'après Cayce, par des subluxations ou des lésions spinales qui bloquaient les influx nerveux vers certaines parties du corps, ce qui déclenchait les maux de tête.

Six diagnostics mirent en évidence des troubles gastriques, mais uniquement dans la mesure où ces troubles affectaient directement la circulation cérébrale ou la coordination entre les systèmes nerveux sympathique et céphalo-rachidien. Dans l'ensemble des six cas, on trouvait des toxines et des mucosités dans le tube digestif, résultat d'une mauvaise digestion et d'une assimilation insuffisante. Les toxines avaient envahi la circulation sanguine et causaient les maux de tête.

L'un des cas était affligé d'une circulation extrêmement toxique due au fait que le sang charriait l'hyperacidité provenant du tube digestif. Ce patient faisait également de l'anémie. Dans un autre cas, un état toxique s'était manifesté dans l'estomac à cause de la situation anormale du pylore, là où fermentent les sucs gastriques. Les maux de tête n'avaient donc pas seulement leur origine dans une circulation déficiente, mais aussi dans les perturbations de la digestion qui affectaient directement la circulation.

Dans quatre lectures, la cause fut attribuée à l'anémie. Dans quelques cas, l'état anémique avait entraîné une perte généralisée de vitalité et, par conséquent, une circulation déficiente dans la tête, ce qui provoquait finalement les maux de tête.

Traitement

Les méthodes de traitement le plus souvent adoptées pour soigner les maux de tête étaient le régime alimentaire, les manipulations vertébrales et les massages ainsi que les irrigations du côlon. Les instructions diététiques étaient typiques de celles que l'on trouve généralement dans les lectures, c'est-à-dire une insistance sur l'alcalinité, les qualités reconstituantes et le bon équilibre des repas.

Dans plus de la moitié des lectures, Cayce suggéra des ajustements ostéopathiques pour améliorer l'état de la colonne. Dans cinq cas, il prescrivit également des massages spinaux à l'aide d'un mélange d'huile d'arachide et d'huile d'olive, avec parfois le recours au vibromasseur pour stimuler la circulation.

Dans presque la moitié des cas, il conseilla les irrigations du côlon, pour purifier le tube digestif et le débarrasser des mucosités et des toxines. Dans trois cas, Cayce prescrivit de l'Al-Caroid pour augmenter l'alcalinité de l'organisme.

Dans quelques lectures, il fit aussi ressortir l'importance d'avoir une conception positive de la vie si l'on voulait surmonter les désordres physiques. «Maintenez toujours le mental et le spirituel dans des activités créatrices. Elles ont toutes pour origine les attitudes spirituelles. C'est le mental, le bâtisseur.» (5147-1)

Histoire de cas

Le cas 2045 était celui d'une femme de cinquante-huit ans qui faisait de l'anémie et avait tendance à avoir un sang toxique. Cayce découvrit que son pylore s'effondrait, permettant ainsi la fermentation des sucs gastriques et l'accumulation des toxines. Il détecta aussi, dans les dorsales supérieures, une lésion spinale qui empêchait la circulation normale du sang dans la boîte crânienne.

Il recommanda une série d'ajustements spinaux à administrer deux fois par semaine, pendant une période de douze à quatorze semaines, en même temps qu'un régime comportant des légumes comme les topinambours et les salsifis. La patiente devait se faire donner des irrigations du côlon de temps à autre; Cayce lui demanda de prendre de deux à quatre cachets de Caroid et de sels biliaires une fois par semaine, aux repas, jusqu'à ce que l'élimination soit régularisée.

Un rapport ultérieur indiqua que la personne n'avait pas suivi toutes les recommandations de Cayce et qu'elle avait eu à subir l'ablation de la vésicule biliaire. Elle avait toutefois suivi quelques-uns des traitements prescrits et, ayant atteint l'âge de soixante-dix-sept ans, elle se déclarait en «excellente santé».

MALADIE D'ALZHEIMER

La maladie d'Alzheimer est une détérioration mentale présénile associée à une sclérose cérébrale corticale. Elle se manifeste par une diminution ou la perte des facultés mentales, du pouvoir de raisonner, de la mémoire et de la volonté; elle est occasionnée, croit-on, par une maladie organique du cerveau.

Les symptômes caractéristiques sont la confusion, la désorientation, l'apathie et la stupeur, à des degrés variables.

On ignore les causes de la maladie d'Alzheimer; les traitements médicaux sont généralement inefficaces.

Cayce découvrit que la cause principale de cette maladie était un défaut de coordination entre les branches sympathique et céphalo-rachidienne du système nerveux. Dans l'une des deux lectures qui traitent de cette maladie, Cayce attribua l'affection à un choc sur le système, et d'une nature telle que les réflexes en provenance des centres céphalo-rachidiens créaient eux-mêmes des conditions interdisant la coordination.

Traitement

Dans les deux cas, Cayce recommanda l'emploi de la pile à électrolyte pour normaliser et renforcer les énergies nerveuses du corps. Dans les deux cas également, ce traitement devait être suivi d'un massage doux sur les centres céphalo-rachidiens, en utilisant un mélange d'huile d'olive et de teinture de myrrhe en proportions égales.

Histoire de cas

Le cas 5204 indique, comme causes de la maladie d'Alzheimer, un défaut de coordination du système nerveux et des caillots sanguins.

La première prescription de Cayce comprenait l'usage quotidien de la pile à électrolyte, suivi d'un massage le long de la zone céphalo-rachidienne. La formule de massage suggérée était un mélange d'huile d'olive et de teinture de myrrhe en proportions égales. Cayce pensait que si ses conseils étaient suivis régulièrement et que l'on y ajoutait une attitude de prière, la malade retrouverait la mémoire ainsi que la coordination entre les systèmes sympathique et céphalo-rachidien.

Le mari de la patiente, cependant, ne se sentit pas apte à donner correctement les traitements prescrits; alors, l'état de la patiente s'aggrava et elle en mourut.

MALADIE DE GAUCHER

Il y a deux cas de maladie de Gaucher dans les lectures d'Edgar Cayce. C'est un dérèglement génétique causé par la déficience d'un enzyme spécifique et caractérisé par une hypertrophie de la rate, une coloration anormale de la peau ou une anémie aiguë.

Cayce attribua un cas de maladie de Gaucher à une incoordination entre les systèmes nerveux sympathique et céphalo-rachidien (à cause de l'anxiété); l'autre cas fut associé à des problèmes de rate et de pancréas ainsi qu'à des perturbations dans la moelle osseuse qui se répercutaient sur l'assimilation.

Traitement

Les traitements suggérés pour les deux cas de maladie de Gaucher furent semblables par certains côtés et différents par d'autres. Le premier recommandait l'usage combiné d'une alimentation adéquate, de rayons X, d'Atomidine, d'irrigations du côlon, de massages et de lumière ultraviolette. Le second comprenait un régime spécial, des manipulations vertébrales et l'emploi de l'appareil radioactif.

Histoire de cas

Le cas 4019 était celui d'un homme de quarante-huit ans dont les symptômes consistaient en une hypertrophie de la rate et une anémie très graves. Cayce suggéra comme origine de cet état une perturbation chronique de la moelle osseuse qui avait entraîné un déséquilibre dans la numération des globules blancs et rouges du sang. Il en était résulté un engorgement de la rate et une perturbation dans le fonctionnement du pancréas. Une faiblesse généralisée et une mauvaise assimilation étaient d'autres symptômes.

Cayce suggéra tout d'abord deux traitements aux rayons X pour la rate, donnés à une semaine d'intervalle. Après une période de repos de cinq jours, le patient devait prendre des doses d'Atomidine pendant cinq jours, à raison d'une goutte dans de l'eau trente minutes avant le petit déjeuner. On devait ensuite procéder à une série de massages quotidiens à l'aide de beurre de cacao, pour stimuler la circulation. Les massages devaient se faire sous forme de mouvements circulaires le long des deux côtés de la colonne vertébrale, en particulier aux endroits où les côtes rejoignent la colonne. Cette série, d'au moins huit à dix traitements, devait être suivie de traitements à la lumière ultraviolette comprenant l'utilisation d'une plaque en verre verte, à placer entre le corps et la source des rayons. Les traitements devaient durer de une minute à une minute et demie, et être donnés trois fois par semaine. On devait continuer avec des massages au beurre de cacao sur les côtes et les extrémités des membres. Des instructions diététiques demandaient de consommer des fruits et des légumes, pour régulariser l'élimination, du jus de bœuf et du foie cuit saignant. Des rapports post-thérapeutiques indiquèrent que le sujet, le cas 4019, avait suivi les traitements suggérés et que, même s'il n'était pas complètement guéri, sa santé générale s'était améliorée.

MALADIE DE HODGKIN

La maladie de Hodgkin se caractérise par une hypertrophie et un durcissement des ganglions lymphatiques régionaux. C'est un processus localisé qui a tendance à se propager aux structures lymphatiques avoisinantes. Des symptômes, tels que la fièvre, la transpiration excessive et la fatigue apparaissent généralement sur le tard.

Cayce donna des lectures à six personnes atteintes de cette maladie, qu'il attribua fréquemment à un déséquilibre ou à un mauvais fonctionnement glandulaire affectant les circulations lymphatique et excrétrice. Trois des sujets avaient subi des blessures à la colonne vertébrale soit avant leur naissance, soit pendant leur enfance, ce qui, d'après Cayce, perturbait la coordination nerveuse aussi bien que le fonctionnement des glandes. Dans les autres cas, toujours d'après Cayce, c'est un déséquilibre chimique mettant en cause le système lymphatique qui avait entraîné l'hypertrophie des tissus lympathiques.

Traitement

Les traitements de Cayce variaient considérablement; toutefois, la recommandation la plus fréquente était relative à des ajustements et à des massages spinaux pour les personnes ayant subi des blessures à la colonne vertébrale. Ce traitement devait apporter de grands bienfaits au système nerveux. Cayce suggéra à deux personnes l'emploi du rayon violet, dont un cas avec la plaque de verre verte, pour encourager la rate à fabriquer plus de globules rouges.

Dans deux cas, il recommanda un régime riche en fer et en protéines pour redonner de la vitalité au sang. Les aliments et les suppléments comprenaient les agrumes, le bœuf, le fer, le jus de bœuf et de foie de bœuf ainsi que les toniques à base de vin. Il insista aussi sur l'importance des attitudes mentales positives qu'il considérait comme essentielles à la reconstruction du corps.

Histoire de cas

Cinq cas, parmi ceux diagnostiqués comme souffrant de la maladie de Hodgkin, firent parvenir des rapports d'après-traitement. Deux personnes déclarèrent que leur état s'était amélioré après le début des traitements, mais elles moururent quelque temps après, de même que deux autres patients. Un homme ne fit aucun progrès, mais on ignore s'il avait ou non suivi les traitements prescrits.

On doit malgré tout souligner que tous les patients qui s'adressèrent à Cayce pour obtenir de l'aide se trouvaient déjà à un stade avancé de la maladie de Hodgkin. Les traitements semblèrent retarder, et non guérir, les effets dévastateurs de la maladie.

Un dossier médical particulier mettait en cause un homme âgé de trente ans qui était venu consulter Cayce à cause d'une anémie pernicieuse qui se transformait rapidement en leucémie. La lecture de Cayce pour ce cas 2621 indiqua qu'un déséquilibre chimique avait déclenché dans l'organisme une réaction chimique qui affectait les fonctions glandulaires. Les effets produits dans les ganglions et la lymphe étaient ceux de la maladie de Hodgkin.

Le traitement incluait une cuillerée à café de jus de bœuf à prendre toutes les deux heures, et de l'extrait de jus de foie ou encore du pâté de foie à ajouter au régime. Tous les jours, pendant cinq minutes, le patient devait recevoir un traitement au rayon violet dirigé à travers une vitre verte. Cayce lui conseilla aussi de prendre chaque semaine des douches chaudes et froides, de même que des bains de siège.

Pour stimuler les glandes, il devait prendre quotidiennement une goutte d'Atomidine dans un demi-verre d'eau et augmenter la dose d'une goutte par jour jusqu'à cinq gouttes; ensuite, cessation du traitement pendant cinq jours, pour recommencer ensuite avec une goutte dans un demi-verre d'eau.

Cayce expliqua que les traitements pourraient améliorer l'état du malade «si la personne ainsi que ses proches conservaient une attitude de prière et de confiance dans la force et les possibilités de son organisme pour s'accorder avec les autres d'une manière mentalement et spirituellement constructive». (2621-2)

Ce patient (2621) finit par mourir de la maladie de Hodgkin, mais il avait auparavant correspondu régulièrement avec Cayce; dans ses lettres, il disait qu'il se sentait beaucoup mieux grâce aux traitements.

MALADIE DE PARKINSON

La maladie de Parkinson est une forme de paralysie caractérisée par de la rigidité musculaire et des tremblements involontaires et irrépressibles. C'est une affection à évolution lente que l'on retrouve surtout chez les personnes d'un certain âge et qui se déclare à la cinquantaine ou à la soixantaine.

Sur les trente-quatre hommes et femmes qui consultèrent Edgar Cayce concernant cette maladie, vingt et un sujets au moins avaient plus de cinquante ans. Les symptômes notés étaient la paralysie partielle ou quasi totale, la débilité générale, la distorsion sensorielle et les tremblements irrépressibles pratiquement continuels.

Cayce donna un total de quarante-sept lectures sur la maladie de Parkinson; elle fut attribuée, dans treize cas, à l'incoordination nerveuse et à la détérioration du système nerveux. Cayce était d'avis que la maladie de Parkinson apparaissait lorsque l'organisme, à cause de son état de faiblesse, provoquait la détérioration du système nerveux et l'incapacité de transmettre avec exactitude les influx reçus du cerveau et de les coordonner.

Cayce s'expliqua ainsi: «La dégradation des énergies nerveuses et l'incapacité pour les réactions locomotrices de se faire normalement proviennent des forces infectieuses que nous comprenons et qui attaquent le malade en se concentrant sur les centres locomoteurs. Elles touchent... le système d'assimilation et les forces nerveuses... à travers leur incapacité de produire, à travers ce qui est assimilé, la résistance appropriée dans les forces nerveuses.» (1870-1)

La référence aux «forces infectieuses» se retrouve dans de nombreuses lectures; elle signifie que l'organisme, une fois affaibli par la carence en éléments indispensables, ne peut résister aux attaques des bactéries. Il est intéressant de rappeler que dans trois cas au moins, on découvrit dans le sang des personnes en cause des substances métalliques étrangères, comme du mercure, qui avaient été grandement responsables de la détérioration des fonctions nerveuses.

Dans dix autres cas, le diagnostic de Cayce indiquait un mauvais fonctionnement des glandes ou l'insuffisance des sécrétions glandulaires. La plupart des lectures indiquèrent que les perturbations nerveuses provenaient directement de ce que les glandes étaient incapables de sécréter les éléments nécessaires à la vitalité et à la régénération des nerfs. Dans la lecture 754-1, par exemple, lorsqu'on demanda à Cayce à quoi était due la maladie, il répondit: «Les sécrétions glandulaires ont été perturbées; et jusqu'à présent, elles ont entraîné dans les centres nerveux l'incoordination entre les systèmes sympathique et céphalo-rachidien.»

Dans certains cas, Cayce mentionna aussi comme causes de la maladie le karma, les attitudes mentales et les émotions. Il avertit quelques personnes que c'étaient leurs attitudes négatives qui s'étaient exprimées sous la forme de la maladie de Parkinson. Il révéla à un homme qu'il avait abusé de ses pouvoirs créateurs au cours d'une vie antérieure; comme conséquence, sa présente incarnation le voyait privé des fonctions corporelles nécessaires au processus créateur responsable de la régénération des cellules nerveuses.

Dans le cas 3100, Cayce expliqua le côté positif de la maladie: «Le soi reçoit la chance... d'interpréter, de comprendre et d'aider non seulement lui-même mais aussi de contribuer au bien-être de tous à tous les stades de leur développement ou lorsqu'ils cherchent de l'aide physique, mentale et spirituelle.»

Traitement

Cayce orienta principalement ses traitements sur la stimulation et la relaxation des nerfs dans le but de favoriser une meilleure coordination. Dans vingt-six cas, les lectures recommandèrent l'emploi de l'électrothérapie; dix-huit prescrivirent la pile à électrolyte. Le temps d'utilisation habituel de cet appareil était de vingt à quarante minutes par jour, avec recours au chlorure d'or comme solution conductrice tous les deux jours. Les autres jours, on devait utiliser des solutions d'Atomidine, d'alcool camphré ou de nitrate d'argent. Dans sept cas, l'or devait alterner avec l'alcool camphré, et dans quatre cas, avec le nitrate d'argent. Cayce recommanda d'autres formes d'électrothérapie, comme l'appareil radioactif, la lumière ultraviolette et le rayon violet. Il demandait presque toujours de les utiliser chaque jour.

Les massages, qu'il recommanda dans vingt-cinq cas, constituaient une partie importante des traitements. Dans tous les cas, le massage devait succéder au traitement quotidien à l'électrothérapie. L'accent était mis sur les massages en profondeur de la colonne vertébrale, du dos, des épaules et des membres, avec recours à toutes sortes de préparations pour massages. Le plus souvent, Cayce conseillait des mélanges d'huile d'arachide et d'huile d'olive, d'huile d'olive et de myrrhe, ou encore des préparations contenant des substances telles que l'huile minérale, l'huile de bois de cèdre, l'huile de sassafras et l'hamamélis.

Dans la moitié des cas, Cayce suggéra un régime alimentaire alcalinisant. Les instructions diététiques de base mentionnaient les légumes verts en feuilles, le blé entier et d'autres grains complets, les agrumes et leur jus de même que les fruits de mer en quantité. Il restreignait la consommation des amidons, des aliments gras et frits et de toutes les viandes, à l'exception du gibier et de l'agneau.

Dans six cas, il conseilla l'hydrothérapie, incluant les bains de vapeur et les séances de sauna, les douches chaudes et froides ainsi que les irrigations du côlon de temps à autre. Ces traitements avaient pour but de stimuler la circulation et d'activer l'élimination.

Les manipulations vertébrales furent mentionnées à six reprises pour soulager les pressions dans la colonne et assurer une meilleure coordination nerveuse.

D'autres recommandations faisaient mention de l'Atomidine, du Kaldak, de la Calcidin ou de prescriptions établies par des médecins. Finalement, Cayce encouragea fortement les patients à inclure la prière et la méditation dans leurs traitements pour qu'ils puissent en arriver à comprendre et à accepter le sens de leur affliction.

Histoire de cas

Dans le cas d'un homme de trente-deux ans (3491), la maladie de Parkinson fut attribuée à «des empêchements dans la capacité des forces glandulaires de se reproduire», lesquels avaient entraîné une incoordination nerveuse. Cayce conseilla à cet homme de commencer ses traitements avec la pile à électrolyte qu'il devait utiliser chaque jour pendant trente minutes. Il devait employer soit le chlorure d'or, soit le nitrate d'argent, en alternant tous les jours.

Pour effectuer le traitement, la petite plaque de cuivre devait être fixée au plexus de la neuvième dorsale et la plaque de nickel, dans la région du nombril ou des canaux chylifères. Cette application devait être suivie d'un massage complet avec un mélange d'huile d'arachide, d'huile d'olive et de lanoline.

Cayce suggéra également des traitements de détente par l'ostéopathie, à recevoir une fois par semaine. Quant au régime, le cas 3491 devait consommer des aliments riches en vitamines B_1 et E, et éviter les amidons. Malheureusement, cet homme ne put guérir de sa maladie. On n'a toutefois aucun moyen de savoir s'il avait suivi ou non les traitements conseillés par Cayce.

Dans cinq autres cas, les personnes avaient suivi les recommandations; elles firent savoir que leur état s'était grandement amélioré.

MALADIE DE RAYNAUD

La maladie de Raynaud est une affection dans laquelle la circulation du sang se bloque dans les mains et les pieds.

La maladie se caractérise par des crises intermittentes de pâleur à la surface du corps (absence de couleur) ou de cyanose (bleuissement de la peau causé par une aération insuffisante du sang). Cet état apparaît généralement entre quinze et quarante-cinq ans, presque toujours chez les femmes.

La seule lecture donnée par Cayce sur la maladie de Raynaud concernait une femme de quarante-cinq ans dont les mains avaient commencé à se décolorer par endroits, à se nouer et à s'atrophier.

Cayce attribua son état à l'absence d'un élément chimique vital pour la régénération du tissu nerveux, ce qui avait entraîné la perte de l'élasticité musculaire et de la coordination nerveuse.

Le cas de cette femme s'était aggravé au point où la médecine ne pouvait plus rien pour elle; Cayce esquissa néanmoins des traitements qui pouvaient lui être utiles, à condition d'être suivis avec régularité. Et, par-dessus tout, il demanda à cette personne de tenter de comprendre la nature karmique de sa maladie.

Traitement et histoire de cas

Pour régénérer les nerfs de la patiente, Cayce suggéra des traitements quotidiens de trente minutes avec la pile à électrolyte, en utilisant une charge normale et des solutions de chlorure d'or, de nitrate d'argent et d'alcool camphré, que l'on faisait alterner chaque jour. La grande plaque de nickel devait toujours être fixée à la zone des canaux chylifères; la petite plaque de cuivre, à la neuvième vertèbre dorsale quand on utilisait l'or, à la quatrième lombaire avec le nitrate d'argent et à la quatrième dorsale quand on se servait de l'alcool camphré.

Immédiatement après la séance, la patiente devait se faire administrer un massage sur tout le corps, à l'aide d'un mélange d'huile minérale, d'huile d'olive, d'huile d'arachide, de lanoline, d'huile d'aiguilles de pin et d'huile de sassafras. Cayce lui conseilla de mettre à profit les périodes de traitement pour prier et méditer.

En outre, une irrigation du côlon occasionnelle pouvait lui être très profitable.

On ne possède aucun rapport d'après-traitement pour ce cas.

MALADIE MENTALE

Le résumé qui suit est basé sur une recherche faite par le professeur de psychologie James C. Windsor, qui étudia plus de trois cent cinquante lectures données par Edgar Cayce à des gens souffrant de problèmes mentaux. En dépit du fait que, à l'époque de Cayce, on diagnostiquait essentiellement la maladie mentale comme de la folie, les aberrations courantes de comportement sont classées dans la recherche selon une terminologie beaucoup plus recherchée; on parle de schizophrénie, de comportement maniaco-dépressif, de paranoïa, etc.

Il y a cependant des symptômes typiques que partagent ceux qui souffrent de ces problèmes mentaux; ce sont la désorganisation de la pensée, la désorientation dans le temps et dans l'espace, le repliement sur soi et l'autisme, le passage d'un extrême à l'autre, les hallucinations et le délire.

On doit garder à l'esprit que beaucoup de ceux que l'on amenait à Cayce pour être traités considéraient celui-ci comme leur dernier espoir. Ils étaient en général gravement perturbés, et certains vivaient en institution depuis des années.

Pour illustrer les méthodes de diagnostic de Cayce, on sélectionna trente-deux cas de maladie mentale comme groupe échantillon. Le facteur responsable le plus frappant dans ces cas était, d'après Cayce, l'incoordination physique qui bouleversait ensuite l'équilibre physique et émotionnel. Dans la moitié au moins des trente-deux cas, cette incoordination se manifestait sous la forme d'un système nerveux perturbé, avec soit des influx nerveux bloqués, soit une totale incoordination entre le système nerveux céphalo-rachidien et le système sympathique, ou autonome.

Cayce trouva même une cause physique à quelques cas d'hallucinations; celles-ci sont décrites comme des dérèglements synaptiques causés par le fait que le système nerveux central reçoit des messages qui ne sont pas acheminés par le système sensoriel. D'autres facteurs mis en cause dans la maladie mentale étaient le déséquilibre glandulaire (un facteur en lui-même très important) et les émotions négatives.

Dans au moins neuf des trente-deux cas, Cayce nota des dysfonctionnements glandulaires causés par des problèmes de développement prénatals, des infections, des blessures et de l'incoordination nerveuse. Les lectures mentionnaient souvent la glande pinéale et, occasionnellement, les organes génitaux. Cayce voulait dire par là que la glande pinéale est connectée aussi bien au système nerveux involontaire qu'au système central et qu'elle exerce une fonction de coordination.

Dans au moins sept des trente-deux lectures, Cayce releva des causes liées aux attitudes; il s'agissait de tension nerveuse, de stress émotionnel et de surmenage. Il fit remarquer que ces causes étaient au moins en partie responsables de l'incoordination physique. Une lecture déclara que «tout individu qui entretient des pensées destructrices et passe son temps à se condamner pour ceci ou pour cela, provoquera, à moins qu'il réagisse à temps, la dissociation et le manque de coordination entre les systèmes sympathique et céphalo-rachidien». (5380-1)

Traitement

Les traitements de Cayce pour les maladies mentales contiennent de nombreux éléments semblables, mais chacun était établi selon les besoins particuliers de chaque personne. Les lectures insistaient sur la nécessité de suivre toutes les instructions à la lettre. Elles rappelaient en outre avec insistance que ceux qui donnaient les traitements devaient éprouver une sympathie sincère envers le malade. Les renseignements qui suivent concernant les traitements furent tirés par le Dr Windsor d'un nombre non précisé de lectures.

Dans la majorité des cas, c'était l'électrothérapie qui était recommandée, surtout avec utilisation de la pile à électrolyte ou de l'appareil radioactif. La pile à électrolyte fut citée dans le plus grand nombre de cas; elle était censée avoir une influence rafraîchissante sur le système nerveux; on devait généralement l'utiliser avec du chlorure d'or. L'appareil radioactif était surtout recommandé pour ceux qui avaient besoin de ses propriétés calmantes.

Parmi d'autres traitements fréquemment suggérés, on peut citer les manipulations et les massages spinaux avec des substances telles que l'huile d'olive, l'huile d'arachide et la lanoline. Cayce recommanda également de nombreux médicaments pour satisfaire des besoins particuliers.

Histoire de cas

Le cas 3950 était celui d'une jeune femme de trente ans. Son déséquilibre mental fut attribué à des conditions prénatales qui, selon Cayce, avaient fini par affecter les glandes coordonnant les influx nerveux. Les impulsions nerveuses reçues par le cerveau étaient tellement faussées qu'aucune réponse mentale normale n'était possible. À cause de cette incoordination nerveuse, la patiente passait par des périodes de dépression alternant avec des moments de nervosité extrême.

Les traitements de Cayce visaient à stimuler les glandes pour qu'elles puissent fabriquer les éléments indispensables au fonctionnement normal et équilibré du système.

Pour débarrasser l'organisme de ses impuretés, on devait utiliser la légère impulsion électrique de la pile à électrolyte. On devait commencer par attacher la plaque de cuivre au bas de la colonne vertébrale, puis la faire remonter progressivement, en l'appliquant un jour sur la zone lombaire pendant cinq minutes, puis cinq minutes sur la zone dorsale le jour suivant, etc. Lorsqu'un cycle arrivait à sa fin, on devait le répéter avec, cette fois, des applications de sept minutes au lieu de cinq.

À cause des impuretés qui avaient été éliminées du système respiratoire, Cayce prescrivit des bains salés ou des bains à l'hamamélis. Il recommanda aussi des laxatifs pour purifier le canal digestif et les reins. Au fur et à mesure que le système se nettoyait, les traitements à la pile à électrolyte devaient se prolonger pour atteindre une durée de trente minutes par jour, en ménageant des périodes de repos de trois à cinq jours.

On ne possède aucun résultat de cette lecture; toutefois, d'autres rapports indiquèrent que lorsque les traitements étaient fidèlement appliqués, on obtenait de bons résultats.

MALADIE OSSEUSE DE PAGET

Cette maladie, caractérisée par des douleurs osseuses profondes, est un état dans lequel les os s'épaississent et ramollissent, et où l'ossature principale qui soutient le corps se courbe et se tord. Cette maladie a une forte incidence familiale. La seule et unique personne qui reçut une lecture de Cayce sur la maladie de Paget fut une femme de soixante-huit ans.

Selon Cayce, c'était la mauvaise circulation en direction des côtes qui avait perturbé l'activité structurale normale de la moelle osseuse. Une blessure au pelvis avait en outre entraîné une irritation sur les couches supérieures des os pelviens; l'état de la personne avait empiré au point où tous ses os avaient grossi et ramolli.

Traitement

Pour cette maladie, Cayce prescrivit des ajustements ostéopathiques quotidiens, suivis de massages en profondeur à l'aide d'un mélange d'huile d'olive, d'huile d'arachide et de lanoline.

Pour entretenir de bonnes évacuations, la patiente devait se faire administrer une irrigation du côlon toutes les trois ou quatre semaines. Le régime alimentaire avait aussi une grande importance dans le traitement; Cayce recommanda instamment des aliments sanguinoformateurs tels que le foie de veau, les pieds de cochon (non marinés) et les cous de poulet, cuits suffisamment pour permettre la mastication des os.

La personne, le cas 3587, fut prévenue peu après le début de ses traitements qu'elle devrait avoir une seconde lecture pour se faire expliquer la deuxième série de traitements et l'emploi des rayons infrarouges. Mais elle ne donna plus de nouvelles.

MÉNINGITE

La méningite spinale est l'inflammation des méninges, les membranes qui enveloppent le cerveau et la moelle épinière. Les symptômes en sont la fièvre, les frissons, le mal de tête, la nausée, la confusion et les douleurs dans le dos, l'abdomen et les extrémités.

Quatre personnes reçurent un total de cinq lectures traitant de cette maladie.

L'une de ces lectures prit le temps d'expliquer à fond la cause de la méningite, la décrivant comme l'invasion de parasites extérieurs au corps qui s'attaquaient aux centres nerveux de la colonne vertébrale. La lecture donna aussi des renseignements sur ces parasites «qui se sont emparés de la force nerveuse et qui vivent à ses dépens, ou encore de la matière (introduite) dans le corps qui a pénétré dans le système par le sens de l'odorat ou par les narines, dans l'air acheminé aux poumons». (4814-1)

Dans les trois autres cas, la cause était simplement décrite comme une détérioration des nerfs de la colonne vertébrale par des agents infectieux. Trois cas sur quatre mettaient en cause des enfants de moins de dix ans.

Traitement et histoire de cas

La lecture 4814-1 fournit également un exposé sur la façon de soigner la méningite. Cayce pensait que «les façons de les utiliser ou de les atteindre ne peuvent l'être qu'au moyen d'une force agissant sur le système nerveux et ne produisant aucune distorsion des cellules». En conséquence, il considérait la relaxation de la colonne et des muscles comme un élément capital du traitement. Le meilleur moyen d'y parvenir était de recourir aux massages spinaux, qu'il recommanda dans trois cas sur quatre. Les substances à employer étaient la Glyco-Thymoline pure, l'Atomidine diluée, le beurre de cacao et un mélange composé d'huile minérale, d'huile de bois de cèdre, d'huile de moutarde, d'huile de sassafras et de teinture de benjoin. Dans deux cas, il conseilla des manipulations vertébrales légères pour provoquer la détente du corps.

Pour faire baisser la fièvre, il recommanda de placer un emplâtre froid à la base du cerveau et sur la tête; dans une des lectures, il mentionna que ce traitement diminuerait le nombre des convulsions et des spasmes musculaires.

Malheureusement, la plupart des lectures sur la méningite s'adressaient à des sujets dont la maladie était à un stade d'évolution avancé. L'un des jeunes enfants mourut avant même qu'on ait pu commencer les traitements.

Dans un autre cas, cependant, on nota que les traitements avaient apporté des améliorations, mais on ne possède aucun rapport concluant là-dessus.

MÉNOPAUSE

Edgar Cayce donna vingt-six lectures traitant des problèmes physiques liés à la ménopause, ou arrêt des menstruations, qui survient habituellement entre quarante-cinq et cinquante ans.

Ces lectures s'adressaient à quatorze femmes, dont les âges s'échelonnaient de trente-huit à soixante-huit ans. Les symptômes les plus fréquents étaient les bouffées de chaleur, la fatigue, la nervosité, l'insomnie et les douleurs musculaires.

Dans chacun des cas, Cayce nota un déséquilibre glandulaire. Ces déséquilibres mettaient souvent en cause la glande thyroïde. D'autres troubles physiques augmentaient les malaises: le manque de coordination nerveuse, les mauvaises assimilation et élimination, la circulation ralentie et le surmenage. L'incoordination nerveuse fut citée dans sept cas, et elle était habituellement associée à des subluxations spinales; les mauvaises assimilation et élimination, mentionnées respectivement dans sept et cinq cas, produisaient de la congestion dans la cavité abdominale; la circulation ralentie et le surmenage furent mis en cause dans six cas. Les régimes alimentaires inadéquats et l'affaiblissement généralisé furent également cités comme facteurs contribuant à la ménopause.

Traitement

Dans dix cas, Cayce suggéra l'électrothérapie; le rayon violet fut recommandé dans quatre cas, la diathermie dans trois et l'appareil radioactif à deux reprises. Chaque traitement était fait strictement sur mesure, mais avait essentiellement pour objectif d'améliorer la circulation, de normaliser les fonctions du système nerveux et de provoquer la relaxation.

Cayce accordait autant d'attention à l'alignement de la colonne vertébrale qu'aux instructions diététiques. Il recommandait les manipulations vertébrales pour corriger les problèmes qui pouvaient exister et pour aider à maintenir le bon équilibre entre les systèmes nerveux céphalo-rachidien et sympathique. Les instructions individuelles étaient très particulières, mais Cayce suggérait fréquemment une manipulation générale pour les propriétés relaxantes du procédé. Dans cinq cas, il insista sur l'importance du repos et de la relaxation, surtout avant et après les manipulations.

Un régime alimentaire bien équilibré était considéré comme essentiel à l'harmonie physique. Cayce recommandait particulièrement les fruits et les légumes, de même que le poisson et la volaille à la place de la viande rouge; il demandait de s'abstenir totalement de la graisse provenant de la viande rouge ainsi que des plats très épicés, des fritures, des amidons et des boissons alcoolisées consommées avec excès.

Pour deux femmes, Cayce conseilla un régime favorisant les évacuations. À l'une, il donna le choix entre trois régimes: la diète aux pommes, la diète aux raisins ou la diète aux agrumes. Dans chaque cas, le sujet ne devait consommer, pour une période de temps donnée, que les fruits prescrits ainsi que de l'eau en grande quantité. Une des lectures recommanda de prendre une demi-cuillerée à café d'huile d'olive le dernier soir de la diète, pour purifier l'organisme et prévenir la formation de gaz.

Dans six cas, Cayce recommanda des toniques pour les glandes, comme l'Atomidine et la Tonicine. Il mentionna aussi, à l'occasion, le Calcios et le chlorure d'or avec le bromure de sodium pour rétablir les équilibres glandulaires. Pour soulager les bouffées de chaleur, il conseilla à deux reprises des tisanes toniques contenant toutes les deux de la teinture de valériane, de l'élixir de calisaya, de l'iodure de potassium et du bromure de potassium, avec, pour l'une des deux, un ajout de teinture de piment. À deux reprises également, il recommanda des injections d'hormones mâles, à recevoir sous supervision médicale.

Il conseilla quelquefois différentes sortes de physiothérapie, habituellement sous la forme d'un massage de la zone céphalo-rachidienne en utilisant, dans un cas, de l'huile d'arachide. Il suggéra deux fois des cataplasmes à la Glyco-Thymoline pour soulager les maux de ventre; on devait poser à cet endroit du sel chaud que l'on préparait en chauffant un sac de gros sel; on plaçait ensuite le sel sur l'endroit douloureux.

Dans quatre cas, Cayce suggéra l'hydrothérapie sous forme de séances de sauna et de bains de vapeur. Pour soulager les douleurs de la zone pelvienne, il conseilla une fois des bains de siège aux sels d'Epsom.

Il insista auprès de nombreuses femmes sur l'importance de vivre avec des attitudes émotionnelles harmonieuses et positives; à cette fin, il prescrivit beaucoup d'exercices de marche et de détente au grand air. À l'une d'entre elles, il conseilla de chantonner tranquillement pour elle-même, pendant qu'elle travaillait, afin de se détendre.

Histoire de cas

Le cas 1540 reçut quatre lectures sur la ménopause, entre les âges de quarante-deux et quarante-quatre ans. Cayce attribua ses troubles à de l'incoordination glandulaire et à de mauvais alignements spinaux. La paresse glandulaire fut attribuée à des carences en certains éléments et à des excès dans d'autres cas.

Les traitements avaient pour but d'augmenter la résistance et d'améliorer la coordination entre les nerfs et les glandes. La première lecture suggéra l'Atomidine, pour purifier et stimuler les organes pelviens. Le dosage prescrit était d'une goutte par jour pendant dix jours, à prendre dans un demi-verre d'eau, le matin avant le repas. Après un répit de trois jours, la patiente devait prendre du Calcios chaque jour pendant cinq jours, faire suivre d'une période de repos de cinq jours, puis à nouveau cinq jours d'Atomidine. La séquence devait se répéter une ou deux fois, selon les besoins. Pendant cette période, la patiente devait suivre un régime complet de relaxation par l'ostéopathie, en travaillant tout particulièrement le coccyx, la quatrième lombaire, les troisième, quatrième, neuvième, onzième et douzième dorsales, ainsi que tout le segment cervical.

Cayce prévint la patiente qu'il lui fallait diminuer sa consommation excessive de sucreries et boire du jus de raisin (frais ou de marque Welch) dilué dans deux tiers d'eau pure, environ une demi-heure avant chaque repas et avant d'aller au lit.

Cayce déconseilla les pilules et les injections d'hormones, car elles étaient difficilement assimilées et faisaient parfois plus de mal que de bien. Si la personne désirait un stimulant hormonal, Cayce recommandait la Tonicine, à prendre au plus tôt dix jours après les doses d'Atomidine.

Cayce fit remarquer dans la lecture suivante que la patiente n'avait pas suivi assidûment son traitement et qu'il en était résulté une fatigue du système nerveux. Elle se plaignait entre autres de maux de tête et de douleurs aux yeux. Cayce recommanda alors des manipulations vertébrales bihebdomadaires pendant quatre semaines. La personne devait ensuite se reposer pendant deux ou trois semaines, puis recommencer une autre série de manipulations. Pendant les deux séries, elle devait prendre de la Tonicine tous les deux jours.

Après la première semaine de manipulations, elle devait recevoir des applications de rayon violet; l'applicateur devait être posé sur la main droite le premier jour, sur le pied gauche le deuxième jour, sur la main gauche le troisième jour et sur le pied droit le quatrième jour. Les applications devaient se faire quotidiennement pendant dix jours et être suivies d'une autre séquence, avec des traitements de deux minutes au début et de trois minutes plus tard.

Le régime alimentaire devait se composer surtout de fruits et de légumes, avec, à l'occasion, du rôti de bœuf bien cuit, et des céréales pour le petit déjeuner. Elle devait s'abstenir de matières grasses et de boissons gazeuses.

Pour harmoniser la vie émotionnelle de la patiente, Cayce lui conseilla d'aider, de servir les autres et de travailler à son développement spirituel.

Les proches de la personne, le cas 1540, devaient faire un effort pour comprendre ses problèmes physiques et émotifs. Il leur était fortement recommandé de passer beaucoup de temps au-dehors, d'occuper leur corps et leur esprit à beaucoup de choses, et aussi de se reposer.

La quatrième et dernière lecture fit état d'améliorations; Cayce recommanda à la patiente de continuer à prendre de la Tonicine et à recevoir des manipulations bihebdomadaires pendant huit semaines. Elle devait également utiliser l'appareil radioactif chaque soir avant de se coucher. Il lui était finalement conseillé de prier en toute occasion.

On ne possède pas de rapport post-thérapeutique pour ce cas.

MENSTRUATIONS ANORMALES

Edgar Cayce donna quinze lectures pour quatorze femmes qui avaient de treize à trente-huit ans et se plaignaient de règles anormales, surtout du fait qu'elles étaient irrégulières.

Dans la moitié des lectures, la cause des périodes anormales fut attribuée à l'incoordination des systèmes nerveux, résultat de lésions, de subluxations ou de blessures spinales.

Quatre lectures indiquèrent des déficiences du sang telles que l'anémie ou une oxygénation insuffisante. À cause de ces deux genres de facteurs, des problèmes comme de la congestion et des pressions se produisaient dans les organes pelviens, de même que des déséquilibres glandulaires qui, dans pratiquement tous les cas, entraînaient l'inhibition du cycle menstruel normal. Des éliminations et des assimilations insuffisantes ou inadéquates constituaient d'autres facteurs importants.

Traitement

Edgar Cayce prescrivit toutes sortes de traitements; on n'en trouve pas deux dans les lectures qui soient exactement semblables. La plupart du temps, c'est-à-dire dans onze cas, il recommanda des manipulations de la colonne vertébrale pour diminuer les pressions sur le système nerveux et réaligner les vertèbres déplacées.

Dans sept lectures, il donna des instructions diététiques; celles-ci mettaient l'accent sur les aliments à réaction alcalinisante comme les légumes crus ou cuits, les agrumes et leur jus, et recommandaient fortement le poisson, la volaille et l'agneau, grillés ou rôtis. Les aliments à éviter étaient le pain blanc, les pommes de terre, les pâtisseries, les fritures et les boissons gazeuses.

Les lectures donnèrent des instructions précises à six femmes concernant des fortifiants à prendre, la plupart du temps pour améliorer l'irrigation sanguine; parmi ceux-ci, on retrouvait l'extrait de foie, un tonique à base de bœuf, de fer et de vin, et de la Ventriculine. Cayce prescrivit l'électrothérapie à cinq reprises, essentiellement sous la forme du rayon violet ou de l'appareil radioactif.

Dans quatre cas, Cayce suggéra la Tonicine ou l'Atomidine pour régulariser la thyroïde et les systèmes glandulaires. Les personnes devaient prendre de petites doses de Tonicine avant leurs règles, ou une goutte d'Atomidine dans un demi-verre d'eau deux fois par jour. Trois lectures conseillèrent d'employer l'Atomidine pour les douches vaginales, avec une seringue appropriée, de deux à trois fois par semaine, à raison d'une cuillerée à café d'Atomidine dans 1 l ou 1,5 l d'eau à la température du corps.

Histoire de cas

La lecture 625-1 fut donnée à une jeune fille de dix-huit ans dont les cycles menstruels étaient anormalement rapprochés. Une élimination insuffisante et un métabolisme déséquilibré avaient rendu le sang toxique. Il en était résulté des ovaires hypertrophiés et des perturbations dans les glandes et les organes pelviens.

Cayce lui suggéra un régime alimentaire particulier qui devait constituer une partie essentielle du traitement. Le petit déjeuner devait comporter des céréales ou des fruits frais, des jus de fruits et une tranche de pain complet rôtie. Un repas par jour devait consister uniquement en légumes verts crus; le dîner devait être composé de légumes bien cuits servis avec de la viande grillée ou rôtie. Les boissons gazeuses étaient bannies. Cayce conseilla aussi à la jeune fille de se faire donner deux ou trois manipulations ostéopathiques par semaine, pour coordonner le quatrième plexus lombaire avec la zone du neuvième plexus dorsal et pour corriger l'alignement du coccyx.

Bien qu'on n'ait pas de rapport final de ce cas, Cayce reçut, peu de temps après la lecture, une lettre de félicitations de la mère de la jeune fille.

MENSTRUATIONS DOULOUREUSES

Edgar Cayce accorda vingt-sept lectures à quatorze femmes, la plupart dans la vingtaine ou la trentaine, sur les douleurs ou les crampes menstruelles. Il aborda d'autres problèmes menstruels fréquents, comme les maux de tête et de dos et les nausées occasionnelles.

Il mentionna diverses perturbations de l'organisme comme sources des désagréments menstruels. Celles-ci mettaient généralement en cause le système nerveux, les glandes et les fonctions d'élimination. Dans sept cas, Cayce était d'avis que les organes pelviens étaient directement affectés; soit que l'utérus fût déplacé, soit que l'on découvrît des adhérences sur les parois vaginales, soit encore que des blessures aient perturbé ces organes. Dans cinq autres cas, les problèmes avaient pour cause l'insuffisance de l'élimination, qui provoquait de la congestion dans la zone du pelvis. Et dans deux cas de règles douloureuses, la cause directe en fut attribuée à des lésions spinales qui avaient faussé les influx nerveux.

Traitement

Cayce accorda une très grande attention à l'alignement de la colonne vertébrale pour traiter les menstruations douloureuses. Très souvent, le mauvais alignement était associé à une mauvaise position des organes pelviens; c'est pourquoi il recommanda, dans dix cas, les manipulations vertébrales. Les instructions concernant ces manipulations étaient généralement très explicites et mentionnaient la coordination des vertèbres inférieures dans les segments lombaire et sacré.

Dans sept cas, les lectures conseillaient un régime bien équilibré, composé essentiellement d'aliments à réaction alcalinisante et d'aliments sanguinoformateurs, riches en fer et en protéines. On devait éviter de consommer une trop grande quantité de viande, d'amidon et de sucre.

Cayce recommanda divers emplâtres, à appliquer sur l'abdomen et le bas du dos pour le soulagement local des crampes menstruelles; la plupart du temps, il s'agissait d'emplâtres secs et chauds composés de gros sel et de sels d'Epsom humides.

Dans quatre cas, Cayce conseilla l'électrothérapie, sous la forme du rayon violet avec applicateur vaginal, à utiliser au moins une fois par semaine. Ce traitement ne devait cependant jamais être appliqué pendant les règles.

Dans trois cas, Cayce recommanda les douches vaginales avec des solutions d'Atomidine diluée, pour conserver le vagin propre et à l'abri de toute infection. Le taux habituel de dilution était d'une cuillerée à café d'Atomidine par litre d'eau chaude.

Histoire de cas

Le diagnostic de Cayce concernant une femme de trente-cinq ans, le cas 2330, tint responsables de ses malaises menstruels une élimination insuffisante ainsi que des adhérences et des lésions dans les organes pelviens qui empêchaient un drainage adéquat pendant les règles. La jeune femme reçut trois lectures qui indiquèrent une série de traitements très précis. Elle devait se faire administrer deux fois par semaine six manipulations ostéopathiques, qui devaient porter spécialement sur le plexus iliaque et être suivies de deux ou trois traitements pour la détente générale. Une nouvelle série de manipulations devait faire suite, avec des douches vaginales à l'Atomidine deux fois par semaine. Le taux de dilution devait être d'une cuillerée à café par litre d'eau chaude.

Après la deuxième série de manipulations, Cayce recommandait l'emploi du rayon violet avec l'applicateur vaginal. Ce traitement devait être administré de deux minutes et demie à trois minutes par semaine, sauf pendant la période des menstruations. Pour obtenir le maximum de bénéfice, le rayon violet devait être utilisé après la manipulation et avant la douche vaginale.

Environ six mois plus tard, Cayce donna à la patiente une seconde lecture qui révéla l'apparition de tumeurs intra-utérines. Il remarqua aussi que les traitements n'avaient pas été suivis assez fidèlement. Il fallait donc faire des corrections supplémentaires aux vertèbres lombo-sacrées; aussi prescrivit-il six manipulations hebdomadaires de plus.

Il conseilla également à la jeune femme de continuer à prendre des douches à l'Atomidine, ainsi que quelques applications du rayon violet. Il lui demanda aussi de s'abstenir de consommer des féculents ou des fromages et de boire plutôt des verres de jus de raisin quotidiennement. Elle devait aussi prendre régulièrement des cuillerées à café d'huile d'olive pour faciliter les évacuations.

La troisième lecture de la patiente révéla qu'elle avait négligé ses traitements et que son état était redevenu ce qu'il était au début. Cayce nota de nouveaux problèmes concernant l'élimination et le bas du dos. Un an plus tard, la jeune femme subit l'ablation d'un fibrome.

D'excellents résultats furent toutefois rapportés dans quatre autres cas. Dans l'un de ceux-ci, une femme qui n'avait jamais pu avoir d'enfant donna naissance à deux bébés quelques années après voir suivi les conseils de Cayce. Dans la plupart des autres cas, on ne possède aucun rapport d'après-traitement.

MIGRAINE

La migraine, ou hémicrânie, se caractérise par une douleur soudaine et intense dans la tête, précédée ou accompagnée de perturbations sensorielles et suivie de somnolence. Les maux de tête sont parfois précédés d'une courte période de dépression, d'irritabilité, d'agitation et de perte d'appétit. On pense que les crises de migraine sont provoquées par la perturbation de la fontion expansion-contraction des vaisseaux sanguins de la tête. Les migraines apparaissent souvent dès l'enfance et sont plus fréquentes chez les femmes que chez les hommes.

Edgar Cayce donna un total de vingt-six lectures à vingt et une personnes souffrant de crises de migraine; la plupart étaient des femmes.

De façon caractéristique, il ne considérait les migraines que comme les symptômes de déséquilibres internes. La plupart des personnes qui sollicitaient des lectures avaient d'autres problèmes de santé qui, selon Cayce, avaient souvent la même origine que ceux qui provoquaient les migraines.

La cause la plus commune, mentionnée dans treize cas, était l'incoordination entre les systèmes nerveux céphalo-rachidien et autonome; celle-ci était causée par des défauts d'alignements spinaux qui entraînaient un déséquilibre dans presque tous les autres systèmes et organes du corps.

Deux autres causes très répandues étaient l'insuffisance de l'élimination, mentionnée dans huit cas, et la mauvaise assimilation, citée dans sept cas. Dans cinq cas, les trois causes étaient présentes en même temps.

Un autre élément contribuant, que l'on retrouve dans dix cas, était une circulation paresseuse. Dans six cas, la débilité généralisée était un facteur; à l'occasion, les lectures mentionnaient l'incoordination glandulaire et les attitudes mentales négatives.

Cayce était d'avis que de nombreuses migraines résultaient d'une congestion du côlon qui provoquait des pressions sur les centres nerveux sympathiques et sur des portions de la colonne vertébrale. Cayce pensait aussi que la congestion provenait de facteurs tels qu'un régime alimentaire inadéquat, un déséquilibre glandulaire, une assimilation déficiente et un stress du système nerveux. Dans quelques cas, les subluxations spinales étaient la cause plutôt que le résultat de l'indigestion nerveuse et des autres facteurs cités. En règle générale, Cayce était d'avis que les migraines résultaient d'une congestion du côlon et d'une incoordination nerveuse, qui entraînaient des déséquilibres de la circulation et la prolifération des toxines dans le sang.

Traitement

Les traitements de Cayce pour la migraine se révélèrent très réguliers. Il insistait pour qu'on les applique «avec patience et persévérance» pour pouvoir rétablir l'harmonie dans les réactions chimiques du système. De plus, il recommanda dans onze cas des modifications diététiques, des manipulations vertébrales et de l'électrothérapie.

En ce qui concerne la diète, Cayce préconisait les aliments reconstituants du sang et des nerfs comme les légumes, surtout les légumes verts en feuilles, les fruits et les grains entiers. Il décourageait au contraire la consommation du pain blanc, des mélanges de féculents, des fritures, du sucre, de la viande rouge et des boissons gazeuses.

Les manipulations vertébrales devaient se faire à des endroits bien précis. En électrothérapie, Cayce recommandait le plus souvent l'appareil radioactif, dans le but d'améliorer la circulation sanguine.

Dans dix cas, il conseilla les irrigations du côlon, les lavements et les laxatifs doux comme l'huile d'olive. Il était absolument essentiel de nettoyer le côlon et de le débarrasser des mucosités et des déchets. Cayce demandait parfois d'utiliser les rayons X pour localiser les endroits où les matériaux avaient durci.

Il suggéra à six patients l'hydrothérapie avec sauna, ainsi que des alcaliniseurs et des aides digestives tels que l'Al-Caroid, la Glyco-Thymoline et l'huile d'olive. Dans cinq cas, il recommanda les cataplasmes, généralement sous la forme d'huile de ricin chaude et placés sur l'abdomen. À quatre reprises, les lectures prescrivirent des massages, dont deux fois avec du beurre de cacao.

Les sédatifs étaient déconseillés, car Cayce pensait qu'ils ne faisaient qu'aggraver le problème. D'autre part, il prévint quelques patients que certains traitements pourraient sembler aggraver leur état plutôt que le soulager, mais que s'ils étaient persévérants, ils connaîtraient un soulagement véritable.

Histoire de cas

Il y eut beaucoup de rapports faits au sujet des lectures sur les migraines, mais la plupart ne furent pas concluants. Pourtant, de nombreux sujets indiquèrent une réussite partielle à la suite des traitements de Cayce, même si un petit nombre seulement les suivirent jusqu'au bout.

L'un de ceux qui reçurent une lecture sur les migraines fut le cas 3326, une fillette de treize ans qui se plaignait de violents maux de tête. Pendant la lecture qu'il lui accorda, Cayce attribua son état à une allergie localisée dans le tube digestif; celle-ci avait provoqué de l'inflammation dans les voies gastro-intestinales, ce qui, par la suite, avait affecté la circulation.

Pour améliorer la situation, Cayce recommanda des irrigations du côlon; pendant qu'on les lui administrait, la fillette devait s'abstenir de sucreries, notamment de chocolat et de raisins secs. Elle devait au contraire consommer des prunes, des pruneaux, des pommes cuites, des légumes crus comme le cresson, le céleri, la laitue et des carottes préparées à la gélatine. Il lui était fortement recommandé de boire de six à huit verres d'eau quotidiennement. Elle pouvait prendre du lait, mais avec du germe de blé et des céréales cuites à grains entiers.

Pour débarrasser le côlon de ses mucosités, Cayce conseilla cinq ou six lavements qui devaient être administrés soit en même temps que les irrigations du côlon, soit à intervalles de dix à quinze jours. Pendant cette période, il était recommandé à la fillette de recevoir des traitements ostéopathiques pour la relaxation, avec une attention particulière sur la réduction d'une lésion localisée entre la sixième et la septième vertèbre dorsale. Cayce mit en garde contre le recours aux sédatifs qui ne feraient qu'aggraver la condition de la patiente.

Les conseils donnés dans la lecture semblent avoir été suivis, car la mère fit savoir que sa fille n'avait eu que deux crises de migraine en plusieurs mois, ce qui semblait prouver que son état s'améliorait.

MÔLES ET VERRUES

Les môles (ou grains de beauté) et verrues sont de petites élévations de la peau qui apparaissent sous la forme de taches sombres ou d'excroissances colorées de la peau. La plupart des môles sont inoffensives, mais certaines peuvent devenir malignes alors que les verrues sont généralement bénignes et faciles à traiter.

On sait que les verrues vulgaires sont causées par un virus tandis que les môles ont d'autres causes.

Edgar Cayce donna un total de dix-sept lectures à seize sujets, âgés de cinq à soixante-deux ans, qui se faisaient du souci au sujet de môles ou de verrues.

Si l'on en croit Gladys Davis Turner, qui était la sténographe attitrée de Cayce pendant les lectures, celui-ci avait sa propre méthode pour faire disparaître les verrues lorsqu'il était dans son état de conscience normal.

Elle disait: «Il arrivait fréquemment qu'Edgar Cayce efface consciemment les verrues chez des personnes, simplement en frottant la verrue et en disant à la personne de n'y plus penser, qu'elle disparaîtrait dans quelques jours sans qu'on sache ni quand ni comment. Cayce attribuait ce don à une sorte d'électricité produite par ses mains; il disait que beaucoup de gens pouvaient en faire autant.»

Bien qu'il donnât rarement des raisons précises à l'apparition des môles ou des verrues, Cayce laissa entendre dans ses lectures qu'une cause non négligeable était un état de santé laissant à désirer.

Dans une lecture accordée à une personne affligée de verrues, il déclara: «C'est l'accumulation de forces cellulaires qui essayent d'agir par elles-mêmes. Ou bien, comme nous le voyons, chaque atome du corps est comparable à un univers entier ou à un élément en lui-même. Ou bien il coordonne, ou bien il fait place à des forces de rupture par l'activité du système d'élimination; et, en accumulant, il rassemble ces choses autour de lui sans être absorbé. C'est ainsi que nous les avons sous la forme de môles et de verrues.» (759-9)

Traitement

Les traitements recommandés pour les môles et verrues furent très réguliers. Le principal, suggéré dans onze cas, était une application locale, par frottement, sur la môle ou la verrue. La plupart du temps, la solution utilisée était l'huile de ricin, soit seule, soit mélangée à du bicarbonate de soude.

Il y eut d'autres applications, mentionnées chacune une fois: un mélange de bicarbonate de soude et d'alcool camphré; une solution d'acide chlorhydrique à vingt pour cent; les faire disparaître à l'aide d'une aiguille électrique actionnée par un médecin. Deux fois aussi, il fit des recommandations diététiques.

Histoire de cas

Dans trois cas, on reçut des rapports sur l'issue des traitements de Cayce; chacun indiqua des résultats favorables.

Le cas 573 en est un exemple. Il s'agissait d'une femme qui avait reçu une lecture au sujet de grains de beauté qu'elle avait sur la gorge et la poitrine. Cayce attribua ces excroissances à une insuffisance de l'élimination; celle-ci avait entraîné une quantité excessive de toxines dans le courant sanguin et avait, par la suite, provoqué la formation de môles.

Le principal traitement suggéré par Cayce fut d'appliquer de l'huile de ricin directement sur les môles. Les applications devaient se faire deux fois par jour, par frottements doux.

Pour le régime alimentaire, elle devait consommer du pain de blé entier, de préférence au pain blanc, et s'abstenir de la plupart des féculents. Les légumes verts frais lui étaient particulièrement favorables.

La personne suivit les conseils de Cayce et neuf mois plus tard, elle fit savoir que ses môles avaient complètement disparu.

MONGOLISME (Syndrome de Down)

Le mongolisme, ou syndrome de Down, est un état d'arriération mentale allant de modéré à grave. Le mongolien se reconnaît habituellement aux traits de son visage; il présente un crâne aplati, un nez épaté, une petite taille et des yeux qui louchent. Son comportement typique met en évidence un manque de vivacité et d'initiative.

Six enfants, dont les âges variaient de deux à vingt ans, reçurent chacun une lecture sur leur état.

Edgar Cayce considérait le mongolisme comme un état de déficience mentale résultant d'un certain nombre de facteurs physiologiques. D'un point de vue physique, le mongolisme a été décrit, dans trois cas, comme une carence grave dans la coordination entre les systèmes nerveux sympathique et céphalo-rachidien, laquelle était provoquée par des négligences prénatales. Conséquemment, les fonctions glandulaires, en particulier les glandes de la croissance et de la reproduction, se trouvaient sérieusement déséquilibrées et influençaient négativement le développement physique et mental.

On notera avec intérêt que trois cas de mongolisme sur six furent attribués à des raisons karmiques. Cayce avait la conviction que les possibilités restreintes du mongolien constituaient pour son âme un moyen de croître et de se développer à travers les difficultés de sa vie matérielle. Les lectures insistaient fortement sur l'importance, pour les personnes qui en avaient la charge, de donner au mongolien amour et attention afin de favoriser l'évolution de son âme, leur tâche étant elle-même de nature karmique.

Comme Cayce l'expliqua au cours d'une lecture: «Ici, nous avons une entité à la rencontre d'elle-même. Ces [difformités] ne sont pas [désirables] et pourtant, elles sont là pour le développement et l'épanouissement de cette entité... Ici, nous avons une entité individuelle, née non seulement pour être à la charge de ses parents, mais parce que cette situation est aussi nécessaire aux parents qu'à l'entité.» (5335-1)

Traitement

Dans tous les cas de mongolisme, Cayce encouragea fortement les parents à accorder à leur enfant amour et soins en abondance. Dans cinq des six cas, il croyait qu'une amélioration était possible, mais il prévenait que ce serait au prix de beaucoup de patience et persévérance.

Les traitements le plus souvent recommandés furent l'électrothérapie, conseillée quatre fois, et les massages, trois fois.

Histoires de cas

Pour donner une idée de la variété des traitements recommandés par Cayce, quatre d'entre eux sont présentés ci-dessous.

Pour le cas 1105, celui d'un garçon de onze ans, la lecture recommandait l'usage de l'appareil radioactif au chlorure d'or. On devait l'utiliser pendant une heure chaque jour, en faisant les branchements d'une part aux extrémités, par alternance, et d'autre part, à la région ombilicale. Cayce affirmait que les résultats apparaîtraient au bout de deux ans à trois ans et demi. Mais on ne possède aucun rapport post-thérapeutique.

Dans le cas 1153, celui d'une fillette de cinq ans, on devait appliquer la pile à électrolyte chaque jour, pendant vingt minutes. La petite plaque de cuivre devait être attachée au centre brachial et la grande plaque de nickel, à la région des canaux chylifères. Chaque jour, on devait faire alterner le chlorure d'or et l'Atomidine. Lorsqu'on employait l'Atomidine, on devait attacher la plaquette de cuivre au plexus lombaire. En outre, chaque traitement devait être suivi d'un massage complet à l'huile d'olive.

La pile à électrolyte avec chlorure d'or, à utiliser pendant une heure au moment du coucher, fut recommandée à une jeune fille de vingt ans, le cas 5335. La plaquette de cuivre devait être fixée au plexus de la neuvième vertèbre dorsale. Aussitôt après le traitement, on devait procéder à un massage à l'huile d'olive et d'arachide. Au bout de trois mois de traitement, on n'enregistra aucune amélioration, et il semble que les parents aient arrêté le processus.

Dans le cas 1104, celui d'une fillette de huit ans, Cayce suggéra l'emploi de l'appareil radioactif chaque soir, pendant trois quarts d'heure à une heure. On devait faire suivre ce traitement d'un massage général en utilisant un mélange d'huile d'olive, d'huile de ricin et d'huile de pétrole ou de charbon.

Un rapport ultérieur indiqua que cette méthode avait été très utile pour calmer l'enfant et pour l'aider à s'endormir.

MORT SUBITE DU NOUVEAU-NÉ

Le syndrome de la mort subite du nouveau-né est le terme médical désignant la mort soudaine et inexplicable d'un bébé dans son berceau. Diverses théories tentent de l'expliquer, mais il n'y a encore aucune explication officielle de la médecine qui rende compte de cette tragédie.

Edgar Cayce discuta de ce syndrome dans de nombreuses lectures; il proposa différentes explications, l'une d'entre elles voulant que la mort dans le berceau ne constituait pas un accident, mais une décision délibérée de l'âme d'abandonner le corps.

Les lectures de vie 136-1 et 1648-2 furent accordées à des adultes; mais elles révélèrent qu'au cours d'incarnations précédentes, ces sujets n'avaient fait que de «brefs séjours» sur le plan terrestre, c'est-à-dire qu'ils étaient morts brusquement durant leur première année de vie. Dans ces deux cas, l'incarnation avait servi de terrain d'essai, d'une durée brève mais nécessaire, pour que l'âme puisse faire l'expérience de la matérialité. Le cas 136 tira de cette «brève» expérience «la conscience du plan dans lequel l'esprit pouvait se manifester au moyen de la chair». De la même façon, le cas 1648 s'était réincarné pour une très courte période parce que «l'âme cherchait à s'exprimer à travers l'unité des activités de l'expérience matérielle... pour qu'il puisse y avoir cette assurance, en vérité, dans l'esprit et dans le mental, que le Soi est en relation avec le Tout». Il en découle que Cayce reconnaissait la nécessité pour l'âme de s'incarner afin de faire l'expérience de son intégralité. Une fois cette étape franchie, l'âme n'avait plus de raison de continuer à s'incarner. À un niveau métaphysique, ce bref séjour avait un sens, en dépit du tragique de ces morts physiques.

Une seconde explication des décès au berceau, qu'on retrouvait dans nombre de lectures, était que l'âme abandonnait le plan terrestre après avoir compris et décidé que sa présente incarnation n'était pas compatible avec ses besoins. Dans les lectures 480-37 et 480-44, les parents en deuil demandèrent à Cayce pourquoi leur bébé était brusquement mort peu de temps après sa naissance; Cayce répondit: «L'âme a préféré demeurer en présence de son Créateur.» Il était donc évident, et Cayce en était convaincu, que la nouvelle entité avait le choix de quitter le plan physique après avoir constaté que ce nouvel environnement ne la satisfaisait pas.

Une décision semblable de la part d'une âme avait été prise au cours d'une vie antérieure par un jeune garçon de douze ans, le cas 1177. La femme de Cayce eut la surprise d'apprendre, grâce aux informations données sur l'incarnation précédente, que le bébé avait été le propre fils de Cayce, Milton Porter Cayce, né et mort en 1911. Dans la lecture de vie du nourrisson, Cayce nota que la durée de l'incarnation précédente de l'enfant n'avait pas dépassé deux mois et que l'âme était partie parce que les circonstances n'auraient pas été favorables à son épanouissement. Par ailleurs, l'âme n'était pas mentalement préparée pour effectuer un autre séjour terrestre, «car la distance était trop grande entre l'esprit et l'expérience au moment de la gestation pour que l'âme demeure dans cette expérience».

Une autre lecture de vie affecta la famille de Cayce; c'était celle d'une jeune femme, le cas 2390-1, qui avait été, dans une incarnation précédente, la sœur aînée d'Edgar Cayce, décédée à l'âge de deux ans et demi.

Son âme avait décidé que son expérience sur le plan physique la bouleversait et ne lui convenait pas; aussi le bébé se laissa-t-il lentement dépérir jusqu'à en mourir. La mère de Cayce se rappela la mort de l'enfant et précisa que, alors que le bébé était âgé de dix jours, son époux s'était enivré; l'enfant en avait été si profondément affecté qu'il n'avait plus jamais été le même par la suite. La déception et le désenchantement finirent par tuer le désir qu'avait l'enfant de vivre dans cette famille. La lecture mentionnait aussi que dans son incarnation actuelle, la personne avait conservé de la répulsion envers les hommes qui buvaient. Elle avait cependant choisi de s'incarner comme la fille d'un alcoolique pour apprendre à faire face à une telle situation.

La lecture 3391-1, qui ne traite pas spécialement des morts au berceau, soulève un point intéressant concernant les parents de tels enfants. Cette lecture avait été donnée aux parents d'un petit garçon de deux ans mort du cancer. Cayce expliqua que la maladie «faisait partie du karma de l'entité» et que sa mort en avait été une de compassion, car elle avait évité à l'enfant d'être un invalide pendant toute une vie. Cayce ajouta que le karma des parents comportait la perte du bébé, afin qu'ils pussent tirer certaines leçons de sa mort.

Cayce était bien conscient que les gens avaient de la difficulté à accepter ses conceptions; aussi essaya-t-il, dans la lecture 1648-2, de rassurer ceux qui se trouvaient concernés: «SES voies ne sont pas impénétrables. Bien que l'esprit matériel ait de la difficulté à les comprendre, l'esprit spirituel porte témoignage qu'elles ne sont pas impénétrables.»

MYASTHÉNIE GRAVE

La myasthénie grave est une maladie musculaire chronique et évolutive qui commence généralement au visage et à la gorge. Cette maladie est caractérisée par une fatigue musculaire qui entraîne faiblesse et paralysie.

Edgar Cayce ne donna que deux lectures sur cette affection, toutes les deux pour un homme âgé de trente-six ans. Il indiqua que la myasthénie grave avait une cause glandulaire; à part certains facteurs prénatals particuliers mis en cause dans ce cas précis, il en fit remonter l'origine à «un manque d'activité glandulaire dans tout l'organisme, qui empêche le plasma de former la portion structurelle des forces et des tendons musculaires du corps». (2207-1)

Traitement et histoire de cas

Les traitements portèrent avant tout sur la purification et l'harmonisation des glandes. Commençant avec la nouvelle lune, le sujet du cas 2207 devait prendre une goutte d'Atomidine dans un verre d'eau chaque matin, avant le petit déjeuner, pendant dix jours de suite. Le onzième jour, il devait prendre 30 ml de jus de carotte frais avec son repas de midi, et 30 ml de jus de betterave cuite avec le repas du soir. Il devait boire ces deux jus quotidiennement, jusqu'à la pleine lune; l'Atomidine devait alors être reprise pour une autre période de dix jours. (L'Atomidine et les jus ne devaient en aucun cas être pris le même jour.) Afin d'en arriver à des résultats perceptibles, Cayce suggéra de continuer les traitements pendant une période de quatre à six mois.

Dans la seconde lecture, Cayce mit l'accent encore plus fortement sur les traitements à l'Atomidine, les prolongeant jusqu'à quinze jours consécutifs.

Les rapports d'après-traitement révélèrent que le sujet les avait suivis avec constance, si bien qu'on avait pu noter quelques améliorations dans sa circulation générale et son assimilation. Toutefois, bien des années après la seconde lecture, le patient fit savoir qu'il avait abandonné les traitements et qu'il était malheureusement dans l'impossibilité de dire s'ils avaient été bénéfiques ou non.

MYOPIE

La myopie est un défaut de vision qui fait que les rayons lumineux provenant d'objets lointains sont amenés au foyer en avant de la rétine.

Edgar Cayce donna vingt-sept lectures à quatorze sujets qui avaient ce problème.

La cause la plus fréquente, selon lui, était la fatigue provoquée par le surmenage des yeux, du système nerveux ou du système entier. La fatigue pouvait parfois être attribuée à des facteurs tels qu'une blessure, des déséquilibres glandulaires et de la congestion. Les compressions et les lésions spinales étaient également souvent citées, soit comme causes initiales, soit comme résultats. Cayce pensait que la fatigue nerveuse, combinée à des empiétements dans le système céphalo-rachidien, pouvait déclencher des troubles comme une mauvaise circulation, des élimination et assimilation insuffisantes, de la toxémie, pour provoquer finalement un défaut de vision.

Traitement

Cayce répétait souvent qu'en s'attaquant aux causes de la myopie, il pouvait, au bout d'un certain temps, améliorer nettement la vision, même au point de pouvoir éviter le port de verres correcteurs.

Il recommanda le plus souvent les massages ou les manipulations vertébrales, qu'il mentionna dans tous les cas, sauf un. Le plus important pour lui était les exercices, en particulier ceux mettant en cause le cou et la tête. Il conseillait aussi l'exercice en général, à faire au grand air autant que possible, pour le haut et le bas du corps.

Il discuta du régime alimentaire et de l'électrothérapie dans huit cas, avec recours au rayon violet au-dessus de la colonne vertébrale, des yeux et du visage. À deux reprises, il suggéra des traitements à la diathermie. Il rappelait les précautions à prendre pour ménager les yeux, comme éviter de les exposer trop longtemps à une lumière trop forte ou trop faible, utiliser des lentilles régulières ou teintées, selon les circonstances, et finalement changer la prescription des lunettes lorsque le besoin s'en faisait sentir.

Histoire de cas

Les rapports d'après-traitement concernant la myopie sont quelque peu sommaires. Dans un cas, la progression de la maladie s'arrêta peu à peu; pour trois autres sujets, la vision s'améliora très nettement. Il existe en outre trois rapports de personnes qui pratiquèrent avec succès les exercices de la tête et du cou; deux d'entre elles furent en mesure de se passer de lunettes.

Le cas 3549 est typique. Il s'agissait d'une femme de trente-quatre ans qui souffrait d'arthrite et de névrite, en plus d'être myope. Cayce diagnostiqua que l'insuffisance de l'élimination avait désorganisé la coordination de la circulation superficielle et profonde, affectant de ce fait les nerfs et produisant une quantité exagérée de toxines dans le système. C'est ce qui avait fait naître les tendances à l'arthrite et à la névrite, en plus d'affecter certains organes du corps, comme les yeux.

Cayce prescrivit un certain nombre de traitements à l'hydrothérapie, comprenant au moins deux irrigations du côlon complètes durant le premier mois. À la suite de quoi d'autres irrigations devaient être données à intervalles réguliers, si le besoin s'en faisait sentir. Ces traitements devaient être suivis d'une courte période de repos puis d'un massage.

Le régime alimentaire devait comporter une abondance de légumes crus et frais, de céleri, laitue, carottes, radis, oignons, feuilles de moutarde et cresson, lesquels devaient constituer l'essentiel d'au moins un repas par jour. Les poissons de mer étaient également recommandés; viandes rouges et sucre étaient déconseillés.

Cayce était convaincu que le relâchement des pressions toxiques dans le système améliorerait la vision, de même que les exercices de la tête et du cou faits régulièrement le matin et le soir. Il prédit que les traitements porteraient fruit avant six mois.

Trois mois plus tard, le cas 3549 fit savoir que son état général s'était amélioré. Sa vision s'améliorait aussi sans arrêt, et chaque jour amenait des moments de vision complètement normale. Six mois plus tard, la jeune femme signala encore des progrès. Cependant, elle était toujours un peu myope deux ans plus tard.

N

NARCOLEPSIE

La narcolepsie se caractérise par des périodes où le sujet ressent un irrésistible besoin de dormir; ce problème se manifeste généralement avant l'âge de quarante ans. Le sommeil de la narcolepsie est semblable au sommeil normal, mais il se produit à des moments inappropriés. Cette maladie se rencontre plus souvent chez les hommes que chez les femmes.

Cinq sujets, dont les âges variaient de vingt-huit à cinquante-sept ans, reçurent un total de six lectures d'Edgar Cayce à ce sujet.

Dans tous les cas, Cayce attribua la narcolepsie à un déséquilibre glandulaire qui se répercutait sur l'irrigation sanguine. Pour l'un des cas, la maladie fut considérée comme le résultat de pressions s'exerçant dans des parties structurelles du corps. Dans deux cas, Cayce nota des symptômes de stress et de surmenage ainsi que des raisons karmiques. Selon lui, «la nature même de cette perturbation est subtile et insidieuse. Il y a une incapacité de demeurer conscient des réactions ou des réponses du cerveau envers les forces sensorielles... C'est un dérangement du sang ou un manque d'effluves dans le sang». (986-1)

Traitement

À l'exception des manipulations vertébrales, que Cayce recommanda dans quatre cas sur cinq, les traitements recommandés pour la narcolepsie ne se conformèrent à aucun modèle systématique.

À deux reprises, dans les lectures, il mentionna les massages, l'électrothérapie et les modifications au régime alimentaire.

Dans un cas, le sujet devait suivre une diète consistant essentiellement en aliments riches en fer et en vitamines A, D et B1; il devait s'abstenir de porc et de jambon.

Un régime d'hydrothérapie devait inclure des massages de même que des bains de vapeur à l'hamamélis. Dans un cas, on devait avoir recours à des traitements d'électrothérapie avec utilisation de la pile à électrolyte à l'or et à l'argent, et dans un autre cas, de l'appareil au radium.

NÉPHRITE (Mal de Bright)

La néphrite, que l'on connaît aussi sous le nom de mal de Bright, est une inflammation des reins; elle peut se présenter sous forme aiguë ou chronique. L'un des symptômes est une rétention d'eau excessive qui provoque de l'enflure accompagnée d'albuminurie (ou présence de sérum-albumine, de sérum-globulines ou autres protéines dans l'urine).

Edgar Cayce accorda un total de neuf lectures à huit personnes qui faisaient de la néphrite ou commençaient à en présenter les symptômes.

Il attribua cette maladie à des déséquilibres circulatoires et à une élimination insuffisante. Les causes connexes étaient cependant nombreuses; elles comprenaient l'incoordination nerveuse, les défauts d'alignements spinaux, la mauvaise assimilation, la distension ou prolapsus du côlon, la congestion, l'hypertension, les troubles cardiaques, d'autres problèmes rénaux et des attitudes mentales négatives.

En règle générale, l'insuffisance de l'élimination entraînait des déséquilibres dans le système circulatoire et une accumulation de toxines dans l'organisme. Une incoordination entre le foie et les reins finissait par se produire, avec surcharge dans les reins et sécrétion d'albumine dans l'urine.

Traitement

Les deux traitements que Cayce recommanda le plus souvent furent l'observance d'un régime alimentaire et la prise de mesures visant à épurer l'organisme. La diète devait être légère et fortement alcalinisante; les aliments le plus fréquemment conseillés étaient les fruits, les légumes et les céréales à grains entiers. Les patients devaient aussi boire beaucoup d'eau et ne consommer de la viande, du sucre et de l'alcool que de temps à autre.

Les évacuations devaient être stimulées par diverses méthodes, comme les irrigations du côlon et les laxatifs à base minérale. Cayce suggéra également l'électrothérapie, le repos et les exercices modérés, faits à l'extérieur.

Histoire de cas

Pour la majorité des cas, on ne possède aucun rapport concluant, mais deux personnes connurent une nette amélioration. Chez l'une d'elles, il a suffi de quatre jours de traitement pour ramener à quelques traces une haute teneur en albumine. L'autre cas concernait un jeune enfant qu'on avait déclaré incurable. Néanmoins, après une semaine de traitement, sa mère déclara: «Je n'ai jamais vu personne s'améliorer comme il l'a fait.»

Bien qu'il n'existe aucun rapport d'après-traitement pour le cas suivant, les traitements qui furent conseillés à cette occasion constituent un bon exemple de ce que Cayce recommandait pour soigner l'inflammation des reins.

Le cas 2489 était celui d'un homme de cinquante ans, prédisposé à la néphrite. Il souffrait aussi de déséquilibres circulatoires, d'hyperuricémie, de pléthore (plénitude) et de prolapsus du côlon, ainsi que d'une tendance à la thrombose coronarienne. Les pressions engendrées par le problème du côlon laissaient des poisons de nature urique dans le système et ralentissaient la circulation entre le foie et les reins, aggravant ainsi les problèmes rénaux et cardiaques. Cayce signala que la situation pouvait devenir grave et que le surmenage risquait de provoquer des accidents affectant le cœur.

Le premier traitement consista en irrigations du côlon administrées en série, pour aider à réduire son trop-plein et pour stabiliser la circulation entre le foie et les reins. Pour éviter de fatiguer le cœur, les irrigations devaient être données avec douceur, par des gens bien entraînés et à des intervalles d'au moins dix jours. La dernière eau devait contenir du Petrolagar ou de la Glyco-Thymoline.

Cayce recommanda également des ajustements vertébraux afin de détendre la zone dorsale supérieure et de stimuler la colonne; ceux-ci devaient se faire à partir de la neuvième dorsale et en continuant à masser vers le bas. Il semble que Cayce n'ait pas exigé de suivre un régime sévère, mais simplement d'éviter les abus de sucreries et de féculents, et de ne pas trop manger en général. Le repos fut fortement conseillé, de même que l'activité modérée.

NÉVRITE

La névrite est une inflammation des nerfs qui provoque des douleurs continuelles et souvent aiguës dans des régions particulières du corps; elle entraîne un affaiblissement lent et progressif des muscles. Dans les cas extrêmes, il peut en résulter de la paralysie et des perturbations du système sensoriel.

Edgar Cayce donna un total de vingt-deux lectures à dix personnes présentant des symptômes de névrite ou de conditions connexes. Ces personnes étaient âgées de vingt-deux ans jusqu'à la soixantaine.

Dans quatre-vingt-dix pour cent des cas, c'était l'insuffisance de l'élimination qui était considérée comme la cause de l'irritation des nerfs qui avait entraîné la névrite. Selon Cayce, cette libération insuffisante des intestins provoquait des accumulations toxiques dans le système; celles-ci envahissaient finalement l'irrigation sanguine des nerfs et causaient de l'irritation puis de l'inflammation.

Dans une proportion à peu près égale de cas (quatre-vint-dix pour cent), un facteur connexe était l'incoordination entre les systèmes céphalo-rachidien et sympathique, l'origine se trouvant dans des problèmes spinaux. Cayce était d'avis qu'un système hypertoxique, des émotions non maîtrisées, de l'infection, des surcharges ou des subluxations spinales finissaient par irriter suffisamment les nerfs pour causer la névrite. Le déséquilibre devenait évident lorsque les douleurs accompagnant la maladie se faisaient toutes sentir du même côté du corps.

Dans trois cas, la condition névritique avait sa source dans une mauvaise circulation, les toxines ou le surmenage généralisé de l'organisme imposant une surcharge à celle-ci.

Dans deux cas, c'étaient les subluxations spinales qui avaient entraîné des pressions sur les nerfs et abouti à l'inflammation.

Traitement

Bien qu'ils eussent des points communs, les traitements recommandés par Cayce pour la névrite variaient d'un sujet à l'autre. Mais chacun reçut des conseils pour encourager l'élimination des toxines accumulées, soit au moyen de lavements et d'irrigations du côlon, soit en utilisant des laxatifs doux tels que les sels Eno et le Castoria. À maintes reprises, les lectures prescrivirent des aides digestives, comme des tisanes toniques et de la Glyco-Thymoline, pour alcaliniser le système.

Cayce donna à six personnes des conseils diététiques, qui mettaient l'accent sur les aliments à réaction alcalinisante tels que les fruits et les légumes crus. Si elles devaient consommer de la viande, ces personnes devaient le faire avec modération; le jus de bœuf était pourtant fortement recommandé. Cayce conseilla à une personne de suivre une diète composée de pommes pour purifier son intestin.

Dans quatre cas, il conseilla les massages pour stimuler la circulation, habituellement à la suite d'une légère sudation. Dans le même nombre de cas, il suggéra divers traitements à l'électrothérapie. Trois lectures recommandèrent des cataplasmes, dont deux fois avec des sels d'Epsom, pour détendre les nerfs et soulager la douleur; il conseilla souvent aussi les manipulations vertébrales, accompagnées de chaleur dans un cas.

Histoire de cas

Cayce accorda deux lectures au cas 424, celui d'une femme dans la soixantaine atteinte de névrite. À l'époque des lectures, son état était un mélange de névrite, de toxémie et d'insomnie, lesquelles résultaient d'une circulation ralentie et d'une élimination insuffisante. Ces problèmes avaient entraîné une inflammation des ganglions, ce qui causa des douleurs et entrava les mouvements du côté gauche de son corps.

Pour l'aider à digérer et à vider ses intestins, Cayce lui recommanda une tisane tonique constituée d'écorce de merisier, de racine de salsepareille, d'écorce de quinquina, d'écorce de frêne épineux, de racine de mandragore et de feuilles de buchu.

Il lui conseilla également, pour soulager la zone lombaire et les jambes, des massages avec un mélange de gomme de camphre, d'huile de moutarde et d'huile de bois de cèdre.

Pour désintoxiquer l'organisme, il prescrivit des lavements et, pour améliorer le sommeil et la circulation, le recours à l'appareil radioactif.

Pendant la seconde lecture, Cayce conseilla à la patiente deux tisanes différentes pour remplacer la première décoction. L'une était une combinaison d'huile d'eucalyptus, d'huile de térébenthine rectifiée, de teinture de benjoin, d'essence de gingembre sauvage et d'alcool. L'autre était constituée de sirop de salsepareille, de teinture de stillingia, d'essence de navet indien, de sirop de rhubarbe et d'alcool éthylique.

Pour faciliter la digestion, il lui recommanda les fruits et les légumes crus. À cause de leurs propriétés acides, le pain blanc et la plupart des viandes rouges étaient à éviter.

La personne, le cas 424, suivit les traitements et nota une légère amélioration, mais les symptômes de la névrite étaient toujours présents.

Six autres personnes constatèrent une amélioration de leur état après qu'elles eurent suivi les conseils donnés dans leurs lectures. Et toutes enregistrèrent une amélioration, plus ou moins prononcée selon le cas.

O

OBÉSITÉ

Lorsque l'obésité, ou poids excessif résultant d'une accumulation de graisse, atteint vingt pour cent ou plus du poids normal, selon l'âge, le sexe et la taille, elle peut entraîner des problèmes cardiaques et circulatoires, des difficultés respiratoires et même la mort.

L'obésité est causée par des déséquilibres métaboliques et des excès alimentaires, surtout dans le domaine des graisses et des sucres.

Edgar Cayce donna cent vingt lectures sur l'obésité et, dans quatre-vingt-seize cas, il trouva l'incoordination glandulaire comme cause principale. Une alimentation déficiente fut citée comme cause dans quatre-vingt-huit cas, alors que la mauvaise circulation était un facteur connexe dans cinquante-quatre cas.

Traitement

Cayce recommanda des changements au régime alimentaire de cent deux sujets, en faveur de diètes riches en fruits et en légumes, incluant leur jus.

Il conseillait tout particulièrement le jus de raisin qui, selon lui, procure les sucres nécessaires sans faire grossir. Cette boisson normalise aussi la fonction digestive en empêchant l'organisme de transformer les aliments ordinaires en graisses. Cayce demandait de prendre une portion de 30 à 120 ml de jus de raisin (de marque Concord rouge), parfois mélangé à de l'eau, environ une demi-heure avant les repas et de continuer ce traitement pendant assez longtemps.

À de nombreuses personnes, il recommanda expressément les topinambours; ces personnes devaient par contre s'abstenir de consommer des fritures, des féculents et des sucreries. Il conseilla des aides digestives à quatre-vingt-onze sujets, essentiellement Al-Caroid et Kaldak. Dans quatre-vingts cas, il recommanda l'électrothérapie, le plus souvent à l'aide de l'appareil radioactif.

Il suggéra les irrigations du côlon à soixante-deux personnes, pour aider à désintoxiquer l'organisme; dans soixante cas, c'étaient les massages avec utilisation d'huiles ou de mélanges d'huiles variées. Il conseilla à quarante-huit personnes des manipulations vertébrales, lesquelles devaient se concentrer dans la partie inférieure de la colonne. Et finalement, dans le même nombre de cas, il recommanda des tisanes, différentes selon les besoins.

Histoire de cas

Parmi les personnes qui reçurent des lectures sur l'obésité, quatre-vingt-une déclarèrent avoir bénéficié des conseils de Cayce. Nous exposons ci-dessous deux cas, dont l'obésité avait des origines différentes.

Le premier cas, le 2579, était celui d'une jeune femme de vingt-cinq ans qui avait reçu une lecture pour son obésité. Son état était causé par une perturbation glandulaire à laquelle s'était ajouté un déséquilibre des forces nerveuses en relation avec l'irrigation sanguine.

Cayce lui conseilla de commencer par prendre une goutte d'Atomidine dans un demi-verre d'eau chaque matin, avant de déjeuner, pendant une période de cinq jours. Elle devait ensuite arrêter pendant cinq jours, puis reprendre le cycle de l'Atomidine. Tout le processus devait se répéter au moins cinq fois.

Une fois le cycle d'Atomidine terminé, la patiente devait prendre chaque soir une goutte d'une solution de chlorure d'or et deux gouttes d'une solution de bicarbonate de soude dans un demi-verre d'eau, et ce, pendant trois jours. La solution d'or était préparée en ajoutant un grain par 30 ml à de l'eau distillée, et celle du bicarbonate, en ajoutant trois grains de bromure de sodium à 30 ml d'eau distillée. Après un repos de trois jours, la patiente devait prendre les solutions pendant une autre période de trois jours, puis répéter toute la démarche au moins cinq fois.

À la suite de la médication, elle devait suivre des traitements de diathermie légère et des massages de tout le corps, au minimum une fois par semaine. La formule de massage se composait de 30 ml d'huile d'olive chaude, 30 ml de teinture de myrrhe et 60 ml d'huile d'arachide, ajoutées dans cet ordre. On devait faire pénétrer ce mélange en massant tout particulièrement les articulations des bras et des jambes, le cou et la partie latérale longeant le diaphragme.

Le régime alimentaire devait inclure des salsifis, qui contiennent des sels ayant la propriété d'éliminer le durcissement des tendons du corps. À cause de ses allergies, la jeune femme devait éviter de mélanger certains aliments; par exemple, elle pouvait manger des tomates avec des pommes de terre, mais non avec du maïs, des pois et des haricots. Elle devait aussi éviter de manger divers féculents en même temps, de même que les fritures.

Cayce la prévint qu'elle ne remarquerait pas beaucoup de changement à son état tant que les massages et les traitements électriques n'auraient pas commencé; aussi devait-elle s'armer de patience et de persévérance.

Ce sujet, le 2579, n'envoya aucun rapport d'après-traitement. Une autre histoire de cas intéressante est celle du 1183, une femme de cinquante-cinq ans qui reçut une lecture sur l'obésité. Elle avait beaucoup de problèmes et Cayce lui avait dit: «Il y a une forme de plasma dans le courant sanguin qui n'est pas correctement équilibré... qui provient essentiellement d'une perturbation du système glandulaire. Car les assimilations ne se font pas bien, ... l'équilibre n'a pas été maintenu dans la bonne coordination.» (1183-2)

Sa mauvaise circulation avait laissé des poisons dans sa tête, sa gorge et les tissus mous de son visage, lesquels, à certains moments, avaient entraîné une hypertrophie des articulations, des muscles et des tendons.

Dans sa tentative de stabiliser la perturbation glandulaire, Cayce prescrivit à cette femme un régime spécial qui commençait avec le petit déjeuner. Celui-ci devait se composer de pain grillé de blé ou de seigle, d'un œuf (surtout le jaune) ou de céréales. Elle ne devait toutefois pas consommer de céréales le jour où elle prenait du jus d'orange ou de pamplemousse. Le repas du midi devait se limiter à une salade de légumes crus qu'elle pouvait accompagner d'un bouillon, si elle le désirait. Le soir, elle pouvait manger du poisson, de la volaille ou de l'agneau avec des légumes. (La proportion à respecter devait être de deux légumes feuillus pour un légume à gousses, et de trois feuillus pour un à tubercules.)

Elle devait inclure dans son régime des raisins secs et des figues, pour aider à revitaliser les forces vibratoires et pour contrebalancer les effets des ajustements ostéopathiques qui étaient également recommandés. Le soir ou juste avant le repas du soir, elle devait prendre du jus de raisin avec des flocons de seigle. Le jus de raisin devait non seulement la faire maigrir, mais aussi fortifier son sang.

Cayce suggéra l'appareil radioactif pour coordonner sa circulation sanguine. Elle devait l'utiliser pendant trente à soixante minutes chaque jour, au cours d'une période de calme et de méditation où elle devait s'harmoniser à tous les niveaux: mental, physique et spirituel.

Elle devait également se faire donner des manipulations ostéopathiques de la colonne vertébrale; Cayce conseillait cependant de ne jamais exagérer les traitements. Le plan prévoyait des manipulations s'étendant sur deux ou trois semaines, arrêt pendant une semaine ou deux, puis reprise des traitements pendant sept à dix jours, et nouvel arrêt. L'appareil radioactif devait être utilisé pendant un mois, arrêté pendant environ deux semaines, puis repris pendant un autre mois.

Le rapport d'après-traitement indiqua que cette femme suivait les traitements recommandés et que son médecin avait déclaré qu'elle «faisait des progrès».

ŒDÈME

L'œdème est une accumulation excessive de fluide clair et aqueux dans les tissus et les cavités du corps, ce qui provoque de l'enflure dans les zones atteintes.

Edgar Cayce donna un total de douze lectures pour neuf personnes souffrant de cette affection. Leur âge variait de trente à soixante-quatorze ans.

Dans la moitié des cas, Cayce mentionna une mauvaise circulation comme cause principale de l'œdème. Dans chaque cas, cette mauvaise circulation avait des effets différents; les symptômes comprenaient, entre autres, une haute pression sanguine, des varices, une circulation lymphatique paresseuse et un cœur hypertrophié.

Cinq personnes avaient une élimination insuffisante, qui pouvait très bien être le résultat de problèmes circulatoires. Dans quatre cas, la névrite et l'incoordination nerveuse furent mentionnées comme facteurs aggravants. Dans tous les cas, Cayce nota une accumulation de toxines dans le système circulatoire, laquelle avait entraîné une rétention excessive de liquide.

Traitement

Dans les lectures, l'œdème était appelé hydropisie. Pour le traiter, Cayce suggéra le recours à un remède homéopathique connu sous le nom de Cimex Lectularius ainsi qu'une consultation auprès d'un médecin homéopathe. D'après les lectures, ce médicament pouvait être utilisé à la place de l'atropine, un stimulant de la circulation.

Les irrigations du côlon et les lavements furent conseillés cinq fois, pour aider l'organisme à expulser les fluides et les toxines en excès. Des tisanes furent aussi recommandées, une dans chaque cas; c'étaient des tisanes de molène, de séné ou de pépins de pastèque, préparées pour améliorer la circulation et stimuler le foie et les reins.

Dans quatre cas, Cayce donna des conseils diététiques; il souligna l'importance des aliments digestes et légers tels que les légumes, les fruits et leur jus, le jus de bœuf, les fruits de mer et le yogourt. Devait être évitée, au contraire, la consommation exagérée de matières grasses, de viandes et de fritures.

Cayce recommanda à trois personnes des manipulations vertébrales, pour stimuler l'élimination du liquide en excès et pour coordonner les systèmes céphalo-rachidien et autonome. Ces manipulations devaient s'étendre à toute la colonne vertébrale, mais certains segments devaient recevoir une attention spéciale.

En outre, trois cas se virent conseiller différentes sortes d'électrothérapie, et deux cas durent se faire donner des massages.

Histoire de cas

Parmi les sujets qui reçurent des lectures sur l'œdème, quatre suivirent les conseils de Cayce et envoyèrent des rapports sur leur état. Tous témoignèrent d'une amélioration. Un cas en particulier était celui d'un homme de soixante-trois ans, le cas 420, qui avait reçu une lecture sur l'hydropisie (œdème). Il se plaignait d'insomnie et souffrait de névrite et de douleurs dans la poitrine.

Cayce lui conseilla de consulter un médecin homéopathe et aussi de se faire donner des irrigations du côlon pour désintoxiquer son système. On devait lui administrer des ajustements ostéopathiques deux fois par semaine, en accordant une attention particulière aux zones dorsale supérieure, cervicale, sacrée et lombaire. Pour débarrasser son organisme de l'excès de liquide, il devait boire de la tisane aux pépins de pastèque; son régime devait consister en légumes, fruits et poissons. Les matières grasses étaient bannies.

Le cas 420 suivit les conseils de Cayce et rapporta des résultats très positifs; ses symptômes avaient progressivement diminué, pour finalement disparaître complètement.

OREILLE (Abcès)

Le traitement de Cayce pour un abcès dans l'oreille, qui est un amas de pus localisé dans l'oreille interne ou dans l'oreille externe, visait à découvrir les dérèglements internes qu'il pensait être à l'origine de l'infection. À l'opposé de la médecine traditionnelle, qui a recours aux antibiotiques internes combinés à des applications locales pour combattre l'infection, les lectures d'Edgar Cayce considéraient les infections de l'oreille comme des symptômes de dérèglements plus profonds.

La majorité des cas d'abcès aux oreilles abordés dans les lectures avaient essentiellement pour cause une accumulation de toxines dans l'organisme, laquelle provenait à son tour d'une élimination insuffisante. Cayce précisa que, avant même que l'infection apparaisse dans l'oreille, la pauvreté de l'élimination avait entraîné des troubles dans tout l'organisme. Dans neuf lectures sur seize, l'origine de l'abcès était une mauvaise circulation causée par un manque de coordination entre le système lymphatique et le flux sanguin.

Dans presque la moitié des cas, Cayce fit remonter l'origine du problème à une assimilation défectueuse, elle-même liée de près à une élimination insuffisante et à un régime alimentaire inadéquat. Trois autres personnes souffraient de problèmes découlant directement d'une mauvaise coordination entre le système nerveux autonome et le système céphalo-rachidien. Dans trois cas, Cayce découvrit un déséquilibre profond du rapport acido-alcalin du corps.

Traitement

L'approche de Cayce consistait à traiter l'abcès localement et à en éliminer en même temps les causes en suggérant des moyens d'améliorer l'état de santé du patient.

Il suggéra des traitements particuliers. À une personne, il prescrivit des massages de l'oreille externe; ceux-ci devaient être effectués avec de l'huile douce ou de l'huile camphrée, le matin, et avec de l'huile de ricin, le soir.

Il demanda à une autre de se laver l'oreille avec un mélange d'huile de Saint-Jacob et d'un antiseptique doux, pour combattre les forces infectieuses.

À une autre encore, un jeune enfant de dix-huit mois avec l'oreille droite infectée et une propension à s'enrhumer, il prescrivit une partie d'huile douce pour deux parties d'huile de Saint-Jacob. On devait lui verser une goutte chaude de ce mélange dans l'oreille avant qu'il s'endorme; et à son réveil, le lendemain matin, l'oreille devait être nettoyée avec un antiseptique alcalinisant. (Étant donné que la formule originale de l'huile de Saint-Jacob a été changée, l'un de ses ingrédients ayant été supprimé, son utilisation est interdite aujourd'hui pour soigner les maux d'oreille.)

Histoire de cas

On trouve dans la lecture 3116-1 un exemple de l'approche holistique – ou qui envisage l'organisme dans son ensemble – de Cayce. Il s'agissait d'une femme de trente-trois ans dont l'oreille coulait et qu'une température élevée avait rendue presque sourde. Selon Cayce, la patiente souffrait d'une infection de la lymphe et d'une mauvaise digestion; celle-ci était provoquée par un écoulement du nez, des oreilles et de la gorge jusque dans le tube digestif, ce qui affaiblissait le système nerveux central et la circulation sanguine.

Après une irrigation du côlon initiale, Cayce conseilla l'hydrothérapie; ce traitement consistait en bains de vapeur, en bains de siège et en «douches à aiguilles» et devait se poursuivre pendant une semaine, le tout suivi d'un massage général. Après la deuxième semaine, la patiente devait recommencer une nouvelle série d'irrigations du côlon, avec hydrothérapie et massages.

Cayce lui conseilla aussi de consulter un ostéopathe spécialisé dans les problèmes d'oto-rhino-laryngologie et de subir une série de manipulations aux régions dorsale et cervicale.

La personne devait également surveiller son alimentation et consommer des aliments acides et alcalins riches en vitamines B.

OREILLONS

Les oreillons sont une maladie infectieuse aiguë causée par un virus; elle se caractérise par des glandes salivaires gonflées et douloureuses accompagnées de fièvre. La période d'incubation est de quatorze à vingt et un jours. Chez les enfants, les complications sont peu fréquentes, et l'évolution complète de la maladie dépasse rarement deux semaines.

Edgar Cayce donna une lecture à chacune des trois personnes, deux enfants et une femme de trente-huit ans, qui souffraient soit des oreillons, soit d'infections glandulaires connexes.

Dans chaque cas, un déséquilibre glandulaire quelconque était lié à l'apparition de la maladie; dans l'un des cas, la cause se trouvait dans l'incapacité d'éliminer les toxines du système.

Traitement

Chaque patient reçut des conseils diététiques pour accélérer le rétablissement à la fin de la maladie. Les régimes devaient être légers en même temps que nourrissants, parfois semi-liquides, et comporter essentiellement du lait, du pain grillé, des jus de fruits et beaucoup d'eau.

Dans les trois cas, Cayce recommanda des massages du cou et de la colonne vertébrale, et, dans un cas, un massage de l'estomac également. À deux reprises, il suggéra un mélange de suif de mouton, d'essence de térébenthine et d'alcool camphré pour soulager la congestion. Les massages avaient pour but de détendre le corps, de stimuler la circulation et de faciliter l'élimination. Dans deux cas, il conseilla le recours à des laxatifs.

Dans tous les cas, il demanda aux malades de prendre beaucoup de repos pour diminuer les malaises et hâter la guérison.

Histoire de cas

Le cas 1208 concernait un jeune garçon de six ans qui présentait un cas aigu d'oreillons. Il était fiévreux, irritable et avait l'estomac dérangé.

Cayce demanda qu'on fasse tenir l'enfant tranquille le plus possible et qu'on lui masse l'arrière du cou, entre les omoplates, avec un mélange de suif de mouton, d'essence de térébenthine et d'alcool camphré.

Le massage devait se répéter dans la soirée, aux mêmes endroits, en y ajoutant toutefois la zone située autour des oreilles (pour soulager la douleur), et en utilisant un morceau de flanelle imbibée de kérosène.

Le régime devait être alcalinisant et fortifiant; les bonbons étaient interdits.

On ne reçut aucun rapport post-thérapeutique de ce cas.

OSTÉOCHONDRITE

L'ostéochondrite est une maladie osseuse grave caractérisée par l'inflammation de l'os et de son cartilage; on la confond souvent avec le rhumatisme. À un stade avancé, elle peut provoquer une torsion de l'ossature, avec des effets invalidants.

Edgar Cayce donna à une femme un total de trente-deux lectures pour son ostéochondrite, pendant une période qui s'étendit de sa dix-neuvième à sa vingt-septième année. La cause principale, selon Cayce, était l'inflammation de l'os de la hanche, provoquée par la dislocation de la hanche même. En conséquence, le fémur droit était devenu hypertrophié, et il s'était créé une perturbation dans l'irrigation sanguine. La maladie progressant, le pied droit avait raccourci de 12 cm, ce qui avait entraîné une torsion de la colonne vertébrale. Ses médecins avaient diagnostiqué un rhumatisme aigu et déclaré que son mal était complètement incurable.

Traitement et histoire de cas

La première lecture recommanda de fortes doses de charbon activé ajoutées à une certaine quantité d'eau distillée, laquelle variait de 1,5 g à 28 g, à prendre au moins une fois par jour. On devait, de plus, faire des applications de lumière ultraviolette le long de la clavicule et descendre jusqu'au genou, pour ensuite remonter. On nota une lente amélioration; à ce moment, la malade, le cas 409, fut admise au Cayce Hospital à Virginia Beach pour y recevoir des soins intensifs.

Les dix lectures suivantes furent données à la patiente pendant son hospitalisation; elles recommandèrent la continuation des mêmes traitements que ci-dessus, avec, en plus, des applications d'infrarouge et de lampe au carbone. Cayce conseilla aussi des massages à administrer fréquemment, en utilisant le plus souvent un mélange d'huile d'olive, de teinture de myrrhe et d'huile de sassafras.

Une autre lecture conseilla des manipulations vertébrales en profondeur, surtout dans les segments lombaire, sacré et dorsal inférieur. Elles devaient s'étendre sur plusieurs mois. Cette même lecture conseilla également l'utilisation du Petrolagar, pour faciliter l'élimination, et de la Glyco-Thymoline, comme antiseptique intestinal. Pour mieux digérer, un régime alcalinisant fut suggéré.

Par la suite, on devait appliquer à la femme des emplâtres aux sels d'Epsom chauds et des cataplasmes à la molène, pour détendre les ligaments; le bicarbonate de soude était recommandé pour faciliter l'élimination. On lui conseilla également de faire plus d'exercice.

Après neuf mois de traitement, le cas 409 reçut une autre lecture lui disant qu'elle pouvait quitter l'hôpital, mais qu'elle aurait à y revenir tous les deux jours pour recevoir d'autres traitements. À cette occasion, Cayce insista sur l'importance d'entretenir de bonnes attitudes mentales et spirituelles. À ce point, l'état de la patiente n'avait cessé de s'améliorer; dorénavant, elle ne se servait de béquilles que pour marcher. Des lectures postérieures ne firent que conseiller la poursuite des traitements; malgré quelques échecs, on enregistra une amélioration continue de son état.

Les résultats obtenus dans ce cas furent réellement impressionnants, d'autant plus que lorsque la patiente était venue solliciter l'aide de Cayce, ses médecins avaient déclaré sa maladie incurable, car ils étaient convaincus qu'elle devait passer sa vie au lit. À la fin des traitements, la patiente fut capable de sortir de l'hôpital seule, et sans aide.

OSTÉOMYÉLITE

L'ostéomyélite est une inflammation aiguë ou chronique de l'os causée par une infection. Les traitements sont personnalisés et peuvent inclure la chirurgie ou les antibiotiques.

Edgar Cayce donna quatre lectures à trois personnes souffrant d'ostéomyélite. Dans deux cas, il attribua la cause de l'infection au traitement inadéquat d'une blessure ou d'une fracture; pour la troisième personne, la lecture fit état d'un cas grave de cancer de la colonne vertébrale. En général, cependant, les lectures insistèrent sur le fait que la maladie s'était peu à peu installée parce qu'on avait négligé de donner les soins appropriés à un os endommagé; Cayce voulait dire par là que la maladie aurait très bien pu être évitée si l'os avait reçu les soins appropriés dès le départ.

Traitement

Dans tous les cas, les lectures recommandèrent instamment de renforcer l'alcalinité du corps pour prévenir les infections qui se développent dans des conditions acides. À cet effet, elles conseillaient les légumes, les bouillons de légumes et les substances sanguinoformatrices comme les jus de viandes.

Dans deux cas, Cayce suggéra l'opération chirurgicale, à la condition que le sang se coagule normalement. Dans la lecture 3775-1, il expliqua en détail une méthode qu'il appelait «tréphine» (ou trépanation par tréphine); ce procédé comprend le creusage de l'os, ou trépanoponction, en utilisant du phénol, puis le grattage et enfin l'obturation de l'os. Cette opération permettait de retirer de la moelle des éléments qui risquaient autrement de propager l'infection, selon Cayce.

Dans deux cas, il recommanda une thérapie spéciale, qui devait faire suite à des manipulations et à des ajustements en profondeur pour donner toute son efficacité; dans l'un des cas, il s'agissait de la pile à électrolyte avec l'or, et, dans l'autre, de la lampe solaire à radiations ultraviolettes.

On ne possède aucun rapport d'après-traitement.

OVARITE

L'ovarite, ou inflammation de l'ovaire, peut mettre en cause les deux ovaires et les trompes de Fallope. Les symptômes comprennent des malaises ou des douleurs ressenties à l'un ou aux deux côtés de la région abdominale inférieure et pelvienne, le tout accompagné de rétention d'eau exagérée, de maux de tête et de nausées. Il y a souvent aussi des écoulements vaginaux.

Edgar Cayce donna trente-trois lectures pour douze femmes souffrant d'ovarite; il en attribua la cause à de la congestion dans les ovaires ou les trompes et relia la maladie à l'état général d'autres organes du système excréteur. En conséquence, l'insuffisance de l'élimination jouait un rôle important dans l'apparition de l'ovarite. Des affections rénales ou utérines constituaient aussi des causes secondaires. Dans la moitié des cas, des problèmes affectant les reins ou le foie étaient liés à l'inflammation des ovaires.

Traitement

Les traitements de l'ovarite étaient surtout concentrés sur les ajustements vertébraux. Cayce les prescrivait pour stimuler les organes excréteurs et soulager les pressions provoquées par la position anormale d'un organe particulier. Dans la moitié des cas, les femmes reçurent, sous forme quelconque, des applications locales pour diminuer l'inflammation du pelvis. Elles comprenaient un ou plusieurs des ingrédients suivants: emplâtres aux sels d'Epsom, à la Glyco-Thymoline ou au gros sel, chaleur humide ou cataplasmes à la térébenthine. Chaque fois que l'on était en présence de refroidissements ou d'une congestion dans les organes reproducteurs, Cayce conseillait des frictions avec un mélange de suif de mouton, de camphre et de térébenthine, et parfois avec d'autres ingrédients. Ce mélange devait être appliqué sur toute la région abdominale, et en particulier sur les reins.

Cayce suggéra également, dans un tiers des cas, les douches vaginales à l'Atomidine, une solution diluée constituée de trois quarts de cuillerée à café d'Atomidine dans 1,25 l d'eau. Dans un cas, cette solution devait être utilisée en alternance avec une autre à la Glyco-Thymoline.

Les lectures demandaient souvent de suivre avec attention la progression des traitements «tandis que ces activités peuvent être éliminées sans intervention des forces opératives, si des conditions de crises aiguës surgissent à nouveau – avec de la température –, il faut alors que les forces opératives interviennent pour empêcher l'infection de se propager dans la région de la capsule qui maintient les intestins aussi bien que la partie inférieure de l'abdomen; pour prévenir la péritonite ou une réaction similaire». (313-12)

Dans un quart des cas, Cayce prescrivit de l'Atomidine, à prendre par voie orale pour stimuler l'activité glandulaire.

Histoire de cas

Cayce accorda une série de trois lectures à une femme qui lui avait écrit au sujet de douleurs à l'abdomen, surtout du côté droit; son médecin avait décrit cet endroit comme le siège de ses trompes et de ses ovaires. Elle sollicita une lecture pour vérifier le bien-fondé de ce diagnostic.

Dans la première lecture pour le cas 715, Cayce décrivit «une congestion sous la forme d'une névralgie de l'utérus»; il ajouta que tout le système sympathique avait été affecté, la congestion étant évidente dans l'estomac et le foie.

Cayce recommanda l'usage quotidien de la machine Elliott, qui administrait des traitements semblables à des douches chaudes. Il conseilla également des frictions abdominales quotidiennes, à l'aide d'un mélange de suif de mouton, d'alcool camphré, d'essence de térébenthine, d'huile de charbon, de teinture de benjoin et d'huile de sassafras. Il suggéra aussi des emplâtres chauds au gros sel qui devaient être installés chaque jour en travers du ventre et du dos. Ce traitement devait être suivi de douches vaginales à l'Atomidine tous les deux ou trois jours. Tout traitement devait être suspendu pendant les menstruations.

La patiente devait en outre prendre de l'Atomidine par voie orale, à raison d'une goutte avant le petit déjeuner pendant cinq jours, puis arrêter pendant cinq jours et reprendre ensuite la routine des cinq jours. La marche était l'exercice recommandé.

La deuxième lecture fit état d'une amélioration dans l'état général de la femme, mais Cayce demanda à celle-ci de prendre des précautions pour éviter que l'ovarite ne devienne maligne.

Les traitements changèrent quelque peu par rapport à ceux conseillés à la première lecture. Les douches à l'Atomidine devaient être augmentées jusqu'à un minimum de trois fois par semaine, pour prévenir l'infection. Des frictions corporelles à l'aide d'un vibrateur électrique devaient être administrées au-dessus du système céphalo-rachidien, au-dessus de la gorge et du cou, et en travers du diaphragme et du bas-ventre. Le mélange à utiliser devait se composer d'huile blanche de Russie, d'huile de charbon et d'huile de sassafras.

Le régime alimentaire devait être composé de jus d'agrumes le matin et, pour le dîner, de bouillons et de légumes verts crus avec des viandes légères (volailles, agneau, poisson). Entre les repas, la malade pouvait prendre du lait malté et chocolaté, avec des jaunes d'œufs.

La troisième lecture signala que la congestion du pelvis faisait encore problème. Cependant, étant donné que l'organisme de la patiente s'était beaucoup amélioré dans l'ensemble, Cayce modifia à nouveau les traitements.

Il continua à insister sur l'importance du régime alimentaire; il recommanda la Ventriculine avec du fer, à prendre trois fois par semaine. Il suggéra une tisane tonique «pour travailler en harmonie avec l'irrigation sanguine, là où elle est en rapport avec le système nerveux... sympathique, en particulier dans les organes de la région du pelvis».

Cette tisane contenait de l'essence de ginseng sauvage, de la teinture de stillingia, du navet de l'Indiana et de l'extrait liquide de tolu. La dose était d'une cuillerée à café avant les repas.

La personne devait continuer ses douches vaginales à l'Atomidine tous les deux jours. Si les douleurs s'aggravaient, elle devait recourir aux emplâtres de sels d'Epsom, à appliquer sur l'abdomen ou en travers du dos, en les recouvrant d'un coussin chauffant.

Un mois plus tard, la malade fit savoir qu'elle obéissait aux suggestions indiquées dans ses lectures et qu'il lui était rarement arrivé de se sentir aussi bien. Un an plus tard, elle écrivit à Cayce pour lui dire qu'elle avait été incapable de continuer ses traitements, faute d'argent, et qu'elle était sérieusement malade à la suite de nombreux rhumes.

Durant les huit années qui suivirent, la patiente reçut d'autres lectures, et ses problèmes d'ovaires finirent par disparaître.

OXYURES

Les oxyures sont de petits vers nématodes installés dans le cæcum. La présence de ces parasites est révélée par des démangeaisons autour de l'anus, lesquelles donnent lieu à des égratignures qui, à leur tour, réinfectent l'organisme.

Edgar Cayce donna quatorze lectures pour un adulte et douze enfants âgés de un à treize ans qui avaient des oxyures et d'autres parasites. La cause la plus courante de cette infection, signalée dans huit cas, était la mauvaise digestion jointe à une assimilation déficiente. Cayce était d'avis que les perturbations de l'estomac et les autres problèmes du métabolisme diminuaient la résistance du corps, le laissant sans défense contre l'infestation. Les rhumes et la congestion, qui constituaient des facteurs étroitement liés, furent mentionnés à trois reprises.

Cayce maintenait que tout comme les bactéries, les vers intestinaux nous entourent continuellement; ils peuvent se mettre à proliférer et à nous importuner quand notre résistance est amoindrie. Il citait une forme de bactérie que l'on trouve dans le lait cru; aussi recommandait-il de ne boire que du lait écrémé ou malté, ou encore de faire chauffer (pasteuriser) le lait avant de le boire. (Grâce à la technologie moderne, la pureté du lait n'est plus un problème: il est pratiquement toujours pasteurisé.)

Traitement

Les traitements de Cayce pour les oxyures furent très uniformes et se résumaient à trois catégories. Dans onze cas, il donna des conseils diététiques qui mettaient l'accent sur la laitue et le chou verts et crus. Il était convaincu que ces deux légumes, pris en quantité, constituaient un vermifuge extrêmement efficace. Une lecture remarqua «qu'une feuille de laitue peut détruire un millier de vers». D'autres lectures conseillèrent de manger d'autres fruits et légumes crus, surtout du céleri.

Cayce recommanda à huit personnes de prendre des comprimés à base de calomel – un purgatif contenant du mercure – et de santonine, une substance qui agit directement sur les oxyures. Le traitement comprenait parfois d'autres ingrédients. Cayce conseillait généralement de prendre ces comprimés pendant des périodes de trois jours, et sous supervision médicale.

Dans sept cas sur neuf, il recommanda le Castoria pour s'assurer que les oxyures avaient été effectivement éliminés, en même temps que pour débarrasser l'organisme des traces possibles de calomel. Les doses recommandées étaient de une demicuillerée à café toutes les demi-heures, jusqu'à ce qu'au moins la moitié de la bouteille ait été consommée ou qu'on ait l'évidence que les intestins avaient été entièrement purgés.

Histoire de cas

Dix personnes, sur les treize qui avaient reçu des lectures, envoyèrent des rapports positifs. Les trois autres ne donnèrent pas signe de vie.

L'un des cas types était celui d'une fillette de huit ans qui eut une lecture sur les oxyures (le cas 308). Cayce nota une digestion perturbée comme cause immédiate.

Sa première recommandation fut de laisser le corps tranquille pendant trois ou quatre jours. Il suggéra un régime composé essentiellement de chou vert cru, avec du thé ou du café comme boisson. Après le début du régime, la fillette devait prendre une demi-cuillerée à café de Castoria chaque demi-heure, jusqu'à en consommer au moins une demi-bouteille. Pour faire suite, elle devait prendre une dose de calomel et de santonine, puis une autre deux heures et demie plus tard, accompagnée de *nux vomica*. À la fin du traitement, elle devait finir sa première bouteille de Castoria et en prendre une autre demi-bouteille.

À la reprise d'un régime alimentaire normal, il fallait inclure du lait en quantité; on devait le faire chauffer, si c'était du lait de vache, ou le consommer sous forme de lait en poudre ou malté. Pour le petit déjeuner, Cayce conseillait des jus d'agrumes ou des fruits cuits et des galettes de sarrasin; pour le repas du midi, un sandwich au poulet ou à l'agneau, et, pour le repas du soir, des légumes cuits avec des fruits de mer ou du foie de veau.

Les rapports d'après-traitement indiquent que les traitements firent complètement disparaître les oxyures.

P

PALUDISME

Le paludisme est une maladie infectieuse fébrile, habituellement transmise par la piqûre d'un moustique femelle infecté. Les symptômes les plus communs sont les frissons, la fièvre et une transpiration persistante, lesquels se présentent sous la forme de crises intermittentes. L'affaiblissement, l'anémie et l'engorgement de la rate sont également mis en cause. Les antipaludiques permettent un bon pronostic pour la plupart des infections du paludisme, même avec complications.

Quatre personnes reçurent un total de neuf lectures concernant la prévention et le traitement du paludisme.

La cause la plus souvent citée par Cayce était l'infection due au bacille du paludisme. Mais, selon lui, l'organisme y était sensibilisé par d'autres affections qui avaient ébranlé sa résistance, comme une élimination insuffisante, une circulation sanguine appauvrie et des déséquilibres glandulaires.

Traitement

Les traitements pour le paludisme comprenaient des massages pouvant viser des objectifs différents. Cayce recommandait les frictions au beurre de cacao ou à l'huile d'arachide pour détendre le corps et stimuler le système circulatoire. Dans un cas, il empêcha les moustiques de piquer, avec un taux de réussite apparemment de cent pour cent. Pour ce faire, il fit frictionner la colonne vertébrale avec un mélange composé de 30 ml de beurre de cacao et de cinq grains de quinine.

Les lectures concernant trois personnes donnèrent des conseils diététiques mettant l'accent sur une alimentation semi-liquide, tant et aussi longtemps que la fièvre persisterait. Les jus de fruits et les soupes de légumes étaient également fortement recommandés, alors que le porc et les fritures étaient formellement interdits.

Il y eut d'autres traitements plus personnalisés; à deux reprises, Cayce suggéra des méthodes pour améliorer l'élimination ainsi que d'autres traitements variés, mentionnés une fois chacun.

Histoire de cas

Le cas 608 était celui d'une jeune fille qui reçut cinq lectures pour le paludisme entre les âges de trois et seize ans. Ses symptômes les plus fréquents étaient la fièvre et la nausée, de même que de grosses tumeurs qui apparaissaient de temps à autre de chaque côté de sa gorge.

La première lecture attribua son état à une élimination insuffisante. La circulation hépatique tout entière était perturbée; il y avait également une surcharge assez forte sur les glandes surrénales.

Cayce conseilla des manipulations vertébrales et des massages au beurre de cacao pour aider à faire baisser la fièvre, en portant une attention spéciale aux segments lombaire inférieur et sacré. Il mentionna aussi le Castoria pour soulager le foie et améliorer la fonction digestive, et conseilla des soupes aux légumes et des bouillons de poulet pour revigorer l'organisme.

Des lectures ultérieures recommandèrent de continuer les massages et les manipulations, et donnèrent également des conseils diététiques supplémentaires. Cayce prescrivit aussi l'emploi d'autres laxatifs tels qu'un mélange de soufre, de crème tartrique et de sels d'Epsom. Certaines recommandations faites au cours des lectures incluaient la Ventriculine avec du fer (supplément alimentaire), le tonique de Grove Chill et des emplâtres à l'huile de ricin pour aider à dégager les canaux biliaires. Cayce conseilla aussi l'Atomidine pour combattre la maladie.

Pendant les treize années où elle suivit les conseils de Cayce, la jeune fille, le cas 608, vit sa santé s'améliorer progressivement; lorsqu'elle atteignit l'âge de seize ans, les symptômes du paludisme n'étaient plus évidents.

Deux autres personnes suivirent les conseils des lectures et firent savoir qu'elles étaient très heureuses des résultats.

PARALYSIE (Généralités)

Edgar Cayce accorda un total de dix-neuf lectures à dix hommes et femmes présentant différentes formes de paralysie, allant d'une sensation d'engourdissement à la perte totale de l'usage d'un membre.

Les diagnostics pour tous ces cas se révélèrent uniformes: la paralysie provenait d'une lésion (blessure) ou d'une subluxation dans la colonne vertébrale, ce qui entraînait des déflexions des influx nerveux aux neurones moteurs des membres. De façon aussi régulière, Cayce remarqua qu'il en résultait une incoordination dans le système sympathique ainsi que des problèmes de digestion associés aux empiétements des nerfs. Dans trois de ces cas, l'origine des troubles nerveux et spinaux remontait à des blessures subies dans un accident; dans deux cas, c'étaient des infections pelviennes qui avaient occasionné des pressions dans le bas du dos.

Traitement

Les traitements de Cayce pour la paralysie furent aussi très uniformes; ils se consacrèrent avant tout, et autant que possible, à rétablir une bonne transmission des influx nerveux. Faisant peu de cas de l'étendue des dommages causés aux nerfs, Cayce ne considérait jamais une situation comme désespérée. Même pour le cas 724, une personne paralysée à la suite d'une fracture du crâne qu'elle s'était infligée en plongeant, Cayce déclara qu'il était encore possible d'apporter des améliorations au système des nerfs périphériques, même si, techniquement, le cas était «incurable».

Étant donné que la fonction nerveuse est basée sur la transmission d'impulsions électriques très faibles, le traitement se concentrait sur la guérison des forces électriques du corps. Dans tous les cas, Cayce recommandait les massages pour détendre et régénérer les nerfs, en particulier le long de la colonne vertébrale. Pour ce faire, on devait utiliser un mélange d'huiles, comme l'huile de cèdre, l'huile de moutarde et l'huile blanche de Russie.

Dans quatre-vingts pour cent des cas, Cayce prescrivit l'électrothérapie, soixante pour cent de ces cas requérant l'emploi de la pile à électrolyte avec le chlorure d'or, alternant parfois avec l'alcool camphré ou l'argent. La fixation des plaques était discutée pour chaque cas particulier, selon le diagnostic établi. Les traitements à la pile à électrolyte devaient se faire le soir, pour un temps déterminé, et être habituellement suivis d'un massage.

Dans huit lectures sur dix, dont certaines indiquaient un régime très précis, Cayce conseillait une diète essentiellement alcaline et riche en aliments sanguinoformateurs, composée généralement de poisson, de volaille, d'agneau et parfois d'abats. Il recommandait de plus de consommer en quantité des légumes verts en feuilles, des agrumes et leur jus, des grains et céréales de blé entier, de même que des soupes faites avec des légumes comme le céleri, les carottes, les oignons ou les poireaux ainsi que les légumes à tubercules. On devait s'abstenir de consommer les féculents, fritures, matières grasses et sucreries.

Cayce fit d'autres recommandations, selon la condition des patients; elles comprenaient des manipulations vertébrales, mentionnées à trois reprises, et des emplâtres chauds aux sels d'Epsom ou à la boue, mentionnés deux fois. Le gros des traitements était toutefois concentré sur les massages et l'électrothérapie.

Histoire de cas

Le cas 724 se rapportait à une jeune femme de vingt ans que Cayce pensait pouvoir aider «bien que nous ayons là des conditions que l'on peut qualifier d'incurables». Elle souffrait d'une lésion à la base du cerveau, à la jonction du crâne et de la première vertèbre cervicale. Bien que l'étendue de sa paralysie n'ait pas été précisée au cours de la lecture, on sait que les lésions cérébrales entraînent habituellement la quadriplégie.

Un accident de plongée, qui s'était produit bien des années avant la lecture, avait entraîné la fracture de certaines vertèbres cervicales; il en était résulté une absence ou une diminution des réactions de plusieurs nerfs spinaux, qui régissent les mouvements.

Cayce établit un traitement de trente jours qui débuta avec la pile à électrolyte; il fallait l'utiliser un jour sur deux avec le chlorure d'or, et le jour suivant avec le nitrate d'argent, et ce, pendant vingt minutes quotidiennement. Après la séance, la patiente devait se faire administrer un massage tout le long du système céphalo-rachidien; la formule consistait en huile minérale, huile de wintergreen, huile d'aiguilles de pin, huile de bois de cèdre et huile de sassafras mélangées à 2,25 l d'essence sans plomb.

Son régime devait inclure plus d'aliments formateurs de sang et de tissu nerveux, comme les fruits et les légumes frais, les noix, le foie, les tripes et les pieds de porc.

On ne possède pas de rapport d'après-traitement pour le cas 724; toutefois, quatre personnes, parmi celles qui reçurent des lectures pour la paralysie, firent savoir que les traitements de Cayce avaient complètement rendu le mouvement à leurs membres paralysés.

PARALYSIE FACIALE

La paralysie est la perte de la fonction ou de la sensation motrice; elle est due à une blessure aux nerfs ou à la destruction des neurones. La paralysie faciale concerne les muscles qui commandent les expressions du visage.

Dans les trois lectures qu'Edgar Cayce donna sur le sujet, il indiqua comme causes essentielles la mauvaise assimilation et l'insuffisance de l'élimination, ce qui provoquait de la congestion dans les organes digestifs et excréteurs. Dans chaque cas, le résultat consistait en une incoordination entre les systèmes nerveux sympathique et céphalo-rachidien. Cayce cita d'autres causes telles que les déséquilibres de la circulation sanguine, les attitudes mentales et les émotions négatives, ainsi que les infections.

Traitement

Les traitements pour la paralysie faciale pouvaient varier. Dans un cas, Cayce suggéra des traitements au rayon violet pour rétablir l'harmonie entre les systèmes sympathique et céphalo-rachidien. Le patient devait prendre, de concert avec l'électrothérapie, un sédatif contenant du camphre, de la gomme, du chlorhydrate de fer et du sulfate de morphine. Le traitement avait pour but de corriger les déséquilibres nerveux et circulatoire et de soulager les frissons et les sensations de picotement sur les lèvres, la langue, le bout des doigts et la plante des pieds. Cayce demandait au patient de garder confiance.

À une autre personne, Cayce recommanda des ajustements vertébraux pour favoriser l'assimilation et coordonner tous les centres des systèmes sympathique et céphalo-rachidien. Il suggéra l'élixir de pepsine lactée pour aider la digestion.

À la suite des ajustements, un guérisseur spirituel devait imposer les mains sur la colonne vertébrale et le côté droit de la personne pendant au moins dix traitements consécutifs.

Histoire de cas

Une femme de soixante-trois ans, le cas 3395, souffrait d'une paralysie faciale dont la cause indirecte était la congestion du foie. L'insuffisance de l'élimination qui en avait résulté avait provoqué des pressions sur le tube digestif; celles-ci avaient à leur tour causé un blocage des influx nerveux en direction des zones perturbées du visage.

Le traitement que Cayce proposa à la patiente devait s'étendre sur une assez longue période et commencer par l'application de cataplasmes chauds à l'huile de ricin sur l'abdomen pendant une heure, et pendant trois jours consécutifs par semaine. Ces cataplasmes avaient pour objectif de soulager la congestion du foie et de stimuler les canaux chylifères, entraînant ainsi une amélioration de l'assimilation et de l'élimination. Après chaque cataplasme, elle devait prendre une cuillerée à soupe d'huile d'olive, en augmentant la dose tout au long d'une période de quatre semaines, pour en arriver à avaler la valeur d'une demi-tasse à thé.

Après l'application du premier cataplasme et la dose d'huile d'olive, la patiente devait transpirer légèrement en prenant un bain de vapeur à l'hamamélis. Pour corriger l'incoordination nerveuse et améliorer la circulation, elle devait se faire masser avec de l'huile d'olive chaude, de la teinture de myrrhe et de la lanoline liquide. Après quatre semaines de ce régime, elle devait subir des traitements de diathermie pendant trois semaines, après quoi l'ensemble des traitements devait cesser pendant un certain temps, puis être repris. Cayce lui conseilla aussi de prier et de méditer.

Dans une lettre qu'elle envoya à Cayce pendant son quatrième cycle de traitements, la patiente lui annonça qu'elle avait fidèlement suivi ses instructions et qu'elle était en train de guérir.

PARALYSIE SPINALE

Edgar Cayce donna un total de trente-quatre lectures à neuf personnes présentant des cas graves de paralysie spinale. La plupart des cas concernaient des gens qui étaient paralysés à partir de la taille en descendant, et se trouvaient incapables de sentir et de remuer leurs membres inférieurs. Dans tous les cas, la paralysie résultait de dommages graves causés à la colonne vertébrale par un accident d'automobile ou une chute.

La plupart de ceux qui sollicitaient une lecture étaient de jeunes hommes ou de jeunes femmes paralysés depuis de nombreuses années à la suite d'accidents qui s'étaient produits alors qu'ils jouaient avec d'autres enfants. Les zones de la colonne directement affectées pouvaient varier, mais dans tous les cas, les nerfs aboutissant aux membres inférieurs étaient atteints. Dans deux cas, le dos avait été brisé à trois endroits différents.

Traitement

Les traitements étaient toujours les mêmes; ils attachaient une importance particulière à la stimulation des impulsions nerveuses, au moyen de l'électrothérapie, et à la détente du corps par le recours aux massages. Dans quatre cas, et c'est le traitement le plus souvent recommandé, on retrouve l'emploi de la pile à électrolyte avec une solution de chlorure d'or ou parfois de nitrate d'argent. Il est intéressant de noter que dans deux des quatre cas, Cayce suggéra d'attacher les plaques de cuivre et de nickel aux extrémités opposées, comme on le fait habituellement lorsqu'on utilise l'appareil radioactif. La durée des traitements variait de vingt à trente minutes chaque jour, jusqu'à plusieurs fois par semaine, selon la gravité de la paralysie. Cayce recommandait parfois aussi la lumière ultraviolette, le rayon violet, les traitements sinusoïdaux et l'appareil radioactif.

Dans huit cas, il conseilla de masser légèrement les jambes et le dos, aussitôt après les traitements d'électrothérapie. Le choix des huiles à utiliser pendant les massages était jugé important, car il s'agissait de procurer une bonne détente et aussi de stimuler les muscles et les centres nerveux endommagés. Le plus souvent, Cayce mentionnait les mélanges d'huiles suivants: huile d'arachide avec huile d'olive et lanoline, ou huile d'olive avec myrrhe. Dans quelques cas, il indiqua des combinaisons plus énergiques, comme de l'essence (sans plomb) avec de l'huile de cèdre, de l'huile de moutarde et de l'huile de sassafras; du Nujol avec de l'huile d'aiguilles de pin, de l'huile de sassafras, de l'huile d'arachide et de l'huile d'olive.

Dans la moitié des cas, il prescrivit un régime alcalin composé de fruits, de légumes, de poisson, de volaille et d'agneau. Il interdisait les fritures, et parfois aussi les pommes.

À quatre personnes capables de se déplacer avec des béquilles ou des appareils orthopédiques, il conseilla l'exercice au-dehors et au grand air. Mais ces personnes devaient éviter de se fatiguer pour ne pas risquer d'endommager les muscles et les nerfs.

Cayce rappela l'importance des attitudes mentales positives à la moitié environ de ceux qui souffraient de paralysie grave. Il leur fit remarquer que les attitudes positives seraient aussi efficaces que les traitements corporels pour amener la guérison; il encouragea vivement l'optimisme, la ténacité et la patience. Dans quelques cas, la paralysie était considérée comme une leçon karmique nécessaire: «Mais sache que c'est le Soi que tu rencontres.» (1212-6)

Finalement, dans trois cas, les lectures recommandèrent des manipulations vertébrales légères, pour soulager les pressions exercées sur la colonne et pour relaxer les muscles et les nerfs.

Histoire de cas

Les rapports d'après-traitement différaient selon les cas. Pour un dos grièvement endommagé, les traitements de Cayce parurent inefficaces. Dans deux cas, il semble que les conseils des lectures n'aient pas été suivis, alors que dans trois autres, on nota une nette amélioration.

Le cas 1215 concernait un garçon de seize ans, paralysé à la suite d'une grave blessure à la colonne résultant d'un accident d'automobile une année auparavant. Cayce lui donna dix lectures physiques et une lecture de vie qui attribua la paralysie au besoin karmique que l'âme ressentait de faire l'expérience de la souffrance. Il expliqua au sujet 1215 qu'il avait été un soldat romain brutal et cruel au cours d'une vie antérieure et qu'il avait éprouvé du plaisir à faire souffrir les autres. Il fallait donc qu'au cours de son incarnation actuelle, l'âme apprenne la signification et la valeur de la souffrance en faisant l'expérience d'une grave infirmité.

La lecture fit toutefois remarquer que le jeune homme possédait beaucoup d'excellentes qualités: une volonté et une détermination extrêmement fortes ainsi que la patience et la persévérance que Cayce vantait si souvent dans ses lectures. De fait, il déclara à la mère: «Il est confié à tes soins une grande âme capable de donner beaucoup aux autres.» (1215-4)

Quant au traitement physique, Cayce recommanda l'emploi de l'appareil radioactif une fois par jour, pendant une heure. Chaque séance devait être suivie d'une légère friction dans le dos et sur les jambes, à l'aide d'un mélange d'huile minérale, d'huile de bois de cèdre, d'huile d'aiguilles de pin, d'huile de wintergreen, de gomme de camphre, d'huile de sassafras et de teinture composée de benjoin. Après le massage, il était bon d'essuyer l'excédent d'huile sur la peau à l'aide d'une solution diluée de bicarbonate de soude.

Pendant la deuxième lecture accordée au cas 1215, Cayce recommanda de modifier la formule de massage et d'utiliser un mélange d'huile d'olive et de myrrhe. Cayce découvrit que le jeune homme avait été capable de se servir d'appareils orthopédiques peu de temps après le début de ses traitements. Il l'encouragea donc à pratiquer la visualisation positive pour préparer le corps à faire des progrès; le patient devait s'imaginer qu'il allait mieux et qu'il se déplaçait plus facilement avec ses appareils.

Dans les lectures suivantes, Cayce recommanda des manipulations ostéopathiques légères, sur une base occasionnelle, en prenant bien soin de ne pas irriter les zones endommagées de la colonne. Après quelques mois de traitements, on put observer une amélioration.

Deux ans plus tard, la mère du garçon fit savoir que celui-ci était désormais capable de mouvoir ses jambes beaucoup plus facilement.

Cependant, quand il atteignit l'âge de dix-neuf ans, il commença à se sentir fatigué et à ne plus supporter les traitements à l'appareil radioactif; il les arrêta, malgré les avis contraires de Cayce. Ambitieux et désirant être indépendant, il se mit à voyager et finit par s'établir en Californie où il s'inscrivit à une école pour handicapés.

Cayce fit remarquer que l'abandon des traitements à l'appareil radioactif avait retardé de plusieurs années l'amélioration de l'état du patient; cependant, le cas 1215 suivit des traitements qui lui permirent de commencer à mener une vie indépendante. À l'âge de vingt-trois ans, il n'était pas encore capable de marcher tout seul, mais il était arrivé à un remarquable rétablissement, si l'on considère la gravité de son cas.

PAUPIÈRES BOUFFIES

Cinq personnes, dont l'âge variait entre quarante et soixante-dix-sept ans, consultèrent Edgar Cayce pour des problèmes de paupières bouffies; celui-ci leur accorda six lectures. Dans tous les cas, la bouffissure fut considérée comme un symptôme de déséquilibres internes, pouvant être corrigés.

Selon Cayce, c'étaient des pressions sur les reins qui, en interférant avec la circulation et la fourniture nerveuse aux yeux, donnaient cet aspect de paupières bouffies. Les pressions pouvaient provenir de mauvais alignements spinaux, d'une infection aux reins, de déséquilibres glandulaires, d'une incoordination entre le foie et les reins, ou encore d'une combinaison de tous ces problèmes.

Traitement

Le schéma de traitements proposé avait pour but de corriger la détresse interne, en se concentrant spécialement sur les reins. Ces traitements pouvaient varier pour s'adapter à l'état particulier de chacun, mais ils possédaient malgré tout des facteurs communs.

Dans quatre cas, Cayce recommanda des ajustements vertébraux, sous forme d'ostéopathie, de chiropractie ou encore de neuropathie; ces traitements devaient porter une attention spéciale aux vertèbres lombaires. Les lectures, pour ces quatre cas, conseillèrent des emplâtres chauds à poser sur le bas de la colonne vertébrale, en utilisant soit un mélange d'alcool camphré et d'essence de térébenthine, soit de la Glyco-Thymoline. On devait les conserver au chaud à l'aide d'un coussin chauffant ou d'un cataplasme de sel chaud. La fréquence des applications, quand elle était indiquée, était d'une heure par jour, pendant cinq jours consécutifs.

Dans trois cas, Cayce donna des conseils diététiques; il demanda de consommer des topinambours et beaucoup de légumes crus, et de boire de l'eau en quantité. Dans deux lectures, il conseilla les sels Eno pour expulser les toxines du système.

Dans deux lectures également, il conseilla l'électrothérapie avec la pile à électrolyte et l'appareil radioactif. Dans une lecture, il suggéra la tisane aux graines de pastèque, pour stimuler les reins. Et une autre lecture recommanda un astringent à appliquer directement autour des yeux et sur tout le visage.

Histoire de cas

Sur les cinq cas traités, deux seulement envoyèrent un rapport. Le premier était sommaire, mais indiquait une amélioration. Quant au deuxième, exposé en détail ci-dessous, il décrivait des résultats assez extraordinaires.

Le cas 987 se rapportait à une femme de quarante-neuf ans qui, d'après Cayce, souffrait d'une assimilation inadéquate, d'une circulation ralentie et de lésions spinales, entre autres problèmes. La première lecture attribua la bouffissure de ses paupières aux pressions exercées sur l'axe lombaire et auxquelles réagissaient les reins, ce qui affectait la circulation dans la région des yeux.

Pour remédier à cet état de choses, Cayce prescrivit des ajustements ostéopathiques; ceux-ci devaient être dispensés en deux séries, à raison de deux ou trois fois par semaine pendant deux ou trois semaines, en alternance avec des périodes de repos de durée égale. Par la suite, on pouvait les donner à l'occasion et selon les besoins. Les massages étaient également recommandés, et le régime alimentaire devait demeurer fortement alcalin.

Pour améliorer la circulation et la vitalité de la malade, Cayce suggéra d'utiliser l'appareil radioactif. Et pour faciliter l'élimination, il recommanda des lavements avec une solution saline ou huileuse.

La patiente fit savoir par la suite qu'elle n'avait pas entièrement suivi les conseils de la lecture, mais que les ajustements lui avaient fait du bien et qu'elle se conformerait aux autres suggestions si elle en éprouvait le besoin. Deux mois plus tard, elle demanda une autre lecture, cette fois pour une infection aux reins qui lui donnait encore une fois des paupières bouffies, accompagnées de taches sur la peau. Cayce la prévint que son état s'aggraverait si elle ne s'occupait pas sérieusement de son problème.

Pour combattre l'infection, on devait placer sur la zone des reins des emplâtres à la Glyco-Thymoline recouverts de sacs ouatinés et chauffés, et contenant du sel iodé. La personne devait les garder en place une heure par jour, cinq jours de suite. À partir du jour suivant, ou après une journée de repos, elle devait boire quotidiennement 15 ml de tisane de graines de pastèque. La tisane se préparait en versant de l'eau bouillante sur une cuillerée à café rase de graines écrasées et en laissant infuser pendant une demi-heure.

Son régime alimentaire devait se composer de légumes crus comme repas principal, et ce, au moins cinq fois par semaine. Il comprenait des carottes, de la laitue, du céleri, du cresson et des feuilles de moutarde, avec un assaisonnement à l'huile. En d'autres occasions, elle pouvait accompagner ses légumes de gélatine, au citron de préférence. Les aliments à éviter comprenaient la viande, le vin et les boissons gazeuses.

Quelques semaines plus tard, la patiente déclara que la lecture avait mis exactement le doigt sur son état et ajouta: «Je pense que vous m'avez sauvé la vie.» Après quelques semaines supplémentaires de traitement, elle rapporta se sentir infiniment mieux; pendant les vingt années qui suivirent, elle mena une vie active, sans connaître de sérieux problèmes de santé.

PEAU (Problèmes de)

Edgar Cayce a fait des commentaires très utiles sur les soins à donner à la peau, et ce, à au moins cinquante personnes. Ces commentaires concernaient des problèmes de peau existants; ils mettaient l'accent sur la prévention, pour éviter des complications futures, sur les meilleurs savons, lotions, etc., à utiliser.

La philosophie générale des lectures, en ce qui regarde les produits de beauté, était que l'état de la peau reflète la santé de l'organisme. Cette affirmation était valable pour tous les aspects de la peau: couleur, texture – sèche ou huileuse –, taches. Les traitements pour les problèmes de peau étaient donc souvent destinés à soigner l'intérieur, bien que des mesures externes pussent être suggérées en même temps.

Pour un bon entretien de la peau, il était d'une extrême importance d'adopter un régime bien équilibré, qui mettait fortement l'accent sur des aliments alcalins et digestes comme les fruits, les jus de fruits (pommes cuites, jus d'orange ou de citron) et les légumes (carottes, courges). La plupart des aliments mentionnés étaient de couleur jaune et constituaient une bonne source de vitamines du complexe B, que Cayce estimait d'une grande valeur pour la peau. Le poisson et la volaille devaient remplacer la viande rouge, et les grains entiers être préférés aux produits de farine blanche. Les sucres et fritures étaient strictement interdits.

L'absorption de deux ou trois amandes par jour était apparemment excellente pour la peau; ce conseil fut mentionné dans plus d'une lecture. Une lecture pour une fillette de onze ans affirmait que «selon mon expérience, si tu voulais bien prendre chaque jour deux amandes, tu n'aurais jamais de taches sur ta peau». (1206-3)

Les problèmes de peau comme les taches ou la sécheresse avaient comme cause première un surmenage du système. Les causes que Cayce citait en premier, et le plus fréquemment, étaient la mauvaise élimination et la mauvaise circulation, ou les deux ensemble. Il était d'avis que les éruptions de la peau apparaissaient lorsque les déchets charriés par le sang n'étaient pas éliminés par les moyens et les canaux normaux, ce qui obligeait le système à tenter de s'en débarrasser à travers les pores de la peau.

Un autre facteur important, qui contribuait à la sécheresse de la peau, aux boutons, aux poils superflus et à d'autres problèmes, était le déséquilibre glandulaire.

Traitement

Pour les personnes ayant des problèmes de peau, les premières suggestions de traitement énoncées par Cayce étaient la purification de l'intérieur et la stimulation du système circulatoire. La méthode qu'il recommandait habituellement était l'irrigation du côlon une fois ou deux par mois, ou même plus fréquemment. Il recommandait également, et très instamment, la cure de pommes pendant trois jours. Pendant cette courte période, on ne devait consommer que des pommes, et boire beaucoup d'eau. Pour compléter l'irrigation de l'intestin et empêcher la formation de gaz, on devait avaler, le soir du troisième jour, entre une cuillerée à soupe et 60 ml d'huile d'olive.

Pour améliorer la circulation, les méthodes le plus souvent recommandées étaient l'exercice et les massages; des exercices quotidiens, en particulier la marche au grand air, des massages hebdomadaires de la colonne vertébrale, des extrémités des membres, etc. Pour améliorer, en général, la texture de la peau (et éviter l'arthrite), des massages à l'huile d'arachide pure étaient parfois suggérés. Cayce recommanda aussi une autre formule de massage pour les mains et le corps; elle était constituée d'une combinaison d'huile d'arachide, d'huile d'olive, d'eau de rose et de lanoline. On devait s'en enduire le corps après avoir pris un bain d'eau tiède d'une durée de quinze ou vingt minutes, en utilisant un bon savon.

En plus des massages, les lectures suggéraient à l'occasion des manipulations générales, pour détendre et coordonner la colonne au complet. Elles avaient pour but d'améliorer les influx nerveux se dirigeant vers toutes les parties du corps et d'en faire ainsi bénéficier la circulation en général. L'hydrothérapie, administrée sous forme de saunas, de bains de vapeur, etc., était un autre genre de stimulation conseillée pour aider à bien nettoyer les pores de la peau.

Les applications externes devaient se faire en douceur, pour ne pas gêner les fonctions normales du corps. Les lectures donnaient le nom de différents savons tels que Ivory, Camay et

Sweetheart, mais le plus apprécié de tous était le savon de Castille parce que, à cette époque, il contenait de l'huile d'olive et de l'hydrate de sodium. Quant aux désodorisants, Cayce était d'avis que «l'emploi d'un bon savon pur est préférable à toute tentative de désodoriser». (2072-9)

Histoire de cas

Les rapports ayant trait *spécifiquement* aux problèmes de peau ne furent reçus qu'une seule fois. Le cas 1968 était celui d'une jeune femme dont la dermatose faciale se trouva «complètement guérie» après que les conseils prodigués par Cayce eurent été suivis et que les massages qu'il préconisait eurent été effectués. Un autre patient, dont la lecture ne portait pas spécialement sur les problèmes de peau, rapporta: «J'ai le visage entièrement lisse – depuis quelque temps déjà –, on dirait que je ne suis pas la même personne.»

Un autre rapport intéressant fut envoyé par un Canadien au sujet de la lotion huile d'arachide-huile d'olive-eau de rose-lanoline prescrite par Cayce pour le cas 1968. Le Canadien déclara que non seulement cette lotion empêchait sa peau sensible de peler lorsqu'il s'exposait au soleil, mais qu'elle constituait en même temps un insecticide extrêmement efficace. Alors qu'il prenait du soleil avec des amis dans une région infestée de moustiques et de mouches noires, et que des milliers de ces inscectes les attaquaient et les piquaient, lui seul et l'un de ses amis s'en sortaient indemnes. «Nous aussi, nous en étions couverts, mais ils étaient morts. Au moment où ils se posent sur cette lotion, ils meurent.»

Un cas présentant un ensemble de problèmes de peau – exanthème, points noirs, acné et pores agrandis – affectait une jeune femme de vingt ans, le sujet 2154. Le diagnostic de Cayce révéla une élimination inadéquate par le tube digestif, ce qui faisait apparaître, par intervalles, des taches rouges sur toute la peau; ces taches indiquaient que le système sudoripare faisait des efforts pour éliminer l'excès de toxines. En outre, des subluxations spinales affectant les seconde et troisième vertèbres cervicales, et troisième et quatrième dorsales, s'accompagnaient de déséquilibres glandulaires qui avaient ralenti la digestion.

Cayce suggéra deux ou trois manipulations vertébrales complètes, en portant une attention particulière à la coordination des zones dorsale et cervicale avec l'axe lombaire. Il prescrivit également une série de traitements d'hydrothérapie, lesquels consistaient en séances de sauna suivies de massages énergiques à l'huile et d'applications d'eau chaude puis d'eau froide. Ces traitements devaient se faire une fois par semaine, pendant quatre ou cinq semaines; une irrigation du côlon était recommandée toutes les huit semaines.

En outre, la jeune femme devait prendre chaque matin, avant le petit déjeuner, une cuillerée à café de sels Eno, et cela pendant une période de cinq jours suivie d'un repos de cinq jours, etc.; à continuer pendant toute la durée des manipulations et des traitements d'hydrothérapie.

Comme supplément alimentaire, elle devait consommer chaque jour un minimum de 30 ml de jus de légumes frais, comme la laitue ou les carottes, et remplacer les aliments lourds, comme les viandes, les graisses et les fritures, par du poisson, de la volaille ou de l'agneau. Le pain blanc et les pommes de terre devaient être évités.

PHLÉBITE

La phlébite est l'inflammation d'une veine qui se caractérise par la varicosité (ou dilatation) et le nouement d'une portion de la veine. La phlébite peut éventuellement conduire à la formation d'un caillot de sang qui risque de se rompre et de bloquer la veine.

Edgar Cayce donna un total de sept lectures à six personnes atteintes de phlébite et d'états connexes. Les groupes d'âge s'étendaient de l'enfance à soixante-treize ans.

Cayce cita comme cause principale une perturbation du système circulatoire. Quatre lectures mentionnèrent l'infection et la congestion du courant sanguin, de même que la surcharge de la circulation lymphatique. Dans trois cas, il trouva comme facteurs connexes l'insuffisance de l'élimination, ajoutée à des problèmes spinaux, surtout dans le bas de la colonne. À deux reprises, il incrimina le surmenage corporel et les déséquilibres glandulaires.

Traitement

Les traitements recommandés par Cayce furent très variés. Dans quatre cas, il donna des conseils diététiques, en insistant sur les aliments faciles à digérer et alcalinisants, comme les fruits et les légumes. Les viandes étaient déconseillées, ou permises en quantité modérée.

Pour réduire l'inflammation des veines, Cayce suggéra à trois personnes différentes sortes de cataplasmes ou d'emplâtres. Les cataplasmes de molène furent recommandés à deux reprises, et les emplâtres au plantain et aux sels d'Epsom, chacun une fois. Cayce mentionna également d'autres applications locales.

Certains autres traitements furent mentionnés deux fois; Cayce conseilla les massages et les manipulations vertébrales pour réduire les tensions, améliorer la circulation et procurer une relaxation générale du corps.

Pour stimuler la circulation superficielle, il mentionna les traitements électriques tels que le rayon violet. Et pour aider à désintoxiquer l'organisme par les pores de la peau, il conseilla l'hydrothérapie. La médecine homéopathique était considérée comme un grand secours pour réduire l'enflure; l'une des lectures mentionna un remède connu sous le nom de Cimex Lectularius.

Histoire de cas

Trois des six personnes qui avaient eu une lecture sur la phlébite rapportèrent des résultats positifs. Le cas suivant, pour lequel il n'existe aucun rapport d'après-traitement, produisit cependant de très bons résultats chez un autre patient qui suivit les conseils donnés dans la lecture pour le cas 944.

Le cas 944 était donc celui d'une femme de soixante-cinq ans qui avait eu une lecture sur la phlébite. Sa maladie avait pour cause une congestion de l'apport sanguin due à une quantité excessive de toxines dans son système, avec, en plus, des subluxations dans la zone coccygienne. Elle souffrait en outre de plaies ouvertes aux membres inférieurs.

La première recommandation de Cayce fut de prendre des doses d'Al-Caroid après les repas, afin de purifier et d'alcaliniser le système. L'Al-Caroid devait être pris pendant deux jours, suivis de deux jours de repos. La patiente devait ensuite prendre, de la même façon et pendant une semaine, des comprimés de Caroid et des sels biliaires. Cayce prescrivit ensuite une série d'irrigations du côlon.

Après une semaine des traitements mentionnés ci-dessus, la patiente devait entreprendre une série de massages du bas de la colonne vertébrale à l'aide d'un mélange de suif de mouton, d'esprit de térébenthine, d'alcool camphré et de teinture de benjoin composée; à la suite de quoi, on devait lui appliquer des cataplasmes chauds aux sels d'Epsom.

Cayce conseilla les traitements au rayon violet pour fortifier le système nerveux et stimuler la circulation. Ils devaient durer de cinq à dix minutes chaque soir. Le régime alimentaire devait être alcalinisant et basé sur les fruits et les légumes, avec très peu de féculents et de viande.

Les excoriations de la peau devaient être soignées avec 30 ml d'Iodex et dix grains de charbon activé; on devait aussi appliquer la pommade de Cuticura directement sur les zones infectées et contusionnées. Finalement, Cayce conseilla le port de bas en latex par-dessus les veines enflammées.

PIED D'ATHLÈTE

Le pied d'athlète se présente sous deux formes: aiguë et chronique. La première se caractérise par de petites cloques apparaissant sur les côtés du pied et entre les orteils; elles sont accompagnées de rougeurs disséminées sur la peau. L'infection bactérienne des cloques est fréquente, avec l'apparition de fissures et un ramollissement des tissus infectés. La deuxième forme – chronique – se reconnaît aux squames qui se forment sur les rougeurs sèches.

Certaines personnes semblent plus sujettes que d'autres à souffrir du pied d'athlète, ainsi appelé parce que, probablement, il peut être plus facilement contracté dans des vestiaires humides. Les facteurs qui semblent prédisposer à ce problème sont, d'une part, le resserrement des orteils, qui ne s'écartent pas quand on se tient debout et, d'autre part, une transpiration excessive des pieds. Le traitement standard habituel consiste à tremper les pieds dans une solution antifongique et à retirer les peaux mortes ou contaminées après les bains de pieds. Chez les personnes particulièrement prédisposées, les rechutes sont fréquentes.

Cayce donna dix-neuf lectures à treize personnes atteintes du pied d'athlète, parmi lesquelles se trouvaient cinq femmes. Dans tous les cas, cet inconvénient n'était qu'un problème parmi d'autres, et jamais le principal. Les lectures firent ressortir trois facteurs qui y prédisposaient: des défauts d'alignement de la colonne vertébrale, un régime inadéquat et une élimination insuffisante.

Des problèmes spinaux furent décelés dans au moins dix cas. Dans l'un de ceux-ci, Cayce déclara que «les personnes atteintes du pied d'athlète souffrent pratiquement toujours d'une lésion ostéopathique sous-jacente ou "empiétement" qui perturbe la physiologie normale des extrémités inférieures». (477-1) Cette lésion provoquait une circulation insuffisante dans les jambes et les pieds, et, par conséquent, un amoindrissement de la résistance à l'infection.

Cayce recommanda souvent des changements dans les habitudes alimentaires en laissant entendre qu'un régime incomplet ou mal équilibré pouvait contribuer à l'apparition du pied d'athlète en diminuant la résistance de l'organisme. Il insista sur l'importance de s'abstenir de consommer des aliments acides tels que les viandes et les féculents, ou ceux qui contenaient du sucre ou de l'alcool.

Selon Cayce, un cas présentant une blessure à la colonne ainsi qu'un autre se plaignant d'un mal de dos, en particulier dans le bas de la colonne, pouvaient révéler une lésion spinale sous-jacente. Dans ces cas, c'étaient les zones lombo-sacrée et coccygienne qui étaient le plus souvent en cause. Cependant, des problèmes secondaires provenaient parfois de la partie supérieure de la colonne vertébrale.

Traitement

Il y avait cinq sortes de traitements prescrits basés sur les causes sous-jacentes décrites dans les lectures: manipulations vertébrales, modifications du régime alimentaire, amélioration de l'élimination, électrothérapie et applications locales. Chaque traitement était établi selon chaque cas et basé sur les caractéristiques particulières des déséquilibres et de la mauvaise coordination qui étaient en cause.

Dans douze cas, Cayce recommanda des applications locales à faire chaque soir, pour compléter le traitement des déséquilibres de base. Il mentionna souvent l'onguent et la solution de Ray, ainsi que d'autres solutions qu'on ne trouve plus sur le marché.

Dans quelques cas, il recommanda diverses préparations pour les massages des pieds et des chevilles. Pour deux personnes, il prescrivit un mélange à parts égales d'huile d'olive et de teinture de myrrhe. Les instructions précisaient de faire chauffer l'huile avant de la mélanger à la myrrhe. Ce mélange devait ensuite être appliqué par massages vigoureux sur les orteils, en travers du cou-de-pied et sur la plante des pieds.

Dans bon nombre de cas, il fut conseillé de faire tremper les pieds dans une solution douce et tiède telle que l'Absorbine Junior ou l'eau salée; une lecture suggéra d'appliquer des compresses à la molène sur les jambes et les pieds. Les manipulations vertébrales furent recommandées à dix reprises. On devait effectuer les corrections au moyen d'une série de traitements progressifs destinés à rebâtir une colonne normale; ils étaient spécialement appliqués sur les zones lombaire, sacrée et coccygienne, mais la colonne entière était traitée.

Huit personnes se virent conseiller des changements de régime alimentaire pour privilégier les aliments alcalinisants tels que les légumes et les fruits, crus ou cuits. Les «viandes» le plus souvent recommandées étaient le poisson, la volaille et l'agneau. Le bœuf n'était permis que rarement, et le porc, totalement interdit. Il fallait également éviter, en grande partie, les légumes secs, comme les pois et les haricots secs, les pommes de terre et les mélanges difficiles à digérer, comme le macaroni au fromage. D'autres mélanges d'aliments préjudiciables comprenaient les agrumes pris avec les céréales, le café ou le thé pris avec du lait ou de la crème. Étaient complètement interdites les sucreries en quantité, les fritures, la bière et les boissons gazeuses.

Dans quatre cas, Cayce prescrivit des irrigations du côlon, des lavements et un régime laxatif. Quatre fois également, il suggéra certaines formes d'électrothérapie – surtout le rayon violet – pour stimuler la circulation en général et pour traiter certains endroits particuliers.

En bref, les lectures de Cayce suggéraient que les soins apportés pour soigner un problème de peau apparemment peu important, comme le pied d'athlète, donnaient également l'occasion de découvrir et de traiter des déséquilibres physiologiques chroniques liés à la colonne vertébrale, au régime alimentaire et à l'élimination.

Histoire de cas

Très peu de rapports d'observations post-thérapeutiques concernant précisément le pied d'athlète ont été reçus. Trois personnes cependant déclarèrent qu'après avoir suivi le traitement suggéré par Cayce, leur pathologie avait été complètement guérie.

Le cas 219, celui d'un jeune homme de dix-neuf ans, reçut une lecture pour un pied d'athlète aggravé par diverses autres affections. Cayce déclara que son problème avait été causé avant tout par des subluxations spinales, lesquelles étaient survenues dans la zone dorsale à la suite d'une blessure. Une autre cause était un affaiblissement général de l'organisme. On notait encore des déséquilibres glandulaires, une assimilation et une élimination déficientes, une circulation ralentie et de la toxémie.

Pour assurer un meilleur équilibre interne, Cayce prescrivit un régime bien équilibré. Pour remédier aux problèmes de la colonne vertébrale, il suggéra une série de huit à quinze ajustements. Pour stimuler l'élimination, Cayce conseilla au jeune homme de boire de la tisane d'ambroisie, de prendre du régulateur de foie Simmon et des produits digestifs. Pour le massage des pieds, il recommanda un mélange d'huile blanche de Russie, d'hamamélis, d'huile de sassafras et de kérosène.

On apprit par la suite que les parents du sujet 219, des chiropraticiens, donnèrent à leur fils les traitements recommandés et que le jeune homme guérit complètement. Celui-ci reconnut «qu'il n'aurait jamais réussi, mentalement et physiquement, si sa mère ne lui avait pas obtenu une lecture et n'avait pas suivi les conseils».

PIEDS (Durillons)

Un durillon est une partie de la peau durcie et épaisse, qui se voit la plupart du temps sur la paume des mains ou sur la plante des pieds. Sept lectures complètes portèrent sur les causes et le traitement des durillons aux pieds; dix autres environ apportèrent des détails supplémentaires sur ces traitements.

Dans cinq des lectures définitives sur le sujet, Cayce dénombra beaucoup de causes communes, les deux principales étant des subluxations ou des empiétements dans la colonne vertébrale et une circulation ralentie dans les jambes et les pieds. Dans trois cas, il nota des problèmes de la colonne et de la circulation, et dans deux cas, il attribua l'apparition des durillons à des chaussures trop étroites qui causaient un ralentissement de la circulation dans les pieds, ce qui finissait par les irriter et par produire les durillons.

Traitement

Le traitement pour les durillons incluait généralement un produit à action locale, même si Cayce privilégiait généralement l'approche holistique, qui tenait compte de tous les symptômes inquiétants se manifestant dans l'organisme, y compris les durillons.

Dans six cas, il suggéra un régime alcalin, à base de fruits, de légumes et de leur jus, pour favoriser la digestion et l'élimination. Étaient bannis tous les amidons, fritures, boissons gazeuses et viandes, sauf l'agneau et le poisson à l'occasion.

Dans cinq cas, il recommanda diverses formules de produits à utiliser pour masser les pieds quotidiennement; dans trois cas, les formules devaient servir à masser les jambes et la colonne vertébrale. Les trois combinaisons pour massages le plus souvent mentionnées étaient: un mélange à parts égales d'huile d'olive et de teinture de myrrhe (également recommandé pour les frictions du dos); du bicarbonate de soude humecté d'alcool camphré; une combinaison de suif de mouton, d'essence de térébenthine et d'alcool camphré.

Dans trois cas, Cayce prescrivit des manipulations vertébrales hebdomadaires; dans deux autres cas, des massages en profondeur du dos et de la colonne avec de l'huile d'olive et de la myrrhe, ou avec de l'huile d'arachide.

D'autres traitements comprenaient une irrigation du côlon, à effectuer de temps à autre, pour aider le tube digestif à éliminer le surplus de déchets. Il suggérait aussi des bains de pieds quotidiens à l'eau chaude salée et bicarbonatée, pour amollir les durillons.

Histoire de cas

La plupart des personnes qui avaient eu des lectures pour leurs durillons signalèrent qu'elles avaient obtenu de bons résultats, surtout grâce aux applications locales; une femme d'un certain âge en particulier, le cas 2555, qui souffrait de durillons douloureux aux mains et aux pieds, en plus d'autres problèmes de santé, fit elle aussi part de bons résultats.

Cayce assura que son état était causé par un désordre localisé dans l'axe lombaire, lequel faussait la circulation et entraînait des pressions exagérées dans les pieds. Il appela ce dérèglement un «mal-aise» de l'organisme qui s'exprimait ainsi au travers de nombreux problèmes.

La patiente fut avisée que la correction du désordre dans l'axe lombaire aiderait à soulager les douleurs provoquées par les durillons. Cayce conseilla des manipulations et des massages de la colonne vertébrale, de même que l'application d'emplâtres chauds et froids sur la colonne, plus précisément sur les neuvième et dixième dorsales, sur l'axe lombaire, les vertèbres sacrées et également dans la zone s'étendant de la troisième à la cinquième dorsale. Ces applications devaient être faites par un médecin. Après la séance des emplâtres, il était conseillé de recevoir un massage du dos, en particulier dans la zone du plexus lombaire, en utilisant un mélange à parts égales de suif de mouton, d'alcool camphré et d'essence de térébenthine. On devait terminer par une application de chaleur aux mêmes endroits.

Cayce suggéra aussi de masser chaque soir les pieds à l'aide d'un mélange composé à parts égales d'huile d'olive et d'huile d'arachide, et de les envelopper ensuite d'un tissu léger. Il conseilla à la patiente de suivre un régime d'aliments alcalins, lequel devait inclure, une fois par semaine, des topinambours cuits dans leur propre jus.

PIEDS (Faiblesse, enflure, etc.)

Edgar Cayce fut consulté pour un certain nombre de problèmes mettant en cause les pieds et les membres inférieurs; ils sont décrits ci-après sous le titre général de faiblesse et enflure.

Neuf personnes, dont les âges étaient compris entre douze et soixante-douze ans, reçurent un total de dix lectures concernant les problèmes aux pieds.

Ceux-ci comprenaient l'enflure, les oignons, les cors, les douleurs et les callosités. Cayce nota que les causes pouvaient être internes, externes ou les deux. Dans quatre cas, la cause première était l'élimination insuffisante qui aboutissait à la rétention de liquide dans les pieds, les chevilles et le bas des jambes. Un autre facteur, trouvé dans nombre de cas, fut la mauvaise circulation. La cause externe la plus fréquente était attribuable aux souliers mal ajustés qui gênaient la circulation et provoquaient l'apparition des callosités.

Traitement

Les traitements de Cayce avaient comme but essentiel de restaurer la circulation normale dans les pieds. Dans six cas, les lectures conseillèrent des massages des pieds ou des jambes, aussi bien que d'autres parties du corps. Pour soulager l'enflure tout autant que l'inconfort, on devait masser les zones affectées avec certaines substances qui variaient d'un cas à l'autre.

Dans trois cas, Cayce suggéra des bains de pieds utilisant diverses solutions. Dans le même nombre de cas, il recommanda des manipulations vertébrales pour améliorer la circulation dans les jambes et les pieds et procurer une détente générale du corps. Il donna à l'occasion d'autres conseils concernant les soins à donner aux pieds, comme de les garder bien au sec et à l'abri des courants d'air, et de porter des souliers confortables et de la bonne pointure, en laissant de côté les chaussures trop serrées ou à talons hauts.

Histoire de cas

Le cas 623 est typique; il s'agissait d'une femme souffrant d'enflure dans le bas des jambes, et qui reçut une lecture. Cayce découvrit que le problème provenait de compressions dans la colonne vertébrale, d'une élimination insuffisante et d'une digestion lente, de même que d'un foie paresseux.

Cayce conseilla un massage des pieds avec un mélange de suif de mouton, d'essence de térébenthine et d'alcool camphré. Des manipulations vertébrales complètes devaient également être faites, à raison de deux fois par semaine jusqu'à un total de quinze ajustements, pour améliorer la circulation dans les jambes. La patiente devait aussi adopter un régime bien équilibré et surtout alcalinisant.

Aucun rapport ne parvint pour le cas 623, mais on en reçut de cinq autres personnes; quatre d'entre elles déclarèrent que leur état s'était beaucoup amélioré à la suite des traitements conseillés par Cayce.

PLEURÉSIE

La pleurésie est l'inflammation de la plèvre; elle s'accompagne le plus souvent de respirations difficiles et douloureuses, de toux et de fièvre.

Edgar Cayce donna une lecture à chacun des trois sujets atteints de pleurésie. Leur âge variait de vingt-huit à soixante-quatre ans. Les origines de la maladie étaient différentes dans chaque cas. Deux des patients avaient des adhérences dans la plèvre, qui furent attribuées à un collabage du poumon dans un cas et, dans l'autre, à du liquide s'étant accumulé dans les poumons à la suite d'un refroidissement et d'une congestion. Cette troisième personne souffrait d'un débit sanguin excessif qui affectait les poumons et était accompagné d'une lésion dans la zone dorsale de la colonne.

Les recommandations de traitement furent assez uniformes. De fait, dans deux cas, les traitements furent pratiquement identiques; ils comprenaient de la Glyco-Thymoline et de l'Acigest pour alcaliniser le système et améliorer la digestion, du Calcios comme supplément alimentaire, le tonnelet d'eau-de-vie de pomme pour la thérapie par inhalations et des conseils diététiques qui insistaient sur la consommation de légumes crus. Ces traitements ne furent prescrits qu'une seule fois.

Histoire de cas

Deux des personnes qui avaient eu une lecture de Cayce sur la pleurésie firent savoir qu'elles avaient suivi ses conseils et obtenu de bons résultats. L'une des deux était une jeune femme de vingt-huit ans, le cas 5097. Deux ans auparavant, elle avait été atteinte d'une tuberculose des deux poumons, qui avait entraîné le collabage de l'un des deux. Cette affection avait provoqué des adhérences dans la plèvre, lesquelles avaient affaibli les poumons et diminué leur résistance à l'infection.

Le premier traitement de Cayce fut le recours à des inhalations de vapeurs s'échappant d'un tonnelet de chêne carbonisé contenant de l'eau-de-vie de pomme. On devait placer le tonnelet près d'une source de chaleur pour que puissent s'y former les vapeurs à inhaler. Cayce conseilla également à la femme de prendre trois gouttes de Glyco-Thymoline deux ou trois fois par jour, la solution devant agir comme antiseptique intestinal et combattre l'infection. Le Calcios fut suggéré comme supplément alimentaire; il devait d'abord être pris plusieurs fois par semaine et ensuite chaque jour. Deux fois par semaine, la malade devait prendre une cuillerée à café d'Acigest dans du lait cru, pour faciliter sa digestion. Occasionnellement, elle pouvait boire, comme diurétique, un peu de sirop de Coca-Cola dans de l'eau pure.

Son régime devait comporter beaucoup de jaunes d'œufs, de légumes crus et de fruits tels que les prunes, les poires et les pommes cuites. Elle pouvait aussi manger du poisson, de la volaille et de l'agneau, à condition de ne pas les faire frire.

Pour aider l'organisme à se rétablir graduellement, Cayce indiqua des exercices particuliers à faire matin et soir. La patiente devait d'abord se placer en station debout, avec les bras le long du corps, puis élever ceux-ci lentement jusqu'à la hauteur des épaules, et finalement les étirer au-dessus de sa tête. L'objectif de cet exercice était de hausser le niveau du poumon collabé à l'intérieur du corps et d'éliminer petit à petit la tendance aux adhérences de la plèvre.

Le rapport d'après-traitement nota: «Quant à moi, il y a un changement tellement évident depuis un mois! Je le ressens et, mentalement, je secoue ma léthargie.»

PNEUMONIE

La pneumonie est une maladie dangereuse que l'on rencontre fréquemment; c'est un processus inflammatoire se produisant dans les poumons et les voies respiratoires et résultant habituellement d'une infection. Les symptômes en sont la fièvre, les frissons, les douleurs dans la poitrine et la toux rauque.

Edgar Cayce donna un total de trente-huit lectures à vingt et une personnes souffrant de pneumonie à différents degrés.

Les causes initiales les plus répandues, et mentionnées vingt fois, étaient le rhume et la congestion qui diminuaient la résistance de l'organisme et permettaient ainsi aux bactéries de la pneumonie de se propager. Les voies respiratoires des poumons et des bronches ne tardaient pas à s'irriter et à s'enflammer, ce qui affaiblissait encore plus le corps.

Dans sept cas, c'est l'insuffisance de l'élimination qui avait contribué à la maladie. Dans quelques cas, Cayce mentionna d'autres facteurs, comme la mauvaise circulation ou le stress émotionnel.

Traitement

Cayce suggéra des traitements variés à ceux qui souffraient de pneumonie. Dans quatorze cas, il conseilla des changements au régime alimentaire pour accélérer le rétablissement; en général, c'était en faveur d'aliments alcalinisants et faciles à digérer. Parfois aussi, il recommandait une diète semi-liquide, jusqu'à ce que le pire de la maladie soit passé; elle était composée principalement de fruits et de légumes de même que de leur jus, de jus de bœuf ou de bouillons de viande. Le lait de poule, constitué de lait, d'un jaune d'œuf et d'un peu d'alcool (whisky ou eau-de-vie de pomme) avait la réputation d'être très nourrissant.

Cayce indiqua à douze personnes diverses méthodes pour accroître leur élimination et pour aider l'organisme à se désintoxiquer. Il suggéra le Castoria à cinq reprises, parfois mélangé à du sirop de figues. D'autres méthodes comprenaient les lavements évacuateurs, les irrigations du côlon et le régulateur de foie de Simmon (une préparation à base d'ambroisie).

Pour soulager la congestion et l'inflammation et rendre la respiration plus facile, Cayce recommandait les cataplasmes. À huit personnes, il conseilla des cataplasmes d'oignons bouillis puis écrasés, à appliquer sur la gorge, la poitrine et le ventre. Elles devaient parfois recourir à l'Antiphlogistine (un genre spécial d'emplâtre de boue) et à un mélange de suif de mouton, d'essence de térébenthine et d'alcool camphré, à appliquer aux mêmes endroits que ci-dessus. Dans quelques cas, Cayce recommanda diverses sortes de cataplasmes à une même personne.

Il conseilla les massages à onze patients dans le but de stimuler la circulation à différents endroits du corps, comme la colonne vertébrale et les pieds. Les frictions à l'alcool sur la colonne étaient particulièrement recommandées pour faire baisser la température.

Il mentionna aussi, à l'occasion, certaines combinaisons, par exemple l'huile d'olive et la teinture de myrrhe, ou le suif de mouton avec de la térébenthine et du camphre.

Pour diminuer la douleur et l'inflammation des voies respiratoires, autant que pour favoriser l'expectoration des mucosités, Cayce prescrivit dans sept cas des thérapies par inhalation. Le plus souvent, les substances à inhaler étaient à base d'alcool et contenaient des ingrédients comme l'eucalyptus et le benjoin. Cayce suggérait parfois d'ajouter ces substances à de l'eau bouillante pour remplir la pièce de vapeurs et l'assainir.

Les substances à prendre par voie orale, pour purifier l'organisme et le rendre plus apte à résister à l'infection, comprenaient le sirop de Squill (conseillé six fois), les tisanes reconstituantes, le jus d'oignon et la Glyco-Thymoline.

À cause de la gravité de leur maladie, Cayce recommanda à certaines personnes de beaucoup se reposer dans une ambiance de tranquillité. Dans une lecture, il conseilla de garder le corps chaud et moite, et, dans une autre, d'avoir les pieds au chaud. En cas de besoin, on devait consulter son médecin.

Histoire de cas

Les rapports indiquèrent que dans dix-sept cas, les traitements de Cayce aboutirent à une amélioration ou à une guérison complète. Il y eut toutefois une personne qui déclara n'avoir rien tiré de positif de sa lecture.

Un petit garçon de quinze mois, le cas 1208, reçut quatre lectures sur la pneumonie. Selon Cayce, l'enfant avait eu un mauvais rhume qui avait entraîné la congestion des bronches et l'inflammation des voies respiratoires.

Pour faciliter sa respiration, la première lecture suggéra une préparation à inhaler consistant en 30 ml de teinture de benjoin, 15 ml d'huile d'eucalyptus et 7,5 ml d'huile de térébenthine. On devait verser une cuillerée à café de cette combinaison dans de l'eau bouillante chaque fois qu'on ressentait le besoin de faire respirer au malade des vapeurs décongestionnantes.

Cayce recommanda des ajustements ostéopathiques concentrés sur les vertèbres dorsales pour améliorer les influx nerveux aux voies respiratoires; pour soulager la lourdeur dans la poitrine, il conseilla dix à quinze gouttes de sirop de Squill, à prendre toutes les deux ou trois heures. Si ces traitements ne soulageaient pas l'enfant, on devait appeler le médecin.

Cependant, les conseils de Cayce furent suivis, et l'état du malade s'améliora. La deuxième lecture suggéra de faibles doses de Castoria mélangé à un peu de sirop de figues pour favoriser l'élimination. On devait de plus donner à l'enfant cinq gouttes de Glyco-Thymoline deux fois par jour, laquelle devait agir comme antiseptique de l'intestin.

Pour soulager la congestion, on devait frotter au Vicks la gorge et la poitrine de l'enfant, et lui masser les pieds ainsi que d'autres parties du corps avec un mélange de suif de mouton, d'essence de térébenthine et d'alcool camphré.

La condition de l'enfant continua à s'améliorer; une troisième lecture conseilla de poursuivre les massages avec la formule au suif de mouton. À ce stade, Cayce recommanda de une à trois petites doses d'acide nitrique dilué pour stimuler la fonction rénale d'élimination. Il conseilla également d'exposer l'enfant au soleil et au grand air.

Le jeune garçon paraissait complètement guéri, mais il fit une légère rechute trois mois plus tard. Une quatrième et dernière lecture conseilla d'enduire ses narines de Vaseline, pour prévenir l'irritation et réduire la congestion, et de lui frictionner le ventre, le foie, la rate et le côlon avec la formule au suif de mouton. On devait ensuite poser un morceau de flanelle chaude sur les parties frictionnées et l'y laisser pendant un certain temps.

Cayce recommanda les fruits et les légumes, les jaunes d'œufs et surtout les jus d'agrumes. Pour aider la digestion, il conseilla un mélange d'eau de chaux et d'eau de cannelle, et, pour finir, un lavement à la Glyco-Thymoline pour purifier l'organisme.

Finalement, l'enfant se rétablit pour de bon.

POLYGLOBULIE

La polyglobulie se caractérise par une forte augmentation des hématies et par un accroissement de la masse totale des globules rouges. Les symptômes peuvent inclure une coloration rouge foncé des lèvres, des ongles et des muqueuses, ainsi que des maux de tête, des pensées confuses, une perte d'audition, des démangeaisons et des douleurs dans les orteils et les ongles.

Edgar Cayce donna une lecture à chacune des quatre personnes qui souffraient de polyglobulie et dont les âges s'étendaient de onze à soixante-cinq ans. La cause la plus fréquente, d'après Cayce, était la mauvaise assimilation, qu'il mentionna dans trois cas. Elle se traduisait, chez deux patients, par une activité excessive du pancréas. Cayce cita d'autres facteurs: l'incoordination nerveuse, le déséquilibre glandulaire et une circulation déficiente.

Les principaux traitements recommandés par Cayce pour cette maladie furent des conseils diététiques et des tisanes reconstituantes, mentionnées à trois reprises. Pour le régime, il conseillait les fruits, les légumes et de petites quantités de protéines, le sucre et les féculents devant être évités. Dans un cas, il suggéra une diète de jus de fruits et d'eau pour remplacer le plasma perdu et diminuer la quantité de globules rouges. Il suggéra aussi diverses tisanes pour purifier l'organisme et rééquilibrer la formule sanguine. Deux fois, il conseilla l'électrothérapie.

Histoire de cas

Deux personnes ayant reçu des lectures sur la polyglobulie envoyèrent des rapports d'après-traitement; l'une déclara qu'elle avait obtenu des résultats positifs, et l'autre, qu'elle n'avait pas suivi les conseils de Cayce.

La première, qui avait obtenu de bons résultats, était un garçon de onze ans qui, selon Cayce, avait un pancréas trop actif à la suite d'une blessure dans la région dorsale de la colonne vertébrale qui avait entraîné une subluxation. Par la suite, le foie était devenu paresseux et les reins trop actifs, avec, comme résultat, un nombre très élevé de globules rouges.

Pour corriger la perturbation du pancréas et normaliser le sang, Cayce prescrivit deux tisanes toniques. L'une était une version typique d'eau de clarie (blé bouilli dans du lait) et l'autre se composait de racine de bardane, de teinture de stillingia, d'ambroisie, de miel et d'alcool.

Cayce recommanda aussi des manipulations vertébrales, à administrer deux fois par semaine pendant trois ou quatre semaines, en les concentrant sur la zone dorsale. Après une semaine de repos, on devait reprendre les ajustements pendant quelques semaines, puis une autre semaine de repos et à nouveau d'autres traitements.

Le régime alimentaire du garçon devait comporter des agrumes ou des céréales pour le petit déjeuner, des légumes crus pour le repas du midi et des légumes cuits accompagnés de poisson, de volaille ou d'agneau pour celui du soir. Il devait éviter les sucres et les aliments à haute teneur en amidon.

Après un mois de traitement, on put noter des résultats très positifs dans la santé du garçon.

POLYPE NASAL

Le polype nasal est une petite tumeur que l'on trouve dans les muqueuses des cavités du nez ou dans la partie supérieure des voies respiratoires. S'il est assez gros, il peut entraîner des obstructions.

Edgar Cayce accorda quatre lectures à des personnes souffrant de polypes; les causes variaient d'un cas à l'autre. Dans une lecture, cette affection fut considérée comme le symptôme de troubles nerveux; Cayce conseilla de les cautériser ou de les faire enlever. Dans deux autres cas, par contre, Cayce attribua la cause des polypes à des problèmes digestifs qui entraînaient une élimination et une assimilation déficientes. Dans l'un de ces deux cas, la difficulté fut attribuée à un régime alimentaire inadéquat, et, dans l'autre cas, à une blessure que le patient avait reçue à la partie latérale droite du dos et qui avait fait basculer l'estomac; cette condition gênait considérablement les fonctions de digestion et d'assimilation. Dans les deux cas, la croissance et la propagation des bactéries, que l'organisme était incapable d'éliminer totalement, fut ouvertement ou implicitement considérée comme la cause directe de la formation des polypes.

Traitement et histoires de cas

Les traitements proposés par Cayce furent très variés. Le cas 349 concernait une jeune femme dont les problèmes digestifs avaient pour origine un régime erratique et déséquilibré; Cayce lui demanda de prendre trois repas par jour, à des heures régulières. Son régime devait comporter une abondance de légumes verts comme le chou, le céleri et la laitue. À la place du pain blanc, elle devait manger du pain de seigle ou de blé entier; elle devait aussi éviter le vinaigre et autres assaisonnements acides. Finalement, Cayce lui conseilla de consommer du poisson et de la volaille, mais avec modération.

De plus, afin de soulager les polypes, il lui prescrivit une solution à inhaler composée, à parts égales, de bicarbonate de soude, d'acide tartrique et de sel dissous dans de l'eau chaude. Il pensait aussi que l'on pourrait hâter la guérison en faisant des manipulations vertébrales dans la zone des vertèbres cervicales et dorsales.

Un rapport ultérieur indiqua que l'état de la patiente s'était amélioré quelques semaines après la lecture et le début des traitements.

Pour le cas 5511, les traitements visaient à corriger l'inclinaison de l'estomac qui avait entraîné de graves problèmes de digestion, d'assimilation et d'élimination. Cayce suggéra alors des ajustements chiropratiques ou ostéopathiques pour coordonner les centres céphalo-rachidiens, avec une attention spéciale portée aux vertèbres cervicales inférieures et aux dorsales supérieures et centrales. Il mentionna également le massage du plexus solaire et de la région ombilicale à l'aide d'un vibromasseur.

Finalement, Cayce était d'avis que la disparition des polypes serait facilitée par des applications du rayon violet, à des intervalles non précisés, à la plante des pieds et à la paume des mains. La deuxième lecture donnée au cas 5511 mettait la patiente en garde contre le fait de manger lorsqu'elle était en période d'anxiété, mais uniquement si elle se sentait relaxée.

Le rapport d'après-traitement indiqua que le cas 5511 avait connu l'amélioration de son état après avoir appliqué les traitements prescrits.

POSSESSION

Soixante-six des lectures de Cayce abordèrent différents aspects du problème de la possession, telle qu'elle avait été vécue par trente-deux personnes. Dans la moitié des cas environ, on avait affaire à des hallucinations et à des visions déplaisantes. Chez d'autres sujets, la perte de maîtrise physique, mentale et émotionnelle atteignait des proportions telles que ces personnes avaient été déclarées aliénées et avaient été confiées aux soins de cliniques psychiatriques. Dans ces cas, les symptômes habituels comprenaient les rires ou les pleurs hystériques, les accès de rage soudains et impossibles à maîtriser, la dépression grave et l'audition de voix.

Quatre cas concernaient une obsession envers l'alcool, caractérisée par une absence totale de résistance face à la boisson. Dans tous les cas, on retrouvait une perte très nette de maîtrise personnelle sur les plans physique, mental et émotionnel, ainsi que des sentiments de persécution et d'aliénation envers soi-même et envers les autres.

Cayce pensait que la possession avait des origines mentales, psychologiques (spirituelles et émotionnelles) et physiologiques, comme le montre la citation suivante: «Du point de vue du psychiatre, on pourrait appeler cela un désordre mental. Pour le pathologiste, ce serait un trouble des nerfs. L'analyste la nommerait suppression. Et pour le psychologue, il s'agirait d'une prépossession, ou activité de forces cosmiques se manifestant sur le plan matériel par l'incapacité de l'image mentale de maintenir le soi en accord avec le corps physique.» (5506-1) La plupart des diagnostics de Cayce considéraient au moins les dimensions physiologiques et psychologiques de la possession.

La cause physique, présente dans presque les deux tiers des cas, était une grave détérioration de la coordination entre les systèmes céphalo-rachidien et sympathique. Les facteurs contribuant au déséquilibre incluaient les subluxations spinales, les blessures et les troubles glandulaires. Sept autres personnes étaient devenues possédées à la suite d'expériences psychiques qui les avaient laissées ouvertes et sans défense vis-à-vis des influences psychiques négatives et de l'intrusion dans le mental de dangereuses entités désincarnées (ou âmes transitant entre deux incarnations). Cayce remarqua que certaines de ces personnes étaient assez sensibles et spirituellement développées, mais qu'elles avaient abusé d'études et de pratiques spirituelles où elles n'étaient pas correctement guidées ni adéquatement préparées.

Cayce expliqua que leurs centres psychiques, ou glandulaires, avaient été exagérément stimulés par une intense concentration et par un excès de méditation qui les avaient laissées ouvertes et vulnérables aux attaques psychiques. Il est intéressant de noter en passant que Cayce se référait parfois, dans ces cas, au centre «leydigien» qui, selon lui, gouverne la nature sexuelle de l'homme par le biais des surrénales et les gonades.

La surstimulation de ces centres (inférieurs) avait donné naissance à des sensations physiques inquiétantes, avec le sentiment d'être attaqué ou brutalisé par des créatures horribles, ou encore d'être l'esclave de pulsions sexuelles bizarres et de crises de colère et d'agression. D'autres causes, énoncées ou implicites dans nombre de lectures, avaient trait aux attitudes mentales et émotions négatives ainsi qu'à des raisons karmiques qui faisaient que les personnes souffraient maintenant de la même folie que celle qu'ils avaient provoquée chez les autres au cours d'une vie antérieure.

Traitement

Ce qui était capital dans le traitement de la possession, c'était de renouveler le courant des «vibrations» saines et positives dans le corps et l'esprit. Les méthodes le plus souvent conseillées pour harmoniser la personne avec l'énergie de guérison des Forces créatrices universelles étaient la prière, la méditation et la lecture de la Bible. Cayce encourageait les personnes affligées ainsi que leur famille à faire appel à leur propre puissance divine pour que celle-ci les inspire et les guérisse. En même temps, il leur demandait d'abandonner toute peur et tout sentiment de persécution ou de condamnation envers elles-mêmes, car ceux-ci ne faisaient que les affaiblir et les rendre vulnérables aux influences extérieures négatives. Lorsque Cayce conseillait de lire la Bible, il citait des passages bien précis. Dans quelques cas, il suggéra de requérir les services d'une personne extérieure, un hypnotiseur professionnel par exemple, pour les aider à faire la paix avec leur propre inconscient.

Sur le plan physique, il était aussi très important de rétablir la coordination normale des influx nerveux. On pouvait y parvenir par des traitements quotidiens d'électrothérapie, que Cayce prescrivit sous différentes formes à vingt-trois personnes. Le plus souvent, il recommandait la pile à électrolyte avec la solution au chlorure d'or, ainsi que le rayon violet et l'appareil radioactif. À deux reprises, il mentionna les traitements de diathermie. Pour la pile à électrolyte et l'appareil radioactif, la durée des traitements devait varier de vingt à soixante minutes chaque jour; quant au rayon violet, on devait l'utiliser deux minutes par jour environ.

Dans quinze cas, Cayce conseilla les manipulations vertébrales, habituellement réparties en séries de deux à trois par semaine, sur une période de plusieurs semaines. Dans quelques cas, les ajustements devaient être effectués juste avant l'électrothérapie.

À douze reprises, il recommanda des massages de la colonne vertébrale ou du corps tout entier avec divers mélanges d'huiles. La plupart du temps, il était question d'un mélange d'huile d'arachide et d'huile d'olive, ou d'huile d'olive et de teinture de myrrhe. Les massages quotidiens devaient être administrés pendant au moins vingt minutes, à la suite de l'électrothérapie ou des manipulations.

Cayce suggéra quelquefois d'autres applications externes pour soulager les symptômes du stress physique occasionné par les désordres nerveux. Elles comprenaient des cataplasmes à l'huile de ricin ou à la Glyco-Thymoline et des frictions à l'aide d'un composé de suif de mouton, d'alcool camphré et d'essence de térébenthine; tous ces procédés étaient appliqués avec de la chaleur.

Finalement, dans sept cas, Cayce conseilla des changements dans le régime alimentaire, lequel devait comporter une plus grande quantité d'aliments alcalins, comme les fruits et tous les genres de légumes. Les seules viandes permises étaient les fruits de mer, la volaille et l'agneau, alors que les fritures, les boissons alcoolisées et les féculents étaient vivement déconseillés.

Histoire de cas

Le cas 1789 était celui d'une jeune artiste peintre réputée, âgée de trente-deux ans. On l'avait internée dans un hôpital psychiatrique lorsqu'elle avait commencé à avoir des accès soudains et non maîtrisables d'hystérie, et à souffrir de dépression nerveuse par périodes. Les origines de sa maladie étaient doubles: la jeune femme s'était fait sauvagement attaquer par un homme et, en tentant de s'échapper, elle s'était fracturé le coccyx; il en était résulté de graves perturbations nerveuses aussi bien qu'un traumatisme émotionnel très violent. Des symptômes de possession étaient apparus.

Cayce lui accorda neuf lectures, dont certaines à l'hôpital où elle était confinée. Au cours de ces dernières, il insista vivement pour qu'on la fasse sortir, étant convaincu que l'atmosphère de l'hôpital lui était extrêmement préjudiciable et ne pouvait qu'aggraver ses désordres émotionnels.

La jeune femme regagna donc son foyer où on la confia aux soins d'une infirmière. Les traitements visaient à créer autour d'elle une atmosphère d'amour, de prière et de camaraderie. Pour améliorer son état physique, on lui administra une série de corrections ostéopathiques du coccyx et des vertèbres sacrées. Après trois ou quatre de ces ajustements, Cayce recommanda des traitements quotidiens de trente minutes à la pile à électrolyte avec la solution au chlorure d'or; ces traitements devaient s'étendre sur une période de six semaines. La petite plaque de cuivre devait être attachée à la neuvième vertèbre dorsale et la grande plaque de nickel, à la zone ombilicale.

Après quelques semaines de traitement, les résultats commencèrent à se faire sentir. Le programme de la pile à électrolyte fut modifié de façon à ménager des périodes de repos et il devint plus compliqué. À la suite de ces traitements, la patiente devait se faire donner, trois fois par semaine, des massages à l'huile d'arachide et à l'huile d'olive.

Des rapports d'après-traitement indiquèrent que la malade ne connut aucune rechute; au cours des années qui suivirent les lectures, elle fut en mesure de reprendre avec succès sa carrière d'artiste.

Ce furent des expériences de sortie du corps qui poussèrent un jeune homme de vingt-cinq ans, le cas 436, à solliciter l'aide de Cayce. Celui-ci lui donna quatre lectures qui expliquèrent la nature du phénomène et la façon de le prévenir. Celui-ci avait été provoqué par un engagement exagéré du jeune homme dans certaines pratiques spirituelles. C'était le surmenage, sur les plans physique et mental, qui avait ouvert les centres glandulaires et avait ainsi mis le jeune homme à la merci d'entités désincarnées. De plus, Cayce découvrit qu'il existait une incoordination entre les centres nerveux, ce qui provoquait des effets de désorientation sensorielle.

Cayce expliqua que le jeune homme avait besoin de mieux comprendre la dynamique de la méditation, dont il avait abusé par ignorance. Il lui donna quelques affirmations positives qui pouvaient l'aider au cours de sa méditation.

Pour améliorer la coordination nerveuse, il conseilla les manipulations ostéopathiques et l'emploi quotidien de l'appareil radioactif avec le chlorure d'or. Il suggéra aussi de prendre à l'occasion de la tisane de passiflore, en plus de fortifiants comme le bœuf, le fer et les toniques au vin. Les massages des centres nerveux de la colonne vertébrale et de la tête devaient se faire avec un vibromasseur.

Les rapports d'après-traitement du cas 436 démontrèrent que les lectures l'avaient aidé; par la suite, il fut capable de reprendre ses pratiques spirituelles, sans risque de dérangements psychiques.

Plus du tiers de ceux qui suivirent les conseils de leurs lectures s'en trouvèrent bien et déclarèrent s'être finalement libérés des symptômes de la possession. Par contre, d'autres rapports firent savoir que les traitements n'avaient pas été bien compris et que, pour cette raison, ils avaient été abandonnés.

PROSTATITE

La prostatite est une infection de la prostate; c'est généralement le signal d'autres infections, comme l'urétrite ou une infection évolutive des voies urinaires inférieures. Les symptômes comprennent les douleurs périnéales, les mictions fréquentes, la fièvre et les écoulements de l'urètre.

Edgar Cayce donna un total de seize lectures pour douze hommes souffrant de prostatite et d'infections connexes; les âges variaient de vingt-huit à soixante-douze ans.

Dans tous les cas, la cause principale citée par Cayce était l'insuffisance de l'élimination, en particulier de la part des reins et de la vessie. La maladie commençait souvent par une cystite qui, en se propageant, entraînait des pressions sur la prostate. Parfois, c'était un déséquilibre de la circulation hépatique tout entière qui contribuait à l'infection.

Traitement

Les traitements de Cayce consistaient essentiellement à établir des drainages adéquats du système et à combattre l'inflammation. Pour huit cas, les lectures conseillèrent un régime alcalin et fortifiant. Les hommes devaient s'abstenir de manger du porc et des aliments susceptibles d'irriter les reins tels que l'alcool, les condiments et les boissons gazeuses.

L'hydrothérapie fut conseillée dans sept cas, et le traitement Elliott, dans quatre. Cayce recommanda aussi l'hydrothérapie dans d'autres cas, pour relaxer le corps et favoriser l'élimination des toxines par les pores de la peau. En règle générale, les traitements à l'hydrothérapie pour la prostatite mettaient l'accent sur la sudation, sauf dans le cas d'un patient qui devait prendre des bains aux sels d'Epsom.

Dans sept cas, Cayce recommanda les massages s'adressant soit à la circulation en général, soit à des zones particulières du corps. Il suggéra parfois, pour les massages, un mélange d'huile d'arachide et d'huile d'olive.

Il prescrivit des manipulations vertébrales ou des emplâtres à cinq personnes. Les ajustements devaient souvent se concentrer sur la partie inférieure de la colonne, là où se trouvaient la plupart des tensions; ils avaient pour but d'améliorer l'élimination et de soulager les pressions s'exerçant sur la prostate. Les emplâtres le plus fréquemment conseillés étaient ceux à la Glyco-Thymoline avec du sel ou ceux aux sels d'Epsom; on devait généralement les placer sur la zone du pubis ou à l'extrémité inférieure de la colonne vertébrale.

Cayce conseilla l'électrothérapie à quatre reprises, et l'appareil radioactif dans deux cas.

Histoire de cas

Parmi les personnes qui eurent une lecture pour la prostatite, seulement quatre suivirent les conseils donnés par Cayce et toutes firent savoir que leur état s'était amélioré. Toutefois, le sujet concerné par l'histoire de cas qui est relatée ci-dessous ne fut pas satisfait de sa lecture et décida de laisser tomber.

Le cas 5162 est celui d'un homme de quarante-cinq ans qui reçut une lecture sur la prostatite. Cayce trouva une pléthore dans le côlon transverse et le côlon descendant et mentionna un régime inadéquat et une insuffisance de l'élimination, tout cela contribuant, pensait-il, à l'infection du malade.

Pour éviter d'infliger à la prostate une surcharge additionnelle, Cayce conseilla au sujet de commencer par cesser tout rapport sexuel, au moins pour un temps. Pour améliorer son sommeil et pour se relaxer, il devait utiliser la machine Elliott. L'un des traitements devait être accompagné d'une irrigation du côlon pour désintoxiquer son organisme. Cayce recommanda également des traitements à l'hydrothérapie; ceux-ci comprenaient des bains de vapeur que l'on devait faire suivre de massages légers de la colonne vertébrale, en insistant sur certaines vertèbres particulières, ceci pour améliorer la coordination du système nerveux et l'élimination.

Les conseils diététiques mettaient l'accent sur les légumes verts et feuillus; ils demandaient par contre d'éviter les plats épicés, les boissons gazeuses et autres substances qui risquaient de surexciter les organes excréteurs.

PRURIT – DÉMANGEAISONS

Le prurit est une irritation de la peau qui se manifeste par des démangeaisons localisées ou par une sensation généralisée de picotement et de brûlure.

Edgar Cayce donna un total de trente-cinq lectures sur le prurit à vingt-six personnes. Dans la majorité des cas, il nota toute une variété de complications, concernant particulièrement les nerfs, la circulation et la digestion. Dans quatorze cas, il attribua la cause du prurit à une insuffisance de l'élimination.

Selon lui, les démangeaisons et les exanthèmes n'étaient pas autre chose qu'une tentative de l'organisme d'expulser ses déchets à travers la peau. Dans des conditions normales, disait-il, les déchets s'éliminent automatiquement, par l'intermédiaire des systèmes de l'excrétion, de la respiration et de la transpiration. Mais lorsque les canaux métaboliques d'élimination subissent un stress, les déchets s'accumulent, deviennent plus toxiques et provoquent des irritations de la peau.

Cayce signala ceci, dans la lecture 304-23: «Les poisons que le système tente d'éliminer créent une irritation sur l'épiderme même de la peau.»

Pour huit personnes, le prurit fut attribué à des subluxations spinales ou à des perturbations du système nerveux, lesquelles entraînaient des déflexions des influx nerveux aux systèmes circulatoire ou digestif. Il en résultait des problèmes entre la circulation hépatique ou profonde et la circulation superficielle sous la peau, ce qui provoquait les irritations et les démangeaisons.

Pour les quatre cas restants, les causes principales étaient des perturbations glandulaires qui affectaient surtout les ganglions lymphatiques.

Traitement

Cayce avait une approche holistique pour le traitement du prurit, l'objectif étant de guérir les causes profondes plutôt que les aspects superficiels et visibles. Ce qui était essentiel, c'était de créer et de maintenir l'équilibre et l'harmonie entre toutes les fonctions du corps.

Il prescrivit un ensemble de traitements pour chaque cas. Pour les deux tiers environ des patients, il recommanda des manipulations vertébrales pour assurer une élimination et des drainages suffisants, pour corriger les subluxations et diminuer les pressions. Ces manipulations devaient être administrées à peu près deux fois par semaine, ou selon les besoins, et coordonnées avec les autres parties du traitement.

Il conseilla un régime alimentaire équilibré dans la moitié des cas, en insistant sur les aliments fortement alcalins tels que les légumes verts crus, surtout en feuilles, les agrumes et leur jus, les noix, les jaunes d'œufs, et toutes les variétés de grains entiers. On devait inclure dans le régime du poisson, de la volaille, de l'agneau et, à l'occasion, du foie ou des tripes. Les aliments à éviter étaient ceux à forte teneur en amidon ou en hydrates de carbone, comme le pain blanc ou les pommes de terre. Le porc ainsi que tous les aliments gras et les fritures étaient proscrits.

Dans treize cas, Cayce suggéra de prendre occasionnellement des laxatifs ou de subir des irrigations du côlon; l'accent était mis sur les laxatifs naturels comme l'huile d'olive, ou encore un mélange de soufre, de crème de tartre et de sels de Rochelle.

Dans onze cas, Cayce recommanda les massages, qui devaient habituellement être faits après les manipulations vertébrales ou les traitements d'hydrothérapie. Pour onze cas également, il suggéra l'électrothérapie. Par ordre de fréquence, il y avait l'appareil radioactif, la diathermie et le rayon violet. Il recommanda aussi, à l'occasion, des tisanes et des suppléments reconstituants.

Dans un tiers environ des lectures, Cayce prescrivit des préparations pour application locale. Parmi les solutions utilisées, on trouvait le D.D.D., en crème ou en poudre, et une poudre corporelle contenant du stéarate de zinc avec un baume. De temps à autre, Cayce suggéra aussi l'hydrothérapie, qui comprenait les bains de siège, les séances de sauna et les bains de vapeur, ceci pour stimuler et régulariser le système circulatoire.

Histoire de cas

Pour la plupart des cas concernant le prurit, on ne possède aucun rapport d'après-traitement. Toutefois, il y eut huit personnes qui exprimèrent de la reconnaissance à Cayce pour ses conseils et son aide ultérieure.

Un cas typique concernait un homme de quarante-cinq ans qui se plaignait de démangeaisons continuelles, comme si quelque chose rampait sous sa peau. Au cours des deux lectures qu'il lui donna, Cayce attribua son état à une circulation mal équilibrée à cause d'une incoordination nerveuse.

À la première lecture, il prescrivit des traitements généraux d'ostéopathie, avec des frictions au besoin, et un régime strictement alcalinisant composé essentiellement de fruits, de légumes, de jaunes d'œufs ainsi que de poisson, de volaille et d'agneau.

Le sujet, le cas 436, suivit les conseils de Cayce et rapporta une amélioration. Malheureusement, il fit des écarts à son régime, et les symptômes du prurit réapparurent. À la seconde lecture, Cayce insista de nouveau sur la nécessité de suivre un régime alcalinisant; il prescrivit de petites quantités d'huile d'olive à prendre chaque jour, pour stimuler l'élimination, et un peu de tisane de carthame, de trois à quatre fois par jour. Le patient devait poursuivre ses manipulations ostéopathiques et utiliser, en applications locales, du stéarate de zinc avec de la poudre de baume. Cette fois, le sujet suivit les conseils de la lecture et rapporta ensuite que ses démangeaisons avaient entièrement disparu.

PSORIASIS

Le psoriasis est une maladie commune de la peau caractérisée par des lésions d'un rouge brillant, recouvertes de squames épaisses, sèches et blanches. Il s'agit d'un état chronique et inflammatoire qui empire ou s'améliore par intermittence. Il affecte souvent le cuir chevelu et les extrémités, régions où la peau est constamment en extension.

Edgar Cayce donna un total de cinquante-quatre lectures au sujet du psoriasis. La recherche dont il est fait état ci-dessous concerne dix-neuf personnes, âgées de seize à soixante-quatorze ans, qui reçurent un total de vingt-neuf lectures pour cette maladie.

Dans tous les cas, la cause première était l'insuffisance de l'élimination, laquelle était associée à un affaiblissement et à un amincissement des parois intestinales. Comme conséquence, ces parois anormalement fines laissaient filtrer les toxines dans le courant sanguin, ce qui provoquait par la suite des perturbations à la surface de la peau. Dans huit cas, Cayce nota, comme facteur secondaire, une incoordination du système circulatoire. Dans cinq cas, c'étaient des défauts d'alignements spinaux, surtout dans la zone dorsale, qui favorisaient la maladie en affectant les systèmes circulatoire et excréteur.

Traitement

Les traitements de Cayce pour le psoriasis avaient comme premier objectif l'élimination de l'excédent de toxines et la normalisation des parois de l'intestin. Dans seize cas, il donna des conseils diététiques qui mettaient l'accent sur des aliments alcalinisants et digestes qui ne risquaient pas d'irriter le côlon. Le régime devait essentiellement comporter des fruits et des légumes ainsi que leur jus; les sucreries, le pain blanc, les matières grasses, les fritures et l'alcool étaient à éviter.

Cayce prescrivit à quinze personnes diverses tisanes à base de plantes, dans le but de faciliter le processus digestif et de redonner de la force aux intestins. Il conseillait le plus souvent la tisane de carthame (une pincée de cette herbe par tasse d'eau bouillante) et la tisane d'orme (une pincée de poudre d'écorce d'orme rouge dans un verre d'eau froide). De temps en temps, il suggérait aussi la tisane de molène et l'eau de clarie.

Dans dix cas, Cayce recommanda des manipulations vertébrales pour aider à harmoniser la circulation et les influx nerveux. Celles-ci devaient être soit générales, soit concentrées sur certains points particuliers, comme le bas de la colonne. Avec le même objectif, il conseilla à trois reprises des massages du corps entier.

Dans huit cas, chacune des lectures données recommanda des laxatifs, de l'électrothérapie et des applications locales pour les lésions cutanées. Le traitement laxatif le plus fréquemment suggéré était l'irrigation du côlon, mais Cayce mentionna parfois aussi une préparation composée de soufre, de crème tartrique et de sels de Rochelle. Les traitements d'électrothérapie avaient comme objectif principal de stimuler la circulation; ils comprenaient le rayon violet, la lumière ultraviolette et l'appareil radioactif. Les applications locales étaient très variées, et aucune ne fut mentionnée plus d'une fois. Elles comprenaient la pommade au Cuticura, le Résinol (une solution à deux pour cent de tétrachlorure de carbone dans de l'alcool), l'huile de ricin, le remède de Lenoir pour l'eczéma, la vaseline carbolique, la pommade de Ray et la solution de Ray.

À quatre reprises, Cayce mentionna l'hydrothérapie pour stimuler la circulation et désintoxiquer l'organisme. Pour améliorer l'état de leur intestin, il recommanda l'huile d'olive à trois personnes.

Histoire de cas

Sur les dix-neuf cas étudiés par Cayce, huit suivirent fidèlement les conseils donnés dans leur lecture. Six rapportèrent au moins un soulagement de leur état, alors que deux autres ne signalaient aucune amélioration.

Parmi ceux qui se sentirent mieux, on peut citer le cas 2455, celui d'une femme de vingt-huit ans qui avait reçu quatre lectures sur le psoriasis. Cayce attribua sa maladie à une mauvaise circulation dans l'ensemble du système excréteur, laquelle était causée par une forme de streptocoque se trouvant dans le courant sanguin. Cette situation avait amené les toxines jusqu'à la surface de la peau et entraîné la formation de lésions. L'incoordination glandulaire était un facteur connexe.

La patiente demanda à Cayce s'il existait une méthode infaillible pour guérir le psoriasis, ce à quoi il répondit: «Le principal se trouve dans le régime alimentaire. La guérison est possible, mais elle exige de la patience, de la persévérance, et de bonnes attitudes mentales.» (2455-2)

Cayce lui conseilla de prendre 60 ml de jus de raisin dans 30 ml d'eau pure juste avant les repas. Elle devait s'abstenir de boissons gazeuses, de pain blanc et de fritures.

Il lui recommanda également une série de trois ou quatre traitements ostéopathiques pour se relaxer; ceux-ci devaient être concentrés sur les zones cervicale et dorsale supérieure, et être accompagnés de corrections pour soulager les pressions exercées sur les vertèbres lombaires et l'axe sacré.

En même temps que le premier ajustement, la personne devait commencer à prendre un mélange de soufre, de crème tartrique et de sels de Rochelle. Ce mélange, qui avait pour but de purifier son système, devait être pris chaque jour, pendant une période non précisée.

À la fin des traitements ostéopathiques, Cayce suggéra une série de traitements d'hydrothérapie qui devaient inclure des séances de bains de vapeur à l'hamamélis. Ensuite, on devait lui faire un massage complet avec frictions, à l'aide d'un mélange d'huiles d'olive et d'arachide. Les séances de sudation, de même que les massages, devaient avoir lieu une fois par semaine pendant une période de cinq semaines.

La deuxième lecture de la patiente recommanda de continuer les traitements indiqués dans la première lecture. Pour son régime, Cayce conseilla vivement des aliments riches en vitamines B_1 et B_4, c'est-à-dire tous les légumes de couleur jaune, comme les carottes, et la farine de maïs. Il lui prescrivit aussi de la tisane de carthame et de la tisane de molène, à prendre deux ou trois fois par semaine.

Pour calmer les douleurs de peau, la personne pouvait utiliser la pommade de Cuticura suivie de Résinol, le soir après son bain. Cayce recommanda aussi des applications de rayon violet pour hâter la guérison des plaies cutanées, et pour aider à désintoxiquer l'organisme, la patiente devait subir un ou deux lavements par semaine.

Le principal conseil donné au cours de la troisième lecture fut d'appliquer de la vaseline carbolique sur le psoriasis qui était apparu sur la tête, et de l'huile de ricin avec du bicarbonate de soude aux autres endroits affectés. Cayce recommanda également des irrigations du côlon, des massages à l'huile d'arachide et l'ingestion de jus de fruits et de jus de légumes. La quatrième lecture n'offrit pas d'autres suggestions.

La patiente suivit les conseils donnés dans les lectures et nota une amélioration constante de l'état de sa peau. Le psoriasis finit par disparaître, et la situation demeura stationnaire tout le temps qu'elle fut fidèle à son régime. Mais les excès de table, la nervosité et les bouleversements émotionnels risquaient de provoquer des rechutes.

Note de l'auteur

Le Dr John O.A. Pagano, C.D., est un médecin chiropraticien qui a obtenu d'excellents résultats en mettant en pratique les suggestions de Cayce à l'endroit des malades atteints de psoriasis. Ses traitements mettent l'accent sur les manipulations vertébrales, les tisanes de plantes, les modifications au régime alimentaire, les applications locales d'huiles et les irrigations du côlon.

Un grand nombre de ses patients ont vu leur peau guérir en trois ou quatre mois. La plupart se sont rendu compte qu'ils devaient être fidèles à leur régime et appliquer périodiquement, pendant une période de six à douze mois, quelques-unes des autres mesures prescrites pour maintenir les résultats après la guérison de leurs lésions.

PURPURA

Le purpura est une maladie qui peut mettre en cause les plaquettes sanguines, les facteurs de coagulation et les vaisseaux sanguins. Il peut aussi être plus ou moins associé à d'autres affections, ou encore être d'origine inconnue.

Edgar Cayce donna douze lectures à onze adultes souffrant de cette pathologie.

Dans chacune des lectures, il fit état d'une faiblesse dans les parois des artères et des veines. Dans neuf de ses diagnostics, il découvrit qu'une réaction chimique du sang était déséquilibrée et constituait un facteur entraînant la maladie. Dans la majorité des cas, les autres facteurs étaient l'insuffisance de l'élimination, une mauvaise circulation et l'hyperacidité du système. Dans deux cas, les sujets étaient obèses; les autres cas présentaient de l'hyperuricémie ou la goutte.

Traitement

Pour soigner le purpura, le facteur le plus important était de suivre une diète appropriée, et Cayce établit des règles très strictes à ce sujet pour sept personnes. À l'exception du poisson, de l'agneau, de la volaille et du foie, toutes les viandes étaient interdites, de même que les amidons lourds à digérer, les hydrates de carbone, les fritures et les boissons alcoolisées, sauf le vin rouge.

Il recommandait par contre les légumes, en particulier les carottes, navets, rutabagas et cresson. Il conseillait aussi, à cause de leur valeur nutritive, les céréales à grains entiers, les jaunes d'œufs, les agrumes et leur jus et le pain complet. De temps à autre, il recommandait du jus ou de l'extrait de foie, de même que des topinambours, à consommer de une à deux fois par semaine.

Dans six cas, il suggéra la lumière infrarouge, la lumière ultraviolette, la diathermie et la pile à électrolyte pour tenter de stimuler le système.

Dans cinq cas, il prescrivit des massages complets à l'aide d'huile d'olive et d'huile d'arachide, en proportions égales. On devait accorder une attention spéciale à la colonne vertébrale pour stimuler les nerfs et la circulation.

Afin de supprimer les tensions dans le bas du gros intestin, Cayce conseilla une série d'irrigations du côlon. Administrées à un intervalle d'une semaine ou de dix jours, elles avaient pour but de dégager le tube digestif des accumulations de déchets.

Histoire de cas

Le cas 2623 concernait un homme de quarante-six ans qui présentait de graves complications liées à de l'hyperuricémie. Son état était aggravé par une mauvaise circulation, laquelle avait provoqué l'amincissement des parois des veines et des artères à l'extrémité inférieure des membres, et l'apparition de taches rouge foncé sur la peau. La situation avait empiré à cause d'un manque de coordination nerveuse provenant d'une ancienne blessure à la colonne vertébrale.

Comme traitement, Cayce conseilla une série d'environ vingt à trente corrections ostéopathiques de la colonne, à effectuer deux fois par semaine, pendant une période de dix à quinze semaines.

En même temps, le patient devait avoir recours à la pile à électrolyte pendant une demi-heure chaque jour, en alternant les solutions d'Atomidine avec celles d'alcool camphré. Les jours où l'on utilisait l'Atomidine, la petite plaque de cuivre devait être fixée à l'axe lombaire; lorsque c'était le camphre qui était employé, on fixait la plaque au plexus de la neuvième dorsale; la plaque de nickel devait toujours rester attachée à la zone ombilicale.

Cayce recommanda aussi un régime riche en légumes verts et en feuilles; celui-ci comprenait du céleri, du cresson, des feuilles de carottes et des rutabagas. Au début des traitements, il conseilla au cas 2623 de se faire donner deux irrigations du côlon, à une semaine d'intervalle à peu près.

On ne reçut aucun rapport d'après-traitement.

PYORRHÉE

La pyorrhée est l'inflammation des alvéoles dentaires; elle se caractérise par une rétraction et un saignement des gencives. Si la condition persiste, elle peut entraîner le déchaussement des dents.

Edgar Cayce accorda un total de quarante-deux lectures se rapportant à la pyorrhée à trente personnes âgées de vingt et un à soixante-cinq ans. Dans un certain nombre de cas, il énuméra les problèmes qui prédisposaient à l'infection des gencives. Selon lui, il s'agissait d'une certaine affection de la bouche favorisant la croissance d'un bacille qui s'attaquait aux gencives et aux dents. Ce microbe se trouvait d'abord un endroit pour se développer et se multiplier en se fixant sur la pellicule qui s'était déposée sur les dents. Les lectures rappelèrent que la pellicule était constituée de dépôts d'aliments mous et trop cuits laissés sur les dents. La décomposition de ces parcelles de nourriture sur les dents produisait dans la bouche un état acide, à l'opposé de la condition alcaline normale. L'acidité affaiblissait la résistance des gencives face aux attaques des bacilles qui avaient déjà trouvé refuge dans la pellicule recouvrant les dents. Et le fait de consommer de la nourriture ou des boissons extrêmement chaudes ou froides diminuait encore la résistance des gencives et des dents aux attaques. Cayce compara cet organisme à une punaise de lit, mais avec des pattes plus longues.

Les lectures signalèrent également que lorsqu'il existait dans l'organisme une accumulation de toxines causée par une mauvaise circulation, une insuffisance de l'élimination et une assimilation déficiente, la bouche avait tout autant de chances de se faire attaquer que les autres parties, organes ou articulations du corps. En bref, la résistance de l'organisme était affaiblie à cause de l'acidité.

Traitement

Les suggestions de Cayce pour la prévention et le traitement de la pyorrhée furent très semblables. Dans tous les cas, sauf deux, on devait masser les gencives avec une composition nommée Ipsab. Le nom de ce produit (en anglais) est constitué de la première lettre de chacun des ingrédients qui entrent dans sa composition: iode, huile de menthe poivrée, sel, écorce de frêne épineux. (Les Amérindiens appelaient l'écorce de frêne épineux «l'écorce des maux de dents».) Cayce était convaincu que les ingrédients de l'Ipsab détruisaient les bacilles et que l'application de ce produit par friction aidait à reconstruire et à renforcer les gencives ainsi qu'à accélérer la circulation sanguine.

D'autres traitements recommandèrent de brosser et de masser les dents et les gencives avec du sel et du bicarbonate de soude (qui fait disparaître la pellicule s'étant déposée sur les dents), puis de rincer la bouche avec de la Glyco-Thymoline (après les frictions à l'Ipsab et un rinçage à l'eau) et d'effectuer une réparation des dents non précisée.

Cayce donna des conseils diététiques à treize personnes, l'un de ces conseils étant de consommer beaucoup de légumes crus. Il mentionna aussi d'autres aliments à réaction alcaline; les viandes rouges, les fritures, les sucres et les graisses étaient parfois interdits.

Pour sept personnes, les lectures recommandèrent les manipulations vertébrales, qui devaient souvent se concentrer sur les vertèbres dorsales. Cayce conseilla à six reprises des traitements à l'hydrothérapie, la plupart du temps sous la forme de séances de sauna à l'hamamélis. Six fois aussi, il prescrivit des méthodes pour nettoyer l'intérieur du corps, telles les irrigations du côlon.

Dans quatre cas, Cayce recommanda des alcalinisants et des antiseptiques comme la Glyco-Thymoline, à prendre par voie orale (de trois à cinq gouttes dans un demi-verre d'eau chaque matin).

Il va de soi que les lectures conseillèrent à nombre de personnes de rendre visite à leur dentiste.

R

REINS (Généralités)

Les reins sont une paire d'organes en forme de haricot ayant à peu près la grosseur d'un poing; ils servent à maintenir normale la concentration du sang en le débarrassant de l'eau et des déchets. Ils renferment environ un million de néphrons, qui contrôlent continuellement le niveau des différents sels minéraux présents. C'est à l'intérieur des néphrons que se déroulent les fonctions de filtrage, d'excrétion et de réabsorption. Les excédents de sucre, d'acides aminés et d'urée, qui représentent le terme ultime de la production des protéines, font partie des substances filtrées par les reins.

Les lectures d'Edgar Cayce contiennent des centaines de références aux affections rénales. La recherche de Cayce sur les troubles généraux des reins est concentrée dans quarante-neuf lectures accordées à trente-sept personnes âgées de quatre à soixante-douze ans.

La cause principale des maladies de reins (et bien souvent aussi celles du foie) était l'insuffisance de l'élimination, qui fut mentionnée dans vingt-sept cas. Un autre facteur, que l'on retrouva dans dix-sept cas, fut les subluxations spinales, la plupart étant situées dans les segments lombaire, dorsal ou cervical. Ces subluxations interféraient avec les influx nerveux et sanguins se rendant aux reins.

Un autre facteur, cité dans onze cas, fut la circulation paresseuse; à neuf reprises, Cayce tint responsable la mauvaise assimilation, laquelle entraînait une déficience de nutriments pour les reins et contribuait ensuite au blocage des fonctions rénales. Les déséquilibres glandulaires furent cités sept fois, avec des mentions spéciales aux glandes thyroïdes, pinéale et à celle de la prostate.

Une autre cause, citée dans quatre cas, était l'affaiblissement généralisé qui mettait les reins hors d'état de fonctionner normalement. Trois cas mentionnèrent successivement, comme causes, la neurasthénie, ou épuisement nerveux, les infections internes et les blessures dues à des causes extérieures. On trouva occasionnellement, comme facteurs connexes, des affections diverses telles que la tuberculose, la bronchite ou les troubles pelviens.

Traitement

Les traitements recommandés furent assez uniformes. Dans trente-six cas, Cayce suggéra des manipulations vertébrales, avec des ajustements qui concernaient souvent l'ensemble de la colonne, bien que l'attention dût généralement se concentrer sur les vertèbres dorsales, lombaires et sacrées.

Il fit des suggestions diététiques à vingt-deux reprises, dans le but de fournir les nutriments indispensables à l'organisme tout en évitant de surcharger les organes excréteurs. Les fruits et les légumes frais étaient ses aliments favoris; ils pouvaient être accompagnés de céréales à grains entiers, de jus de bœuf, de vin et de pain brun, avec de l'eau en quantité. Dans cinq cas, Cayce recommanda les topinambours, source naturelle d'insuline.

Il suggéra des cataplasmes chauds à quatorze personnes, pour stimuler la circulation, soulager la douleur et éliminer l'excès de toxines. La plupart du temps, ceux-ci devaient être installés sur le bas du dos ou sur le ventre. Les plus souvent mentionnés étaient ceux au sel chaud, souvent combinés à de la Glyco-Thymoline, du bicarbonate de soude ou un mélange de graisse de rognon de mouton, d'essence de térébenthine et d'alcool camphré. La durée et la fréquence de ces traitements variaient selon les cas concernés.

Douze personnes se virent conseiller des massages pour stimuler la circulation et l'élimination; ils devaient être faits avec des substances diverses qu'il fallait faire pénétrer dans la peau; parfois, on devait les faire suivre de cataplasmes chauds. Dans quatre cas, pour soulager les reins, il recommanda de masser la base de la colonne ou la région des reins avec un mélange de suif de mouton, d'alcool camphré et d'essence de térébenthine.

Pour aider davantage la circulation, l'électrothérapie fut suggérée onze fois, la plupart du temps en utilisant le rayon violet ou l'appareil radioactif.

Cayce recommanda à cinq personnes des irrigations du côlon ainsi que des lavements et des laxatifs, pour accélérer l'expulsion des toxines accumulées. Dans huit cas, il conseilla des tisanes toniques et d'autres aux graines de pastèque. Cette dernière tisane, aux graines de pastèque, était considérée comme un diurétique naturel et un stimulant spécial pour les problèmes rénaux. Les ingrédients de la tisane tonique incluaient le sassafras, les baies de genévrier et la salsepareille.

Dans quatre cas, Cayce conseilla l'exercice, et dans trois, l'Atomidine. L'aspirine, la Glyco-Thymoline et l'eau de lithia furent mentionnées deux fois chacune.

Histoire de cas

Sur les quatorze personnes qui envoyèrent des rapports d'après-traitement, dix déclarèrent avoir obtenu des résultats positifs. Le cas 916, celui d'un homme de cinquante ans, rapporta une amélioration à la suite de la première des deux lectures qu'il avait eues pour une maladie de reins connue sous le nom de néphrite.

Cette première lecture avait suggéré de masser le bas de la colonne vertébrale avec un mélange de suif de mouton, de térébenthine et d'alcool camphré. On devait faire suivre cette séance d'un cataplasme chaud posé sur la région massée. Les matériaux du cataplasme devaient être recouverts d'un coussin chauffant pour en augmenter l'efficacité au maximum. Ce traitement avait comme objectif d'accélérer l'élimination des déchets métaboliques accumulés dans les reins. Cayce suggéra aussi des irrigations du côlon, à recevoir «une, deux ou trois fois», pour accroître le volume des évacuations.

La diète devait se composer d'aliments légers et en même temps riches en valeur nutritive, sans oublier les fortifiants comme le jus de bœuf et le lait de poule.

Le patient suivit les conseils que donnait sa première lecture et obtint de très bons résultats. Il demanda néanmoins une seconde lecture trois ans et demi plus tard lorsque son problème réapparut. Cayce suggéra alors la tisane aux graines de pastèque pour purifier les reins. Pour la préparer, on devait plonger une cuillerée à café de graines réduites en poudre dans 60 ml d'eau bouillante. Cayce recommanda en outre des manipulations ostéopathiques générales.

On ne reçut aucun rapport à la suite de la seconde lecture, mais on apprit que le sujet était mort trois mois plus tard.

REINS (Calculs)

Edgar Cayce donna des lectures à huit personnes souffrant de calculs rénaux; ces calculs se forment dans les reins à partir de dépôts accumulés. Lorsqu'ils deviennent trop gros pour pouvoir passer par l'uretère (passage du rein vers la vessie), et par l'urètre (passage de la vessie vers l'extérieur), ils déclenchent des douleurs et des irritations extrêmement vives. Le traitement médical habituel est alors l'opération pour extraire le calcul.

Cayce était d'avis que la cause des calculs rénaux se trouvait dans une incoordination entre le foie, les reins et d'autres organes connexes. Dans la moitié des cas, l'origine incombait à des subluxations, essentiellement localisées entre la septième et la dixième vertèbres dorsales. Dans un cas, une lésion dans cette région avait été provoquée par une blessure; dans deux autres cas, une réaction acide du sang à certains aliments avait déclenché la formation des calculs. Dans une autre lecture, la faute en revenait à la cuisson des aliments dans des casseroles en aluminium.

Traitement

Les méthodes de Cayce pour éliminer les calculs rénaux comprenaient des moyens de soulager l'inflammation autour des reins et de désintégrer suffisamment les calculs pour qu'ils puissent passer dans les conduits. Parmi les huit personnes à qui il avait accordé des lectures, Cayce recommanda l'opération dans un seul cas; il ne jugeait la chirurgie indispensable que lorsqu'il était en présence de fièvre, preuve d'infection.

Les suggestions variaient, bien entendu, selon les cas, mais elles étaient malgré tout assez uniformes. La plus fréquente était le repos et le calme complets jusqu'à l'élimination des calculs et jusqu'au retour du fonctionnement normal de l'organisme. Il conseillait une diète légère composée d'aliments semi-liquides, fortifiants et faciles à digérer; ceux-ci comprenaient des jus de fruits, des bouillons de légumes et du jus de bœuf. Une fois les calculs éliminés, les conseils diététiques étaient en accord avec ses recommandations générales en matière d'alimentation.

Un autre traitement souvent prescrit consistait à appliquer des calmants à la térébenthine sur les reins ou la région abdominale, afin de soulager la douleur et d'aider à dissoudre les calculs. Dans trois cas, les calmants devaient être placés sur les reins et, dans un autre, sur la partie inférieure de l'abdomen. Dans deux cas, on devait avoir recours aux calmants deux fois par semaine pendant une heure au minimum. Dans un autre cas, on devait les garder continuellement sur soi, et changer de linge au besoin.

Pour préparer ces calmants, on faisait tremper de nombreuses épaisseurs de flanelle dans de l'eau chaude à laquelle on avait ajouté de l'essence de térébenthine. Les proportions variaient de 250 ml de térébenthine par litre et demi d'eau à cinq gouttes par litre d'eau.

Dans deux cas, Cayce prescrivit deux calmants, l'un à la molène et l'autre à la térébenthine. Pour un cas, on devait les faire alterner, alors que l'autre lecture, qui recommandait le calmant à la molène, demandait de le placer sur la région du pubis pendant douze heures consécutives, en renouvelant le calmant toutes les heures.

On préparait les calmants à la molène en écrasant les feuilles et en les plaçant ensuite tout humides entre des épaisseurs de gaze. L'un des patients devait prendre deux fois par jour 30 ml de tisane de molène, préparée en faisant infuser une cuillerée à café de fleurs dans un demi-litre d'eau.

D'autres traitements importants dans quelques cas étaient l'ostéopathie et les massages. Les ajustements vertébraux étaient de type général, avec une attention spéciale portée sur les segments dorsal, sacré et lombaire. On devait les administrer une fois ou plus quotidiennement, et diminuer la fréquence au fur et à mesure que l'état s'améliorait, pour en arriver jusqu'à environ une fois par semaine.

Les massages devaient se faire sur la colonne vertébrale, dans la région des reins, de la huitième à la douzième vertèbres dorsales. À deux reprises, Cayce suggéra des massages à faire au lit, aux mêmes endroits, en utilisant un mélange constitué à parts égales de suif de mouton, d'essence de térébenthine, d'alcool camphré et de teinture composée de benjoin. On devait placer un linge sur la zone massée, pour absorber ces substances, et recouvrir ce linge d'un coussin chauffant pendant une heure.

Il y eut aussi un certain nombre de traitements plus rarement recommandés. Les cataplasmes à l'huile de ricin et la tisane aux graines de pastèque (remède spécifique pour les reins) furent suggérés deux fois. D'autres traitements comprenaient l'appareil radioactif, la diathermie, les bains de vapeur, le sirop de Coca-Cola, la tisane de séné et des tisanes toniques.

Histoire de cas

Cayce donna deux lectures concernant la condition d'une femme de trente-sept ans, le cas 1054. Dans la première, il nota qu'une blessure subie dans le passé avait causé des lésions dans le segment des huitième, neuvième et dixième vertèbres. Cette lésion avait affecté les reins, et, la circulation s'étant ralentie dans ce secteur, des sédiments s'étaient formés.

Les symptômes consistaient en douleurs de la vessie, lesquelles s'étendaient parfois jusque dans la zone des reins, avec des malaises dans tout l'abdomen. Les problèmes rénaux avaient aussi entraîné de la toxémie qui perturbait parfois les battements de cœur et provoquait d'autres malaises.

Pour commencer, Cayce prescrivit des ajustements vertébraux, avec une première série hebdomadaire se poursuivant pendant un mois. Pendant cette période, la patiente devait prendre 30 ml de tisane aux graines de pastèque tous les jours. Au moment du coucher, et toujours pendant cette période d'un mois, elle devait se faire donner un massage sur une zone s'étendant de la huitième à la douzième vertèbres dorsales, en utilisant un mélange à parts égales de suif de mouton, de térébenthine, d'alcool camphré et de teinture composée de benjoin. Elle devait limiter la quantité à ce que le corps pouvait absorber, puis recouvrir la zone d'une flanelle et d'un coussin chauffant, et les y laisser pendant une heure.

Une fois le mois passé, elle devait arrêter les traitements pendant trois ou quatre jours, puis les reprendre en portant la routine des manipulations vertébrales à deux ou trois fois par semaine.

Cayce suggéra aussi, pendant ce second mois, d'effectuer des traitements légers de diathermie une fois par semaine, en attachant les plaques de diathermie à la quatrième dorsale et à la zone des canaux chylifères. La patiente devait également boire un minimum de six verres d'eau par jour et suivre rigoureusement son régime alimentaire. Les poires et les raisins étaient des fruits excellents pour elle.

Entre la première et la deuxième lectures, la patiente déclara à la famille de Cayce que son état ne paraissait pas s'être amélioré. Elle admit néanmoins qu'elle n'avait pas suivi les traitements avec autant d'application que la lecture le lui avait demandé.

Conséquemment, pour la deuxième lecture du cas 1054, Cayce se rendit compte qu'elle avait des problèmes d'assimilation ayant entraîné des blocages du côlon. C'est ce qui expliquait, selon lui, l'absence de progrès apparent.

Cette lecture recommanda une nouvelle série de manipulations vertébrales à effectuer deux fois par semaine, en portant une attention particulière à toute la longueur des centres sciatiques ou centres nerveux de la colonne vertébrale. Il lui conseilla également de continuer les mêmes frictions, avec la formule qu'il avait indiquée précédemment. Il prescrivit en outre une série de cataplasmes à l'huile de ricin qui devaient être placés au-dessus du foie et du côlon une fois par semaine, et pendant quarante minutes.

RÉTINE (Décollement)

Le décollement de la rétine est la séparation de la rétine d'avec la choroïde; le traitement de cette affection devrait être immédiatement confié à un ophtalmologiste. Pendant le transport, on devrait maintenir la tête du patient dans une position telle que la rétine retombe en place sous l'effet de la gravité. Le symptôme principal est une vision brouillée dans l'un des deux yeux, laquelle empire peu à peu. Quatre-vingts pour cent des cas environ se rétablissent à la première opération; dix pour cent nécessitent une deuxième opération.

Cayce donna quatre lectures pour trois personnes souffrant d'une rétine décollée. Cependant, les causes de l'affection ne furent décrites qu'à deux reprises.

Dans une lecture (679-1), Cayce découvrit, dans le système céphalo-rachidien, des empiétements qui empêchaient les bourses et les ganglions situés le long de la colonne vertébrale de fonctionner correctement. Les influx nerveux ne passaient plus vers les organes excréteurs, ce qui résultait en une accumulation de toxines dans le sang. Des empiétements dans les centres gouvernant la circulation lymphatique, le courant sanguin et les influx nerveux se dirigeant vers les organes sensoriels entraînaient une détérioration de la vision. Dans ce cas particulier, Cayce vit que la rétine n'était pas vraiment déchirée, mais que les déchets accumulés dans l'organisme avaient causé la formation d'un bourrelet au-dessus de l'œil.

Dans une autre lecture (1132-1), il décrivit une raideur de certains segments vertébraux de la zone cervicale, ce qui avait provoqué des subluxations et des lésions aux yeux, et avait fait dévier les stimulations nerveuses adéquates. Cet élément, ajouté à des pressions dans la circulation superficielle, à un appauvrissement du sang et à de mauvais aspects astrologiques pendant la période de gestation, avait entraîné la maladie de l'œil.

Traitement

À ceux qui demandaient de l'aide, Cayce offrit des traitements variés lorsqu'il pensait avoir affaire à un décollement de rétine. Dans un cas, le 679, la colonne vertébrale devait être massée chaque jour avec un mélange d'huile blanche de Russie, d'huile de bois de cèdre, d'huile de Carron, d'hamamélis, d'huile de sassafras, d'huile de kérosène ou de charbon, et de teinture de benjoin. Le troisième jour, des manipulations ostéopathiques devaient suivre chaque massage et apporter progressivement des corrections dans les zones cervicale, dorsale et coccygienne.

Cayce recommanda un régime fortement alcalin. Le petit déjeuner devait se composer de jus d'agrumes, d'une tranche de pain de blé entier et de café (sans tanin) ou d'une boisson de céréales. Le repas de midi, ou du soir, devait être composé uniquement de légumes crus, tels que laitue, céleri, tomates, carottes, épinards, oignons et poivrons, assaisonnés d'huile ou de mayonnaise. L'autre repas devait comporter des légumes bien cuits (dans la proportion de trois récoltés au-dessus du sol pour un légume extrait du sol), accompagnés de pain de blé ou de seigle entiers, ou encore de pain aigre.

Pendant toute cette période, le tube digestif devait être maintenu propre grâce à une bonne élimination. Au bout de quelques mois, les massages devaient se limiter à deux ou trois par semaine.

Pour un autre cas, le 1132-1, Cayce conseilla des rectifications ostéopathiques, surtout dans la zone cervicale. Il lui conseilla également de consulter un spécialiste des yeux, pour désagréger les lésions oculaires, et de porter des verres teintés de couleur rose ou ambre.

RHUMATISME ARTICULAIRE AIGU

Le rhumatisme articulaire aigu est une maladie grave qui atteint surtout les enfants et les adultes de moins de cinquante ans. Les symptômes en sont l'inflammation douloureuse des articulations, la fièvre élevée et l'inflammation des muscles ou des valvules du cœur.

Edgar Cayce donna onze lectures sur cette pathologie à six personnes, âgées de sept à quarante ans. Un fait à noter: dans tous les cas, on était en présence de bactéries streptocoques dans les circulations sanguine et lymphatique, ce qui produisait infection et stress dans les muscles et les nerfs. Dans pratiquement tous les cas, c'était l'insuffisance de l'élimination qui favorisait la multiplication des bactéries dans l'organisme.

Traitement

Bien que les traitements fussent assez dissemblables, dans quatre cas, Cayce insista tout particulièrement sur l'importance d'une diète laxative. Les irrigations du côlon et les laxatifs comme le Castoria ou le lait de bismuth étaient considérés comme des moyens importants d'aider le corps à se débarrasser des déchets et des toxines. Le régime de ces malades devait se composer d'aliments faciles à assimiler, comme les soupes, les légumes crus et cuits, les céréales à grains entiers et les agrumes.

Cayce recommanda aussi, dans trois cas, des massages en profondeur de la colonne vertébrale et du dos à l'aide d'une préparation comme le mélange de beurre de cacao et d'alcool éthylique. D'autres recommandations concernaient occasionnellement l'Atomidine et la Glyco-Thymoline, les emplâtres à l'Atomidine ou aux sels d'Epsom et les traitements à la diathermie ou à la lampe ultraviolette.

Histoire de cas

Dans le cas 2810, celui d'une fillette de sept ans, la fièvre rhumatismale fut attribuée à une élimination déficiente qui avait entraîné une infection aux streptocoques et des pressions dans la colonne vertébrale. Comme traitement, Cayce prescrivit de la podophylline, de la leptandrine et de la sanguinaria, à prendre chaque soir sous forme de capsules, pendant trois jours consécutifs. Par la suite, la fillette devait prendre des doses de Castoria de façon intermittente, jusqu'à l'obtention d'au moins trois bonnes évacuations, puis prendre une dose assez forte de Sal Hepatica.

Deux fois par jour, on devait lui faire des frictions en profondeur sur le dos et la colonne vertébrale, en utilisant un mélange de beurre de cacao et d'alcool éthylique. Le régime conseillé était composé de poulet et de bouillon de poulet, de fruits, de céréales et de légumes, les fruits n'étant permis qu'après le traitement au Castoria.

Les parents de la fillette suivirent fidèlement les recommandations de la lecture et firent savoir que leur fille s'était si bien rétablie qu'elle pouvait de nouveau participer aux activités de son école, y compris l'athlétisme.

RHUME

Le rhume est une infection des voies respiratoires supérieures, causée par un virus; il survient souvent après une exposition au froid, à l'humidité ou aux courants d'air.

Cayce aborda le rhume dans deux cent soixante-dix-neuf lectures données à cent cinquante-deux personnes dont l'âge s'échelonnait de six mois à soixante-quatorze ans. Il décrivit beaucoup de causes et de symptômes qui y étaient associés et proposa des traitements très variés. Bien que ses prescriptions fussent individualisées, certaines recommandations revenaient si souvent que, mises ensemble, elles constituèrent le traitement général.

Dans cent trente-huit cas, les causes premières furent l'infection, la congestion ou l'inflammation. La congestion se manifestait généralement dans les muqueuses du visage, de la tête, de la gorge, des bronches et des poumons, et provoquait de la difficulté à respirer, des maux de tête, des yeux larmoyants et le mal de gorge. Dans dix-huit cas, les lectures mentionnèrent d'autres zones de congestion, y compris la lymphe et le sang, les plexus nerveux et le système digestif.

Une mauvaise élimination constituait la cause directe du rhume dans dix-huit cas. Cet état entraînait une accumulation de toxines et prédisposait le corps à souffrir d'hyperacidité, d'un ralentissement de la circulation et de congestion. Dans cinquante-neuf cas, Cayce mentionna une circulation ralentie comme contribuant à la mauvaise élimination. La circulation ralentie avait une relation évidente avec l'assimilation insuffisante, et cette constatation apparaît dans trente-sept cas.

Dans quarante-cinq cas, Cayce mentionna un surmenage du système nerveux et de l'organisme tout entier, lequel aboutissait à un état de moindre résistance ou de débilitation généralisée. Des subluxations et des lésions vertébrales furent mises en cause dans vingt-sept cas; le manque de coordination nerveuse, qui coïncidait souvent avec des problèmes vertébraux, fut cité à vingt-trois reprises.

Dans seize cas, c'étaient des déséquilibres alimentaires qui étaient surtout responsables. Des combinaisons incorrectes d'aliments de même que des abus de sucreries, de féculents et de viandes provoquaient un excès d'acidité dans l'organisme. L'hyperacidité fut justement mentionnée comme cause importante du rhume, dans trente-cinq cas.

Dans quinze cas, Cayce attribua le rhume à des attitudes mentales et des émotions négatives, une constatation intéressante quand on pense que c'est dans seize cas seulement qu'il tint le climat, le froid et les courants d'air comme responsables du rhume. D'autres facteurs mentionnés par Cayce étaient le manque de coordination glandulaire, dans douze cas; des facteurs pré- ou postnatals, trois cas; des blessures subies à un âge avancé, douze cas; des maladies du sang ou de la lymphe, neuf cas; des toxines et des bacilles, quatre cas; le stress associé au tabagisme, une résistance amoindrie et des pieds mouillés, deux cas.

Traitement

Dans cent quinze cas, le traitement suggéré consistait à modifier le régime alimentaire, l'objectif étant de consommer la nourriture la plus alcaline possible. Les jus de viandes étaient souvent conseillés comme fortifiants, mais la viande elle-même devait être évitée, à part le poisson, la volaille, le gibier ou le mouton, à prendre en petite quantité. On devait souvent inclure dans le petit déjeuner des agrumes ou leur jus, du pain de blé entier, des céréales et du lait (en évitant toutefois les mélanges lait-agrumes). Pour le repas de midi, Cayce recommandait tout spécialement les légumes verts en feuilles et d'autres légumes crus, comme les carottes, le céleri, le persil, etc. La laitue, le céleri et le chou étaient considérés comme d'excellents purificateurs du sang.

Pour la collation de l'après-midi, Cayce suggéra quelquefois le lait de poule, à prendre avec du blé bouilli dans du lait, et le pain brun, à prendre avec du vin rouge. Quant au repas du soir, il devait être constitué principalement, et le plus souvent, de légumes cuits.

Pour ceux qui étaient très malades ou encore qui voulaient se rétablir rapidement, la formule de Cayce consistait en repas légers pris fréquemment, en accordant la priorité aux aliments liquides ou semi-liquides. Dans un régime semi-liquide, on pouvait retrouver les fruits et les jus de fruits, le jus de bœuf et autres bouillons de viande, le lait malté, le lait de poule, le gruau d'avoine, les œufs à la coque et la limonade chaude.

Pendant la convalescence qui suivait un rhume, il fallait éviter les aliments suivants: fritures, gras de viande, mélange de deux féculents différents, mélange de céréales et d'agrumes, benzoate de sodium (agent de conservation), féculents en trop grande quantité, repas indigestes et, pour certains, toutes les sucreries, sauf le miel et les fruits naturels. Le café et le thé étaient généralement permis, mais en petite quantité, tout comme l'étaient certains desserts, par exemple la crème glacée.

Pour Cayce, une excellente manière de purifier et d'irriguer l'organisme consistait à boire de l'eau en grande quantité. Pour aider la digestion, il recommandait de toujours bien mastiquer la nourriture avant de l'avaler. Et finalement, une humeur enjouée, compagne inséparable d'un bon repas, était considérée comme indispensable. Cayce répéta à maintes occasions qu'il était préférable de jeûner lorsqu'on était en colère ou bouleversé, ou encore très fatigué, très pressé ou bousculé.

Il est évident que le contrôle du genre et de la quantité de nourriture consommée faisait partie du plan de Cayce, qui voulait aider à dégager le tube digestif et permettre ainsi aux pouvoirs excréteurs d'expulser les toxines et les déchets. Des traitements additionnels avaient pour but de maintenir des évacuations régulières, de soulager les tensions musculaires et d'aider les processus de la digestion, de la respiration et de l'expectoration des mucosités, de façon que l'organisme soit capable de mobiliser au maximum son propre pouvoir de guérison.

Un autre traitement de première importance, mentionné dans quatre-vingt-douze cas, comprenait des massages et des frictions, à effectuer sur différentes parties du corps à l'aide de diverses substances, pour lubrifier la peau et assouplir les couches profondes de l'épiderme.

La préparation la plus fréquemment recommandée pour soulager la congestion consistait en un mélange, à parts égales, de suif de mouton, d'essence de térébenthine et d'alcool camphré. D'autres composés pour les massages incluaient des substances telles que huile camphrée, musterole, teinture de myrrhe et huile d'olive, beurre de cacao, alcool éthylique (en cas de forte fièvre), teinture de benjoin composée, huile d'arachide, kérosène, hamamélis et huile de pin.

Tout ce qui pouvait favoriser l'élimination avait la priorité dans la liste des traitements préconisés par Cayce; c'est ce que mentionnaient quatre-vingt-onze cas. Des évacuations régulières et abondantes permettaient de garder un organisme purifié, ce qui réduisait efficacement la congestion. Les méthodes recommandées étaient soit internes (les laxatifs), soit externes (les lavements et les irrigations), soit les deux ensemble. On ajoutait généralement de la Glyco-Thymoline à l'eau des lavements et des irrigations. Le laxatif interne le plus souvent utilisé était le Castoria de Fletcher, les doses étant la plupart du temps d'environ une demi-cuillerée à café chaque heure (pour un adulte), parfois jusqu'à complète consommation de la bouteille. Les autres laxatifs suggérés comprenaient le sirop de figues, le lait de magnésie, le lait de bismuth et le régulateur du foie de Simmon, un produit à base d'herbe d'ambroisie. Une personne au moins fut avertie de ne pas employer continuellement le même laxatif.

Les traitements les plus utilisés – chacun étant recommandé dans quatre-vingts cas – étaient les manipulations vertébrales, les boissons toniques et d'autres prescriptions semblables (à l'exclusion des aides digestives).

Les manipulations avaient pour objectif essentiel de détendre le corps et de soulager les zones de tension de façon que la circulation et l'élimination puissent fonctionner plus librement et que la congestion disparaisse plus rapidement. Cayce suggéra à certains patients de se faire donner les quatre premières manipulations en douceur et d'en entreprendre une série plus en profondeur après avoir pris une brève période de repos. La fréquence de traitements suggérée variait de deux à trois fois par mois, et aussi souvent que trois et même cinq fois par semaine, mais sur de courtes périodes.

Pour fortifier le corps en général et aider le processus de guérison, des reconstituants et autres prescriptions à usage interne furent prescrits. Le remède le plus populaire, recommandé dans vingt cas, était un genre de sirop pour la toux ou un expectorant. Pour soulager la congestion de la poitrine, Cayce conseilla une formule constituée de miel, d'eau, d'alcool éthylique, de rhubarbe et d'élixir de gingembre sauvage. Pour soulager un autre cas de mal de gorge, Cayce suggéra une combinaison d'eau, de miel, d'eau-de-vie de pomme, de sirop de marrube blanc, de sirop d'ipéca et de chloroforme.

Il prescrivit une formule pour aider le tube digestif et calmer les muqueuses de la gorge et de la tête; elle consistait en eau distillée, racine de ginseng sauvage, navet indien desséché, fleurs de sureau, racine de patience combinée à du sucre de betterave dissous dans de l'eau, teinture de stillingia, teinture de piment et alcool éthylique.

Pour un autre cas de gorge douloureuse accompagnée de fièvre, le tonique suggéré était composé d'un simple sirop, d'un sirop de marrube blanc, d'un sirop d'ipéca, d'un sirop de séné et d'une eau-de-vie de pomme.

À treize personnes, Cayce recommanda de la Calcidine, un supplément d'iode et de calcium; dans onze cas, de l'huile d'olive pour usage interne; et de l'aspirine, dans neuf cas seulement. Des suggestions moins orthodoxes comportaient du jus d'oignons cuits à la vapeur, du sirop de Squill, du Calcios et des préparations de quinine.

Cayce recommanda aussi l'application de divers types de cataplasmes à quarante-sept personnes. Ils comportaient généralement quatre épaisseurs de tissu imbibé des ingrédients désirés, mais un certain nombre de lectures indiquaient des procédés différents.

Les cataplasmes devaient être installés pendant des périodes précises qui s'étendaient de une demi-heure à la nuit entière, selon le genre de cataplasme prescrit ou les besoins individuels.

On avait parfois besoin d'un coussin chauffant, pour maintenir la chaleur d'un cataplasme à l'huile de ricin, par exemple; à d'autres occasions, comme pour les emplâtres au jus de raisin, on devait installer ceux-ci à la température de la pièce et les retirer après une période d'une longueur donnée.

Les lectures sur le rhume n'indiquent pas de préférence pour un type de cataplasme particulier. Ceux à l'huile de ricin, à garder sur l'abdomen (suivis d'un rinçage à l'eau et au bicarbonate de soude), furent conseillés à huit personnes. Les emplâtres antiphlogistiques (pour réduire l'inflammation) et les décongestionnants faits avec du suif de mouton, de l'essence de térébenthine et de l'alcool camphré furent recommandés chacun sept fois. Ceux constitués d'oignon haché et de maïs jaune étaient destinés à six patients, et ceux à la Glyco-Thymoline, à cinq.

Dans quatre cas, Cayce prescrivit des emplâtres au sel chaud ou aux sels d'Epsom. D'autres éléments, mentionnés à l'occasion et entrant dans la composition d'emplâtres, comprenaient la moutarde ou la musterole, le Ben-Gay, la glace et l'Atomidine. Les endroits où les emplâtres devaient être appliqués dépendaient des besoins de chacun et du type d'emplâtre utilisé; cela pouvait être le visage et la gorge, l'abdomen et la base de la colonne vertébrale.

L'électrothérapie ou l'héliothérapie, l'hydrothérapie et les aides à la digestion furent suggérées chacune à quarante-trois personnes. Les traitements à l'héliothérapie, recommandés dans plus de la moitié de ces cas, comprenaient la lumière ultraviolette, l'infrarouge ou la lampe solaire, utilisée pendant de courtes périodes. L'électrothérapie se faisait au moyen de l'appareil radioactif, de la pile à électrolyte et du vibromasseur électrique.

L'hydrothérapie était un terme général qui désignait divers genres de traitement basés sur l'emploi de l'eau. Dans douze cas, Cayce conseilla des bains d'eau chaude; dans onze cas, le sauna; et dans onze autres, des bains d'eau chaude à la moutarde, des bains de pieds et des lavages à l'éponge. Il recommanda à cinq personnes de se «baigner» dans différentes sortes de vapeurs, par exemple celles d'hamamélis. Il conseilla également, à l'occasion, des bains de siège, des bains «secs» à l'air chaud et des bains à l'eau froide (pour faire baisser la fièvre). Ce genre de traitement avait pour but d'activer la circulation et de nettoyer l'organisme en augmentant l'élimination par les pores de la peau.

Cayce suggéra des aides à la digestion dans l'intention de soulager un tube digestif surchargé et de l'aider à assimiler les nutriments. La plupart de ces aides étaient en même temps des alcalinisants, car les germes du rhume ne pouvaient pas se développer en milieu alcalin. Les aides les plus souvent recommandées étaient le bicarbonate de soude dans de l'eau (douze cas), le citrocarbonate (neuf cas) et la tisane de carthame (sept cas). D'autres substances conseillées à l'occasion incluaient la sève d'orme et des préparations à la pepsine.

Pour leur permettre de mieux respirer et pour soulager d'autres symptômes du rhume, trente et un patients furent encouragés à utiliser divers types de préparations pour usage local. Parmi ceux qui furent conseillés, on retrouvait le Ben-Gay, le beurre de cacao, la coco-quinine ainsi que la combinaison au suif de mouton, à la térébenthine et à l'alcool camphré. Cayce conseilla à huit personnes de se gargariser avec des solutions antiseptiques comme la Glyco-Thymoline, en alternant avec la Listerine; à quatre personnes, de presser de l'ichthyol ou du mono-ichthyolate sur les parties congestionnées de leur visage; et à deux, de mettre quelques gouttes d'huile d'olive dans leurs oreilles douloureuses.

Pour soulager les difficultés respiratoires provoquées par l'inflammation du nez ou des bronches, Cayce recommanda, dans vingt-huit cas, des thérapies d'inhalation variées. Les inhalants étaient typiquement à base d'alcool pur (et non d'alcool à friction) auquel étaient ajoutés, en petite quantité, des expectorants tels que l'eucalyptus, le benjoin, le baume de tolu, la créosote rectifiée, l'huile de térébenthine rectifiée et le baume du Canada. D'après les instructions, il fallait conserver ces solutions dans un contenant en verre noir et en inhaler les vapeurs avec un tube à respirer. Une autre méthode consistait à verser cette solution dans de l'eau très chaude et à en inhaler les vapeurs. Cayce mentionna aussi, à l'occasion, des inhalants à utiliser sous forme de pulvérisations ainsi que l'emploi de vaporisateurs.

Lorsqu'il recommandait des narcotiques pour endormir la douleur ou des drogues dangereuses comme la strychnine ou le chloroforme, il demandait que les traitements soient faits sous la surveillance d'un médecin. Cela s'appliqua à dix-huit personnes. Comme règle de base, la surveillance médicale était requise chaque fois que la condition des malades était sérieuse ou que des traitements spécialisés étaient indispensables.

Parmi les autres traitements recommandés par Cayce pour les personnes enrhumées, on trouva le repos du corps et de l'esprit, dans quarante-sept cas; des exercices légers, dans dix-sept; le maintien du corps, et surtout des pieds, bien au chaud, dans vingt-trois cas; et finalement, les pieds secs pour seize cas.

De plus, sept personnes devaient passer beaucoup plus de temps au grand air, alors que trois devaient éviter l'air froid, et trois également devaient fuir les foules. Deux reçurent le conseil d'aller vivre en altitude, deux de changer de climat ou de paysage, et deux de passer plus de temps au soleil. Deux patients reçurent la permission de fumer modérément, et un autre fut encouragé à prendre de grandes respirations.

Cayce conseilla à dix-sept personnes de conserver leurs attitudes si elles étaient bonnes ou d'en changer si elles l'étaient moins, et à un autre d'étudier et de prier. La spiritualité pratique de Cayce ressort bien dans ce conseil qu'il donna à une personne «de maintenir l'équilibre entre les pensées et les actes physiques» (826-7), et, à une autre, «d'être bon, et bon à quelque chose» (1683-10).

Histoire de cas

Soixante-dix seulement des personnes qui avaient reçu des lectures firent connaître des résultats. Parmi celles-ci, cinquante-six signalèrent une amélioration de leur condition, dix autres ne suivirent pas les conseils de Cayce et deux obtinrent des résultats neutres ou négatifs.

Parmi ceux qui notèrent une amélioration après avoir suivi les prescriptions de Cayce, on peut citer le cas 759, un jeune garçon qui reçut quatre lectures sur les rhumes, entre l'âge de un an et de quatorze ans. Ses symptômes comportaient, entre autres, la congestion des sinus, les maux de gorge et l'hypertrophie ganglionnaire. À chacune de ses visites, Cayce attribua la cause principale du rhume à une élimination insuffisante.

La première lecture, donnée lorsque l'enfant avait un an, révéla qu'une percée des dents et une affection au foie étaient en partie responsables du rhume. À cette époque, Cayce suggéra des manipulations ostéopathiques pour augmenter l'élimination par le canal digestif. Pour soulager la congestion, il prescrivit du sirop de Squill et de l'Antiphlogistine, ou encore un cataplasme d'oignons chauds; également quelques gouttes de Castoria, à prendre toutes les demi-heures. On fit savoir que les instructions de Cayce avaient été suivies et avaient donné de bons résultats.

La deuxième lecture, alors que l'enfant avait dix-huit mois, attribua la cause du rhume aux conditions atmosphériques associées à un changement de climat et au fait que les manipulations de la colonne vertébrale qui avaient été faites après la première lecture n'avaient pas été complétées. Cayce suggéra donc des manipulations supplémentaires des vertèbres cervicales et dorsales supérieures ainsi que du sirop de Squill. On devait aussi donner à l'enfant du lait de magnésie pour nettoyer le système et accroître l'élimination. Finalement, on devait lui installer une bouillotte de glace pour faire baisser la température.

La troisième lecture eut lieu deux mois plus tard; elle attribua la congestion et l'infection présentes dans l'organisme au stress et aux manipulations incomplètes du traitement précédent. À nouveau, le sirop de Squill fut recommandé, en même temps qu'un analgésique narcotique qui fut prescrit par un médecin et dont l'objectif était de permettre au corps de se reposer et de récupérer plus rapidement.

La quatrième lecture, accordée alors que le garçon était âgé de quatorze ans, recommanda deux doses de régulateur du foie Simmon, pour accroître les évacuations, une irrigation ou un lavement, pour vider complètement le côlon, et des massages, pour stimuler encore plus l'élimination. Cayce recommanda instamment le repos complet au lit après une amygdalectomie qui avait été décidée pour soulager les pressions causées par le pus, l'infection et les fortes températures. Il suggéra aussi fortement une diète liquide ou semi-liquide, à laquelle devait succéder une diète normale et bien équilibrée, quand la congestion et le rhume auraient disparu. Kaldak était conseillé comme supplément alimentaire.

Pour calmer la douleur des glandes de la gorge, Cayce prescrivit un massage de cette zone, à effectuer chaque soir avec une combinaison à parts égales de suif de mouton, d'essence de térébenthine et d'alcool camphré. Une fois le malade couché, on devait imbiber un morceau de gaze de cette mixture, le lui placer autour de la gorge et l'envelopper d'un pansement sec.

Six semaines plus tard, un rapport déclarait que l'état du jeune homme s'était amélioré.

RHUME DES FOINS

Le rhume des foins est une réaction allergique aiguë aux pollens et autres irritants. Il cause souvent des rhumes à répétition chez les enfants; ses symptômes incluent l'écoulement nasal, les yeux larmoyants et les crises d'éternuement.

Huit personnes, dont l'âge variait de cinq à soixante-quatre ans, reçurent chacune une lecture sur le rhume des foins.

Edgar Cayce indiqua que, dans sept cas sur huit, la cause la plus fréquente de cette pathologie était un défaut d'alignement, ou subluxation, habituellement localisé dans les zones dorsale et cervicale de la colonne vertébrale. Cet état perturbait les muqueuses de la gorge, les passages du nez et la circulation lymphatique, et mettait l'organisme à la merci de «l'inflammation résultant des pollens, de la poussière et des odeurs, car il accentue la circulation lymphatique des muqueuses olfactives». (5039-1)

Des facteurs secondaires, mentionnés quatre fois, comprenaient une circulation ralentie, qui affaiblissait la résistance à l'infection, ainsi qu'une mauvaise assimilation, qui rendait le corps plus vulnérable en diminuant l'apport des nutriments disponibles.

Traitement

Les traitements prescrits pour le rhume des foins étaient assez uniformes. Dans sept cas, Cayce suggéra le recours à des inhalateurs lorsque les symptômes étaient graves. Ces produits avaient une base d'alcool éthylique à laquelle on avait ajouté de petites doses d'expectorants toniques tels que l'huile d'eucalyptus, l'huile de térébenthine rectifiée, la teinture de benjoin, l'huile d'aiguilles de pin et le baume de tolu.

Dans six cas, Cayce recommanda des manipulations vertébrales pour atténuer les subluxations et les lésions de même que pour détendre les centres nerveux. Dans presque tous les cas, ces ajustements devaient se concentrer sur les vertèbres dorsales et coordonner l'alignement des autres segments.

Cayce donna aussi des instructions diététiques à six personnes en recommandant une alimentation alcaline, digeste et fortifiante. Les menus devaient comporter des fruits, des légumes et des protéines légères, comme du poisson, de la volaille et de l'agneau, en quantité modérée. Les féculents et les sucreries étaient à éviter. En outre, il conseilla à deux reprises des irrigations du côlon et une seule fois un changement de climat.

Pour l'aider à se bâtir une immunité envers le pollen, Cayce prescrivit à un patient une tisane faite avec de l'ambroisie, que l'on préparait au printemps en faisant bouillir à feu doux des feuilles jeunes et tendres de cette plante dans un litre d'eau. Quand la moitié de l'eau était évaporée, le restant était filtré et mélangé à de l'alcool éthylique (à quinze pour cent), qui faisait alors fonction d'agent de conservation. La dose conseillée était d'une cuillerée à café par jour pendant les mois de juillet et août.

Histoire de cas

Deux seulement des personnes ayant reçu une lecture firent parvenir un rapport post-thérapeutique. L'une annonçait des résultats bénéfiques après avoir suivi les conseils de Cayce, et l'autre disait qu'elle n'avait ni suivi les suggestions de Cayce ni constaté d'amélioration.

Le cas 5196, un homme de quarante-cinq ans qui souffrait du rhume des foins, n'envoya pas de rapport; Cayce avait alors diagnostiqué que l'allergie était due à un problème spinal qui causait une surcharge pour les muscles et les nerfs alimentant l'ensemble du système sensoriel. Les bronches et la trachée étaient devenues tendues au point que le système respiratoire réagissait à certaines substances en suspension dans l'environnement.

Pour accorder à cet homme un soulagement temporaire et pour faciliter l'expectoration, Cayce lui recommanda un inhalateur à base d'alcool éthylique et composé d'eucalyptus, de térébenthine, d'huile d'aiguilles de pin et de benjoin. Après l'utilisation de l'inhalateur pendant une semaine, à raison de deux à trois fois par jour, on devait commencer les ajustements ostéopathiques et les concentrer sur les centres brachiaux, en coordonnant les vertèbres cervicales supérieures, dorsales inférieures et lombaires. Avant chaque traitement, on devait lui appliquer de la chaleur tout le long de la colonne.

Le régime du sujet devait se composer en grande partie de légumes crus et de toute la variété des fruits, à l'exception des pommes crues. Il pouvait consommer du poisson, de la volaille et de l'agneau en petite quantité. Les sucreries, les féculents, et surtout les fritures, étaient à éviter.

ROUGEOLE

La rougeole est une maladie contagieuse causée par un virus qui affecte surtout les enfants. Elle se caractérise par des plaques rouges typiques qui apparaissent sur le visage et le cou et se répandent progressivement sur d'autres parties du corps. Les autres symptômes sont la fièvre et la toux.

Edgar Cayce donna un total de dix lectures à huit personnes atteintes de la rougeole; la plus jeune avait deux ans et la plus vieille, trente et un ans.

Dans cinq cas, il cita, comme cause de la rougeole, une force infectieuse agissant dans les glanglions lymphatiques. Cayce ne précisa pas la nature de l'infection, mais il établit clairement, dans ses lectures, que les virus et les infections de l'organisme ne pouvaient prospérer que dans des milieux acides, laissant ainsi entendre que c'est l'hyperacidité qui avait prédisposé l'organisme à se laisser infecter par la rougeole.

Dans deux autres cas, ce furent les accumulations toxiques dans le corps, résultant d'une élimination insuffisante, qui avaient constitué un facteur critique. En fait, pour Cayce, les éruptions de la peau pouvaient être considérées comme le résultat final des tentatives entreprises par le corps pour expulser l'infection par l'intermédiaire de la circulation capillaire de la peau.

Traitement

Les traitements proposés par Cayce pour combattre la rougeole furent très réguliers; il insistait surtout sur les tisanes, pour aider l'assimilation et l'élimination, sur les massages, pour faire baisser la fièvre et stimuler la circulation, sur les substances laxatives et, finalement, sur un régime alimentaire équilibré.

Six lectures conseillèrent de prendre fréquemment de la tisane de carthame ou de camomille, à des intervalles variés. Cayce suggéra souvent des massages, avec différents mélanges d'huile; ceux-ci devaient généralement se concentrer sur le dos et la colonne vertébrale. Dans ce but, il mentionna souvent un composé constitué à parts égales de suif de mouton, d'alcool camphré et d'essence de térébenthine.

Dans quelques cas, il suggéra aussi des frictions légères à l'alcool pour aider à faire tomber une forte fièvre.

Pendant la maladie elle-même, il jugeait indispensable que les patients adoptent des diètes semi-liquides, pour rendre la digestion plus facile et pour alcaliniser le système. Il recommandait fortement les jus de fruits et de légumes, de même que la farine d'avoine et autres céréales bien cuites. Il fallait éviter de trop manger, surtout des aliments lourds.

Dans trois cas, il prescrivit des doses de Castoria, à prendre fréquemment; on devait les faire suivre d'une dose de solution salée laxative, comme les sels Eno, pour vider complètement le tube digestif.

Dans certaines lectures, Cayce mit en garde contre les séquelles de la rougeole, qui pouvaient se révéler très dommageables si l'on ne prenait pas soin de suivre toutes les étapes conduisant à la guérison complète. Il répétait souvent de garder le lit, d'éviter les courants d'air, de rester bien au chaud et au sec, d'éviter les lumières trop vives, et ce, jusqu'à la fin de la maladie.

Histoire de cas

Un jeune homme de vingt-trois ans, le cas 487, reçut deux lectures pour un cas grave de rougeole qui, de toute évidence, avait été déclenchée par des complications résultant d'un mauvais rhume et d'une infection des glandes. Il y avait danger que l'infection atteigne les bronches et le larynx, et entraîne une grave maladie bronchique.

Pour stimuler l'élimination, Cayce prescrivit des doses de Castoria, à prendre de façon intermittente, ainsi qu'un nettoyage en profondeur du système avec des sels Eno ou du Sal Hepatica. Le patient devait boire de la tisane de carthame tous les jours, pour maintenir une substance antiseptique dans ses intestins. Il devait aussi se faire donner des massages dans le bas du dos, pour soulager l'effort exigé des reins; on devait alors utiliser un composé de suif de mouton, d'alcool camphré et d'essence de térébenthine. Après les massages, on devait poser des emplâtres chauds au même endroit.

Cayce conseilla au jeune homme d'aller fréquemment à la selle et d'éviter les lumières trop fortes, ainsi que le froid et l'humidité, jusqu'à son complet rétablissement.

Quelques années plus tard, ce jeune homme écrivit à Cayce pour lui dire qu'il avait été «complètement guéri» et qu'il n'avait souffert d'aucune séquelle de la rougeole. Il était maintenant en excellente santé.

S

SARCOME

Le sarcome est une manifestation tumorale souvent très maligne. Les symptômes caractéristiques en sont des excroissances ou des bosses se manifestant sur le corps, et accompagnées de sensations de douleur et d'inconfort.

Dix lectures discutèrent du sarcome de neuf hommes et femmes qui, pour la plupart, se trouvaient au stade terminal de la maladie.

Dans les trois cas les plus graves de sarcome, Edgar Cayce ne prit pas la peine d'en expliquer les causes; il se concentra sur les moyens à prendre pour que les malades souffrent le moins possible. Dans les autres cas, il attribua la maladie à des facteurs karmiques, comportementaux et psychologiques.

Dans les cas d'origine karmique, le sarcome était considéré comme un état que le patient devait regarder bien en face afin de l'utiliser comme une occasion de s'harmoniser avec «les Forces créatrices», par le biais de la souffrance.

Un autre sujet contracta la maladie parce qu'il avait «des pensées déséquilibrées». (5537-1)

Dans les autres cas, Cayce diagnostiqua comme sources du mal des perturbations physiques telles que l'infection ou l'insuffisance des évacuations. Dans un cas, il découvrit que la pathologie «avait pour cause première une consommation excessive de viande qui transportait en elle-même une force infectieuse». (1500-1) Dans le cas d'un jeune garçon, le sarcome était apparu dès son plus jeune âge, comme un résultat de conditions prénatales et de défectuosités chromosomiques.

Traitement

Comme il tenait compte du stade terminal où se trouvaient la majorité des patients souffrant de sarcome, Cayce ne leur fit qu'un minimum de recommandations. Toutefois, il estimait vital de leur administrer l'électrothérapie ou la thérapie aux rayons pour établir de meilleurs courants de vibrations dans leur organisme. Dans quatre cas, il conseilla la lumière ultraviolette; on devait l'installer à une distance de 93 cm du corps et l'appliquer de deux à trois fois par semaine, en utilisant une plaque de verre verte comme filtre. Dans deux autres cas, Cayce suggéra la pile à électrolyte, ainsi que le rayon violet et les rayons X, dans un cas chacun.

Des emplâtres faits avec des feuilles de plantain et de la crème furent recommandés à quatre reprises, pour être appliqués sur les tumeurs. On préparait la pommade en mélangeant la valeur d'un demi-litre de jeunes feuilles de plantain avec un demi-litre de crème cuite (mais non bouillie), jusqu'à ce que l'on obtienne une consistance épaisse. Dans trois autres cas, Cayce conseilla de boire le jus des feuilles de plantain ou de s'en servir pour faire de la tisane.

Dans deux autres cas, il recommanda des massages accompagnés de modifications du régime alimentaire; il proposait des aliments digestes, du jus de bœuf et des agrumes, ajoutant de boire beaucoup d'eau, pour redonner de la force et faciliter l'élimination.

Histoire de cas

Le cas 975 concernait une femme de quatre-vingts ans; Cayce décrivit son cancer comme provenant de problèmes nerveux. Lorsqu'elle reçut sa lecture, ses médecins ne lui accordaient que deux mois à vivre.

Cayce lui prescrivit une tisane, à prendre chaque jour, composée de ginseng sauvage, de stillingia, de navet sauvage, de gingembre, d'écorce de quinquina, de miel et d'eau distillée. Trois fois par semaine, elle devait faire appliquer le rayon violet sur le haut de son torse de trois à cinq minutes. Son régime devait inclure des agrumes, du blé entier, du jus de bœuf, de petites quantités de viande rôtie ou grillée ainsi que de l'eau en quantité. Cayce lui conseilla de prendre chaque jour un verre de vin rouge avec du pain brun sec pour reconstituer son sang. Elle devait aussi se faire donner des massages à l'huile d'olive pour se détendre, et prendre du Castoria, du sirop de rhubarbe ou recevoir des irrigations du côlon pour faciliter l'élimination.

Le rapport d'après-traitement démontre que la patiente suivit les conseils donnés dans ses deux lectures et survécut quatre ans de plus que le pronostic donné par les médecins. Elle mourut paisiblement à l'âge de quatre-vingt-quatre ans.

SCARLATINE

La scarlatine est une maladie infectieuse aiguë causée par des bactéries qui se sont introduites dans l'organisme; elle se caractérise par l'éruption de taches rouges à différents endroits du corps, suivie par la desquamation en grands lambeaux de la peau en ces mêmes endroits. Des symptômes fréquents sont la nausée, l'enflure douloureuse des ganglions – surtout autour de la gorge et des oreilles – et la congestion de la gorge et des bronches.

Edgar Cayce donna un total de sept lectures sur la scarlatine pour cinq enfants âgés de moins de douze ans.

Les lectures de Cayce se concentraient sur les traitements à donner immédiatement plutôt que sur une explication des causes de la maladie. Cependant, la cause à laquelle il se référait constamment était la présence d'un agent, ou germe infectieux, dans l'organisme qui créait des conditions toxiques et de l'inflammation dans les circulations sanguine et lymphatique. Comme l'expliquait Cayce, la scarlatine résultait «d'une inflammation de la circulation de la lymphe et des émonctoires, par des forces infectieuses qui la perturbent, causent de la fièvre et, par réflexe, affectent les organes du corps». (415-2)

Traitement

En soignant la scarlatine, Cayce insistait sur la nécessité de faire baisser et de stabiliser la température du corps, tout en maintenant une élimination suffisante. Dans tous les cas, il recommanda des massages de la colonne vertébrale ou de la gorge et de la poitrine, à l'aide d'un mélange, à parts égales, de suif de mouton, d'essence de térébenthine et d'alcool camphré, auquel on ajoutait du menthol ou une teinture composée de benjoin, ou les deux. Dans trois cas, on réussit à faire baisser la fièvre en baignant le corps de l'enfant avec une éponge; on frictionnait ensuite doucement la colonne vertébrale de haut en bas, avec l'éponge imbibée d'un mélange d'alcool éthylique et d'hamamélis combiné à de l'alcool à friction. Pendant toute la durée de la maladie, on devait conserver une diète semi-liquide ou composée de fruits et de jus de fruits, de légumes et d'aliments sanguinoformateurs.

À deux reprises, Cayce prescrivit de fortes doses d'Atomidine pour contrer l'inflammation des ganglions de la gorge et des oreilles, mais ce traitement ne devait pas dépasser quelques jours à la fois. Il mentionna aussi deux fois le Castoria, le sirop de Squill ou le lait de magnésie, pour faciliter l'élimination.

Histoire de cas

Le cas qui suit se rapporte à une très grave attaque de scarlatine; il représente l'approche la plus complète de toutes les lectures qui aient été faites pour soigner cette maladie.

Le cas 1519 concernait un jeune garçon de douze ans qui reçut trois lectures sur la scarlatine; Cayce attribua sa maladie à une invasion bactérienne. La fièvre était très forte, et la congestion des bronches, des poumons et de la gorge était évidente.

La première lecture conseilla de garder l'enfant au calme en lui maintenant les pieds au chaud. Pour faire baisser la température, Cayce suggéra des bains à l'eau tiède suivis de massages sous les bras, autour du cou, sur l'abdomen et sous la plante des pieds, avec un mélange de suif de mouton, d'essence de térébenthine et d'alcool camphré. Il était d'avis qu'une légère friction des tempes avec une éponge imbibée d'alcool éthylique serait très efficace pour faire diminuer la fièvre.

La diète devait se limiter à du jus de citron et à des liquides, tant qu'on n'avait pas dépassé la période la plus difficile. Cayce prescrivit des comprimés de Calcidin, qu'on devait dissoudre dans un verre d'eau, pour procurer au malade les éléments indispensables. Ces comprimés devaient être pris fréquemment, et un à la fois. Il prescrivit aussi un produit à inhaler pour aider à soulager les difficultés respiratoires.

Au moment de la seconde lecture, on pouvait noter une amélioration. Pour stimuler l'élimination, on devait remplacer les comprimés de Calcidin par du sirop de Squill dilué. On pouvait également recourir, au besoin, à du lait de magnésie et à des lavements.

Au moment de la troisième lecture, il devint évident qu'on n'avait pas pris assez de précautions pour prévenir une possible infection des ganglions. La fièvre de l'enfant avait brusquement augmenté; les ganglions étaient enflés autour des oreilles, et très douloureux. Pour calmer les douleurs aux oreilles, Cayce conseilla d'y déposer une goutte d'huile douce et de les couvrir d'une compresse chaude. Pour diminuer la congestion qui s'était propagée dans la gorge et la poitrine, il recommanda de masser ces endroits avec de l'huile de wintergreen mélangée à de l'huile de pin et de l'huile de sassafras. Deux ou trois fois par jour, l'enfant devait prendre de dix à vingt gouttes de sirop de Squill. Quant à la circulation, Cayce suggéra des frictions à l'eau de moutarde, en commençant par les pieds et en remontant vers les genoux. Après la diminution de l'inflammation dans la tête et les bronches, on devait donner au malade six gouttes d'Atomidine dans de l'eau, de une à deux fois par jour.

On ne possède pas de rapport d'après-traitement pour ce cas. On rapporta toutefois des guérisons complètes dans deux autres cas. Dans les deux cas restants, on ne possède pas non plus de rapport.

SCIATIQUE

La sciatique se caractérise par une douleur dans la jambe, localisée le long du nerf sciatique; cette douleur est provoquée par l'inflammation ou par une blessure du nerf. Les symptômes d'accompagnement sont l'engourdissement, les fourmillements dans les jambes et la sensibilité au toucher le long du nerf jusqu'aux muscles, avec la possibilité d'une détérioration des muscles.

Pour Cayce, la sciatique était symptomatique d'autres problèmes physiques, les causes premières remontant aux subluxations spinales, à l'insuffisance de l'élimination, ou aux deux.

Toujours selon lui, les subluxations dans la zone lombaire-sacrée-coccygienne empiétaient sur la base du nerf sciatique, faisaient obstacle aux influx nerveux vers les extrémités et provoquaient souvent une contraction musculaire qui rendait douloureux tout mouvement des jambes. Cet état était parfois attribué à une blessure, et parfois aussi à des stress intérieurs comme la toxémie.

Lorsque la cause remontait à une élimination insuffisante, elle était souvent liée à des facteurs comme un régime trop acide, la constipation, le surmenage et l'anxiété.

Cayce en concluait que l'accumulation de toxines qui en résultait provoquait une pression sur les nerfs, laquelle, à son tour, faisait dévier les influx nerveux normaux vers les extrémités, ce qui constituait parfois une source supplémentaire de pressions spinales et entraînait d'autres problèmes.

Cayce mentionna parfois d'autres causes liées à la sciatique; c'étaient la congestion, les infections, les attitudes mentales négatives, la débilitation et les déficiences glandulaires.

Traitement

Cayce pensait pouvoir guérir la sciatique, à condition que l'on suive ses traitements avec patience et persévérance. Ceux-ci portaient essentiellement sur la stimulation des évacuations, la reconstruction des nerfs et de la vitalité en général, les corrections à apporter à la colonne vertébrale et, à court terme, le soulagement des douleurs.

Pour favoriser l'élimination, Cayce prescrivit diverses formules de tisanes toniques, des irrigations du côlon et des lavements ainsi que des laxatifs, constitués alternativement de substances végétales et minérales. Il suggéra les cataplasmes à l'huile de ricin de même que l'hydrothérapie (surtout les séances de sauna), mentionnés chacun à deux reprises. Dans plus de la moitié des lectures, il insista sur l'importance d'un régime constitué d'aliments digestes, fortement alcalins et riches en nutriments essentiels pour le sang et les nerfs. Il recommandait particulièrement les légumes frais et crus, les fruits et jus de fruits, ainsi que les jus et bouillons de viande. Devaient être consommés modérément – ou pas du tout dans les cas les plus graves – les viandes telles que le poisson, la volaille, l'agneau, le foie et le gibier, ainsi que les amidons et les sucres. Le miel était permis, en petite quantité. Cayce prescrivit aussi des tisanes toniques pour redonner de la vitalité.

La principale méthode pour reconstruire les nerfs et stimuler l'organisme entier était l'électrothérapie. Dans presque la moitié des cas portant sur la sciatique, Cayce en proposa diverses formes. Par ordre de fréquence, on trouvait d'abord la pile à électrolyte, habituellement avec le chlorure d'or, puis le rayon violet et la lumière ultraviolette, et enfin les traitements de diathermie.

Dans plus de la moitié des cas, Cayce suggéra des manipulations vertébrales. De façon typique, celles-ci devaient être concentrées sur le bas du dos, pour corriger doucement et graduellement les empiétements des nerfs et redonner une bonne coordination à la colonne tout entière. Cayce conseilla souvent une série d'ajustements, lesquels devaient commencer par les plus généraux et les plus relaxants, pour ensuite se concentrer progressivement sur des corrections plus en profondeur. Dans quelques cas, les manipulations devaient être coordonnées avec d'autres traitements comme la chaleur, les massages, l'hydrothérapie et la diathermie. Cayce suggéra aussi le massage seul.

Bien qu'il acceptât le recours temporaire aux médicaments conventionnels comme l'aspirine, Cayce mettait beaucoup plus l'accent sur les applications locales pour soulager la douleur, essentiellement sous forme de chaleur pénétrante destinée à détendre le patient et à éliminer la congestion. Il conseillait le plus souvent les emplâtres de sel chaud appliqués sur le bas du dos et le nerf sciatique, à l'endroit où les nerfs et les tendons étaient douloureux. L'application pouvait se faire de deux façons, soit avec un coussinet chauffé rempli de gros sel (sec), soit avec un emplâtre chaud de sels d'Epsom dissous dans de l'eau. Les emplâtres chauds étaient suggérés seuls ou comme aide pour absorber d'autres substances. Quelques lectures conseillèrent les emplâtres à la Glyco-Thymoline avec du sel chaud. Une autre lecture suggéra des cataplasmes à la molène couvrant le devant du corps et le dos.

Histoire de cas

Dans une lecture typique sur la sciatique, Cayce fit remonter la pathologie à une ancienne blessure des vertèbres dorsales inférieures qui avait faussé la coordination entre les systèmes nerveux sympathique et céphalo-rachidien; elle avait aussi ralenti le processus de la digestion et permis aux toxines de s'accumuler peu à peu dans l'organisme. Le sympathique avait réagi en créant des lésions dans la zone lombaire. Pour le cas 5017, il en résulta des pressions et de l'inflammation des nerfs sciatiques.

Le traitement de Cayce pour le cas 5017 commença par une série de manipulations ostéopathiques légères et graduelles pour dégager les zones congestionnées. Après trois ou quatre de ces traitements, les nouveaux ajustements devaient s'accompagner de séances de diathermie. Cayce conseilla également des irrigations du côlon, que l'on devait répéter à l'occasion jusqu'à ce que les selles soient entièrement débarrassées de leurs mucosités.

Pour calmer la douleur, il prescrivit des emplâtres de Glyco-Thymoline recouverts de sel chaud et sec, et posés de la neuvième dorsale jusqu'au bas de la colonne.

Après les huit ou dix premiers ajustements, le sujet 5017 devait cesser les traitements pendant un mois (mais continuer à suivre les autres conseils), puis recommencer une autre série de huit ajustements. En même temps, il devait prendre, de façon cyclique, des vitamines du complexe B.

SCIATIQUE ET RHUMATISME

On prend souvent la sciatique pour du rhumatisme, une maladie douloureuse qui entraîne la raideur et l'inflammation des articulations. Dans la sciatique, c'est le nerf du même nom, qui commence à la base de la colonne vertébrale et traverse toute la jambe, qui est directement affecté. De vives douleurs dans les hanches, le bas du dos et les jambes peuvent causer la claudication ou même l'impossibilité de marcher. Les symptômes d'accompagnement sont l'engourdissement, les fourmillements dans les jambes et la sensibilité au toucher le long du nerf, avec la possibilité d'une détérioration des muscles que ce nerf dessert.

Cayce accorda un total de quatre-vingt-deux lectures à soixante-six personnes atteintes de sciatique, et, parmi elles, quelques-unes qui y étaient seulement prédisposées. Pour la présente étude, la recherche a couvert toutes les lectures se rapportant à la sciatique rhumatismale et à peu près la moitié de celles concernant la sciatique, offrant ainsi trente lectures représentatives du problème. Comme les causes et les traitements liés à ces deux catégories de problèmes sont très semblables, ils sont considérés ici comme un tout.

Cayce décrivit cette pathologie comme une grave incoordination entre le nerf sciatique et le système nerveux céphalo-rachidien qui affectait la coordination musculaire des membres inférieurs. Cette situation résultait à son tour d'alignements défectueux dans la zone lombaire-sacrée-coccygienne, ce qui avait entraîné un empiétement bloquant la base du nerf sciatique. Cette situation entravait l'influx nerveux aux extrémités, avec parfois une telle gravité que de douloureuses contractions musculaires pouvaient se faire sentir dans les jambes.

Les problèmes du bas de la colonne pouvaient provenir de diverses causes. Les blessures pouvaient évidemment en être une, mais la plupart du temps, la faute en revenait à la quantité excessive de toxines dans l'organisme. Cet état résultait d'une insuffisance de l'élimination, de congestion, d'infection ou de facteurs connexes. L'accumulation toxique dans les intestins ou les organes excréteurs créait des pressions sur la colonne vertébrale, lesquelles déviaient les influx normaux à destination des extrémités. Là où l'insuffisance de l'élimination était en cause, elle avait souvent un rapport étroit avec des facteurs tels qu'un régime trop acide, la constipation, le surmenage et un affaiblissement généralisé.

Dans deux cas, des attitudes mentales négatives contribuaient à la détresse des malades.

Traitement

Cayce promettait une amélioration, sinon une guérison, de la sciatique rhumatismale si l'on suivait scrupuleusement les traitements qu'il recommandait. Ceux-ci portaient surtout sur les corrections à apporter à la colonne vertébrale, sur l'amélioration du régime, la réparation des nerfs, le regain de vitalité, la stimulation de la circulation, l'amélioration de l'élimination et le soulagement des douleurs à assurer à court terme, en attendant que la guérison soit complète.

Dans dix-huit cas, Cayce suggéra des manipulations vertébrales devant se concentrer sur le segment lombaire-sacré-coccygien; elles visaient à redresser doucement et progressivement les empiétements pour rétablir une bonne coordination dans toute la colonne. Il conseillait fréquemment une série d'ajustements dans un but de relaxation aussi bien que pour réaliser des corrections profondes. Dans quelques cas, ces ajustements devaient s'harmoniser avec d'autres traitements comme la chaleur, l'hydrothérapie et les massages.

Presque aussi souvent, Cayce insista sur l'importance d'un régime sain, composé d'aliments faciles à digérer, laxatifs, alcalins et reconstituants pour le sang et pour les nerfs. Il citait particulièrement les légumes frais, crus et cuits, les fruits et les jus de fruits, les céréales à grains entiers et les jus et bouillons de viande. Les féculents, les sucreries et le bœuf ne devaient être consommés que modérément; dans les situations extrêmes, on devait s'en abstenir totalement. Étaient permis le poisson, la volaille, l'agneau, le foie et le gibier; interdits, le porc et les fritures.

Dans quatorze cas, Cayce suggéra des traitements variés d'électrothérapie pour favoriser la reconstruction des nerfs. Ils comprenaient la pile à électrolyte, l'appareil radioactif et le rayon violet. Ces traitements visaient aussi à améliorer la circulation et à revitaliser l'ensemble de l'organisme.

Les massages, recommandés dans douze cas, étaient considérés comme un excellent moyen de stimuler la circulation. Effectués le soir, ils avaient aussi comme fonction de relaxer la personne et d'améliorer le sommeil. Tout comme pour les ajustements, on devait masser spécialement le segment lombaire-sacré-coccygien et les membres inférieurs. Cayce conseillait souvent d'utiliser l'huile d'arachide ou d'autres substances. Les massages devaient fréquemment être administrés conjointement avec d'autres traitements comme les ajustements, l'hydrothérapie, l'électrothérapie et les emplâtres.

Cayce recommandait fréquemment d'améliorer l'élimination pour désintoxiquer l'organisme. Lorsqu'il les décrivait, les méthodes typiques étaient les laxatifs à base végétale, comme les sels Eno, les sels de Rochelle ou Sal Hepatica, et les méthodes purgatives comme les lavements et les irrigations du côlon. Il faisait souvent alterner les laxatifs à base végétale avec ceux à base minérale. À maintes reprises, il suggéra les tisanes toniques pour leur effet légèrement laxatif et leur capacité d'améliorer l'assimilation. Pour alcaliniser l'organisme, il conseilla deux fois le bicarbonate de soude.

Pour soulager la douleur, Cayce recommanda diverses applications de chaleur pénétrante afin de dissiper la congestion et de détendre les zones affectées. La plupart du temps, il conseillait les emplâtres de sel chaud, appliqués sur le bas du dos et aux endroits où les nerfs et les tendons étaient douloureux. Ces emplâtres se présentaient sous deux formes: soit un coussinet chauffé contenant du gros sel sec, soit des compresses de linge imbibées d'une solution chaude saturée de sels d'Epsom. On pouvait utiliser les emplâtres au sel seuls ou comme moyen d'absorber d'autres substances, comme la Glyco-Thymoline. Cayce mentionna à deux reprises les emplâtres de boue ou à l'huile de ricin, à poser sur l'abdomen.

Dans trois cas, il suggéra une autre application pour combattre les douleurs violentes; celle-ci consistait à «peindre» le bas du dos avec un mélange de teinture d'opium et d'aconit avant d'appliquer de la chaleur.

Dans bien des cas, il recommanda l'hydrothérapie, le plus souvent sous la forme de séances de sauna, parfois accompagnées de bains chauds et de frictions.

À deux reprises, il demanda de modifier les attitudes mentales. Il pria un patient de se montrer moins critique vis-à-vis des autres, et un autre d'apprendre à pardonner.

Histoire de cas: sciatique

Des rapports d'après-traitement indiquèrent que treize patients connurent une amélioration après avoir suivi les conseils donnés dans leur lecture. Leur degré de réussite, qui variait d'une légère amélioration à la guérison complète, dépendait en grande partie de la façon dont ils avaient fait confiance à leurs lectures.

Un cas de sciatique connut un complet rétablissement. C'était le 2516, un homme de cinquante-six ans dont la sciatique était si grave qu'il avait de la difficulté à marcher. Cayce attribua sa condition aux toxines résultant de pressions exercées sur les nerfs ainsi que de subluxations et lésions spinales localisées dans le segment lombaire supérieur, lesquelles étaient causées par la congestion et les surcharges. Des empiétements à la base du nerf sciatique entravaient les influx nerveux aux jambes.

Les traitements devaient débuter par des applications de rayon violet effectuées au moment du coucher, pendant une minute et demie au maximum. On devait partir de la base du cerveau, pour descendre ensuite le long de la colonne. Si on avait besoin d'un sédatif après le premier traitement, on pouvait prendre de l'Alka-Seltzer ou de l'aspirine.

Le jour suivant, le sujet 2516 devait recevoir un ajustement ostéopathique concentré sur la zone comprise entre la neuvième dorsale et la base de la colonne. Dans la soirée, on devait lui appliquer des emplâtres aux sels d'Epsom chauds (et humides) sur le bas du dos; le lendemain soir, un traitement au rayon violet; et le surlendemain, à nouveau un ajustement.

Ensuite, le patient devait prendre toutes les heures un mélange composé d'une demi-cuillerée à café de sirop de figues et de Castoria, jusqu'à l'obtention d'une évacuation complète des intestins. Le lendemain, il devait prendre deux cuillerées à café bien pleines de Sal Hepatica dans un verre d'eau. Le sujet était invité à rester couché pendant deux jours.

À la suite de ce traitement, il devait recevoir un autre ajustement, précédé d'applications de chaleur. Le régime devait comporter beaucoup d'aliments digestes comme les céréales, le lait, les fruits, les légumes, le jus de bœuf et le bouillon de poulet.

Le patient reçut une seconde lecture qui signala certaines améliorations, tout en indiquant qu'il fallait continuer les traitements. Cayce conseilla de «peindre» le segment lombo-sacré ainsi que les tendons et les nerfs du bas des jambes avec un mélange de trois parties de teinture d'opium pour une partie de teinture d'aconit. On devait, à ce moment-là, appliquer des emplâtres aux sels d'Epsom pour détendre davantage la zone. Après quoi il fallait procéder à un ajustement vertébral.

Cayce conseilla au patient de rester tranquille et d'aller à la selle de deux à trois fois par jour. De plus, il devait poursuivre les traitements au rayon violet et continuer à suivre le régime recommandé.

On apprit plus tard que le sujet 2516 avait suivi les conseils de Cayce et qu'il s'était complètement rétabli.

Histoire de cas: sciatique rhumatismale

Le cas 647 concernait une femme qui vivait sous un grand stress à soigner un mari malade. Elle reçut trois lectures. La première indiqua un affaiblissement généralisé et une grande surcharge imposée à son organisme par l'anxiété et l'excès de travail. Cette situation avait abouti à une mauvaise circulation, à une insuffisance de l'élimination et à un sentiment d'épuisement, lesquels avaient entraîné des pressions dans les membres et dans d'autres parties du corps.

Pour aider la digestion et calmer les nerfs, Cayce lui prescrivit une tisane tonique contenant de la pepsine lactée, du lait de bismuth, de l'élixir de calisaya et de la teinture de valériane. Il recommanda de plus de dix à dix-huit massages ostéopathiques complets, pour soulager les tensions et améliorer la coordination nerveuse. Ceux-ci devaient être donnés à peu près trois fois par semaine; la personne pouvait aussi se faire administrer un massage suédois tous les jours.

La seconde lecture, accordée dix mois plus tard, reconnut qu'il n'y avait pas d'amélioration. La patiente était toujours épuisée et avait contracté du rhumatisme et de l'urémie, avec une tendance au diabète. Cayce attribua le rhumatisme à l'intoxication de l'organisme.

Cette seconde lecture se concentra essentiellement sur le régime; la personne devait s'abstenir d'amidons, et surtout des sucreries, qui aggravaient ses problèmes physiques. La seule douceur permise était le miel en gâteaux. Les légumes et les fruits étaient vivement recommandés; les viandes devaient se limiter au poisson, au foie, aux tripes, à la volaille et aux abats, et ne jamais être frites.

À la troisième lecture, donnée deux semaines plus tard, la patiente souffrait toujours de rhumatisme, et les douleurs de sciatique avaient fait leur apparition. Cayce attribua néanmoins ces douleurs à la localisation temporaire des toxines dans le système, à cause du changement en faveur d'un régime plus alcalin. Les malaises étaient encore aggravés par le manque d'efficacité des reins qui faisaient se contracter le nerf sciatique.

Pour soulager les douleurs par action locale, Cayce lui recommanda de se faire «peindre» la zone lombaire et le bas des hanches avec un mélange de trois parties de teinture d'opium pour une partie de teinture d'aconit. On devait ensuite appliquer sur la zone douloureuse de lourds emplâtres contenant une solution chaude de sels d'Epsom, et continuer le traitement jusqu'à ce qu'un soulagement soit obtenu. Cayce lui conseilla également, à ce moment-là, de prendre une tisane aux pépins de pastèque, préparée en faisant tremper une cuillerée à soupe de pépins écrasés dans un demi-litre d'eau. La patiente devait en prendre une cuillerée à soupe deux fois par jour, pendant deux ou trois jours, puis cesser pendant un jour ou deux, et reprendre ensuite la tisane aux pépins de pastèque. Les recommandations faites antérieurement étaient toujours valables.

La personne suivit les conseils donnés dans sa troisième lecture et commença à éprouver du soulagement et de la détente de façon continue. Une semaine plus tard, son fils fit savoir qu'elle se sentait beaucoup mieux. Trente ans ont passé, et cette femme mène toujours une vie extrêmement active, exempte des douleurs et des maux habituels des gens d'un certain âge.

SCLÉRODERMIE

La sclérodermie est une maladie rare caractérisée par une induration et un épaississement de la peau ainsi que par une impossibilité de la plisser. C'est un accroissement du taux de calcium dans les cellules qui finit par transformer la peau en une cuirasse immobile de couleur ivoire. La maladie peut aussi affecter les poumons, le cœur et divers autres organes internes, qui peuvent cesser de fonctionner et entraîner la mort.

Les médecins qui ont étudié les lectures d'Edgar Cayce sur la sclérodermie en sont arrivés à la conclusion que la maladie a pour origine une déficience glandulaire généralisée mettant en cause la thyroïde, les surrénales et le foie, ce qui entraîne une carence nutritive de la peau. Cette situation perturbe à son tour le courant lymphatique et endommage les nerfs, ce qui se répercute sur les organes internes et enflamme les vaisseaux lymphatiques. On a également relevé, dans les lectures de Cayce, que la sclérodermie était associée au bacille tuberculeux qui s'attaquait à la peau.

Cayce donna trente-cinq lectures à quatre personnes dont l'âge variait de vingt-deux à soixante-sept ans. Dans chaque cas, la cause principale était une perturbation dans les systèmes glandulaires, laquelle accompagnait l'apparition de la maladie. Cayce la décrivit en ces termes: «Nous trouvons que l'état en est au stade d'une sorte d'inflammation de la lymphe qui consume la circulation entre les couches extérieure, intérieure et profonde de la peau. Tout en provoquant beaucoup de perturbations, cette inflammation isole progressivement et entraîne des malformations dans les zones concernées.» (2525-1)

Traitement

Les traitements suggérés aux quatre patients se ressemblaient à différents points de vue; ils comprenaient l'application de cataplasmes à l'huile de ricin, les massages et les changements au régime alimentaire. On devait installer les cataplasmes chauds sur toutes les parties de peau durcie, habituellement trois fois par semaine, en évitant de toucher aux plaies à vif.

Les massages avaient pour but de stimuler la circulation dans l'ensemble de l'organisme; ils devaient être concentrés sur les zones affectées, comme les hanches, la base de la colonne et les membres inférieurs. On devait frictionner la peau avec des substances diverses, les plus fréquemment recommandées étant un mélange d'huile d'arachide et d'huile d'olive. Ces traitements devaient toujours se faire le soir.

Le régime alimentaire devait être constitué de légumes crus, de jus de bœuf et de grains entiers, particulièrement efficaces pour fortifier le corps. Par contre, on devait s'abstenir de sucreries, d'amidons pris en trop grande quantité et de fritures.

Pour trois des quatre personnes traitées, les lectures recommandèrent des doses d'Atomidine pour permettre de régulariser le système glandulaire. Dans le même nombre de cas, elles conseillèrent l'emploi de la pile à électrolyte avec le chlorure d'or, l'Atomidine et l'alcool camphré, pour permettre au système nerveux de fonctionner normalement. Dans deux cas, Cayce suggéra aussi des applications locales de pommade d'ichthyol, pour hâter la guérison, de même que divers laxatifs. De plus, il prescrivit l'inhalation des vapeurs d'eau-de-vie de pomme contenue dans un tonnelet de chêne carbonisé, pour stimuler la circulation et détruire les bacilles de la tuberculose.

Histoire de cas

Le taux de guérison pour ces quatre cas fut de cent pour cent, car ils suivirent tous les conseils donnés dans leurs lectures et connurent une très nette amélioration. Des années plus tard, d'autres personnes suivirent les mêmes conseils et obtinrent d'excellents résultats.

Un cas typique extrait des lectures, le 2514, concernait une jeune femme de vingt-deux ans qui obtint quinze lectures pour la sclérodermie. Cayce découvrit que la propagation de la maladie était due à un déséquilibre glandulaire combiné à un affaiblissement des forces lymphatiques et à une insuffisance de l'élimination.

La première lecture offrit des conseils diététiques et insista fortement sur les légumes verts en feuilles. Les meilleures sources de protéines étaient le poisson, la volaille et l'agneau. Les fritures devaient être évitées. Pour aider les glandes à fonctionner normalement, Cayce recommanda une goutte d'Atomidine, à prendre dans un demi-verre d'eau six matins par semaine, pendant trois semaines. Le soir, on devait faire à cette personne des massages avec de l'huile d'olive et de l'huile d'arachide et les accompagner de frictions vigoureuses tout le long du système cérébro-spinal.

Après une période de trois semaines, on devait commencer les traitements à la pile à électrolyte en utilisant des solutions de chlorure d'or, d'alcool camphré et d'Atomidine et en en changeant tous les jours.

La deuxième lecture pour le cas 2514 conseilla de commencer les cataplasmes à l'huile de ricin. On devait les appliquer sur les zones affectées pendant au moins deux heures chaque jour. En cas de douleur trop forte, on pouvait utiliser la pommade d'ichthyol; on devait nettoyer la peau avec du savon Cuticura lorsque la guérison s'amorçait.

Dans les lectures suivantes, Cayce recommanda la Glyco-Thymoline pour nettoyer la peau. Il conseilla également des ajustements ostéopathiques et des traitements à la lumière ultraviolette pour aider à stabiliser la circulation lymphatique aussi bien que le système glandulaire. Pour redonner de la force, Cayce conseillait le Calcios et, pour améliorer la digestion, l'Acigest.

La patiente suivit les traitements pendant trois ans; pendant ce temps, son état s'améliora au point où elle put retrouver le fonctionnement normal de son corps.

SCLÉROSE LATÉRALE AMYOTROPHIQUE

Il s'agit d'une maladie chronique à dégénération progressive caractérisée par une détérioration des nerfs et du système musculaire; elle se déclare généralement entre quarante et soixante ans. Les symptômes se manifestent souvent par des faiblesses et par l'atrophie des membres, en particulier les membres supérieurs, ainsi que par une atrophie musculaire progressive. Après l'apparition du premier symptôme, l'espérance de vie est d'environ trois ans.

Bien qu'on ne trouve qu'un seul cas de SLA dans les lectures de Cayce, celui-ci attribuait la maladie à des causes communes telles que l'assimilation déficiente et la destruction des gaines des nerfs due à des déséquilibres chimiques. Des problèmes liés aux émotions et aux attitudes mentales étaient aussi considérés comme des causes antécédentes.

Traitement et histoire de cas

L'unique cas de SLA qu'on trouve dans les lectures de Cayce, sous le numéro 5019, est celui d'un homme de trente-quatre ans dont le problème se manifesta d'abord par une légère claudication. Cet état empira peu à peu jusqu'au point où un bras commença à s'atrophier et que le sujet fut incapable de se déplacer sans béquilles. Dans son diagnostic, Cayce insista sur une carence en or dans la chimie de l'organisme, ce qui avait entraîné une sous-alimentation et affaibli les gaines nerveuses dans la colonne vertébrale. Il attribua aussi ces afflictions à une situation karmique non précisée.

Cayce recommanda l'utilisation quotidienne de la pile à électrolyte pendant trente minutes, avec des solutions d'Atomidine alternant avec de l'alcool camphré. Quand on employait l'Atomidine, on devait fixer la plaque de cuivre sur l'axe lombaire; lorsque c'était le camphre qui était utilisé, la plaque devait être placée sur le plexus brachial ou dans la zone des première et deuxième, ou troisième et quatrième vertèbres dorsales.

Le traitement comprenait également un massage à l'huile d'arachide et à la lanoline qui devait suivre chaque traitement au vibromasseur et durer trente à quarante-cinq minutes. Cayce recommanda en outre de petites doses de chlorure d'or et de bromure de sodium, à prendre dans de l'eau distillée. Il était conseillé de s'abstenir de féculents et de boissons alcoolisées; également recommandée, la lecture de la Bible, particulièrement le chapitre 19:5 de l'Exode et le chapitre 30 du Deutéronome.

On n'a pas trace de contrôle ultérieur dans ce cas.

SCOLIOSE

La scoliose est une déviation anormale de la colonne vertébrale. Dans huit des treize cas de scoliose étudiés dans les lectures, la courbure s'était produite au bas de la colonne, précisément au coccyx. Cayce donna un total de quinze lectures sur cette pathologie.

Il considérait la scoliose aussi bien comme une cause que comme un effet d'autres perturbations de l'organisme. Dans six cas au moins, il découvrit des lésions, des subluxations ou des pressions anormales de la colonne; celles-ci étaient à l'origine des perturbations diverses du système sympathique qui se manifestaient dans la circulation, l'élimination ou l'assimilation. Dans quatre cas, des conditions d'élimination inadéquates risquaient d'entraîner, ou avaient déjà produit, la scoliose à cause des contractions anormales des muscles entourant la colonne vertébrale. Dans trois lectures, Cayce ne précisa pas les causes de la déviation.

Traitement

Pour le traitement de la scoliose, tous les soins devaient se porter sur les corrections et les manipulations vertébrales. Dans dix cas, Cayce demanda de les effectuer avec douceur; il précisa toujours que les manipulations devaient être faites par un chiropraticien, ou un neuropathologiste, ou un ostéopathe. Dans deux cas, il conseilla de simples manipulations des muscles spinaux, qui pouvaient être effectuées par un ami ou par un membre de la famille.

Dans six cas, le traitement reposait essentiellement sur les massages du dos et de la colonne. Habituellement, les massages devaient être faits à la suite des manipulations et, dans deux cas, après un bain chaud. La plupart des lectures mentionnèrent les huiles de massage; il s'agissait, le plus souvent, d'huile d'arachide ou d'olive, de myrrhe ou de beurre de cacao.

Dans cinq cas, Cayce conseilla des changements au régime; il mit l'accent sur les légumes, surtout les légumes feuillus verts, les agrumes et les grains entiers. On pouvait à l'occasion consommer du poisson, de l'agneau et de la volaille, et parfois du bœuf.

Cinq lectures indiquèrent qu'il serait bon de recourir aux vibrations électriques pour rétablir de saines structures énergétiques dans l'organisme. L'appareil radioactif, la pile à électrolyte et le rayon violet furent conseillés chacun une fois; deux autres lectures suggéraient une sorte, non précisée, de courants à basse fréquence, qui faisaient peut-être référence à la pile à électrolyte.

Les bains chauds ou l'application, pendant toute une nuit, d'emplâtres chauds sur la colonne furent considérés comme de première importance pour quatre personnes, dont un bébé de cinq mois. Les emplâtres devaient contenir soit de la Glyco-Thymoline, soit un mélange de suif de mouton, d'essence de térébenthine et d'alcool camphré.

Histoire de cas

Comme les traitements variaient énormément, deux histoires de cas ont été retenues.

Le cas 1503 se rapporte à un homme de vingt-sept ans qui souffrait d'une scoliose localisée à l'extrémité coccygienne de la colonne; cette affection provoquait de fortes pressions dans la zone lombaire et à travers tout le système céphalo-rachidien. Le patient avait aussi des perturbations glandulaires.

Cayce lui prescrivit six semaines consécutives d'ajustements vertébraux quotidiens, devant être pratiqués uniquement par un chiropraticien ou un neuropathologiste. Ce traitement devait être suivi d'une période de repos de deux semaines, puis repris pour une autre période de six semaines. Cayce conseilla à cet homme d'utiliser l'appareil radioactif pendant trente à quarante minutes chaque jour, et de suivre un régime à base de bœuf, poisson, lait, pain de blé entier et légumes. Les amidons étaient à proscrire.

Dans le cas 4529, celui d'une femme adulte, la scoliose fut attribuée à une insuffisance de l'élimination, laquelle provoquait des contractions musculaires à l'extrémité coccygienne. Cayce lui prescrivit des bains de vapeur une fois par semaine, suivis d'un massage du dos avec de l'alcool éthylique pur et de l'huile d'olive. Après trois ou quatre semaines de ce traitement, le sujet 4529 devait commencer des traitements de neuropathologie pour corriger les empiétements et les pressions sur la colonne. On ne possède aucun rapport post-thérapeutique pour ces deux cas.

SÉBORRHÉE

La séborrhée est une maladie de la peau qui ressemble au psoriasis; elle se caractérise par des squames sèches sur les bras et les jambes, ou encore par des squames jaunâtres sur le cuir chevelu.

Neuf personnes reçurent chacune une lecture sur l'eczéma séborrhéique, qui est un genre de dermatose.

Edgar Cayce affirmait que toute affection de la peau provenait d'une accumulation de toxines non rejetées hors du corps à cause d'un déséquilibre dans les évacuations; dans tous les cas de séborrhée qu'il rencontra, il attribua leur origine à ce déséquilibre.

Dans la lecture 5291-1, il expliqua que la cause était «des poisons qui devraient être éliminés par le tube digestif». À maintes reprises, il nota aussi d'autres facteurs, comme un mauvais fonctionnement glandulaire ou l'incoordination du système nerveux.

Traitement

Les traitements de la séborrhée mettaient l'accent sur les remèdes internes et la physiothérapie. Dans six cas, Cayce recommanda un régime alcalinisant exempt de graisses, d'amidons, de viandes et de fritures. Dans quatre lectures, il conseilla d'aider l'élimination en prenant fréquemment de l'huile d'olive, de la tisane de carthame ou de molène et du lait de magnésie mélangé à du lait de bismuth.

Dans quatre cas, les thérapies externes comprenaient des manipulations vertébrales pour corriger les incoordinations du système nerveux. Le traitement devait généralement être appliqué une fois ou deux par semaine, pour une période de temps donnée.

Cayce suggéra les massages corporels et vertébraux à quatre reprises, pour stimuler la circulation et détendre l'organisme. On devait les effectuer avec de l'huile d'olive ou de l'huile d'arachide.

Pour régulariser l'élimination et améliorer la digestion, il prescrivit des tisanes toniques dans trois cas. Elles se composaient habituellement de teinture de stillingia, d'huile de sassafras, de racine de patience et de sirop de salsepareille. Deux lectures prescrivirent, comme médication externe, une pommade faite de feuilles de plantain cuites dans de la crème épaisse.

Histoire de cas

Le cas 4569 était celui d'une femme atteinte d'eczéma séborrhéique sur les mains et les pieds. Cayce en attribua la cause à une insuffisance de l'élimination.

Il expliqua que les rougeurs qui étaient apparues sur les mains et les pieds étaient le résultat «d'un système d'élimination à travers des capillaires qui afflige les extrémités, parce que la circulation a, en quelque sorte, *stoppé,* ou provoqué des excoriations. L'épiderme même se fend et se crevasse, et la séparation entre le derme et l'épiderme s'accentue aux extrémités. Cela résulte d'un mauvais équilibre dans le système éliminatoire». (4569-2)

Comme remède interne, Cayce recommanda une tisane tonique composée de sirop ordinaire, de sirop composé de salsepareille, de teinture de stillingia, d'une solution à dix pour cent d'iodure de potassium, d'élixir de calisaya, de teinture de capsicum, d'huile de sassafras et de baume de tolu. Un régime alcalinisant, riche en légumes verts et en fruits et noix, représentait une partie essentielle du traitement. Cayce recommanda de plus des manipulations, surtout des membres, et des massages suédois fréquents.

Pour obtenir un soulagement immédiat de l'irritation cutanée, la patiente devait plonger ses mains et ses pieds dans de l'eau de pluie à laquelle on avait ajouté des feuilles de plantain coupées que l'on avait ensuite fait macérer.

Trois des patients qui avaient reçu une lecture sur la séborrhée firent savoir que l'état de leur peau s'était amélioré à la suite des traitements prescrits par Cayce. Quant à la patiente 4569, rien n'indique qu'elle ait suivi les conseils de Cayce.

SOINS AUX ENFANTS (Généralités)

Les quatre-vingt-cinq lectures portant sur les soins à donner aux enfants traitent des problèmes et des questions les plus communément rencontrés par les parents au cours de la première année de l'éducation de leur enfant. Ces lectures concernaient trente et un enfants, dont l'âge variait de un à cinq ans; ces enfants présentaient des problèmes tels que rhume, fièvre, indigestion et colite, percée des dents et érythème.

Même si les questions des parents concernaient plutôt la colite, l'indigestion ou les rhumes et la fièvre, plus de la moitié des réponses données dans les lectures attribuaient ces incommodités ou ces maladies à de mauvaises habitudes alimentaires ou à une carence en nutriments vitaux dans la nourriture. Pratiquement tous ces problèmes avaient pour origine une hyperacidité du système et, dans les cas de colique ou d'indigestion, Cayce se rendit fréquemment compte que le bébé était soit suralimenté, soit sous-alimenté. En conséquence, il insista énormément sur le régime et sur les habitudes alimentaires, aussi bien que sur l'importance des bonnes évacuations pour empêcher les toxines de s'accumuler.

Dans vingt-six cas, les recommandations sur le régime et l'alimentation étaient très précises. On ne devait jamais forcer les bébés à manger s'ils ne le désiraient pas. Les repas devaient être servis le matin, à midi et le soir, avec une petite collation au milieu de la matinée et de l'après-midi, pour régulariser l'appétit. Les régimes riches en aliments alcalins étaient décrits comme suit: les fruits frais, à l'exception des pommes et des bananes, étaient conseillés, mais dans les premiers mois, il était préférable de donner des jus de fruits, surtout du jus d'orange, en petite quantité. Les jus d'agrumes et les céréales ne devaient pas être consommés au cours d'un même repas. Cayce recommandait particulièrement les céréales cuites pour le petit déjeuner, surtout celles de farine d'avoine. Il conseillait aussi parfois le pain de blé entier ou Graham, de préférence grillé et beurré, et des jaunes d'œufs cuits en cocotte.

Les légumes à privilégier étaient ceux qui poussent au-dessus du sol; ils devaient être bien cuits ou préparés comme jus ou encore entrer dans la composition des soupes. Étaient également permis les pommes de terre, les navets et les betteraves dans leur jus. Cayce conseillait aussi les jus de viande, surtout dans les cas où le bébé n'était pas suffisamment nourri. À l'exception du poisson, de la volaille et de l'agneau, la viande était à éviter, tout comme les sucreries, les aliments gras et les fritures.

Cayce insistait beaucoup sur l'importance du silicium, du fer, de l'iode et du calcium dans l'alimentation du bébé en croissance. Le calcium, si essentiel pour la croissance et le développement de l'ossature et de la dentition, provenait essentiellement du lait.

En plus du lait maternel, les plus fréquemment mentionnés dans les lectures étaient le lait en poudre, le babeurre, le lait condensé (Carnation) et le lait bulgare. En cas d'insuffisance de lait maternel, Cayce conseillait de le remplacer par le lait de Mellin pour nourrir le bébé.

Dans les lectures portant sur les soins à donner aux bébés, le problème des évacuations insuffisantes était considéré comme très important. C'est pourquoi Cayce donna des instructions très précises concernant l'emploi de laxatifs doux. La plupart du temps, il conseillait le Castoria de Fletcher et, de temps en temps, du sirop de figues, du sirop de pepsine ou du lait de magnésie.

Il suggéra de donner au bébé quelques gouttes de Castoria à chaque demi-heure ou à chaque heure, jusqu'à ce qu'une bonne selle soit produite. On devait ensuite lui donner quelques gouttes de Glyco-Thymoline dans une cuiller à café d'eau plusieurs fois par jour, jusqu'à ce qu'on puisse en déceler l'odeur dans les selles. Cayce pensait que ce double traitement serait utile d'abord pour dégager le tube digestif et ensuite pour le nettoyer et l'alcaliniser. Pour empêcher l'acidité de se développer dans l'organisme du bébé, Cayce conseilla, dans quelques cas, de lui donner quelques gouttes de Glyco-Thymoline dans de l'eau ou du lait plusieurs fois par jour. Finalement, cinq lectures recommandèrent des lavements à l'eau tiède ou fraîche avec une goutte ou deux de Glyco-Thymoline pour améliorer encore l'élimination.

Pour empêcher la formation de gaz et aider la digestion, beaucoup de lectures conseillèrent de recourir à de l'eau additionnée de cannelle et à une solution d'eau de chaux. La dose habituelle était de quelques gouttes de chaque solution, qu'il fallait mettre dans une cuillerée à café et ajouter au biberon de lait ou à un verre de jus de fruit. Il fut parfois suggéré d'ajouter au lait une cuillerée à café d'eau de chaux.

Dans vingt-trois cas, Cayce prescrivit des massages et des frictions; on devait les faire après le bain du soir en utilisant diverses substances: du beurre de cacao, de l'huile d'arachide et de l'huile d'olive; de l'huile d'olive et de la teinture de myrrhe; ou une combinaison à parts égales de graisse de mouton, d'essence de térébenthine et d'huile camphrée. Les frictions avaient pour but d'assurer une bonne circulation tout en relaxant le corps. Pour aider à faire tomber la fièvre, il était conseillé de frictionner la colonne vertébrale avec de l'alcool éthylique après le bain du soir.

Les lectures mentionnaient tout un choix de suppléments alimentaires pour le maintien de la santé et la construction des tissus. Comme supplément de calcium, Cayce suggérait parfois du Calcios deux fois par semaine, lequel devait être étalé sur une tranche de pain de blé entier ou sur un biscuit. Il suggéra également quelquefois d'autres toniques de la musculation riches en éléments essentiels, comme la Calcidin, la Ventriculine, l'huile de flétan ou de foie de morue, dans le but de renforcer la résistance du bébé aux maladies et de l'aider, à l'occasion, à se débarrasser d'un rhume.

Dans sept lectures, Cayce prescrivit des applications locales pour réduire la congestion et soulager des zones irritées de la peau. Il recommanda la vaseline carbonatée, l'huile camphrée et la glace au camphre pour calmer les boutons de fièvre, les démangeaisons ou les éraflures. De plus, il recommanda fortement une poudre contenant du stéarate de zinc, de préférence combinée à un baume pour les éruptions sudorales et autres sortes d'efflorescences. Pour soulager la congestion, il suggéra un liniment constitué, à parts égales, de camphre, de térébenthine et de graisse de mouton.

Finalement, dans cinq cas, des mères exprimèrent leur préoccupation au sujet des percées de dents douloureuses de leur enfant. La plupart du temps, Cayce recommandait Ipsab, un remède qui devait être appliqué sur les gencives douloureuses plusieurs fois par semaine, avec un tampon d'ouate. En plus d'apporter du soulagement, Ipsab fournissait aux glandes salivaires du sel, du calcium et de l'iode, substances indispensables pour la percée des dents, selon Cayce. À part Ipsab, Cayce conseillait parfois de frotter les gencives avec une solution diluée de sel et de bicarbonate de soude, ou encore avec un morceau de glace. On pouvait aussi se servir d'une carotte crue épluchée que le bébé mâchonnait pour calmer la douleur des gencives.

Histoire de cas

Le cas 324 concernait une petite fille de treize mois qui souffrait d'un rhume avancé doublé d'une grave congestion qui avait affecté les membranes de ses oreilles, de sa gorge et de ses poumons. D'après Cayce, la cause de l'infection était liée à un régime alimentaire inadéquat, compliqué d'une digestion laborieuse et d'une élimination insuffisante.

La première lecture se concentra sur la nécessité de faire baisser la fièvre du bébé. Cayce prescrivit de cinq à huit gouttes de sirop de Squill à prendre toutes les trois ou quatre heures, le soir, et un massage de la poitrine, de la gorge, de la colonne vertébrale et de la plante des pieds avec un mélange à parts égales de graisse de mouton, d'huile camphrée et d'essence de térébenthine; ce massage devait être suivi d'un enveloppement de ces parties avec une flanelle chaude. Pour calmer l'irritation provoquée par une toux croupale, Cayce recommanda de boire un verre d'eau contenant une petite quantité de Calcidin.

Au bout de quelques jours, les parents du patient 324 firent savoir que la fièvre avait baissé. Cependant, quelques mois plus tard une infection glandulaire se déclara, affectant l'oreille droite. Pour ralentir la progression de l'affection, Cayce prescrivit quelques gouttes d'huile tiède à mettre dans l'oreille deux fois par jour pendant deux jours. Pour les évacuations, de petites doses intermittentes de Castoria de Fletcher contenant une cuillerée à café de séné devaient être données plusieurs fois par jour pendant plusieurs jours. Il était aussi suggéré de masser les pieds et les jambes avec de l'huile d'olive et de la myrrhe pour améliorer la circulation.

Six mois plus tard, l'état acide de l'organisme de l'enfant avait entraîné la coqueluche; Cayce expliqua cette maladie comme une inflammation des glandes de la gorge, provoquée par un excès d'acidité du système. Il recommanda de rétablir l'alcalinité par diverses mesures diététiques. Les sucreries ainsi que d'autres aliments générateurs d'acidité devaient être éliminés. On devait faire chaque jour des frictions sur la gorge, le dos et la colonne avec le mélange à la graisse de mouton. Pour soulager l'irritation de la gorge, il était recommandé de se gargariser et de nettoyer la gorge avec un tampon imbibé de Lavoris ou de Glyco-Thymoline.

Les parents du patient 324 suivirent les conseils de la lecture et rapportèrent par la suite que le traitement «avait parfaitement réussi» à guérir le bébé de la coqueluche.

Les parents du cas 2752, un bébé de sexe féminin de six semaines, avaient amené leur enfant à Cayce. Ils se faisaient du souci au sujet des selles trop liquides, de la zone rectale à vif et d'une éruption cutanée, toutes affections qui incommodaient fort le bébé. Cayce attribua ces inconvénients à une carence en nutriments dans le lait de la mère. Il apprit plus tard que celle-ci avait tendance à boire beaucoup, même durant la grossesse, et qu'elle ne prenait jamais de lait. En conséquence, Cayce prescrivit immédiatement dix gouttes de lait de bismuth pour le bébé et demanda que le lait de la mère soit remplacé par du lait évaporé, dilué avec de la pectine. Quelques heures plus tard, on devait donner au bébé quelques gouttes de Castoria, à répéter au bout de quelques heures, jusqu'à ce qu'une défécation se produise. Par la suite, on devait ajouter une ou deux gouttes de Glyco-Thymoline au biberon, jusqu'à ce qu'on puisse en déceler l'odeur dans les selles. Il fut également conseillé de donner un lavement à l'eau tiède ou légèrement fraîche contenant une goutte ou deux de Glyco-Thymoline.

Pour guérir les chairs à vif de la zone rectale et l'éruption cutanée, Cayce conseilla des applications externes de vaseline carbolique ou d'huile camphrée.

Quelques semaines plus tard, on remarqua une amélioration dans l'état de la peau. Dans une lecture postérieure, Cayce prescrivit un massage quotidien au beurre de cacao; pour prévenir le dessèchement du cuir chevelu, on devait utiliser un mélange d'huile d'olive et d'huile d'arachide avec du beurre de cacao.

Dans deux lectures de contrôle pour le cas 2752, données lorsque l'enfant eut atteint ses deux ans, Cayce renforça ses instructions antérieures concernant un régime alcalin; il exclut les sucreries et les pâtisseries, mais il permit les sucres naturels tels que le miel. Pour assurer une bonne santé des dents, le Calcios devait être pris une fois par semaine.

Dans la majorité des cas, on ne reçut jamais de rapports post-thérapeutiques à la suite des lectures. Dans dix cas, cependant, les parents rapportèrent «d'excellents résultats» après avoir suivi les traitements prescrits par Cayce.

STÉRILITÉ (Déviation de l'utérus)

Onze femmes, âgées de vingt à trente-neuf ans, reçurent un total de quatorze lectures d'Edgar Cayce pour une infertilité attribuée à un utérus dévié ou mal placé. Ces lectures indiquèrent généralement d'autres facteurs qui empêchaient également la conception.

Dans plus de trente-cinq pour cent des cas, c'étaient les subluxations spinales – habituellement dans la zone du coccyx ou la zone lombo-sacrée – qui créaient des pressions sur les organes pelviens et déplaçaient peu à peu l'utérus. Dans un autre tiers des cas, Cayce attribua la stérilité à une déviation de l'utérus, mais sans expliquer la raison du déplacement.

Dans le reste des cas, l'incapacité de concevoir fut attribuée la plupart du temps à la congestion et à des névralgies affectant la zone du pelvis; celles-ci étaient provoquées par le froid et l'humidité de même que par des microbes résiduels attribuables à un rhume ou à une grippe. Dans de nombreux cas, les symptômes d'accompagnement comprenaient des règles irrégulières ou douloureuses, des maux de tête occasionnels, des maux de dos et des étourdissements.

Traitement

Les traitements de Cayce visaient à ramener la matrice à sa position normale et à l'y maintenir. Il était d'avis que si l'on suivait les traitements, on n'aurait jamais besoin de recourir à l'opération. Même si la chirurgie offrait le même degré d'efficacité, il valait mieux éviter autant que possible les risques potentiels et les surcharges qui auraient pu résulter de cette intervention et affecter l'organisme.

Dans plus de soixante pour cent des cas, Cayce recommanda des manipulations vertébrales pour corriger les subluxations et les empiétements des nerfs dans le bas de la colonne. Les manipulations avaient aussi pour but de redresser la position de l'utérus. Ces traitements devaient généralement être administrés deux fois par semaine, pendant un mois ou deux.

Dans le même nombre de cas, Cayce prescrivit des emplâtres variés, pour usage soit externe, soit interne (dans l'utérus). Pour l'usage externe, il mentionna, chacun une fois, les emplâtres chauds à l'huile de ricin, les emplâtres chauds à la Glyco-Thymoline, les emplâtres au sel chaud et l'application de chaleur sèche et humide. On devait placer ces emplâtres sur les zones pubienne et abdominale pendant les périodes de repos qui séparaient les traitements vertébraux, et avant le début des menstruations. Cayce ne donna pas d'instructions précises quant à l'usage des emplâtres internes.

Pour soulager la congestion et les malaises de la zone pelvienne, Cayce recommanda, dans plus de vingt-cinq pour cent des cas, des douches vaginales administrées au moyen d'un bock et d'une canule. Les solutions, à utiliser diluées, étaient à base d'Atomidine (une cuillerée à café dans un litre d'eau chaude) ou de Glyco-Thymoline (une cuillerée à soupe dans un litre d'eau chaude). On ne devait donner ces douches que quelques jours avant la période des règles ou au cours d'un cycle menstruel douloureux. En outre, Cayce conseilla à deux femmes de prendre de très petites doses de chlorure d'or et de bromure de sodium dans de l'eau pour procurer à leur organisme les éléments nécessaires.

Histoire de cas

Cayce accorda trois lectures sur la stérilité à une jeune femme de vingt-quatre ans, le cas 578. Il diagnostiqua une déviation de l'utérus résultant de subluxations spinales localisées dans le segment coccygien de la colonne vertébrale.

Le principal traitement conseillé par Cayce consistait en une manipulation de la colonne entière, avec une attention particulière portée aux segments coccygien et lombo-sacré. Ces ajustements devaient être effectués deux fois par semaine pendant plusieurs semaines, suivis d'une période de deux semaines de repos, et ensuite reprise des traitements.

Cayce suggéra des exercices faits régulièrement pour améliorer les circulations sanguine et lymphatique déficientes et renforcer la musculature de l'abdomen et du pelvis. L'un des exercices consistait à imprimer aux jambes un mouvement circulaire, le haut du corps étant appuyé sur les coudes; un autre, à lever les jambes en l'air, le corps reposant sur les épaules, et à faire des mouvements de pédalage pendant trois ou quatre minutes. Les massages furent également recommandés pour améliorer la circulation et soulager la dysménorrhée.

Il semble que la patiente ait suivi les conseils de Cayce, car quelque temps plus tard, elle tomba enceinte et donna naissance à un enfant.

STÉRILITÉ FÉMININE

Dix-huit femmes incapables d'avoir un enfant s'adressèrent à Edgar Cayce pour ce problème de fertilité et reçurent vingt-quatre lectures sur le sujet. Dans tous les cas, Cayce considéra la stérilité comme un dérèglement guérissable causé par un déséquilibre du système de reproduction.

Les causes qui revenaient le plus fréquemment dans les lectures étaient des facteurs affectant les glandes et les organes de reproduction. Parmi ces causes, on trouvait l'incoordination entre les systèmes nerveux sympathique et céphalo-rachidien, les dysfonctions glandulaires et l'insuffisance de l'élimination; ces conditions décalaient les cycles des ovulations et des menstruations. Beaucoup de femmes firent état de règles irrégulières et douloureuses en même temps que de stérilité. Dans huit cas, on avait affaire à une combinaison d'au moins deux des problèmes mentionnés ci-dessus.

Traitement

Dans le but de rétablir une coordination nerveuse normale et une localisation correcte des organes pelviens, Cayce prescrivit des manipulations vertébrales et des ajustements ostéopathiques dans quatorze cas; ceux-ci devaient être effectués de une à deux fois par semaine en une série s'étendant sur de nombreuses semaines.

Dans onze cas, des remèdes internes firent partie du traitement. Cayce recommanda des tisanes à base de plantes, ou des doses d'Atomidine, ou encore un mélange de chlorure d'or et de bromure de sodium ajouté à de l'eau (également recommandé pour les hommes ayant le même problème). Les tisanes contenaient des composantes diverses telles que l'élixir de calisaya, la teinture de valériane et l'essence de ginseng sauvage. Dans les trois cas où l'Atomidine était conseillée, on devait faire alterner les doses avec une série de traitements ostéopathiques ou d'autres remèdes internes. Une dose typique d'or et de soude était d'une goutte de solution d'or à un grain par once mélangé à un demi-verre d'eau, à prendre au moins une fois par jour.

Dans cinq cas, Cayce fit des suggestions pour améliorer le régime alimentaire; il encouragea fortement la consommation d'aliments alcalinisants et sanguinoformateurs, alors que la consommation d'aliments contenant des graisses, de même que celle des viandes et des amidons, devait être réduite au minimum pour éviter que l'organisme ne devienne trop acide.

Pour harmoniser la circulation et le réseau de vibrations du corps, Cayce recommanda à cinq reprises l'électrothérapie, le plus souvent sous la forme de l'appareil radioactif et de la pile à électrolyte (dans un cas, les deux systèmes furent utilisés conjointement). Cependant, ce genre de thérapie ne constituait pas une partie importante des traitements; Cayce la prescrivait habituellement pendant les périodes de repos qui séparaient d'autres séries plus prolongées de traitements.

Histoire de cas

Le cas 2432 concernait une femme de trente ans; Cayce attribua sa stérilité à un déséquilibre glandulaire et à une connection défectueuse entre les systèmes céphalo-rachidien et sympathique.

Il lui prescrivit un cycle de traitements comprenant de l'Atomidine à prendre pendant cinq jours par voie orale, puis un repos de trois jours suivi de la reprise du traitement pour une autre période de cinq jours. Ensuite, un nouveau repos, puis nouvelle reprise du cycle. Le dosage était d'une goutte dans un demi-verre d'eau, à prendre chaque matin avant le petit déjeuner.

Pendant les périodes sans prise d'Atomidine, on devait faire à la patiente deux ajustements ostéopathiques par semaine, en portant une attention particulière à la quatrième vertèbre lombaire et à la neuvième dorsale ainsi qu'aux centres brachial et sacré. Pour la première série de traitements, Cayce demanda un total de douze ajustements. Après quoi la personne devait commencer à prendre quotidiennement la dose d'une goutte de chlorure d'or dilué et de deux gouttes de bromure de sodium dilué dans un demi-verre d'eau. Comme pour l'Atomidine, cette série devait durer cinq jours, être interrompue pendant trois jours, et alterner ensuite avec les doses d'Atomidine pour une période de trois à cinq cycles complets.

Pour finir, Cayce recommanda dix traitements ostéopathiques supplémentaires, à effectuer à la suite des cycles ci-dessus. Dans son régime alimentaire, la patiente devait éviter de manger trop de sucreries et de féculents tels que les bonbons, les pommes de terre blanches, les gâteaux et le pain; elle devait consommer au contraire beaucoup de fruits, de noix et de légumes, lesquels devaient constituer l'essentiel de ses repas.

On ne possède aucun rapport post-thérapeutique pour le cas 2432. Cependant, malgré des rapports non concluants ou inexistants dans la plupart des cas, cinq femmes firent savoir à Cayce qu'elles avaient suivi les conseils donnés dans leurs lectures et réussi à concevoir un enfant et à lui donner naissance.

STÉRILITÉ MASCULINE

Edgar Cayce donna une lecture à chacun des sept hommes ayant sollicité son aide afin de trouver la cause de leur incapacité à procréer; cette aide incluait les traitements appropriés à chaque cas.

Dans ces lectures, Cayce attribua généralement la stérilité à une dysfonction glandulaire; dans tous les cas, il jugea qu'elle était guérissable. La plupart du temps, ce problème était accompagné de diverses autres perturbations, comme l'insuffisance de l'élimination, le stress nerveux et les troubles sanguins et circulatoires.

Traitement

Pour traiter la stérilité, Cayce fit surtout appel aux tisanes et aux infusions de plantes médicamenteuses. Elles avaient pour but de purifier les glandes et de stimuler les sécrétions glandulaires normales. Dans trois cas, il prescrivit une tisane tonique contenant des proportions variées d'eau distillée, de chlorure d'or et de bicarbonate de soude. On devait ajouter quelques gouttes de ce mélange à de l'eau pure et boire ensuite cette eau deux fois par jour. D'autres tisanes recommandées contenaient des plantes variées: salsepareille, baume du Canada, racine de patience, racine de bardane et autres. Pour améliorer le fonctionnement des glandes, Cayce prescrivit de l'huile de germe de blé, du Codiron et du «Chill Tonic» sans saveur, de Grove.

Pour soulager les pressions nerveuses liées aux perturbations glandulaires, Cayce conseilla à quatre hommes de se faire donner une série de manipulations vertébrales hebdomadaires.

D'autres suggestions de traitement incluaient l'alcalinisation de l'organisme, au moyen d'un régime alimentaire adéquat, ainsi que des laxatifs ou des irrigations du côlon.

Histoire de cas

La lecture la plus longue et la plus approfondie fut accordée à un homme de trente-six ans, le cas 2548. Son incapacité de procréer résultait d'un état toxique du sang qui avait entraîné des perturbations affectant les glandes.

Cayce lui prescrivit une tisane de plantes constituée d'une base d'eau distillée à laquelle on avait ajouté de la racine de patience, de la racine de bardane, de l'écorce de frêne épineux, des feuilles de buchu, de la racine de mandragore, de la fleur de sureau, de l'alcool éthylique et du baume de tolu.

Le régime devait surtout comporter des aliments riches en vitamine B, auxquels venaient s'ajouter les fruits, les céréales, les légumes et le lait. Les viandes et les fritures n'étaient pas permises.

Le sujet devait en outre absorber une petite quantité de Calcios tartiné sur un biscuit sec, trois fois par semaine. Après un repos de trois jours, on devait lui administrer des corrections ostéopathiques bihebdomadaires, spécialement concentrées sur le segment lombo-sacré. Pendant cet intervalle, une partie du traitement devait consister en «Chill Tonic» sans saveur, de Grove, et en comprimés de Bromo Quinine. Pour clore cette série de traitements, on devait faire subir au patient 2548 une irrigation du côlon. On ne possède aucun rapport d'après-traitement pour les cas de stérilité.

STREPTOCOQUES (Infection)

Les streptocoques sont une forme de bactéries qui se présentent en chaînes ou en chapelets et que l'on retrouve dans toutes sortes d'infections. Ils sont responsables de maladies telles que l'angine, la scarlatine, la fièvre rhumatismale, la pneumonie, l'impétigo, les infections cardiaques et les maladies osseuses.

Les streptocoques les plus communs se retrouvent dans l'angine streptococcique et l'impétigo. Si l'on n'y prend garde, ces pathologies passent inaperçues; elles peuvent alors entraîner d'autres complications comme les infections de l'oreille, le rhumatisme articulaire aigu et les maladies des reins. On traite généralement ces maladies avec des antibiotiques.

Edgar Cayce donna une lecture à chacune des neuf personnes chez qui on avait décelé une infection aux streptocoques. Cependant, de très nombreuses lectures mentionnaient différents problèmes médicaux dans lesquels ces bactéries étaient mises en cause.

Dans sept cas, Cayce trouva comme cause principale de l'infection aux streptocoques une mauvaise élimination. Des intestins paresseux permettaient aux bactéries de demeurer suffisamment longtemps dans l'organisme pour se multiplier et provoquer l'infection.

Des facteurs connexes furent mentionnés dans trois cas; il s'agissait de circulation déficiente et de subluxations spinales. Ces complications furent souvent notées par Cayce conjointement avec une assimilation inadéquate, des déséquilibres nerveux et des troubles glandulaires.

Traitement

Dans tous les cas, à l'exception d'un seul, le traitement pour l'infection comprenait des mesures diététiques. Cayce insistait nettement sur les aliments alcalinisants comme les légumes, les fruits et leur jus. Il mentionna à l'occasion d'autres aliments fortifiants et reconstituants tels que les grains complets, le jus de bœuf, l'extrait de foie et la levure. Les graisses et les fritures étaient déconseillées.

Dans cinq cas, il suggéra des massages et des frictions, habituellement concentrés sur la colonne vertébrale. Les substances à utiliser pour les massages comprenaient l'alcool, pour diminuer la fièvre et atténuer la congestion, ainsi qu'un mélange de suif de mouton, d'alcool camphré et d'essence de térébenthine.

Cayce recommanda l'électrothérapie dans quatre cas, dont deux sous la forme de massages administrés avec un vibromasseur. Dans quatre cas également, il conseilla les manipulations vertébrales, lesquelles devaient surtout être concentrées sur le segment dorsal; dans le même nombre de cas, il prescrivit le nettoyage interne, sous la forme d'irrigations du côlon ou de laxatifs.

Les traitements mentionnèrent occasionnellement les emplâtres aux sels d'Epsom, à appliquer sur les zones affectées, la tisane aux pépins de pastèque, l'Atomidine, la thérapie par inhalations et les applications locales sur les endroits douloureux.

Histoire de cas

Trois des neuf patients traités rapportèrent de bons résultats après avoir suivi les suggestions données par Cayce dans la lecture qu'ils avaient reçue.

Un cas intéressant, le cas 1100 concernant une femme de quarante et un ans, reçut une lecture pour un problème d'infection bactérienne. Sa résistance avait été affaiblie par le surmenage, en conjonction avec le rhume, la congestion et l'insuffisance de l'élimination, ce qui avait entraîné l'infection.

Le premier conseil que lui donna Cayce fut de tremper ses pieds dans de l'eau chaude additionnée de moutarde, puis de les masser, ainsi que les jambes, avec un mélange de suif de mouton, d'essence de térébenthine et d'alcool camphré. Pour l'aider à se débarrasser du rhume et de la congestion, Cayce lui suggéra une inhalation pour dégager les voies respiratoires; celle-ci était composée d'eau, d'huile d'eucalyptus, d'huile de térébenthine rectifiée et de teinture composée de benjoin.

Pour renforcer la résistance de son organisme, la patiente devait prendre une goutte d'Atomidine dans un demi-verre d'eau avant le petit déjeuner, et deux gouttes avant le coucher. Le deuxième jour, la dose devait être portée à deux gouttes le matin et à cinq le soir. Le traitement devait cesser le troisième jour et reprendre ensuite, en commençant avec une goutte d'Atomidine.

Pour lui redonner des forces, Cayce suggéra un régime alcalinisant comportant du pain de maïs et de l'extrait de foie Valentine. Elle devait aussi se faire donner des manipulations vertébrales, en portant une attention spéciale aux segments dorsal et cervical de même qu'à la région située autour de la tête et derrière les oreilles.

La patiente, le cas 1100, suivit les conseils de Cayce et fit savoir que sa santé s'était améliorée.

SUMAC VÉNÉNEUX (Herbe à puce)

Le sumac vénéneux est une éruption cutanée qui survient après un contact avec la plante du même nom. Les symptômes en sont les démangeaisons, les brûlures et les picotements; ils peuvent parfois présenter une certaine gravité.

Edgar Cayce donna cinq lectures à ce sujet, à trois femmes et à deux hommes.

Bien que l'éruption ne puisse se produire sans le contact avec la plante, Cayce nota dans un cas que la réaction avait été aggravée par une insuffisance de l'élimination à laquelle s'ajoutait un déséquilibre acido-alcalin.

Traitement

Dans tous les cas, le dénominateur commun pour traiter le sumac vénéneux fut le recours à l'Atomidine et à la solution de Ray. Dans trois cas, l'Atomidine devait être prise par voie orale: de une à deux gouttes par jour dans un verre d'eau, pendant une période de quatre à dix jours.

Dans deux cas, Cayce conseilla de lotionner les régions affectées avec une solution composée d'environ une cuillerée à café d'Atomidine diluée dans un demi-verre d'eau.

À deux personnes, il conseilla de baigner les éruptions avec la solution de Ray. L'une des deux devait prendre chaque matin, pendant huit à dix jours, une cuillerée à café pleine de sels Eno, en guise de laxatif.

Histoire de cas

Le cas 1635 était celui d'une fillette de trois ans; son oncle avait télégraphié à Cayce pour lui demander une lecture, sans donner aucun détail sur le problème de l'enfant. La lecture qui suivit fit état d'une insuffisance de l'élimination et d'un déséquilibre acido-alcalin, combinés à une grave infection au sumac vénéneux. Les symptômes comprenaient de la fièvre et des perturbations des circulations lymphatique et superficielle.

Cayce offrit un traitement varié et détaillé commençant par un composé d'un demi-grain de podophyllum, un grain de leptandrine et un grain de sanguinaria, que l'on devait mélanger et répartir en cinq boulettes. L'une devait être prise le matin, et une autre l'après-midi. Le troisième jour au matin, après la prise de la dernière boulette, on devait donner à l'enfant du Castoria de Fletcher, à raison d'un quart de cuillerée à café toutes les demi-heures pendant toute la journée, ou jusqu'à l'obtention de selles abondantes.

On devait nettoyer les parties affectées du corps avec du savon Cuticura et les recouvrir ensuite d'une couche de pommade Cuticura. Après avoir utilisé le Cuticura pendant plusieurs jours, on devait recourir à la solution de Ray. Les conseils diététiques portaient sur la consommation de légumes crus et cuits et sur les fruits, à manger avec modération; on ne devait pas donner de boissons gazeuses à l'enfant, et peu ou pas de viande.

Le rapport d'après-traitement fut envoyé par la grand-mère de l'enfant qui déclara n'avoir jamais rien vu d'aussi rapide pour guérir une éruption cutanée.

SURDITÉ NERVEUSE

La surdité nerveuse est la perte d'audition causée soit par un dérèglement nerveux, soit par du liquide se trouvant dans l'oreille moyenne.

Onze personnes, âgées de six à soixante-dix ans, reçurent un total de treize lectures traitant de la surdité nerveuse et de problèmes connexes.

La cause principale, citée dans presque soixante-dix pour cent des cas, était l'insuffisance de l'élimination. Cette lacune entraînait une congestion généralisée et parfois une condition catarrhale du corps; celle-ci se concentrait dans les trompes d'Eustache, ce qui produisait une pression sur les nerfs sensoriels; cette pression, à son tour, conduisait à une dégénérescence de l'audition.

Dans la moitié des cas, une cause connexe était le manque de coordination nerveuse, dû en partie à des défauts d'alignements spinaux qui gênaient les nerfs sensoriels, et en particulier les nerfs auditifs. Un autre facteur, agissant dans trente-cinq pour cent des cas, était la mauvaise circulation de la lymphe et du sang. Une infection de l'oreille interne et des problèmes mentaux et émotionnels furent mentionnés chacun dans deux cas.

Traitement

Dans soixante-dix pour cent des cas, le principal traitement de Cayce pour la surdité nerveuse fut constitué de massages. Ce traitement avait pour but de stimuler la circulation le long de la colonne vertébrale, autour du visage ainsi qu'au-dessus des trompes d'Eustache. Dans près de soixante pour cent des cas, Cayce recommanda les manipulations vertébrales, centrées sur les zones cervicale et dorsale. L'électrothérapie fut suggérée environ quarante pour cent du temps, le plus souvent sous forme de la pile à électrolyte avec du chlorure d'or.

Environ trente pour cent des patients reçurent des conseils diététiques qui prônaient les aliments digestes et alcalins tels que fruits, légumes et leur jus. À deux reprises, Cayce recommanda des irrigations du côlon pour aider le processus de purification.

L'adoption d'attitudes positives était de première importance lorsqu'on considérait la totalité de la personne. À l'un des sujets, Cayce donna ce conseil: «Celui qui met en doute le fait qu'il ne recevra que du bien s'il accomplit ce qui est correct, celui-là est déjà vaincu. Ne blâme pas les autres sur ce qui est déjà arrivé ou peut encore arriver. Fais le bien toi-même, physiquement, mentalement et spirituellement, et le mieux te sera donné.» (5203-1)

Histoire de cas

Quatre des onze personnes traitées envoyèrent un rapport. Trois rapportèrent de bons résultats alors que la quatrième ne paraissait pas avoir suivi les conseils de Cayce. Nous donnons ci-dessous le résumé de deux cas.

Le cas 1090 concernait un garçon de six ans qui reçut une lecture pour la surdité nerveuse. À l'âge de cinq mois, il avait contracté la coqueluche et, en grandissant, il devint affligé d'une difficulté d'audition en même temps qu'il prenait du retard à parler. Au moment de sa lecture, l'enfant avait consulté vingt-trois médecins; ils avaient tous affirmé que les nerfs auditifs du petit garçon avaient été détruits par la surcharge que la coqueluche avait entraînée, et qu'il n'entendrait plus jamais normalement.

Cayce, de son côté, donna à l'enfant un diagnostic différent et plus encourageant. Celui-ci avait déjà eu des traitements chiropratiques; Cayce indiqua qu'en y ayant recours à nouveau et en les associant à d'autres thérapies, il pouvait garder un espoir réaliste de rendre l'audition à l'enfant.

La lecture qui lui fut donnée mentionna la congestion présente dans les centres de canaux chylifères de l'abdomen comme la principale cause de la surdité. Pour soulager la congestion, des cataplasmes à l'huile de ricin chaude devaient être posés au-dessus de la zone des canaux chylifères, à raison de trois à quatre fois par semaine, pendant une période de deux à quatre semaines (ou encore, on pouvait masser directement cette zone avec de l'huile de ricin, suivant le même horaire). On devait continuer les ajustements chiropratiques pendant quatre semaines au maximum; ils devaient être suivis d'une période de repos de deux à trois semaines, et être repris ensuite pour une nouvelle série de quatre semaines. Cayce conseilla en même temps un régime alimentaire facilement digestible et fortifiant.

Après avoir effectué les traitements pendant un certain temps, le chiropraticien du garçon fit un rapport sur ses progrès en ces termes: «Après de nombreuses semaines [de] traitements, [le] patient pouvait entendre des sons et répéter des mots alors qu'il me tournait le dos, afin qu'il ne puisse pas lire sur mes lèvres.»

Un autre cas, le 5132, était celui d'un homme de soixante-dix ans qui avait reçu une lecture pour une surdité nerveuse. Cayce avait essentiellement attribué sa perte d'audition à un état catarrhal qui avait endommagé les trompes d'Eustache et comprimé les nerfs, entraînant la surdité et des bruits parasitaires dans la tête.

Comme traitement, Cayce recommanda la pile à électrolyte avec chlorure d'or. Après chaque séance, on devait donner au patient un massage sur toute la longueur de la colonne vertébrale pour aider à éliminer la congestion.

Il semble que le sujet ait suivi les conseils de Cayce. En tout cas, il fit savoir que son état s'était grandement amélioré, même s'il entendait encore quelques bruits parasitaires.

SURDITÉ (Prolapsus des trompes d'Eustache)

Une trompe d'Eustache prolabée est une perturbation caractérisée par l'effondrement, ou la «chute», de la trompe, ce qui entraîne la surdité. Edgar Cayce accorda un total de trente-deux lectures sur cette maladie, à vingt-trois personnes, âgées de vingt-quatre à soixante-quinze ans.

Dans seize de ces cas, la cause principale qui a été mentionnée par Cayce était une circulation sanguine ralentie ou appauvrie. Il remarqua que certaines de ces personnes souffraient d'anémie ou d'une circulation lymphatique perturbée. De l'inflammation et des mucosités dans les oreilles étaient souvent présentes, ce qui affaiblissait les trompes d'Eustache et finissait par provoquer leur effondrement.

Dans dix autres cas, la cause essentielle de la perturbation était une assimilation inadéquate qui provoquait une hyperacidité et laissait l'organisme à la merci de l'infection qui finissait par atteindre les oreilles. Dans à peu près le même nombre de cas, c'est la mauvaise élimination qui entraînait l'excès d'acidité. Les subluxations spinales et l'incoordination du système nerveux pouvaient également être mises en cause. Une des lectures donna l'explication suivante concernant l'origine de l'état de l'oreille: «Ces effets dans la circulation montrent à nouveau une subluxation dans la région supérieure dorsale et cervicale, laquelle affecte la circulation auditive. Cela entraîne l'effondrement de tissu dans la tête, la trompe d'Eustache et le sinus; le tissu mou du visage est affecté, de telle façon que toutes les parties de l'organisme sensoriel sont parfois mises en cause dans cet état circulatoire.» (685-1)

Dans quatre cas, Cayce mentionna une infection ou de l'eczéma qui aurait entraîné l'irritation dans la trompe d'Eustache. Cette irritation s'était transformée en inflammation, ce qui avait finalement donné une trompe prolabée.

Traitement

Le principal traitement de cette affection, recommandé par Cayce dans vingt et un cas, était une sorte de manipulation locale qu'il appelait «chirurgie avec les doigts». L'objectif était de détruire les adhésions dans la trompe d'Eustache même. Pour obtenir de bons résultats, il était indispensable d'avoir le concours d'un ostéopathe ayant maîtrisé cette technique. Cayce avait aussi fréquemment recours aux manipulations complètes.

Pour améliorer la circulation et renforcer le système nerveux, les lectures données à quinze patients suggéraient des traitements à l'électrothérapie qui prenaient différentes formes, selon les besoins. Les plus souvent recommandés, par ordre de fréquence, étaient le rayon violet, l'appareil radioactif et la pile à électrolyte.

Cayce donna à neuf personnnes des conseils diététiques qui recommandaient fortement les aliments à réaction alcaline comme les fruits et les légumes. Les viandes lourdes étaient à proscrire, mais, à l'occasion, on pouvait prendre du jus de bœuf comme tonique.

Dans dix cas, Cayce suggéra des aides digestives et des laxatifs, comme les sels Eno et les préparations au bicarbonate de soude, pour neutraliser l'excès d'acidité et évacuer le surplus de toxines.

Trois personnes reçurent le conseil de se faire donner des massages centrés surtout sur les vertèbres cervicales et dorsales, dans le but de détendre les nerfs et les muscles et de stimuler la circulation. Elles devaient aussi utiliser des emplâtres chauds à la Glyco-Thymoline, qui devaient être posés à la base de l'oreille pour favoriser les drainages. Très souvent aussi, Cayce demanda d'avoir recours à la relaxation et à la méditation pour aider l'organisme à retrouver l'équilibre indispensable pour lutter contre l'infection.

Histoire de cas

Six patients seulement envoyèrent des rapports de suivi. Trois d'entre eux rapportèrent peu ou pas d'amélioration, tandis que les trois autres notèrent un mieux-être très net. L'un de ceux-ci était le cas 3105, une femme de soixante-quinze ans qui avait eu une lecture pour une surdité aux deux oreilles, laquelle était due à des trompes d'Eustache prolabées. Cayce en attribua la cause principale à une perturbation dans les influx nerveux se dirigeant vers le système sensoriel, résultat de subluxations dans la troisième et la quatrième vertèbres dorsales. La circulation étant entravée, les oreilles s'étaient enflammées, ce qui avait entraîné l'effondrement des trompes d'Eustache.

L'essentiel du traitement consista à pratiquer la chirurgie avec les doigts pour détruire les adhésions dans les oreilles et rétablir l'audition. Cayce recommanda aussi des emplâtres à la Glyco-Thymoline; on les préparait en imbibant de Glyco-Thymoline trois ou quatre épaisseurs de coton et en les appliquant ensuite à la base et sur les côtés des oreilles pendant une heure. Le soir, après les emplâtres, on devait faire des traitements au vibromasseur avec l'applicateur à éponge; on devait passer celui-ci sur le visage, le cou, les oreilles et sur le segment dorsal de la colonne vertébrale.

L'appareil radioactif devait être utilisé chaque jour, en même temps que la malade méditait sur la Bible.

La patiente suivit les traitements prescrits dans la lecture et rapporta une amélioration.

SYNDROME DE MÉNIÈRE

Le syndrome de Ménière se caractérise par la surdité, des vertiges ou des étourdissements et du tinnitus (bourdonnement d'oreilles). D'autres symptômes fréquents sont la nausée, les vomissements, la transpiration, une perte d'audition variable, et parfois les migraines.

Bien que de nombreuses lectures aient traité du vertige, deux seulement ont diagnostiqué précisément le syndrome de Ménière. Dans les résumés qui suivent, il tombe sous le sens que les traitements d'Edgar Cayce ont mis fortement l'accent non seulement sur la nécessité d'un bon régime alimentaire, mais aussi sur d'autres facteurs tout aussi importants.

Traitement et histoire de cas

Le cas 189 concernait une femme de quarante-quatre ans qui souffrait de toxémie et d'une tendance à l'hypertension, en plus du syndrome de Ménière. Ses symptômes incluaient des crises de vertige, de sérieux maux de tête et des indigestions acides. La lecture prit le temps de décrire la dynamique de cette maladie et l'attribua essentiellement à des déséquilibres circulatoires liés à une carence du système en iode.

Lorsqu'on demanda à Cayce de préciser la relation existant entre les liquides de l'oreille et l'équilibre du corps, celui-ci déclara: «Il maintient l'équilibre, tout comme le régulateur sur un moteur, ou il conserve l'équilibre, comme si l'on était sur des roulettes ou en mouvement; il aide à maintenir l'équilibre dans l'ensemble des activités du système. De là les étourdissements, le déséquilibre des énergies circulatoires, et toutes ces perturbations qui se produisent.» (189-6)

Il recommanda l'Atomidine pour compenser le manque d'iode. La patiente devait en prendre une goutte dans un demi-verre d'eau chaque matin avant le déjeuner, pendant cinq jours, puis cesser pendant cinq jours, pour reprendre ensuite les doses pendant une autre période de cinq jours, etc. De temps à autre, elle devait se faire donner des irrigations du côlon pour diminuer la pression sur le foie et le cœur.

Cayce lui conseilla aussi un régime mieux équilibré et moins acide, possédant des propriétés laxatives, avec beaucoup de légumes crus. À cause de leur acidité, les mélanges agrumes et féculents devaient être évités. Pendant ses crises, la patiente devait se limiter aux aliments liquides ou semi-liquides et aux grains entiers, sources de vitamines B. Elle devait éviter de manger trop salé.

Pour neutraliser les nausées, Cayce lui conseilla de ne prendre que des repas légers et de les faire suivre d'Al-Caroid, surtout si le repas comportait des plats assez gras. La marche était pour elle le meilleur des exercices, mais d'autres formes, plus passives, comme les manipulations et les massages, étaient également bénéfiques.

Trois semaines plus tard, la personne fit savoir qu'elle se sentait bien, en dépit d'une grande activité. Sept mois plus tard, elle demanda une autre lecture, car elle éprouvait de nouveau (ou encore) des étourdissements et d'autres problèmes.

Il est intéressant de noter que Cayce n'attribua plus les étourdissements au syndrome de Ménière mais «au foie dans sa tentative de fonctionner sous les pressions produites dans le duodénum, au moment où celui-ci se décharge dans le jéjunum». (189-7) Il décrivit ses problèmes comme en partie d'origine glandulaire, voulant dire par là que la ménopause pouvait avoir commencé.

Les traitements qu'il recommanda alors comprenaient l'hydrothérapie, les massages ostéopathiques, l'Al-Caroid pris après les repas et, à l'occasion, du lait de bismuth avec de la pepsine lactée. Il lui répéta les grandes lignes du régime alimentaire qu'elle devait suivre. Deux mois plus tard, après un certain nombre de manipulations, la patiente annonça que les sensations d'étourdissement dans sa tête avaient complètement disparu.

T

TABAGISME

À l'époque d'Edgar Cayce, on faisait très peu de recherche sur les méfaits du tabac. On doit se rappeler cependant que les cigarettes contenaient moins d'additifs qu'aujourd'hui; les lectures ont souligné l'importance de ce fait en ne recommandant instamment que les marques de cigarettes fabriquées avec du tabac pur.

Un total de quatre-vingt-huit lectures, accordées à quatre-vingt-une personnes, abordèrent au moins brièvement les problèmes liés au tabac. Ceux-ci étaient généralement traités dans la section «questions et réponses» incluse dans de nombreuses lectures, et qui ne se rapportait pas au thème principal traité. Les personnes qui avaient demandé des renseignements sur le tabac étaient âgées de quinze à soixante-dix-neuf ans, mais les commentaires de Cayce semblaient s'appliquer à tous, quel que soit leur âge. L'un des aspects les plus controversés de ses commentaires était que, loin de trouver le tabac nuisible à la santé, Cayce le considérait comme potentiellement bénéfique s'il était consommé avec modération. Il faut toutefois se rappeler que les méthodes de culture et de raffinage du tabac, aussi bien que celles concernant la fabrication des cigarettes, étaient très différentes à l'époque de Cayce, et que le produit final était plus naturel.

La définition de la modération pouvait varier selon les cas, mais la recommandation de base était de six à dix cigarettes par jour. Les cigarettes étaient préférables à la pipe et au cigare. Si l'on fumait la pipe, on devait se limiter à deux ou trois par jour. Même s'il acceptait que l'on fumât modérément, Cayce ne considéra jamais le tabac comme essentiel à la santé. Son principal avantage, selon lui, était apparemment l'effet calmant qu'avait la nicotine sur les nerfs.

Il conseilla tout de même à quelques personnes de cesser de fumer, et parfois aussi il demanda de réduire la consommation quotidienne. Lorsqu'il suggérait d'arrêter ou lorsqu'une personne exprimait le désir de le faire, Cayce exprimait une opinion claire et sans ambiguïté. C'était à la personne de savoir ce qu'elle voulait vraiment faire; ce n'était pas quelque chose qu'on pouvait l'obliger à faire. Dans une lecture, Cayce mentionna une «thérapie de dégoût» sous la forme d'un rinçage de bouche à la Listerine après chaque cigarette.

TEIGNE

Edgar Cayce ne donna que deux lectures pour des sujets porteurs de teigne, une pathologie caractérisée par des lésions de desquamation de forme annulaire que l'on retrouve généralement sur les parties exposées du corps.

Cayce n'en décrivit pas les causes en détail, mais il indiqua toutefois des complications dans le courant sanguin, la digestion et l'élimination.

Traitement et histoire de cas

Pour le cas 781, l'un des deux patients en question, Cayce conseilla de sauter un repas et de ne boire que de l'eau. Pour le repas suivant, le sujet, un garçon de sept ans, ne devait manger que du chou et du céleri crus, avec un peu de sel. Quatre heures plus tard, il devait commencer à prendre une dose d'une demi-cuillerée à café de phosphate de soude avec du sirop de salsepareille, de l'huile de térébenthine et de l'eucalyptus, le tout dilué dans un demi-verre d'eau. Il devait répéter la dose toutes les heures, pour un maximum de cinq doses. L'effet secondaire inévitable était la nausée, mais Cayce estimait qu'il fallait l'accepter si on voulait arrêter l'infection. Il recommanda aussi des lavements à effectuer au besoin. Pour les applications locales, il suggéra un onguent à l'oxyde jaune de mercure, ou une poudre au stéarate de zinc, ou de l'acide borique. Les repas devaient se composer essentiellement de gruau d'avoine, d'agrumes, de lait, de viande – s'il en éprouvait le désir – et de légumes.

Le rapport d'après-traitement indiqua que la teigne du garçon avait disparu après seulement deux jours de traitement.

Le second cas, le 1446, concernait une femme de quarante-trois ans qui fut diagnostiquée «teigne partielle». Dans son cas également, une mauvaise élimination était responsable du problème.

Cayce suggéra l'application d'emplâtres à l'huile de ricin non chauffée, que l'on devait placer sur les endroits affectés tous les soirs, au moment du coucher. Il recommanda en outre l'appareil à rayon violet, qu'il fallait passer le long du bras malade tous les deux ou trois jours, jusqu'à la guérison.

On ne reçut aucun rapport sur le résultat des traitements.

THROMBOSE CORONARIENNE

La thrombose coronarienne est provoquée par la formation d'un caillot sanguin dans les artères coronaires, ce qui entraîne une occlusion immédiate et complète de l'étroit segment. Elle se produit en général dans une artère déjà atteinte d'artériosclérose.

Cayce accorda un total de quarante-trois lectures à des personnes souffrant de thrombose ou étant prédisposées à cette maladie. Ce rapport concerne douze sujets, dont les âges s'étendaient de trente-huit à soixante-quatre ans, et qui reçurent un total de vingt lectures au sujet de cette affection.

Cayce attribua la cause principale de la thrombose, pour ce groupe de personnes, à une circulation ralentie découlant d'une surcharge du système circulatoire. Dans chaque cas, il trouva une interruption de la circulation entre le cœur et le foie, ce qui, comme l'expliquait une lecture, «provoquait une thrombose; c'est-à-dire un durcissement des parois des vaisseaux sanguins conduisant le sang veineux du foie au cœur. Cela engorge une partie du cœur et draine l'autre valvule». (1187-12)

Selon Cayce, dans soixante pour cent des cas, c'étaient les évacuations insuffisantes qui entraînaient un état de déséquilibre; dans la majorité des cas, cette situation était due à un mauvais fonctionnement du côlon qui laissait s'accumuler les toxines au lieu de les éliminer, entraînant ainsi des pressions sur le système circulatoire.

Dans trente pour cent des cas, c'étaient les compressions spinales qui étaient responsables. Elles se produisaient généralement dans les zones dorsale et cervicale, mais parfois aussi dans la partie inférieure de la colonne.

Dans quelques cas, une mauvaise assimilation de la part du tube digestif empêchait l'organisme de recevoir les nutriments dont il avait besoin. Au lieu d'être digérée normalement, la nourriture provoquait de la dyspepsie et des indigestions. Le surmenage aggravait encore le problème.

Traitement

Les traitements prescrits pour la thrombose coronarienne se concentraient sur la réduction de la toxicité de l'organisme. Dans tous les cas, Cayce demanda de changer de régime alimentaire. Il interdit les viandes, en particulier le bœuf, de même que les graisses et les fritures; il recommanda au contraire le poisson, la volaille, les légumes, les fruits et les jus de fruits.

Dans les trois quarts des cas, il suggéra des manipulations ostéopathiques pour aider à soulager la tension dans certaines zones précises; les plus souvent mentionnées étaient les quatrième, cinquième, sixième et neuvième vertèbres dorsales, les deuxième et troisième cervicales ainsi que les zones lombaire et sacrée.

Dans soixante-dix pour cent des cas, Cayce recommanda des irrigations du côlon et des lavements pour faciliter les drainages. Des solutions salées au bicarbonate de soude étaient des nettoyants typiques, avec de la Glyco-Thymoline ajoutée à l'eau de rinçage.

Cayce recommanda des massages à quarante pour cent des personnes traitées. On devait les faire au besoin, pour favoriser la détente et améliorer le fonctionnement de l'organisme. Pour stimuler celui-ci, Cayce prescrivit des combinaisons telles que l'huile d'olive avec la teinture de myrrhe ou encore la teinture de benjoin. Pour activer la circulation, l'électrothérapie fut mentionnée dans la même proportion de lectures. La plupart du temps, c'était l'appareil radioactif qui était indiqué. Dans quatre cas, Cayce insista sur la nécessité de se reposer, et deux fois il suggéra l'hydrothérapie.

Histoire de cas

Parmi tous les patients qui envoyèrent des rapports post-thérapeutiques, quarante pour cent notèrent soit une grande amélioration, soit une guérison complète.

Un exemple en est celui d'un homme de cinquante-cinq ans, le cas 1141, qui eut une lecture sur la thrombose coronarienne. Il avait éprouvé de l'essoufflement et des indigestions, en même temps que des sensations de pression dans tout le corps, ce qui l'avait poussé à consulter un cardiologue; celui-ci avait diagnostiqué une thrombose coronarienne.

Cayce, de son côté, indiqua que ses symptômes étaient liés à une mauvaise élimination, ce qui avait provoqué un engorgement du côlon et une accumulation de toxines dans le sang; cette situation avait entraîné à son tour des pressions sur le cœur.

Cayce prescrivit aussitôt des lavements et une irrigation complète du côlon. L'eau du lavement devait être additionnée de sel et de bicarbonate de soude, et l'eau de rinçage, de Glyco-Thymoline. Une semaine après la première irrigation, on devait lui en faire une autre, et vingt-quatre heures plus tard, une troisième. La quatrième et dernière devait lui être administrée trente jours après la troisième.

Cayce demanda au patient de prendre de petites quantités d'Al-Caroid après les repas, pendant deux ou trois jours, et ensuite uniquement après le repas du soir. Après ce régime, il ne devait prendre l'Al-Caroid avec des sels biliaires, comme laxatif, que tous les deux jours.

À la suite des traitements énumérés ci-dessus, la personne devait utiliser l'appareil radioactif tous les jours pendant une heure, avant de se coucher. Cayce recommanda également des manipulations ostéopathiques; celles-ci devaient être concentrées sur les zones dorsale et cervicale; on devait faire en même temps des corrections dans les zones lombaire et coccygienne ainsi que dans les plexus du sacrum et de l'iléon. Pour son alimentation, il devait éviter de consommer du pain blanc, des pommes de terre irlandaises et des haricots secs, mais, au contraire, se nourrir essentiellement de fruits et de jus de fruits ainsi que de légumes.

Le cas 1141 suivit les recommandations de Cayce et rapporta qu'il avait ensuite connu une «guérison complète».

TIC DE LA FACE

Le tic de la face se caractérise par des mouvements brefs et saccadés des muscles du visage. La cause principale de cette anomalie se trouvait, d'après Cayce, dans une incoordination entre les systèmes sympathique et céphalo-rachidien.

Dans deux des trois cas traités, la cause latente était la présence de subluxations spinales. Une lecture mentionna également une assimilation et une élimination défectueuses, des déséquilibres circulatoires ainsi qu'un taux inadéquat d'acidité-alcalinité. Une autre lecture mentionna que la tension nerveuse constituait un autre facteur.

Le principal traitement appliqué dans les trois cas consista en manipulations vertébrales pour coordonner les influx nerveux et rétablir l'équilibre normal dans l'ensemble de l'organisme. Une lecture recommanda aussi des mesures diététiques, avec des applications de vibromasseur sur la colonne et des traitements à la pile à électrolyte. Et une autre suggéra des emplâtres chauds et froids pour stimuler la circulation.

Histoire de cas

Le tic facial dont souffrait le cas 4480, un homme âgé de cinquante-sept ans, fut attribué à diverses causes internes. Selon Cayce, l'insuffisance de l'élimination avait occasionné un excès d'acidité dans la portion inférieure du tube digestif et provoqué des contraintes dans certains centres nerveux, lesquelles, à leur tour, avaient entraîné une mauvaise assimilation. Ces déséquilibres avaient épuisé les ressources d'énergie de l'organisme. Le système circulatoire, ralenti et affaibli, avait imposé une lourde charge aux centres nerveux du cœur et du cerveau, affectant la fonction respiratoire et provoquant le tic de la face.

Dans ce cas, Cayce conseilla essentiellement comme traitement des massages légers, du repos et des séjours à la montagne ou au bord de la mer, dans le but de purifier le sang et d'en refaire du neuf. Il recommanda aussi des manipulations ostéopathiques sur les zones cervicale et dorsale supérieure, pour maintenir un bon équilibre dans tout l'organisme.

TIC DOULOUREUX DE LA FACE

Le tic douloureux se caractérise par une douleur vive et soudaine dans une ou plusieurs branches du trijumeau, ou cinquième nerf crânien, qui dessert le cou et le visage. Connu également sous le nom de névralgie essentielle du trijumeau, le tic douloureux se manifeste habituellement vers le milieu ou la fin de la vie et se rencontre le plus souvent chez les femmes.

Six hommes et femmes, la plupart dans la cinquantaine ou la soixantaine, reçurent dix-neuf lectures sur cette affection.

Selon Edgar Cayce, dans presque tous les cas, les causes du tic douloureux pouvaient être liées à une insuffisance de l'élimination ou à un déséquilibre de la coordination nerveuse, des conditions qui affectaient finalement le nerf trijumeau et provoquaient de violentes douleurs. Dans les deux cas, Cayce nota, comme conditions réflexes, des complications digestives et circulatoires.

Traitement

Pour le traitement du tic douloureux, Cayce insista régulièrement sur le besoin d'établir de meilleurs «réseaux de vibrations» dans l'organisme et, par conséquent, il conseilla des traitements à l'électrothérapie à six sujets. Dans cinq cas, il suggéra l'appareil radioactif; les instructions mentionnaient de l'utiliser une heure par jour, en faisant alterner les accessoires entre les extrémités des membres.

Dans six cas, il recommanda aussi les manipulations vertébrales et les traitements généraux ostéopathiques pour relaxer le corps; Cayce estimait qu'ils étaient nécessaires pour soulager les empiétements et les compressions exercés sur les vertèbres. Il prescrivit à trois personnes des massages à effectuer aussitôt après les manipulations. De nombreuses lectures demandèrent d'accorder une attention spéciale au soulagement des tensions se produisant dans les vertèbres cervicales, lesquelles envoient des impulsions nerveuses vitales à la tête et au visage. Parmi les huiles de massage mentionnées, on peut citer un mélange d'huile d'olive (chaude) et de teinture de myrrhe.

Dans quatre cas, Cayce conseilla un régime plus alcalinisant, mettant l'accent sur les légumes crus, les soupes de légumes, les agrumes et, à l'occasion, les jus de viande.

Pour traiter les difficultés intestinales, il recommanda de prendre chaque jour du Castoria, des comprimés d'Alophen ainsi que de l'Al-Caroid, chacun de ces médicaments étant mentionné à quatre reprises.

Histoire de cas

Le cas 5555 concernait une femme d'âge mûr qui souffrait de violentes douleurs au visage; Cayce attribua celles-ci à des pressions s'exerçant dans le cinquième centre cervical à cause de défauts d'alignements spinaux. Il mentionna également des complications dans la digestion, dans l'élimination et dans la circulation sanguine de la patiente.

Dans les quatre lectures qui lui furent consacrées, Cayce détermina une série de traitements qui mettaient l'accent sur le régime alimentaire, l'électrothérapie, l'ostéopathie et les massages. Le régime du sujet devait se composer essentiellement d'agrumes, de légumes, de jus de raisin ou de vin rouge, ainsi que d'autres aliments alcalinisants. Elle reçut le conseil de boire fréquemment de petites quantités d'eau-de-vie «frumentée» (froment bouilli dans du lait et chauffé) additionnée d'un peu de sucre de betterave ou mélangée à un jaune d'œuf cuit et à du lait. Cayce recommanda aussi des manipulations ostéopathiques, à exécuter deux fois par semaine pour l'aider à se relaxer, et de fréquents massages du dos, à l'aide d'un mélange chauffé d'huile d'olive et de teinture de myrrhe. Les comprimés d'Alophen furent conseillés pour améliorer l'élimination; l'appareil radioactif devait être utilisé tous les jours sur le plexus solaire, pendant une heure.

On ne reçut aucun rapport au sujet du résultat de ces traitements; néanmoins, une femme informa Cayce que son mal avait été guéri après qu'elle eut suivi les conseils donnés dans sa lecture. Dans un autre cas, une femme qui avait des problèmes périodiques de tic douloureux rapporta une amélioration, mais elle se montra incapable de suivre régulièrement ses traitements, aussi subit-elle maintes rechutes.

TINNITUS (Bourdonnement d'oreilles)

Le tinnitus est une sensation de bruit dans les oreilles ou dans la tête; ce bruit peut être soit objectif (entendu par quelqu'un d'autre), soit subjectif. Dans un petit nombre de cas, ce problème a des causes évidentes que l'on peut corriger, comme le cérumen, l'infection de l'oreille moyenne ou de l'hypertension. Cependant, certaines personnes souffrant de ce problème ne connaissent aucun répit. Un type de traitement consiste à utiliser un dispositif conçu pour produire des sons plus calmants.

Il y eut onze lectures traitant de cet état; elles furent données à sept personnes et espacées dans le temps.

La plupart du temps, Edgar Cayce attribuait les symptômes du tinnitus à des perturbations de la circulation. Selon les lectures, des lésions affectant en particulier le canal de l'oreille externe pouvaient se former par suite d'une mauvaise circulation dans la tête et dans le visage. La toxémie, la congestion et certains facteurs psychologiques (anxiété, etc.) furent également mentionnés comme causes connexes, mais les diagnostics de Cayce portaient principalement sur les problèmes circulatoires, parfois accompagnés de subluxations spinales. Dans ces cas, il y avait des symptômes d'accompagnement tels que pression dans une oreille (ou les deux), bruits dans la tête, surdité, impaction des trompes d'Eustache, accumulation de cérumen, douleurs aux oreilles, démangeaisons à l'intérieur des oreilles et fatigue causée par le manque de sommeil.

Traitement et histoire de cas

Les sept personnes dont il a été fait mention précédemment ont reçu onze lectures complètes sur le tinnitus. Dans cinq cas, Cayce recommanda des manipulations ostéopathiques, en particulier dans les segments cervical et dorsal. Il suggéra parfois aussi des massages complets, pour améliorer aussi bien la circulation que la coordination entre les systèmes sympathique et céphalo-rachidien. Il recommanda également l'hydrothérapie, surtout sous la forme de séances de sauna. À maintes reprises, il suggéra aux personnes traitées de faire des exercices de la tête et du cou pour améliorer la circulation locale. Dans quelques cas, il conseilla l'intervention chirurgicale parce que les trompes d'Eustache étaient gravement atteintes.

Il indiqua, d'autre part, à deux des personnes qui avaient reçu des lectures sur le tinnitus que certains de leurs symptômes étaient des réactions sensorielles à des événements psychiques qu'elles étaient en train de vivre. Il leur conseilla donc d'entreprendre un programme de méditation et de chercher à développer leurs capacités psychiques.

Dans ces lectures, le régime généralement prescrit consistait essentiellement en fruits et en légumes crus, avec peu ou pas de viande, à l'exception du poisson et de la volaille. Dans un cas de tinnitus causé par la toxémie, Cayce suggéra une diète sévère ne dépassant pas vingt pour cent d'acidité. Le raisin devait être consommé tous les jours.

Sur les sept cas traités, l'un ne suivit pas les conseils de sa lecture et quatre autres n'envoyèrent pas de rapport d'après-traitement. Deux cependant firent savoir que les conseils de leurs lectures les avaient «guéris». Un des patients rapporta aussi que les traitements de Cayce avaient guéri sa cécité.

TORTICOLIS

Le torticolis est une contraction spasmodique des muscles du cou qui se produit généralement d'un seul côté et oblige la tête à prendre une position anormale.

Neuf hommes et femmes incapables de bouger le cou vinrent chercher de l'aide auprès d'Edgar Cayce, qui donna onze lectures sur le sujet.

Dans tous les cas de torticolis, sauf trois, la cause fut attribuée à une mauvaise coordination nerveuse entre les systèmes sympathique et céphalo-rachidien, résultat fréquent du stress et du surmenage. La cause habituelle de ces difficultés était un défaut d'ajustement des vertèbres dorsales et cervicales. Dans les autres cas, les principales causes des problèmes de cou étaient l'insuffisance de l'élimination et de l'assimilation. Dans quelques cas, des facteurs connexes incluaient la tension, la congestion et les déséquilibres glandulaires.

Traitement

Les instructions concernant les traitements étaient variables, mais elles présentaient certains points communs importants. Avant toute chose, le but visé était de détendre et de fortifier l'organisme, et de faire des corrections de la moelle épinière. Dans sept cas, Cayce recommanda soit des manipulations vertébrales, avec traitement spécifique des vertèbres dorsales et cervicales, soit des massages, administrés parfois avec des substances telles que l'huile d'olive ou d'arachide, ou l'alcool à friction.

Dans cinq cas, Cayce recommanda des aliments fortifiants et faciles à assimiler comme les légumes, les fruits de mer, le gibier, les soupes et les jus de viande. On devait s'abstenir d'aliments gras et acidifiants.

Dans cinq cas également, l'électrothérapie fut conseillée. Ce traitement avait comme objectif de stimuler la circulation et de faciliter le fonctionnement normal des organes. Les traitements variaient selon les cas; ils devaient être administrés une fois par jour, pendant une période allant de cinq à vingt minutes.

Le Sal Hepatica, l'Alophen, le Castoria et l'Atomidine étaient parfois conseillés.

Histoire de cas

Le cas 52 concernait un homme qui souffrait de douleurs dans le cou, accompagnées de spasmes musculaires et de convulsions. Cayce lui conseilla de se faire donner des ajustements ostéopathiques tous les jours, pendant trois semaines, chacun étant suivi de l'application d'une lampe solaire tout le long de la moelle épinière. Son régime alimentaire devait se limiter à des aliments très digestes.

Le cas 52, dont le diagnostic était une incoordination entre les systèmes nerveux sympathique et céphalo-rachidien, manifesta beaucoup d'enthousiasme après sa lecture; malgré tout, il n'envoya aucun rapport d'après-traitement.

TUMEURS AU CERVEAU

Une tumeur est une masse anormale de cellules qui s'agrandit et se développe sans tenir compte des structures qui l'entourent. Edgar Cayce accorda seize lectures sur le sujet des tumeurs cérébrales ou intracrâniennes, dont six pour le même patient.

La plupart du temps, Cayce attribuait les tumeurs au cerveau à une circulation paresseuse qui empêchait certaines portions du cerveau de recevoir suffisamment d'oxygène. La circulation inadéquate interférait aussi avec l'élimination des sous-produits cellulaires et le transport des lymphocytes qui combattent les maladies.

Cayce mentionna aussi, comme causes connexes, le manque de coordination nerveuse, les déséquilibres glandulaires, les assimilation et élimination insuffisantes, les facteurs psychologiques et le régime alimentaire inadéquat.

Traitement

Dans la moitié des cas approximativement, Cayce recommanda des massages. Dans quatre lectures, il insista sur le mouvement de la friction, laquelle devait partir de la tête pour se diriger vers les extrémités des jambes. Les genres d'huile à utiliser variaient; deux lectures mentionnèrent un mélange à parts égales d'huile d'olive et de teinture de myrrhe. Cayce mentionna aussi d'autres traitements tels qu'un régime équilibré, l'héliothérapie et l'électrothérapie (au moyen de la pile à électrolyte et de l'appareil radioactif).

Histoire de cas

Le traitement prescrit pour le cas 673, celui d'une jeune femme de vingt-cinq ans, est, sous beaucoup de rapports, très représentatif des traitements suggérés dans les lectures pour la majorité des personnes atteintes de tumeurs cérébrales.

Les symptômes de départ, qui apparurent soudainement, furent des nausées, une vision dédoublée, des maux de tête persistants et des étourdissements. Après un séjour de deux semaines à l'hôpital, la patiente reçut comme diagnostic la présence d'une tumeur cérébrale inopérable et incurable. En l'espace de quelques mois, elle avait perdu l'usage de son bras et de sa jambe gauches.

Cayce constata que sa tumeur était le résultat de sérieuses complications pour lesquelles il ne pourrait obtenir de résultats sur le plan physique, qu'au prix d'une patience et d'une persévérance très grandes. La jeune femme avait perdu complètement confiance en son ami; cette désillusion, aggravée physiquement par la présence de toxines dans son système, avait provoqué une dépression nerveuse qui rendait parfois impossible toute maîtrise de ses émotions. De plus, la toxicité du sang avait entraîné une inflammation de la lymphe et une raideur des tendons. Parmi d'autres causes contribuant au manque de coordination physique, on pouvait citer un abus de médicaments et de séances d'hypnose qui avaient favorisé l'accumulation des toxines.

Cayce s'attaqua aux aspects psychologiques de la maladie en faisant appel à la conscience spirituelle de la patiente et en éveillant sa volonté de se libérer de ses obsessions pour pouvoir mener une vie orientée vers la poursuite de buts à atteindre. Pour la soigner au plan physique, Cayce prescrivit une dose quotidienne d'un quart de grain de charbon activé, à faire suivre d'un traitement d'héliothérapie donné au moyen de la lumière ultraviolette et de la lumière au quartz. Chaque soir, avant d'aller au lit, elle devait se faire masser sur toute la longueur du système céphalo-rachidien avec un mélange à parts égales d'huile d'olive et de teinture de myrrhe. Elle devait aussi surveiller son alimentation.

Des rapports ultérieurs signalèrent que la patiente s'était découragée de suivre les instructions de la lecture et qu'elle s'était confiée aux soins d'un neurologue.

TUMEURS DE L'UTÉRUS

Edgar Cayce livra un total de soixante-treize lectures sur les tumeurs utérines, une pathologie caractérisée par des accumulations de graisse qui se fixent sur les trompes de Fallope ou sur les parois de l'utérus. Ces lectures s'adressaient à dix femmes; l'une d'entre elles reçut, à elle seule, soixante lectures sur cette affection et sur d'autres.

Dans trois cas, Cayce n'expliqua pas les causes des tumeurs, lesquelles étaient très importantes; aussi conseilla-t-il l'intervention chirurgicale à effectuer dans les meilleurs délais possibles. Dans les autres cas, il attribua les tumeurs à un ensemble de perturbations se manifestant à l'intérieur de l'organisme.

À quatre reprises, il tint responsable l'insuffisance de l'élimination menstruelle, ce qui avait obstrué les glandes lymphatiques et conduit à l'accumulation de lymphe dans l'utérus. Le manque de coordination entre les glandes de même qu'une carence en certains éléments dans le sang constituaient d'autres facteurs. Dans deux cas, la présence d'adhérences et de lésions dans les organes pelviens était à l'origine de la formation des tumeurs utérines.

Traitement

Les traitements variaient quelque peu selon les personnes en cause. Dans cinq cas, il suggéra un régime alcalinisant composé essentiellement de légumes crus et cuits, d'agrumes, ainsi que de poisson, de volaille et d'agneau. On devait laisser de côté les fritures, les graisses, les amidons et les sucres.

Cayce recommanda cinq fois des manipulations vertébrales, pour soulager la pression exercée sur les organes pelviens et provoquer une meilleure élimination. On devait porter une attention spéciale aux vertèbres lombaires et sacrées, qui sont liées directement aux organes pelviens.

Cayce prescrivit aussi, dans cinq cas, le recours à différentes formes d'électrothérapie, le plus souvent le rayon violet couplé avec l'applicateur vaginal ainsi que l'appareil radioactif.

Il conseilla à quatre femmes des douches vaginales avec des solutions d'Atomidine ou de Créoline hautement diluées. La dose habituelle d'Atomidine était d'une cuillerée à café par litre d'eau chaude. Dans le même nombre de cas, il recommanda des laxatifs, tels l'huile d'olive, le Serutan ou les sels d'Epsom, pour améliorer l'élimination. Il conseilla aussi, de temps à autre, des massages et des frictions légères à l'huile d'olive.

Histoire de cas

Le cas 2330 concernait une femme de trente-cinq ans qui souffrait d'une déviation de l'utérus; celle-ci avait entraîné la formation d'adhérences et de lésions sur les parois du vagin, provoquant des règles difficiles et des accumulations dans l'utérus. Elle reçut trois lectures pour son problème.

Cayce recommanda une série de six manipulations ostéopathiques à administrer deux fois par semaine, en se concentrant tout spécialement sur les vertèbres coccygiennes, lombaires et sacrées. Une fois par semaine, de préférence le lendemain des manipulations vertébrales, la patiente devait utiliser le rayon violet pendant quelques minutes, à l'aide de l'applicateur vaginal, et se donner ensuite une douche vaginale avec une solution d'une cuillerée à café d'Atomidine dans un litre d'eau chaude. À la suite de la lecture, elle ressentit une nette amélioration.

La deuxième lecture recommanda de six à huit manipulations vertébrales supplémentaires par semaine, dans le segment des vertèbres lombo-sacrées. Cayce conseilla en outre un plus grand nombre de douches vaginales à l'Atomidine; le recours au rayon violet devait décroître, jusqu'à atteindre un par dix jours. Pendant la période des règles, ces deux traitements devaient être interrompus.

Le régime alimentaire devait diminuer la quantité d'amidons, de graisses et de fromages, et augmenter au contraire les agrumes et, surtout, le jus de raisin. Pour améliorer l'élimination, la patiente devait prendre de une demie à une cuillerée à café entière d'huile d'olive, trois à quatre fois par jour.

L'état de la personne s'améliora pour quelque temps, mais deux ans après sa première lecture, les symptômes commencèrent à réapparaître, et elle se plaignit de problèmes concernant ses règles et ses évacuations. Une troisième lecture recommanda cinq ou six manipulations ostéopathiques supplémentaires par semaine, à appliquer dans les segments lombo-sacré et dorsal inférieur.

En outre, Cayce conseilla un traitement hebdomadaire avec le rayon violet de même que les douches vaginales avec une solution de Glyco-Thymoline (une cuillerée à soupe par litre d'eau chaude) ou d'Atomidine.

Dans l'année qui suivit cette lecture, on apprit que le cas 2330 avait subi une intervention chirurgicale pour l'ablation d'un fibrome de la grosseur d'un pamplemousse. Selon un rapport transmis par une amie intime, la patiente 2330 n'avait pas suivi les conseils donnés dans ses lectures et avait négligé sa santé.

U

ULCÈRE DUODÉNAL

L'ulcère duodénal, ou gastro-duodénal, se caractérise par des plaies superficielles sur les muqueuses; on le retrouve habituellement sur le duodénum, la première partie de l'intestin grêle qui va de l'estomac à la portion moyenne de l'intestin grêle ou jéjunum.

Edgar Cayce donna un total de quinze lectures à huit personnes souffrant de cette affection. Dans la moitié des cas au moins, il attribua le problème à un affaiblissement généralisé de l'organisme. Dans trois cas, il mentionna une mauvaise circulation et des problèmes émotionnels tels que l'anxiété, et, comme causes connexes, des rhumes et une élimination insuffisante. Dans deux cas, le cancer était également présent.

Traitement

Les traitements de Cayce pour les ulcères du duodénum visaient surtout à alcaliniser et à soulager l'estomac, à stimuler l'élimination et à fortifier l'état général du patient. Les recommandations essentielles, que l'on retrouve dans la moitié des cas au moins, portaient sur les massages, les manipulations vertébrales et un régime alimentaire adéquat. Les suggestions diététiques constituaient un trait caractéristique de l'ensemble des lectures, l'accent étant mis sur un régime fortement alcalinisant associé à une grande consommation d'eau. Les tisanes dépuratives, les cataplasmes à l'huile de ricin, pour stimuler l'élimination, la sève d'orme (de l'écorce d'orme rouge réduite en poudre dans de l'eau) pour aider la digestion, l'électrothérapie ainsi que les lavements et les irrigations du côlon, toutes ces méthodes furent mentionnées chacune à trois reprises; l'Al-Caroid, l'hydrothérapie et le charbon activé, pour leur part, furent mentionnés deux fois chacun dans les lectures concernant les ulcères du duodénum.

Histoire de cas

Les trois lectures données au cas 1724, celui d'un homme de quarante ans, indiquaient que son état était la conséquence d'une grippe intestinale qui affectait sa circulation, surtout dans le tube digestif. Les autres facteurs étaient les rhumes et les soucis.

Pour alcaliniser le système, Cayce suggéra une poudre antiacide à prendre dans de l'eau. Parmi d'autres recommandations, on trouvait les irrigations mensuelles pour faciliter l'élimination ainsi que des traitements d'hydrothérapie et d'électrothérapie, de nature non précisée, à appliquer sur l'estomac et la colonne vertébrale. Le régime devait être équilibré et ne pas comporter de fruits acides, de pain blanc, de viande et de fritures.

La seconde lecture encouragea le sujet à continuer à prendre l'antiacide et à augmenter à deux ou trois ses irrigations du côlon, en les espaçant de dix jours, puis de recommencer le schéma mensuel. Pour son régime, Cayce lui demanda de consommer moins de sucre et de s'abstenir complètement de conserves, de noix de coco, de puddings et d'alcool. Néanmoins, il permit dans son cas le Coca-Cola avec de l'eau gazeuse. Après la série d'irrigations, il devait subir des manipulations vertébrales pour coordonner les systèmes sympathique et céphalo-rachidien, en accordant une attention spéciale à la neuvième dorsale et à tous les centres cervicaux et dorsaux supérieurs.

Après avoir reçu sa troisième lecture, le patient écrivit à Cayce pour lui signaler que les diagnostics avaient été exacts et que sa santé commençait à s'améliorer.

ULCÈRES DE LA PEAU (Décubitus)

Les ulcères de la peau sont un genre particulier d'ulcères provoqués par des pressions prolongées s'exerçant sur des saillies osseuses ou cartilagineuses. On les rencontre le plus souvent chez les personnes âgées. Dix lectures furent accordées à quatre sujets souffrant d'ulcères de la peau; tous avaient des plaies sur les jambes et deux avaient des varices.

Dans les quatre cas, la cause habituelle des ulcères était une circulation défectueuse. Chez trois personnes, on trouvait comme facteurs connexes la tension et les soucis. Pour deux d'entre elles, c'était le mauvais fonctionnement du système excréteur qui était mis en cause; de l'insuffisance de l'élimination, ajoutée à une circulation déficiente, résultait l'expulsion des toxines à travers la peau, ce qui causait l'irritation.

Dans deux cas, la mauvaise assimilation des sucres entraînait des impuretés dans le sang, ce qui occasionnait une circulation sanguine défectueuse. L'un des sujets avait des problèmes spinaux qui affectaient la circulation du sang et la digestion et rendaient l'organisme hyperacide; c'est cette condition acide qui provoquait les éruptions cutanées.

Traitement

Les traitements de Cayce étaient essentiellement externes. L'un de ceux-ci consistait à appliquer des feuilles de molène sur les zones affectées, pour tenter de les soulager et de les guérir. On préparait la molène en faisant tremper deux ou trois feuilles vertes de cette plante dans de l'eau chaude et en les posant ensuite directement sur la peau. Ce traitement était aussi valable pour les personnes souffrant de varices. L'une des lectures suggéra l'application de Glyco-Thymoline avant et après les cataplasmes à la molène.

Dans d'autres cas, Cayce prescrivit le D.D.D. et l'Iodex comme antiseptiques. Dans un cas, il recommanda une pommade composée d'un mélange de charbon activé et d'Iodex, pour applications locales, mais ce mélange se révéla trop puissant; les lectures suivantes mentionnèrent uniquement l'Iodex.

Dans trois des quatre cas, Cayce suggéra des manipulations vertébrales pour stimuler la circulation en ouvrant et assouplissant les zones mal irriguées.

Dans les cas de muscles raidis par la tension, il recommanda des massages avec un mélange de crème et de plantain que l'on devait cuire pour en faire une gelée. Pour les cas de varices, les lectures prescrivirent une thérapie aux ultraviolets.

Cayce conseilla à l'un des patients d'exposer au soleil, pendant de brèves périodes, les zones irritées de ses membres. Et, dans deux cas, il recommanda des laxatifs variés.

Histoire de cas

Le cas 2714 concernait une femme chez qui Cayce avait diagnostiqué des impuretés dans le sang, une circulation ralentie et une carence en vitamine B_1, tous ces facteurs ayant contribué aux ulcères et aux varices qui affectaient ses jambes. Cayce attribua directement les ulcères à une infection de l'organisme et, comme il l'expliqua: «Nous découvrons dans cette entité 2714 que, tandis que les conditions extérieures entraînent le plus de souffrances, ces effets proviennent d'une infection cachée du système. Cette infection s'exprime par des ulcérations qui ne réagissent que faiblement aux applications locales.»

Pour traiter ces affections, Cayce recommanda d'appliquer quotidiennement une solution composée d'une cuillerée à soupe de molène séchée ajoutée à 60 ml d'eau bouillante. On devait également placer directement sur les zones affectées deux ou trois feuilles de molène imbibées d'eau chaude. Et, comme antiseptique, on devait utiliser de la Glyco-Thymoline avant et après les applications de feuilles de molène.

La patiente devait consommer des aliments riches en vitamine B_1; tous les deux jours, on devait relaxer ses plexus sacré et iliaque par méthode ostéopathique, car l'incoordination entre ces zones ralentissait la circulation desservant les régions ulcérées. Par la suite, on devait avoir recours aux rayons à ondes courtes ultraviolettes, qu'il fallait passer sur le dos de la malade.

V

VAGINITE

La vaginite est une inflammation du vagin caractérisée par de vives démangeaisons ou par des pertes. Edgar Cayce donna vingt lectures sur cette affection, à sept femmes et à un bébé de sexe féminin.

D'après ces lectures, la vaginite était le résultat soit d'une incoordination du système nerveux, qui affectait les glandes et les organes pelviens, soit d'une insuffisance de l'élimination, qui entraînait un excès d'acidité dans l'organisme.

Traitement

Les méthodes de traitement ne présentaient pas une grande régularité; cependant, Cayce accorda une grande importance aux thérapies internes. Il recommanda souvent les manipulations vertébrales dans le but de corriger les subluxations et les empiétements responsables de l'incoordination nerveuse; elles devaient être administrées une fois par semaine.

Dans quatre cas, Cayce suggéra des douches vaginales fréquentes en utilisant des dilutions de Glyco-Thymoline (une cuillerée à soupe par litre d'eau à la température du corps) ou d'Atomidine (une cuillerée à café par litre d'eau à la température du corps).

Dans trois cas, il conseilla des modifications au régime alimentaire en mettant l'accent sur les aliments alcalinisants et en demandant de s'abstenir de viande, de fritures et d'amidons.

À deux reprises, il recommanda la prise fréquente de jus de bœuf et de Ventriculine. Il considérait aussi comme bénéfique l'usage du rayon violet.

Histoire de cas

Une femme de quarante-trois ans, le cas 538, obtint treize lectures pour une affection récurrente d'éruptions et de démangeaisons vaginales. Ces lectures constituent de loin la série de traitements la plus importante et la plus complète portant sur la vaginite.

Le diagnostic révéla que l'affection s'était produite en réaction à une médication prescrite pour une autre maladie. Cette médication avait entraîné un déséquilibre chimique dans l'organisme, lequel avait affecté la circulation capillaire, en particulier dans les organes pelviens. Il en était résulté une élimination insuffisante et des démangeaisons persistantes à l'intérieur et autour du vagin.

Pour encourager l'élimination, Cayce suggéra des doses quotidiennes de charbon activé ainsi que de petites quantités de sels Eno. Il recommanda aussi des douches vaginales fréquentes en utilisant une dilution de permanganate de potassium et quelques gouttes de teinture de myrrhe. En outre, la patiente devait prendre un bain de siège tous les deux jours, en mélangeant une petite quantité de ces substances dans de l'eau et en ajoutant un peu de baume de tolu. Elle pouvait aussi utiliser le rayon violet administré à l'aide de l'applicateur vaginal.

La seconde lecture mentionna les progrès réalisés et recommanda des douches vaginales, à prendre deux fois par semaine avec des solutions diluées de Glyco-Thymoline ou de Lavoris. Dans les lectures suivantes, l'accent fut mis sur l'alcalinisation de l'organisme au moyen de jus d'orange et de jus de citron.

Cayce recommanda également une série de trois à cinq manipulations vertébrales, en portant une attention particulière au segment lombaire. L'applicateur vaginal à rayon violet devait être remplacé par l'applicateur à lampe et être placé sur la moelle épinière, le bas de l'abdomen et le diaphragme. Ces traitements devaient durer quinze minutes et être administrés deux fois par semaine.

Après avoir connu une amélioration, le cas 538 eut une rechute de vaginite. En conséquence, Cayce recommanda un traitement avec l'appareil radioactif, les accessoires étant attachés à l'os du pubis et à la quatrième vertèbre lombaire. L'appareil devait être utilisé chaque jour durant une demi-heure, pour des séries de quatre jours entrecoupées de périodes de repos, jusqu'à disparition des éruptions. Dans les lectures suivantes, Cayce suggéra de soulager les démangeaisons en ayant recours à la Vaseline, au D.D.D., au Cuticura, au Résinol et à l'huile camphrée, en applications locales.

Les rapports d'après-traitement indiquèrent quelques rechutes de vaginite, mais la patiente 538 suivit les instructions de ses lectures et fit savoir plus tard que l'affection avait disparu et qu'elle avait recouvré la santé.

VARICELLE

La varicelle est une maladie contagieuse causée par un virus qui affecte surtout les jeunes enfants. Habituellement peu dangereuse, elle se caractérise par une fièvre légère et des ulcérations de la peau. Comme pour d'autres maladies infantiles, le fait de la contracter une fois immunise généralement le corps contre des rechutes futures.

Edgar Cayce donna une lecture à un jeune garçon de six ans atteint de varicelle aiguë. Il souligna que le traitement qu'il lui avait fait suivre était adéquat, sans en préciser les détails. Les seules suggestions qu'il fit consistèrent essentiellement à s'assurer que l'enfant avait de bonnes évacuations et qu'il ne risquait pas de prendre froid. Il fallait donc maintenir l'alcalinité de l'organisme et éviter de faire consommer à l'enfant des aliments générateurs d'acidité.

On n'entendit plus parler du jeune malade.

VARICES

Les varices sont des veines dilatées ou hypertrophiées résultant de l'étirement ou de la rupture des cellules qui en forment les parois. Elles apparaissent le plus souvent dans la partie inférieure des jambes et sont généralement causées par une mauvaise circulation ou par des déséquilibres de la pression sanguine dans les membres inférieurs. Les varices sont le plus souvent visibles et se présentent sous la forme de décolorations bleu noir, ou même pourpres, sous la surface de la peau. Cette affection se rencontre plus fréquemment chez les femmes qui ont eu des grossesses.

Edgar Cayce donna à trente-trois sujets, la plupart étant des femmes adultes ou d'un certain âge, un total de trente-quatre lectures qui traitaient totalement ou en partie des varices.

Ses diagnostics mentionnèrent un ou des facteurs connexes qui avaient conduit à l'hypertrophie des veines. Dans la moitié des cas, les principales causes étaient la mauvaise circulation et les problèmes de pression sanguine. L'incoordination nerveuse était souvent liée à la mauvaise circulation; elle était causée par des pressions ou des subluxations spinales, souvent responsables d'une déviation des influx nerveux à destination des jambes. Cet état provoquait finalement un ralentissement de la circulation aux extrémités des membres inférieurs.

Dans près de quarante pour cent des cas, c'était l'insuffisance de l'élimination qui entraînait les problèmes circulatoires. Il s'ensuivait une accumulation de toxines qui causait du stress aux parois des veines et finissait par les détériorer.

Dans vingt pour cent des cas, une infection de l'organisme était évidente, mais on pouvait aussi imputer celle-ci à une intoxication du système.

Traitement

Dans la plupart des cas, les suggestions de traitement furent semblables. Dans près de quarante pour cent des cas, Cayce recommanda les manipulations vertébrales pour faire disparaître les blocages des influx nerveux vers les jambes. En règle générale, les ajustements devaient se faire à peu près deux fois par semaine, pendant de nombreuses semaines. Dans trente-cinq pour cent des cas, il suggéra des massages complets pour lesquels on utilisait parfois un mélange d'huiles – comme l'huile d'arachide et l'huile d'olive – avec de la myrrhe. Les massages devaient être concentrés sur les pieds, les chevilles et les jambes, pour encourager une meilleure circulation dans les membres inférieurs.

Dans le tiers des cas, on devait prendre chaque jour de la tisane de molène ou d'autres infusions à base de plantes. Dans le quart des cas, Cayce conseilla d'appliquer sur les varices des emplâtres faits de feuilles de molène fraîches.

Dans le même nombre de cas, il recommanda le port de bas élastiques, surtout pendant les périodes d'activité et de station debout, dans le but de fournir un support aux veines et de les empêcher de se dilater davantage au moment où la circulation sanguine augmentait dans les membres inférieurs. Enfin, il prescrivit un régime alcalinisant dans vingt pour cent des cas, afin de faciliter l'élimination tout en fournissant à l'organisme les nutriments indispensables.

Histoire de cas

Sur les trente-trois personnes qui eurent une lecture de Cayce concernant les varices, quatre seulement donnèrent de leurs nouvelles; trois signalèrent des résultats positifs et la quatrième ne nota aucune amélioration, mais il est possible qu'elle n'ait pas suivi les conseils donnés dans sa lecture.

Un cas intéressant fut le cas 243, celui d'une femme de cinquante-quatre ans dont la jambe gauche était enflée et douloureuse au moment où elle eut la première de ses deux lectures. Cayce indiqua que la cause en était une mauvaise circulation qui avait détérioré les veines de la circulation superficielle des jambes. L'insuffisance de l'élimination était également concernée, en partie à cause d'une circulation ralentie et inefficace dans la partie inférieure du corps.

Cayce conseilla à la patiente de porter des bas élastiques, surtout pendant les périodes d'activité. Son régime alimentaire devait être alcalin, et elle devait souvent se faire masser le dos, les jambes et l'abdomen.

Il semble que la patiente ait suivi les conseils de Cayce et obtenu de bons résultats. Cependant, les varices réapparurent neuf ans plus tard, et la personne sollicita une nouvelle lecture. Cette fois, Cayce découvrit que c'étaient des pressions dans l'axe lombaire inférieur qui entravaient la circulation dans les jambes. La mauvaise circulation et l'insuffisance de l'élimination avaient également rendu les reins acides.

Le traitement consista alors en une série de manipulations ostéopathiques. La patiente devait aussi boire 30 à 45 ml de tisane de molène tous les jours; on devait en préparer de la fraîche tous les trois jours.

Cayce conseilla également les emplâtres à la molène que l'on devait appliquer directement sur les varices. Les jambes de la patiente devaient être massées avec un café noir léger fait avec du marc déjà utilisé.

Le sujet 243 suivit les conseils et obtint de bons résultats. Néanmoins, d'autres complications apparurent quelque temps plus tard, et les varices s'aggravèrent une fois de plus.

On ne reçut aucun rapport d'après-traitement.

VERTIGE

Ceux qui sont sujets au vertige éprouvent souvent des sensations d'étourdissement, parfois accompagnées de nausées ou de maux de tête.

Quatre adultes reçurent chacun une lecture sur cet inconvénient que Cayce diagnostiqua comme provenant essentiellement d'un surmenage du système nerveux provoqué par le stress ou le travail excessif. D'autres perturbations étaient présentes, comme l'insuffisance de l'élimination, l'anémie, la toxémie, l'angoisse et un excès de sang dans l'organisme.

Traitement et histoire de cas

Les traitements étaient différents pour chaque patient; aussi donnerons-nous un bref résumé de chacun.

Pour le cas 294, le traitement comportait des massages effectués avec un vibromasseur, des frictions quotidiennes à l'huile d'olive, et, tous les jours également, une dose d'un fortifiant composé de bœuf, de fer et de vin. Étaient également conseillés les bains de soleil fréquents et l'absorption de six à huit verres d'eau par jour.

Le cas 87 concernait une personne âgée qui se vit aussi conseiller de prendre des bains de soleil et de boire beaucoup d'eau. On lui suggéra également des manipulations vertébrales, des exercices au grand air, et une forme non précisée d'électrothérapie, peut-être la pile à électrolyte.

Pour le cas 5301, celui d'une femme de quarante-deux ans, Cayce prescrivit une cuillerée à café par jour de sels Eno, à prendre pendant cinq jours concécutifs, le matin; interrompue ensuite pendant deux semaines, la dose devait être reprise après cette période.

Cayce recommanda l'usage quotidien, pendant une demi-heure, de la pile à électrolyte avec le chlorure d'or. Ce traitement devait être suivi d'un massage de tout le corps.

Pour le cas 86, une femme de soixante-dix ans, le traitement consistait en une série de deux manipulations vertébrales hebdomadaires; la patiente devait en plus s'asseoir deux fois par semaine sous une lampe solaire. Ces traitements visaient à corriger certaines pressions spinales et à établir de saines vibrations corporelles. On lui conseilla aussi de s'en tenir à un régime alcalinisant et de se faire donner une irrigation du côlon à l'occasion.

Les deux personnes, celle de quarante-deux ans (5301) et celle de soixante-dix ans (86), suivirent les conseils de Cayce et firent savoir que leur état s'était amélioré.

VÉSICULE BILIAIRE (Affections)

La vésicule biliaire est un organe en forme de poire situé sous le côté droit du foie; elle sert à emmagasiner et à sécréter la bile et des mucus. La plupart des affections de la vésicule biliaire, y compris les calculs, sont la conséquence de la formation de cholestérol ou de cristaux de cholestérine ainsi que d'autres substances en suspension dans la bile.

Les causes principales de ces affections sont, selon Edgar Cayce, la digestion difficile et les évacuations insuffisantes, et les causes secondaires, l'incoordination dans les fonctions nerveuse et circulatoire. En général, Cayce pensait que les problèmes du pancréas, de la rate et des canaux biliaires résultaient d'un apport insuffisant de sang et d'énergie nerveuse.

Traitement

Onze des quatorze lectures données conseillèrent de prendre de petites doses d'huile d'olive à intervalles rapprochés au cours de la journée, en même temps qu'on devait utiliser des emplâtres à l'huile de ricin plusieurs fois par semaine; le tout dans le but de stimuler l'élimination, d'aider à faire régresser les calculs et à les éliminer, d'améliorer l'absorption par les canaux chylifères et de favoriser la circulation générale du foie. Dans neuf cas, Cayce suggéra des ajustements vertébraux pour coordonner les systèmes nerveux. Dans le même nombre de lectures, il conseilla des irrigations du côlon ou des lavements pour encourager les évacuations et accélérer l'expulsion des toxines hors de l'organisme.

En outre, il suggéra souvent de modifier le régime alimentaire au bénéfice des liquides. Dans quatre cas, il conseilla différents massages. Et, finalement, il ne recommanda l'opération que dans un seul cas.

Histoire de cas

Dans le cas d'une femme de trente-huit ans, le sujet 1857, Cayce attribua ses problèmes de vésicule biliaire aux «lésions dans la dernière dorsale et la première lombaire – celles-ci ont été la source de perturbations dans cet organisme, combinées à la condition inflammatoire qui existait à la naissance – qui ont entraîné, avec ces activités dans le système, une adhérence du côté droit de la zone abdominale».

Cayce pensait que cette adhérence provoquait des perturbations dans le canal biliaire et la zone du foie, aussi bien que dans le cæcum, le côlon et les organes pelviens. Les lectures expliquèrent qu'on n'aurait pas à recourir à la chirurgie si l'on prenait les mesures nécessaires pour détruire les adhérences et normaliser les réactions du foie, des canaux biliaires, du pancréas et de la rate.

Un traitement de première importance consistait à appliquer des emplâtres à l'huile de ricin une heure par jour et trois fois par semaine pendant trois ou quatre semaines. Ces emplâtres devaient être placés sur la partie inférieure de la région du foie. Le jour suivant chaque session de trois cataplasmes, la patiente devait avaler deux cuillerées à café d'huile d'olive pour augmenter les évacuations. Le même jour, on devait aussi lui faire une irrigation du côlon pour éviter l'engorgement du cæcum et du côlon ascendant.

Les jours où les emplâtres à l'huile de ricin n'étaient pas requis, on devait faire des massages sur l'abdomen et la région du diaphragme de même que sur le reste du corps en utilisant un mélange à parts égales d'huile d'olive et d'huile d'arachide.

Après l'application du nombre prévu d'emplâtres, Cayce recommanda des ajustements ostéopathiques qui devaient aider à réparer les lésions et à vider les canaux biliaires. Le régime alimentaire devait comporter des topinambours.

Un an plus tard, la personne fit savoir que les emplâtres à l'huile de ricin lui avaient fait grand bien. Trente ans plus tard, cependant, elle rapporta s'être fait extraire la vésicule biliaire; elle reconnaissait néanmoins que si elle avait persévéré et continué les traitements conseillés par les lectures, l'opération aurait pu être évitée.

VESSIE (Rétrécissement de la)

Par rétrécissement de la vessie, on entend le pincement d'un canal, d'un conduit ou d'un passage causé par la formation de tissu cicatriciel ou par le dépôt de tissus anormaux.

Edgar Cayce ne donna que deux lectures sur le sujet; l'une s'adressait à une femme de soixante-cinq ans à qui la cause de sa condition ne fut pas précisée autrement que par un état général très affaibli; l'autre personne reçut de nombreuses lectures sur différentes affections, dont cinq avaient un rapport avec le rétrécissement de la vessie.

En gros, Cayce attribua les causes de cette maladie au stress et aux surcharges occasionnés par d'autres affections, en même temps qu'à l'anxiété, à une élimination insuffisante et à des traitements antérieurs. Il arriva à ces conclusions à la suite des nombreuses lectures qu'il avait accordées au cas 2504, qui concernait un homme âgé de soixante-trois ans.

Traitement

Les deux cas mentionnés ci-dessus reçurent des traitements différents. La lecture concernant la patiente de soixante-cinq ans, le cas 1746, mit essentiellement l'accent sur le régime alimentaire, qui devait faire partie intégrante de sa thérapie.

Deux à trois fois par semaine, elle devait consommer des topinambours. Elle devait aussi badigeonner les régions affectées avec de l'Atomidine diluée. Finalement, l'important, pour cette personne, fut de trouver un bon spécialiste de la vessie.

Pour le cas 2504, l'homme de soixante-trois ans, Cayce suggéra des compresses à l'huile de ricin et à la moutarde. Le sujet devait en outre mâcher un morceau de résine de la grosseur d'un pois et le laisser fondre lentement dans sa bouche. On devait de plus lui confectionner un cataplasme chaud au saindoux et à la térébenthine, et placer celui-ci dans la zone se trouvant au-dessus du col de la vessie. Dans une autre lecture, Cayce conseilla des lavements pour aider l'élimination. Des applications de sels d'Epsom furent également recommandées pour diminuer l'enflure.

Histoire de cas

Outre les lectures qui lui avaient été accordées, le sujet 2504 en reçut une autre qui révéla une nouvelle complication: la prostatite. Il lui fut alors suggéré de continuer les traitements antérieurement prescrits. Neuf jours plus tard, il reçut une autre lecture qui indiqua que son état ne s'était pas amélioré, à cause d'une élimination insuffisante. Cayce suggéra l'emploi de l'appareil radioactif pour équilibrer le système et augmenter les évacuations. Dans la dernière lecture reçue par cette personne, il lui était conseillé de continuer le traitement avec l'appareil radioactif, en plus de se faire donner des massages, d'effectuer des exercices pour transpirer et d'améliorer ses évacuations.

Les rapports post-thérapeutiques indiquèrent que le patient 1746 n'avait reçu «aucune aide» de sa lecture. Quant au cas 2504, bien qu'il eût reçu des soins prolongés à l'hôpital de Cayce, on ne possède aucun rapport indiquant que ses problèmes de vessie aient été résolus.

On reçut cependant un rapport intéressant sur l'utilisation de la résine à mâcher de la part du sujet 264; celui-ci avait entendu parler de la suggestion faite au cas 2504 et avait décidé de l'appliquer à son propre père, qui éprouvait des difficultés à uriner. Avant d'avoir recours à la résine, même les sondages demeuraient sans effet; par la suite, il vida cependant sa vessie de un litre ou deux.

VITILIGO

Le vitiligo est une maladie caractérisée par des taches blanches disséminées sur la peau. On ne trouve cette maladie que chez un pour cent de la population; elle est causée par la destruction des cellules de pigmentation.

Edgar Cayce donna des lectures à six personnes sur le sujet; il les prévint que, tout comme la maladie avait mis des années à s'installer, les traitements prendraient du temps, probablement de nombreux mois jusqu'à un an, avant d'atteindre leur pleine efficacité.

L'étude du vitiligo à travers les lectures montre que Cayce était d'avis que cette pathologie résultait de perturbations affectant le pigment de la peau dans les couches intérieures; ces perturbations étaient causées par les déchets se trouvant dans la circulation superficielle et non correctement éliminés par l'organisme.

Traitement

Pour soigner le vitiligo, Cayce mit l'accent sur le régime alimentaire, lequel était, à son avis, essentiel à un métabolisme adéquat. Tous les traitements soulignaient la nécessité d'adopter et de maintenir un régime bien équilibré en même temps qu'alcalinisant, et composé surtout d'agrumes et de légumes verts, excluant le porc, les fritures et un grand nombre de féculents.

Dans quatre cas, Cayce recommanda soit la pile à électrolyte avec la solution au chlorure d'or, soit le rayon violet, comme méthodes efficaces pour rétablir une bonne assimilation et activer la circulation dans l'ensemble du corps.

Pour nettoyer et purifier les glandes, il prescrivit l'Atomidine, à prendre une fois par jour, pendant des périodes plus ou moins longues. Dans trois cas, le dosage recommandé était d'une goutte dans un demi-verre d'eau, à prendre chaque matin avant le petit déjeuner. Dans deux cas, il jugea nécessaire de prescrire des tisanes reconstituantes contenant de l'ambroisie, pour aider le processus d'assimilation. D'autres ingrédients actifs comprenaient le baume de tolu, l'élixir de calisaya et l'élixir de pepsine lactée.

Dans deux cas, Cayce insista sur l'importance des laxatifs; il recommanda de fréquentes irrigations du côlon jusqu'à ce que l'état général donne des signes évidents d'amélioration.

Histoire de cas

À sa première lecture, le sujet 236 se plaignit de voir apparaître des taches blanches sur ses mains et ses bras alors qu'il en avait déjà sur le cou depuis quelques années.

Le diagnostic de Cayce révéla qu'une élimination et une assimilation déficientes avaient affecté la circulation capillaire des bras et changé la pigmentation des couches intérieures de la peau.

La première lecture prescrivit une tisane tonique, préparée et administrée selon certaines instructions précises. Elle était composée de racine de sassafras, d'ambroisie verte, d'élixir de calisaya, d'alcool éthylique et de baume de tolu.

Le régime recommandé devait inclure des légumes verts et d'autres aliments alcalinisants; le repas de midi devait être omis. Des irrigations du côlon occasionnelles étaient recommandées ainsi que de petites doses de Petrolagar.

Six mois plus tard, la patiente (236) fit savoir que le vitiligo avait cessé sa progression dans les zones déjà atteintes. Dans sa deuxième lecture, Cayce conseilla d'utiliser le rayon violet chaque soir, pendant trente minutes. L'application devait se faire avec soin, en déplaçant lentement l'appareil le long de la moelle épinière, à quatre ou cinq reprises, puis en le passant tout aussi lentement sur le plexus brachial et le plexus solaire, et, finalement, le long des nerfs sciatiques jusqu'à l'extrémité des membres inférieurs. Le traitement au rayon violet devait être effectué à la suite d'une série de cinq jours de prises de tisane tonique à l'ambroisie verte, et se poursuivre pendant trente jours consécutifs.

Bien qu'elle ait commencé à obtenir de bons résultats, la personne cessa d'envoyer des rapports après sa deuxième lecture.

X

XÉRODERMIE

La xérodermie est une sorte de dessèchement de la peau qui affecte les personnes à des degrés divers. La peau est sèche et rugueuse, et présente des écailles qui tombent par desquamation.

Edgar Cayce donna un total de trois lectures pour deux personnes, âgées de vingt et un et de soixante-cinq ans qui souffraient de cette maladie. Dans les deux cas, les lectures indiquèrent une insuffisance de l'élimination qui avait abouti à un état toxique et hyperacide et avait affaibli l'organisme. Il y avait aussi d'autres facteurs connexes, comme les subluxations spinales, la mauvaise circulation et la congestion.

Traitement

L'une des premières étapes du traitement consista à modifier le régime alimentaire en consommant beaucoup plus d'aliments alcalinisants, comme les fruits et les légumes. Cayce suggéra aussi d'effectuer des massages sur les zones affectées en utilisant des substances telles que l'huile d'olive et la myrrhe, ou encore l'huile de ricin et l'huile d'arachide.

Il recommanda en outre aux deux sujets traités de recourir aux inhalations en utilisant un produit à base d'alcool contenant des substances expectorantes comme l'huile d'eucalyptus.

Histoire de cas

Les suggestions données par Cayce ne furent acceptées que par un seul des deux sujets, le cas 1771. Il s'agissait d'une jeune femme de vingt et un ans qui avait reçu deux lectures sur la xérodermie. Sa maladie était le résultat de subluxations spinales dans les segments cervical et dorsal, lesquelles étaient accompagnées d'une insuffisance de l'élimination et d'une hyperacidité de l'organisme.

Le premier traitement à appliquer, d'après Cayce, fut une série de dix ajustements ostéopathiques devant se concentrer sur les segments lombaire, sacré et coccygien, afin de coordonner les vertèbres de la partie inférieure de la colonne.

Pour soulager la congestion, la patiente devait avoir fréquemment recours à des inhalations faites à partir d'alcool éthylique, d'huile d'eucalyptus, de teinture de benjoin composée, d'huile de térébenthine rectifiée, de baume du Canada et d'une solution de tolu.

Elle devait s'abstenir d'aliments contenant du sucre et des amidons raffinés, et consommer au contraire beaucoup d'alcalinisants comme les fruits et les légumes. Cayce lui recommanda aussi des exercices pour les pieds ainsi que d'autres, à faire au-dehors, qui comprenaient des mouvements circulaires des muscles du diaphragme.

La seconde lecture lui conseilla de continuer les traitements suggérés dans la première; pour soulager l'irritation des avant-pieds, Cayce lui prescrivit des massages avec un mélange d'huile d'olive et de teinture de myrrhe, à faire tous les soirs avant le coucher.

La patiente suivit les conseils de Cayce et, dix mois plus tard, elle fit savoir qu'elle était «complètement guérie».

Z

ZONA

Le zona est une maladie infectieuse due à un virus du groupe herpès, et caractérisée par une éruption de vésicules ayant une disposition strictement unilatérale; elle est accompagnée de douleurs intenses. Le zona frappe habituellement les adultes, et, sauf de rares exceptions, une attaque de zona confère l'immunité pour le reste de la vie.

Edgar Cayce donna un total de onze lectures pour dix personnes atteintes de zona. Il attribua cette maladie à un virus et prévint que, chez les personnes âgées ou affaiblies, elle risquait d'être fatale. Dans tous les cas, sauf deux, il indiqua comme cause principale une élimination insuffisante. À six reprises, il mentionna la mauvaise circulation; dans trois cas, c'était le manque de coordination entre les systèmes nerveux sympathique et céphalo-rachidien qui était en cause.

Traitement

Le traitement le plus fréquemment recommandé consistait à stimuler l'élimination. Les méthodes comprenaient: une tisane composée de graines de pastèque, d'esprit de salpêtre et d'huile d'olive; une solution destinée à purifier le sang et composée de sels de Rochelle, de crème de tartre et de soufre, ainsi que d'autres préparations laxatives. Les irrigations du côlon furent suggérées dans trois cas.

Cayce recommanda aussi diverses applications locales; pour aider à calmer les brûlures, il mentionna fréquemment une poudre corporelle contenant du stéarate de zinc et de la balsamine. Avant de l'utiliser, on devait parfois placer sur les lésions des sacs de glace ou encore de l'eau chaude additionnée de bicarbonate de soude. Cayce suggéra aussi d'autres solutions.

Dans six cas, il prescrivit un régime alcalinisant et facile à digérer, lequel comprenait essentiellement des fruits, des agrumes et des légumes cuits et crus ainsi que leur jus. On devait éviter les sucreries, les boissons alcoolisées, la viande, les pommes et les mélanges agrumes-céréales.

Dans cinq cas, il recommanda des manipulations vertébrales, à exercer surtout sur les zones dorsale et cervicale, et à coordonner avec la partie inférieure de la colonne. Il indiqua généralement de deux à six ajustements, à effectuer sur une période de plusieurs semaines, de même que des massages occasionnels qui devaient être administrés de une à deux fois par semaine.

Histoire de cas

Beaucoup de rapports parvinrent à Cayce, mais ils étaient peu concluants dans l'ensemble. La majorité d'entre eux ne signalèrent que des guérisons partielles ou inexistantes, car les traitements n'avaient été suivis ni complètement ni correctement.

Un cas bénéficia pourtant du traitement, ce fut le 322, un homme de soixante ans qui reçut une lecture pour le zona. Son état fut attribué à une élimination insuffisante et à une mauvaise circulation.

Le traitement comportait un régime alcalin où devaient être évités les sucreries, l'alcool, la viande et surtout les pommes. Cayce suggéra des ajustements vertébraux dans la zone dorsale supérieure. Pour aider l'élimination, il recommanda de faibles doses d'esprit de salpêtre (de trois à cinq gouttes, de deux à trois fois par jour) et, pour calmer les éruptions cutanées, une poudre contenant du stéarate de zinc et de la balsamine.

Le sujet suivit les instructions de Cayce et guérit complètement. Il fut tellement satisfait de son régime alimentaire qu'il encouragea certains de ses amis, également atteints de zona, à faire comme lui. Une femme essaya le régime et nota une amélioration, jusqu'au moment où elle mangea de la compote de pommes, ce qui incite à croire que les pommes ont effectivement une influence sur la maladie.

LA PHARMACOLOGIE DE CAYCE

Note de l'auteur: Certaines parties de cette section ont été empruntées au livre *An Edgar Cayce Home Medicine Guide,* publié par l'ARE, Virginia Beach, Virginia. Les personnes qui aimeraient avoir des renseignements supplémentaires sur des sujets particuliers traités dans la pharmacologie du présent ouvrage peuvent contacter l'ARE à Virginia Beach ou consulter les dossiers en circulation sur des maladies particulières. L'auteur tient aussi à remercier le magasin Heritage, de Virginia Beach, pour les recherches additionnelles qu'il a effectuées pour cette section. (Il ne faut pas oublier que les noms des médicaments et la disponibilité des produits sur le marché changent continuellement.)

A

ACIDE TANNIQUE

L'acide tannique est une substance astringente jaunâtre que l'on extrait de diverses sortes de plantes. On l'emploie surtout pour le tannage et la teinture, mais on l'utilise également en médecine, notamment pour panser les brûlures. Il a été recommandé à deux reprises pour application locale sur des brûlures au visage et aux yeux.

ACIGEST

L'Acigest est une solution à dix pour cent d'acide chlorhydrique, contenant 11,9 mg d'iodure de potassium; cette solution a été recommandée par Edgar Cayce pour faciliter la digestion. Dans tous les cas, l'Acigest devait se prendre avec du lait cru, mais, étant donné qu'il est difficile de se procurer ce genre de lait dans le commerce, l'Acigest est devenu pratiquement impossible à utiliser; on l'a donc retiré du marché.

AL-CAROID

Ce composé antiacide fut recommandé dans cent quatre-vingts lectures environ, pour combattre l'acidité, l'incoordination entre l'assimilation et l'élimination, la mauvaise digestion, la toxémie, de même que pour traiter certains problèmes connexes comme l'assimilation inadéquate, l'insuffisance des évacuations et les flatulences. Ce produit n'est plus disponible sous la forme pulvérisée que conseillaient les lectures. (Voir Bisodol.)

ALCOOL CAMPHRÉ

On fabrique l'alcool camphré en dissolvant du camphre, employé en médecine comme irritant et stimulant, dans de l'alcool. Ce produit fut mentionné dans près de deux cent trente-cinq lectures; on le connaît surtout comme l'un des ingrédients du liniment servant à soigner les rhumes. On le combine, en parties égales, avec du suif de mouton et de l'essence de térébenthine. L'alcool camphré fut recommandé dans des formules de massage, en combinaison avcc des ingrédients tels que l'huile de sassafras, l'huile de cèdre, le Nujol, l'hamamélis et l'huile d'olive.

Cayce trouva d'autres usages pour l'alcool camphré, par exemple en application sur les pieds, surtout dans les cas de cors, d'oignons, de durillons ou d'ongles incarnés. D'après lui, «ainsi, les ongles auront tendance à se désagréger immédiatement ou dans les trente jours; et alors, les nouveaux ongles devraient pousser normalement, pourvu que l'on fasse les autres applications selon les instructions et que des changements se produisent dans l'activité glandulaire grâce à la diète indiquée pour l'organisme». (2315-1)

L'alcool camphré fut également conseillé dans les cas graves de coups de soleil. On devait l'appliquer avec un linge de coton et, une heure ou deux plus tard, donner un bain tiède suivi d'une application d'huile d'arachide. L'alcool camphré fut aussi utilisé comme ingrédient pour les bains de vapeur.

ALCOOL ÉTHYLIQUE (Solution à vingt pour cent)

Les lectures de Cayce mentionnèrent cinq fois l'alcool éthylique à vingt pour cent comme faisant partie des traitements indiqués pour les problèmes de cheveux et du cuir chevelu comme la calvitie, la chute des cheveux, les cheveux grisonnants et les pellicules. Une solution à vingt pour cent contient approximativement une partie d'alcool éthylique pur (quatre-vingt-quinze pour cent) pour quatre parties d'eau distillée. Il était bien précisé qu'on ne devait utiliser que de l'alcool éthylique pour les frictions, et jamais d'alcool dénaturé ou d'alcool de bois.

ALPINE RAY – RINO RAY

Ces noms sont des marques de commerce pour des lampes ultraviolettes qui ne sont plus disponibles. On peut trouver des substituts parmi d'autres marques de lampes, ou encore utiliser les rayons solaires naturels.

AMANDES

Cayce déclara que les amandes étaient un aliment renfermant des éléments d'importance vitale pour un métabolisme en bonne santé; elles fournissent du fer et du phosphore, en combinaison plus facile à assimiler que les autres noix. Les amandes contiennent du potassium, du calcium, du sodium, du magnésium et du soufre. Elles sont riches en protéines et en acides gras polyinsaturés, et sont les plus alcalinisantes des noix comestibles.

Les références aux amandes qui sont les plus connues concernent la prévention du cancer. Cayce déclara à trois personnes que si elles mangeaient de une à trois amandes par jour, elles seraient protégées du cancer, parce que les amandes contiennent une vitamine qui augmente la résistance de l'organisme envers toutes les formes de cette maladie. Cayce recommandait aussi les amandes dans les cas d'anémie, à cause de leur richesse en fer; une lecture indiqua que deux amandes par jour suffisaient à empêcher la formation de taches sur la peau.

Les lectures se référaient à la variété d'amandes douces que l'on trouve dans le commerce, et non aux amandes amères.

APPAREIL RADIOACTIF (ou système à impédance)

L'article appelé appareil radioactif, ou encore système à impédance, fut mentionné à peu près quatre cent cinquante-cinq fois dans les lectures. Cependant, en dépit de son nom, il n'y avait rien de radioactif dans cet appareil, à tout le moins pas dans le sens que l'on donne aux termes relatifs à l'ère atomique dans laquelle nous vivons. L'expression «radioactif» peut tirer son origine du courant de vibrations théoriquement établi entre l'appareil et le corps, et que l'on pouvait comparer à des ondes radio.

L'appareil radioactif est une batterie dont on trouve les détails de construction dans de nombreuses lectures; par elle-même, elle ne produit pas de courant électrique, même si l'appareil était censé avoir une influence sur les énergies électriques du corps. Cayce le recommandait pour améliorer la circulation et normaliser le fonctionnement du système nerveux, ce qui avait pour effet de relaxer l'organisme. Il le suggéra à titre préventif plutôt que curatif, dans les cas de maladies graves. Les cas pour lesquels il le conseilla concernaient les troubles suivants, par ordre de fréquence décroissante: tension et incoordination nerveuse, incoordination de la circulation, insomnie, neurasthénie, affaiblissement, hypertension, enfants anormaux, surdité, obésité et arthrite.

Dans certains cas spéciaux, et dans un but curatif, on attachait à l'appareil un bocal contenant une solution de chlorure d'or, de nitrate d'argent, de teinture de fer, d'alcool camphré, de teinture d'iode ou d'Atomidine. On pensait qu'ainsi, certains éléments utiles passeraient dans l'organisme.

Cayce était aussi d'avis que l'appareil radioactif pouvait renouveler l'énergie, raviver la mémoire et maintenir le corps en harmonie avec les Forces créatrices. Il expliqua ainsi son point de vue: «L'appareil radioactif est bon pour *tout le monde,* en particulier pour ceux qui se fatiguent ou ont besoin de régulariser leur circulation; il est indispensable pour ceux qui travaillent beaucoup du cerveau et qui ne font pas suffisamment d'exercice pour maintenir une bonne circulation.» (826-3)

Les lectures demandaient instamment de bien suivre les instructions quand on se servait de l'appareil, et aussi d'avoir de bonnes attitudes mentales pendant toute la durée de son utilisation.

APPAREILS AU RADIUM

Edgar Cayce recommanda les appareils au radium à cent soixante personnes. Ce genre de thérapie faisait appel aux propriétés guérissantes du radium. L'appareil au radium était constitué d'une compresse qui enveloppait le corps, généralement sur la zone du plexus solaire, et que l'on pouvait porter le jour ou la nuit, ou les deux, selon les besoins. L'autre appareil, la lentille de Degnen, consistait en une paire de lunettes protectrices que l'on devait porter pour soigner la cécité ou d'autres problèmes oculaires. Les deux appareils étaient chargés de radium. Pour les recharger, il suffisait de les exposer aux rayons du soleil.

La compagnie qui fabriquait ces appareils a cessé ses opérations; ces articles ne sont donc plus disponibles, bien que le radium soit encore utilisé en médecine pour traiter le cancer et d'autres maladies de la peau. Le fabricant de même que Cayce avaient toutefois une vision plus large concernant l'emploi du radium; ils le recommandaient pour des affections comme l'affaiblissement généralisé, les subluxations spinales, la toxémie et quelques types de cancers et d'ulcères, ainsi que pour des problèmes aux yeux. Les lectures le recommandaient aussi pour la formation du sang, le rajeunissement des nerfs et l'élévation des vibrations.

Comme Cayce le déclara lui-même: «Alors, dans cet organisme, on a les vibrations les plus élevées, comme on les trouverait dans l'appareil au radium, qui donne une nouvelle vie et un sang nouveau aux forces physiques du corps, créant une coordination parfaite sur tout le plan physique et permettant ainsi aux forces mentales et spirituelles de se manifester dans le corps.» (4735-1)

ARGILE DE BONCILLA ET MUDD

Mudd est un remplaçant de l'argile de boncilla, qui a été recommandé dans huit lectures pour la fabrication de masques faciaux. L'ingrédient principal de la préparation boncilla était un genre d'argile spéciale connue sous le nom de «terre de Fuller du Somerset». Cette terre possédait un spectre de minéraux particulier. On ne pouvait se la procurer que dans une région bien précise de l'Angleterre, mais la source en est maintenant épuisée. Mudd contient aussi de la terre de Fuller, mais provenant d'un autre endroit.

Boncilla était loin d'être le seul genre d'emplâtre d'argile mentionné dans les lectures, car celles-ci contiennent plus de quarante références à des cataplasmes de boue, d'argile et de terre de Fuller. On devait appliquer ces emplâtres sur différentes parties du corps, pour soigner toutes sortes de maladies comme les troubles de la peau, les lésions et subluxations spinales ainsi que la paralysie.

Les emplâtres Mudd, faits avec de la terre de Fuller et renfermant des silicates naturellement hydratés d'aluminium et de magnésium, possèdent une extraordinaire capacité d'absorber les graisses et les huiles.

Les emplâtres d'argile étaient également très appréciés de Cayce, à cause de leurs qualités astringentes.

ASPIRINE

Dans quarante-deux lectures, Edgar Cayce recommanda de faibles doses d'aspirine, à prendre occasionnellement. Ces recommandations concernaient le plus souvent la sédation générale, mais elles étaient également valables pour les cas de rhume et de congestion, l'insuffisance de l'élimination, les maux de tête, la fièvre et les douleurs arthritiques.

Cayce fit plus d'une fois remarquer que l'aspirine était l'un des sédatifs les moins nocifs, et qu'elle était préférable aux narcotiques pour soulager la douleur.

On ne devait recourir à l'aspirine qu'avec une extrême modération, et beaucoup plus selon les besoins qu'à intervalles réguliers. Les doses variaient de un demi à deux comprimés à la fois. Dans la moitié des cas, l'aspirine devait se prendre accompagnée d'autres substances, par exemple des comprimés de bicarbonate de soude à la menthe pour neutraliser l'acidité de l'aspirine, ou encore l'asafœtida, qui est une aide digestive, ou l'Alophen, un laxatif.

ASPIRINE (Substitut)

Pour remplacer l'aspirine, Edgar Cayce proposa des formules contenant quelques gouttes de substances telles que la teinture de benjoin, l'huile de térébenthine rectifiée, le baume du Canada, l'huile d'eucalyptus (ou eucalyptol) et le benzosol. Les quatre premiers ingrédients étaient les plus utilisés. La lecture 4983-1 expliqua leur effet sur l'organisme: «Pris par voie orale, ces éléments agissent comme antiseptiques, comme expectorants et comme une force active sur les organes de la digestion; surtout sur le foie, le duodénum et le pancréas; ils ont aussi la propriété d'augmenter l'élimination en accroissant l'activité des reins.»

ATOMIDINE

L'Atomidine d'Edgar Cayce, qu'il appelait «iode atomique», est une source concentrée d'iode; selon lui, elle était plus active et moins irritante pour l'organisme que les autres formes d'iode. En conséquence, il pensait qu'on pouvait prendre de faibles doses de ce produit par voie orale, en plus de l'employer comme antiseptique pour usage externe. Une seule goutte d'Atomidine répond à environ six fois les besoins quotidiens minimaux en iode. La publicité à son sujet, en tant que produit de consommation interne, est interdite, sauf sous supervision médicale. La réglementation américaine sur les médicaments limite en effet à deux cent vingt-cinq pour cent du besoin quotidien minimum pour un adulte le maximum d'iode permis dans une seule dose de médicament ou de supplément alimentaire.

L'Atomidine fut mentionnée dans huit cent trente lectures, et pour de très nombreuses maladies. En usage externe, Cayce la considérait comme un antiseptique très efficace pour traiter les coupures, les furoncles, les brûlures et autres affections cutanées. Dans certains cas, on pouvait l'utiliser pure; dans d'autres, elle devait être diluée pour éviter de brûler les tissus délicats.

Les dosages par voie orale variaient énormément et dépendaient de la nature et de la gravité de l'affection. Cayce recommandait toujours d'employer l'Atomidine de façon cyclique, soit utiliser la formule pendant plusieurs jours, puis cesser pendant un certain temps. Un cycle typique consistait en une goutte par jour pendant cinq jours, suivi d'une période de repos de cinq jours, et ensuite reprise du même dosage pendant cinq jours. Après un arrêt de deux semaines, on pouvait, au besoin, répéter le cycle complet.

L'Atomidine était recommandée pour les déficiences glandulaires, l'hygiène féminine, les maladies vénériennes, l'arthrite, les problèmes sanguins, l'assimilation et l'élimination, l'asthme, les soins dentaires et la physiothérapie. La lecture 808-5 conseilla d'utiliser l'Atomidine comme mesure préventive contre la grippe. Selon Cayce: «Vaporiser de temps à autre les conduites nasales et la gorge avec une solution à trente pour cent d'Atomidine protégera contre la grippe; à condition que le régime conserve l'organisme alcalinisant.»

Cayce ne recommandait pas toujours la prise par voie orale. Dans quelques cas, l'organisme n'avait pas besoin d'un supplément d'iode, car il en recevait en quantité suffisante en provenance d'autres sources. L'Atomidine ne devait jamais être prise en même temps que d'autres sources d'iode, comme les vitamines ou sels minéraux multiples qui contiennent de l'iode, les comprimés de varech, le Calcios et la formule 636.

Une lecture signala que l'Atomidine pouvait entraîner de «l'irritation» ou même des nausées si l'on ne suivait pas un régime alimentaire adéquat, c'est-à-dire composé de fruits et de légumes, avec très peu de matières grasses et de viandes indigestes.

Les gens qui prennent de l'Atomidine par voie orale sont mis en garde de ne pas en absorber de trop fortes doses, qui pourraient se révéler dangereuses. Ce médicament est particulièrement contre-indiqué dans les cas où il risquerait de stimuler exagérément le cœur. Un excès d'iode peut provoquer une suractivité de la glande thyroïde, avec, comme résultat, de la nervosité, des insomnies, des éruptions cutanées ainsi que des battements de cœur accélérés.

B

BATTERIE B

La batterie B, ou pile sèche, fut mentionnée environ quarante fois dans les lectures, pour remplacer la pile à électrolyte et l'appareil radioactif. Dans les années trente et quarante, cette batterie était vendue dans la plupart des quincailleries, mais elle n'est plus disponible à l'heure actuelle.

BAUME AU SOUFRE

C'est un liniment qui fut recommandé à peu près trente-cinq fois dans les lectures, souvent pour des affections comme la paralysie, une difficulté de locomotion associée à l'arthrite ou un déplacement des vertèbres. On ne peut se procurer cette formule dans le commerce, mais il est possible de la préparer en faisant bouillir ensemble du soufre et de l'huile de lin, dans une proportion égale de 500 g de soufre pour 500 g d'huile de lin. Le mélange doit continuer à bouillir jusqu'à ce qu'il ne devienne «ni trop humide ni trop sec», comme disait Cayce. Étant donné que ce mélange peut être extrêmement volatil, il devrait être préparé par un pharmacien.

BENZOSOL

Le Benzosol, l'ancien nom du benzoate de guaiacol, contenait de l'acide benzoïque et du guaiacol, en parties à peu près égales. Il fut parfois mentionné comme substance à inhaler et aussi en capsules à prendre par voie orale pour stimuler la respiration. Il n'est plus disponible actuellement.

BEURRE DE CACAO

Le beurre de cacao est fabriqué avec des fèves de cacao. Il fut recommandé dans cent quatre-vingt-cinq lectures comme ingrédient de massage, à employer seul ou mélangé à d'autres substances. Il fut suggéré pour toutes sortes d'affections, y compris les soins à donner aux jeunes enfants. Edgar Cayce conseilla à certains parents «de masser quotidiennement la colonne vertébrale de leur enfant avec du beurre de cacao, pas trop pour éviter de perturber l'enfant, mais suffisamment tout de même pour que ses propriétés soient absorbées par l'organisme. De masser aussi les jambes du haut en bas, et également le dessous des pieds... Nous pensons que ceci permettrait au bébé de se développer normalement». (2289-1)

BEURRE DE CACAO ET POMMADE À LA QUININE (5188-1)

Edgar Cayce donna cette formule à un jeune homme qui avait été sergent comptable dans l'armée de l'air américaine pendant la Deuxième Guerre mondiale et qui avait sollicité une lecture pour sa santé. Entre autres choses, il avait demandé à Cayce: «Suis-je infecté par le paludisme; comment puis-je m'en protéger?»

Cayce répondit: «Massez-vous de temps en temps la colonne vertébrale avec du beurre de cacao; je veux dire une dose de 28 mg dans laquelle vous aurez bien mélangé cinq grains de quinine. Faites pénétrer ce mélange le long de la colonne, sous les aisselles et le long des aines. Non seulement vous ne serez pas piqué par les moustiques, mais vous n'attraperez pas le paludisme. Ce que je vous dis n'est pas une prédiction, mais seulement le fait que cette substance maintiendra votre corps à l'unisson avec l'infini.» (5188-1)

On ne trouve pas ce produit dans le commerce mais on peut le préparer chez soi en faisant fondre 28 g de beurre de cacao et en y incorporant le contenu d'une capsule de cinq grains de sulfate de quinine.

BISODOL

Ce produit fut recommandé dans une vingtaine de lectures, pour soulager les indigestions acides et les symptômes connexes tels que les flatulences, le trop-plein de l'estomac et les maux de tête.

BLACK AND WHITE (Produits)

De tous les produits distribués du vivant de Cayce sous l'étiquette Black and White, il n'en reste que deux disponibles aujourd'hui: le savon et la pommade. On ne fabrique plus la crème de beauté, la crème nettoyante, la crème de jour ni la crème pour éclaircir la peau.

BŒUF, FER ET VIN DE WYETH

Edgar Cayce recommanda une combinaison d'extrait de bœuf, de supplément de fer et de vin rouge dans plus de cinquante lectures consacrées à des cas d'anémie, d'affaiblissement généralisé et d'autres conditions pour lesquelles on avait besoin d'un fortifiant. Cayce conseillait le plus souvent le produit fabriqué par Wyeth, même s'il n'était plus disponible sur le marché. Toutefois, on trouve aujourd'hui de nombreuses versions de cette boisson tonique.

C

CALCIDIN

Calcidin était la marque de commerce d'un composé d'iodure de calcium contenant quinze pour cent d'iode. C'était une source d'iode aussi bien que de calcium, et le produit était vendu comme remède pour détacher les épaisses mucosités des bronches. Edgar Cayce recommanda Calcidin dans cent trente lectures portant sur des problèmes liés aux poumons, en particulier l'asthme et la tuberculose, et également dans les cas de rhume et de congestion, de toux et de bronchite.

La fabrication de ce produit a été interrompue. Cependant, on trouve sur le marché des substances semblables, à base d'iodure de calcium et de calcium iodé.

CALCIOS

Le Calcios fut recommandé dans deux cents lectures environ. Du temps d'Edgar Cayce, la formule de ce produit comprenait des os de poulet pulvérisés et préparés industriellement pour rendre digeste et facilement assimilable le calcium qu'ils renfermaient. Dans la formule actuelle, on a remplacé les os par une poudre d'os uniforme et stérilisée. Le Calcios est une source d'iode et un produit riche en protéines.

Cayce le prescrivit comme supplément alimentaire dans les cas de tuberculose, de mauvaise assimilation, de grossesse et de déséquilibres glandulaires.

Le Calcios contient des enzymes digestifs – pancréatine et pepsine – et de l'acide chlorhydrique. Cayce pensait que la prise régulière de ce médicament ne pouvait qu'aider l'ensemble du processus de la digestion ainsi que la capacité du corps à assimiler les nutriments de la nourriture.

CALOMEL

Calomel est synonyme de chlorure de mercure; c'est une poudre blanche et sans goût, autrefois utilisée comme purgatif et antisyphilitique. Edgar Cayce le recommanda à vingt-cinq personnes, le plus souvent comme vermifuge et laxatif.

Comme le Calomel est composé de mercure, il est extrêmement toxique; on ne peut s'en procurer aujourd'hui qu'auprès des compagnies de produits chimiques.

CAMOMILLE

La camomille est une plante qui fut très souvent recommandée par Cayce comme stimulant et comme aide digestive. Elle fut mentionnée dans une vingtaine de lectures portant sur les ulcères d'estomac, le psoriasis et l'indigestion, parmi d'autres désagréments. La tisane de camomille devait souvent alterner avec d'autres solutions, comme la tisane de carthame ou la sève d'orme. Toutes ces plantes avaient la réputation de faciliter la digestion et de soulager les douleurs intestinales.

CANNELLE (Eau de)

La cannelle est l'écorce séchée de nombreuses espèces de *cinnamomum,* un arbre originaire du Sri Lanka et de la Chine. On utilise la cannelle comme aide digestive et comme stimulant aromatique. Ses propriétés sont dues à une huile volatile qui constitue l'ingrédient actif de l'eau de cannelle.

L'eau de cannelle fut recommandée dans plus de quatre-vingt-dix lectures qui traitaient de mauvaise assimilation, de problèmes digestifs et surtout de nausées. Cayce la conseillait à peu près toujours combinée à de l'eau de chaux, et fréquemment avec de l'iodure de potassium ou du bromure de potassium. Il avait découvert que l'eau de chaux et l'eau de cannelle aidaient efficacement la digestion.

CAPSULES LAXATIVES

Dans ces préparations, la quantité d'ingrédients variait de deux à six, en combinaisons et proportions variées. La formule donnée dans la lecture 294-12 était composée des quatre plantes le plus souvent mentionnées: la podophylline (mandragore), la réglisse, la cascara sagrada et la racine noire (leptandrine). D'autres plantes, mentionnées moins souvent dans les formules, étaient la sanguinaria et le séné. On ne trouve pas ces capsules toutes faites sur le marché, mais un pharmacien peut les préparer.

CAROID (Laxatif)

Les comprimés laxatifs Caroid constituent une nouvelle version des sels biliaires Caroid, qui furent recommandés dans quatre-vingt-dix lectures environ. La formule actuelle ne contient plus que deux des cinq ingrédients actifs d'origine: la phénolphtaléine, un produit chimique aux propriétés laxatives, et la cascara sagrada, une plante laxative.

Les sels originaux étaient surtout conseillés dans les cas d'élimination insuffisante et de toxémie. Il a été prouvé qu'ils stimulaient effectivement le foie, les canaux biliaires, la rate, le pancréas et le côlon.

La formule actuelle ne contenant que deux des ingrédients d'origine, elle ne prétend pas offrir un aussi large éventail de bienfaits. Elle n'est maintenant qu'un laxatif, et, à ce titre, on ne devrait pas l'utiliser continuellement, pour éviter de devenir dépendant de ce type de produit. Les lectures conseillaient d'ailleurs d'en diminuer graduellement l'usage.

CARTHAME

Le safran jaune, ou américain (*carthamus tinctorius*), est parfois employé comme colorant naturel, mais on le connaît surtout pour son utilité à la cuisine. Il fut recommandé environ cent quatre-vingt-dix fois comme aide à la digestion. Cayce donna l'explication suivante: «Ces propriétés (du carthame dans de l'eau), comme tonique ou stimulant de l'assimilation, produisent et entretiennent, chez les forces digestives, les bonnes réactions pour empêcher le retour des perturbations que cet organisme a connues jusqu'ici.» (556-16)

La fréquence et la durée des doses de carthame variaient d'une lecture à l'autre. Dans un cas, il était conseillé d'en prendre de une à deux fois par jour, pour une période indéterminée. Pour un autre, c'était par cycles de plusieurs jours consécutifs, alternant avec des périodes de repos, jusqu'à ce que l'état du tube digestif se soit suffisamment amélioré.

CASTORIA (De Fletcher)

Le Castoria est un laxatif doux composé de séné, dans une base de sirop. Il fut suggéré dans cent cinquante lectures environ, pour des enfants et des adultes souffrant d'une élimination paresseuse.

Les lectures expliquaient que les propriétés du Castoria étaient absorbées par le système et, de cette façon, adoucissaient le courant gastrique, tonifiaient la digestion, amollissaient les lobes du foie, aidaient la vésicule biliaire et irriguaient le tube digestif en entier. Qui plus est, ce nettoyage n'imposait aucune surcharge indue à l'organisme.

Cayce trouvait le Castoria utile quand il s'agissait de drainer rapidement des systèmes congestionnés ou toxiques. On l'emploie également pour les jeunes enfants, dans les cas de rhume, colite, vers, ainsi que pour les problèmes de foie.

CÉRÉALES

Les céréales le plus fréquemment mentionnées étaient le blé concassé et les flocons d'avoine. Edgar Cayce conseillait de cuire ces céréales pendant un temps assez long pour les rendre faciles à digérer. Il demandait aussi de ne pas consommer de jus d'agrumes en même temps que les céréales.

CHARBON ACTIVÉ

Cayce prescrivit le charbon activé dans une quinzaine de lectures, pour des problèmes de digestion et de flatulence. La marque qu'il recommandait n'est plus disponible, mais il en existe d'autres qui remplissent les mêmes fonctions.

CHLORURE D'OR

Le chlorure d'or, que Cayce appelait parfois sodium de chlorure d'or, est une solution de chlorure d'or dissous dans de l'eau distillée; on le mentionne surtout pour son utilisation avec l'appareil radioactif et la pile à électrolyte.

De nombreuses lectures établirent ou laissèrent entendre qu'il valait mieux, pour l'organisme, recevoir le chlorure d'or de façon vibratoire, en utilisant les appareils mentionnés ci-dessus, plutôt que par injection ou ingestion. Il y eut toutefois environ cent quatre-vingt-dix lectures qui recommandèrent de faibles doses de chlorure d'or à prendre par voie orale, en combinaison avec du bromure de sodium ou du bicarbonate de soude mélangé à de l'eau.

C'est pour les cas d'arthrite que la solution or et sodium fut le plus souvent recommandée. Étant donné que le chlorure d'or est toxique si on l'absorbe en trop grande quantité, il est conseillé de consulter un médecin avant de l'utiliser.

CIGARETTES

Une étude comprenant environ cent vingt lectures se rapportant aux cigarettes et au tabagisme révèle un sujet très complexe. Dans la plupart des cas, Cayce acceptait le tabac, à condition de ne pas en abuser; mais il remarqua que tous ceux qui manifestaient un réel besoin de fumer finissaient par développer une dépendance envers le tabac.

Les lectures insistèrent sur le fait que dans certains cas, le fait de fumer modérément n'était pas dommageable, alors que l'excès dans ce domaine était nocif pour tout le monde.

Les lectures estimèrent aussi que certaines marques de cigarettes étaient meilleures que d'autres pour l'organisme. Bien que Cayce mentionnât rarement une marque particulière de cigarettes, la plupart du temps, il faisait preuve d'une nette préférence pour celles contenant du tabac pur, plutôt que celles incluant des additifs variés que l'on trouve généralement dans les cigarettes du commerce. Une lecture suggère même de fumer des cigarettes fabriquées avec du tabac non séché.

CIMEX LECTULARIUS (Punaise de lit)

Voici une bonne illustration du principe qui dit que, dans la nature, même les créatures apparemment les plus inutiles peuvent avoir de la valeur. Le produit, qui fut recommandé une dizaine de fois dans les lectures portant sur l'hydropisie, la phlébite et la néphrite, est un remède homéopathique fabriqué à partir de punaises de lit. Cimex Lectularius, le nom scientifique du produit, fut particulièrement conseillé pour l'hydropisie, qui est une enflure des pieds, des chevilles et de l'extrémité des membres inférieurs, causée par l'infiltration de lymphe diluée dans les tissus. Edgar Cayce découvrit que ce produit diminuait l'enflure et provoquait une réaction des glandes surrénales, laquelle était bienfaisante pour le cœur. On ne devrait toutefois l'utiliser que sous surveillance médicale.

CITROCARBONATE

Il s'agit d'un sel granulé effervescent qui fut spécialement recommandé comme alcalinisant du tube digestif. Mentionné dans une soixantaine de lectures, il avait pour but de soulager les estomacs dérangés et les fermentations, et aussi de réduire la sensibilité de l'organisme à la congestion.

COCA-COLA (Sirop de)

Versé dans de l'eau pure, le sirop de Coca-Cola agit comme un alcalinisant et un diurétique. Cayce le mentionna dans vingt-cinq lectures environ, la plupart ayant trait à des problèmes de reins et de vessie.

Comme le dit Cayce: «Il est certain que le Coca-Cola est bon pour les reins, mais si vous en prenez, assurez-vous de boire le Coca-Cola dans de l'eau, même si ce n'est pas agréable au goût.» (2332-1)

Les lectures conseillaient donc d'utiliser le sirop de Coca-Cola pur. Une dose typique était de 15 à 30 ml de sirop dans un verre d'eau; on ne devait pas en prendre plus de deux ou trois fois par semaine.

CODIRON

Le Codiron était un supplément alimentaire qui avait été recommandé à une centaine de sujets. Ses qualités reconstituantes le faisaient conseiller dans les cas d'affaiblissement généralisé, de mauvaise assimilation et de mauvaise élimination, d'anémie, de toxémie et de congestion.

Ce produit était vraisemblablement une combinaison d'huile de foie de morue (cod) et de fer (iron). Il n'est plus disponible sur le marché, et son nom a été changé par la suite pour Adiron.

COMPOSÉ TORIS

Maintenant hors du marché, ce composé était une préparation laxative recommandée dans à peu près soixante-dix lectures, essentiellement pour des cas de toxémie et d'élimination insuffisante. La teinture d'ambroisie peut servir de substitut.

CRÈME RAFRAÎCHISSANTE

À une femme qui lui demandait de lui indiquer une bonne crème rafraîchissante pour la peau, Edgar Cayce suggéra une formule composée d'une base d'huile d'olive à laquelle on ajoutait de petites quantités d'eau de rose, d'alcool et de glycérine. Cette solution, que l'on devait secouer énergiquement avant de s'en servir, s'appelait «revigorant pour la peau».

D

D.D.D.

C'était une préparation pour applications locales; elle fut recommandée dans une cinquantaine de lectures pour des irritations de la peau telles que la dermatite et le prurit, les ulcères des jambes, le psoriasis, l'eczéma, l'ankylostome, les piqûres d'insectes, l'urticaire et le sumac vénéneux. On le trouvait en liquide, en crème ou en savon, mais il n'est plus disponible. (Voir Pommade de Ray.)

DENTIFRICE IPANA

Bien que la marque Ipana soit peut-être encore disponible, la version que Cayce avait recommandée dans dix-sept lectures ne se fabrique plus. Cette version contenait de l'écorce de frêne épineux, une substance que Cayce estimait bonne pour les gencives.

DIATHERMIE

Ce traitement utilise un courant électrique à haute fréquence pour créer de la chaleur dans les tissus et les organes du corps; il s'agissait d'une forme d'électrothérapie largement employée par les médecins et les hôpitaux.

Il y a trois sortes de diathermie: celle à ondes longues, qui produit un courant de fréquence moyennement haute; celle à ondes courtes, qui utilise un courant à haute fréquence et produit une chaleur en profondeur dans une zone déterminée; et finalement, la sorte la plus récente, la diathermie à micro-ondes qui consiste en un faisceau unique d'énergie électromagnétique, à fréquence extrêmement haute, que l'on dirige, d'assez loin, sur la zone à traiter. Les deux méthodes, à ondes longues et à ondes courtes, étaient apparemment en usage du temps de Cayce. Mais comme la forme conventionnelle, à grande puissance, de la diathermie à ondes longues brouille la réception des ondes radio AM, la fabrication de ce genre d'appareil a été interrompue vers 1954, à la suite d'un accord international.

Cayce appelait la diathermie «thérapie en profondeur»; il la recommanda dans cent dix lectures, surtout dans les cas d'incoordination entre les systèmes autonome et céphalo-rachidien, dans ceux de subluxations et de défauts d'alignements spinaux, de déséquilibres glandulaires, de circulation ralentie et d'insuffisance de l'élimination.

DOG-ON-FOOT

C'était une crème pour les pieds que Cayce recommanda dans trois cas de pied d'athlète. Elle contenait de l'acide salicylique, de l'acide benzoïque et une substance appelée «acide thymique». Les substituts possibles sont la pommade de Ray et la lotion de Cayce pour le pied d'athlète.

E

EAU DE CHAUX

Antiacide doux, l'eau de chaux est une solution saturée de chaux éteinte (hydroxide de calcium) dans de l'eau; Cayce la recommanda dans cent vingt-cinq lectures environ, soit seule, soit combinée à d'autres ingrédients. (Voir Eau de cannelle.)

EAU DE CLARIE (5480-1)

Cette formule fut conseillée dans une centaine de cas, pour des problèmes divers liés aux systèmes digestif et excréteur, y compris les perturbations dans la circulation hépathique. Des formules semblables furent recommandées dans les cas de rate hypertrophiée ou engorgée. L'eau de clarie était le plus souvent prescrite pour le diabète, et comme stimulant général de l'organisme.

Ce tonique n'est plus sur le marché à l'heure actuelle, car l'une de ses composantes essentielles est l'ambre gris, que l'on ne trouve pas dans le commerce. Les personnes intéressées par ce produit peuvent trouver la formule de l'eau de clarie dans la lecture 1739-1.

EAU DE LITHIA

Le lithium est un métal léger et chimiquement actif; on connaît ses qualités thérapeutiques depuis l'époque de la Grèce antique, alors que l'eau de certaines sources minérales, qui contenait un haut degré de lithium, était réputée calmer les fous.

Cayce recommandait l'eau de lithia, une eau enrichie d'un sel de lithium, avant tout pour purifier les reins. Dans la quarantaine de lectures où ce sujet est mentionné, Cayce trouvait que cette eau était bénéfique dans les cas de toxémie et d'insuffisance de l'élimination.

Du temps de Cayce, on préparait l'eau de lithia en faisant dissoudre un comprimé de lithia dans un verre d'eau. On devait prendre cette solution soit occasionnellement, soit à des intervalles déterminés, par exemple une fois par mois, une fois par semaine, ou tous les deux jours. Dans un cas grave d'ulcère et un autre de psoriasis, toute l'eau que le malade pouvait boire devait renfermer respectivement, soit orme ou lithia, soit orme, lithia ou carthame.

EAU D'ORME ROUGE

Cayce mentionna cette eau dans cent vingt-cinq lectures environ, surtout pour les personnes souffrant de mauvaise assimilation, de psoriasis et d'ulcères d'estomac. On la prépare en ajoutant à un verre d'eau fraîche une pincée d'écorce d'orme rouge pulvérisée, avec une attente de cinq minutes avant de la boire. Le conseil de Cayce était le suivant: «Ne préparez l'eau d'orme rouge qu'au moment de la boire, car elle a tendance à rancir.» (348-6)

L'action physiologique de l'écorce d'orme avait pour effet de recouvrir et de cicatriser les muqueuses de l'estomac et de l'intestin.

EAU «HONEYIDA» ET EAU DE PLUTON

On trouve dans les lectures la mention de deux sels minéraux utilisés comme laxatifs; ce sont l'eau Hunayadi (appelée Honeyida dans les transcriptions de Cayce) et l'eau de Pluton. La première était une eau minérale purgative d'origine hongroise (Cayce disait autrichienne), nommée d'après la localité d'où elle provenait; la deuxième était une eau à laquelle on ajoutait du sulfate de magnésium (sels d'Epsom) et d'autres sels minéraux. L'eau de Pluton provenait de l'hôtel French Lick Springs, à French Lick, Indiana; on l'appelait souvent «eau de French Lick». Apparemment, ni l'une ni l'autre ne sont actuellement disponibles.

L'eau Hunayadi fut mentionnée quatorze fois dans les lectures et l'eau de Pluton, douze fois.

ÉLIXIR DE PEPSINE LACTÉE

Cayce recommandait la pepsine avant tout comme une aide pour la digestion et l'assimilation; elle était également utile lorsqu'il y avait incoordination entre l'assimilation et l'acidité, et en cas de toxémie et de colite.

ESPRIT DE NITRE

L'esprit de nitre est une solution alcoolisée de nitrate d'éthyle connue également comme esprit d'éther d'azote. Cette solution fut recommandée à une soixantaine de personnes, essentiellement pour des problèmes de reins et de vessie. Elle était conseillée uniquement pour ses propriétés diurétiques, stimulantes et purifiantes, car «prise de temps en temps, elle a pour effet de normaliser l'activité des reins et de la vessie». (601-25)

Ce produit a été retiré du marché. On peut le remplacer par la tisane aux graines de pastèque, qui contient du nitrate de potassium.

EXTRACTEURS DE JUS DE LÉGUMES

Dans de nombreuses lectures, Cayce recommanda les légumes crus et leur jus; à vingt reprises, il conseilla l'achat d'un extracteur de jus. Les légumes le plus souvent mentionnés étaient les betteraves, les carottes, le céleri, la laitue, les épinards et les tomates. Dans certains cas d'arthrite, de névrite et de maladies musculaires, il prescrivit le jus de betterave; pour l'arthrite, les yeux et la toxémie, le jus de carottes; et pour les nerfs, le jus de céleri.

EXTRAIT DE FOIE VALENTINE

Cet extrait liquide de foie comestible de mammifère a été approuvé par le corps médical en 1929; il est utilisé pour le traitement de l'anémie pernicieuse et de maladies connexes liées à une carence alimentaire. Il est surtout réputé pour sa teneur en vitamines B.

La version originale de l'extrait de foie Valentine fut mentionnée dans une quinzaine de lectures. Cayce le considérait comme un reconstituant du sang et de l'organisme en général; il le recommandait principalement pour les cas d'anémie et d'affaiblissement généralisé.

Cet extrait de foie est l'un des ingrédients de la formule 636.

F

FORMULE CONTRE LA NAUSÉE

Cette formule contenait de l'eau de chaux, de l'eau de cannelle, de l'iodure de potassium et du bromure de potassium; c'était celle que Cayce recommandait habituellement dans les cas de nausée, y compris les nausées associées au mal des transports et celles accompagnant la grossesse. Sur les quatre-vingt-dix lectures qui en font mention, environ le quart recommandèrent cette formule sans l'iodure ni le bromure de potassium.

FORMULE DE MASSAGE (1968-7)

Une lecture donna la formule d'une lotion tout usage pour la peau, qui est devenue l'un des produits les plus populaires de Cayce. La lecture affirmait qu'un massage occasionnel avec cette lotion stimulait la circulation superficielle et conservait au corps toute sa beauté, sans aucune tache.

La formule d'origine contenait de l'huile d'arachide, de l'huile d'olive, de la lanoline et de l'eau de rose. La formule que l'on trouve aujourd'hui dans le commerce est la même, à l'exception de l'eau de rose et de l'addition d'une petite quantité de vitamine E. On a retiré l'eau de rose parce qu'elle s'altère facilement et que, combinée aux huiles, elle semble les faire rancir plus rapidement.

FORMULE DE MASSAGE POUR L'ARTHRITE

Dans les cas d'arthrite, Cayce recommandait souvent les massages. Une formule largement utilisée, et décrite dans la lecture

3363-1, se composait de Nujol, d'huile d'olive, d'huile d'arachide, d'huile d'aiguilles de pin, d'huile de sassafras et de lanoline. Les lectures affirmaient que l'on pouvait réellement empêcher l'arthrite et le rhumatisme de se développer en pratiquant régulièrement des massages hebdomadaires et en utilisant uniquement l'huile d'arachide. Edgar Cayce expliqua ainsi son point de vue: «Ceux qui reçoivent un massage par semaine à l'huile d'arachide n'ont pas à craindre d'être arthritiques.» (1158-31)

Une lecture déclara que l'huile d'olive était un agent des plus efficaces pour stimuler l'activité musculaire ou celle des muqueuses. Dans les formules de massage pour l'arthrite, l'huile d'aiguilles de pin est mentionnée dans vingt-cinq lectures environ, et l'huile de sassafras, dans une dizaine.

FORMULE LAXATIVE AU SOUFRE (5016-1)

Cette formule, recommandée dans une quarantaine de lectures, contient, en parties égales, du soufre, de la crème de tartre et des sels de Rochelle. Les instructions pour sa préparation insistaient pour que l'on mélange *vigoureusement* le tout et que l'on emploie, au besoin, un mortier et un pilon. Quelques lectures mentionnaient les sels d'Epsom à la place des sels de Rochelle.

Selon Cayce, ce mélange a un effet de laxatif doux et de purificateur du sang; comme il le dit lui-même: «Il devrait être pris pour purifier l'organisme en entier.» (1711-1) Il fut aussi mentionné pour traiter les furoncles, l'eczéma, l'acné, le psoriasis et la dermatite.

FORMULE POUR LES CICATRICES

La formule de Cayce la plus souvent utilisée de nos jours pour être appliquée sur les cicatrices ne fut citée que dans une seule lecture; on en trouve cependant des variantes dans quelques-unes des seize lectures portant sur les cicatrices.

La formule consistait en huile d'olive camphrée, lanoline et huile d'arachide; on l'utilisait pour faire disparaître les cicatrices laissées par de graves brûlures, pour soigner les brûlures elles-mêmes aussi bien que pour faire disparaître les vergetures. Les règlements de la Federal Drug Administration des États-Unis ont exigé la modification des versions commerciales de cette formule afin qu'elles renferment un peu moins de camphre et qu'elles soient vendues sous forme de pommade plutôt que dans sa version liquide.

FORMULE POUR LES PELLICULES (2611-2)

Cette formule spéciale ne fut mentionnée qu'une seule fois dans les lectures; cependant, différentes versions possédant des teneurs en alcool variées ont été suggérées très souvent pour le traitement des pellicules.

La formule contenait de l'alcool éthylique à quatre-vingt-cinq pour cent et de l'huile d'aiguilles de pin mélangés à de l'eau distillée.

FORMULE POUR LES PIEDS (555-5)

La formule que Cayce recommanda à un homme souffrant d'une infection au pied contenait 125 ml d'huile minérale, 60 ml d'hamamélis, 30 ml d'alcool à friction et trois à cinq gouttes d'huile de sassafras.

On devait secouer vigoureusement le mélange et ne l'utiliser que parcimonieusement. Cayce conseillait de commencer à la hauteur des hanches et de descendre jusqu'aux pieds en frictionnant. Il affirmait que cette lotion faisait beaucoup de bien à ceux qui devaient rester longtemps debout.

FORMULE 636

Cette formule tonique est la seule de son genre dans toutes les lectures de Cayce. À l'origine, celui-ci la recommandait pour redonner aux cheveux grisonnants leur couleur naturelle, mais, si l'on en croit les réactions des utilisateurs, il semble qu'elle ait un effet équilibrant et énergisant sur l'organisme, même chez ceux qui ne se préoccupaient pas de la couleur de leur chevelure.

La formule est une combinaison de plantes et d'autres substances telles que la pepsine lactée, l'extrait de foie, le ginseng et la racine noire, lesquelles sont très riches en vitamines et en sels minéraux.

G

GINSENG

Le ginseng sauvage fut recommandé dans trente-cinq lectures environ. C'est une plante que Cayce ne suggéra jamais seule, mais toujours combinée à d'autres plantes, comme dans la formule 636 et le tonique pour la colite. Il faisait toujours ressortir le côté *sauvage* de la plante. Comme il le dit lui-même: «Le ginseng sauvage... (est) l'essence du courant de la vie *à l'intérieur* de l'organisme. Il *électrifie* les forces vitales elles-mêmes.» (404-4)

GLYCO-THYMOLINE

Au dire de son fabricant, la Glyco-Thymoline est vendue aujourd'hui uniquement comme eau dentifrice, à cause des règlements de la Federal Drug Administration. Dans le passé, elle était utilisée pour le traitement des mucosités aussi bien que pour la toux des fumeurs, les douleurs aux gencives, les dents artificielles, l'haleine fétide, les coupures superficielles, les allergies, l'irritation due aux couches, l'hygiène féminine, le sumac vénéneux, l'urticaire, les piqûres d'insectes et les coups de soleil. Le fabricant déclare que la formule n'a pas changé depuis l'époque de Cayce, même s'il a fallu en modifier l'étiquette.

Dans les lectures, Cayce mentionna la Glyco-Thymoline huit cent dix fois, pour toutes sortes d'applications, par exemple comme agent antiseptique pour l'intestin, solution rafraîchissante pour les yeux fatigués ou irrités, emplâtres ou cataplasmes pour des causes diverses, incluant les problèmes rénaux, les troubles pelviens, les ennuis à la colonne vertébrale, les blessures et la congestion du nez et des sinus.

Selon Cayce: «Il faudrait une série systématique de manipulations ostéopathiques. Cependant, avant de les faire – ce qui devrait avoir lieu deux fois par semaine –, on devrait relaxer chaque fois les segments à ajuster avec un emplâtre épais de Glyco-Thymoline.» (3157-1)

H

HAMAMÉLIS

L'hamamélis est une solution alcoolisée faite avec les feuilles d'une espèce particulière d'arbuste; cette solution, qui a des propriétés légèrement astringentes, est parfois employée comme liniment.

Cayce en recommanda l'usage en physiothérapie, dans un peu plus de cent quatre-vingts lectures. La recommandation de loin la plus fréquente la mentionnait comme ingrédient pour les séances de sauna ou les bains de vapeur. Il semble que, pour Cayce, les propriétés astringentes de l'hamamélis donnaient leur plein effet lorsqu'on l'employait dans ce genre d'utilisations. Ces traitements devaient être administrés une fois par semaine; la quantité d'hamamélis requise variait de une cuillerée à café à deux cuillerées à soupe par demi-litre d'eau bouillante.

Dans certains cas, Cayce recommanda l'hamamélis pour des frictions, pour des applications locales sur la peau et pour être employés dans des emplâtres. Une lecture décrivit les bienfaits résultant d'un bain suivi d'une friction avec une serviette rugueuse et finissant par un massage avec de l'eau et de l'hamamélis. «Tout cela aidera à assouplir la raideur que l'on voit dans la musculature et qui existe depuis longtemps, et aidera aussi à corriger progressivement la situation, ce qui rendra les manipulations plus faciles. Et cela soulagera l'état du patient au point où, lorsque la séance sera complétée, une relaxation parfaite surviendra juste avant de se mettre au lit, l'insomnie disparaîtra et le sommeil sera bénéfique.» (2519-2)

HÉLIOTHÉRAPIE

L'héliothérapie concerne les traitements utilisant différentes sortes de lumière ou d'énergie de radiation. Les ondes courtes de la lumière ultraviolette ou infrarouge sont des composantes de la lumière du soleil; chacune fut fréquemment conseillée dans les lectures. Cayce croyait aux qualités vivifiantes d'une exposition modérée au soleil. Il recommandait donc, pour les mêmes raisons, les traitements à la lumière, ou héliothérapie. En fait, il choisissait d'abord la lumière naturelle du soleil et, faute de mieux, les traitements de lumière en devenaient le meilleur substitut. Ces traitements ne devaient se donner que lorsque l'exposition au soleil n'était pas possible, par exemple par temps trop nuageux ou trop rigoureux.

Les traitements aux ondes courtes ultraviolettes furent recommandés pour plus de quatre cents personnes; ils étaient le plus souvent mentionnés conjointement avec des traitements pour des tumeurs et dans les cas de prédisposition aux affections malignes. Le traitement fut également suggéré pour les cas de subluxations et de lésions spinales, de blessures et de déséquilibres sanguins comme l'anémie, la tuberculose, l'insuffisance de l'élimination, la toxémie, l'arthrite et l'affaiblissement généralisé.

Les traitements aux rayons infrarouges furent mentionnés pour une centaine de personnes, et également pour toute une variété d'affections telles que blessures, problèmes d'assimilation, troubles circulatoires et osseux, dérangement du système nerveux et débilité générale.

HUILE D'ARACHIDE

On ne trouve, dans les lectures, aucune mention de l'huile d'arachide pour usage interne; par contre, on la mentionne des centaines de fois comme huile de massage, à employer soit seule, soit mélangée à d'autres huiles. En 1948, avant qu'on ait terminé l'indexation des lectures, on pouvait déjà se baser sur les statistiques suivantes: comme ingrédient utilisé dans les formules pour massages, l'huile d'arachide était recommandée dans quarante-neuf des cinquante-neuf cas d'arthrite, dans cinquante des soixante-trois cas de poliomyélite, dans neuf des quinze cas de sclérose en plaques et dans quarante des cinquante cas variés de paralysie étudiés par Cayce.

Les lectures demandaient de n'employer que «l'huile d'arachide pure». Les massages à l'aide de cette huile furent conseillés pour des maladies très diverses, parmi lesquelles on peut citer le cas d'une femme qui souffrait des symptômes de la ménopause. Cayce affirma qu'une friction hebdomadaire lui ferait énormément de bien; il ajouta que ceux qui se faisaient faire un massage par semaine à l'huile d'arachide n'avaient pas à craindre l'arthrite. Il était d'avis que les massages fournissent de l'énergie au corps en même temps qu'ils améliorent la circulation et soulagent les tensions.

HUILE DE CALAME

Elle fut recommandée comme ingrédient de massage dans huit lectures traitant d'affections diverses telles que l'artériosclérose, les suites de blessures subies à la naissance, l'épilepsie, la névrite, la paralysie, la maladie de Simmonds et les subluxations spinales.

HUILE DE CARRON

Cette huile, qui n'est plus disponible, était un liniment composé, à parts égales, d'eau de chaux et d'huile de lin. Connu également sous le nom de «lime liniment» (liniment à la chaux), il fut fabriqué pour la première fois à Carron, en Écosse, où on l'utilisait pour soigner les brûlures dont pouvaient souffrir les ouvriers travaillant à la fonderie de Carron. L'huile de Carron fut mentionnée à trois reprises dans les lectures, en tant qu'ingrédient pour les lotions à massage.

HUILE DE FOIE DE MORUE

Les comprimés d'huile de foie de morue furent recommandés dans une cinquantaine de lectures, essentiellement comme reconstituants du corps et du sang de même que comme suppléments alimentaires pour les enfants en croissance. Dans la lecture qu'il donna pour un enfant, Cayce conseilla cette huile pour favoriser le développement de l'organisme; et dans une autre accordée à une personne souffrant de toxémie, il fit remarquer que ce supplément s'ajouterait au sang pour créer de l'oxygène dans le système, pour purifier les tissus pulmonaires endommagés et favoriser la digestion.

HUILE DE GERME DE BLÉ

Cayce la suggéra comme supplément alimentaire dans vingt-cinq lectures environ. Il l'estimait particulièrement utile pour sa teneur en vitamine E; il la recommanda pour l'arthrite et les transformations physiques mettant en cause les organes génératifs, comme dans le cas de la ménopause.

Cayce pensait que, prise à petites doses, l'huile de germe de blé était bonne pour les nerfs et qu'elle redonnait de l'énergie. En général, il suffisait d'en prendre une à deux gouttes par jour, de façon cyclique.

HUILE D'OLIVE

Historiquement, l'huile d'olive, une huile légère provenant d'olives mûres, a toujours eu quantité d'usages. On peut la citer comme aliment nutritif et laxatif, comme application émolliente sur les plaies et les brûlures, en tant qu'ingrédient de liniment, combustible, cosmétique et élément de savon. En médecine, on l'utilisait autrefois pour le traitement des calculs biliaires et comme remède contre les vers intestinaux.

Cayce conseillait l'huile d'olive pour usage interne aussi bien qu'externe. En tant qu'aliment et médicament à usage interne, l'huile d'olive fut recommandée pas loin de cinq cents fois. Cayce la suggérait comme laxatif parce que, selon lui, c'était un aliment des plus précieux pour le tube digestif.

L'huile d'olive prise oralement fut recommandée pour toutes sortes de problèmes de santé tels que la cholécystite (inflammation de la vésicule biliaire), la mauvaise assimilation, la toxémie, l'épilepsie, les troubles du foie et des intestins, les adhérences, les lacérations, la constipation, l'acidité et l'affaiblissement généralisé.

L'huile d'olive en applications externes fut recommandée près de neuf cents fois, ce qui en fait l'huile de massage la plus populaire de toutes les lectures. Cayce disait que l'huile d'olive, non seulement adoucissait la peau, mais qu'elle constituait «l'un des agents les plus efficaces dont on puisse faire bénéficier le corps pour stimuler l'activité musculaire ou l'activité des muqueuses». (440-3)

HUILE D'OLIVE CAMPHRÉE

Les lectures mentionnèrent le plus souvent cette huile comme agent de traitement pour les cicatrices, employée seule ou mélangée à d'autres huiles. Quelques lectures précisèrent que cette huile camphrée devrait être faite avec du camphre et de l'huile d'olive, et non pas avec de l'huile de coton comme celle que l'on trouve habituellement dans le commerce. Les lectures affirmaient que cette huile avait une influence adoucissante sur les tissus cicatrisés; elles faisaient aussi remarquer que, bien que l'on obtînt des résultats très rapides avec des cicatrices récentes, on pouvait obtenir d'aussi bons résultats avec les plus anciennes, à condition de s'armer de patience et de persévérance.

Cayce expliqua ainsi son opinion: «Si vous voulez faire disparaître la plus grande partie des cicatrices de la jambe gauche, vous devriez employer de l'huile douce (huile d'olive), mélangée en parties égales à de l'huile camphrée. Massez cette partie chaque jour pendant trois à six mois, et la plus grande partie s'en ira.» (487-15) À cause des règlements de la FDA (Federal Drug Administration), on ne peut plus se procurer l'huile camphrée dans le commerce, mais on peut la préparer soi-même en faisant chauffer 125 ml d'huile d'olive à laquelle on ajoutera 30 ml de camphre que l'on dissoudra dans l'huile en remuant. On devra apposer l'étiquette «Poison» sur le contenant.

HUILE DE RICIN

Palma Christi, ou paume du Christ, est un autre nom donné à l'huile de ricin. Cayce connaissait bien des façons d'utiliser cette huile, mais il la suggéra rarement comme purgatif. En réalité, il n'a approuvé que très rarement les doses internes, certaines lectures étant même d'avis tout à fait contraire. Comme il le déclara lui-même: «Si l'huile de ricin est absorbée par voie orale, son effet n'est que purgatif; c'est pourquoi l'huile de ricin absorbée à partir d'un emplâtre sera bien meilleure que si on l'absorbe par la bouche.» (1433-6)

Cayce utilisait l'huile de ricin pour toutes sortes d'applications externes. Il recommanda un mélange de cette huile avec du bicarbonate de soude pour soigner les durillons, les nævus, les ongles incarnés et les verrues. Dans une cinquantaine de lectures, l'huile de ricin fut recommandée comme huile de massage pour les cas de cors aux pieds, de cancer (de la peau et du sein), de kystes, d'oignons, d'ichtyose, de nævus, de tumeurs et de verrues.

Mais c'est surtout sous la forme d'emplâtres, ou de cataplasmes, que Cayce conseilla le plus souvent l'huile de ricin. Ceux-ci étaient recommandés pour la cholécystite, l'insuffisance de l'élimination, l'épilepsie ainsi que pour diverses affections du foie et la sclérodermie; également pour les maux de tête, l'appendicite, l'arthrite, l'incoordination entre l'assimilation et l'élimination, la colite, la fièvre, les troubles intestinaux, l'incoordination entre les systèmes nerveux, la névrite et la toxémie.

La lecture suivante indique la façon d'utiliser les emplâtres: «Faites chauffer l'huile; imbibez-en deux, trois ou quatre épaisseurs de flanelle; essorez-les et appliquez-les directement sur la peau. Il est bon de maintenir sur l'emplâtre de la chaleur sèche (à l'aide d'un coussinet chauffant) pendant une heure ou tout le temps que dure le traitement. Nettoyez ensuite le corps, bien sûr, avec une solution légère de bicarbonate de soude, pour le débarrasser de toute acidité et des sécrétions naturelles qui en proviennent.» (1034-1)

En général, Cayce demandait d'appliquer ces emplâtres sur le côté droit de l'abdomen, selon des cycles bien précis, par exemple trois jours de traitement alternant avec trois ou quatre jours de repos. La durée d'application était d'une heure et demie, soit l'après-midi, soit au moment du coucher. Le troisième jour de chaque cycle, on devait habituellement prendre une dose d'huile d'olive par voie orale.

I

ICHTHYOL

L'ichthyol est une variété particulière de la substance appelée Ichthammol, une pommade fabriquée en dissociant puis en traitant chimiquement certains types de roches asphaltiques. Cayce reconnaissait à ce produit des propriétés antiseptiques pour les maladies de la peau; il le prescrivit à vingt-cinq reprises environ, en particulier pour les plaies de lit et la sclérodermie, et également dans les cas d'eczéma, de dermatite, de démangeaisons et d'infections.

INHALATIONS (2186-1)

Dans deux cent vingt-cinq lectures environ, Cayce donna des instructions concernant la préparation des formules d'inhalation pour soulager les problèmes respiratoires tels que l'asthme, la bronchite, la toux, le rhume, l'emphysème, la pleurésie, la pneumonie, le rhume des foins, les sécrétions post-nasales, la sinusite et la tuberculose. Les formules étaient différentes selon les cas; elles dépendaient du genre de maladie à traiter.

À la base, les formules pour inhalations se composaient d'alcool éthylique pur auquel on ajoutait de petites quantités de substances connues pour leur effet expectorant, comme l'huile d'eucalyptus, l'huile de térébenthine rectifiée, la teinture de benjoin, le baume de tolu, la créosote rectifiée et l'huile d'aiguilles de pin. Les vapeurs se dégageant de la solution devaient être inhalées selon les besoins, jusqu'à ce qu'on obtienne un soulagement.

Selon Cayce: «Nous préparons tout d'abord l'inhalation pour qu'il puisse y avoir une réaction antiseptique de la part des vapeurs envers la gorge, les bronches et les poumons, qui non seulement guérissent, mais empêchent aussi les accumulations résultant d'une mauvaise circulation à travers les muqueuses de la gorge, du nez, des bronches et des forces des tissus mous du visage, de s'infecter à partir de ces impuretés. L'inhalation aidera aussi à ralentir l'hyperactivité de la circulation à travers ces organes.» (421-8)

Les ingrédients pour inhalations mentionnés dans les lectures proviennent des plantes. L'efficacité des vapeurs se trouve renforcée si les inhalations sont faites à maintes reprises durant la journée, et à des heures régulières. On ne doit inhaler que les vapeurs, et non le liquide.

INNERCLEAN

L'Innerclean est un laxatif à base de plantes qui fut suggéré dans vingt-cinq lectures dans le but d'améliorer l'élimination. Les ingrédients de cette formule sont demeurés les mêmes pendant presque cinquante-cinq ans; mais, en 1977, les règlements de la FDA (Federal Drug Administration) obligèrent les fabricants à éliminer de la formule l'Agar-Agar et le Carragheen.

IODEX

L'Iodex simple, celui que Cayce recommandait, contient de l'iode dans une base de pommade. Il fut suggéré environ treize fois dans les lectures, pour les cas de clous, de furoncles, de dermatite, d'ecchymoses, d'eczéma et de plaies de lit. Une lecture affirma que ce produit diminuait aussi la sensibilité des contusions au toucher.

IPSAB

L'Ipsab fut mentionné dans à peu près soixante-dix lectures; il était utilisé pour prévenir et aussi pour guérir les cas de pyorrhée et de paradontolyse. Comme Cayce le dit lui-même: «Les gencives qui se rétractent et les tendances à la pyorrhée sont soulagées par l'emploi régulier de l'Ipsab pour masser les dents et les gencives. Les problèmes devraient être traités, certains localement, avec tout l'attirail du dentiste, (aussi bien qu'avec) des petits tampons d'ouate imbibés d'Ipsab et appliqués aux endroits qui révèlent l'affection à la base ou au bord des gencives.» (3696-1)

De nombreuses lectures qui mentionnaient l'Ipsab donnèrent aussi des instructions pour le fabriquer, les formules variant toutefois d'une lecture à l'autre. Quelques-unes indiquèrent que le produit fini devait être une pâte, tandis que la plupart en parlaient comme d'un liquide. Cayce proposa une formule spéciale pour usage général. Si on le désirait, on pouvait facilement en faire une pâte en ajoutant suffisamment de sel au liquide.

La formule complète de l'Ipsab contient de l'écorce de frêne épineux, du sel, du chlorure de calcium, de la menthe poivrée et de l'iode. L'ingrédient actif essentiel, l'écorce de frêne épineux, était connu des Amérindiens comme l'écorce du mal de dents; Cayce le désignait parfois de la même façon.

IRRIGATIONS DU CÔLON

Beaucoup de lectures mentionnent, comme faisant partie du traitement, des méthodes variées de nettoyage du côlon. Les plus souvent conseillées étaient les irrigations du côlon et les lavements; elles avaient pour but d'accroître l'efficacité des autres traitements aussi bien pour soigner la maladie que pour maintenir la santé et l'harmonie de l'organisme.

En général, les irrigations étaient conseillées selon les besoins; leur fréquence variait de deux fois par semaine à une fois tous les six mois, la moyenne recommandée étant de une fois toutes les six semaines. Tout le monde avait avantage à recevoir une irrigation du côlon occasionnelle.

Les précisions que donnait Cayce proposaient d'utiliser de l'eau à la température du corps, la première eau devant contenir environ une cuillerée à café de bicarbonate de soude et de sel par 2,25 l d'eau. La dernière eau utilisée devait contenir une cuillerée à soupe par 4,5 l de Glyco-Thymoline.

Ce traitement n'avait pas pour but de s'attaquer aux causes originelles des déséquilibres, mais de purifier les intestins et de réduire ainsi l'irritation et la pression.

K

KALDAK

Le Kaldak était un supplément alimentaire que Cayce recommanda dans à peu près quatre-vingts lectures. On devait surtout l'utiliser dans les cas d'affaiblissement généralisé et aussi pour l'anémie, l'arthrite et la mauvaise assimilation.

Cayce le conseilla comme tonique pour augmenter le nombre de globules rouges en fournissant à l'organisme du fer, des phosphates, du silicium et des vitamines du complexe B. Ce produit était fabriqué par la compagnie Kaldak de Lansing, au Michigan. On ne le trouve plus sur le marché, mais on peut lui substituer un sirop contenant du fer et des vitamines du complexe B.

L

LAIT DE BISMUTH

Cette aide digestive est une solution d'hydrate de bismuth et de sous-carbonate de bismuth. Cayce le recommanda dans pas moins de deux cent soixante-quinze lectures, essentiellement pour aider les processus de la digestion dans les cas d'acidité, de problèmes d'assimilation et d'élimination, de cholécystite, de colite, de problèmes stomacaux, intestinaux et hépatiques et dans les cas de toxémie, parmi d'autres perturbations.

En général, le bismuth devait être absorbé en même temps que d'autres substances (souvent des alcalinisants ou des laxatifs), et souvent il était mélangé avec ces mêmes substances.

LAIT DE MAGNÉSIE

Le lait de magnésie est une solution permanente d'oxyde de magnésie dilué dans de l'eau; on l'utilise comme antiacide et comme laxatif. Cayce le recommanda dans plus de cent soixante-dix lectures en visant ce double objectif. On trouve sur le marché de nombreuses marques de lait de magnésie.

LANOLINE LIQUIDE

Sous sa forme liquide, la lanoline fut recommandée dans cent soixante-cinq lectures environ, mais elle ne fut jamais prescrite seule. Elle était toujours utilisée en combinaison avec d'autres ingrédients, et pour toute une variété de formules de massage et de lotions. On la retrouve, entre autres, dans des formules de lotions destinées à adoucir la peau, à atténuer les cicatrices et à servir pour les massages donnés aux arthritiques.

Selon une lecture, la lanoline adoucit la peau; lorsqu'elle est combinée à d'autres huiles, elle la protège contre toute irritation.

LAUDANUM ET ACONIT

Le laudanum et l'aconit sont deux médicaments vendus sur ordonnance. Le premier est un autre nom servant à désigner la teinture d'opium; le second est un médicament extrêmement toxique, un dépresseur pour les systèmes cardiaque, respiratoire et circulatoire; il agit comme diaphorétique, antipyrétique et diurétique. Cayce ne recommanda ces deux substances que pour usage externe. Dans quatre-vingts lectures, il les suggéra mélangées ensemble, en applications locales, lorsqu'on voulait apporter un soulagement temporaire à des douleurs chroniques intenses.

Il prescrivit ces médicaments à beaucoup d'occasions, dans des cas de cholécystite, sciatique, névrite, blessure, arthrite, problèmes de la moelle épinière et appendicite. L'endroit où l'on devait les appliquer dépendait de la nature de l'affection et de la localisation des douleurs.

LAXATIF À L'AMBROISIE

L'herbe de Saint-Jacques, connue également sous le nom d'ambroisie, fut mentionnée par Edgar Cayce dans plus de cent vingt-cinq formules; fréquemment utilisée comme tonique et comme laxatif, elle fut aussi suggérée, de temps à autre, comme une aide aux assimilation et élimination.

Le tonique à l'ambroisie le plus simple était essentiellement une teinture, une substance médicinale présentée dans une solution hydro-alcoolique. Elle était constituée d'une tisane faite avec des feuilles séchées d'ambroisie et de l'eau distillée à laquelle on avait ajouté de l'alcool éthylique.

Cayce était d'avis qu'un tonique fait avec des feuilles fraîches d'ambroisie diminuait la susceptibilité au rhume des foins. Il expliquait que le pollen d'ambroisie aggravait certains déséquilibres nerveux; il conseillait donc de prendre cette tisane avant la floraison de l'ambroisie pour soulager les réactions allergiques nasales et bronchiques au pollen.

LINIMENT POUR MAUX DE DOS, ENTORSES ET CONTUSIONS (Le régal des muscles)

Une formule pour massage donnée dans la lecture 326-5 est devenue très populaire pour soigner les maux de dos, les entorses, les muscles et ligaments froissés, les ecchymoses et les problèmes connexes. La formule contient de l'huile d'olive, de l'huile minérale, de l'hamamélis, de la teinture de benjoin, de l'huile de sassafras, et du kérosène. Une lecture affirma qu'un massage effectué avec ce mélange réduisait l'enflure et soulageait la douleur. Une autre lecture en conseilla l'application sur les varices.

LINIMENT POUR RHUMES (2036-6)

Dans à peu près deux cent quatre-vingt-cinq lectures, Cayce prescrivit un liniment constitué, à parts égales, de suif de mouton (parfois appelé graisse de rognon de mouton), d'alcool camphré et d'essence de térébenthine. Certaines variantes incluaient de la teinture de benjoin et d'autres substances. Cayce le suggérait surtout pour les cas de rhume et de congestion et ceux de mauvaise circulation et de problèmes rénaux. Les lectures expliquaient que le suif de mouton pénétrait dans la peau et en ouvrait les pores, permettant ainsi aux propriétés curatives de la térébenthine et du camphre d'être rapidement absorbées.

Pour les rhumes, Cayce attirait l'attention sur les pieds et l'extrémité des membres. Il conseillait souvent d'y appliquer de la chaleur en même temps que le liniment.

«Nous les frictionnons aussi (ces substances) sur la partie inférieure des pieds, sur la plante des pieds que nous faisons ensuite rôtir, pour ainsi dire, devant le feu ou devant une source quelconque de chaleur pour stimuler la circulation dans ces zones.» (304-33)

LISTERINE

La Listerine est un antiseptique très connu qui contient de l'alcool, du thymol, de l'eucalyptol, du salicylate de méthyle, du menthol et de l'acide benzoïque. Elle est recommandée pour l'hygiène buccale et pour les applications locales dans les cas de coupures, égratignures, piqûres d'insectes et pellicules infectieuses.

Edgar Cayce recommanda la Listerine dans seize lectures pour traiter les cheveux et le cuir chevelu et pour combattre les pellicules, qu'il attribuait à une circulation déficiente.

LOTION POUR L'ACNÉ (528-2)

Cette formule ne fut recommandée par Edgar Cayce que dans une seule lecture, pour un cas qui comportait des cicatrices d'acné. Elle n'est pas conseillée pour tous, bien que sa popularité indique qu'elle a été utilisée avec succès par d'autres sujets.

Ses ingrédients sont l'huile d'olive camphrée, l'hamamélis et le Nujol, une huile minérale. La formule agit comme un antiseptique et un astringent. La lecture conseillait de nettoyer la peau à fond avant de la masser, à l'aide de la formule, sur les zones cicatrisées.

LOTION POUR LE PIED D'ATHLÈTE

Ce traitement externe du pied d'athlète se trouve dans la lecture 291-1. La formule contient du Nujol, de l'hamamélis, de l'huile de sassafras et du goudron (kérosène).

M

MOLÈNE

La molène est une plante qui fut mentionnée une cinquantaine de fois dans les lectures. Edgar Cayce la trouvait particulièrement efficace pour soigner les varices. On pouvait utiliser la plante fraîche ou séchée, mais on devait ensuite s'en tenir à la version choisie.

Une lecture recommanda la tisane à la molène, en l'assortissant de promenades quotidiennes, pour réduire l'enflure des jambes accompagnant la grossesse. Elle était également conseillée pour aider la circulation et le fonctionnement des reins.

Les feuilles de molène étaient aussi utilisées pour faire des emplâtres ou des cataplasmes. Dans quelques cas de varices, Cayce recommanda l'application de ces emplâtres en plus de boire la tisane de molène.

Cayce donna le conseil suivant: «Appliquez les emplâtres à la molène de préférence sur les endroits qui sont les sources à partir desquelles les membres reçoivent leur activité circulatoire, et sur les parties des membres qui présentent de l'enflure. Posez ces emplâtres une fois par jour pendant une heure environ.» (1541-6)

MYRRHE (Teinture de) ET HUILE D'OLIVE

La teinture de myrrhe est une solution alcoolisée qui contient de la myrrhe, un extrait parfumé de la résine d'un arbre que l'on trouve dans les forêts côtières de la mer Rouge. Quelques lectures la recommandèrent pour usage interne, mais elle était le plus souvent utilisée comme ingrédient pour les massages. Cayce était d'avis que la myrrhe était bénéfique pour les muscles et qu'elle stimulait la circulation superficielle en étant absorbée par les pores de la peau. Il expliqua que: «La teinture de myrrhe agit en s'enfonçant dans les pores de la peau et en poussant la circulation à se répandre dans les parties affectées (des cicatrices, dans le cas présent).» (440-3)

Cayce la recommanda aussi bien des fois comme ingrédient pour les bains de vapeur. Quant aux massages, la teinture de myrrhe était invariablement conseillée en combinaison avec l'huile d'olive.

La préparation de ce mélange consistait à faire chauffer la myrrhe dans un récipient et à y ajouter la même quantité d'huile d'olive. La durée de conservation de cette combinaison, une fois chauffée, ne pouvait pas dépasser quelques jours; il était donc préférable de n'en préparer qu'une petite quantité à la fois.

N

NUJOL

C'est une huile minérale ultralourde que l'on utilise médicalement comme laxatif. Il s'agit d'un mélange d'hydrocarbures liquides dérivés du pétrole; à température normale, il est sans odeur et sans saveur.

Edgar Cayce recommandait cette substance pour application externe – plutôt que pour usage interne –, comme ingrédient pour les formules de massage. Le Nujol fut conseillé, dans les lectures, pour soixante-deux personnes, et sa contrepartie, l'huile blanche de Russie, qui n'est plus sur le marché, pour cent soixante-deux sujets. Étant donné qu'un certain nombre de lectures suggéraient le Nujol comme alternative à l'huile blanche de Russie, les recommandations qui se rapportent aux deux produits sont résumées ensemble ci-dessous.

Les formules de massage qui incluaient l'huile lourde comme ingrédient s'appliquaient à toute une variété de perturbations, les plus fréquentes étant les subluxations spinales, la paralysie, la détérioration de la locomotion, la sclérose en plaques, l'insuffisance de l'élimination, l'incoordination nerveuse, la maladie de Parkinson, les problèmes glandulaires, l'affaiblissement généralisé, la poliomyélite, la névrite et les problèmes aux pieds.

O

OCCY-CRYSTINE

C'est un laxatif et un purgatif que l'on retrouve mentionné dans vingt-quatre lectures. La combinaison saline de thiosulfate de sodium et de sulfate de magnésium (sels d'Epsom) a des propriétés nettoyantes aussi bien qu'alcalinisantes.

Cette substance fut le plus souvent prescrite pour stimuler une élimination insuffisante ou déséquilibrée, pour améliorer l'assimilation et stabiliser le rapport acido-alcalin du corps, ces trois fonctions étant considérées comme étroitement interreliées.

En général, on devait prendre de l'Occy-Crystine jusqu'à ce qu'on obtienne un nettoyage et une alcalinisation satisfaisants de l'organisme. Cela signifiait une dose quotidienne prise le matin avant le repas, et pendant plusieurs jours.

ODEURS ET PARFUMS

Edgar Cayce parlait souvent de l'importance des odeurs et des parfums. Il remarqua une fois «qu'il n'y a pas d'influence plus forte sur le corps physique... que l'effet des odeurs sur les nerfs olfactifs». (274-7)

Selon les lectures, l'impact des odeurs et des parfums peut être positif ou négatif, et apporter soit une stimulation spirituelle, soit une indulgence sensuelle. Mais, en général, ces émanations étaient considérées comme des forces spirituelles, «car les odeurs sont nécessaires; s'il en était autrement, en aurait-on gratifié la rose, la violette, le lilas... toutes ces choses qui expriment la beauté d'un Père céleste qui nous aime? Elles ont donc leur place». (1402-1)

En règle générale, certains parfums particuliers étaient censés avoir des influences salutaires ou aider à atteindre la clarté de l'esprit et l'harmonie spirituelle. Puisque le genre d'influence exercée dépendait apparemment d'associations remontant à des vies antérieures, le choix d'une odeur efficace était considéré comme une affaire strictement personnelle.

Toutefois, Cayce en mentionna certaines avec une telle régularité qu'elles peuvent être considérées comme généralement utiles.

La lavande, mentionnée à sept reprises, avait la réputation de favoriser la méditation et le développement spirituel. Dans deux de ces cas, Cayce recommanda la lavande et la racine d'iris pour élever le taux de vibrations.

Le bois de santal fut mentionné six fois; dans trois lectures, il fut considéré comme un stimulant mental et spirituel, et, dans deux autres, son usage fut déconseillé.

La racine d'iris fut mentionnée dans cinq lectures pour son influence spirituelle salutaire, deux fois avec la lavande et deux fois avec un parfum de violette. L'encens oriental fut recommandé à quatre reprises comme stimulant mental et spirituel et comme influence bénéfique. Le cèdre fut suggéré dans trois lectures, pour les mêmes raisons que ci-dessus.

À travers les lectures, on trouve diverses références à d'autres parfums de plantes et de fleurs.

P

PAPIER DE PATAPAR

Ce papier, qu'on appelle habituellement «papier sulfurisé», est une feuille non toxique, sans saveur et sans odeur, faite d'un papier traité industriellement qui résiste à la graisse et garde sa solidité au contact de l'eau.

Dans les lectures qui conseillaient les légumes, le papier de Patapar était souvent mentionné comme méthode de cuisson. On devait envelopper les légumes dans ce papier et mettre le tout dans une casserole contenant de l'eau bouillante; on laissait ensuite mijoter jusqu'à cuisson complète. Cette méthode permet de conserver les vitamines et les sels minéraux précieux.

Comme disait Cayce: «Les légumes que l'on prend devraient être cuits de préférence dans leur *propre* jus, comme dans du papier de Patapar. Pour développer la résistance du corps, cela fait toute la différence.» (861-1)

PASSIFLORE (Infusion)

Dans plus de quatre-vingt-dix lectures, Cayce recommanda une infusion de tiges de passiflore; il considérait cette préparation comme le meilleur sédatif pour l'épilepsie et il la recommandait également dans les cas d'incoordination nerveuse. Il déclara: «La passiflore a un effet sur le système nerveux sympathique. Elle est capable de relâcher les congestions qui se produisent lors des attaques d'incoordination à la base du cerveau, à travers la courbure telle qu'elle a été indiquée, laquelle est produite dans des zones situées le long de la moelle épinière, et dans les adhérences de la zone indiquée.» (2153-5)

Selon Cayce, la passiflore ne créait pas d'accoutumance, aussi la recommandait-il souvent à la place de sédatifs comme le phénobarbital et la dilantine. Il pensait également que cette plante était excellente pour les muscles et la circulation capillaire, à condition de suivre un régime adéquat pour éviter la congestion des intestins. D'après lui, il fallait éviter de prendre de la passiflore en même temps que d'autres sédatifs.

On trouvait des renseignements supplémentaires dans d'autres lectures. Celles-ci expliquaient que la passiflore influençait le système nerveux sympathique et favorisait la normalisation des impulsions qui s'échangent entre les glandes situées à la base du cerveau et le centre nerveux hypogastrique, lequel régit la digestion et l'assimilation. Au cours du processus, elle exerce aussi une influence sur l'irrigation sanguine, les canaux biliaires et certains segments de la moelle épinière.

On peut prendre une tisane de passiflore à l'occasion, pour obtenir une sédation.

PÉTROLE BRUT

Les lectures d'Edgar Cayce donnent de l'espoir quant à la prévention et au traitement efficace de la chute des cheveux, en offrant des méthodes naturelles et sans danger. Cayce a envisagé les aspects internes et externes des causes et du traitement de la calvitie dans un total de quatre-vingt-douze lectures accordées à soixante-cinq sujets.

Les applications locales le plus souvent mentionnées étaient le pétrole brut, la Vaseline et les solutions à l'alcool éthylique (généralement à vingt pour cent). Dans quelques cas, ces applications faisaient partie du même traitement, et, dans d'autres, elles furent recommandées séparément.

Cayce conseilla aussi d'autres applications locales, parmi lesquelles on retrouve le savon d'huile de pin (qu'on pouvait remplacer par le shampooing), le shampooing à l'huile d'olive, la Listerine et, dans les cas de perte de cheveux chez les femmes, de la graisse de porc. Le recours à la Listerine ainsi qu'aux solutions alcoolisées était particulièrement recommandé pour ceux qui avaient des pellicules.

La lecture 636-1 suggéra un traitement au pétrole brut à appliquer deux ou trois fois par mois, et suivi chaque fois d'une application d'alcool éthylique à vingt pour cent et de Vaseline. Cette lecture conseilla également un régime riche en iode pour stimuler la glande thyroïde.

PHOSPHATE DE SOUDE

Le phosphate de soude est du phosphate de sodium; c'est un sel granulé, blanc ou incolore, qu'on utilise comme purgatif doux. On peut se le procurer sous la forme ordinaire ou sous la forme effervescente. Sous cette dernière forme, on y a ajouté des acides citrique et tartrique ainsi que du bicarbonate de soude pour le rendre plus agréable au goût.

Edgar Cayce recommanda le phosphate de soude dans une centaine de lectures. La plupart du temps, il n'indiquait pas de marque particulière, mais dans vingt-cinq pour cent des cas, il mentionna le produit de Fleet qui contenait du biphosphate de sodium et du phosphate de sodium.

Cayce suggéra le phosphate de soude comme laxatif pour toutes sortes d'affections telles que l'acidité, le manque de coordination entre assimilation et élimination, l'infection bacillaire et la toxémie. Il recommandait d'utiliser la forme ordinaire (probablement non effervescente). Une dose typique consistait en une demi-cuillerée à café mélangée à un demi-verre d'eau que l'on devait prendre le matin, avant le déjeuner. On devait parfois ajouter à cette dose quelques gouttes de salsepareille (généralement cinq gouttes). Dans bien des cas également, on devait ajouter à la dose – soit occasionnellement, soit tous les trois jours ou toutes les trois doses – une goutte d'huile de térébenthine ou d'une autre substance semblable.

Pour les cas de cholécystite ou d'inflammation de la vésicule biliaire, Cayce recommanda le Phospho-Soda de Fleet. Dans ces cas comme dans d'autres, il s'agissait d'une étape d'une méthode spéciale ayant pour but de drainer les sédiments des canaux biliaires et de stimuler et normaliser tous les organes abdominaux.

PIERRES PRÉCIEUSES

Edgar Cayce pensait que les minéraux et les pierres précieuses pouvaient avoir une influence bénéfique sur les plans mental et spirituel, et contribuer au bien-être des gens.

Dans une lecture, Cayce conseilla au sujet de conserver un morceau d'acier au carbone dans la poche avant de son pantalon pour protéger son propriétaire, disait-il, contre les rhumes, la congestion et les troubles des muqueuses.

Dans de nombreuses lectures, il recommanda le lapis lazuli pour donner force et santé au corps; la pierre devait, si possible, être en contact avec la peau.

PILE À ÉLECTROLYTE

La pile à électrolyte est une batterie galvanique qui génère un courant électrique faible mais mesurable; Cayce était d'avis que ce genre de courant stimulait efficacement la croissance des tissus nerveux et leurs connexions entre eux. Cet appareil fut recommandé dans neuf cent soixante-quinze lectures environ, pour toutes sortes de problèmes physiques et mentaux qui comprenaient l'incoordination entre les systèmes sympathique et céphalo-rachidien, l'arriération mentale des enfants et des adultes, la sclérose en plaques, la folie, l'arthrite, la paralysie, la maladie de Parkinson et la surdité. En règle générale, la pile à électrolyte était conseillée chaque fois qu'il y avait détérioration des nerfs et qu'il fallait les rebâtir pour les faire fonctionner à nouveau.

Dans la plupart des cas, des solutions spéciales devaient être incluses dans le circuit, pour fournir à l'organisme certains éléments par l'entremise des vibrations de la pile. Les solutions le plus souvent employées étaient l'alcool camphré, le chlorure d'or, le nitrate d'argent et l'Atomidine.

Cayce expliqua l'action de la pile à électrolyte en ces termes: «Nous savons que de telles solutions pénètrent dans le corps de cette manière, comme nous l'avons indiqué; en exerçant leur activité dans le système sans être ingérées, car on peut diriger la pile sur différents organes du corps qui ont besoin des éléments contenus dans les solutions.» (1800-25)

POMMADE ET LOTION DE RAY

Les produits de Ray étaient élaborés par un chimiste de Roanoke, en Virginie, nommé Thomas Ray Wirsing. Celui-ci finit par préparer des médicaments pour des personnes qui avaient reçu des prescriptions spéciales de Cayce au cours de leurs lectures. Les produits médicamenteux de Ray furent recommandés dans une quinzaine de lectures, essentiellement pour des cas d'eczéma, de pied d'athlète, de dermatite et de sumac vénéneux. La plupart du temps, Cayce recommandait la pommade; la lotion était mentionnée pour le sumac vénéneux, et, une seule fois, pour le pied d'athlète.

La pommade de Ray contient de l'acide salicylique, du phénol, de la pommade d'oxyde de zinc, de la pommade d'huile de pin, du resorcinol, de la pommade de soufre, du pétrolatum et de la lanoline. La lotion de Ray se compose de potassium sulfuré, de sulfate de zinc, d'acide salicylique, de phénol et d'alcool.

POMMADE DE SAINT-JACOB

Autrefois annoncée comme «le puissant remède allemand contre la douleur», la pommade de Saint-Jacob est un analgésique qui a été parfois recommandé par Cayce pour des problèmes d'oreilles. Les ingrédients en étaient vraisemblablement le chloroforme, le camphre, l'huile de thym, l'huile camphrée et la térébenthine.

Ce produit est toujours sur le marché, mais sa formule originale a été modifiée, l'un de ses ingrédients ayant été omis. On ne devrait donc pas s'en servir pour les oreilles.

POUDRE DE DOUVRES

Cette poudre est idaphorétique (elle fait transpirer abondamment) et sédative; elle fut recommandée dans les lectures données à quarante-cinq personnes. On ne peut se la procurer que sur ordonnance médicale, car elle contient de l'ipéca et de l'opium. L'ipéca est un expectorant qui fait beaucoup transpirer et agit sur l'estomac; l'opium est un narcotique qui endort la douleur et déclenche le sommeil.

Cayce recommanda la poudre de Douvres essentiellement comme ingrédient faisant partie de préparations laxatives spéciales ainsi que comme sédatif.

POUDRE POUR LES SOINS CORPORELS

Une cinquantaine de lectures recommandèrent une poudre spéciale pour les soins du corps; elle contenait du baume péruvien et du stéarate de zinc. Cette poudre était prescrite pour les irritations de la peau dans les cas d'acné, d'eczéma, de prurit (démangeaisons), de psoriasis et de zona.

Q

QUININE

La quinine est une poudre blanche alcaloïde, amère et sans odeur, extraite de l'écorce de quinquina. Sa principale utilité médicale se trouve dans le traitement du paludisme, bien que l'on s'en serve également comme analgésique et comme fébrifuge (pour faire baisser la fièvre) pour soigner des rhumes et des fièvres autres que celle du paludisme. On l'utilise également comme tonique amer pour les convalescents et comme stimulant de l'utérus après un accouchement.

Les lectures d'Edgar Cayce recommandèrent différentes formes de quinine; elles se référaient seize fois à la quinine, dix fois au sulfate de quinine, vingt-trois fois à l'écorce de quinquina, ou péruvienne, et trois cent trente-six fois au calisaya. Le sel de quinine le plus populaire est le sulfate de quinine; c'est probablement celui auquel Cayce pensait quand il ne précisait pas la sorte utilisée. Le quinquina et le calisaya sont des sources plus naturelles; ils furent parfois préférés à cause de leur douceur, comme dans la lecture qui décrivit le calisaya comme «une forme adoucie de sulfate de quinine». (4281-6)

Si on réunit toutes les références, on arrive à un total de dix recommandations de quinine pour le paludisme ainsi que pour tout un assortiment d'autres maladies. L'objectif essentiel était de stimuler le foie et la rate, et d'aider à éliminer les toxines du courant sanguin, tout en facilitant la circulation et en diminuant les effets de la congestion. Une des lectures donna une description détaillée des propriétés de la quinine, avec une note d'avertissement: «Car la quinine est un stimulus actif pour clarifier le courant sanguin, surtout en ce qui concerne les fermentations provenant de toutes sortes de pus ou de bacilles qui se trouvent dans la circulation, en provenance directe du foie ou de la circulation hépatique; mais prise en excès, elle peut être aussi dommageable qu'elle pourrait être bénéfique.» (340-1)

R

RADIONIQUE

Le mot «radionique» fut mentionné plus de quarante fois dans les lectures; il avait trait à une méthode de diagnostic et de traitement controversée qui utilisait des appareils que l'on connaissait, du temps de Cayce, sous les noms d'Oscilloclast, de machine d'Abrams et d'éthéronique (de Cold). Son inventeur, le docteur Albert Abrams de San Francisco, avait consacré de nombreuses années de recherche à tenter d'établir scientifiquement la base «électromagnétique» de la santé et de la maladie.

L'appareil d'Abrams, plus connu sous le nom de «boîte noire», était censé diagnostiquer les maladies lorsqu'on le mettait en contact avec le patient ou avec une seule goutte de son sang. Cet appareil pouvait guérir, même de loin, en transmettant les impulsions d'une forme d'énergie radionique réglée pour combattre telle ou telle maladie.

La théorie électromagnétique d'Abrams était très proche de celle de Cayce qui pensait que la vie était de nature électrique et vibratoire. Celui-ci affirmait souvent que «la vie, et ses manifestations dans la matière, sont des énergies *électroniques*». (440-16) Il demandait qu'on fasse de la recherche et du développement au sujet de la radionique pour améliorer la santé en général, et spécialement pour les cas mettant en cause l'incoordination nerveuse en particulier.

RAYON SINUSOÏDAL

Cet appareil électrique ne fut jamais manufacturé, semble-t-il, parce qu'il contrevenait aux règlements concernant les systèmes de communication. Il fut cependant recommandé dans cent vingt lectures environ. Bien que l'on se demande encore si le rayon sinusoïdal était, oui ou non, une forme de diathermie, on sait qu'il était de bas voltage – de cinq volts à deux ampères –, avec une oscillation variant jusqu'à un maximum d'un millier de cycles. L'appareil était équipé de plaques métalliques que l'on pouvait mettre en contact avec la peau et maintenir apparemment avec la main.

Dans les lectures, l'appareil était décrit comme courant inversé, courant alternatif et thérapie en profondeur; il était le plus souvent recommandé pour le traitement des lésions et subluxations spinales.

Il avait pour but «d'égaliser, de relaxer et de stabiliser les influx nerveux qui régissent les forces musculaires du corps». (1008-1) Il est maintenant remplacé par la diathermie, une méthode dont se servent certains ostéopathes et chiropraticiens.

RAYONS ULTRAVIOLETS

Edgar Cayce recommandait parfois l'emploi des rayons ultraviolets à ondes courtes, qu'on ne doit pas confondre avec la lumière noire ou la variété à ondes longues.

Un modèle souvent recommandé était celui de Burdick, qui était une lampe au quartz-mercure. La plupart du temps, Cayce suggérait d'utiliser une plaque de verre verte de 6 mm d'épaisseur pour bloquer le passage des rayons ultraviolets.

On ne connaît pas de source d'approvisionnement pour cette plaque de verre, même si l'appareil à ultraviolets est toujours disponible et qu'on peut le louer.

On peut remplacer ce traitement par des bains de soleil. Une lecture conseilla d'ailleurs de diminuer la fréquence des traitements lorsqu'on pouvait profiter de la lumière du soleil. (Voir aussi Héliothérapie.)

RAYON VIOLET

Cet appareil, que l'on appelait le rayon violet à l'époque de Cayce, est essentiellement une source d'électricité statique de très haut voltage et de bas ampérage. De nos jours, on s'y réfère habituellement sous le nom d'«appareil à haute fréquence». Il possède une sortie de voltage d'environ cinquante mille volts pour quelques milliampères de courant. Sa fréquence de plus d'un million de cycles par seconde en fait une forme atténuée de diathermie, un traitement qui fournit une chaleur thérapeutique aux tissus se trouvant sous la peau.

Le rayon violet se compose d'une base manuelle dans laquelle est inséré un applicateur en verre sous vide, ou «électrode». Le courant électrique est diffusé par un rayonnement aux vibrations rapides qui prend une couleur violet foncé, d'où son nom.

Cayce le mentionna à peu près neuf cent vingt-cinq fois, et les traitements pour lesquels il le suggéra furent aussi nombreux que variés. La toute première fonction de l'appareil était de stimuler la circulation superficielle. D'après Cayce, ce processus procurait également des effets bienfaisants, comme un sommeil plus profond, une plus grande vigueur du corps, une élimination plus abondante, un soulagement des troubles nerveux et un meilleur équilibre général de l'organisme.

Le rayon violet était recommandé dans les cas de problèmes oculaires, y compris la cataracte, la cécité et la myopie, et dans les cas d'hémorroïdes, d'anémie, d'arthrite, d'affections pelviennes et de problèmes connexes, pour n'en nommer que quelques-uns. Au sujet de son utilisation dans les cas d'anémie, Cayce fit le commentaire suivant: «Pour créer les meilleures conditions possibles pour le corps au moment présent, nous utilisons celles de la manipulation, exercée avec les mains plutôt qu'avec les forces vibratoires, mais nous utilisons toujours les forces électriques par l'intermédiaire du rayon violet, afin de pouvoir amener encore plus d'irrigation sanguine grâce aux réactions nerveuses dans et à travers les tissus de la partie extérieure, aussi bien qu'à travers les tissus profonds. Appliquez l'appareil à fond en travers de l'abdomen pour stimuler le fonctionnement du foie, de la rate et d'autres parties du tube digestif.» (979-3)

La durée des traitements variait largement d'une lecture à l'autre, et pouvait aller de une à dix minutes. Cayce prévint un patient de ne pas abuser des bonnes choses et de se limiter à une minute et demie par jour.

RÉGULATEUR DU FOIE SIMMON

Cette formule laxative contenait de l'ambroisie et de la réglisse, et elle fut recommandée dans soixante-dix lectures environ. Ce produit n'est plus sur le marché. (Voir Laxatif à l'ambroisie.)

REMÈDE POUR MAUX DE TÊTE

Cette formule fut donnée, au cours d'une lecture, à une personne qui souffrait de violents maux de tête; elle contenait, en proportions égales, de l'alcool camphré et de la lobélie. Pour calmer la douleur, il fallait appliquer le mélange sur les tempes.

S

SAVON DE CASTILLE ET SAVON À L'HUILE DE NOIX DE COCO

Le savon de Castille était apparemment le préféré de Cayce, à cause de son efficacité pour nettoyer et de sa douceur sur la peau. À l'époque de Cayce, il ne contenait que de l'huile d'olive et de l'hydrate de sodium, mais aujourd'hui, l'huile d'olive est souvent remplacée par des huiles végétales.

On ne connaît qu'une seule lecture où le savon à l'huile de noix de coco fut recommandé; Cayce y suggérait «un nettoyage à fond avec un bon savon de toilette, de préférence composé d'huile d'olive ou d'huile de noix de coco plutôt que d'autres sources de matières grasses». (3051-3)

SEL ET SEL DE VARECH

Le sel de varech fut mentionné dans une trentaine de lectures; dans la plupart des cas, on pouvait le remplacer par du «sel de mer» si l'on préférait. Ces deux sortes de sel sont riches en oligo-éléments, surtout en iode. Le sel de varech est extrait des algues. À l'époque de Cayce, le sel marin était extrait directement de l'eau de mer plutôt que de dépôts terrestres souterrains.

Les lectures affirmaient que l'utilisation de sel pour assaisonner les aliments (comme le pain de maïs et les légumes) apportait des éléments de valeur au régime alimentaire et fortifiait l'organisme. Le sel de varech et le sel marin étaient recommandés non seulement pour l'usage habituel du sel, mais aussi pour toutes sortes de cas où l'on décelait une carence en iode dans l'organisme.

Le sel était aussi utilisé en physiothérapie, sous la forme d'emplâtres au sel chaud; ceux-ci furent conseillés dans quatre-vingts lectures environ, afin de soulager les douleurs pelviennes ou d'autres problèmes. Cayce recommanda également, de temps à autre, des cataplasmes de sel et de vinaigre de cidre, pour soigner les entorses et les ecchymoses. Il conseillait aussi une poudre dentifrice composée en parties égales de sel et de bicarbonate de soude.

SELS ENO

Dans les cent soixante-dix lectures qui mentionnent les sels Eno, Cayce recommanda parfois la variété contenant de l'acide citrique. De nos jours, seule la formule normale est disponible.

SHAMPOOING À L'HUILE D'OLIVE

Ce shampooing fut recommandé une dizaine de fois, ce qui en fait le shampooing le plus souvent mentionné dans les lectures. Il est semblable au shampooing de Castille, lequel était, à l'origine, fabriqué avec de l'huile d'olive; dans certaines lectures, les deux sortes de shampooing sont interchangeables. Cayce n'indiqua jamais de marque de commerce particulière.

Le shampooing à l'huile d'olive fut parfois suggéré sans explication; toutefois, d'autres lectures laissèrent entendre qu'il était très bénéfique pour le cuir chevelu parce que l'huile ouvrait les pores. Cayce expliquait son point de vue ainsi: «Pour ce corps en particulier, utilisez un shampooing à l'huile d'olive, car le cuir chevelu a besoin de cette huile pour ouvrir ses pores. Nettoyez la tête avec un bon produit de nettoyage, de préférence du savon noir, et appliquez ensuite le shampooing à l'huile d'olive.» (3379-1)

Quelques lectures mirent également en relief les avantages cosmétiques du shampooing à l'huile d'olive; l'une déclara qu'il rendait les cheveux brillants si l'on ajoutait à l'eau quelques gouttes d'huile d'olive; une autre affirma qu'un shampooing hebdomadaire à l'huile d'olive éclaircissait la couleur des cheveux.

SHAMPOOING ET SAVON À L'HUILE DE PIN

Bien que le savon à l'huile de pin ait été recommandé dans sept lectures, le mot «shampooing» ne fut jamais prononcé, même si, dans chaque cas, le savon avait servi de shampooing. Il est possible que seul le savon fût disponible du temps de Cayce et que le shampooing n'ait fait son apparition sur le marché qu'à une date ultérieure.

À cause de ses propriétés antiseptiques, l'huile de pin était le plus souvent recommandée pour les soins du cuir chevelu; on faisait en même temps des applications de Vaseline, de shampooing à l'huile d'olive, de pétrole brut ou d'alcool éthylique dilué. Un traitement pour les pellicules suggéra d'appliquer ce genre d'alcool et de faire suivre par une friction à la Vaseline et un nettoyage complet de la tête au savon noir.

Selon Cayce: «Pour le bénéfice du cuir chevelu (trop sec) et des cheveux, nous pensons qu'il serait bon de donner un massage en profondeur ou un shampooing au savon noir pur au moins une fois par semaine, et ensuite de frictionner le cuir chevelu avec un peu de vaseline blanche après le shampooing. Cela aidera les cheveux et les assainira.» (633-12)

SIROP CONTRE LA TOUX (2431-29)

Cayce recommanda cette formule pour calmer les poumons et les bronches, pour agir comme expectorant et pour guérir les irritations provoquant la toux.

La formule renferme du sirop d'écorce de merisier, de marrube et de rhubarbe, de l'élixir de gingembre, du miel et de l'alcool. Cayce déclara à son sujet: «Le fait d'incorporer ces propriétés, qui soulagent le rhume et la congestion – comme dans le merisier et la marrube – non seulement facilitera la digestion, mais stimulera aussi la circulation dans la partie supérieure de la tête et dans toute la zone des bronches, et assurera ainsi une meilleure circulation dans la gorge et les gencives.» (808-3)

SIROP DE FIGUES

Une préparation laxative connue sous le nom de sirop de figues fut suggérée dans plus de quatre-vingt-dix lectures. Elle contenait des extraits de figues dans une base de séné. À cause de son action douce, cette préparation était préférée dans les cas où l'élimination avait besoin d'être stimulée. Cayce la considérait aussi comme un stimulus pour les assimilations «qui agissent de concert avec les sucs gastriques du système et... accroissent le débit dans le canal digestif». (378-7)

Ce produit semble avoir disparu du marché; on peut lui substituer le sirop laxatif du Dr Caldwell (Laboratoires Glenbrook).

SIROP DE SQUILL

Edgar Cayce recommanda le sirop de Squill dans une cinquantaine de lectures, surtout dans les cas de rhume et de congestion, de pneumonie et d'élimination insuffisante. Il suggéra aussi de l'utiliser à titre de décongestionnant, pour aider les organes respiratoires et, de temps à autre, comme stimulant du cœur.

Le sirop de Squill est disponible dans les pharmacies, mais uniquement sur ordonnance médicale.

SOLUTION D'ARSENIC DE FOWLER

Il s'agit d'une solution d'arsénite de potassium qui contient un pour cent de trioxyde d'arsenic. C'est un produit vendu sur ordonnance que l'on utilisait autrefois dans le traitement de la leucémie et d'autres affections, comme le paludisme, la chorée et les maladies de la peau.

Edgar Cayce recommanda cette préparation dans quatorze lectures accordées à onze personnes. Il la considérait apparemment comme un dépuratif du sang, utile dans les cas d'insuffisance de l'élimination, d'incoordination entre l'assimilation et l'élimination, ainsi que dans les cas de mauvaise circulation.

Ces cas présentaient souvent des problèmes de peau comme la dermatite.

Puisqu'il suffit d'une faible quantité d'arsenic pour le rendre toxique, Cayce recommanda des doses infimes à prendre selon des cycles bien déterminés. Il donna l'explication suivante: «Nous comprenons que l'arsenic est un poison à action lente, en petites quantités comme dans ce cas-ci, mais c'est aussi un élément qui travaillera de concert avec les forces gastriques du duodénum et des canaux chylifères.» (394-10)

SOLUTION DE DOBELL

C'est une solution de borate de sodium. Cayce la recommanda dans six lectures pour le nettoyage du nez, les gargarismes et le lavage des yeux.

S.S.S.

Cette spécialité pharmaceutique sanguinoformatrice est toujours disponible à la compagnie S.S.S. Cinq lectures la recommandèrent comme tonique pour reconstituer les globules rouges du sang ainsi que pour améliorer la digestion et l'assimilation.

Les doses pouvaient varier, mais, en règle générale, elles devaient être faibles et quotidiennes, ou plus espacées.

STIMULANT POUR L'ÉLIMINATION (4288-1)

Cette tisane tonique fut recommandée au cours d'une lecture accordée à une femme souffrant de pression sanguine élevée.

Cayce attribua son état à une insuffisance de l'élimination qui avait entraîné une prolifération des toxines dans le sang et, par voie de conséquence, avait fait monter la pression sanguine.

La tisane tonique avait pour but de stimuler l'élimination et de normaliser la pression sanguine. Cayce expliqua son utilité ainsi: «Son rôle est de stimuler l'élimination par les reins et de leur permettre de fonctionner en les débarrassant des déchets, comprenez-vous?» Cela redonne «à l'organisme un parfait équilibre et une force physique efficace». (4288-1)

Cette formule contient de la racine de salsepareille, de l'écorce de merisier, de la racine de bardane, de la racine de mandragore, des feuilles de buchu, de l'alcool éthylique et du baume de tolu.

SUIF DE MOUTON

Cayce n'a jamais recommandé le suif de mouton seul, mais toujours combiné à d'autres ingrédients, comme ceux que l'on trouve, par exemple, dans la formule du liniment pour rhumes.

Cependant, un nouvel usage de cette substance a été récemment mis au point par le Dr Hazel G. Drexler, Ph.D. Après trois ans d'observations non scientifiques, elle put établir que lorsqu'on applique du suif de mouton pur sur la zone du plexus solaire ou sur l'abdomen tout entier, il a un effet calmant remarquable, aussi bien chez les adultes que chez les enfants.

Le Dr Drexler déclara qu'elle avait tout d'abord essayé cette méthode sur elle-même, à la suggestion de Geneviève Haller, une chiropraticienne. Le suif de mouton avait calmé un plexus solaire douloureux associé à ce qu'on pourrait appeler une crise d'émotions négatives. Le Dr Drexler fut si impressionnée du résultat qu'elle recommanda le suif de mouton à de nombreux amis et connaissances se trouvant dans des situations de stress. Le suif semblait faire disparaître les émotions négatives ainsi que le stress lié à «l'insomnie, l'anxiété, l'irritabilité, la peur, les douleurs au plexus solaire, les douleurs associées à la hernie hiatale, la tension nerveuse, l'activité fébrile, les bouleversements émotionnels et les pensées obsessionnelles».

Les observations du Dr Drexler firent l'objet d'une mention dans le *Medical Research Bulletin* de la clinique de l'ARE.

T

TIM (1800-20)

Tim est un composé qui a été recommandé dans une cinquantaine de lectures, essentiellement pour traiter les hémorroïdes, mais également, dans quelques cas, des irritations de la peau telles que le prurit (démangeaisons), l'eczéma, les écorchures et les furoncles. Les recommandations étaient parfois accompagnées d'instructions concernant la préparation de la formule, laquelle variait quelque peu suivant les lectures. La version mise au point pour l'usage général contient de l'iode et du benjoin dans une base de matière grasse et de tabac.

TISANE DE GRAINES DE PASTÈQUE

Cette tisane est faite avec des graines de pastèque séchées et écrasées; elle fut recommandée dans soixante-quinze lectures environ.

Les lectures affirmaient que cette tisane diurétique aidait à débarrasser l'organisme de ses toxines, à éliminer les accumulations d'eau de l'abdomen, à diminuer l'inflammation des reins et de la vessie, à soulager les perturbations dans les ovaires et à éviter les problèmes rénaux résultant des efforts fournis pendant la grossesse et l'accouchement. Cayce déclara: «L'accouchement (du bébé) devrait être normal, d'après nous, mais il pourrait y avoir des problèmes avec les reins si l'on ne prend pas les précautions voulues pour qu'ils continuent à fonctionner normalement. En conséquence, il serait bon de prendre un peu de tisane de graines de pastèque, peu de temps après la naissance du bébé.» (951-7)

Pour préparer cette tisane, on devait verser une cuillerée à café de graines de pastèque séchées et écrasées dans un demi-litre d'eau bouillante et laisser infuser pendant un quart d'heure au moins. On devait prendre de cette tisane une fois par semaine, ou plus souvent, et en refaire de la fraîche tous les deux ou trois jours.

TISANE TONIQUE DU PRINTEMPS (5450-3)

En mars 1930, Edgar Cayce donna la formule d'une tisane tout usage à prendre au printemps, dans le but de purifier l'organisme. C'est la seule formule, parmi toutes les lectures, qui soit généralement recommandée pour tout le monde comme «tonique du printemps».

La jeune fille de dix-neuf ans qui se vit conseiller cette tisane souffrait d'acné, de furoncles et d'autres éruptions cutanées pour lesquelles Cayce trouva des origines internes. La formule contient de la racine de salsepareille, de l'écorce de merisier, de la racine de patience, de l'écorce de cornouiller, du fenouil, de l'écorce de frêne épineux, du baume de tolu, de l'huile de sassafras et de la teinture de piment.

TONICINE

Edgar Cayce recommanda la Tonicine dans une soixantaine de lectures, essentiellement pour les cas de déséquilibres glandulaires et pour des affections liées aux organes reproducteurs telles que la ménopause ou les problèmes pelviens. Ce produit, qu'on ne trouve plus dans le commerce, était manufacturé par Reed & Carnrick, et vendu sur ordonnance. On ignore les ingrédients qui le composaient; cependant, une lecture indiqua qu'il était fabriqué à partir de «sécrétions glandulaires» ou de «réactions glandulaires». On peut probablement le remplacer par la formule 636, qui est un tonique des glandes.

TONIQUE POUR LA COLITE (2085-1)

Cette formule est demeurée la même les nombreuses fois où ce tonique a été recommandé dans les lectures.

Les ingrédients qui le constituaient était le gingembre sauvage et le ginseng sauvage, la pepsine lactée et le stillingia.

TONIQUE POUR LES FIÈVRES (DE GROVE)

Ce remède, désigné sous le nom de tonique sans saveur pour les fièvres, de Grove, fit son apparition aux alentours de 1900 pour traiter le paludisme, les frissons et la fièvre. Maintenant retiré du marché, il contenait du quinquina, ou «écorce pour la fièvre», que Cayce conseillait comme source naturelle de quinine, ainsi que du fer et une saveur de citron dans une base de sirop.

Cayce le recommanda environ vingt-cinq fois, surtout dans les cas de paludisme.

TONIQUE POUR LES YEUX

Edgar Cayce recommanda des tisanes toniques à base de plantes pour des affections aussi nombreuses que variées; les troubles de la vision causés par une mauvaise digestion et l'insuffisance de l'élimination ne faisaient pas exception. La formule donnée dans la lecture 3810-1 contient de la racine de salsepareille, de la racine de patience, de la racine de bardane, de l'écorce de cenelle noire, de l'écorce de frêne épineux, de la fleur de sureau et du baume de tolu. La lecture s'adressait à une femme de soixante ans qui souffrait de toxémie et était aveugle depuis plus d'un an.

Cayce conseilla à la patiente d'accompagner la prise de la tisane de séances de sauna; il pensait que ces séances aideraient à faire bénéficier l'ensemble de l'organisme des propriétés médicinales du tonique. Il suggéra aussi des changements à son régime alimentaire de même que l'emploi d'un vibromasseur pour stimuler son système.

Cayce affirma que ce traitement lui redonnerait une vision normale au bout de neuf semaines. Des rapports accompagnant une série de lectures données pour le sujet 3810 indiquèrent que son état s'était effectivement amélioré.

On peut prendre ce tonique de façon cyclique, c'est-à-dire pendant trois semaines suivies d'une semaine de repos.

TONNELET DE CHÊNE CARBONISÉ

Le recours à un petit tonneau de chêne dont l'intérieur à été préalablement brûlé, d'une capacité de cinq à dix litres, faisait partie d'une thérapie peu orthodoxe à base d'inhalations; Cayce recommanda cette pratique une cinquantaine de fois à des personnes souffrant de certains troubles respiratoires.

Ce traitement, surtout indiqué pour les cas de tuberculose, de pleurésie et de sclérodermie, consistait à remplir le tonnelet d'eau-de-vie de pomme à cent pour cent pure, et à en inhaler régulièrement les émanations.

L'inhalation des vapeurs d'alcool était censée être bénéfique; Cayce était d'avis que non seulement les inhalations détruisaient les germes de la tuberculose, mais qu'elles avaient encore d'autres propriétés bénéfiques, comme de stimuler la circulation et de régénérer les cellules pulmonaires.

Il expliqua son action en ces termes: «L'efficacité de cette méthode ne se limite pas à détruire les tissus vivants tuberculeux; elle agit aussi comme antiseptique pour toutes les zones irritées; elle redonne de l'énergie aux forces cellulaires du globule lui-même. Elle agit comme stimulus de la circulation et recharge chaque cellule au moment où elle traverse les zones affectées, par le rayonnement des vapeurs sortant du liquide lui-même.» (3176-1)

L'inhalation avait aussi pour but de purifier le foie et les reins, de calmer la toux et de guérir les tissus pulmonaires endommagés.

TOPINAMBOURS

Cette variété américaine indigène de tournesol était cultivée par certains Amérindiens. Le topinambour est un petit légume tubéreux qui ressemble à du gingembre frais, se croque comme une carotte, a un goût de noisette et contient moins de calories que la pomme de terre.

Cayce recommanda ce légume pour améliorer l'assimilation et l'élimination, et comme une alternative aux injections d'insuline pour les diabétiques. Pour éviter de surmener le pancréas, Cayce conseilla de donner des topinambours plus petits aux enfants.

D'après Cayce, la meilleure façon de les consommer était de les manger cuits ou en salade; quelques lectures conseillèrent d'alterner ces deux méthodes de préparation. Pour les cuire, il était préférable d'utiliser le papier de Patapar (ou papier sulfurisé). La portion normale, par repas, recommandée pour un adulte était en général un morceau de la grosseur d'un œuf de poule.

TRAITEMENT D'ELLIOTT

Cette technique avait pour effet de produire une température élevée en un point précis de l'organisme en utilisant de l'eau; du temps de Cayce, elle était d'usage médical pour certaines maladies inflammatoires du pelvis et pour des affections rectales de la prostate.

La machine d'Elliott se composait d'un réservoir pour chauffer l'eau, d'une pompe actionnée par un moteur ainsi que de soupapes et d'indicateurs de pression et de température. Après les lavements ou les irrigations du côlon, on insérait une canule rectale ou vaginale à l'intérieur du corps; l'eau qu'on y introduisait ensuite créait une distension mécanique de 1,5 à 2 kg de pression, ou aussi élevée que le patient pouvait la supporter. La température, au départ, dépassait légèrement celle du corps, pour s'élever ensuite jusqu'à 40 ou 57° C. Les traitements duraient généralement une demi-heure et se donnaient trois fois par semaine. Aujourd'hui, cette machine est tombée en désuétude. (Voir Rayon violet.)

TRAITEMENT D'ERLANGER

On sait très peu de choses au sujet de cette méthode électrique de traitement des troubles de la vision. Edgar Cayce en parla une fois comme «d'un courant direct aux globes oculaires», et une autre fois comme d'un faible courant galvanique. Une autre lecture recommanda ce traitement pour stimuler les nerfs et les centres d'impulsions optiques de la moelle épinière, ce qui laisse à penser que cette méthode avait pour but de stimuler le nerf optique. Ce traitement n'est plus utilisé de nos jours. (Voir Rayon violet.)

V

VACCINS

Edgar Cayce répondit, dans plus de cinquante lectures, à des questions portant sur les inoculations préventives. Ces questions concernaient les adultes aussi bien que les enfants. On doit toutefois se rappeler que les opinions de Cayce sur les vaccins s'appuyaient sur celles qui avaient cours à son époque et qu'elles ne correspondent peut-être plus aux techniques et aux formules qui ont été mises au point depuis.

À la question de savoir à quel âge on pouvait commencer à vacciner un enfant, les lectures conseillaient généralement d'éviter d'inoculer des enfants trop jeunes. Les seules exceptions concernaient l'immunisation contre la diphtérie, dans un cas à l'âge de huit mois (à des doses infimes) et dans deux cas, à neuf mois et plus.

Une autre lecture, donnée pour un bébé de neuf mois, indiqua qu'on devait attendre la formation des premières dents avant de vacciner. Cayce expliqua «qu'avec les perturbations occasionnées dans le système par le durcissement – ou la demande imposée au système de fournir les éléments nécessaires à la fabrication (des dents) –, les vaccinations et les sérums entraîneraient de dures épreuves pour l'organisme et provoqueraient des déformations dans les dents elles-mêmes. On peut l'observer dans de nombreux cas où de telles vaccinations ont été effectuées sur des enfants trop jeunes. Si, malgré tout, on devait le faire, il faudrait prendre des précautions spéciales ou même des mesures d'urgence. En règle générale, et dans des conditions normales, il vaudrait mieux attendre beaucoup plus tard pour recourir aux vaccinations». (299-2)

L'âge conseillé pour les inoculations était de quatre ans et demi, ou plus tard. Cayce recommanda à beaucoup d'enfants de sept ou huit ans de se faire vacciner contre la variole, la diphtérie et la coqueluche. Concernant l'utilité des vaccins, Cayce fit le commentaire suivant: «Le mieux qu'on puisse dire des vaccinations, c'est qu'elles libèrent des poisons dans l'organisme, mais, si elles ont été faites soigneusement, elles peuvent aider tous ceux qui ont des troubles glandulaires. Avec cette entrée de poisons, et l'organisme mobilisé pour les éliminer, les assimilations se font naturellement, voyez-vous? Faites-en votre profit.» (5566-3)

Les commentaires adressés à des adultes qui envisageaient différentes inoculations furent plus variés que ceux faits pour des enfants. Cayce conseillait généralement à ceux qui devaient voyager à l'étranger d'accepter les mesures préventives exigées. De fait, il avisa un homme de trente-cinq ans que s'il entrait dans les forces armées, les vaccinations qu'on lui ferait auraient pour effet de faire disparaître certains des problèmes physiques dont il souffrait.

VENTRICULINE

La Ventriculine fut recommandée dans cinquante-cinq lectures, et la Ventriculine avec fer, dans une quarantaine. Toutes les deux étaient manufacturées par Parke-Davis jusqu'au milieu ou à la fin des années cinquante. Ce produit était fabriqué à partir de tissus gastriques de porc et destiné à stimuler la formation de réticulocytes (un genre de globules rouges); le fabricant le recommandait comme remède spécifique de l'anémie pernicieuse. Sous forme de poudre que l'on pouvait prendre oralement, la Ventriculine fut conseillée par Cayce surtout dans les cas d'anémie et autres affections, y compris la sclérodermie.

VIBROMASSEUR

Les massages au vibromasseur furent suggérés dans environ trois cent soixante-quinze lectures, comme faisant partie d'une grande diversité de traitements. L'objectif principal de ces traitements était de stimuler une circulation paresseuse à certains endroits du corps, de soulager les tensions et de rétablir l'harmonie dans la circulation superficielle. Le vibromasseur était également utilisé par les personnes qui suivaient le traitement au pétrole brut pour soigner la calvitie.

Cayce le recommanda le plus souvent pour les cas de subluxations de la colonne vertébrale, dislocations ou entorses incomplètes. Il expliqua: «Pour corriger les défauts du système, il nous suffit de produire assez de vibrations pour parvenir à égaliser les pressions nerveuses à travers les forces musculaires de l'organisme, et nous corrigerons ou redonnerons des forces normales à ce corps.» (4101-1)

VITAMINES

Edgar Cayce définissait les vitamines comme «ces éléments d'où les glandes tirent les influences nécessaires à la fourniture d'énergie qui permet aux différents organes du corps de se reproduire». (2072-9) Il recommanda les vitamines dans plus de trois cents lectures, et l'on doit ici préciser que dans la majorité des cas, on devait se les procurer sous leur forme naturelle, c'est-à-dire dans la nourriture. Dans des conditions normales, les suppléments étaient considérés comme «des moyens paresseux» d'incorporer à l'organisme les vitamines nécessaires.

Cayce avait différentes façons de suggérer les vitamines et d'en préciser la provenance. Dans certains cas, il mentionnait quelques vitamines indispensables ainsi qu'un certain nombre de bonnes sources alimentaires. À d'autres moments, il se contentait de nommer les vitamines, sans se soucier d'en préciser la source. De plus, il y eut de nombreuses fois où il donna des directives diététiques sans faire aucune mention des vitamines, mais le recours à certains éléments était implicite dans ses recommandations.

Dans les cas où il estimait nécessaire de prendre des suppléments vitaminiques, ce ne devait être que pour des périodes limitées, car leur but était de corriger une carence existante et de stimuler la capacité du corps d'assimiler et de synthétiser ces nutriments. C'est pourquoi les vitamines devaient être prises selon des cycles, avec des alternances de repos à intervalles réguliers.

Les vitamines les plus fréquemment recommandées étaient celles du groupe B, qui le furent presque cent cinquante fois. Cayce considérait les vitamines B comme une source d'énergie vitale; il appela une fois la B_1 «la vitamine de l'exercice ou de l'énergie».

La vitamine D fut recommandée dans une quarantaine de lectures; elle était considérée comme une autre source importante d'énergie vitale qui soutenait l'organisme dans sa lutte contre les infections. Pour Cayce, elle était essentielle à la construction et au maintien des dents et des os.

La vitamine A fut suggérée presque aussi souvent que la D; elle aussi était considérée comme une source d'énergie, une «vitamine solaire» vitale pour les yeux et les reins. En outre, l'huile de foie de morue, très riche en vitamines A et D, fut recommandée plus de cent fois.

Il est surprenant de constater que Cayce ne recommanda la vitamine C qu'une dizaine de fois, bien qu'il en ait fréquemment mentionné les sources. Il la tenait en haute estime et la considérait comme un élément qui donne énergie et vitalité au système nerveux, maintient en bonne santé les structures du corps et «fournit les influences indispensables aux mouvements de toutes sortes à travers l'organisme entier, qu'ils soient relatifs aux muscles ou aux tendons, à une réaction du cœur, à une contraction des reins ou du foie, à l'ouverture ou à la fermeture de votre bouche, à un clignement d'yeux ou à la fourniture de salive et de forces musculaires au visage». (2072-9)

Dans de nombreux cas, Cayce conseilla de prendre des préparations à vitamines multiples plutôt que de les choisir séparément, pour s'assurer que tous les besoins de l'organisme seraient satisfaits de façon harmonieuse, et sans excès.

Z

ZILATONE

C'est un composé laxatif que Cayce mentionna dans quatre-vingts lectures environ, pour les cas d'élimination insuffisante et de problèmes connexes tels que cholécystite, incoordination entre les fonctions d'excrétion, toxémie et situations où le foie a besoin d'être stimulé. Les ingrédients qui entrent dans sa composition sont: un composé de sels biliaires, pour aider à digérer; des extraits de cascara sagrada, une plante purgative; de la pancréatine, employée pour son action enzymatique dans divers cas de défaillance digestive; de la phénolphtaléine blanche, laxative; de la pepsine, un extrait animal efficace dans la digestion des protéines; et du piment, une plante carminative. Apparemment, la formule est demeurée inchangée depuis l'époque de Cayce. On remarquera avec intérêt que maintes lectures ont mentionné le fait que le Zilatone contenait un léger stimulant cardiaque; il est possible qu'elles aient fait référence au piment.

LES TRAITEMENTS

AIDES À L'ÉLIMINATION

Pour Edgar Cayce, l'insuffisance de l'élimination était un problème très répandu; aussi suggéra-t-il un grand nombre de traitements variés dans le but de les normaliser. Ceux-ci comprenaient les lavements, les irrigations du côlon, les laxatifs, les purgatifs, les diurétiques, l'exercice, les massages, les manipulations vertébrales, l'hydrothérapie, les emplâtres et les cataplasmes.

Les lectures étaient d'avis qu'une élimination perturbée affectait l'organisme entier, car le tube digestif, les intestins, le côlon, le foie, les reins et les systèmes de respiration et de transpiration sont d'une importance absolument vitale dans l'effort que fournit le corps pour se débarrasser des déchets et des toxines. Une accumulation de déchets toxiques, qui demeurent dans l'intestin sans être éliminés, finit par affecter aussi la circulation sanguine. La conséquence en est un ralentissement du courant sanguin, qui ne fait qu'aggraver la situation.

Aussi Cayce insistait-il continuellement sur l'importance des processus excréteurs dans le maintien d'une bonne santé. De fait, il était convaincu que si l'on réussissait à garder normale l'élimination, de même que sa contrepartie, l'assimilation, on pouvait vivre beaucoup plus longtemps.

C'est la raison pour laquelle l'amélioration de l'élimination constituait une partie du traitement suggéré pour une quelconque maladie. Cayce faisait remarquer qu'on ne devait pas imputer l'insuffisance de l'élimination uniquement à la constipation. L'élimination peut être entravée dans d'autres parties de l'organisme, même quand l'évacuation des matières fécales se fait régulièrement, précisait-il.

Les méthodes fréquemment conseillées pour le nettoyage interne étaient les lavements et les irrigations du côlon, les premiers pour en extraire l'accumulation de matières et les secondes, pour faire pénétrer l'irrigation beaucoup plus haut dans le gros intestin.

Les irrigations du côlon nettoient celui-ci en pompant mécaniquement une eau (à la température du corps), qui peut contenir divers ingrédients. Cette eau entre dans l'intestin et en sort continuellement. Une lecture affirma que tout le monde bénéficierait grandement d'une telle irrigation de temps à autre, mais conseillait tout autant de ne pas en abuser. Dans des conditions normales, Cayce en recommandait une tous les deux ou trois mois. Pour commencer, on devait ajouter de petites quantités de sel et de bicarbonate de soude à l'eau utilisée, et, pour la dernière eau de rinçage, de la Glyco-Thymoline. Ces substances étaient également parfois conseillées pour les lavements.

Cayce était d'avis que les irrigations du côlon et les lavements aidaient les résidus de la digestion à cheminer le long des intestins et qu'au prix d'une intervention minimale, ils aidaient à maintenir un bon équilibre entre l'assimilation et l'élimination. Il les recommandait pour de nombreuses maladies telles que la cystite, l'apoplexie, les varices, les rhumes, la colite et la constipation.

Dans un nombre assez élevé de lectures, Cayce conseilla également les laxatifs et les purgatifs. En plus de débarrasser le côlon de ses déchets, leur action pouvait parfois aider la digestion et l'assimilation. Les préparations laxatives et leur dosage étaient établies sur mesure, pour satisfaire aux besoins de chacun. Par exemple, une formule comprenant du soufre, de la crème de tartre et des sels de Rochelle était censée améliorer la circulation dans le tube digestif et avoir une influence sur le foie, les reins et la respiration. Cette préparation était suggérée dans les cas d'acné, de psoriasis et d'obésité. D'autres préparations avaient pour but d'agir comme antiacides, de stimuler les fonctions gastriques ou de procurer des effets thérapeutiques en plus d'agir comme laxatifs.

Les lectures recommandaient des laxatifs d'origine végétale aussi bien que minérale, à utiliser fréquemment en alternance, pour éviter la surcharge et l'irritation. Les laxatifs à base de plantes comprenaient des composés végétaux que l'on peut soit se procurer dans les pharmacies, soit préparer soi-même à la maison en suivant les instructions données dans les lectures. Le séné était une plante conseillée pour l'usage général; on la retrouve encore dans le Castoria. L'huile d'olive fut aussi vivement recommandée comme laxatif doux, tout comme le sirop de figues, le Zilatone, l'Innerclean et l'ambroisie.

La plupart des substances à base de sels minéraux que Cayce recommandait pour l'élimination sont des remèdes connus depuis longtemps. C'étaient le Sal Hepatica, le lait de magnésie, le lait de bismuth, les sels Eno et le phosphate de soude. Les personnes à qui Cayce prescrivait des laxatifs devaient veiller à ne les prendre qu'au besoin, et pour des périodes de temps limitées. L'emploi de routine risquait d'entraîner une dépendance aux laxatifs et une possibilité d'irriter le système. Cayce recommandait les laxatifs et les purgatifs pour des maladies comme l'arthrite, la cystite, l'épilepsie, l'obésité, la bursite et l'indigestion.

Il suggéra les diurétiques doux pour combattre la rétention d'eau excessive, pour alcaliniser l'organisme ainsi que pour stimuler et purifier les reins. Les deux solutions qu'il cita le plus souvent étaient la tisane aux graines de pastèque et le sirop de Coca-Cola ajouté à de l'eau pure. La première fut conseillée pour prévenir et soigner la cystite ainsi que d'autres affections des reins et de la vessie. Les lectures affirment que les graines de pastèque contiennent une forme de salpêtre qui aide à purifier et à nettoyer les canaux des reins. Quant au sirop de Coca-Cola, pris sous une forme diluée et non carbonatée, Cayce le considérait plus comme un remède que comme une boisson; il en recommandait l'emploi pour les troubles des reins et de la vessie aussi bien que pour d'autres problèmes. Il conseillait aussi l'eau de lithia pour purifier les reins; on la fabrique en dissolvant une petite quantité de sel de lithium dans de l'eau. D'après lui, il était également très bon pour les reins de boire beaucoup d'eau chaque jour (de six à huit verres), l'eau étant aussi recommandée comme laxatif.

Même s'il a prescrit certains laxatifs, Cayce estimait qu'un régime alimentaire laxatif était de beaucoup préférable, à long terme, à l'usage de ces produits. Un tel régime comportait des fruits en abondance (en particulier les figues et les pruneaux), de même que des légumes et des grains entiers. Cayce conseillait aussi des diètes aux fruits (pommes, agrumes), pour ceux qui avaient besoin d'un nettoyage plus radical.

Il recommandait en outre des traitements externes variés, pour stimuler la circulation et activer l'élimination. Ceux-ci comprenaient l'exercice, les massages, les manipulations vertébrales, l'hydrothérapie et les emplâtres.

Cayce faisait grand cas de l'exercice, car l'activité physique favorise l'élimination par les pores de la peau. Il était aussi d'avis que le mouvement rythmique de la marche favorisait directement l'action intestinale.

Il considérait que les massages étaient essentiellement une sorte d'exercice passif qui stimulait les muscles et la circulation, et provoquait ainsi l'élimination par l'intermédiaire des pores de la peau. Il affirmait aussi que l'emploi des huiles pour les massages augmentait leur efficacité.

Il recommandait les manipulations vertébrales lorsque des subluxations ou des lésions vertébrales interféraient avec les influx nerveux, et finalement avec la circulation et l'élimination dans certaines parties de l'organisme. Dans quelques cas, la manipulation du bas de la colonne fut conseillée spécialement pour améliorer les drainages.

Cayce conseilla l'hydrothérapie pour faire transpirer le corps et éliminer ainsi les toxines par les pores de la peau. Cette thérapie consistait en séances de sauna, en bains de vapeur et en séances de bains pris dans une baignoire à remous.

Il suggéra par ailleurs différentes sortes d'emplâtres, avec des objectifs thérapeutiques particuliers. Les cataplasmes à l'huile de ricin étaient spécialement recommandés pour faciliter l'élimination aussi bien que pour améliorer l'état des organes abdominaux. Le traitement devait généralement s'accompagner de la prise d'une dose d'huile d'olive. Les cataplasmes à l'huile de ricin, pour leur part, faisaient particulièrement partie du traitement de l'épilepsie ou d'autres maladies.

Les lectures de Cayce considéraient l'élimination comme une fonction engageant le corps tout entier plutôt que des organes particuliers. Dans cette perspective, on comprend pourquoi l'élimination était considérée comme la clé de la santé et comment les différents traitements proposés travaillaient de concert pour stimuler des étapes particulières du processus.

CATAPLASMES

Les lectures recommandèrent toutes sortes de cataplasmes, selon des objectifs thérapeutiques variés, en utilisant des substances diverses, dont certaines tout à fait inhabituelles.

Les cataplasmes les plus souvent mentionnés étaient probablement ceux à l'huile de ricin, aux sels d'Epsom, au gros sel, au sel dilué dans du vinaigre de cidre, ainsi que ceux à la Glyco-Thymoline. Chaque genre de cataplasme était employé dans un but spécial, mais, en règle générale, ils étaient recommandés pour faciliter l'absorption par l'organisme de certains éléments bienfaisants, de même que pour relaxer le patient, soulager la douleur, stimuler la circulation et faire disparaître la congestion.

Nous donnons maintenant une explication détaillée de chacun des cataplasmes que nous venons de mentionner:

• **Huile de ricin**. On prépare ce cataplasme en imbibant d'huile de ricin chaude trois ou quatre épaisseurs de flanelle de laine ou de coton. Les instructions demandaient de placer cet emplâtre sur l'abdomen et de le recouvrir d'un morceau de plastique ou de toile imperméable à l'huile pour éviter de souiller les vêtements et les draps. On devait ensuite fournir de la chaleur, habituellement à l'aide d'un coussin chauffant électrique. Cayce affirmait que la chaleur augmentait l'absorption de l'huile par les pores, c'est pourquoi il demandait de maintenir les emplâtres aussi chauds que possible. Les instructions précisaient aussi de nettoyer la peau après chaque cataplasme, avec une solution diluée de bicarbonate de soude.

Les cataplasmes à l'huile de ricin devaient habituellement s'appliquer pendant environ une heure et demie au moment du coucher; on devait les utiliser selon des cycles, par exemple trois jours avec, trois jours sans, et trois jours avec. Pour faciliter l'expulsion des déchets, on devait souvent prendre une dose d'huile d'olive par voie orale, le troisième jour de chaque série.

Selon les lectures, les cataplasmes à l'huile de ricin stimulaient doucement les organes excréteurs et les aidaient à fonctionner plus normalement. Il semble que ces cataplasmes stimulaient également les ganglions lymphatiques, ce qui améliorait la circulation et avait pour résultat de débarrasser l'organisme de ses toxines. Cayce recommandait généralement les cataplasmes à l'huile de ricin pour des troubles liés à une insuffisance de l'élimination, à une incoordination entre l'assimilation et l'élimination et à l'incoordination nerveuse. Il les recommanda aussi plus particulièrement pour certaines maladies, comme l'épilepsie. Pour certaines affections, telle la sclérodermie, les cataplasmes devaient être faits ailleurs que sur l'abdomen. Cayce recommandait de ne pas recourir à ce genre de cataplasmes pendant les règles ni pendant les diètes aux pommes d'une durée de trois jours.

• **Sels d'Epsom.** On prépare ce cataplasme en trempant une serviette rugueuse dans une solution chaude et saturée de sels d'Epsom; on l'applique ensuite, la plus chaude possible, sur les zones affectées. Pour conserver la chaleur, Cayce conseillait de placer une autre serviette sur le cataplasme et de l'y laisser jusqu'à ce qu'elle soit refroidie.

Ces cataplasmes étaient généralement recommandés pour soulager les douleurs et accroître la circulation dans des zones particulières. Des cataplasmes chauds à action locale faisaient partie des traitements suggérés pour calmer la douleur associée à l'arthrite et à la bursite. Dans le traitement de l'arthrite, les cataplasmes aux sels d'Epsom étaient parfois conseillés pour détendre la colonne vertébrale avant les manipulations.

• **Gros sel**. On les confectionne en remplissant de sel un sac de tissu que l'on chauffe ensuite dans le four avant de s'en servir, en prenant bien soin de ne pas brûler le sac. De la même façon qu'avec les sels d'Epsom, on devait poser les sacs de sel chaud sur les zones affectées pour soulager la douleur. Dans le traitement de la cystite, on devait parfois appliquer des sacs de sel en même temps sur l'abdomen et sur le bas de la colonne vertébrale. Ce cataplasme devait faire suite à un massage pour lequel on avait utilisé un composé de suif de mouton, d'essence de térébenthine, d'alcool camphré et de teinture de benjoin. Employé dans ces conditions, le sel chaud était censé aider la peau à absorber le composé de massage, en plus de stimuler la circulation et d'atténuer la congestion locale.

• **Sel et vinaigre de cidre**. Cayce recommanda cette combinaison pour des cataplasmes ou pour des frictions; ce mélange servaient à traiter les contusions, les entorses ou les ligaments déchirés. On pouvaient ou bien d'imbiber le sel avec du vinaigre, ou encore saturer le vinaigre de sel. L'application de ces deux éléments, sel et vinaigre, était probablement celle qui fut le plus souvent conseillée pour les fractures et les entorses. Cayce suggéra à un patient qui s'était fracturé le genou d'alterner les frictions au sel et vinaigre avec des applications d'huiles mélangées.

• **Glyco-Thymoline**. Cette eau dentifrice sert à traiter les mucosités, mais elle a bien d'autres usages; elle fut suggérée par Cayce pour toutes sortes de cas. L'utilisation typique consistait à imbiber un linge de Glyco-Thymoline chaude et à l'appliquer sur l'endroit affecté. Parfois, la chaleur n'était pas nécessaire, alors que d'autres fois, on devait garder le cataplasme chaud au moyen d'un coussin chauffant ou d'une autre source de chaleur.

Dans certains cas d'amygdalite et de sinusite, Cayce suggéra l'application de cataplasmes froids à la Glyco-Thymoline pour diminuer l'inflammation. La façon de procéder consistait à imbiber de Glyco-Thymoline deux ou trois épaisseurs de tissu de coton et à en envelopper ensuite le visage et la gorge.

Dans le cas d'un jeune enfant souffrant de colite aiguë, Cayce recommanda des cataplasmes à la Glyco-Thymoline à placer sur l'abdomen deux ou trois fois par jour; on devait les installer le plus chauds possible et les laisser en place jusqu'à ce qu'ils aient refroidi. On apprit par la suite que l'enfant avait été soulagé très rapidement.

Cayce conseilla d'autre part à une femme atteinte de cystite d'appliquer des cataplasmes de Glyco-Thymoline sur la zone du pubis et de les maintenir au chaud au moyen d'un sac de sel chaud. Ce même genre de cataplasme dilué pouvait être posé sur les yeux pour soulager la fatigue.

COMPRESSES ET CATAPLASMES

Ce sont des traitements externes visant à apporter un soulagement temporaire sur le lieu même des douleurs, des enflures ou des malaises. Comme on les utilise pour les mêmes raisons, Cayce employait souvent un terme pour l'autre. Par définition, une compresse est un morceau de linge doux que l'on a trempé dans un liquide chaud, souvent médicamenteux, et que l'on a ensuite essoré avant de l'appliquer sur le corps pour soulager la douleur. Un cataplasme est une masse douce et humide, renfermant une substance quelconque, que l'on pose sur un point douloureux ou enflammé du corps. Pour qu'ils puissent agir comme révulsifs et faciliter l'absorption de la substance médicinale par la peau, de la chaleur était parfois appliquée sur les compresses et les cataplasmes. Dans les lectures, ces traitements prenaient de nombreuses formes; nous en donnons quelques-unes ci-dessous.

L'une des plus connues était la compresse à la molène, qui est techniquement un cataplasme puisque ce sont les feuilles de molène qui sont utilisées plutôt que le liquide dont elles sont imbibées. L'application de molène se prépare en broyant et en amollissant des feuilles de molène fraîches que l'on place ensuite dans un récipient en verre rempli d'eau très chaude. On pose ensuite les feuilles sur la zone affectée et on les recouvre d'un morceau de gaze ou d'une autre sorte de tissu pour les maintenir en place. La durée et la fréquence des applications étaient variables.

Dans les ouvrages portant sur les plantes médicinales, la molène a la réputation d'être vulnéraire, c'est-à-dire capable de guérir les petites plaies et blessures. Une des principales applications de ces feuilles de molène concernait le traitement des varices. Les instructions disaient de les placer soit sur les varices elles-mêmes, soit sur la région de l'enflure lorsque l'obstruction était causée par de l'œdème. On pouvait également placer les compresses sur la partie du corps qui fournissait l'apport sanguin à la zone tuméfiée.

HYDROTHÉRAPIE

Les recommandations d'Edgar Cayce concernant l'hydrothérapie varient des simples bains jusqu'aux traitements par les séances de sauna. Le but de l'hydrothérapie – des traitements qui, à la base, utilisent l'eau de diverses façons – est de stimuler la circulation et d'aider à éliminer les déchets, surtout au moyen de la transpiration qui expulse les toxines par les pores de la peau.

Cayce considérait aussi l'hydrothérapie comme une manière douce de stimuler l'élimination, car elle présentait moins de risques de déranger le système que beaucoup d'autres méthodes. Selon lui, l'hydrothérapie était efficace non seulement pour soigner les maladies, mais aussi pour maintenir le corps en bonne santé.

Les genres d'hydrothérapie qu'il recommandait comprenaient les bains aux sels d'Epsom, les bains de siège et d'autres sortes de bains, les douches chaudes et froides, les douches vaginales, les séances de sauna et les bains de vapeur. Ces méthodes sont expliquées en détail ci-dessous. On peut considérer les lavements et les irrigations du côlon comme des formes d'hydrothérapie, mais ils font partie de la section: «Aides aux éliminations».

• **Bains aux sels d'Epsom**. Avec cette thérapie, le patient était plongé pendant vingt à trente minutes dans de l'eau très chaude, dans laquelle on avait fait dissoudre des sels d'Epsom. La quantité de sel recommandée était habituellement de 500 g pour 10 l d'eau du bain. On devait ajouter de l'eau chaude sans arrêt pour maintenir la température de l'eau la plus élevée possible sans risquer d'entraîner de la faiblesse. On devait renouveler l'eau à chaque bain, étant donné que le sel avait pour but d'extraire les toxines du corps. Les sels d'Epsom étaient fréquemment recommandés pour les cas d'arthrite; les lectures conseillaient de frictionner l'extrémité des membres pendant le bain pour stimuler davantage la circulation. Elles conseillaient aussi de faire un massage complet du corps à la suite du bain, sans oublier de rincer la peau, pour la débarrasser des résidus de sel avant d'entreprendre le massage.

• **Bains de siège**. Cette thérapie consistait en un bain avec de l'eau de 43 à 49° C; elle avait pour but de provoquer un accroissement localisé de la circulation. Seul le bas du corps (jusqu'aux hanches) était immergé. Ce genre de bain était parfois conseillé pendant le traitement de la cystite et des hémorroïdes.

• **Autres sortes de bains**. La plupart du temps, il s'agissait de bains de pieds, que Cayce recommandait pour les cas de congestion aussi bien que pour d'autres affections. Le liquide pouvait être simplement de l'eau chaude ou de l'eau contenant diverses substances, comme de la moutarde en poudre, réputée pour ses propriétés stimulantes. D'autre part, on pouvait recourir à des bains complets auxquels on avait ajouté des substances variées.

• **Douches chaudes et froides**. Cayce appelait parfois ce traitement «douches à pointes d'aiguilles»; de toute façon, elles n'étaient qu'une partie d'un traitement à l'hydrothérapie. Leur but était de stimuler la circulation et de donner au corps une sensation d'énergie plutôt que d'affaiblissement, comme c'est parfois le cas avec les traitements par la chaleur. Ce genre de douche utilise de fins jets d'eau chaude ou froide sous pression élevée, avec des changements rapides de température.

• **Douches vaginales**. Ce traitement consiste à nettoyer le vagin avec de l'eau ou un autre liquide dans un but d'hygiène et de protection contre les infections. Les substances qu'on ajoutait le plus souvent à l'eau étaient la Glyco-Thymoline, un produit alcalinisant qui nettoie les mucosités en excès, et l'Atomidine, un antiseptique conseillé pour réduire l'inflammation et l'irritation des glandes du système reproducteur. Les proportions habituelles étaient d'une cuillerée à soupe de Glyco-Thymoline ou d'une cuillerée à café d'Atomidine pour deux litres d'eau à la température du corps. Cayce faisait fréquemment alterner ces deux sortes de solutions; il recommandait souvent les douches vaginales pour de nombreux troubles pelviens, comme la cystite et l'ovarite.

Pour une personne atteinte de cystite, Cayce commençait par provoquer une légère sudation à l'aide de chaleur sèche; on faisait ensuite suivre ce traitement d'un bain de vapeur en ajoutant de l'hamamélis à de l'eau bouillante. La personne devait alors prendre une douche chaude et froide, suivie d'une friction sur tout le corps avec un mélange d'huile d'olive et d'huile d'aiguilles de pin.

• **Saunas**. Cayce leur donnait différents noms, tous plus ou moins interchangeables. De toute façon, leur but était de provoquer la transpiration. Théoriquement, on pouvait utiliser de la chaleur sèche ou humide (pas la vapeur), mais Cayce avait une nette préférence pour cette dernière, et c'est d'elle, généralement, qu'il parlait quand il prescrivait une séance de sauna.

• **Bains de vapeur**. Ce terme se rapporte à l'un des genres de saunas dont parlait Cayce. On devait souvent ajouter à l'eau de petites quantités de substances diverses que l'on vaporisait pour obtenir un effet de bain de vapeur. Les substances recommandées comprenaient l'hamamélis, l'Atomidine, l'essence de wintergreen, l'huile de pin, les sels d'Epsom et d'autres. Chacune avait un usage particulier; par exemple, c'était l'hamamélis que Cayce recommandait le plus souvent pour les cas d'arthrite.

Dans cette forme d'hydrothérapie, le patient était entouré d'une sorte d'enveloppe qui lui couvrait tout le corps, sauf la tête. Si la vapeur était utilisée, on ne devait pas dépasser la température de 38° C; Cayce prescrivait parfois des températures nettement inférieures. Un traitement typique durait dix minutes, mais cette durée pouvait varier. Lorsque les circonstances ne permettaient pas l'usage d'un sauna, on pouvait recourir à des solutions de remplacement. Celles-ci consistaient, par exemple, à asseoir le patient sur un tabouret, dans une petite pièce, à l'envelopper dans une toile de plastique et à faire bouillir de l'eau sur une plaque chauffante pour produire de la vapeur.

Lorsque Cayce prescrivait une séance d'hydrothérapie à température élevée, il demandait parfois au patient de faire surveiller le déroulement de la séance par une personne qualifiée, capable de déceler tout signe d'étourdissement, d'évanouissement ou de fatigue causé par la chaleur. Les experts déconseillent l'hydrothérapie à haute température pour les personnes âgées ou affaiblies, ou pour celles dont la pression sanguine est élevée ou encore qui ont des problèmes cardiaques.

Les traitements d'hydrothérapie étaient généralement recommandés pour accompagner d'autres traitements et avaient souvent pour but d'augmenter leur efficacité. C'était particulièrement vrai dans le cas des massages et des manipulations, car les propriétés relaxantes de l'hydrothérapie constituaient une préparation idéale pour de tels traitements.

Cayce recommandait l'hydrothérapie pour le traitement de nombreuses maladies. Par exemple, pour le traitement de l'arthrite, il conseillait régulièrement un traitement global constitué d'une thérapie à l'Atomidine, de bains aux sels d'Epsom et de massages.

HYPNOSE

Edgar Cayce appelait l'hypnose «l'assujettissement du mental-physique» (4506-2) ou «l'assujettissement de l'activité normale du corps» (567-2), un état induit en réponse à des suggestions faites par d'autres ou par soi-même.

Cayce recommanda l'hypnose et la suggestion dans plus de vingt-cinq lectures, pour favoriser la guérison de différents problèmes physiques et mentaux. Il conseillait généralement que l'hypnose soit provoquée par un hypnotiseur professionnel, mais il reconnaissait aussi qu'une personne pouvait s'autosuggestionner ou encore recevoir des suggestions d'un membre de sa famille.

Cayce insistait cependant sur l'importance de n'induire l'hypnose ou de ne donner les suggestions que lorsqu'on se trouvait dans les meilleures intentions vis-à-vis du sujet. Il conseillait de se méfier de la glorification personnelle et de la gratification de l'ego qui se manifestent souvent chez les personnes possédant les techniques susceptibles de manipuler mentalement les autres. C'est pourquoi ses instructions relatives à ce traitement étaient très précises et qu'il recommanda à une occasion que l'hypnose soit donnée «par quelqu'un d'impeccable». (4506-1)

Il exigeait de l'hypnotiseur un désir sincère de soigner et un état d'esprit calme et méditatif. Les suggestions devaient habituellement se donner au moment du coucher, lorsque le sujet (bien souvent un enfant) se laissait aller au sommeil. À l'intention de Cayce lui-même, qui souffrait de maux de tête, les lectures donnèrent les suggestions suivantes, qu'il devait répéter: «La circulation va s'harmoniser afin de faire disparaître toute tension dans chacune des parties du corps...» (294-4)

Dans la lecture 146-3, Cayce conseilla à la mère d'un enfant sourd-muet et épileptique de le masser doucement, en lui suggérant que ses perturbations allaient disparaître et qu'il finirait par redevenir normal. Cayce lui demanda de répéter: «Que le Soi, l'ego, prenne conscience de ses possibilités, de ses responsabilités, afin que, tout comme je te parle en ce moment, tu répondes dans ton état d'éveil normal de la même façon aimante et attentive que celle qui t'est donnée maintenant.» Il n'était pas nécessaire de répéter exactement les mots de Cayce; les personnes qui donnaient les suggestions pouvaient trouver les mots qui leur convenaient, mais pour Cayce, l'essentiel était de toujours «faire appel à l'être intérieur» (146-3) et de n'avoir qu'un désir, celui d'aider l'autre.

La disposition même du patient était toujours capitale quand il s'agissait de recourir à l'hypnose et aux suggestions. Dans de nombreuses lectures, Cayce déconseilla fortement l'usage de l'hypnose dans le processus de guérison, parce que le sujet n'était pas mentalement prêt à recevoir cette thérapie. Le cas 567, qui recevait de l'électrothérapie, en est un exemple; l'ensemble des traitements utilisés ne permettait pas d'inclure une thérapie par l'hypnose.

JEÛNE

Le jeûne signifie une abstinence d'aliments, complète ou partielle. Les lectures d'Edgar Cayce le recommandaient aussi bien pour soigner le corps que pour éveiller spirituellement la personne. Cayce affirmait que le véritable jeûne était mental et consistait à s'oublier soi-même afin de devenir un canal plus limpide pour la transmission des énergies créatrices et spirituelles.

Dans son commentaire sur le jeûne, le Dr William A. McGarey fit la réflexion suivante: «La prière et le jeûne ne sont pas ce que l'on croit habituellement – se passer de nourriture –; c'est plutôt s'humilier et s'effacer soi-même pour laisser manifester la force créatrice de Dieu.»

Sur le plan physique, Cayce considérait le jeûne comme une thérapie à utiliser pour désintoxiquer le corps et rétablir la bonne coordination des organes et des systèmes. Il le recommandait dans les cas de régime inadéquat, de mauvaise assimilation, d'élimination insuffisante et de manque de coordination entre les systèmes nerveux céphalo-rachidien et sympathique. Le jeûne aux pommes avait pour but de désintoxiquer l'organisme.

D'autres raisons connexes avaient trait aux déséquilibres ou aux toxines affectant la circulation sanguine, à un rapport acido-alcalin incorrect, à de mauvais fonctionnements glandulaires et à une congestion générale de l'organisme. Étant donné que, pour Cayce, le régime alimentaire était responsable de nombreux problèmes de santé, il était logique de jeûner pour rééquilibrer les fonctions du corps. D'après lui: «Jeûner signifie ce que le Maître nous a donné: laisser de côté nos propres idées de *ce qui* devrait être fait et *de quelle façon* ce devrait l'être, à un moment quelconque, et de laisser *l'Esprit* nous guider. Dans le jeûne, trouvez *la Vérité!* Il est certain que l'indulgence excessive envers les appétits corporels nous fait honte, comme l'indulgence exagérée envers n'importe quoi. Mais le jeûne véritable consiste à chasser de soi-même toute pensée de ce que *nous* aurions pu faire et à devenir des intermédiaires pour ce que *Lui,* le Seigneur, aurait fait sur la terre à travers nous.» (295-6)

MANIPULATIONS VERTÉBRALES

Les lectures d'Edgar Cayce recommandaient fréquemment la manipulation mécanique des vertèbres de la moelle épinière et, à l'occasion, d'autres groupes d'os, comme méthode de restauration de l'équilibre et de la normalité de nombreuses parties du corps.

L'ostéopathie et la chiropractie sont deux approches thérapeutiques qui se concentrent sur le traitement de la colonne vertébrale. Bien qu'il y ait des différences entre les deux disciplines, de même qu'entre diverses écoles à l'intérieur d'une même profession, les traitements se ressemblent à beaucoup de points de vue.

La raison d'être essentielle des manipulations vertébrales réside dans le fait que chacune des vertèbres est utilisée par les nerfs comme une voie d'accès pour se rendre à des régions particulières du corps. Lorsqu'une vertèbre n'est plus alignée correctement, elle peut bloquer les influx nerveux normaux, entraver la circulation et provoquer des malaises dans la zone normalement alimentée par ces nerfs, ainsi que dans la colonne elle-même. Un défaut d'alignement dans une partie de la colonne peut déclencher des problèmes dans d'autres vertèbres et augmenter les tensions musculaires. L'objectif des manipulations est donc de remettre les vertèbres dans leur position normale et de soulager ainsi à la source les douleurs et les tensions.

Cayce prescrivit ces manipulations vertébrales, comme faisant partie du schéma de traitement, dans plus des deux tiers des maladies étudiées. Habituellement, les traitements devaient se donner de façon cyclique, à intervalles réguliers et pour des périodes précises. Il les recommandait toujours conjointement ou en alternance avec d'autres traitements tels que la thérapie par les rayons, l'hydrothérapie, les applications de chaleur, les massages et l'électrothérapie.

Pour les cas graves ou chroniques, les manipulations devaient se faire graduellement et devenir peu à peu plus complètes et plus stimulantes, au fur et à mesure que l'état s'améliorait. Les lectures expliquaient que si le traitement initial pouvait effectivement diminuer les pressions, on ne pourrait parvenir à équilibrer les influx nerveux qu'en maintenant un alignement structurel pendant une période de temps assez longue. C'est pourquoi Cayce conseillait souvent une série de manipulations successives.

Ces manipulations peuvent provoquer des effets ayant une grande portée sur l'organisme. Selon les lectures, ces traitements peuvent corriger des anomalies structurales (subluxations) de la colonne, stimuler et équilibrer le système nerveux, accroître le débit sanguin, coordonner l'activité de différents organes, provoquer la détente, faciliter la guérison des blessures et stimuler l'assimilation aussi bien que l'élimination.

Les manipulations vertébrales étaient censées diminuer le besoin de massages fréquents, bien que Cayce recommandât parfois un traitement appelé massage ostéopathique (moitié manipulation et moitié massage).

Cayce était d'avis que les manipulations vertébrales pouvaient constituer une composante importante du traitement pour de nombreuses maladies telles que l'apoplexie, l'anémie, les varices, l'arthrite, le diabète, l'épilepsie, l'angine, l'hydrocéphalie, la colite, la constipation, l'asthme, l'emphysème, l'obésité et la sinusite.

MASSAGES

Les lectures d'Edgar Cayce recommandèrent les massages dans de très nombreux cas, pour assurer la santé et hâter la guérison. Les massages constituaient l'un des traitements les plus fréquemment mentionnés; ils étaient conseillés pour stimuler la circulation, pour dissiper la congestion en améliorant les drainages, pour soulager les douleurs et les tensions en apportant la relaxation, en particulier aux muscles qui longent la colonne vertébrale. Cette thérapie corporelle était également suggérée pour maintenir le tonus musculaire et pour stimuler les centres glandulaires.

Selon les besoins particuliers à combler, un massage pouvait être relaxant ou stimulant; il pouvait accompagner une manipulation vertébrale ou même la remplacer. Les lectures disaient qu'un massage pouvait être considéré comme une sorte de manipulation légère; quelques-unes recommandaient même un traitement combiné appelé massage ostéopathique. Lorsque les lectures suggéraient une friction, elles faisaient probablement référence à un traitement court et stimulant alors que le massage était considéré comme relaxant et apaisant.

En règle générale, c'est tout le corps qui devait être massé, avec une attention spéciale portée à la moelle épinière et à la région du dos, là où la circulation agit sur les influx nerveux qui desservent différentes parties du corps. Cayce affirmait que la circulation accrue vers la colonne vertébrale qui résultait du massage aidait à stimuler les nerfs pour les amener à fonctionner normalement.

Il demandait souvent, aussi, de porter une attention particulière à certaines zones précises, par exemple la région du cou pour une personne souffrant de congestion dans la tête.

Pour favoriser le débit normal du sang dans l'organisme, les mouvements du massage devaient presque toujours être faits en direction du cœur. On ne faisait exception à cette règle que pour les cas d'apoplexie, et parfois pour l'arthrite, les mouvements devant alors se faire du cœur vers les extrémités. Pour le massage de la colonne vertébrale, Cayce demandait souvent d'utiliser des mouvements circulaires.

Habituellement, les massages ne représentaient qu'un aspect d'un programme de traitement plus élaboré; on devait les administrer selon certains cycles, et souvent en alternance avec d'autres thérapies. Les traitements que Cayce considérait comme complétant bien les fonctions du massage étaient généralement d'autres formes de thérapie corporelle, comme les manipulations, l'hydrothérapie, la chaleur et l'électrothérapie. Un massage pouvait augmenter l'efficacité d'une manipulation en relaxant les muscles tendus par le stress et par des vertèbres mal alignées. Il pouvait également être efficace lorsqu'il était effectué après des traitements d'hydrothérapie, comme les séances de sauna et les bains de vapeur ou d'hydromassage. Les séances de chaleur pouvaient également prendre la forme de cataplasmes divers, appliqués avant et après un massage. Cayce prescrivait parfois une friction relaxante après l'utilisation d'un appareil tel que la pile à électrolyte ou l'appareil radioactif.

Un point important concernant les massages était le genre et la variété des huiles utilisées pendant le traitement. En plus de fournir la lubrification nécessaire et de maintenir la peau humide et souple, les huiles avaient des objectifs thérapeutiques particuliers. Certaines étaient utilisées comme stimulants légers, d'autres comme révulsifs, et d'autres encore pour donner de l'énergie au corps. L'huile la plus souvent suggérée était l'huile d'arachide, à utiliser seule ou combinée à d'autres substances. On l'employait spécialement pour la prévention et le traitement de l'arthrite. D'autres favorites étaient l'huile d'olive et la lanoline; la combinaison huile d'olive, huile d'arachide et lanoline était la formule tout usage la plus souvent recommandée pour les massages.

Cayce recommandait aussi d'autres formules de massage pour des programmes de traitements particuliers, telle celle qui fut donnée dans deux lectures pour soigner les maux de dos, les entorses, les foulures, les enflures, les ecchymoses et les varices. Cette formule contenait de l'huile d'olive, du Nujol, de l'hamamélis, de la teinture de benjoin, de l'huile de sassafras et du kérosène. Une formule que Cayce suggéra fréquemment pour soulager la congestion et les problèmes rénaux se composait de parties égales de suif de mouton, d'alcool camphré et d'essence de térébenthine.

Une autre formule, celle-là largement utilisée dans le traitement de l'arthrite, contenait de l'huile minérale, de l'huile d'olive, de l'huile d'arachide, de l'huile d'aiguilles de pin, de l'huile de sassafras et de la lanoline. Pour un certain nombre d'affections, Cayce recommanda un mélange d'huile d'olive et de teinture de myrrhe, et, pour les cicatrices, d'autres formules à l'huile d'olive camphrée. De nombreuses formules de massage furent uniques, les instructions les accompagnant étant tout à fait particulières.

Cependant, les substances pour massage recommandées par Cayce ne se limitaient pas aux huiles. Une friction revigorante très inhabituelle se faisait en frottant le corps avec du gros sel; c'est un genre de massage que Cayce suggérait parfois dans les cas de syphilis. Ce massage devait être précédé d'un bain de vapeur à l'huile de wintergreen.

On ne devait verser dans une soucoupe que la quantité nécessaire au massage, afin d'éviter de contaminer le reste de l'huile par un contact avec la peau. Les instructions précisaient que l'on devait laisser l'huile sur le corps après le massage, pour permettre à la peau de l'absorber complètement. Ce qui était en trop pouvait être enlevé à l'aide de serviettes, d'alcool et d'eau.

Cayce insistait fortement pour que l'on se repose après un massage. Les lectures considéraient d'ailleurs l'heure du coucher comme le moment le plus propice à un massage, car celui-ci constituait une manière beaucoup plus salutaire de provoquer le sommeil que les médicaments.

Dans certains cas, Cayce suggéra l'emploi d'un vibromasseur pour les massages, car il pensait que cet appareil pouvait procurer la plupart des bienfaits associés aux massages manuels. Selon les lectures, les massages au vibromasseur pouvaient aider à rétablir l'alignement normal des vertèbres lorsque l'appareil était utilisé le long de la colonne vertébrale. Cayce pensait, par ailleurs, que le vibromasseur était capable de stimuler et d'équilibrer la circulation locale, de faciliter la coordination de l'assimilation et de l'élimination, ainsi que celle du système nerveux.

En regard de la philosophie de Cayce concernant la santé, les massages étaient un ajout utile aux programmes de traitement, et ce, pour pratiquement tous les genres de maladie.

RÉGIME ALIMENTAIRE

Dans la majorité des lectures, Cayce fit des recommandations précises au sujet du régime alimentaire; elles constituent la base d'un régime adéquat pour toutes les situations, aussi bien la maladie que la bonne santé.

Selon lui, l'une des principales causes de maladie était la mauvaise alimentation; par conséquent, un régime nourrissant et bien équilibré constituait le traitement numéro un pour les nombreux «mal-aises» et maladies qu'il rencontrait.

Pour Cayce, un aspect important du régime était le maintien d'une proportion acido-alcaline correcte dans l'organisme. Il affirmait qu'un régime normal devait contenir quatre-vingts pour cent d'aliments alcalinisants pour vingt pour cent d'aliments acidifiants, et qu'un régime fortement alcalinisant ne pouvait que renforcer la résistance aux maladies et éliminer les toxines du système. Il était en fait convaincu qu'un rhume ne pouvait être contracté par un organisme au niveau alcalin suffisamment élevé.

On peut dire, en gros, que la liste des aliments alcalinisants se compose de légumes et de leur jus, de fruits et de leur jus, ainsi que de lait. La liste des aliments acidifiants, par contre, comprend surtout les amidons et les protéines, lesquels se retrouvent dans les grains et leurs produits (céréales, pain, pâtes, riz, etc.), dans quelques légumineuses, ainsi que dans les œufs, les noix, la viande, le poisson et le sucre.

Ces listes représentent des généralités, car il y a des aliments qui sont plus acides ou plus alcalinisants que d'autres. Certains sont même neutres ou se situent entre les deux; on trouve des exceptions et des restrictions dans chaque catégorie.

Le meilleur moyen d'augmenter l'alcalinité du corps tout en fournissant fibres et nutriments est de consommer chaque jour une salade verte crue. Il est préférable de l'intégrer au repas du midi; on peut l'accompagner d'une soupe consommée avec du pain ou des craquelins. Cayce recommandait chaudement de manger de grandes quantités de laitue et de chou pour purifier le courant sanguin. D'autres légumes crus, comme les carottes, le céleri et les poivrons verts, constituent aussi des sources de nutriments essentiels. Cayce suggérait souvent la gélatine comme catalyseur pour faciliter l'assimilation des nutriments contenus dans les légumes en salade. Il conseillait parfois aussi les jus de légumes crus, comme celui des carottes ou des betteraves.

Les légumes cuits étaient aussi fortement recommandés; en général, ils devaient représenter la partie principale du repas du soir. Les légumes réputés les plus nourrissants étaient les légumes verts en feuilles (chou, épinards, verdure de navets et de betteraves) et ceux de couleur jaune (carottes, courges, maïs, patates douces). Cependant, dans des conditions normales, on pouvait consommer tout l'éventail des légumes disponibles, lesquels sont en grande majorité alcalinisants.

En règle générale, Cayce conseillait trois légumes poussés au-dessus du sol pour un légume à tubercules souterrains. D'autres légumes très appréciés étaient les tomates mûries en espaliers, les topinambours et, pour purifier le sang, les betteraves et les oignons cuits. Il était préférable de cuire les légumes à la vapeur dans du papier de Patapar, un papier sulfurisé permettant de conserver les jus et les nutriments essentiels. On pouvait aussi consommer ces jus.

La plupart des fruits et des jus de fruits sont alcalinisants, les principales exceptions étant les canneberges, les prunes et les gros pruneaux. Cayce recommandait fortement les agrumes et leur jus, en particulier le jus d'orange. Pour les menus du matin, il mentionnait souvent les fruits cuits (pruneaux, abricots, etc.); de temps en temps, il mentionnait les poires, les raisins (surtout du genre Concord), tous les fruits jaunes (pêches, cantaloups, abricots) ainsi que le melon d'eau (pastèque).

En règle générale, il estimait que tous les fruits habituellement disponibles étaient bénéfiques, sauf peut-être les pommes crues (que l'on devrait souvent cuire) et les bananes pas assez mûres. On devait manger les fruits au petit déjeuner ou entre les repas. Cayce suggérait quelquefois une salade de fruits pour le repas du midi, à la place d'une salade de légumes.

Par ailleurs, il manifestait une préférence très marquée pour les fruits et légumes cultivés localement, dans toute la mesure du possible. Les produits fraîchement cueillis contiennent plus de nutriments que ceux qui sont transportés, perdant ainsi leur fraîcheur.

Selon les lectures, les légumes frais et cultivés sur place aident à acclimater l'organisme aux «vibrations» du lieu et mettent la personne plus en harmonie avec son milieu. Bien entendu, les aliments frais venant de l'extérieur sont généralement préférables à ceux qui ont été mis en conserve ou préservés d'une manière quelconque. Et si l'on ne peut se procurer d'aliments frais, il est prouvé que la congélation préserve plus de nutriments que la mise en conserve.

Cayce conseillait souvent des boissons lactées telles que l'Ovaltine, le lait malté, le lait de poule (en utilisant seulement le jaune de l'œuf et un peu de cognac ou de whisky) et le lait chaud au miel au moment du coucher. Fait à noter, le miel est alcalinisant, sauf lorsqu'il se trouve dans les rayons de la ruche.

Les aliments acidifiants sont également nécessaires à la santé, et on ne devrait pas les sous-estimer. On a d'ailleurs probablement besoin d'amidon et de protéines en abondance pour lutter contre le froid en hiver ou pour supporter une activité physique fatigante.

Pour le petit déjeuner, Cayce recommandait tout particulièrement les grains entiers sous la forme de pain grillé, de céréales chaudes ou froides et de crêpes. Il est évident qu'on pouvait consommer du pain et des craquelins à d'autres moments de la journée. Les grains les plus souvent mentionnés étaient le blé, l'avoine, le maïs, le seigle, l'orge, le sarrasin et le riz. Par contre, Cayce n'appréciait guère les pâtes alimentaires. Quant aux pommes de terre, haricots secs et pois, on devait ne pas en abuser, et les manger aussi frais que possible. Les pelures de pomme de terre et leur eau de cuisson étaient toutefois appréciées pour leur richesse en iode.

Cayce conseillait de manger modérément de la viande, le plus souvent sous la forme de «viandes légères» comme le poisson, la volaille et l'agneau, de préférence au bœuf et au porc. Les fruits de mer étaient particulièrement recommandés pour leur teneur en iode, cet élément si important, d'après Cayce, pour normaliser les fonctions glandulaires. Il suggérait parfois les abats et le foie comme aliments sanguinoformateurs. Pour la plupart des gens, il ne permettait le bœuf que rarement ou pas du tout; quant au porc, il était préférable de l'éviter, sauf sous la forme de bacon grillé, à consommer à l'occasion. Par contre, le jus de bœuf fait à la maison était réputé fortifiant. La plupart du temps, la viande devait être réservée au repas du soir, et seulement deux ou trois fois par semaine, toujours cuite au four, grillée ou bouillie, mais jamais frite.

Cayce prenait souvent en considération l'équilibre acido-alcalin quand il s'agissait de rejeter certains aliments qu'il considérait dangereux pour la santé, comme la bière, l'alcool en général, les boissons gazeuses, toutes les fritures, le gras de viande, le vinaigre, la farine blanche et le sucre blanc, les combinaisons d'amidon et de sucre (gâteaux, pâtisseries, etc.), et la consommation excessive de n'importe quel stimulant (que ce soit du café ou du vin). Cayce était d'avis que ces aliments perturbaient l'équilibre de l'organisme; le fait de les exclure du régime alimentaire ne pouvait que prévenir les maladies tout en faisant disparaître les problèmes existants.

En ce qui concerne l'assaisonnement de la nourriture, Cayce préférait le sel marin à tous les autres genres de sel, à cause de sa richesse en iode. Pour éviter la perte de nutriments, on devait toujours ajouter le sel après la cuisson plutôt que pendant. C'est à ce moment-là qu'on pouvait aussi ajouter un peu de beurre. En règle générale, l'emploi de poivre noir était déconseillé, de même que les condiments et le vinaigre, une substance fortement acide. Cayce préférait le miel comme édulcorant, puis le sucre de betterave, de raisin et de canne. On devait toujours user modérément de ces aliments sucrés.

Il conseillait aussi vivement de boire beaucoup, de six à huit verres d'eau pure quotidiennement, pour faciliter l'élimination des déchets toxiques par les reins. Une autre suggestion consistait à boire un demi à trois quarts de verre d'eau tiède chaque matin, au saut du lit, pour nettoyer les reins. En général, il est préférable de boire abondamment entre les repas plutôt que pendant.

Il existe un principe de diététique, souvent ignoré des nutritionnistes, que l'on rencontre fréquemment dans les lectures; il concerne les avantages et les inconvénients de certaines combinaisons alimentaires. L'une d'entre elles, que Cayce considérait bénéfique, était une petite quantité de vin rouge accompagnant du pain de blé entier. Cette pratique devait généralement avoir lieu l'après-midi, entre les repas; le vin avait la réputation d'être un aliment fortifiant. Une autre combinaison très nourrissante, à prendre également entre les repas, était le lait de poule, préparé en mélangeant un peu de whisky avec un jaune d'œuf avant d'y ajouter du lait. Une céréale cuite contenant des figues, des dattes et de la farine de maïs était recommandée comme laxatif et comme source de nutriments essentiels.

Cayce déconseillait de servir les agrumes ou leur jus en même temps que les céréales ou le lait (ou les dérivés du lait). Il pensait que les agrumes étaient plus profitables lorsqu'ils accompagnaient des aliments comme les œufs, ou peut-être les craquelins au riz. Bien entendu, le lait et les céréales pouvaient être consommés avec d'autres fruits et jus.

Cayce conseillait fréquemment d'alterner les jours où l'on consommait des agrumes avec ceux où l'on consommait des céréales; même chose pour le lait et les jus d'agrumes.

La combinaison sucre et amidon était considérée comme très néfaste pour l'organisme; ainsi en était-il, mais à un moindre degré, pour la combinaison amidons et viandes, ou autres féculents, au cours d'un même repas. Le café ou le thé mélangés au lait étaient déconseillés.

Dans des cas particuliers, Cayce recommandait des régimes spéciaux, par exemple la diète aux pommes qui consistait à manger des pommes crues et à boire beaucoup d'eau pendant trois jours, l'objectif principal étant de nettoyer les intestins. La seule autre substance permise pendant ces trois jours était un peu de café ou de thé, à l'occasion. Le soir du troisième jour, on devait absorber une demi-tasse d'huile d'olive pour accélérer l'expulsion des toxines hors du corps.

Pour combattre l'obésité en particulier, Cayce recommandait de boire une petite quantité de jus de raisin dilué dans de l'eau une demi-heure avant les repas ou avant le coucher, dans le but de satisfaire les envies de sucre sans emmagasiner de graisse. Pendant une maladie, il était bon d'adopter une diète liquide ou semi-liquide, alcaline et facile à digérer. Pour les personnes anémiques, le jus d'orange, le foie (ou des extraits de foie) et le jus de bœuf étaient particulièrement recommandés.

La préparation adéquate des aliments était une partie importante des régimes préférés de Cayce; elle a d'ailleurs déjà été abordée, dans une certaine mesure. Les aliments frits étaient toujours déconseillés, surtout ceux plongés en pleine friture, bien que certains d'entre eux, comme les œufs, pouvaient être préparés avec un peu de beurre, à condition de ne pas les cuire à feu trop vif. Les meilleures façons de cuire les aliments étaient la cuisson au four, sur le gril, en casserole et à la vapeur (de préférence dans du papier de Patapar). L'utilisation des casseroles d'aluminium était contre-indiquée, surtout pour les aliments acides comme les tomates ou le chou.

Les lectures avaient un point de vue très particulier sur la question des vitamines, affirmant que, normalement, ces nutriments étaient fournis par le régime alimentaire. Dans les cas où le besoin de suppléments se faisait sentir, ceux-ci devaient toujours être pris selon des cycles bien précis alternant avec des périodes de repos plutôt que sur une base continue. Selon Cayce, cette façon de procéder aidait l'organisme à tirer le maximum de ces nutriments supplémentaires, sans pour autant créer de dépendance si le corps en arrivait à ne plus pouvoir les fabriquer par lui-même.

TONIQUES ET PLANTES MÉDICINALES

Les traitements d'Edgar Cayce comportaient souvent toute une variété de remèdes à base de plantes. Les lectures indiquaient des usages précis pour chaque plante médicinale, certaines d'entre elles étant déjà connues des spécialistes et d'autres, tout à fait uniques. Cette section donne la description de quelques-unes des plantes qui furent le plus souvent recommandées ainsi que celle de leurs usages internes. Certaines devaient être prises sous forme de tisane et d'autres en tant que boisson tonique contenant de quatre à huit plantes différentes.

Parmi les plus souvent suggérées, que l'on retrouve d'ailleurs à la section «Pharmacologie» du présent ouvrage, on peut citer les suivantes: la molène, une plante commune prescrite comme infusion et destinée à combattre les varices; l'ambroisie (ou herbe de Saint-Jacques), une plante laxative, digestive et tonique; le régulateur du foie de Simmon, une spécialité pharmaceutique; la carthame (ou safran jaune), mentionnée pour aider la digestion, tout comme la camomille; l'eau de clarie, un tonique pour les problèmes d'assimilation; et la passiflore, à laquelle les lectures se réfèrent quelquefois sous le nom d'élixir d'aubépine, prescrite comme antispasmodique.

Le séné et l'écorce d'orme rouge furent aussi fréquemment cités. Le premier était prescrit à ceux qui recherchaient un laxatif doux. Cette plante médicinale favorise l'action de l'intestin; elle agit aussi comme vermifuge (pour expulser les vers parasites) et comme diurétique (pour augmenter le débit de l'urine). Les lectures affirment que le séné n'est pas seulement un laxatif; il stimule également le fonctionnement des reins, du foie et peut-être d'autres organes du corps.

Le séné était recommandé aussi bien comme tisane que comme ingrédient entrant dans la composition de laxatifs divers. Il constitue la substance active du Castoria de Fletcher, une spécialité pharmaceutique destinée aux enfants, mais que suggérèrent de nombreuses lectures à l'intention des adultes aussi bien que des enfants. Une préparation contenant des follicules de séné, des graines de citrouille, des sels de Rochelle, de l'alcool et du miel avait la réputation d'être un laxatif bon pour tous, quel que soit leur âge.

Le séné fut recommandé, dans les lectures, pour toute une variété d'affections. Dans quelques cas de toxémie, Cayce le conseilla pour accroître l'écoulement de la lymphe dans le tube digestif et purifier ainsi le système. Chez un patient atteint de cystite, le séné se révéla capable d'aider la digestion au point d'affecter la circulation hépatique.

L'écorce d'orme rouge est une autre plante très souvent recommandée par Cayce. Selon les herboristes, l'écorce intérieure de cet arbre est constituée d'une substance mucilagineuse (qui calme l'inflammation des tissus) pouvant être utilisée en applications externes, en tant qu'émollient pour soulager les inflammations. Cayce recommanda toutefois cette plante surtout pour l'usage interne, pour calmer l'estomac et faciliter la digestion. Il la conseillait essentiellement pour les cas de mauvaise assimilation, de psoriasis et d'ulcères d'estomac. À quelques occasions, il demanda d'en mâcher des morceaux et de les laisser fondre dans la bouche. Pour un patient souffrant de psoriasis, cette mastication visait à soulager le pylore, le duodénum et les glandes salivaires. Ce que Cayce suggérait le plus souvent, c'était de boire de l'eau d'écorce d'orme préparée en mélangeant une pincée de poudre d'écorce dans un verre d'eau fraîche que l'on laissait macérer pendant trois minutes avant de la boire. Selon les besoins, cette boisson pouvait être prise une fois par jour, ou encore on pouvait ajouter de la poudre d'écorce à l'eau potable et en boire régulièrement.

Pour le traitement de la colite, les lectures recommandèrent des formules diverses de tisanes toniques qui contenaient en particulier des extraits de ginseng sauvage, de gingembre sauvage, de valériane, de stillingia et d'autres ingrédients.

Les remèdes à base de plantes de Cayce peuvent paraître étranges et inhabituels, mais leur efficacité toute simple nous rappelle qu'il y a cent ans, avant l'apparition de tous les «remèdes miracles» que nous connaissons, pratiquement tous les médecins recommandaient ou pratiquaient la médecine des plantes!

DOCUMENTS CONTEMPORAINS SUR CAYCE

PREMIÈRE PARTIE

Les témoignages médicaux présentés dans cette section peuvent différer dans leurs détails, mais ils sont le résultat d'études menées par l'ARE, à Virginia Beach, ou de recherches faites par la clinique de l'ARE. On trouvera également dans cette section la correspondance reçue par un magasin d'aliments naturels de Virginia Beach qui se spécialise dans les formules de Cayce ainsi que la correspondance reçue par l'auteur du présent ouvrage.

Beaucoup de ces témoignages sont incomplets et n'offrent qu'un échantillonnage d'opinions provenant de quelques personnes parmi celles qui pensent avoir été aidées par les lectures médicales de Cayce. D'autres, comme ceux fournis par la clinique de l'ARE, sont plus détaillés.

Les remèdes et traitements particuliers mentionnés dans la présente section sont expliqués en détail à la section de cet ouvrage consacrée à la pharmacologie.

Le «livre noir» dont parlent certains témoignages est *Individual Reference File of Extracts from the Edgar Cayce Readings*, (Livre de référence individuelle des extraits de lectures d'Edgar Cayce), publié exclusivement à l'intention des membres de l'ARE.

A

ALCOOLISME
Histoire de cas n°1, post-lecture

(L'histoire de cas suivante est extraite de *The Edgar Cayce Products – Ten Years of Research* [Les produits d'Edgar Cayce – Dix ans de recherche], publié par Heritage Publications, Virginia Beach.)

J'ai beaucoup bu pendant dix ans. J'en ai perdu presque tous mes amis et le soutien de ma famille.

J'ai toujours eu beaucoup de plaisir à boire, mais tout le monde autour de moi me trouvait absolument détestable. Ils disaient que j'étais minable, grossier, que je parlais trop fort et ne m'entendais avec personne. Mais, comme j'aimais boire, je ne voyais pas de raison de m'arrêter.

Un jour, j'ai mis la main sur le traitement de l'alcoolisme par Edgar Cayce. À cette époque-là, j'en étais arrivé à la conclusion que j'étais alcoolique et que je me servais de l'alcool pour ne pas avoir à regarder mes problèmes en face. J'ai dit que j'allais essayer le traitement. Un de mes amis, probablement bien informé, me déclara que quand je buvais, je devenais «possédé» par l'une de ces entités désincarnées qui s'attachent quelquefois aux gens qui boivent. Il est plus facile de prendre possession du corps de quelqu'un quand il est sous l'influence de l'alcool, car sa résistance est amoindrie. Cela paraît fou, et pourtant j'y crois. Quand je bois, il arrive souvent un moment où quelque chose «clique» à l'intérieur de moi. Après cela, je perds connaissance et je ne me souviens de rien jusqu'à ce que je me réveille le lendemain matin. J'étais absolument abasourdi quand on me racontait ce que j'avais fait la veille. Mes deux personnalités, la sobre et l'ivrogne, étaient si étrangères l'une à l'autre que j'avais l'impression d'être deux personnes différentes.

Malgré tout, j'ai commencé à faire certaines choses que Cayce recommandait, comme le rayon violet que je passais de chaque côté de ma colonne vertébrale. Pourtant, j'ai le sentiment que le remède essentiel a été le cycle du chlorure d'or. Mon «besoin» de boire a énormément diminué, c'est incroyable. Pendant dix ans, j'ai eu l'habitude de boire un minimum de douze bières par jour, et maintenant, j'ai réduit cela à une ou deux.

La seule fois où j'ai dépassé la mesure depuis que j'ai commencé le traitement, j'ai été tellement malade pendant deux jours que je n'ai pas pu me sortir du lit. Je me suis juré «plus jamais!!!» Mais... j'ai traversé une situation stressante récemment et je me suis retrouvé en train de picoler... Pourtant, j'ai eu la surprise de constater que je ne perdais pas connaissance.

Grâce à la prière et au chlorure d'or, je me sens une autre personne! Je suis toujours moi-même. Mes amis et ma famille ont remarqué que j'avais complètement changé, et c'est vrai...

ALCOOLISME
Histoire de cas n°2, post-lecture

(Le rapport suivant a été envoyé par un chiropraticien de Virginia Beach qui utilise dans sa pratique privée les programmes de traitements suggérés dans les lectures d'Edgar Cayce.)

Homme de vingt-six ans avec un passé de quatre ans d'alcoolisme.

Le programme de traitement utilisé, provenant d'une lecture de Cayce, a été une prescription pour décourager l'envie de boire: une goutte d'essence d'eucalyptus; une goutte de teinture de benjoin; une goutte de teinture de valériane. Dosage prescrit: trois cachets à prendre dans une semaine.

Résultat: Ce patient est complètement guéri de l'alcoolisme et n'a pas pris un verre d'alcool depuis son traitement, il y a deux ans.

AMYOTROPHIE PÉRONIÈRE DE CHARCOT-MARIE-TOOTH
Histoire de cas, post-lecture

Un cas récent a été celui d'une femme de quarante-quatre ans, patiente d'un chiropraticien de Virginia Beach. Le problème de la patiente avait apparemment un rapport avec un saut d'une hauteur d'environ sept mètres qu'elle avait fait à l'âge de treize ans; elle avait atterri sur ses pieds, sur un sol dur, à la suite de quoi il lui avait été impossible de marcher pendant quelques minutes.

En dépit du fait qu'elle pouvait encore se déplacer, et même courir, elle commença à marcher avec les pieds plats un an après cet incident. Par ailleurs, à l'âge de trente-trois ans, elle perdit l'usage de certains muscles de sa jambe et de son pied gauches, et développa une affection connue sous le nom de pied tombant (faiblesse musculaire péronière). Elle trébuchait en marchant et ne pouvait plus courir.

Pendant de nombreuses années, elle consulta différents médecins et suivit leurs conseils, mais son état ne cessa d'empirer. Son pied droit finit par être paralysé; elle commença à boiter et à se servir d'une canne pour marcher. Ses deux jambes avaient pris une teinte gris pourpre.

Un examen du chiropraticien révéla que ses muscles répondaient normalement, à l'exception de ceux localisés à l'arrière et sur les côtés extérieurs de ses jambes.

Son programme de traitement s'inspira d'un certain nombre de lectures de Cayce portant sur la paralysie. Il comportait des manipulations vertébrales, en particulier dans la zone du coccyx; un programme diététique spécial qui comportait des suppléments alimentaires; des exercices correcteurs et des supports de voûtes plantaires; des irrigations du côlon occasionnelles; des massages à l'huile – sur tout le corps, et plus spécialement sur les jambes et les pieds – suivis de cataplasmes à l'huile de ricin posés sur l'abdomen; des traitements à la pile à électrolyte et des traitements sinusoïdaux; un changement de mentalité pour avoir des pensées plus constructives, incluant la prière et l'analyse des rêves ainsi qu'une volonté de travailler sur son handicap à différents niveaux.

La patiente réagit très rapidement aux traitements; au bout de plusieurs mois, elle était capable de se déplacer sans sa canne et de rester debout pendant de longues périodes. Après six mois de traitement, on rapporta que son énergie physique avait augmenté à un point tel qu'elle était capable d'assumer un emploi à temps partiel.

ARTHRITE
Histoire de cas n°1, post-lecture

(Le passage suivant est extrait de *Pathways to Health* [Vers la santé], mars 1983, volume V, numéro 1, publication de la clinique de l'ARE, à Phoenix, Arizona. Le directeur est le Dr William A. McGarey.)

Hélène arriva au «Temple Beautiful Program» de la clinique en mars 1981, avec un diagnostic d'arthrite: rhumatisme inflammatoire des ceintures. Il s'agit d'une forme d'arthrite qui entraîne des douleurs chroniques de tous les muscles du corps et qui est, semble-t-il, auto-immune.

Elle avait commencé à ressentir des douleurs aux hanches un an auparavant; ces douleurs s'étaient peu à peu aggravées et s'étaient étendues aux jambes, au cou et aux épaules. Les manipulations chiropratiques la soulageaient temporairement, de même que les injections de cortisone et une dose quotidienne de prednisone. Mais, en tant qu'infirmière, Hélène n'avait pas confiance en ces médicaments et avait peur de «demeurer infirme pour le restant de sa vie...»

Durant le programme de dix-sept jours, le régime d'Hélène se composa de la diète pour l'arthrite de Cayce, de cataplasmes à l'huile de ricin, de bains aux sels d'Epsom, d'Atomidine, de suppléments de vitamines et de sels minéraux, d'exercices, de manipulations, de médication, de prière et de travail sur les rêves.

On lui fit aussi subir diverses thérapies, comme les irrigations du côlon, l'acupuncture, les massages, la rétroaction biologique et les séances d'appareillage électrothérapeutique (ETA).

Non seulement Hélène connut-elle une amélioration sur le plan physique pendant le programme, mais elle apprit aussi à reconnaître et à relâcher les tensions, à se relaxer en profondeur et à visualiser son corps en train de guérir.

Neuf mois plus tard, Hélène nous écrivit pour dire qu'elle se sentait «très bien». Elle continuait le programme chez elle, avait été en mesure de diminuer la dose de prednisone et se sentait active dans toute la mesure du possible. Elle était sûre qu'elle ne serait pas «infirme pour le reste de sa vie».

ARTHRITE
Histoire de cas n°2, post-lecture

(Le passage suivant est extrait du numéro de février 1976 de la revue *Fate*; il s'agit d'une partie d'un article que j'ai écrit pour l'ouvrage intitulé *Pour la science, les guérisons de Cayce demeurent inexplicables.*)

... Le Dr John Peniel de Birmingham, en Alabama... médecin généraliste, se souvient qu'en mars 1969, il pensait son arthrite incurable. «J'ai suivi les traitements conventionnels avec un rhumatologue, spécialiste en arthrite, déclarait-il, sans résultat.» Son traitement comprenait des tranquillisants, de l'Ascriptine et de la Butazolidine-Alka, qui pouvaient avoir pour effets d'abaisser le nombre de globules blancs à un niveau très dangereux. Le Dr Peniel explique que «la Butazolidine-Alka est censée être un anti-inflammatoire qui diminue l'enflure et la douleur».

Malgré ses médications, le docteur devait garder le lit de plus en plus souvent. Le simple fait d'aller de sa chambre à la cuisine constituait une véritable torture. «On me disait que je devais l'accepter, dit-il. J'ai dû cesser de pratiquer la médecine.» Au milieu de toutes ces épreuves, le Dr Peniel se mit à prier. «Jusque-là, j'avais été un homme de science rigoureusement orthodoxe. Je découvris Dieu et me rendis compte qu'il avait toujours été là.»

Des choses commencèrent à se produire, lentement au début. Quelqu'un lui fit connaître les propriétés thérapeutiques des plantes, et il prit du ginseng pour rebâtir ses forces. Il lut ensuite un livre sur Edgar Cayce et sur les remèdes qu'il donnait pendant ses lectures, alors qu'il se trouvait en état de transe. Le médecin se rendit à Virginia Beach, en Virginie, et passa deux semaines à consulter les dossiers de Cayce à l'Association for Research and Enlightenment. À la suite de ses découvertes, il commença à employer la pile à électrolyte, l'appareil à impédance de Cayce, et certaines solutions d'accompagnement recommandées également par Cayce. Il se mit aussi à prendre par voie orale des doses d'Atomidine et de chlorure d'or avec du bicarbonate de soude.

«Immédiatement, j'ai pu me rendre compte de la différence, remarque-t-il. Auparavant, je devais rester alité toute la journée, sauf pendant quatre heures environ. Si j'en faisais trop au cours d'une journée, je devais rester au lit pendant deux jours. Après avoir suivi les suggestions de Cayce pendant trois mois, j'étais capable de rester debout de douze à dix-huit heures par jour.»

Le Dr Peniel se dit lui-même attiré plus par la spiritualité que par la religion et reconnaît qu'il a été guidé jusqu'à l'ARE «par la foi et la prière. J'ai vu l'ARE en rêve avant de me rendre à Virginia Beach pour la première fois en 1972... Je pouvais décrire l'endroit à partir de ce rêve».

La pile à électrolyte et l'appareil à impédance dont s'est servi le Dr Peniel ne sont que quelques-uns des très nombreux remèdes que feu Edgar Cayce recommandait pendant ses transes...

ARTHRITE
Histoire de cas n°3, post-lecture

(Le passage suivant est tiré d'une lettre reçue par un magasin d'aliments naturels de Virginia Beach qui se spécialise dans les formules de Cayce.)

...Comme pour ma mère, l'arthrite, la bursite et la névrite s'installaient. Mes mains paraissaient même parfois déformées.

On aurait dit que mes «charnières» réclamaient de l'huile, et c'est exactement de ça qu'elles avaient besoin! De bons massages à l'huile d'arachide, et les voilà comme neuves. Un de mes amis faisait de l'arthrite aux hanches et se servait d'une canne pour marcher. Il avait de plus en plus de mal à se déplacer et craignait de se voir confiné à un fauteuil roulant. Je lui ai parlé de l'huile d'arachide, et maintenant, il me prend pour un saint parce qu'il peut vaquer à ses occupations comme il le faisait il y a dix ans. Je ne manque jamais une occasion de partager mes connaissances sur Cayce avec ceux qui ont des oreilles pour entendre...

ARTHRITE
Histoire de cas n°4, post-lecture

(Le rapport qui suit fut envoyé par un chiropraticien qui exerce à Virginia Beach; dans sa pratique privée, il utilise les programmes de traitements suggérés dans les lectures de Cayce.)

Depuis trois mois, Mme C. avait des douleurs dans les genoux, les doigts et les orteils.

Le programme de traitements suggéré dans les lectures de Cayce a consisté en manipulations, en massages à l'huile d'arachide et en Atomidine (une goutte dans un verre d'eau tous les deux jours, pendant deux semaines).

Résultat: Toutes les douleurs articulaires et osseuses sont en rémission. Si des douleurs réapparaissent aux articulations, je peux facilement les soulager par une cure d'Atomidine.

ARTHRITE
Histoire de cas n°5, post-lecture

(Le rapport suivant a été soumis par un chiropraticien exerçant à Virginia Beach qui utilise les programmes de traitements suggérés dans les lectures de Cayce pour sa pratique privée.)

Une patiente de soixante-huit ans fut hospitalisée en 1975, incapable de se nourrir elle-même, à cause de la gravité des symptômes. Constatations d'anomalies physiques: douleurs et impossibilité de plier les doigts et de remuer les épaules. Déambulation douloureuse.

Le programme de traitements suggéré dans les lectures de Cayce consistait en massages, manipulations, pile à électrolyte et Atomidine, irrigations du côlon, bains aux sels d'Epsom et bains de vapeur.

Résultats: Les symptômes de la patiente ont été assez bien gérés depuis trois ans, grâce au programme de traitements mentionné ci-dessus. Il s'est produit des recrudescences qui ont nécessité le recours à la cortisone et à une médication antidouleur. Toutefois, si l'on tient compte du fait qu'elle a dû être hospitalisée, nous considérons que les résultats sont bons.

ARTHRITE
Histoire de cas n°6, post-lecture

(Le passage suivant est tiré d'une interview, enregistrée sur magnétophone le 27 août 1980, avec un chiropraticien de Virginia Beach qui faisait état de ses réussites avec les programmes de traitements recommandés par les lectures de Cayce.)

La maladie de Lyme est une forme rare d'arthrite rhumatoïde. Elle est causée par la piqûre d'une tique qui sévit dans la région de Lyme, au Connecticut. La maladie est chronique, de type viral, et se caractérise par des crises et des rémissions. Dans le cas particulier de cette patiente, il y avait très peu de rémissions. Elle souffrait de douleurs dans les articulations des doigts et des genoux, ainsi que dans le bas du dos...

Si l'on en croit les lectures de Cayce, l'arthrite est essentiellement due à un déséquilibre du métabolisme. J'ai donc envisagé le traitement à partir de cette constatation et ai donné à ma patiente un régime pauvre en matières grasses et en hydrates de carbone raffinés, mais riche en légumes et en grains complets.

Elle a fidèlement suivi son régime. Je lui ai donné des traitements chiropratiques et lui ai conseillé de commencer à prendre de l'Atomidine, à laquelle elle a remarquablement réagi. Au bout de trois semaines, quatre-vingts pour cent de ses symptômes étaient en rémission.

ARTHRITE
Histoire de cas n°7, post-lecture

(Le passage suivant est extrait de *Pathways to Health* [Vers la santé], septembre 1980, volume II, numéro 7, publication de la clinique de l'ARE à Phoenix, Arizona, dont le directeur est le Dr William A. McGarey, médecin.)

Merci de m'avoir envoyé «le rapport préliminaire» sur l'étude concernant l'arthrite (rhumatoïde) que je vous avais demandé... Ce rapport m'intéressait tout particulièrement. En mars 1976, un diagnostic complet (analyse du sang, et le reste) révéla que je faisais de l'arthrite rhumatoïde et de la goutte. J'ai aussitôt demandé qu'on m'envoie les dossiers en circulation et me suis mis sérieusement au travail pour faire les changements nécessaires (sans me rendre compte que vous, à la clinique, vous faisiez la même chose, et au même moment, pour vos patients). J'ai fait preuve de patience et de persévérance.

À mon examen périodique de cette année, le médecin s'est rendu compte que les symptômes avaient disparu. Je lui ai alors demandé de me faire de nouvelles analyses de sang (je pense qu'il les appelait «profil de l'arthrite»). Les résultats l'ont beaucoup impressionné; il m'a appelé quelques jours plus tard pour me dire qu'ils étaient à peu près négatifs: aucun signe d'arthrite rhumatoïde ni de maladie liée à l'arthrite. «Quoi que vous fassiez, me dit-il, continuez à le faire.» Je sais que j'ai été amené à travailler dans la bonne voie et à chasser de ma vie toutes les choses nuisibles (comme les attitudes mentales négatives, un régime alimentaire inadéquat, etc.); j'ai pu développer les aspects plus positifs dont j'étais conscient depuis toujours, mais que j'avais parfois oubliés, à cause de ma vie pleine de tension nerveuse. Encore une fois merci!...

ASTHME
Histoire de cas n°1, post-lecture

(Les passages suivants sont extraits d'une conférence donnée par un ancien chiropraticien de Virginia Beach, le 21 janvier 1981, dans laquelle il relate les réussites qu'il obtint en appliquant les traitements de Cayce. En plus d'être docteur en chiropractie, il est bachelier en sciences économiques et en biologie humaine.)

Le premier cas se rapporte... à une jeune femme de vingt-six ans. Lorsqu'elle est venue me consulter, elle s'était déjà rendue trois fois à la salle d'urgence... avec de grandes difficultés à respirer et une incapacité de dormir la nuit; elle prenait de l'épinéphrine... on lui en avait fait une injection la veille, en salle d'urgence. Son état était si grave que le médicament ne lui faisait plus d'effet. Elle en était rendue à sa troisième injection depuis le début de la semaine...

J'ai commencé par lui recommander une irrigation du côlon... [et] un régime sans aucun produit laitier, un régime alcalinisant. Quand je dis sans lait, je veux dire aucun lait ni dérivé du lait. J'ai commencé à lui faire des manipulations vertébrales; je l'ai traitée pendant environ six semaines. Elle est sortie de sa période de crise au bout d'une semaine de thérapie. [Je] l'ai traitée régulièrement pendant six semaines, à raison de deux fois par semaine [trois irrigations du côlon pendant cette période]...

Lorsqu'elle me dit qu'elle avait fidèlement suivi son régime... la fréquence du traitement... est tombée à environ une fois par deux semaines et, au bout d'un certain temps, à une fois par mois... pendant à peu près deux ans... En suivant son régime et en prenant de l'Inspirol, elle n'eut plus une seule crise d'asthme pendant cette période de deux ans...

Le cas [suivant]... concerne une jeune femme... de Cleveland, Ohio, qui souffrait de crises d'asthme sur une base annuelle. Cela aurait pu être de l'allergie... Elle vint me consulter parce qu'elle s'intéressait aux méthodes de Cayce et désirait suivre ses recommandations; c'est ce que nous avons fait...

Nous avons suivi la thérapie pendant environ un an, et après cela... elle me consultait à l'occasion, peut-être toutes les six ou huit semaines... pour une manipulation. [Elle] suivait très bien son régime... Durant trois ans... après la thérapie, elle... n'a pas eu une seule crise, alors qu'avant la thérapie, elle avait connu, chaque année, une période de crises répétées.

Dans les cas d'asthme, j'ai utilisé... l'Inspirol; un régime sans aucun lait ni dérivé du lait, régime alcalin; et une thérapie basée sur les manipulations et les irrigations du côlon.

ASTHME
Histoire de cas n°2, post-lecture

(Le passage suivant est tiré d'une lettre reçue par un magasin d'aliments naturels qui se spécialise dans les remèdes de Cayce.)

...finalement devenue membre de l'ARE en 1973. Le premier dossier que j'ai demandé a été celui sur «l'asthme», au sujet de mon troisième enfant. À l'âge de trois semaines, on avait diagnostiqué chez elle de l'asthme bronchique; pendant neuf ans, elle était demeurée presque sans arrêt sous médication, ce qui avait entraîné de nombreuses infections aux champignons et des écoulements de sang en provenance du côlon. J'ai commandé de l'Inspirol Inhalent [sic], j'ai suivi le régime alimentaire et trouvé le courage de consulter notre premier chiropraticien. Depuis sept ans, elle n'a pas eu une seule attaque...

B

BLESSURES ACCIDENTELLES
Histoire de cas n°1, post-lecture

(Le passage suivant est extrait de *ARE News*. Pour plus de détails, voir le numéro 1 de novembre 1983, volume XVIII.)

Une étude de cas récente à l'ARE concernait une jeune femme qui avait subi des blessures dans un accident d'automobile. Elle contacta les gens du service hospitalier de l'ARE et leur demanda de l'aider à retrouver le plein usage et la longueur normale de sa jambe gauche grièvement blessée dans un accident survenu en 1979. Depuis deux ans et demi, elle faisait l'impossible pour la sauver.

La moto sur laquelle elle se trouvait avait été renversée par une voiture. La jeune femme s'était retrouvée avec de multiples fractures du tibia et du péroné, un seul muscle restant dans le bas de sa jambe, une fracture ouverte du fémur, et entre soixante-quinze et quatre-vingts pour cent de perte d'épiderme au bas de la jambe.

Lorsqu'elle consulta le département hospitalier de l'ARE, en août 1982, le Dr William McGarey, de la clinique de l'ARE à Phoenix, en Arizona, se trouvait à Virginia Beach; il l'aida à établir un programme de soins qui comprenait de la méditation, de la prière, des affirmations et des visualisations, des cataplasmes à l'huile de ricin, des massages pour les cicatrices et un régime alimentaire spécial.

La partie physique du traitement consistait en applications de cataplasmes à l'huile de ricin pendant quatre jours consécutifs, suivis d'un arrêt de trois jours, puis reprise du plan sur une base continue. On lui conseilla de prendre des suppléments qui contenaient des vitamines B et C, de même que du zinc et du fer. Elle devait exercer sa jambe trois fois par semaine en faisant de la natation, de la marche ou de la bicyclette.

Son régime devait être alcalinisant à quatre-vingts pour cent et acidifiant à vingt pour cent, pour suivre les conseils des lectures.

Au point de vue mental, elle devait visualiser sa jambe comme complète et parfaitement guérie; et du côté spirituel, elle devait faire une séance de méditation chaque jour, au cours de laquelle elle devait s'efforcer d'avoir une attitude mentale de personne guérie. Elle fut également placée sur la liste de prière des guérisseurs (Glad Healpers) de l'ARE.

Au bout de huit mois de ce programme, on put noter les résultats suivants: sa jambe commençait à donner des signes de changement. L'œdème autour de sa cheville et de son genou avait pratiquement disparu. Il semblait y avoir accroissement de l'épaisseur du tissu à l'arrière de la jambe et une plus grande flexibilité dans la zone de la greffe, sous la rotule. Le muscle du mollet avait un meilleur tonus, et il semblait y avoir accroissement de tissu à partir de ce muscle jusqu'au bas de la jambe.

On notait de plus une diminution des douleurs, un meilleur tonus dans toutes les parties de la jambe et un estompage des cicatrices.

BLESSURES ACCIDENTELLES
Histoire de cas n°2, post-lecture

Une femme de la côte Ouest fut blessée dans un accident d'automobile qui lui avait écrasé les os de la jambe droite. Une partie du traitement qu'on lui appliqua consista à installer des plaques et des broches dans sa jambe et à tenter de reconstruire l'ossature avec du mastic d'os mélangé à des brisures de ses propres os afin de la faire «repousser».

Lorsqu'on retira son plâtre, ses os ne s'étaient pas complètement ressoudés, à cause de son âge; l'été dernier, on lui conseilla une greffe d'os. «Je leur ai demandé quel délai ils pouvaient m'accorder, et ils me répondirent un mois ou deux. Je leur dis que je voulais avoir le plus de temps possible.»

En tant que membre de l'ARE, elle connaissait bien les lectures d'Edgar Cayce. Elle se mit à utiliser toutes les nuits l'appareil à impédance sur sa jambe et à se faire un massage chaque soir, avant de se mettre au lit, pour éliminer les cicatrices. De plus, quand sa jambe était douloureuse, elle l'enduisait de Baume égyptien (qu'on appelle maintenant Huile égyptienne).

Les résultats furent positifs, car, après une opération récente au cours de laquelle on lui retira la plus grande partie des pièces de métal, on lui annonça que sa jambe était guérie à presque cent pour cent. «On ne voyait qu'une zone toute lisse, dit-elle. L'infirmière ne comprenait pas comment la cicatrice pouvait être aussi fine; on dirait une trace de crayon», ajouta-t-elle, en précisant que sa blessure avait été une fracture ouverte mettant en cause le tibia, le péroné et les os de la cheville.

Elle accorde le crédit de sa guérison aux conseils qu'elle reçut de Cayce par l'intermédiaire de ses lectures, guérison qu'elle estime exceptionnelle, car peu de temps après l'accident, il avait été question que l'on procède à une amputation.

C

CALVITIE
Histoire de cas n°1, post-lecture

À l'époque de Cayce, on recevait peu de commentaires sur les résultats de ses lectures, mais on a maintenant des rapports positifs en provenance de personnes qui ont suivi les conseils donnés dans ces mêmes lectures.

Comme exemple, on peut citer le cas d'un homme qui était chauve et qui s'est donné la peine de faire de petits dessins pour illustrer l'extraordinaire repousse de ses cheveux. Il a employé de la vaseline, du pétrole brut et de l'Atomidine pendant deux ans, à la suite de quoi il a fait savoir que ses favoris avaient élargi et qu'il y avait une mince couche de nouveaux cheveux sur tout le haut du crâne, aux endroits où il était chauve auparavant.

En 1972, un chercheur indépendant fit une enquête et analysa les réponses de quarante-cinq personnes qui se servaient de pétrole brut pour faire pousser leurs cheveux. Onze pour cent déclarèrent que leurs cheveux avaient repoussé considérablement ou complètement, et, pour quarante pour cent, la pousse avait été de faible à modérée.

CALVITIE
Histoire de cas n°2, post-lecture

(La lettre qui suit a été reçue par un magasin d'aliments naturels de Virginia Beach qui se spécialise dans les remèdes de Cayce.)

Il y a huit ans environ... j'ai perdu la moitié de mes cheveux et le restant s'arrêtait à l'encolure. J'ai suivi les conseils des lectures de Cayce et employé du Crudoleum pendant environ six mois. Comme résultat, mes cheveux ont poussé beaucoup plus épais qu'auparavant, ce qui est d'autant plus remarquable que j'ai toujours eu les cheveux extrêmement épais; je ne pensais vraiment pas voir repousser des cheveux encore plus épais, après en avoir tellement perdu.

CALVITIE
Histoire de cas n°3, post-lecture

(Le passage suivant est extrait d'une lettre reçue par un magasin d'aliments naturels de Virginia Beach qui se spécialise dans les prescriptions de Cayce.)

Après mon hospitalisation, en 1965, j'ai commencé à perdre mes cheveux à un rythme alarmant. J'ai fait tout ce que me conseillaient de faire les coiffeurs, et malgré tout, je suis passé de la mèche postiche à la perruque complète. Après une douche et un shampooing, il fallait que je passe l'aspirateur sur ma serviette et que je balaie le sol de la douche.

Le shampooing à l'huile d'olive a arrêté la chute des cheveux dès la première application. La situation s'est renversée, et ma tête est maintenant recouverte d'une belle chevelure saine qui me donne confiance en moi.

CALVITIE
Histoire de cas n°4, post-lecture

(L'histoire de cas qui suit est tirée de *The Edgar Cayce Products – Ten Years of Research* [Les produits d'Edgar Cayce – Dix ans de recherche], édité par Heritage Publications, Virginia Beach.)

Ce qui l'enthousiasme le plus [mon mari], c'est, bien sûr, les résultats du Crudoleum. Il a quarante ans, et ses cheveux commencent à s'éclaircir sur le sommet. À la suite d'une intervention chirurgicale (sympathectomie), ses cheveux ont commencé à tomber par paquets. J'ai réussi à le convaincre de me laisser essayer le traitement au Crudoleum, rien de plus... J'ai donc commencé à lui faire, deux fois par semaine, un massage de cinq minutes au Crudoleum, suivi d'un shampooing à l'huile d'olive. Au bout de dix semaines, nous avons obtenu des résultats assez extraordinaires. La tête entière, y compris la partie chauve sur le dessus, est maintenant couverte de nouveaux cheveux. Le devant est recouvert de cheveux courts mais épais. La qualité des cheveux s'est aussi améliorée de cent pour cent; la nouvelle chevelure est d'un beau brun clair. En fait, une telle amélioration, en un temps aussi court, a convaincu l'un de mes collègues de commencer à s'occuper de ses cheveux. Il a suffi d'une semaine pour que la chute des cheveux s'arrête, point final, et l'amélioration de la texture est remarquable.

Quant à moi, j'ai découvert que le Crudoleum embellissait ma chevelure. Mon cuir chevelu a cessé de me démanger, et mes cheveux ne sont plus secs. Il est certain qu'il ne faut pas oublier non plus les qualités de la Formule 636. Même si certaines mèches grises n'ont pas disparu (mais que pouvez-vous espérer en cinq mois?), il y a tout de même une grande amélioration.

CALVITIE
Histoire de cas n°5, post-lecture

(La lettre ci-dessous a été reçue en 1981, par un étudiant en chiropractie.)

Je connais un jeune homme qui souffre depuis dix-sept ans du problème pénible d'une calvitie prématurée. Il n'avait que dix-sept ans lorsqu'elle a commencé; il perdait alors ses cheveux par plaques de la taille d'une pièce de un dollar.

La calvitie s'est ensuite propagée selon la façon habituelle aux hommes, bien que son cuir chevelu soit demeuré huileux pendant tout ce temps, plutôt que de se dessécher et de former des écailles, comme c'est si souvent le cas.

Après avoir essayé diverses préparations commerciales, sans aucun résultat, on le persuada finalement d'essayer une bouteille de Crudoleum. À sa grande surprise, il eut le plaisir de se rendre compte que ses cheveux recommençaient à pousser avant même qu'il ait fini la première bouteille. Il y a quelque temps, il se trouva à court de Crudoleum et, malgré cela, ses cheveux continuèrent à pousser; les plaques de la dimension de un dollar avaient diminué d'au moins cinquante pour cent...

CANCER DE LA PEAU
Histoire de cas, post-lecture

(L'histoire de cas présentée ci-dessous est extraite d'un projet d'étude menée sur ses membres par l'Association for Research and Enlightenment, à Virginia Beach, en 1984.)

Selon un rapport en provenance d'un homme d'âge mûr, un cas bénin de cancer de la peau, formellement diagnostiqué comme tel, fut traité avec succès par une combinaison d'huile de ricin et de bicarbonate de soude. L'huile de ricin était appliquée sur la peau et ensuite recouverte de bicarbonate sec.

Le cancer, qui avait été diagnostiqué par un dermatologue, fut traité par ce spécialiste au moyen d'azote liquide, mais la zone cancéreuse, qui se trouvait sur la tempe juste au-dessous de sa ligne de cheveux et de ses branches de lunettes, réapparaissait au bout de trois à six mois. Cela se reproduisit à trois ou quatre reprises, jusqu'à ce que l'homme se décidât à essayer l'huile de ricin et le bicarbonate de soude; il les appliquait chaque soir pendant quatre ou cinq jours consécutifs, et pendant une heure, chaque fois. «Le seul désagrément était la démangeaison», dit-il.

Son dermatologue demeure sceptique, mais l'homme est très satisfait des résultats, car, sur quatre endroits de son visage, deux zones cancéreuses ont déjà disparu, une autre est encore sensible et, pour la quatrième, «Je ne suis pas sûr», dit-il.

Il sent que l'huile de ricin augmente l'irrigation sanguine de la zone traitée et, conséquemment, il s'en sert pour d'autres éruptions cutanées.

CANCER DE L'UTÉRUS (Prédispositions)
Histoire de cas, post-lecture

(Le texte suivant est un profil de cas en provenance de la clinique de l'ARE à Phoenix, Arizona. Cette clinique est une corporation sans but lucratif de l'Arizona, dont l'objectif est d'offrir les meilleurs soins médicaux possibles en recourant aux thérapies conventionnelles et holistiques. La recherche médicale – pour découvrir de meilleures méthodes de guérison et de régénération – constitue une partie importante de la mission que s'est donnée la clinique. Ce rapport fait partie d'une série de publications ayant pour but de tenir les professionnels de la santé aussi bien que le grand public au courant des résultats des recherches qui pourraient redonner espoir à des personnes se trouvant aux prises avec la maladie.)

Le cas ci-dessous concerne une jeune femme de vingt-neuf ans qui montra des prédispositions au cancer du col de l'utérus. Elle réussit à maintenir des tests de Papanicolaou (Pap tests) normaux après cinq jours de thérapie selon Cayce. Une observation post-thérapeutique effectuée trois mois plus tard enregistra des résultats de laboratoire normaux.

À en croire le rapport, «ce qui inquiétait surtout la patiente, c'était que, de toute évidence, on constatait depuis trois mois une augmentation anormale de cellules, constituant une dysplasie légère et modérée – classe II – à la suite de quatre "Pap tests" et d'une biopsie en colposcopie, une technique qui consiste à examiner le col au microscope ainsi que des échantillons de tissus prélevés dans les zones les plus anormales. Les cellules du col de l'utérus présentaient des anomalies structurelles que les docteurs jugeaient précancéreuses. On pratiqua la cryochirurgie (c'est-à-dire la destruction de tissus par utilisation de froid extrême), mais un "Pap test" de contrôle, effectué une semaine avant l'arrivée de la patiente à la clinique de l'ARE, révélait encore une légère dysplasie».

La patiente avait une histoire d'obésité, d'asthme, de fièvre des foins et d'allergies alimentaires. Elle avait subi en outre trois avortements, elle prenait des pilules anticonceptionnelles et avait fumé pendant les cinq dernières années.

La clinique établit «un programme de traitements qui comprenait des cataplasmes à l'huile de ricin; des douches vaginales à la Glyco-Thymoline les lundis et mercredis; des douches à l'Atomidine les mardis et jeudis; de la Glyco-Thymoline: cinq gouttes dans un demi-verre d'eau quatre fois par jour, pour alcaliniser l'organisme; de l'huile de ricin: cinq gouttes à avaler au moment du coucher, pour débarrasser le corps de ses toxines; de la vitamine C: six mille mg par jour; de l'Atomidine: une goutte le lundi, avec augmentation d'une goutte par jour pour arriver à cinq gouttes le vendredi, à continuer pendant trois semaines, suivies d'une semaine sans Atomidine; un «régime cancer» spécial comportant les restrictions du test de cytotoxicité; la suppression du tabac; l'exercice; les massages; la méditation; la prière; le travail sur les rêves; la rétroaction biologique; des traitements à l'ATE (appareil thérapeutique électromécanique); et des visualisations».

Au cours de ses cinq traitements à l'ATE, la patiente «apprit à mieux prendre conscience de la façon dont ses émotions déclenchaient des symptômes physiques dans son corps et aussi à mieux laisser s'exprimer ses émotions pour éviter l'apparition des symptômes».

Un autre traitement faisait appel à un groupe de guérisseurs qui pratiquaient l'imposition des mains. Elle apprit alors qu'elle était capable de relâcher les «blocages» d'énergie qu'elle ressentait. Elle fit aussi l'expérience d'un soulagement de la «lourdeur qu'elle éprouvait dans la cage thoracique» et de la disparition des «crises de douleurs aiguës du côté gauche du col de l'utérus».

Un mois après son départ de Phoenix, elle reçut les résultats du «Pap test» qui la classifiaient normale (classe I), ce qui la poussa à déclarer: «J'ai appris qu'une fois que j'ai mis de l'ordre dans mon esprit, le corps en fait autant.»

CATARACTE
Histoire de cas, post-lecture

(Le passage suivant est extrait d'une lettre envoyée à un magasin d'aliments naturels de Virginia Beach qui se spécialise dans les prescriptions de Cayce. Il souligne le succès remporté par un patient qui avait suivi le programme de traitements pour la cataracte suggéré dans les lectures de Cayce.)

... J'ai étudié les dossiers sur la cataracte, et ma vision s'améliore lentement. Quand j'ai passé l'examen pour mon permis de conduire, il y a un an environ, on m'a accordé le permis pour trois ans seulement, au lieu de quatre. Il y a quelque temps, j'ai eu un examen de la vue, et le docteur m'a dit que ma vision était meilleure. Il a ajouté que si mes yeux avaient été aussi relaxés quand j'ai passé l'examen que lorsqu'il les a lui-même examinés, on m'aurait donné le permis pour quatre ans.

CICATRICES
Histoire de cas, post-lecture

(Le passage suivant est un rapport verbal reçu par un magasin d'aliments naturels de Virginia Beach, spécialiste des prescriptions de Cayce.)

... En avril 1983, une jeune femme fut impliquée dans un accident de camion qui la projeta hors du véhicule et la traîna sur la chaussée. «C'est sur le front que j'ai été traînée, l'os m'a traversé la joue, tout le côté gauche du visage et le nez», dit-elle. En plus de ces blessures, le grand rétroviseur latéral avait pénétré dans sa jambe droite, environ 6 cm au-dessus de la rotule. On opéra le genou à l'hôpital Memorial de l'université de la Caroline du Nord, à Chapel Hill, pour en extraire les morceaux de verre.

Par la suite, un chirurgien plasticien de l'hôpital proposa de faire trois ou quatre opérations plastiques sur son visage et ses genoux. Le même jour, un ami de la jeune femme lui apporta une bouteille de la formule pour les cicatrices (de Cayce) et la frictionna un peu avec cette solution. «L'infirmière fit une scène, tellement elle avait peur de l'infection. Elle appela le chirurgien plasticien qui fit tout ce qu'il put pour me dissuader d'utiliser le médicament; il me mit en garde contre le danger d'infection s'il pénétrait dans mes yeux... il me menaça même d'annuler la chirurgie plastique si je persistais, ... ce que je fis, bien entendu.»

À ce moment-là, la jeune femme alternait la prise de vitamine E avec l'utilisation de la formule pour cicatrices, mais elle trouvait que la formule pour les frictions avait un effet plus marqué...

Le sixième jour, le chirurgien vint vérifier l'état de ses blessures, au moment même où elle était en train de frictionner la cicatrice de son nez. «Je fus surprise, et lui complètement abasourdi, de voir que toute la croûte de mon nez m'était tombée dans la main. Quand j'ai vu la bouche du chirurgien s'ouvrir toute grande de stupéfaction, j'ai cru que c'était mon nez qui était tombé. Il me regarda ainsi, sans bouger, pendant un bon trente secondes, puis il s'assit et me demanda de lui raconter en détail ce que j'avais fait pour que mon nez soit maintenant à peu près guéri. Plus tard, ajouta-t-elle, il fit venir une secrétaire qui prit en sténographie tous les détails de la façon dont j'avais utilisé la formule et d'autres médications auxquelles j'avais pu avoir recours.»

«Nous sommes le 23 août 1983, et toutes les cicatrices de mon visage ont disparu à quatre-vingt quinze pour cent, alors que celles de mon genou, sur lesquelles j'ai employé la formule pour cicatrices, sont parties à près de quatre-vingts pour cent», dit-elle. Elle précisa qu'il y avait auparavant tellement de cicatrices sur son genou que les gens n'osaient pas les regarder. «Après avoir vu ça, une petite fille s'est mise à pleurer», ajouta-t-elle.

«Inutile de dire que j'ai annulé la chirurgie plastique; j'ai recommandé la formule à beaucoup d'amis et je m'en sers d'ailleurs moi-même tous les jours.»

COLITE
Histoire de cas, post-lecture

(Le rapport suivant fait partie d'un projet de recherche récent sur les résultats des concepts, principes, modalités et formules précises de guérison tels qu'on les retrouve dans les lectures de Cayce. Cette recherche a été menée par l'ARE.)

Avant de commencer son traitement pour la colite tel qu'il avait été recommandé dans les dossiers en circulation, le sujet prenait du Donnatal et du Donnagel, et devait se priver de nombreux aliments.

Après avoir consulté les dossiers, il commença un régime de cataplasmes à l'huile de ricin suivis de doses d'huile d'olive, lesquels devaient être effectués selon des cycles de trois jours «avec», quatre jours «sans», à répéter à peu près quatre fois. Il fit savoir que «plus tard, je pouvais manger et boire n'importe quoi». Pour se maintenir en forme, il a recours aux cataplasmes trois fois toutes les quatre à six semaines.

Il considère les résultats comme «excellents» et signale qu'il avait pris connaissance des cataplasmes à l'huile de ricin grâce au livre du Dr Harold J. Reilly, *The Edgar Cayce Handbook for Health Trough Drugless Therapy* (Le manuel de santé sans médicaments d'Edgar Cayce), (Jove).

Toutefois, en dépit du fait qu'il se sert des cataplasmes à l'huile de ricin depuis cinq ans, il sent qu'il en a toujours besoin «à cause du stress. Si j'arrête d'y avoir recours, j'ai une rechute dans les six mois».

COLONNE VERTÉBRALE
Histoire de cas, post-lecture

En 1966, un jeune militaire endommagea sa colonne vertébrale en tentant d'extraire une roche enfouie dans le sol. À ce moment, raconte-t-il, il était assis par terre, en train de tirer sur la roche profondément enfoncée dans le sol, quand il entendit un «craquement» dans la région de sa quatrième vertèbre lombaire, à la suite de quoi il se trouva dans l'impossibilité de marcher. «J'ai presque dû ramper pour rentrer à la maison», ajouta-t-il.

Il s'ensuivit un diagnostic du médecin militaire qui déclara qu'une opération serait nécessaire pour ressouder sa colonne.

Quelque temps plus tard, après avoir quitté l'armée, le sujet consulta trois autres médecins qui rendirent le même verdict: l'opération était inévitable. Mais cette réponse ne lui donna pas satisfaction; aussi ne prit-il aucune décision, mais il se rendit à Virginia Beach pour se rapprocher de l'Association for Research and Enlightenment.

Il suivit les conseils qu'il trouva dans les lectures médicales et commença à se faire des traitements avec la pile à électrolyte et l'appareil radioactif; il utilisait la première le matin et le second, le soir, tel que le prescrivait Cayce.

Il continua ce traitement pendant trois ou quatre ans, ce qui lui procura un soulagement temporaire. Plus tard, alors qu'il faisait des recherches à la bibliothèque de l'ARE, il tomba sur un ouvrage écrit par un chiropraticien de Californie et il se rendit compte que ses propres symptômes correspondaient tout à fait à ceux décrits dans le livre; ils résultaient de problèmes avec le sacro-iliaque. Le livre indiquait une série d'exercices, du genre yoga, à faire pour soulager les malaises, que notre homme adopta.

Bien qu'il ressente encore quelques élancements de temps à autre, les exercices tout simples qu'il fait avec ses jambes le soulagent.

«Je me demande bien ce que j'aurais fait si j'avais subi cette opération et que je me sois rendu compte par la suite que je n'en avais pas besoin.»

CRISES INFANTILES
Histoire de cas, post-lecture

(Le texte suivant est un profil de cas en provenance de la clinique de l'ARE à Phoenix, Arizona. Cette clinique est une corporation sans but lucratif de l'Arizona dont l'objectif est d'offrir les meilleurs soins médicaux possibles en recourant aux thérapies conventionnelles et holistiques. La recherche médicale – pour découvrir de meilleures méthodes de guérison et de régénération – constitue une partie importante de la mission que s'est donnée la clinique. Ce rapport fait partie d'une série de publications ayant pour but de tenir les professionnels de la santé aussi bien que le grand public au courant des résultats des recherches qui pourraient redonner espoir à des personnes se trouvant aux prises avec la maladie.)

Le cas présenté ci-dessous concerne un petit garçon de quatre ans qui souffrait de crises graves. Il connut une diminution graduelle et importante de ses symptômes en suivant une thérapie de deux ans inspirée des lectures de Cayce et de sources connexes; cette thérapie lui permit d'abandonner complètement une médication provoquant des convulsions lorsque prise à hautes doses.

Selon le rapport, l'enfant fut amené à la clinique à l'âge de dix mois. Il avait contracté une méningite spinale à l'âge de trois mois, à la suite de quoi il avait eu de graves crises enfantines. Les parents tentèrent de trouver de l'aide auprès des meilleurs centres médicaux orthodoxes de l'État où ils demeuraient, Hawaii; on fit passer des examens à l'enfant et on lui donna des traitements pendant sept mois. Mais l'enfant avait toujours entre trente et quarante crises quotidiennes, accompagnées de comportements montrant qu'il souffrait, par exemple en se mettant à hurler et en se mordant les poings.

Le rapport déclare également: «Les fortes doses d'anticonvulsifs le rendaient somnolent, mais n'empêchaient en rien les crises. On conseilla à la mère de placer l'enfant en institution, car le pronostic était peu encourageant. Mais elle refusa cette solution et s'adressa à divers centres médicaux de Californie, y compris le centre d'études sur les enfants de l'UCLA (université de Californie à Los Angeles)...»

Les parents finirent par amener l'enfant à la clinique de l'ARE, où il obtint de bons résultats dès la fin de la première semaine de thérapie. La mère et l'enfant retournèrent ensuite à Hawaii. Un an plus tard, les parents ramenèrent l'enfant et, après deux semaines de traitement, ils décidèrent de s'installer à Phoenix.

Lorsqu'on amena l'enfant à la clinique pour la première fois, l'évaluation démontrait une activité sensorielle très limitée. «[Il] ne réagissait aux stimuli visuels, auditifs et tactiles que rarement, et alors très brièvement, durée d'attention de une à cinq secondes. Ses yeux démontraient un réflexe à la lumière, mais l'enfant manquait de vision centrale et recourait uniquement à une vision périphérique sporadique. Sa coordination et sa mobilité étaient peu développées, mais il était de taille normale pour son âge, un beau petit garçon.»

Le programme de traitement de la clinique s'établit comme suit:

- Thérapie à l'ATE (appareil thérapeutique électromécanique): au début, on faisait chaque jour des sessions d'électrothérapie d'une demi-heure, mais on en modifia peu à peu le rythme, pour en arriver à une ou deux sessions par semaine.

- Cataplasmes à l'huile de ricin: utilisés chaque jour sur l'abdomen au début, puis graduellement, on en vint à ne les appliquer «qu'au besoin».

- Manipulations crâniennes et vertébrales: commencées à Hawaii et continuées à Phoenix, la fréquence des traitements restant à la discrétion du médecin praticien.

- Thérapie par la musique: pour faciliter l'intégration sensorielle et la relaxation quand on l'appliquait pendant les massages.

- Massages: l'enfant avait la chance d'avoir un père masseur accompli, sa spécialité étant le massage hawaïen Lomi-Lomi. Tous les jours, il faisait à l'enfant des massages de la colonne vertébrale ainsi sur tout le corps.

- Infusion à la passiflore: une tisane souvent recommandée dans les lectures de Cayce, pour diminuer la fréquence des crises.

• DMSO (Diméthylsulfoxyde): administré localement sur tout le corps, sous la direction du Dr Jordan, de l'université de l'Orégon.

• «Patterning»: effectué par le Centre d'études du développement nerveux de l'université de l'État d'Arizona, de même que par l'Académie nationale pour le développement de l'enfant. Procédé ayant pour but de stimuler l'organisation neurologique au moyen d'exercices physiques et sensoriels répétés.

• Masque: exercices respiratoires destinés à augmenter l'apport sanguin au cerveau en utilisant un masque en plastique; thérapie mise au point par les Instituts pour le développement du potentiel humain.

• Consultations: processus continu d'échanges et de support amicaux avec les parents.

Les parents, aussi bien que le personnel de la clinique, furent témoins des progrès. On finit par cesser d'administrer le phénobarbital et on diminua progressivement la dose de Dilantin. «Chaque fois que l'on remplaçait les médicaments par des thérapies "naturelles", le scénario de ses crises se modifiait», dit le rapport.

Après les deux premières semaines de thérapie, l'enfant commença à mieux dormir, ses crises s'espacèrent. Son père remarqua également qu'il était capable de maintenir le contact visuel, pour la première fois depuis le début des crises.

Tout au long des traitements, on put noter des progrès continus. On put, par exemple, le «sevrer» de tous ses anticonvulsifs. Il a maintenant presque quatre ans «et jouit d'une santé comme il n'en avait jamais connue depuis le début de ses crises... Ses parents et leurs amis remarquent à quel point il est devenu gentil et affectueux; il échange beaucoup plus avec les gens, il ne serre plus les poings comme avant, et ses accès de rage ont pratiquement disparu. Les crises sont maintenant moins graves et moins fréquentes... Son épanouissement physique, mental et émotionnel continue à faire la joie de ses parents».

D

DÉMANGEAISONS (Prurit)
Histoire de cas, post-lecture

(Le passage suivant est tiré d'une entrevue, enregistrée sur magnétophone le 20 août 1980, avec un chiropraticien de Virginia Beach qui parlait de ses réussites après avoir utilisé le programme de traitements suggéré par Edgar Cayce.)

La patiente numéro onze (une jeune femme de vingt-sept ans)... avec des symptômes de soubresauts musculaires et de démangeaisons intenses qui l'empêchaient de dormir par périodes au cours des trois semaines précédentes, et par intermittence pendant les six mois auparavant. J'ai conseillé ce que Cayce considère comme un régime normal, c'est-à-dire pas d'hydrates de carbone raffinés, pas d'aliments gras, élimination... du porc et du bœuf. Prescrit, pour me conformer aux dossiers sur le prurit, ... des agrumes au petit déjeuner, des massages à l'huile d'arachide et à l'huile d'olive sur les pieds, sur l'arrière des genoux et sur le bas de la colonne vertébrale pour favoriser l'élimination par les reins; une ou deux cuillerées à soupe d'huile d'olive dans la salade de légumes, et un traitement chiropratique pendant cinq jours. Au bout de trois visites et de deux semaines de soins, la patiente manifestait des progrès remarquables: plus de démangeaisons et des nuits complètes de sommeil au lieu de se réveiller douze fois en huit heures.

DÉPRESSION
Histoire de cas, post-lecture

(Les passages suivants sont extraits d'une conférence donnée par un ancien chiropraticien de Virginia Beach, le 21 janvier 1981, dans laquelle il relate les succès qu'il a obtenus en appliquant les traitements conseillés par Cayce. En plus d'être docteur en chiropractie, il est bachelier en sciences économiques et en biologie humaine.)

J'en suis venu à m'intéresser à la dépression et à tout ce que Cayce a pu en dire. J'ai eu... trois cas remarquables où l'un des patients a tenté de se suicider, les deux autres... en parlaient ou voulaient en faire autant. Dans l'un des cas, le patient éprouvait une paranoïa extrême; il avait peur de sortir, de se trouver avec des gens...

Dans les trois cas, j'ai eu recours à l'appareil radioactif et aux manipulations vertébrales, et dans deux cas, aux irrigations du côlon. J'ai découvert un peu de stase dans ces deux derniers cas. Il y avait aussi un problème d'hypoglycémie... J'ai recommandé une thérapie à base de vitamines, l'appareil radioactif, un régime strictement alcalin...

L'appareil radioactif fut utilisé avec du chlorure d'or sur la neuvième dorsale dans chaque... cas. Dans ces trois cas, les réactions furent très positives. Je sais que ces trois personnes fonctionnent maintenant tout à fait normalement et qu'elles sont sorties de leur état dépressif.

DIABÈTE
Histoire de cas, post-lecture

(Le rapport suivant fait partie d'un projet de recherche récent sur les résultats des concepts, principes, modalités et formules spéciales de guérison tels qu'on les trouve dans les lectures de Cayce. Cette recherche a été menée par l'ARE.)

Le sujet rapporta qu'avant de mettre en pratique les principes qu'il avait trouvés dans les lectures de Cayce, il prenait vingt unités d'insuline par jour et suivait un régime de mille trois cents calories prescrit par un diététicien d'hôpital. Tous les sucres lui étaient en outre interdits. Il se rendait compte que les résultats de ce régime laissaient à désirer.

Il consulta les dossiers en circulation de Cayce et commença à suivre la diète au raisin ainsi que le régime général tel qu'il l'avait vu suggéré dans les fichiers.

À son avis, les résultats furent remarquables. En trois mois, il maigrit de vingt-cinq livres et réussit à réduire son insuline de vingt unités à aucune. Au moment où il envoya son rapport, il se passait complètement d'insuline depuis des mois.

DIARRHÉE
Histoire de cas, post-lecture

Une femme demeurant dans le Nord de l'État de New York obtint d'excellents résultats en ayant recours à la Formule tonique 208 pour la colite ulcéreuse.

Alors qu'elle était hospitalisée, elle subit une série d'examens à la suite desquels on l'informa qu'elle souffrait de colite ulcéreuse et qu'on ne pouvait rien pour elle. On lui recommanda seulement un régime à suivre.

Quelque temps plus tard, elle tomba par chance sur un article qui parlait de la Formule 208, affirmant que celle-ci pouvait guérir la diarrhée simple. Elle décida de l'essayer et, après avoir pris une bouteille et demie, elle se rendit compte que ses selles «étaient parfaitement normales».

Comme son médecin exprimait sa stupéfaction devant une telle amélioration, elle lui donna une bouteille de la Formule qu'il s'empressa probablement de faire analyser.

Entre-temps, elle signala qu'elle en avait fait profiter d'autres personnes, qui ont à leur tour obtenu «de bons résultats».

DIVERTICULITE
Histoire de cas, post-lecture

(Le passage suivant fait partie d'une enquête récente menée par l'ARE à Virginia Beach.)

Une femme écrit pour dire qu'elle pense avoir évité une crise de diverticulite en consommant des aliments très riches en fibres et en appliquant sur la région affectée des cataplasmes à l'huile de ricin recouverts d'un coussin chauffant.

Sa méthode est de poser les cataplasmes à l'huile de ricin aussitôt qu'elle ressent les premiers symptômes, à raison de quelques heures par jour, pendant trois ou quatre jours consécutifs.

Elle trouve aussi qu'une irrigation du côlon lui est alors bénéfique; depuis qu'elle a commencé à utiliser les cataplasmes, elle n'a jamais été absente de son travail à cause de la diverticulite.

E

ECZÉMA
Histoire de cas, post-lecture

(L'histoire de cas suivante est tirée de *The Edgar Cayce Products – Ten Years of Research* [Les produits d'Edgar Cayce – Dix ans de recherche], édité par Heritage Publications, Virginia Beach.)

En 1971, j'ai d'abord fait un peu d'eczéma sur l'estomac, que j'ai fait soigner à l'hôpital de la marine, à Portsmouth. Ils ont d'abord essayé le traitement standard pour la gale, ce qui ne fit qu'empirer le problème. On a fait ensuite une biopsie et diagnostiqué mon cas comme semblable à du psoriasis ou à de l'eczéma. Par la suite, un dermatologue m'a fait environ cent cinquante injections de cortisone en plein dans les plaies de mon dos; elles se sont mises à saigner, et il a fallu poser un bandage à la grandeur de mon dos. Cela a calmé mes symptômes pendant quatre jours. J'ai utilisé du Synalar (un stéroïde pour applications locales vendu sur ordonnance) sous forme de pommade et de liquide pendant au moins les deux années suivantes; sans aucun résultat. L'infection s'était répandue sur d'autres parties du corps: les coudes, la poitrine, les genoux, les tibias et les chevilles.

Finalement, sur les conseils d'un ami, je me suis tourné vers Cayce et ses traitements pour les problèmes de peau. Vers le mois de mars 1976, j'ai consommé à peu près les deux tiers d'une bouteille de Sulflax en capsules et, pour les soins externes, une demi-bouteille de la pommade de Ray. En l'espace de dix jours, ma peau était entièrement clarifiée, à l'exception de quelques petites marques encore visibles sur le cuir chevelu.

En octobre 1976, j'ai eu une courte rechute avec des démangeaisons à la base de la colonne vertébrale. J'ai alors recommencé les traitements de Cayce, et tout s'est complètement résorbé, y compris les marques sur la tête.

ÉPILEPSIE
Histoire de cas n°1, post-lecture

(Les passages suivants sont extraits d'une conférence donnée par un ancien chiropraticien de Virginia Beach, le 21 janvier 1981, dans laquelle il relate le succès qu'il obtint en appliquant les traitements de Cayce. En plus d'être docteur en chiropratique, il est bachelier en sciences économiques et en biologie humaine.)

Deux cas d'épilepsie. L'un était un homme de trente-deux ans environ... Il eut sa première crise à l'âge de vingt-quatre ans, alors qu'il était étudiant de dernière année à l'université. Aucun cas d'épilepsic dans sa famille. Le diagnostic fut: épilepsie psychomotrice.

On le mit sur phénobarbital, auquel il réagit plutôt mal. Quelque temps après, on le mit sur Dilantin et phénobarbital. Dans les deux cas, les crises continuèrent au rythme d'environ une par mois ou, parfois, de une par deux mois. Cependant, les effets secondaires du ou des médicaments le laissaient tout à fait confus... incapable de se concentrer et souvent fatigué. Pas du tout satisfait de sa médication.

On le mit sur un régime... alcalin, on lui fit des manipulations vertébrales comme sédatif, on lui donna de l'infusion de passiflore. Il avait cessé toute [autre] médication avant de prendre la passiflore... avant de venir me consulter. On utilisa l'appareil radioactif. Après avoir commencé les traitements, il ne connut aucune crise pendant deux ans; il se contentait d'une infusion de passiflore occasionnelle... de son régime et de quelques manipulations...

Le second cas d'épilepsie traité par moi fut celui d'une jeune fille chez qui les crises étaient apparues à l'âge de vingt-quatre ans environ. Elles étaient... psychomotrices ou hystériques, cela ne fut jamais précisé...

Elle eut un accident en conduisant sa voiture; par la suite, la fréquence des crises s'accrut très nettement.

Elle avait des maux de tête intenses... et des douleurs aux articulations et dans tout le corps, et il était difficile de savoir si ces douleurs avaient un rapport avec les séquelles des crises. Elle avait consulté... de nombreux médecins. Son mari était un pensionné de la marine... On la mit sous différentes médications... aucune ne semblait donner de résultat; lorsqu'elle est venue me consulter, elle avait jusqu'à dix crises par jour. Je la soumis à un régime alcalin, commençai à lui faire une thérapie d'irrigations du côlon et de manipulations. Elle changea de sédatifs pour adopter les infusions de passiflore. Elle abandonna volontairement toute [autre] médication.

Elle se plaignait aussi... de perdre toute maîtrise mentale lorsqu'elle prenait ses médicaments... Dans ce... cas, j'eus recours à l'appareil radioactif. Lorsqu'elle suivait sa thérapie... le nombre de crises tombait de dix ou douze par jour (quand elle prenait ses médicaments) à une ou deux par semaine...

Les cataplasmes à l'huile de ricin furent utilisés dans les deux cas mentionnés ci-dessus, et le régime alimentaire joua un rôle primordial dans la thérapie. Je leur ai supprimé l'alcool sous toutes ses formes, j'ai essayé de réduire la quantité de caféine ou de tout autre stimulant... et tous les deux... ont bien réagi; néanmoins, aucun des deux cas ne connut de guérison complète.

ÉPILEPSIE
Histoire de cas n°2, post-lecture

(L'histoire de cas présentée ci-dessous est tirée d'un projet d'étude menée sur ses membres par l'ARE, à Virginia Beach, en janvier 1984.)

Une jeune femme, qui avait connu sa première crise «causée par le stress» à l'âge de quatre ans, est maintenant capable de maîtriser ses crises d'épilepsie à l'aide de son régime alimentaire, de méditations et de prières.

Elle avait eu sa première attaque alors qu'elle était enfant, et les crises avaient réapparu au début de la trentaine. Un médecin lui prescrivit une médication qu'elle devait prendre à heures régulières.

Mais elle craignait que les médicaments ne créent une accoutumance, aussi commença-t-elle à réfléchir sur sa vie et à fouiller les documents relatifs à Cayce.

Elle envisage maintenant sa vie d'une façon beaucoup plus calme et elle n'a pas eu de crise depuis des mois; elle attribue ce progrès à la méditation, à la prière et à son alimentation quotidiennes. Son régime, pauvre en hydrates de carbone, se compose essentiellement de dinde, de poulet, de fruits et de légumes frais, de salades, d'œufs, etc. Elle ne mange ni porc ni bœuf, mais consomme du poisson une fois par semaine.

F

FIBROMES
Histoire de cas n°1, post-lecture

(Le rapport suivant fait partie d'un projet de recherche récent sur les résultats des concepts, principes, modalités et formules spéciales de guérison tels qu'on les trouve dans les lectures de Cayce. Cette recherche a été menée par l'ARE.)

Une jeune femme refusa de recourir à la chirurgie pour extraire un fibrome diagnostiqué par son médecin. À la place, elle consulta les dossiers en circulation et commença un traitement composé de cataplasmes à l'huile de ricin, qu'elle poursuivit pendant cinq jours, suivis de trois jours de repos; elle prit des doses d'Atomidine par voie orale, selon les instructions, trois jours avec et deux jours sans; et des douches vaginales deux fois par semaine, avec de l'Atomidine et de la Glyco-Thymoline.

Elle retourna voir son gynécologue quelque temps après, et se fit examiner par lui. La réaction de ce dernier, devant l'état de sa patiente, fut: «Pourquoi donc parlions-nous de chirurgie? Vos fibromes sont maintenant inexistants.»

Elle pense que le fait d'avoir suivi les conseils prodigués dans les dossiers a donné des résultats «excellents»; elle déclare que, à part quelques petites tumeurs qui persistent encore, «l'écoulement de sang au milieu de mes périodes menstruelles a cessé; et plus question de chirurgie».

Au moment où elle a fait parvenir son rapport, elle suivait «fidèlement» ses traitements depuis six mois. «Je continue à utiliser les cataplasmes à l'huile de ricin très régulièrement, mais j'ai cessé de recourir à l'Atomidine et aux douches vaginales.»

FIBROMES
Histoire de cas n°2, post-lecture

(Le passage suivant fait partie d'une enquête récente menée par l'ARE à Virginia Beach.)

À la suite d'un diagnostic de fibromes à l'utérus, une femme se mit à utiliser les cataplasmes à l'huile de ricin d'Edgar Cayce. Elle trouva cependant que les tissus pleins d'huile étaient trop poisseux et qu'elle manquait de temps pour suivre le processus normal; c'est pourquoi, à partir du troisième soir, elle se contenta de frictionner matin et soir toute la zone utérine avec de l'huile de ricin.

Elle s'efforça aussi de visualiser l'organe en bonne santé. Au bout de quelques semaines, elle consulta son gynécologue et passa une échographie. Il ne restait aucune trace de fibrome.

Une semaine plus tard, elle revit son médecin pour une évaluation finale, à la lumière des examens subis. L'opinion du gynécologue se vit confirmée: aucune trace de fibrome.

Elle avait commencé par appliquer les conseils des lectures selon la méthode habituelle, mais d'après elle, la réussite du traitement est due aux simples frictions à l'huile de ricin, sans les enveloppements de tissus. Elle se contentait de les faire une fois par jour, et juste avant de se coucher.

FIBROMES
Histoire de cas n°3, post-lecture

Il y a quelque temps, un membre de l'Association for Research and Enlightenment avait obtenu des résultats très encourageants et en avait parlé à la clinique de l'ARE. Cette femme avait depuis longtemps un problème d'inondation utérine et elle avait subi deux curetages de l'utérus dans un intervalle de huit ans. Par la suite, deux médecins ont diagnostiqué un fibrome de la grosseur d'une balle de baseball, logé sur la paroi de l'utérus. Ils recommandèrent l'hystérectomie et un nouveau curetage.

À ce point, la patiente étudia les lectures données pour le cas 2330 et portant sur les fibromes. Elle décida alors d'utiliser des douches vaginales à l'Atomidine et à la Glyco-Thymoline, en faisant alterner deux types de solutions, tel que l'avait suggéré Cayce. Au bout d'un certain temps, elle se rendit compte que l'iode ne lui convenait pas, elle cessa donc d'employer l'Atomidine. Sur les conseils d'un autre médecin, elle se mit à utiliser les cataplasmes à l'huile de ricin, qu'elle installait sur son bas-ventre. Après une semaine d'applications quotidiennes régulières, elle eut des règles comportant une quantité inhabituelle de mucus. Elle se mit à perdre beaucoup de sang, et bien que son opération chirurgicale n'ait été prévue que deux semaines plus tard, elle attendit deux jours et entra à l'hôpital où on la dirigea aussitôt vers la salle d'opération. La chirurgie une fois terminée, on lui annonça qu'il n'y avait pas de fibrome, mais seulement une masse de caillots que l'on avait pris par erreur pour un fibrome. Plus tard, elle demanda au médecin si les fibromes se résorbaient spontanément. «Cela n'arrive jamais», avait-il répondu.

Même si l'on ne peut rien prouver avec certitude, la patiente était sûre que si elle n'avait pas eu recours aux cataplasmes à l'huile de ricin, elle n'aurait plus ses organes reproducteurs à l'heure actuelle.

G

GENCIVES (Maladie des)
Histoire de cas, post-lecture

(La lettre suivante a été reçue par un magasin d'aliments naturels de Virginia Beach qui se spécialise dans les produits de Cayce.)

L'Ipsab et le Calcios sont deux des produits de Cayce que j'aime beaucoup, et je vais vous en donner la raison. En 1973, mon dentiste me référa à un périodontiste à cause de la détérioration de mes gencives. La maladie avait progressé à un point tel que la chirurgie buccale était devenue nécessaire pour enlever les tissus abîmés. Le périodontiste effectua l'opération avec la certitude que je ne pourrais pas conserver plus d'un an deux de mes molaires, à cause de la quantité de tissu de soutien qu'il avait dû retirer.

Selon lui, la chirurgie buccale ne permettait au patient que de maintenir le statu quo ou encore de ralentir les progrès de la maladie. Sur ces entrefaites, j'ai commencé à lire ce que Cayce disait au sujet des soins à donner aux dents; à la suite de mes lectures, je me suis mise à manger une salade verte tous les jours et à utiliser l'Ipsab. Lorsque j'ai atteint l'âge de trente ans, j'ai suivi en plus le traitement au Calcios, pour me conformer au cycle du «changement de dentition».

Tous les six mois, je retourne voir mon périodontiste pour une évaluation buccale et pour surveiller tout changement à mes gencives. À chaque examen, il note une «repousse» du tissu gingival. Après une grossesse que j'ai eue à l'âge de trente-quatre ans, une visite au périodontiste a confirmé que mes gencives s'étaient rétablies au point que ma bouche était en meilleure santé que lorsque je l'avais consulté pour la première fois. Je possède en outre toutes mes dents, et j'ai bien l'intention de les garder!

Mon périodontiste est aussi satisfait que déconcerté devant ma réussite. Il est probable qu'à cause de son long entraînement comme dentiste, il considère ma guérison tout simplement comme le résultat de «circonstances inhabituelles et de dextérité opératoire». Comme je l'ai déjà indiqué, il n'avait pu, pour les autres cas, que maintenir le *statu quo* ou encore ralentir les progrès de la maladie...

Alors, pour conclure, je recommande chaudement les deux produits ci-haut mentionnés à tous ceux qui ont des problèmes de gencives. Ils sont d'ailleurs aussi valables pour tous ceux (malades ou pas) qui tiennent à garder leur bouche en bonne santé.

GENOU ENDOMMAGÉ
Histoire de cas, post-lecture

Le 4 juillet 1976, une femme de Tucson, en Arizona, subit une opération chirurgicale d'urgence à la suite d'un accident de moto. L'opération fut effectuée au Centre médical de Tucson. Après la chirurgie, à cause des dommages infligés aux cartilages, du liquide s'accumulait continuellement autour du genou. Il fallait le retirer au moyen d'un procédé que la patiente décrivit comme «très douloureux». En dépit des ponctions, l'état de la jambe ne s'améliorait pas; aussi le chirurgien orthopédique finit-il par lui mettre la jambe dans le plâtre, ce qui l'immobilisa pendant six semaines.

Lorsqu'on retira le plâtre, le liquide réapparut. Comme la patiente ne pouvait plus se permettre de subir d'autres interventions chirurgicales dispendieuses, elle se mit à poser des emplâtres au sel et au vinaigre sur les zones blessées, afin de réduire l'inflammation et la quantité de liquide. Elle expliqua que «son ami avait cherché dans les dossiers pour savoir ce que Cayce suggérait dans ces cas-là».

Pour commencer, elle posait ses emplâtres à peu près deux fois par jour; plus tard, elle diminua, pour en arriver à un par semaine pendant cinq à six semaines, pour des durées de quinze à vingt minutes, «ou plus si j'avais le temps», ajoutait-elle. «On m'avait dit que cela prendrait environ deux mois au minimum... la chose m'a stupéfiée... elle a fait de l'effet presque tout de suite.»

La jeune femme avoue qu'elle revient de loin, avec ses soixante-sept points de suture au genou et la peur de voir sa jambe coupée. «J'ai d'abord marché avec des béquilles, ensuite avec une canne, et maintenant, depuis des années, sans rien.»

En fait, elle n'a présenté aucun symptôme depuis 1977, même lorsqu'elle sort le soir après avoir travaillé toute la journée.

GLAUCOME
Histoire de cas n°1, post-lecture

(La lettre qui suit a été reçue par un magasin d'aliments naturels de Virginia Beach qui se spécialise dans les remèdes de Cayce.)

Une voisine de mon comptable a lu dans le livre du D^r^ (Harold) Reilly que les pommes de terre étaient bénéfiques pour les yeux. Elle devait subir une opération pour son glaucome, mais cette perspective était loin de l'enchanter. Pendant deux semaines, deux fois par jour pendant une heure environ, elle se mit sur les yeux des emplâtres aux pommes de terre. Lorsqu'elle se fit examiner à nouveau, le docteur lui dit qu'il n'y comprenait rien, mais qu'elle n'avait plus besoin de se faire opérer. Cela se passait à l'automne de 1982...

GLAUCOME
Histoire de cas n°2, post-lecture

(L'histoire de cas suivante est extraite de *The Edgar Cayce Products – Ten years of Research* [Les produits d'Edgar Cayce – Dix ans de recherche], publié par Heritage Publications, Virginia Beach.)

Je suis si myope que je ne peux absolument pas me passer de lunettes. Vers la fin de 1977, j'ai consulté mon oculiste parce que je voyais à peine de mon œil droit. Il releva une compression de 24 dans mon œil gauche et m'avertit qu'à 25, j'aurais besoin de médicaments pour le glaucome. Il découvrit aussi un début de cataracte dans mon œil droit.

Trois ou quatre mois plus tard, j'ai vu une nuit, dans un rêve, une formule à base de plantes; la seule chose dont je me souvenais était «baume de tolu»... Quelques jours après, je suis tombée par hasard sur une bouteille d'Optikade et j'ai remarqué qu'elle contenait du baume de tolu. J'ai réussi à trouver dans les lectures de Cayce le passage qui traitait de ce produit et j'ai décidé de l'essayer puisque c'était un médicament pour les yeux. Au cours de l'année suivante, j'ai consommé environ huit flacons de 250 ml de cette boisson tonique.

Pendant cette période, j'ai fait d'autres rêves qui me disaient de consommer des carottes, crues dans de la gélatine ou cuites, de la laitue et du sel de varech, et aussi de me faire faire des manipulations vertébrales du segment cervical. J'ai également eu recours aux cataplasmes à l'huile de ricin et aux pommes de terre posés sur mes yeux, de même qu'à des bains de vapeur et à des massages.

À la fin de 1978, j'ai subi un nouvel examen de la vue. La compression de mon œil gauche était tombée à 18, ce qui est légèrement supérieur au niveau normal de 16. J'ai aussi remarqué que la vision de mon œil droit s'était bien améliorée.

GRIPPE
Histoire de cas n°1, post-lecture

(L'histoire de cas suivante est tirée de *The Edgar Cayce Products – Ten Years of Research* [Les produits d'Edgar Cayce – Dix ans de recherche], édité par Heritage Publications, Virginia Beach.)

Mon petit garçon a été malade tout l'été. Cela a commencé par un simple rhume qui a gagné les oreilles; ensuite, les doses massives d'antibiotiques par voie orale et par injections ont déclenché des diarrhées et des vomissements qui risquaient de le déshydrater; en fait, il a perdu un kilo entre le 2 juin et la fin de semaine du 4 juillet, ce qui est considérable pour un enfant si petit (il n'a que deux ans).

Après quatre cycles de prise d'antibiotiques par voie orale, deux injections de pénicilline, un médicament au soufre (sic) et des quantités de décongestionnants concomitants pour empêcher le mucus de passer de son nez à ses oreilles, de crainte de les infecter encore davantage, j'avais dépensé presque deux cents dollars et consulté nos trois pédiatres en moyenne deux fois par semaine, pendant un mois et demi.

Quand j'ai été réveillée un matin par la toux de mon enfant, qui annonçait un nouveau rhume, j'ai décidé de revenir à Cayce, de fouiller dans les livres et de voir ce que je pourrais trouver.

J'ai commandé *Medicines for the New Age* (Médecines pour le Nouvel Âge) et je m'en suis servi pour décider ce que je devais commander... J'ai commencé par donner à mon fils des massages au beurre de cacao, en ajoutant des massages au Campho-Derm dès que ma première commande fut arrivée; je lui ai aussi fait inhaler de l'Inspirol et prendre un tiers de la dose pour adulte de la formule 636.

Deux semaines environ après le début des massages au beurre de cacao et une semaine après la réception des médicaments, vous ne reconnaîtriez pas l'enfant. Il a pris du poids, il est plein d'énergie, son nez s'est dégagé et je doute qu'il ait maintenant besoin du sirop «Mother Earth» que je viens de recevoir aujourd'hui, car il ne tousse plus du tout...

Les traitements de Cayce sont tellement simples qu'on se demande comment ils peuvent agir et, franchement, j'avais peur de les essayer sur mon enfant, jusqu'à ce que je sois vraiment désespérée et me sois rendu compte que tout ce qu'avaient fait les docteurs avait échoué...

GRIPPE
Histoire de cas n°2, post-lecture

(Le passage suivant est tiré d'une entrevue, enregistrée sur magnétophone le 20 août 1980, avec un chiropraticien de Virginia Beach qui parlait de ses réussites après avoir utilisé le programme de traitements suggéré par Cayce.)

Patiente numéro quatorze... présentant les symptômes classiques du syndrome viral de la grippe: douleurs musculaires, sinusite, difficultés respiratoires et congestion dans la poitrine... Je lui ai suggéré l'Inspirol et le sirop pour la toux «Mother Earth» (Mère Terre). La patiente a déclaré qu'elle avait ressenti un énorme soulagement dès qu'elle avait utilisé ces produits, et pas seulement limité au soulagement des symptômes.

H

HÉMATOME - HÉMANGIOME
Histoire de cas, post-lecture

(Le texte suivant est extrait du *Medical Research Bulletin*, volume XII, numéro 4 de décembre 1983, publié par la clinique de l'ARE, 4018 North Fortieth Street, Phoenix, Arizona 85018, Copyright 1977 par la clinique de l'ARE. Reproduit avec permission.)

Un jour, au Moyen Âge, une personne perspicace et sensible donna à la plante du ricin le nom de «Palma Christi», apparemment à cause de la forme de ses feuilles, mais peut-être aussi à cause des propriétés curatives que possède l'huile extraite des fèves de la plante. Quoi qu'il en soit, l'huile de ricin – telle qu'on l'utilise dans les cataplasmes – est devenue tout un symbole de guérison dans nos rapports avec nos patients aussi bien qu'avec nos proches...

Nous avons reçu de l'un de nos correspondants une lettre qui nous parle d'une autre histoire de guérison vraiment remarquable. Le lendemain du jour de la naissance de Phil, sa mère s'inquiéta de voir sur sa tête une bosse à peu près de la grosseur d'une balle de golf. Le pédiatre la rassura en lui disant que la chose était fréquente, que «les têtes de bébés ont de drôles de formes». Néanmoins, la tumeur grossissait chaque jour, au point où le docteur se décida à faire une radiographie de la tête de l'enfant. Il découvrit ce qui était très probablement un hématome (accumulation de sang sous le cuir chevelu) ou un hémangiome. Il déclara à la mère que la tumeur continuerait à grossir jusqu'à ce que l'enfant ait atteint l'âge de un an ou deux et que, entretemps, on ne pouvait rien faire. La mère continue l'histoire: «Ça grossissait de jour en jour, le gonflement se remarquait et, étant une jeune mère, mon inquiétude augmentait. Ma mère... m'appela de l'Iowa et me conseilla d'essayer les emplâtres à l'huile de ricin. (À cette époque, la tumeur avait atteint à peu près la grosseur de sa tête.) Le lendemain même, j'ai commencé les emplâtres et, dans la soirée, on aurait dit que la tumeur était moins grosse, mais je me suis dit que ça pouvait être un effet de mon imagination. Le lendemain après-midi, il était évident que ça diminuait. J'ai continué les emplâtres pendant cinq jours, au bout desquels l'enflure disparut, à l'exception d'une toute petite bosse qui mit trois semaines à disparaître.

»Le médecin était stupéfait; il prit de nombreuses photographies de l'"après" et m'en demanda de l'"avant". Évidemment, il se mit à rire quand je lui mentionnai les emplâtres...»

HÉPATITE
Histoire de cas, post-lecture

En novembre 1982, une femme partit faire un voyage en Inde avec son mari. En juin 1983, elle commença à se sentir faible et sans appétit, avec des nausées presque continuelles. Pendant cette période, elle avait maigri de cinq kilos.

En Inde, elle consulta un médecin qui nota un foie sensible à la palpation. Au Japon, son médecin de famille diagnostiqua une hépatite et prescrivit des cachets et des injections. Il lui faisait chaque mois une numération globulaire. Au bout de trois mois de traitements, il considéra qu'elle était guérie, et elle put partir pour la Californie. Deux mois plus tard, elle fit une rechute et décida de suivre quelques-unes des recommandations de Cayce.

Un mois plus tard, après avoir utilisé quotidiennement des cataplasmes à l'huile de ricin, elle se rendit compte que ses symptômes avaient de nouveau disparu.

HERNIE HIATALE
Histoire de cas, post-lecture

(Le passage suivant est extrait d'une lettre reçue par un magasin d'aliments naturels de Virginia Beach qui se spécialise dans les formules de Cayce.)

Ma famille utilise l'huile de ricin pressée à froid pour beaucoup de choses. Je m'en sers pour faire des emplâtres que je pose sur mon ventre quand l'état de ma hernie devient spasmodique et que je vomis sans arrêt. L'huile a un effet adoucissant qui me soulage; à la fin, je suis si relaxé que je m'endors. Nous l'utilisons aussi pour les entorses, pour combattre la constipation (sous forme d'emplâtres abdominaux) et pour d'autres problèmes connexes.

HERPÈS
Histoire de cas, post-lecture

(L'histoire de cas suivante est extraite de *The Edgar Cayce Products – Ten Years of Research* [Les produits d'Edgar Cayce – Dix ans de recherche], publié par Heritage Publications, Virginia Beach.)

Ma première flambée d'herpès se produisit en août 1976. Je peux dire, à ma grande satisfaction, que grâce à la pommade de Ray, à la tisane d'orme rouge et au Sulflax, je n'ai plus d'attaques d'herpès. Pendant cinq jours, j'ai pris du Sulflax. Puis j'ai continué en utilisant chaque jour la pommade de Ray, tout en buvant une ou deux tasses de tisane d'orme rouge, que j'aime bien lorsque j'y ajoute du miel à la fleur d'oranger. La pommade de Ray supprime l'irritation et la démangeaison, mais pas la douleur interne.

K

KYSTE DE L'OVAIRE
Histoire de cas, post-lecture

(Le rapport suivant fut envoyé par un chiropraticien de Virginia Beach qui utilise les programmes de traitement suggérés dans les lectures de Cayce dans sa pratique privée.)

J'ai diagnostiqué, à l'aide des ultrasons, un kyste de l'ovaire chez la patiente, en décembre 1982. Constatations physiques anormales, masse palpable, paroi abdominale du côté droit.

Le programme de traitement utilisé, suggéré dans les lectures de Cayce, comporte les éléments suivants: des cataplasmes à l'huile de ricin sur l'abdomen, cinq fois la première semaine et deux fois la semaine suivante; des manipulations, cinq fois la première semaine et deux fois la semaine suivante; des massages de la colonne vertébrale, avec de l'huile, tous les jours; et une irrigation du côlon après cinq jours de traitement.

Résultats: subjectifs: Les douleurs et l'inconfort dans la cavité pelvienne ont été réduits de soixante-dix pour cent. Objectifs: La masse palpable a disparu au bout de dix jours environ.

KYSTE PILONIDAL
Histoire de cas, post-lecture

(L'histoire de cas suivante est extraite d'un projet d'étude menée sur ses membres par l'Association for Research and Enlightenment à Virginia Beach, en 1984.)

Ce rapport provient d'une femme qui s'était fait extraire deux kystes pilonidaux par opération chirurgicale. Dans les deux cas, elle avait mis des années à convaincre son médecin de la présence du kyste, car ce dernier était incapable de détecter une masse quelconque lorsqu'il l'examinait. Quand la patiente prenait rendez-vous, la présence de la masse était évidente; au moment où elle arrivait pour l'examen, «elle était partie».

Selon les dires de cette femme, il fallut quinze ans pour déceler le premier kyste pilonidal, et sept ans pour le second. Les deux s'accompagnaient de migraines et de maux de tête intenses.

Six mois après l'ablation du second kyste, les maux de tête réapparurent, en même temps que de l'enflure, des douleurs et du drainage. À cette époque, la patiente connaissait déjà les cataplasmes à l'huile de ricin et les coussins chauffants grâce à un livre sur Cayce qu'elle avait lu en 1982. «Au lieu de me chamailler avec les docteurs, je me suis mise aux cataplasmes à l'huile de ricin», dit-elle. Elle les appliqua cinq soirs de suite sur la zone du kyste pendant une demi-heure avant de se coucher, et ensuite elle continua cette routine pendant quelques mois.

«Quand je n'avais plus de maux de tête, je savais que [le kyste] avait disparu.»

L

LARYNGITE
Histoire de cas, post-lecture

(Le passage suivant est extrait d'une lettre reçue par un magasin d'aliments naturels de Virginia Beach qui se spécialise dans les remèdes de Cayce.)

Nous avons toujours du Campho-Derm à la maison. Très souvent, les matins d'hiver, je me réveille avec la voix enrouée, premier signe d'une laryngite qui risque de s'aggraver. Habituellement, une simple friction au Campho-Derm sur la gorge suffit à l'arrêter. Mon fils voudrait que je le fasse chauffer, mais j'ai toujours eu d'excellents résultats en me contentant de bien secouer la bouteille et de me frictionner au premier signe de malaise.

LUMBAGO
Histoire de cas, post-lecture

(Le rapport suivant a été envoyé par un chiropraticien exerçant à Virginia Beach qui utilise les programmes de traitements suggérés dans les lectures de Cayce pour sa pratique privée.)

La patiente s'est présentée avec une lombalgie et des douleurs dans le bas du dos, de même que quelques douleurs aux épaules qui la faisaient souffrir depuis environ trois semaines. Parmi d'autres constatations anormales: la jambe droite tendue s'élève de soixante-dix degrés, et la gauche, de soixante degrés.

Le programme de traitements utilisé, suggéré par les lectures de Cayce, comprenait des emplâtres à l'huile de ricin, à installer sur la zone du foie et du côté droit du côlon deux fois par semaine pendant trois semaines; des doses d'huile d'olive à prendre en six fois, tous les deux jours; du Castoria de Fletcher pour purger le système et des manipulations vertébrales, une fois par semaine.

Résultats: Les douleurs le long de la jambe ont totalement disparu. Les douleurs du bas du dos soulagées à quatre-vingts pour cent. L'haleine fétide a disparu. Plus de «teinte» jaune dans la sclérotique de l'œil. Regain d'énergie.

LUPUS ÉRYTHÉMATEUX
Histoire de cas, post-lecture

Cette histoire de cas se rapporte à une femme de soixante-trois ans chez qui on avait diagnostiqué un lupus érythémateux, en 1955, et qui avait été soignée à la clinique de l'ARE à Phoenix, en Arizona. Elle présentait des symptômes cutanés très marqués accompagnés de fièvre, de maux de tête, d'insomnie, d'infirmités musculaires, d'anémie et de leucopénie.

À la clinique, on lui fit subir une thérapie à base de massages et de manipulations ostéopathiques. Une fois revenue chez elle, elle devait entreprendre un programme de thérapie qui comprenait des doses d'Atomidine à prendre par voie orale, des bains aux sels d'Epsom, des traitements à la pile à électrolyte, un régime alimentaire spécial, des exercices et des cataplasmes à l'huile de ricin. On lui conseilla également d'adopter des attitudes mentales positives.

Quelque temps plus tard, la patiente écrivit pour signaler que le changement dans ses attitudes avait joué un rôle décisif dans la guérison qu'elle venait de vivre. Au cours de ses visites à la clinique, elle acquit une nouvelle compréhension de sa maladie ainsi que la certitude que la guérison était possible.

L'examen médical suivant révéla qu'elle n'avait plus de lupus. Les médecins confirmèrent que, à l'évidence, elle avait contracté la maladie, mais qu'on n'en voyait plus trace sur son corps. Elle était convaincue, affirma-t-elle, que le pouvoir qui l'avait guérie du lupus pouvait aussi la soulager des douleurs qui la faisaient encore souffrir aux endroits où la maladie avait endommagé son organisme.

M

MAL DE TÊTE (Généralités)
Histoire de cas, post-lecture

(Le passage suivant est tiré d'une lettre reçue par un magasin d'aliments naturels de Virginia Beach qui se spécialise dans les remèdes de Cayce.)

À l'origine, je l'avais commandée [la Glyco-Thymoline] pour mes migraines qui étaient bilatérales et que je ressentais comme l'explosion de grenades à main. Ma température montait parfois jusqu'à 41° C à cause d'elles. J'avais la vision embrouillée, et pendant des jours, je ne pouvais pas toucher à mes cheveux tellement ils étaient sensibles... Quel soulagement reconnaissant je dois aux irrigations du côlon à la Glyco! J'ai découvert aussi qu'une compresse imbibée de Glyco et posée sur mon front mettait fin à tous mes maux de tête.

Je m'en suis servi pour toutes sortes d'éruptions cutanées ou de démangeaisons; après l'avoir diluée dans de l'eau, je l'utilisais en compresses, que je me mettais sur les yeux lorsqu'ils étaient irrités par le chlore de la piscine...

MALADIE DE HODGKIN
Histoire de cas, post-lecture

(L'histoire de cas présentée ci-dessous est extraite de *The Edgar Cayce Products – Ten Years of Research* [Les produits d'Edgar Cayce – Dix années de recherche], publié par Heritage Publications, Virginia Beach.)

Il me paraît important de le dire: j'étais convaincue de pouvoir surmonter la maladie de Hodgkin même avant de venir à Virginia Beach et de faire connaissance avec les lectures de Cayce. Mais avant même cette conviction, il y avait en moi la volonté de remettre toute cette affaire entre les mains de Dieu, en comprenant (grâce à une lecture du Nouveau Testament) que d'une façon ou d'une autre, Il rachèterait (c'est-à-dire donnerait du sens et transformerait) mon état de santé actuel, la conscience que j'ai de ma maladie, et ma vie entière.

J'avais essayé tout ce que je pouvais, les médecins (excellents) avaient essayé tout ce qu'ils pouvaient, et il n'y avait vraiment rien d'autre à faire que de dire: «Eh bien, mon Dieu! Tu dois savoir des choses que j'ignore au sujet de tout ça, et il doit y avoir quelque chose de bon dans le fait que Tu me le feras connaître quand Tu le décideras ou que je serai prête à T'entendre et à Te comprendre»... On prie Dieu, et puis on L'écoute. Je m'y suis mise et j'ai ressenti très vite une paix ineffable...

J'ai commencé à aller mieux (ma dose de Leukeran fut réduite de trois à deux pilules chaque matin) et, paradoxalement, le fait d'aller mieux n'était pas ce qui comptait le plus. C'était plutôt cette nouvelle compréhension de ma relation avec Dieu qui me fascinait. Un peu plus tard (et apparemment sans qu'il y ait aucun rapport avec tout cela), je me suis installée à Virginia Beach pour quelque temps. J'avais prévu d'en partir au bout de quelques mois, à cause d'autres obligations; mais d'une manière ou d'une autre, tout a changé quand j'ai commencé à comprendre que suivre mon intuition était peut-être plus important que de «faire honneur» à mes engagements. À Virginia Beach, je pris connaissance des lectures traitant de la maladie de Hodgkin; je rencontrai aussi les Docteurs McGarey[1] et pris la décision de me rendre à leur clinique de Phoenix au cours de l'été suivant (1971). J'avais rencontré une femme qui avait été guérie du cancer dans cette clinique, j'étais donc bien décidée à accepter de faire la même chose qu'elle. Les conversations que j'ai eues avec elle constituèrent le déclencheur qui me poussa à aller de l'avant et à accepter ce qui m'arriverait. Il est certain qu'à ce moment-là, la médecine officielle était incapable d'obtenir des résultats satisfaisants avec la maladie de Hodgkin.

1. Mari et femme. (N.d.T.)

J'ai passé deux semaines à Phoenix et j'ai adoré chaque moment de mon séjour (et aussi le fait de consulter le docteur?). En plus des irrigations du côlon, des massages et du «Régime normal de Cayce» (que j'avais commencé dès ma première rencontre avec les McGarey), j'ai commencé à boire de la tisane de chaparral tous les jours et à respirer des vapeurs d'eau-de-vie de pomme se dégageant d'un petit tonneau en chêne carbonisé. Comme c'était romantique! J'étais vraiment «impliquée» dans tout ce qui concernait ma guérison; je ramassais même les plantes pour ma tisane. [Le Dr Bill McGarey m'avait donné un plan pour trouver ces plantes dans le désert; ce n'était pas vraiment le désert, mais je faisais semblant de m'y enfoncer profondément alors que je cueillais le chaparral dans ce terrain vague]... C'était plus sympathique que l'immobilité mortelle et le ronronnement sinistre de la machine au cobalt. En plus de ces thérapies, le Dr McGarey recommandait les manipulations ostéopathiques et les cataplasmes à l'huile de ricin à appliquer sur l'abdomen, ce que je fais toujours, ainsi que la consommation d'amandes, que je consomme toujours.

Lorsque je suis partie pour Phoenix, mon hématologue au centre médical de l'université Duke à Durham, en Caroline du Nord, avait déjà cessé de me prescrire du Leukeran. Lorsque je revins le voir en automne, je l'aperçus dans le hall d'entrée. Avant même que je me sois déshabillée pour l'examen, il me dit: «Que vous est-il arrivé? Vous êtes superbe.» Je le voyais régulièrement depuis que la maladie de Hodgkin avait été diagnostiquée en août 1966. Depuis juin 1971, il n'y a plus signe d'activité de la maladie, et je sais que je suis guérie. J'ai pensé que ce médecin, parmi bien d'autres personnes, a été un *channel* (un canal) pour la guérison que j'ai vécue.

MÉNINGITE
Histoire de cas, post-lecture

(Le passage suivant est tiré d'une lettre reçue par un magasin d'aliments naturels de Virginia Beach qui se spécialise dans les remèdes de Cayce.)

Ma fille souffrait de douleurs intenses dans le cou et les épaules. Le médecin diagnostiqua une forme simple de méningite et, comme prescription, il lui dit de prendre du Valium pour la douleur et de ne pas quitter le lit.

Elle prit donc du Valium pendant une semaine et resta au lit. Dès qu'elle arrêtait le Valium, les douleurs revenaient; elle avait peur d'être en état de dépendance vis-à-vis du médicament. Mon fils montra à son mari comment confectionner des emplâtres à l'huile de ricin; il devait les poser plusieurs fois par jour sur le cou et les épaules de sa femme, en plaçant un coussin chauffant par-dessus. Une semaine plus tard, ma fille était capable de s'asseoir dans son lit et de faire des mouvements sans recourir au Valium. Grâce aux emplâtres à l'huile de ricin, son état s'améliora régulièrement. Au même moment, une de ses amies souffrait de la même affection, mais comme elle n'utilisait pas l'huile de ricin, elle se retrouva un an plus tard à prendre encore des médicaments pour calmer la douleur.

MÉNOPAUSE
Histoire de cas, post-lecture

Une femme de cinquante ans résidant à Virginia Beach avait des problèmes avec ses menstruations; celles-ci étaient parfois précédées d'écoulements de sang se prolongeant pendant environ trente jours, avant l'apparition de l'écoulement normal.

À quelques reprises, ces règles «normales» se signalèrent par un écoulement tellement abondant qu'il fut impossible à cette personne de se rendre à son travail.

En décembre 1983, elle eut à nouveau ces saignements désagréables; deux semaines plus tard, elle confia à une de ses amies qu'elle ne savait pas comment elle allait pouvoir supporter trente jours de désagréments, puis un écoulement très abondant pour finir. Son amie lui conseilla d'essayer un emplâtre à l'huile de ricin qu'elle recouvrirait d'un coussin chauffant et installerait sur son côté droit.

Un après-midi, elle appliqua l'emplâtre pendant une demi-heure; très peu de temps après, l'écoulement commença. Il était abondant, mais pas autant que ceux qu'elle avait l'habitude d'avoir. Depuis ce moment, les saignements avant-coureurs ont disparu, et ses règles ont perdu de leur intensité.

MENSTRUATIONS ANORMALES
Histoire de cas, post-lecture

(Le passage suivant est tiré d'une lettre reçue par un magasin d'aliments naturels de Virginia Beach qui se spécialise dans les formules de Cayce.)

Mes menstruations me causaient pas mal de problèmes, à condition encore qu'elles veuillent bien se produire. À ce moment-là, je saignais si abondamment que même si la faiblesse de mes jambes ne m'avait pas forcée à m'allonger sur mon lit, mes règles l'auraient fait. Quand je dis «m'allonger», je veux dire en réalité que je me tenais pratiquement sur la tête, en position verticale, pour tenter de m'éviter l'hystérectomie.

J'avais passé une commande pour la Formule 545 comme tonique de printemps; j'avais besoin d'une bonne «vitamine» mais, en général, elles me rendaient malade... La 545 a été le remontant que je cherchais, mais, ce qui est surprenant, c'est l'effet qu'elle a eu sur mes menstruations. Elles sont peu à peu redevenues normales, bien mieux que normales!

Et je sais que c'est grâce à la 545, parce que chaque fois que je ne passais pas la commande à temps, les écoulements étaient très abondants et demeuraient ainsi jusqu'à ce que je reprenne de la 545; j'en ai consommé pendant deux ans. Maintenant, je m'en sers selon la prescription, «comme tonique de printemps», et voilà.

MONGOLISME
Histoire de cas, post-lecture

Une femme, membre de l'ARE, avait donné des massages quotidiens à son enfant mongolien avec l'aide et sous la surveillance d'un médecin, à la suite de quoi elle fit parvenir un rapport très positif. Comme résultat de ce traitement, elle put noter d'immenses progrès dans l'état physique et le comportement de l'enfant; elle avait trouvé les détails du traitement dans le dossier en circulation portant sur le mongolisme.

N

NARCOLEPSIE
Histoire de cas n°1, post-lecture

Un cas mentionné dans le *Medical Research Bulletin* de l'ARE concernait une femme de quarante ans examinée en clinique pour une narcolepsie dont elle souffrait depuis quatre ans. Elle était sujette à des crises semblables à de la catalepsie ou à des transes chaque fois qu'elle éclatait de rire trop bruyamment.

Étant donné qu'Edgar Cayce attribuait habituellement la narcolepsie à des troubles glandulaires, on décida de donner à la patiente des doses d'Atomidine, même si les lectures consacrées à cette maladie n'en parlaient pas. Dans le cas présent, on augmenta peu à peu les doses jusqu'à ce qu'elles atteignent dix gouttes par jour au bout d'un mois, à prendre cinq jours sur sept. La patiente avait en même temps recours aux cataplasmes à l'huile de ricin et suivait un programme comprenant du yoga et de la marche.

D'après un rapport qu'elle fit parvenir par la suite, la patiente connut un soulagement immédiat de ses crises; quatre mois plus tard, elle avait retrouvé une sensation de bien-être et d'énergie qu'elle n'avait pas connue depuis des années.

NARCOLEPSIE
Histoire de cas n°2, post-lecture

(Le passage suivant est extrait d'une lettre relatant les succès qu'une femme a connus après avoir suivi les traitements suggérés dans les lectures de Cayce portant sur l'arthrite. Ce passage est consacré à l'utilisation qu'a faite cette personne de l'Atomidine pour combattre la narcolepsie. Cette lettre fut reçue par un magasin d'aliments naturels de Virginia Beach spécialisé dans les formules de Cayce.)

... Et enfin, très important, je me suis mise à prendre de l'Atomidine, et plus tard la prescription 636, car la recherche m'avait convaincue que je souffrais d'une déficience glandulaire et aussi d'une forme de narcolepsie qui se traduisait par des crises de sommeil absolument impossibles à maîtriser. Lorsque j'étais au volant de ma voiture, je combattais l'envie de dormir en ouvrant toutes les fenêtres. Parfois, il fallait que je sorte de l'auto pour balancer les bras. Et puis un jour, sans avertissement, j'ai piqué du nez sur le volant et me suis endormie. Le volant a tourné brusquement vers la gauche... et le choc m'a réveillée. L'Atomidine m'est d'un grand secours.

À l'heure actuelle, je suis non seulement débarrassée de l'arthrite, mais ma santé est meilleure, et j'ai plus d'énergie et de résistance que la plupart des femmes, dont beaucoup sont plus jeunes que moi; j'ai quatre-vingt-un ans et demi. Ça se voit bien quand nous avons les «danses carrées» ou que je joue au tennis de table; beaucoup de femmes ont besoin de s'asseoir pour souffler après une partie ou deux, et moi, je continue à jouer...

NAUSÉE
Histoire de cas, post-lecture

(Le passage suivant est tiré d'une lettre écrite par une infirmière et reçue par un magasin d'aliments naturels de Virginia Beach spécialisé dans les remèdes de Cayce.)

... Un autre fidèle compagnon était la nausée; la tisane de carthame a réglé le problème... Comme une potion magique, elle a aussi mis fin à mes hoquets chroniques. Je veille à ne jamais manquer de cette tisane, autant pour ma famille que pour moi-même. J'en conserve aussi une petite bouteille au travail pour mes patients. Je sais que j'en ai sauvé plus d'un d'un iléus post-opératoire.

NÉPHRITE (Mal de Bright)
Histoire de cas, post-lecture

(La lettre suivante a été reçue par un magasin d'aliments naturels de Virginia Beach spécialisé dans les remèdes de Cayce.)

Au cours de l'été de 1977, les résultats d'un examen des urines étaient positifs (démontrant les symptômes de la maladie)... Il y avait des traces d'albumine, un peu de sang... l'analyse révélait la présence de cylindres urinaires hyalins.

Le médecin qui me mit au courant voulait me faire soigner à l'hôpital du Mont-Sinaï mais je décidai, au contraire, de passer une commande pour les produits suggérés dans les lectures d'Edgar Cayce pour les problèmes aux reins. La prise de ces remèdes me soulagea immédiatement; le Campho-Derm et la tisane aux graines de pastèque firent cesser la rétention de liquide, mais c'est vraiment l'eau de lithia qui me fit le plus grand bien en me dégageant complètement les reins. Je ressentis de l'amélioration dès le premier verre de ce remède. Mon état risquait d'empirer pour devenir une néphrite grave, mais il ne s'est nullement aggravé.

En tout cas, on m'examina en juin 1979 pour ma maladie de reins ainsi qu'en février de cette année (1980); je n'ai absolument aucune trace de problème aux reins...

P

PNEUMONIE
Histoire de cas, post-lecture

Une jeune femme évita probablement un séjour à l'hôpital pour une pneumonie grâce à une amie qui accepta de l'aider en lui faisant suivre les conseils d'Edgar Cayce.

Pour combattre la pneumonie, le docteur avait donné à la jeune femme des antibiotiques à prendre pendant cinq jours, mais sans succès. Il la prévint que si son état ne s'améliorait pas dans les trois jours qui suivaient, il lui faudrait envisager l'hospitalisation.

D'après le rapport reçu à l'ARE, on donna à la patiente un lavement pour nettoyer son système et, par la suite, on lui fit prendre toutes les heures de la Calcidin, du jus de bœuf et des vitamines du complexe B. On lui massa le dos chaque soir avec de l'huile d'arachide, pour l'aider à bien dormir.

Après le traitement du premier jour, la personne, qui, en général, s'alimentait peu et mal, déclara qu'elle voulait manger. Son amie continua à la soigner, et dès le deuxième jour, elle vaquait à ses occupations domestiques. Le troisième jour, elle se sentait en forme et, au moment de la réception du rapport, son état continuait à s'améliorer.

PSORIASIS
Histoire de cas, post-lecture

En octobre 1983, une femme de soixante ans se retrouva avec des plaques de psoriasis sur le nez, sous les yeux et la bouche ainsi que dans les oreilles; elle chercha du soulagement dans les remèdes de Cayce. Elle se procura un mélange de crème de tartre, de sels de Rochelle et de soufre; elle en prenait une cuillerée à café chaque matin, pour nettoyer les zones affectées, et appliquait localement la pommade de Ray. «J'ai bu énormément d'eau... et n'ai consommé aucune viande rouge», ajouta-t-elle.

Elle constata une amélioration dès le lendemain et, au bout d'une semaine, toute présence de psoriasis avait disparu.

Elle n'a connu aucune rechute de cette maladie, mais lorsque certains endroits de sa peau commencent à se dessécher, elle y applique de la pommade de Ray comme mesure préventive.

PYORRHÉE
Histoire de cas, post-lecture

(La lettre suivante fut reçue par un magasin d'aliments naturels de Virginia Beach qui se spécialise dans les formules de Cayce.)

En juin dernier, j'ai eu très mal aux dents et, à la suite d'une visite chez mon dentiste, j'ai dû me rendre à l'évidence: mes gencives se rétractaient et étaient douloureuses; je faisais de la pyorrhée. Comme je prends grand soin de mes dents... je ne comprenais vraiment pas comment cela avait pu se produire.

Le dentiste me conseilla de me nettoyer les dents et les gencives avec un cure-dents; il proposa de m'installer des appareils dentaires et de greffer de la peau qu'il aurait prélevée à l'intérieur des gencives sur les parties des gencives extérieures qui s'étaient rétractées à la suite du port des appareils...

Au mois d'août, j'ai commencé à suivre un régime. J'ai essayé de manger une salade de légumes crus par jour; je me suis brossé et frictionné fréquemment et vigoureusement les gencives pendant cinq minutes avec de l'Ipsab, tous les deux jours...

Cela a continué durant sept mois, jusqu'au jour où, contre toute attente, je me suis brossé les gencives *sans ressentir de douleur!*

J'utilise toujours l'Ipsab, une fois aux trois jours... Je m'étonne toujours, lorsque je me brosse les dents, de ne pas avoir mal aux endroits qui étaient si sensibles et si douloureux auparavant!...

R

REINS (Calculs aux)
Histoire de cas, post-lecture

En 1968, un homme demeurant à Saint-Louis, au Michigan, subit une opération chirurgicale au cours de laquelle on retira un calcul rénal de son uretère gauche en utilisant un procédé connu sous le nom de transvésocularuthérodomie. Cette intervention laissa du tissu cicatriciel à la jonction de l'uretère et de la vessie. En 1971, on lui fit la même opération, du côté droit.

En 1973, une douleur persistante du dos le poussa à consulter un orthopédiste. Un urologue avait procédé à des examens qui n'avaient rien révélé d'anormal aux reins. Les radiographies du dos montrèrent cependant un autre calcul rénal, cette fois au rein gauche, de même qu'une accumulation de sang dans les vertèbres dorsales et, sur celles-ci, la présence d'un hémangiome ou nævus.

Le seul traitement qu'il reçut de la part de l'orthopédiste fut le conseil suivant: «Il vous faudra vivre avec.» Quant à l'urologue, il n'était guère plus optimiste, et le patient, qui avait déjà été opéré à deux reprises, ne se faisait pas d'illusions.

En 1974, il fit des recherches dans les dossiers en circulation portant sur les calculs rénaux et découvrit que l'une des lectures correspondait tout à fait à ses symptômes. Après s'être procuré les ingrédients suggérés dans la lecture, il commença ses traitements. Quelque temps plus tard, il se rendit en Floride en voiture, et le calcul passa du rein à l'uretère. Le patient modifia donc les traitements pour les garder en accord avec les lectures. Un mois plus tard, une radiographie montra que le calcul avait disparu. Son urologue déclara que la pierre était probablement passée sans qu'il la sente, mais le sujet lui rappela qu'un cystogramme rétrograde était impossible à réaliser en 1973 à cause du tissu cicatriciel se trouvant à la jonction de l'uretère et de la vessie. Le patient ajoute dans sa lettre: «Inutile de dire... que la prière a joué son rôle dans l'histoire de mon succès.»

REINS (Infection des)
Histoires de cas, post-lecture

(Les passages suivants sont extraits d'une conférence donnée par un chiropraticien de Virginia Beach, le 21 juin 1981. Il y donne des précisions sur les réussites obtenues avec les traitements de Cayce. En plus de son doctorat en chiropractie, il possède un B.A.[1] en sciences économiques et un B.S.[2] en biologie humaine.)

Dans un cas... une femme... âgée de trente-cinq ans environ... avec des problèmes aux reins à répétition. Des médecins l'avaient souvent traitée... l'infection aux reins réapparaissait tout simplement, et cela commençait à bouleverser sa vie. Elle avait des douleurs d'estomac intenses, ainsi que des douleurs au dos... On lui faisait prendre... des médicaments, et ses reins réagissaient habituellement. Mais la rechute se produisait dans les six mois... et cette situation durait depuis à peu près sept ans.

Dans ce cas-là, nous avons adopté un régime alcalinisant... de la tisane aux graines de pastèque et des manipulations... Elle surmonta la phase aiguë, je lui ai conseillé... de consulter à l'occasion et de continuer le régime alcalinisant. Il s'est écoulé à peu près un an et demi avant qu'elle ait une rechute; à ce moment-là, nous avons recommencé la thérapie et elle y a réagi favorablement.

... J'ai traité un certain nombre de personnes souffrant d'infections récurrentes aux reins; les réactions étaient toujours favorables lorsque je modifiais le régime alimentaire, que j'avais recours aux irrigations du côlon, que j'augmentais l'élimination et que je faisais adopter un programme d'exercices. Je n'ai jamais eu de résultat négatif avec les problèmes de reins...

---

1. B.A.: Baccalauréat ès arts.
2. B.S.: Baccalauréat ès sciences.

S

SCIATIQUE
Histoire de cas, post-lecture

(Le passage suivant est tiré d'une entrevue enregistrée sur magnétophone le 27 août 1980, avec un chiropraticien de Virginia Beach qui relate les succès obtenus en appliquant les programmes de traitements suggérés dans les lectures de Cayce.)

Patient numéro vingt-cinq... avec de la sciatique, inflammation des nerfs sciatiques résultant d'un déplacement du sacrum sur les épines iliaques, deux os pelviens entre lesquels il se trouve. Inflammation intermittente depuis trois semaines. À ce moment-là, les douleurs l'empêchaient de dormir. Je lui ai prodigué des soins chiropratiques et lui ai suggéré des massages à l'huile d'olive et d'arachide, de même que les bains de siège dont parlent les lectures. Il s'est rétabli rapidement et complètement, en l'espace de deux ou trois jours.

SCLÉRODERMIE
Histoire de cas, post-lecture

(Le passage suivant est extrait du numéro de février 1976 de la revue *Fate;* il s'agit d'une partie de l'article que j'ai écrit pour l'ouvrage intitulé *Cayce Cures Still Baffle Science* [Les guérisons de Cayce sont toujours une énigme pour la science].)

... Sidney Kalugin est un autre de ces êtres désespérés par leur maladie qui ont cherché de l'aide dans les lectures de Cayce. Il était «l'homme qui se pétrifiait»; en 1972, un journaliste de Virginia Beach le qualifia de «miracle ambulant». Agé de cinquante ans, Kalugin était fonctionnaire au ministère de la Justice de l'État de New York lorsque, en 1968-69, il remarqua des enflures inhabituelles autour de ses chevilles. «Ces enflures étaient bizarres, explique-t-il. On aurait dit de l'argile; quand j'enfonçais un doigt dedans, le trou restait là, la chair n'était pas élastique.»

Les docteurs de l'hôpital Montefiore de New York diagnostiquèrent sa maladie comme un cas de sclérodermie, ou durcissement de la peau. Cette maladie est extrêmement rare, et réputée inguérissable. On lui prescrivit de la cortisone, mais on dut interrompre le traitement à cause des effets secondaires qui empiraient l'état du malade. Il prit ensuite de la vitamine E, sans résultat. À cette époque, le durcissement s'était propagé jusqu'à son torse, et l'état de ses jambes était encore pire. Il chercha de l'aide auprès d'un spécialiste en maladies musculaires de l'hôpital Mont-Sinaï de New York. Les examens confirmèrent le diagnostic de sclérodermie.

La sclérodermie n'entraîne pas seulement un durcissement pénible du corps. Lorsqu'il arrivait à Kalugin de tomber, son corps ne présentait pas d'ecchymoses, mais des ébréchures! «Je me pétrifiais littéralement», fait-il remarquer.

Kalugin entendit parler d'Edgar Cayce grâce à un ami chiropraticien qui avait passé des vacances à Virginia Beach. Il apprit que le médium avait prescrit des traitements pour la sclérodermie au cours de ses transes. Il se procura aussitôt le livre célèbre de Thomas Sugrue, *Il est un fleuve*[1], et commença à se familiariser avec Cayce. Dès le début de sa lecture, écrit-il, «mon doigt s'arrêta sur une page, et voilà que sous mes yeux s'étalait le mot "sclérodermie"...»

Il commença à utiliser certains des traitements recommandés par Cayce, comme les massages aux huiles d'olive, de ricin et d'arachide. Il remarqua un assouplissement et un éclaircissement graduels de sa peau; celle-ci avait une couleur de betterave rouge à laquelle il avait fini par s'habituer. Un peu plus tard, le Dr William McGarey, de la division des recherches médicales de

1. Traduction de *There is a River, publié aux Éditions de Mortagne.*

la Fondation Edgar Cayce à Phoenix, en Arizona, invita Kalugin à contacter le Dr Frank Dobbins (aujourd'hui décédé) de Staten Island, New York. Ce Dr Dobbins, que Cayce avait recommandé dans ses lectures, conseilla à Kalugin de prendre de l'Atomidine. Celui-ci commença aussi à utiliser la pile à électrolyte et à inhaler des vapeurs d'eau-de-vie de pomme provenant d'un tonnelet de chêne carbonisé, un autre traitement de Cayce.

Même si cette combinaison de traitements était peu orthodoxe, Kalugin sait qu'il est maintenant complètement guéri de sa maladie «incurable» et qu'il jouit d'une bonne santé qui lui permet de mener une vie active.

SÉBORRHÉE
Histoire de cas, post-lecture

(La lettre reproduite ci-dessous a été reçue par un magasin d'aliments naturels de Virginia Beach qui se spécialise dans les formules de Cayce.)

... J'ai 68 ans et pendant quatre ou cinq ans, j'ai été ennuyé par des rougeurs apparaissant de chaque côté de mon visage, à l'endroit où pousse la moustache. Que j'utilise un rasoir électrique ou à lame, et que je me rase avec le plus grand soin, il y avait toujours sur mon visage comme une expression d'irritation qui restait là en permanence (mon front aussi avait une zone qui faisait penser à de la colère). La peau en arrière de mes oreilles et sur les lobes formait des écailles... Mon médecin de famille m'a dit que je faisais de la séborrhée...

Il y a quelque temps, j'ai acheté chez vous un flacon de «Dermaglow», mais je ne l'avais pratiquement pas utilisé. Quand je l'ai aperçu dans mon armoire à pharmacie, je me suis dit: pourquoi ne pas l'essayer? Je n'ai rien à perdre! À ma grande surprise, après six traitements au «Dermaglow», l'état de ma peau sur mon visage, mon front et derrière mes oreilles s'est amélioré d'au moins quatre-vingt-dix pour cent.

SINUS
Histoire de cas, post-lecture

(Le passage suivant fait partie d'un témoignage reçu par un magasin d'aliments naturels de Virginia Beach qui se spécialise dans les formules de Cayce.)

J'avais toujours des problèmes de sinus. J'ai eu une opération dans le nez qui me procura peu de soulagement. Mon chirurgien est l'un des plus remarquables de toute la région du Sud-Est; il m'a dit que mon nez était l'un des pires qu'il ait jamais vus.

Il fallait que je décide si je devais subir une autre intervention, ce qui signifiait beaucoup d'incisions dans des tissus très délicats. C'est après avoir pris connaissance de certaines des lectures de Cayce que je finis par me décider en faveur de l'opération, car Cayce disait en effet que la médication et les traitements pouvaient faire le plus grand bien pour régler des problèmes de cartilages, de tuniques internes et de drainage, mais qu'ils étaient peu efficaces pour les structures osseuses.

Pendant le temps qu'a duré ma prise de décision, j'utilisais de la Glyco-Thymoline de la façon indiquée par Jess Stearn dans son livre, de même que selon le mode d'emploi proposé. Cela m'a beaucoup aidée, mais je n'étais pas complètement satisfaite. J'ai donc commandé les lectures originales concernant la sinusite et la Glyco-Thymoline; j'ai découvert que Cayce avait recommandé un traitement beaucoup plus précis, qui consistait à utiliser la Glyco-Thymoline chaude, et un sac de glace pour finir. Absolument rien de mieux pour drainer les sinus! Si je n'avais pas suivi ce traitement, j'aurais eu des maux de tête épouvantables.

Un an et demi plus tard, j'ai décidé de risquer la seconde opération, qui a encore mieux réussi que la première grâce au traitement qui m'avait permis d'éviter l'infection des sinus. Je me sers toujours de la Glyco-Thymoline pour beaucoup de choses. J'ai ensuite déménagé en Floride, car Cayce conseillait parfois de changer de région dans le pays; ce qui semblait signifier pour moi qu'un changement de résidence vers un climat plus accueillant serait une façon plus naturelle de régler mon problème.

Je suis convaincue que la morale de cette histoire est celle-ci: on devrait toujours lire attentivement les lectures originales et essayer de voir exactement, et en détail, quels étaient les conseils de Cayce et suivre ensuite ces conseils à la lettre.

SURMENAGE MUSCULAIRE
Histoires de cas n°1 et n°2, post-lectures

(Les rapports présentés ci-dessous furent reçus par un magasin d'aliments naturels qui se spécialise dans les formules de Cayce.)

J'étais un habitué du jogging (je courais 10 km par jour), mais j'avais toujours mal aux genoux et aux chevilles.

Il y a quelque temps, sur les conseils d'un ami, j'ai essayé *Muscle Treat* (Régal des muscles) sur mes genoux et mes chevilles et, à ma grande surprise, j'ai ressenti un soulagement complet dans la demi-heure qui a suivi. Et ce soulagement a duré quatre jours. Je dis que j'ai été surpris parce que je ne suis pas un fanatique d'Edgar Cayce; mais je commence tout de même à faire confiance à *Muscle Treat* puisqu'il a été efficace également pour ma bursite.

Au printemps dernier, je me suis forcé les muscles des coudes en travaillant sur des arbres de bois dur. Trois mois plus tard, je ressentais encore des douleurs. J'ai alors utilisé *Muscle Treat* matin et soir et, au bout de trois jours, mes bras étaient complètement guéris. Ce produit n'est pas seulement efficace, il sent bon et procure une sensation agréable.

SURMENAGE MUSCULAIRE
Histoire de cas n°3, post-lecture

(Le passage suivant est tiré d'une entrevue, enregistrée sur magnétophone le 20 août 1980, avec un chiropraticien de Virginia Beach qui relate les succès obtenus en appliquant les programmes de traitements suggérés dans les lectures de Cayce.)

La patiente numéro quatre avait des problèmes graves causés par des articulations douloureuses à l'épaule et au coude, à force de jouer au tennis. Elle était âgée de cinquante-huit ans et refusait d'abandonner son sport favori. Deux fois par semaine et pendant cinq semaines environ, elle a utilisé des cataplasmes à l'huile de ricin sur son épaule et son coude, et les résultats ont été remarquables. Elle a repris le tennis sans aucun problème.

SYNDRÔME DE MALABSORPTION – MÉGACÔLON
Histoire de cas, post-lecture

(Le passage suivant est extrait de *Pathways to Health* [Vers la santé], volume VI, numéro 1 de mars 1984; c'est une publication de la clinique de l'ARE à Phoenix, en Arizona, dont le Dr William A. McGarey est le directeur.)

... Pendant toute sa jeunesse, Edgar Cayce rêvait d'aider les enfants et de devenir médecin. Cela ne devait pas se réaliser, probablement pour des raisons divines. Il allait devenir celui dont on se souvient aujourd'hui comme l'un des voyants ou des médiums les plus connus et les plus doués.

Au mois d'août 1980, la mère d'Elisabeth l'amena à la clinique en «dernier recours». L'enfant était sous-alimentée à cause d'un défaut d'assimilation qu'on avait identifié comme «syndrome de malabsorption». Elle avait aussi un «mégacôlon»: son gros intestin était exagérément hypertrophié. Son abdomen était gonflé et elle ressemblait à une enfant mourant de faim. Deux ans auparavant, elle avait fait une chute dans un escalier; à partir de ce moment, elle avait cessé de prendre du poids tout en manifestant le syndrome que nous venons de mentionner.

Le personnel de la clinique mit sur pied un programme de thérapie visant à l'aider à changer sa conception de la vie et à aider la physiologie de son corps à se remettre du choc subi par le plexus solaire, ce qui était, de l'avis des docteurs, la cause essentielle de son problème. Un changement graduel se manifesta à la suite des cataplasmes à l'huile de ricin, de la thérapie des champs magnétiques, des massages, du régime spécial et d'autres approches particulières trouvées dans le programme «Temple Beautiful». La petite Elisabeth commença à s'épanouir comme une fleur. Alors qu'elle n'avait pas grossi d'un gramme en deux ans, elle prit 1,5 kg en dix-sept jours.

Quand on lui demanda de combien de temps elle aurait besoin pour aller tout à fait bien – juste avant la fin du programme –, elle répondit: «Six semaines!» C'est exactement ce qui se passa et, avant que l'année fût écoulée, elle courait partout comme une petite fille débordante de vie...

Elisabeth a maintenant sept ans. Elle va à l'école et manifeste cet énorme potentiel que tout le monde ici, à la clinique, lui avait reconnu lorsqu'elle était parmi nous. Son grand-père a écrit récemment au Dr Bill McGarey; en quelques mots, il a montré comment l'héritage d'Edgar Cayce avait changé des vies pour le mieux, dans le monde entier.

Voici ses propres mots: «Je suis le grand-père de la petite fille de quatre ans qui s'est adressée à votre clinique pour avoir de l'aide; vous avez ouvert votre cœur et vous nous avez donné la vie. J'appelle cela un miracle.»

T

TACHYCARDIE
Histoire de cas, post-lecture

(Le texte suivant est extrait du *Medical Research Bulletin*, volume X, numéro 1 de juin 1981, publié par la clinique de l'ARE, 4018 North Fortieth Street, Phoenix, Arizona, 85018. Copyright 1977 par la clinique de l'ARE. Reproduit avec permission.)

... Il y a quelques mois, une de nos correspondantes nous fit part de son expérience des palpitations. Étant enfant, elle avait souffert de rhumatisme articulaire aigu; elle croit que c'est ce qui a déclenché ses palpitations il y a huit ans, alors qu'elle était âgée de vingt-sept ans. On lui donna des médicaments, notamment de l'Inderal, auxquels elle réagit assez bien. Pendant deux ou trois ans, elle fut débarrassée des symptômes, puis ils réapparurent. La seconde cure l'aida à nouveau, mais sans guérir entièrement l'affection. Finalement, il y a trois ans environ, elle découvrit les lectures de Cayce. Sur la recommandation de quelques amis, elle se mit à prendre de la tisane tonique 545, que Cayce conseillait à tout le monde comme un excellent tonique de printemps.

Après une demi-bouteille, les palpitations avaient diminué des trois quarts, et un peu plus tard, l'affection avait disparu. Elle refit son apparition après que la jeune femme eut cessé de prendre le tonique; mais dès qu'elle recommença à en consommer, l'affection disparut une fois de plus.

On en trouve la formule dans la lecture 545. Elle contient divers ingrédients. Dans de nombreuses lectures, on retrouve, citées ensemble, la racine de salsepareille, l'écorce de merisier et la racine de patience, qui semblent avoir une incidence sur l'insuffisance de l'élimination ainsi que sur le manque de coordination entre l'assimilation et l'élimination. Elles semblent aussi agir comme stimulant des poumons et des bronches, en plus d'activer le cheminement des sucs gastriques et d'aider le foie à désintoxiquer le sang. L'écorce de frêne épineux stimule le foie, la vésicule biliaire, le pancréas et la rate. Les autres plantes de ce tonique comprennent l'écorce de cornouiller, le fenouil, le baume de tolu, l'huile de sassafras et la teinture de piment. On peut se demander si l'arbre nous empêche de voir la forêt, ou l'inverse, en nous concentrant sur l'organe qui présente un défaut de fonctionnement au lieu de chercher vraiment les causes du mauvais fonctionnement. Dans des lectures données sur l'appareil radioactif, Cayce suggéra que certaines parties du corps subissaient une charge électrique excessive alors que d'autres en étaient démunies. L'appareil avait pour but de corriger de nombreux déséquilibres du même genre. Mais les plantes qui irriguent les organes vitaux peuvent donner les mêmes résultats et permettre à l'organisme de fonctionner à nouveau normalement.

C'est peut-être de cette façon que de modestes plantes ont fait disparaître la pénible affection dont cette femme souffrait.

TEIGNE
Histoire de cas, post-lecture

Un rapport de 1974 établit qu'un jeune garçon de dix ans avait été débarrassé de la teigne dont il était atteint à l'aide d'emplâtres à l'huile de ricin, de frictions à l'huile d'arachide, de suggestions positives de guérison et d'applications d'Atomidine.

TUMEUR AU SEIN
Histoire de cas, post-lecture

(L'histoire de cas présentée ici est extraite d'un projet d'étude menée sur ses membres par l'ARE à Virginia Beach, en 1984.)

«J'avais une boule ovale de la grosseur d'une balle de golf dans le sein, et trois médecins recommandaient l'intervention chirurgicale», nota une femme dans son rapport. Elle décida qu'elle ne voulait pas de chirurgie immédiatement, mais comme elle tenait à vivre, elle commença à se soigner en suivant quelques conseils trouvés dans les lectures de Cayce.

«Je plongeais mon sein alternativement dans de l'eau froide et de l'eau chaude, et je l'enduisais ensuite d'un mélange d'huile d'arachide et d'huile de ricin; mais les cataplasmes contenaient surtout de l'huile de ricin. Cayce disait que la peau absorbe ces deux sortes d'huiles et que celles-ci ont un pouvoir de guérison.»

Elle préparait ses cataplasmes en imbibant de ces huiles un tissu qu'elle recouvrait ensuite d'un plastique. Lorsqu'elle commença son traitement, la boule était grosse et sensible au toucher. Il lui fallut quatre mois pour voir se produire un changement important, mais, comme elle le fait remarquer: «Je me suis dit que ça lui avait pris du temps pour grossir.»

Le changement fut progressif; au bout des deux premiers mois, les douleurs avaient considérablement diminué. «J'ai peu à peu cessé de mettre de la glace.» (Celle-ci faisait partie du cataplasme quand le sein lui faisait mal.)

Elle modifia aussi son régime et élimina la caféine et les chocolats ainsi que le sucre. Elle se mit à consommer des aliments riches en vitamines A et B. «J'ai aussi eu recours aux couleurs... ma chemise de nuit est bleu vert... Cayce disait que le vert a un pouvoir de guérison.»

Dans son rapport, elle a souligné deux fois les mots: «La tumeur a disparu!» Elle explique que «le tissu est encore quelque peu granuleux, mais les médecins disent que c'est normal».

U

ULCÈRES
Histoire de cas, post-lecture

(L'histoire de cas suivante est extraite de *The Edgar Cayce Products – Ten Years of Research* [Les produits d'Edgar Cayce – Dix ans de recherche], publié par Heritage Publications, Virginia Beach.)

J'ai été un enfant maladif et d'un poids insuffisant. À l'âge de treize ans, j'avais déjà atteint la taille de 1,74 m que j'ai maintenant. Comme j'ai grandi trop vite, mon médecin disait que j'avais une «bascule» du bassin de 8 cm qui provoquait des douleurs presque continuelles. On ne fit rien pour redresser la bascule, le médecin disant que ça s'arrangerait avec le temps. Quand j'atteignis l'âge de dix-sept ans, j'avais ce qu'il appelait des «préulcères». Tout ce que j'en savais, c'est que mon estomac me faisait mal; quand je restais assis un peu trop longtemps, je ne pouvais plus me lever à cause de crampes dans les cuisses. Je suis allé au collège et j'ai découvert l'alcool, mais chaque fois que je prenais un *gin tonic,* c'étaient des douleurs atroces. Un docteur me prescrivit... des calmants pour l'estomac.

Après ma sortie du collège, les douleurs m'ont laissé tranquille jusqu'à l'été 1974. À ce moment-là, j'étais en vacances en Floride. Le seul avertissement fut un horrible mal de tête qui a duré plusieurs jours. J'ai emmené ma petite fille à la piscine, un peu plus loin dans la rue, et pendant que je me trouvais là, j'ai commencé à ressentir des douleurs intenses à l'estomac. Je suis retourné à la maison, mais arrivé à mi-chemin, j'ai dû envoyer ma fille seule en avant, car je ne pouvais plus marcher. La nuit suivante, j'ai su ce que voulait dire «se tordre de douleur». Le lendemain matin, je suis allé voir le médecin de famille de ma mère, qui est également chirurgien. Inutile de dire qu'il voulait m'expédier à l'hôpital. J'avais une peur panique de la chirurgie; alors j'ai décidé que, tant que je serais conscient, je dirais non. Le médecin accepta de me soigner à la maison, à condition qu'il vienne me voir au moins deux fois par jour. Une fois de plus, je devais prendre un antiacide et d'autres médicaments pour arrêter les saignements.

Les saignements ne se sont pas arrêtés, et deux semaines plus tard, j'étais à Virginia Beach. Un de mes très bons amis était venu me chercher en Floride et il avait apporté le dossier en circulation de Cayce concernant les ulcères. Je me souviens que j'avais une envie folle de manger une tomate et que je me heurtais au non final du docteur et de son régime. Par contre, Cayce les recommandait dans l'un des cas qu'il avait traités. Je me rappelle encore comme elle me parut merveilleuse.

De retour à Virginia Beach, j'ai recommencé à saigner, et, cette fois, c'était pire. J'ai appelé tous les docteurs possibles de la région. À cette époque, il y avait eu une vague de poursuites judiciaires contre les médecins pour fautes professionnelles, et tous ceux que j'ai appelés ont refusé de me voir, à moins que je sois hospitalisé. En pleine panique, je suis retourné aux lectures de Cayce et cette fois, je les ai étudiées avec beaucoup plus d'ardeur. Après tout, il restait le seul «médecin» que je pouvais consulter.

La tisane de carthame a été d'une valeur inestimable. J'en avais toujours une tasse tiède à portée de la main. L'eau de chaux à la cannelle m'aidait à vomir. À l'inverse du régime recommandé par le médecin, je ne mangeais ni pain ni céréales ni produits laitiers, à l'exception d'un peu de yogourt. Les saignements s'arrêtèrent. Je pensais être débarrassé de ma maladie, mais demeurais frusté parce que je restais cloué au lit et que je ne pouvais comprendre pourquoi je ne pouvais toujours pas me sentir en pleine forme. Mon ami intervint une fois de plus et me demanda si j'avais lu attentivement toutes les lectures. Quand je lui dis que je les avais lues au moins quatre ou cinq fois, il se mit à les lire en même temps que moi. Et c'est alors que le «miracle» commença à se produire. J'avais suivi le régime et toutes les suggestions, sauf une. À la fin de ses lectures, Cayce rappelait aux gens de ne pas oublier de prier. J'avais bien suivi la diète, mais j'avais continué à rester au lit et à me plaindre. À l'instant même où je remplaçai ces jérémiades négatives par l'énergie positive de la prière, je sentis la différence en moi. Les douleurs commencèrent à se calmer, et deux jours plus tard, j'étais à nouveau debout.

Une fois suffisamment rétabli, j'ai commencé des traitements chiropratiques avec un ami. Il découvrit que certains segments de ma colonne vertébrale, qui correspondaient à mon estomac, présentaient un défaut d'alignement à cause de l'inclinaison du pelvis. Il travailla à redresser la situation, et maintenant, quatre ans plus tard, je me sens plus fort et en meilleure santé que jamais. Aucun problème de dos, aucun problème d'estomac non plus.

La meilleure chose dans tout ça, c'est que j'ai toujours mon estomac.

Je suis vraiment reconnaissant envers Edgar Cayce et envers mes amis.

V

VERRUES PLANTAIRES
Histoire de cas, post-lecture

(Le passage suivant représente une partie d'une lettre reçue par un magasin d'aliments naturels de Virginia Beach spécialisé dans les formules de Cayce.)

J'ai fait la connaissance de l'huile de ricin à l'occasion d'une verrue plantaire dont ma fille était affligée. Le pédiatre l'avait soignée à l'acide pendant huit semaines, sans résultat. Comme la verrue empêchait ma fille de marcher normalement, le médecin conseillait de l'opérer. Mais j'aurais fait n'importe quoi pour éviter de recourir à la chirurgie! Cela a pris trois mois, à raison d'une goutte d'huile de ricin sur un pansement deux fois par jour. Comme l'huile ramollissait la peau, ma fille pouvait marcher sans mal, jusqu'au jour où la verrue a noirci et s'est détachée comme un petit caillou. Dorénavant, c'est le traitement standard pour les verrues dans la famille. Pour la plupart, ça ne prend que quelques semaines...

Y

YEUX
Histoire de cas, post-lecture

(La lettre suivante a été reçue par un magasin d'aliments naturels de Virginia Beach spécialisé dans les formules de Cayce.)

Je désire vous faire part des résultats surprenants obtenus avec le traitement à l'Optikade pour les yeux de ma fille Jennifer, âgée de douze ans.

L'été dernier (1983), elle a commencé à avoir de plus en plus de problèmes avec ses yeux. Elle avait des maux de tête, et ses yeux larmoyaient et lui faisaient mal quand elle lisait trop longtemps. Nous l'avons fait examiner par un ophtalmologiste qui lui a prescrit des lunettes. Nous avons sérieusement envisagé de lui en procurer, mais nous avons voulu auparavant essayer l'Optikade et voir si ce médicament pouvait l'aider.

Juste avant de commencer l'Optikade l'automne suivant, nous avons mesuré sa vision en utilisant le tableau et la procédure standard. Nous avons trouvé 20/50 pour son œil droit, qui est le plus faible, et 20/40 pour son œil gauche.

Un mois après le début de l'Optikade, il y avait une légère amélioration, l'œil droit montrant une marque de 20/40 et le gauche, 20/40. Un mois plus tard, nouvelles mesures: l'œil droit était maintenant supérieur à 20/20! Mais le gauche était toujours à 20/40. Après un mois de plus... le droit était à 20/10 et le gauche, à 20/15, plus que parfait!

Je dois dire aussi que pendant son traitement à l'Optikade, Jennifer recevait une manipulation chiropratique par mois, elle mangeait deux ou trois carottes crues par semaine et faisait des exercices de la tête et du cou à peu près tous les jours. Je pense que ces faits constituent un témoignage saisissant de l'efficacité des traitements de Cayce, et j'en suis on ne peut plus heureux.

DOCUMENTS CONTEMPORAINS SUR CAYCE

DEUXIÈME PARTIE

Cette section est une revue de certaines théories et opinions médicales actuelles qui ont adopté les mêmes conceptions philosophiques que celles que Cayce exprimait de son vivant.

La recherche et les résultats mentionnés dans cette section ne sont d'aucune façon liés à une tentative d'illustration des thérapies de Cayce.

A

ALCOOL

«L'alcool pris modérément est bon pour la PLUPART des personnes. Une quantité exagérée... peut cependant entraîner une congestion lente dans la zone du foie. Mais un peu d'alcool en fin de journée, c'est très bien.» (877-13)

Cayce suggéra aussi qu'un verre de vin rouge pris une ou deux fois par jour constituait un aliment utile, mais qu'une quantité excessive de spiritueux pouvait être très dommageable pour l'écoulement gastrique. (875-1)

La recherche du Dr Brian Mishara et de ses collègues de la Harvard Medical School confirme la recommandation de Cayce pour ce qui est de boire du vin une ou deux fois par jour. Ils ont découvert que lorsqu'on permet à des gens âgés se trouvant dans une maison de retraite un maximum de deux boissons, vin ou bière, par jour, ils deviennent plus amicaux, plus actifs et plus heureux. Ils dorment mieux et se plaignent moins de leur santé et de leurs conditions de vie.

Selon ce qu'en dit le Dr Mishara, dans le numéro de mars 1978 de la revue *Moneysworth,* les sujets de l'étude ont commencé «à mieux prendre la responsabilité de leur propre vie et à exiger davantage de leur milieu et des uns et des autres».

Le numéro du 24 mars 1979 de *Executive Fitness* a publié les résultats du second rapport du gouvernement des États-Unis sur l'alcool et l'alcoolisme. Ce rapport révèle que les personnes qui boivent modérément vivent plus longtemps que les abstinents complets, et que ces derniers, à leur tour, vivent plus vieux que les buveurs excessifs.

On trouve aussi dans le rapport les résultats d'une enquête menée par Arthur L. Klatsky, du Centre médical Kaiser-Permanent d'Oakland, en Californie. Il y est démontré que sur les cent vingt-mille personnes interrogées, celles qui buvaient modérément avaient trente pour cent moins de risques d'avoir des crises cardiaques que celles qui ne buvaient pas du tout.

Tout en admettant que les abstinents peuvent être plus «tendus et crispés» que les buveurs modérés, le professeur William J. Darby, biochimiste à l'université Vanderbilt et président de la Nutrition Foundation de New York, pense qu'il y a quelque chose de plus: «On a de plus en plus de preuves que l'ingestion modérée d'alcool augmente la quantité des lipoprotéines à haute densité (LHD) dans le sang.» Et c'est tant mieux, note l'article, car les LHD aident à débarrasser les artères du cholestérol.

«Ce n'est pas la drogue la plus puissante du monde, ajoute le Dr Jonathan O. Cole, chef du département de psychopharmacologie à l'hôpital McLean du Massachusetts, mais je pense que l'alcool a pour effet de soulager légèrement l'anxiété et de mettre la plupart des gens de bonne humeur.»

En dépit de ses propriétés antistress, Cayce était d'avis que certaines personnes sont incapables de tolérer la moindre goutte d'alcool. Il souligna que chez quelques-unes, l'alcool pouvait affaiblir l'aura entourant le corps, ce qui les rendait perméables à la possession. Il pensait que les entités de niveau inférieur étaient attirées par un organisme épuisé.

Dans le numéro de janvier 1979 du *National Medical Bulletin,* le Dr Frederick Gibbs, professeur émérite de neurologie à l'université de l'Illinois, fait remarquer qu'à peu près tous les hôpitaux psychiatriques ont des patients qui deviennent fous furieux lorsqu'ils boivent de l'alcool. Dans le même article, le Dr Alberto A. Marianacci, un autre professeur émérite de neurologie, qui a mis au point une méthode pour mesurer le degré d'intolérance à l'alcool, s'exprime ainsi: «Celui que l'alcool rend dangereux ressemble à une bombe à retardement ambulante.»

La mesure de l'intolérance à l'alcool se fait au moyen de l'électro-encéphalographe (EEG); les ondes du cerveau sont enregistrées trois fois lorsque le patient est sobre et trois fois lorsqu'il est sous l'influence de 16 cl d'alcool dans le sang.

«Les ondes normales du cerveau sont comme une mer tranquille alors que les anomalies déclenchées par l'alcool font penser à un océan en furie», selon l'article.

La cause de l'intolérance à l'alcool peut être due à un accident, à un défaut de naissance, ou même à une infection s'étant manifestée pendant la grossesse, lesquels ont tous pu donner naissance à des lésions précoces des cellules cérébrales, déclare le Dr Marianacci.

ARTHRITE

Dans les lectures d'Edgar Cayce, les causes de l'arthrite sont: une assimilation et une élimination insuffisantes, une circulation entravée, un mauvais fonctionnement glandulaire, des traitements antérieurs, des subluxations et des blessures vertébrales.

L'insuffisance de l'assimilation et de l'élimination fut mentionnée comme la cause essentielle dans trente-sept pour cent des cas d'arthrite. Cayce était d'avis que l'élimination défectueuse déclenchait un excès d'acidité qui affaiblissait le fonctionnement du système lymphatique. Le foie réduisait alors son activité et ne produisait pas en quantité suffisante les enzymes indispensables à la digestion.

Une mauvaise assimilation provoquait un affaiblissement des forces de reconstruction qui sont normalement requises pour stimuler régulièrement l'élimination. En conséquence, Cayce affirmait que certains aliments devenaient de véritables poisons pour le système parce qu'ils ne pouvaient pas être utilisés correctement. Étant emprisonnés, ces déchets retournent à la circulation et augmentent le taux de toxicité du sang.

Selon Cayce, les aliments à éviter étaient le bœuf et les fritures; des découvertes médicales récentes permettent d'affirmer que les régimes pauvres en matières grasses peuvent contribuer à une diminution des inflammations articulaires.

Le Dr Charles F. Lucas, chef du département d'endocrinologie et de métabolisme aux hôpitaux Harper-Grace de Détroit, a rapporté qu'un régime pauvre en gras animal calmait les douleurs de l'arthrite rhumatoïde. «Certains de nos patients qui ont suivi le régime ont déclaré que les douleurs et la raideur avaient presque disparu. L'enflure aux articulations a nettement diminué», dit-il.

Une autre confirmation des convictions de Cayce provient d'une étude faite par le département de médecine de la Wayne State University à Détroit, Michigan, qui a conclu que «les régimes sans gras ont permis une rémission complète chez six patients atteints d'arthrite rhumatoïde» (*Clinical Research,* volume XXIX, numéro 4, 1981).

Cayce recommanda également de prendre, dans quatorze pour cent des cas d'arthrite, par voie orale, des doses de solution d'or et de bicarbonate de soude. Dans un numéro de la revue *Health,* un article fut consacré à l'aphérèse, une technique de purification du sang employée par certains médecins comme traitement possible de l'arthrite rhumatoïde. L'article signale que les résultats les plus impressionnants, qui ont été obtenus grâce à cette technique, le furent chez des patients qui prenaient également «des médicaments à action prolongée comme l'or».

Dans un pour cent des lectures, Cayce mentionna deux traitements pour calmer la douleur, qui faisaient appel aux venins de cobra et d'abeille. Ces techniques sont peu orthodoxes, mais elles ont cependant soulevé un regain d'intérêt dans la profession médicale comme traitements possibles de l'arthrite.

Selon Cayce, dans la lecture 3561-1, le venin d'abeille entraîne l'immunité contre certains poisons et stimule une circulation lymphatique insuffisante. Le traitement comprend aussi un massage en profondeur des membres et des articulations aussitôt après l'injection du venin. Une autre confirmation de la valeur de l'hypothèse de Cayce se trouve dans des expériences récentes qui ont été faites en Grande-Bretagne et qui ont permis d'isoler un agent anti-inflammatoire dans le venin d'abeille. Cet agent ne semble pas toxique et il ne produit pas d'effets secondaires dommageables. Aux États-Unis, on a découvert que l'injection de venin d'abeille dans des articulations douloureuses activait la production de cortisone naturelle dans les os, ce qui soulageait les douleurs arthritiques et rhumatismales.

C'est en Inde et en Belgique que l'on poursuit des recherches sur le venin de cobra. Toutefois, à cause du danger que représente cet animal, les expériences demeurent extrêmement restreintes et limitées.

ATTITUDES MENTALES ET ÉMOTIONS

La médecine commence à accepter la théorie selon laquelle on peut vraiment mourir de chagrin, même si les recherches n'ont pas encore prouvé comment la chose se produisait. Cependant, une étude récente menée à l'hôpital Mont-Sinaï de New York a avancé que six hommes en deuil de leur épouse étaient plus sujets à une infection causée par une baisse d'activité des lymphocytes, celle-ci dépendant de l'état de santé et de la vigueur du thymus, sur lequel le stress émotionnel a un effet défavorable.

Cayce insistait souvent sur la nécessité d'équilibrer les émotions, de la même façon qu'il est indispensable d'équilibrer le régime alimentaire. Dans un grand nombre de lectures accordées pour des troubles physiques, il suggéra un changement d'attitudes comme traitement possible des perturbations. Les ulcères, l'hypertension, l'asthme et la haute pression sanguine sont quelques-unes des maladies physiques que la médecine reconnaît comme liées aux états émotionnels.

Les médecins savent qu'un bouleversement émotif peut inciter l'estomac à sécréter de la gastrine, une hormone qui se retrouve ensuite dans le sang. Cette hormone pousse l'estomac à produire de l'acide chlorhydrique en excès, et celui-ci a tendance à irriter et même à enflammer la muqueuse gastrique.

On possède aujourd'hui d'autres résultats qui viennent confirmer la théorie de Cayce sur les attitudes mentales et les émotions. Dans une expérience, on a donné à mille adultes des renseignements sur les problèmes qu'entraînait l'hypertension artérielle, ceci dans le cadre de conférences, de discussions et d'informations envoyées par la poste. On compara ensuite les résultats avec ceux d'un groupe de contrôle qui n'avait reçu ni informations ni attention particulière. Ces résultats firent penser que l'ignorance était préférable, car les membres du groupe de contrôle, qui n'étaient ni trop renseignés ni trop concernés par les problèmes d'hypertension, avaient des relevés de tension plus bas.

Ce fait a été confirmé au neuvième congrès scientifique annuel de la Société internationale de l'hypertension à Palm Springs, en Californie. Vincent de Quattro, du Centre médical de l'université de la Californie du Sud à Los Angeles, déclara alors que les patients ayant une tension artérielle élevée ressentaient, de façon significative, plus d'anxiété et de colère refoulée que ceux ayant une tension normale.

Dans un article intitulé «Anatomie du rire», la revue *American Health* (numéro de novembre-décembre 1983) signale que «le rire peut alléger le stress, l'anxiété, la dépression et la douleur... Quand nous rions, nous sommes capables d'intensifier les sécrétions enzymatiques qui aident à digérer et peuvent même agir comme des laxatifs naturels».

Cayce avait la conviction que le corps était le temple du Dieu vivant et qu'on devait le traiter comme tel, physiquement et mentalement. Il disait: «Visualisez la force constructive qui vous fait comprendre que le corps n'est pas seulement bon, mais qu'il est bon pour quelque chose.» (906-2)

Selon Cayce, les attitudes et les émotions étaient importantes, mais l'amour l'était tout autant; il était d'avis que le syndrome de mort subite du nourrisson avait un lien avec l'absence d'amour et exprimait le désir de l'âme de quitter le corps.

Un article de *Psychology Today* (mai 1981) suggère que les émotions de la mère pendant la grossesse ont un effet immédiat et à long terme sur le fœtus. L'article, intitulé «Prenatal Psychology: Pregnant with Questions» (Psychologie prénatale: grosse de questions), note: «Une jeune fille de dix-sept ans, en bonne santé, donna naissance à un bébé de sexe masculin apparemment normal, après une grossesse exempte de complications médicales. On s'occupa normalement de l'enfant pendant une vingtaine d'heures, l'enfant étant à côté de sa mère. Il se mit soudain à vomir du sang. On l'examina, il semblait toujours vigoureux et en bonne santé, mais les vomissements continuèrent; une heure plus tard, l'enfant était mort. L'autopsie médico-légale révéla trois ulcères de l'estomac.»

Cette tragédie souleva la question de savoir si la mère avait souffert de stress pendant sa grossesse, un stress qu'elle aurait transmis à son enfant avant qu'il voie le jour. Des conversations avec la mère confirmèrent qu'elle avait souffert de beaucoup de tensions au cours de sa grossesse, surtout pendant les trois derniers mois.

Il existe un livre récent qui va dans le même sens: *The Secret Life of the Unborn Child* (La vie secrète du fœtus), de Thomas Verny et John Kelly (Dell, New York, New York, 1982). Les auteurs y déclarent, preuves à l'appui, qu'un fœtus âgé de seulement quatre ou cinq mois est sensible et qu'il réagit à ce que vit sa mère.

B

BÉGAIEMENT

Historiquement, on attribue le bégaiement à un problème ou à un désordre émotionnel ou psychologique, et on recommande la psychothérapie comme traitement.

Cependant, dans cinq des six lectures sur le sujet qui ont été données par Edgar Cayce, la cause sous-jacente se trouvait dans une blessure ou un déséquilibre du système nerveux. Dans tous les cas, le traitement recommandé consistait en manipulations vertébrales ostéopathiques ou chiropratiques.

Un rapport récent d'une réunion de l'Académie américaine de neurologie confirme la théorie de Cayce. Le neurologue David B. Rosenfield, du Baylor College of Medicine de Houston, a déclaré: «Il existe de nouvelles preuves qui suggèrent que pour un nombre de cas significatif, le bégaiement peut avoir pour cause une défaillance du système neuromusculaire qui régit le fonctionnement du larynx.»

Tout en acceptant le fait que les émotions peuvent empirer les défauts de mouvement, Rosenfield ajoute que la psychothérapie peut seulement soulager les symptômes; il conclut en disant qu'elle ne guérit jamais le bégaiement.

C

CANCER DU SEIN

D'après Cayce, l'une des causes de la maladie en général, et du cancer en particulier, était l'insuffisance de l'élimination. Son diagnostic ne fut pas considéré comme très orthodoxe à son époque, et pourtant, il n'était pas nouveau. Au début du XXe siècle, des médecins accusèrent la constipation d'être responsable de nombreuses maladies, étant convaincus qu'elle provoquait une accumulation de déchets toxiques qui envahissaient le sang.

Cette théorie fut toutefois abandonnée lorsque la recherche se révéla incapable de la prouver. Mais, à l'heure actuelle, deux médecins de l'université de Californie ont découvert que les femmes qui ne vont à la selle que quelques fois par semaine ont quatre fois plus de risques de contracter une maladie du sein que celles qui ont une ou plusieurs émissions fécales chaque jour.

Les Docteurs Nicolas L. Petraskis et Eileen B. King ont étudié le cas de plus de cinq mille femmes. Le Dr Petraskis a noté, dans *The Lancet:* «Nous avons découvert que seulement cinq pour cent des femmes qui vont à la selle tous les jours ont des cellules dysplasiques anormales, alors que dix pour cent de celles qui y vont moins d'une fois par jour présentent cette anomalie...»

Il ajouta cependant qu'on ne devait pas laisser croire aux femmes constipées qu'elles couraient le risque d'attraper un cancer du sein.

CANCER (Régime alimentaire)

Quelques chercheurs ont établi que lorsqu'on se nourrit correctement, on peut, dans certains cas, éviter le cancer.

À leur avis, les aliments à éviter sont justement ceux qu'Edgar Cayce considérait comme dangereux pour la santé. Ils comprennent les aliments gras et les fritures, le bœuf et les plats très épicés.

Les aliments que Cayce recommandait sont les fruits et les légumes; en gros, un régime alcalinisant.

Comme exemple de recherche récente, des études démontrent que les personnes qui consomment des aliments riches en vitamine A sont moins sujettes au cancer du poumon. Ces résultats proviennent de l'Institut national du cancer, dont les recherches ont mis en évidence le fait que divers composés de la vitamine A peuvent empêcher la transformation des cellules animales et humaines en cellules cancéreuses.

Dans une autre étude, rapportée dans le *Vegetarian Times* de novembre 1982, on fait remarquer que des animaux nourris avec des huiles végétales chauffées contractaient des tumeurs malignes, alors que d'autres matières grasses n'avaient pas les mêmes conséquences.

En outre, un article du *Reader's Digest* de février 1983, intitulé: «Enfin, un régime anticancéreux» déclare que: «Selon des études effectuées dans différentes parties du monde, l'incidence de cancer du sein, du côlon et de la prostate est sensiblement moins élevée chez les peuples qui mangent beaucoup de légumes.»

En accord avec cette ligne de pensée, Cayce, qui ne recommandait pas toujours la vaccination contre les maladies contagieuses, était d'avis que «si l'alcalinité est maintenue dans l'organisme – surtout grâce aux salades, aux carottes et au céleri –, ces aliments maintiennent le courant sanguin dans des conditions qui immunisent la personne». (480-19)

En ce qui concerne les viandes, Cayce conseillait «d'éviter les viandes grasses insuffisamment cuites. Mangez beaucoup de légumes de toutes sortes. Les viandes devraient se limiter au poisson, à la volaille et à l'agneau; les autres, moins souvent». (1710-4)

Le comité du Conseil national de la Recherche de l'Académie nationale des sciences déclare: «Les aliments riches en carotène (comme les fruits et les légumes jaune foncé, et les légumes vert foncé) ou en vitamine A veulent dire: risque réduit de cancer.»

Les autorités mettent cependant en garde contre la consommation de doses trop fortes de vitamine A pendant une assez longue période, car elle peut devenir toxique. Cayce mentionna les vitamines dans plus de trois cents lectures, mais le plus souvent, il conseillait de les prendre sous leur forme naturelle, c'est-à-dire dans la nourriture. En temps normal, il considérait les suppléments vitaminiques comme la «façon paresseuse» d'incorporer dans l'organisme les vitamines indispensables.

Sa recommandation au sujet des légumes était «d'avoir au moins un repas par jour composé de quantité de légumes crus tels que chou, laitue, céleri, carottes, oignons et autres. En saison, on peut manger des tomates».

«Mangez beaucoup de légumes qui poussent au-dessus du sol, dans la proportion de trois de ces légumes pour un qui pousse dans le sol. Ayez au moins un légume à feuilles pour chaque légume à gousses que vous consommez.» (2602-1)

Un médecin attaché à la division des causes et de la prévention du cancer à l'Institut national du cancer déclare qu'il encourage sa famille à manger chaque jour des carottes crues ou cuites; ce légume était d'ailleurs très apprécié de Cayce, qui conseillait de manger «cette partie qui est en haut du légume. Elle pourra sembler plus dure à mâcher, mais c'est là que se trouvent les énergies vitales». (3051-6)

CÉCITÉ (Prédispositions)

Edgar Cayce donna cinquante-trois lectures à vingt-neuf personnes souffrant, à des degrés divers, de perte de la vision. Il concluait généralement que l'affaiblissement de la vue pouvait être attribué à différents déséquilibres physiques, y compris la circulation réduite et insuffisante.

La revue *Discoverer* de mars 1981 fait part de découvertes suggérant que des vaisseaux sanguins endommagés pouvaient bloquer la nourriture destinée à l'œil et porter par la suite atteinte à la vision.

En outre, Cayce disait qu'il fallait éviter d'exposer ses yeux à la lumière directe. Selon un article publié par le Centre des vitamines de la recherche sur la vision, «la lumière qui pénètre dans les yeux peut provoquer une réaction photochimique qui produit à son tour des éléments chimiques pouvant endommager le cristallin de l'œil, d'après ce qui ressort de certaines expériences de laboratoire». Ces découvertes sont dues au Dr Shambhu D. Varma, directeur de la recherche sur la vision à l'université du Maryland.

D

DENTS ET GENCIVES

Cayce émit l'opinion que les aliments «mous» d'aujourd'hui, par opposition à ceux qu'il qualifiait de «détergents», comme la laitue ou les carottes crues, étaient à l'origine de problèmes affectant les dents et les gencives. Il déclara aussi que le fait «de nettoyer les dents au moins trois ou quatre fois par semaine avec un mélange à parts égales de sel et de bicarbonate de soude les protège de toute détérioration... Servez-vous d'un bon dentifrice une ou deux fois par jour». (457-11)

Le Dr Paul Keyes, chercheur clinicien à l'Institut national de la recherche dentaire, a déclaré qu'il n'avait jamais rencontré de problèmes périodontiques (ayant trait aux gencives) chez les patients qui utilisaient le sel et le bicarbonate de soude, même si c'était plus ou moins régulièrement.

Le Dr Robert Nara, dentiste, explique dans son livre *Comment devenir son propre dentiste* que le bicarbonate de soude neutralise les acides de la bouche qui produisent des bactéries à partir des sucres déposés sur les dents. Le Dr Nara rappelle aussi que la capacité du sel «d'agir comme hypertonique et d'extraire l'eau (les liquides) des tissus ne devrait pas être oubliée». Le sel pourrait donc servir de médicament pour traiter une dent atteinte, laquelle peut très bien être affectée par une accumulation de liquides. Après tout, se demande-t-il, «n'est-il pas tout indiqué d'employer un "médicament" qui a aidé à diminuer la pression du liquide?»

Le Dr Weston Price, auteur de *Nutrition and Physical Degeneration,* confirme la critique faite par Cayce concernant les régimes basés sur des aliments «mous»; il note que la dégradation et l'imperfection des structures buccales sont liées aux régimes du monde occidental, lesquels n'exigent aucune mastication, invitant ainsi les bactéries à venir s'installer dans la bouche.

En outre, Cayce conseillait à pratiquement tous ses patients de s'abstenir de boire des boissons gazeuses. On a maintenant une explication sur ce qui se passe effectivement dans la bouche quand on ingurgite une boisson gazeuse, et cette explication confirme le conseil de Cayce. Lorsque ce genre de liquide pénètre dans la bouche, le gaz carbonique s'échappe des bulles du liquide, et celles-ci éclatent lorsqu'elles atteignent la surface. Étant donné les tensions superficielles qui sont mises en cause dans la formation et l'éclatement des bulles gazeuses, il en résulte de puissants chocs contre l'émail des dents, lesquels sont capables de provoquer de minuscules fissures sur leur surface.

E

ÉLIMINATION

L'Institut national de la vieillesse et la Caisse nationale de compensation pour les maladies du tube digestif conseillent à la population américaine «d'éviter, autant que possible, de prendre des laxatifs». Pour combattre la constipation, les experts recommandent de manger des fruits frais et de boire beaucoup. Ils font remarquer que les laxatifs perturbent les rythmes normaux du corps.

Les experts des organismes fédéraux de la santé préviennent qu'il est très facile de devenir dépendant des laxatifs et de laisser ainsi «l'action musculaire naturelle de la défécation s'affaiblir».

Cayce, qui savait qu'une élimination régulière est indispensable au maintien d'une bonne santé, déclara: «Améliorez (votre élimination) plutôt par votre régime que par la prise de laxatifs, dans la mesure du possible. S'il vous est impossible de faire autrement, prenez des laxatifs mais (alternez) entre un laxatif végétal et, la fois suivante, un laxatif minéral. Mais ces (problèmes d'élimination) seraient réglés si vous consommiez une grande quantité de légumes crus et très peu de viande.» (3381-1)

EXERCICE

Le Dr Grant Gwinup, chef de la division d'endocrinologie et de métabolisme à l'université de Californie, est d'avis que la marche «est l'exercice qui fait tout».

Edgar Cayce recommandait la marche pour différentes raisons, entre autres pour remonter le moral et exercer le cœur et les poumons. Il pensait que la marche était un exercice que tout le monde pouvait pratiquer et qui, normalement, ne pouvait causer aucun dommage à l'organisme, contrairement à ce que d'autres sports pouvaient faire quand on tombait dans l'excès.

Cayce déclara: «Exercer exagérément toute partie du corps qui n'en a pas vraiment besoin, au détriment des autres, c'est lui faire du tort plutôt que l'aider. L'exercice est merveilleux et nécessaire; faites-en, ne serait-ce qu'un peu, selon vos besoins, mais de façon systématique. Servez-vous de votre bon sens et de votre prudence.» (283-1)

La recherche sur le sujet commença en 1950 et permit de découvrir un lien entre l'exercice et les maladies cardiaques. Le chercheur britannique et professeur J.N. Morris remarqua que ceux qui pratiquaient la marche étaient moins sujets aux crises cardiaques que ceux qui s'en abstenaient.

Par ailleurs, une conférence de trois jours tenue en 1980 à l'Institut national de la santé à Bethesda, Maryland, portant sur le thème de l'exercice chez les personnes âgées, et ayant attiré des médecins du monde entier, est arrivée à la conclusion que, pour les personnes du troisième âge, la marche était la forme d'exercice la plus sûre et la plus efficace.

Le conseil de Cayce sur la façon de passer ses journées était le suivant: «Après le petit déjeuner, travaillez un certain temps; après le repas du midi, reposez-vous un peu, et après le souper, marchez un kilomètre ou deux.»

H

HÉMOPHILIE

Au cours des lectures qu'il a données à des patients souffrant d'hémorragies excessives, Edgar Cayce déclara que l'hémophilie était due à une défectuosité chimique du sang qui empêchait la coagulation de se produire.

Selon les informations que l'on trouve dans le numéro de septembre 1979 de la revue *Bestways,* «la vitamine K est un élément essentiel de la production de la prothrombine, l'un des facteurs coagulants fabriqués par le foie. La vitamine K est manufacturée dans le gros intestin, rappelle le rapport, et toute interférence avec les bactéries de l'intestin ou une maladie du foie qui empêcherait son absorption par le sang pourrait entraîner une hémorragie».

M

MALADIE D'ALZHEIMER

«Ne cuisez pas dans de l'aluminium, mais plutôt dans des casseroles émaillées ou en verre. PAS d'aluminium car, dans ces conditions, l'aluminium est un poison pour le système. Lorsque cette personne prépare sa nourriture, qu'elle évite absolument de se servir de plats en aluminium.» (1223-1)

Dans le numéro de janvier 1980 du bulletin d'information de l'Institut Huxley, portant sur le liquide céphalo-rachidien, le Dr A. Hoffer, un psychiatre qui pratique la médecine orthomoléculaire et la psychiatrie, rapporta qu'on avait trouvé, dans le cerveau de patients souffrant de troubles nerveux liés à la sénilité ou à la maladie d'Alzheimer, des taux élevés d'aluminium.

Les auteurs d'un article paru dans le numéro du 18 avril 1980 de *Science,* la revue de l'Association nationale pour l'avancement des sciences, ont également fait savoir que leurs découvertes semblaient démontrer qu'il y avait un rapport entre l'aluminium et le dommage aux cellules cérébrales. L'équipe de recherche provenait de la faculté de médecine de l'université du Vermont ainsi que de l'Institut national des sciences de la santé environnementale.

En outre, le *New England Journal of Medicine* a publié la lettre d'un lecteur qui avait signalé que, lorsqu'il faisait sa cuisine dans des casseroles bon marché du temps qu'il était étudiant en médecine, il avait remarqué que la corrosion avait percé des trous dans le métal et que ceux-ci étaient bordés d'une poudre blanchâtre. Moralité: débarrassez-vous de tous vos plats et casseroles en aluminium.

MASSAGES

Les massages constituent fréquemment une bonne partie du traitement pour un grand nombre d'affections et de maladies. Edgar Cayce conseilla les massages dans de nombreux cas: par exemple pour arrêter le hoquet, améliorer la mémoire, effacer les marques des tissus cicatriciels, ainsi que comme thérapie sans médicament, pour n'en citer que quelques-uns.

Comme thérapie sans médicament, il vantait les massages en ces termes: «Car l'hydrothérapie et les massages sont des mesures préventives aussi bien que curatives. Le nettoyage du système permet aux forces du corps de fonctionner normalement et d'éliminer ainsi les poisons, les congestions et des états qui risqueraient de devenir aigus dans l'organisme.» (257-254)

La section de l'agglomération de la capitale nationale de l'Association américaine de massage et thérapie a remarqué que «les massages peuvent aider la digestion et l'élimination ou redonner un bon tonus au corps. Comme solution de remplacement à la thérapie des médicaments, les massages peuvent diminuer le stress et la fatigue, calmer et adoucir les tensions et favoriser la relaxation».

Cette association affirme également que la thérapie par les massages est très bénéfique pour les douleurs du bas du dos, ainsi que pour les migraines et l'arthrite. Cayce conseilla des traitements par massages dans soixante-trois pour cent des cas d'arthrite qu'il a traités, car il pensait qu'un massage bien administré était très profitable pour ceux dont l'organisme était particulièrement sensibilisé au traitement.

MODÉRATION

Edgar Cayce était convaincu qu'une vie équilibrée – où tout est fait avec modération – était un gage de longévité; les recherches actuelles concernant le prolongement de la vie viennent confirmer cette théorie.

Parmi les données recueillies par le Comité pour le prolongement de la vie de San Marcos, en Californie, à partir des cas d'un millier de centenaires américains, on retrouve celle-ci: «Aucun excès». Les buveurs buvaient modérément, les fumeurs se gardaient d'inhaler, et très peu, parmi ceux qui furent interrogés, étaient gros, ce qui permet de croire qu'ils mangeaient modérément.

Une autre enquête, consistant en une étude sur mille Japonais âgés de plus de cent ans, a trouvé la modération comme facteur commun. Le pourcentage de ceux qui arrêtaient de manger avant de «se sentir pleins» était de 54,7 pour cent tandis que 52,4 pour cent attribuaient leur âge avancé à leur capacité de ne pas se faire de soucis inutilement, et 46,3 pour cent disaient que le plus important pour eux, c'était «une vie régulière», c'est-à-dire normale et tranquille.

La prescription de Cayce pour une vie équilibrée était, en partie, «un cerveau très actif, mais le corps est censé coordonner le spirituel, le mental et le physique. Celui qui ne laisse aucune place dans sa vie pour la récréation et qui ne trouve pas le ton juste pour chaque moment, eh bien! il se fait des illusions, et un jour ou l'autre, il en paiera le prix, comme il le fait déjà dès maintenant. Il doit y avoir de la récréation, comme il doit y avoir du repos. Ce sont des nécessités physiques, mentales et spirituelles...

»Faites cela et vivez normalement, et vous vivrez beaucoup plus longtemps.» (3352-1)

MUSIQUE

Edgar Cayce pensait que la musique était bénéfique pour les malades mentaux; cette théorie a été confirmée par un programme récent du Centre pour les déficiences neurologiques de l'État de New York.

Dans une section, on a fait jouer de la musique pendant toute la journée du 15 juillet 1978 et, pendant la nuit, on alternait tous les quarts d'heure, de 20 h 30 à 7 h. À la fin du mois d'août 1978, on put noter des améliorations chez certains patients, soixante-dix pour cent des membres du personnel hospitalier rapportant «des améliorations qualitatives très nettes dans le comportement des résidents». Un autre vingt-cinq pour cent pensait qu'il y avait «éventuellement de l'amélioration».

D'après un autre rapport, la musique constitue un traitement efficace pour les tensions et les douleurs chroniques, de même que pour les maladies mentales. Une étude menée à l'hôpital Royal Victoria de Montréal a montré que des cancéreux en phase terminale avaient besoin de moins de calmants quand on leur faisait écouter de la musique classique.

Des chercheurs ont cependant découvert que la hauteur du son, ou nombre de vibrations produites par les ondes sonores, avait une influence sur le système nerveux autonome, les sons aigus provoquant de la tension et les notes basses, de la relaxation.

Comme l'a dit Cayce: «Car la musique touche l'âme, et on peut devenir malade de désir de musique dans l'esprit et dans l'âme, ou malade dans l'âme et l'esprit à cause de certaines formes de musique.» (5401-1)

N

NUTRITION

Dans les années qui ont suivi la mort de Cayce, on a fait de nombreuses découvertes scientifiques qui confirment certaines des suggestions diététiques qui ont été faites dans les lectures. C'est là que l'on mentionne, par exemple, les bienfaits que l'on peut retirer d'une diète constituée exclusivement de pommes crues et suivie pendant trois jours.

On a découvert que la pectine, un ingrédient que l'on trouve dans les pommes, pouvait être d'une très grande valeur pour faire baisser le taux de cholestérol du sang en bloquant l'absorption des graisses; car lorsque les bactéries qui causent la diarrhée s'unissent à la pectine dans le tube digestif, elles sont expulsées du corps.

Des chercheurs ont découvert qu'une dose de 15 g de pectine donnée une fois par jour à des adultes volontaires faisait baisser de treize pour cent le taux de cholestérol dans le sang et augmentait le taux des excrétions de trente-cinq pour cent. La diète aux pommes n'était qu'une méthode parmi d'autres que Cayce conseillait pour débarrasser l'organisme des graisses et du cholestérol. Dans pratiquement toutes les lectures où il était question de modifier le régime, Cayce insistait sur la nécessité d'éliminer les sucreries, les aliments gras et les fritures. Depuis vingt-cinq ans, la recherche a démontré que ces aliments sont effectivement dommageables. Les aliments très gras, comme le steak saignant, ralentissent l'élimination, empêchent de bien assimiler les autres aliments et entravent la circulation. Ces problèmes, seuls ou ajoutés à d'autres, contribuent à la naissance de beaucoup de maladies.

Une étude, dirigée par Richard Shekelle du Centre médical Rush-Presbyterian St.Luke de Chicago, a été publiée dans le *New England Journal of Medicine* de 1980. En 1957, des diététiciens ont interrogé mille neuf cents hommes âgés de quarante à cinquante-cinq ans sur leurs habitudes alimentaires. Ils mesurèrent ensuite leur taux de cholestérol. Les niveaux les plus élevés correspondaient aux régimes les plus gras. Les diététiciens avaient examiné non seulement les méthodes de cuisson utilisées à la maison, mais aussi les façons de se nourrir des sujets lorsqu'ils étaient hors de chez eux.

On reprit la recherche un an plus tard; la moyenne des taux de cholestérol fut prise, et les hommes, divisés en trois groupes selon leur taux de gras et de cholestérol. Dix-neuf ans plus tard, le taux de mortalité par maladie cardiaque était de trente pour cent plus élevé dans le groupe à taux élevé de cholestérol.

Un autre petit conseil de Cayce touchant l'alimentation concernait les œufs. Il recommandait de ne manger que le jaune, et cuit mollet. Une étude effectuée à la fin des années cinquante confirma ce conseil de Cayce; elle révéla que les œufs durs ou sur le plat donnaient les niveaux de cholestérol les plus élevés chez les lapins; les œufs mollets, les plus bas. On sait que le blanc d'œuf est riche en albumine et que cette substance est difficile à digérer.

NUTRITION (Figues)

Un jour qu'il était en état de transe, Edgar Cayce reçut la visite d'une momie qui était revenue à la vie et s'était mise à lui traduire des archives de l'ancienne Égypte. Elle lui parla d'une préparation appelée «nourriture spirituelle», qui était constituée de figues noires, ou assyriennes, de dattes assyriennes et d'une poignée de maïs ou de blé concassé; ces ingrédients devaient être cuits tous ensemble.

La science moderne a découvert que le corps pinéal produisait une hormone appelée mélatonine grâce à l'action d'un enzyme sur l'élément chimique sérotonine. L'une de ses fonctions est d'inhiber les pulsions sexuelles et de hausser le niveau de l'intelligence. (Cela peut justifier la théorie selon laquelle les êtres humains les plus intelligents sont ceux qui mettent le plus de temps à atteindre leur maturité sexuelle.)

On a découvert que la teneur en sérotonine des figues était exceptionnellement élevée. Il est intéressant de noter en passant que l'arbre de Bo (*ficus religiosa*), sous lequel Gautama Bouddha resta assis pendant près de trente ans, est un figuier qui procura de la nourriture au Maître pendant toutes ces années.

NUTRITION (Gibier)

«Les viandes devraient être constituées, de préférence, de volaille, de poisson et d'agneau, plutôt que de bœuf et d'autres viandes. Le gibier, bien sûr, c'est le meilleur.» (1153-1)

Au cours des années soixante, le Dr Orville H. Miller, anthropologue et pharmacologue de l'université de la Californie du Sud, commença à porter un intérêt scientifique – tout en étant personnellement concerné – au folklore médical des Amérindiens, des Africains et des Asiatiques alors qu'il tentait de trouver un traitement pour soigner l'acné de son fils. D'après ses découvertes, les facteurs nutritifs essentiels que renferment les animaux sauvages sont les mucopolysaccharides (MPS). Dans le sens le plus large, les MPS incluent tous les polysaccharides ayant des propriétés mucoïdes ou gélatineuses. On les trouve dans tous les liquides, tels les tissus conjonctifs, les tendons, les parois des cellules, les vaisseaux sanguins, ainsi que dans les articulations et les disques intervertébraux, les muqueuses, la peau, etc.

La liste bien documentée des activités pharmacologiques des MPS se trouvant dans le gibier comprend le traitement des infections, l'intensification de la production des anticorps, une meilleure résistance aux toxines, une amélioration de l'artériosclérose et de la sclérodermie ainsi que celle du teint, pour n'en citer que quelques-unes.

NUTRITION (Rosbif)

Edgar Cayce conseillait de s'abstenir de toutes les viandes rouges, en particulier les viandes rouges saignantes: «Éloignez-vous des viandes qui sont rouges ou saignantes; bien que les viandes BIEN cuites ne soient pas nocives, sauf la viande de porc.» (641-5)

Le 24 mai 1978, une causerie fut présentée par William B. Knight, représentant une compagnie agro-alimentaire du New Jersey, lors de la soixante-deuxième conférence annuelle de l'Association des fonctionnaires de la Food and Drug Administration pour les états du Centre et de l'Atlantique, à Ellenville, New York. M. Knight déclara à l'assistance que le rosbif saignant était la cause de plus de deux cents cas enregistrés, et possiblement de milliers de cas non rapportés, de salmonellose humaine (empoisonnement par la nourriture dû à la bactérie de la salmonelle) pendant l'été de 1977.

Pour prévenir une récidive, la USDA (administration américaine des médicaments) «décréta le jour même des mesures d'urgence interdisant la production et la préparation industrielles de rosbif qui n'atteindrait pas une température minimum de 145° C partout à l'intérieur du rôti».

NUTRITION (Sucre)

Dans les lectures d'Edgar Cayce, la suggestion qui revient le plus souvent est probablement celle de son régime de base, lequel s'énonce ainsi: quatre-vingts pour cent de la nourriture quotidienne d'une personne devrait se composer d'aliments alcalinisants, comme les fruits, les légumes (récoltés dans le sol ou au-dessus), les jus de toutes sortes, quelques produits laitiers et à peu près huit verres d'eau. Vingt pour cent devrait consister en aliments acidifiants, comme les céréales à grains entiers; les viandes, comme la volaille, le poisson ou l'agneau; et le pain brun.

Trois fois par semaine, on peut consommer du fromage, des pommes de terre avec la pelure et des desserts composés de flans, de fruits cuits, de crème glacée ou de biscuits. Les aliments extrêmement sucrés devraient être totalement bannis.

Depuis quelques années, le monde médical porte un intérêt croissant au sucre. Le Dr John Yudkin, spécialiste britannique de la nutrition, explique que «la consommation croissante de sucre dans les pays riches, soupçonne-t-on maintenant, a une relation de cause à effet avec un certain nombre de problèmes de santé que l'on retrouve chez les Occidentaux des temps modernes; ils comprennent l'accélération de la croissance, le diabète, les maladies athérosclérotiques cardiovasculaires, l'obésité, la cholélithiase (calculs biliaires), les dermatoses (maladies de la peau), les maladies périodontiques (des gencives), les caries dentaires, l'ulcère gastro-duodénal et les déséquilibres hormonaux».

Selon un rapport présenté à la Optical Society of America par Ben C. Lane, optométriste et nutritionniste, le sucre pris en trop grande quantité peut aggraver la myopie. On sait que la consommation d'hydrates de carbone raffinés tels que le sucre et les protéines trop cuites prive l'organisme de chrome et de calcium. Le Dr Lane a découvert un lien entre les carences organiques relatives à ces substances et la myopie.

Une autre étude, celle-là des docteurs Ringsdorf, Cheraskin et Ramsay de la faculté de médecine bucco-dentaire du Centre médical de l'université de l'Alabama, a montré que le sucre amoindrissait la résistance de l'organisme à tout genre d'infection bactérienne. La principale défense contre les invasions microbiennes est assurée par la présence dans le sang de globules blancs qui engloutissent les micro-organismes et les détruisent chimiquement. Les médecins ont découvert que cette activité protectrice diminuait de cinquante pour cent ou plus lorsque le taux de sucre sanguin augmentait brusquement après la consommation de 750 ml de boissons gazeuses (*VIM Newsletter,* avril 1979).

Dans une conférence intitulée «Pourquoi tombons-nous en morceaux?», patronnée par les Services de l'extension de Prince Williams, le Dr Howard Lutz déclara, comme conclusion à ses recherches, que «le déséquilibre acido-alcalin des régimes alimentaires était la principale cause de la plupart des symptômes de fatigue et du "manque de résistance" qui entraînait les infections à répétition», d'après un numéro de la revue *Preventive Medicine Forum.* Ce déséquilibre acido-alcalin était constamment évoqué par Cayce dans ses lectures médicales et souvent donné comme la cause de maladies précises.

O

OBÉSITÉ

Une suggestion bien connue d'Edgar Cayce comme faisant partie d'une cure d'amaigrissement consistait à boire du jus de raisin dilué une demi-heure avant les repas. Alors que, selon la croyance populaire, le jus coupe l'appétit, les lectures laissaient entendre qu'il existait une relation biochimique entre le jus de raisin et la perte de poids.

D'après *Perspective* (volume V, numéro 5), revue mensuelle de service de recherche publiée par l'ARE, «Discutant des causes de l'obésité, Cayce décrivit une anomalie dans certaines cellules de l'intestin. Ces cellules, dont le rôle est d'absorber la nourriture digérée dans le système, transforment la plupart des aliments en sucres. Cet état résulte apparemment de mauvaises habitudes alimentaires, conservées pendant de longues périodes, qui finissent par créer un besoin physiologique pour des nutriments qui font grossir. En conséquence, le sujet remarque que le taux de graisse de son organisme ne varie pas, malgré une diminution des calories».

Quelques chercheurs contemporains expriment la même idée, en disant que les personnes obèses ont tendance à transformer la nourriture d'une façon qui semble viser à entretenir les cellules graisseuses. Les chercheurs émettent donc l'hypothèse «que le corps possède un "point de réglage", ou niveau auquel s'effectue la régulation de l'ingestion alimentaire, un intervalle étroit de poids qui est (ou est devenu) normal pour cet organisme.

»Le Dr John D. Brunzell, spécialiste du métabolisme à l'université de Washington à Seattle, rapporte que chez les patients qui ont beaucoup maigri, les niveaux sanguins de l'enzyme lipase des lipoprotéines (qui assure la mise en réserve de la graisse dans les cellules graisseuses) sont nettement élevés. Ainsi, le profil chimique du corps reflète un mécanisme physiologique constant qui tente de retrouver la graisse qui a été perdue».

Toutefois, la recherche effectuée sur des rats montre que ceux qui avaient été soumis à des diètes et à des programmes d'exercices développaient un plus fort pourcentage de muscle et moins de graisse.

Cayce avait une autre théorie encourageante: ceux qui suivent des régimes apprennent à prendre de bonnes habitudes alimentaires, et la prise de jus de raisin garde en suspens la tendance à emmagasiner les graisses. «Alors, avec le temps, la cellule intestinale qui avait appris à tout transformer en sucres sera peu à peu remplacée par de nouvelles cellules formées sous l'influence de bonnes habitudes diététiques.»

P

POSSESSION

Trente-deux personnes consultèrent Edgar Cayce au sujet de diverses formes de possession, certaines étant accompagnées d'hallucinations et de visions désagréables. Les symptômes les plus prononcés étaient la perte de maîtrise personnelle sur les plans physique, mental et émotionnel, les sentiments de persécution et l'impression d'être aliéné vis-à-vis de soi-même et des autres.

On rapporte actuellement de nombreux cas qui confirment cette théorie de la possession. Le chercheur en occultisme Ian Currie, auteur de *You Cannot Die* (Vous ne pouvez pas mourir) et maître assistant en sociologie et en anthropologie à l'université Guelph de Toronto, Canada, a mené des recherches dans une quinzaine de cas de possession et a été témoin «de puissants phénomènes produits par des entités qui ne sont pas de ce monde».

Currie ajoute qu'il y a beaucoup d'esprits «qui traînent autour de nous. La plupart sont confus, certains sont méchants. Ils ignorent presque tous qu'ils sont morts».

Le conseil de Cayce à ceux qui pensaient être possédés était celui-ci: «Commencez par lire le trentième (chapitre) du Deutéronome... puis lisez le dix-neuvième de l'Exode et le cinquième verset, et sachez qu'il s'applique à vous.» (3380-1)

PSORIASIS

Edgar Cayce déclara que le psoriasis était dû, en partie, à une «surcharge toxique» résultant d'une élimination inadéquate des reins.

Le Dr William A. McGarey, de la clinique de l'ARE à Phoenix, en Arizona, confirme cette théorie. Il rapporta dans le *Medical Research Bulletin* (Bulletin de la recherche médicale, volume VIII, numéro 9) que les patients atteints de psoriasis voyaient leur état s'améliorer lorsqu'ils suivaient les traitements suivants: manipulations ostéopathiques; tisanes laxatives; régime de base supprimant les graisses, les sucreries et les pâtisseries, et incluant des fruits et des légumes en quantité; irrigations du côlon; bains d'eau salée. La plupart de ces traitements ont pour effet de purifier le sang et, par conséquent, de débarrasser l'épiderme des éruptions et des irritations.

La dialyse des reins est une méthode qui permet de purifier le sang chez les personnes dont les reins ne fonctionnent plus normalement.

D'après des rapports de chercheurs de l'université du Missouri, des patients qui utilisaient l'appareil à dialyse et qui souffraient précédemment de psoriasis avaient vu leur peau s'améliorer très nettement après trois semaines de dialyse.

R

RELATIONS SEXUELLES PENDANT LA GROSSESSE

Edgar Cayce conseilla l'absence de rapports sexuels après le troisième mois de grossesse à une femme qui avait sollicité une lecture. Des études récentes ont démontré que les futures mères qui avaient des rapports jusqu'au moment de l'accouchement risquaient de donner naissance à des bébés enclins à de graves problèmes respiratoires et prédisposés à la jaunisse.

Une étude portant sur vingt-six mille grossesses et conduite par le Dr Richard Naeye de Hershey, en Pennsylvanie, a révélé que des nouveau-nés pouvaient même mourir d'infections contractées par les mères ayant eu des relations sexuelles pendant leur grossesse. Le Dr Naeye nota que «les mères qui déclaraient avoir un coït (rapport sexuel) une fois ou plus par semaine pendant le mois précédant l'accouchement avaient des infections du liquide amniotique plus fréquentes avant d'atteindre les trente-trois semaines de grossesse que celles qui ne rapportaient aucune relation sexuelle».

S

SOMMEIL

Dans de nombreuses lectures, Edgar Cayce mentionna le remède de bonne femme qui consiste à boire un verre de lait chaud avant d'aller au lit pour guérir l'insomnie. Depuis une dizaine d'années, le problème du sommeil suscite beaucoup d'intérêt. Un fait est que l'une des découvertes affirme qu'il pourrait y avoir une validité scientifique à boire ce verre de lait chaud avant le coucher. Une étude a en effet démontré que lorsqu'on administre à des volontaires de fortes doses des acides aminés que l'on retrouve dans le lait, elles produisent un effet soporifique.

L'exercice constitue également une bonne incitation au sommeil, ainsi que le rapporte le numéro de septembre 1979 de *FDA Consumer,* et c'est une activité que Cayce recommandait chaudement. La revue s'exprime ainsi: «L'exercice que l'on fait pendant la journée a un effet très bénéfique sur le sommeil, surtout si on le pratique de façon régulière.»

STRESS

Le Dr John Diamond, de Valley Cottage, New York, est président de l'Académie internationale de médecine préventive. Il déclare que la musique classique peut diminuer le stress, fortifier les muscles et calmer la douleur. L'une des raisons qui lui font attribuer des propriétés curatives à la musique est «qu'elle est l'arrangement de sons qui ressemble le plus aux battements du cœur».

Dans la lecture 933-2, Cayce affirme que «ce sont les vibrations rythmiques du corps, comme la musique, qui règlent les énergies électriques de l'organisme».

POSTFACE
par le Dr Randall A. Langston

Bien des années après l'événement, Jess Stearn évoque le nadir de la carrière d'Edgar Cayce dans son ouvrage, devenu classique, *Soulmates* (Âmes sœurs). L'histoire raconte que Cayce a été arrêté à New York, en 1931, par une femme en civil appartenant aux forces de police et accusé d'être un diseur de bonne aventure. La femme l'avait pris au piège en devenant membre de l'ARE dans le but de solliciter ensuite une lecture de Cayce.

La lecture fut donnée gratuitement, et le juge rejeta la plainte pour preuve insuffisante. Néanmoins, l'incident fit beaucoup de peine à Edgar Cayce. Il demanda à sa femme Gertrude pourquoi Dieu n'avait pas fait de lui un médecin s'il voulait vraiment qu'il aide les gens. Son âme sœur lui répondit doucement: «À ce moment-là, tu serais simplement un médecin parmi d'autres.» Et, en vérité, cet homme n'était pas un médecin comme les autres.

On m'a demandé, en tant que médecin diplômé habitué à la rigueur scientifique, de prendre connaissance de ce grand œuvre. Je savais que nous étions en train d'examiner les résultats d'une rare rencontre entre le monde de la métaphysique et celui de la science.

La partie métaphysique était évidemment constituée par les lectures elles-mêmes, données en état de transe hypnotique. Et pourtant, les diagnostics et les thérapies relevaient du domaine scientifique. Ils étaient certainement en accord avec les connaissances de l'époque, et même avec d'autres qu'on ignorait encore à ce moment-là. Et quarante ans après sa mort, nous sommes encore confrontés à plus de questions que de réponses.

Tous les aspects de la vie d'Edgar Cayce sont bien connus, et nous savons qu'ils ont été vérifiés de son vivant. Un certain nombre de médecins et de savants, qui assistaient aux lectures dans l'intention de discréditer Edgar Cayce, ne pouvaient que se dire: «Continue à faire ce que tu fais; un de ces jours, nous t'aurons.» Ils étaient obligés d'admettre que les faits anatomiques et physiologiques qui sortaient de la bouche de cet homme en transe étaient exacts. Ils ne pouvaient ni discréditer l'information provenant de la transe ni la comprendre; ils se contentaient donc de dire: «Continue ce que tu fais, un jour, nous t'aurons.»

Nous passerons en revue quelques-uns des faits connus qui nous aideront à aborder de façon scientifique les lectures portant sur la santé. C'est-à-dire que nous aurons à cheminer progressivement à partir de ce que nous savons vers ce que nous ignorons. Tout d'abord, nous savons que les lectures étaient données par un homme se trouvant dans un état de conscience modifié, ou élargi. Cet état modifié, ou hypnotique, était d'une nature telle qu'une fois revenu dans son état de conscience normal, Cayce ne connaissait rien du contenu des lectures. En deuxième lieu, la portée des connaissances scientifiques qui se manifestaient à travers les lectures était tout à fait en dehors des aptitudes de l'homme en état de conscience normal. Il n'aurait jamais pu, par exemple, se procurer des ouvrages de médecine et mémoriser l'anatomie, la physiologie et la pharmacologie. À son époque, les manuels de médecine étaient étroitement surveillés, et il était hors de question qu'un profane entre dans une librairie et se procure un livre de ce genre. Et même si Cayce avait pu obtenir de tels ouvrages, la physiopathologie et les mécanismes à l'origine des maladies, tels qu'il les a décrits, étaient souvent en désaccord avec l'enseignement officiel de l'époque. Fréquemment aussi, les causes des maladies n'étaient même pas connues de la science médicale au moment où les lectures étaient données. Un bon exemple de cela concerne les conseils prodigués dans les cas de maladie d'Alzheimer, que Reba Karp a très joliment décrits dans le présent ouvrage. La seule thérapie ou action pouvant aider un cas d'Alzheimer était de bannir totalement l'aluminium de la batterie de cuisine. Il est évident que nous ne connaissons pas encore tous les facteurs liés à cette redoutable maladie, mais Reba Karp a présenté deux études qui suggèrent une possible relation de cause à effet entre l'aluminium et la maladie d'Alzheimer. L'une a paru dans le numéro d'avril 1980 de la revue *Science,* sous la forme d'un article intitulé: «Liens entre l'aluminium et le dommage aux cellules cérébrales». Les auteurs sont membres de la faculté de médecine de l'université du Vermont et de l'Institut national des sciences de l'environnement. L'autre étude a été faite par le Dr A. Hoffer et a paru dans le bulletin d'information CSF de l'Institut Haxley. L'article était intitulé: «Découverte de niveaux d'aluminium élevés dans le cerveau des malades de l'Alzheimer». On remet actuellement en question l'usage des antiacides, qui contiennent des hydrates, ainsi que celui des désodorisants, qui renferment de l'aluminium. On se rend compte avec stupéfaction que la suggestion voulant que l'aluminium soit, dans une certaine mesure, associé à des dommages cérébraux n'a été retenue par la communauté scientifique que longtemps après la mort de Cayce.

Un autre exemple intéressant concerne la pellagre, au début du XXe siècle. La pellagre, causée par une carence en vitamine B_6, sévissait particulièrement dans le Sud des États-Unis à cette époque. Au temps des lectures, on n'avait pas encore identifié les vitamines B ni, par conséquent, la cause de la pellagre. Que conseillaient les lectures? Une thérapie à base de légumes verts en feuilles, qui sont une bonne source du complexe de vitamines B, et effectivement, cette thérapie améliora les symptômes de la pellagre. Dans les pays industrialisés, il est rare de rencontrer cette maladie de nos jours. Nous admirons le fait que le traitement suggéré dans les lectures fût le bon, mais d'où provenait l'information? Certainement pas des manuels médicaux de l'époque.

Les lectures reconnaissaient dans chaque personne une globalité, et pas seulement un organisme atteint d'une maladie physique

que l'on devait soigner en ignorant son esprit, les manifestations de sa personnalité, et même son âme. Nous assistons donc à des variantes dans les mécanismes qui déclenchent la même maladie chez des patients différents. Nous savons tous qu'à l'origine d'un rhume, on trouve un virus. Mais qu'est-ce qui fait qu'une personne va s'enrhumer, et pas une autre? Nous savons maintenant que la cause en est un changement dans le système immunitaire. Mais alors, qu'est-ce qui provoque ce changement? On sait désormais qu'il peut être lié au stress, à la colère, aux frissons, à la fatigue, ou aux excès de table, comme nous l'avons vu dans les pages du présent ouvrage, ou encore à des problèmes d'assimilation et d'élimination. Les lectures semblent mettre l'accent sur l'importance de l'équilibre pour conserver ou retrouver la santé. Cela ne vous semble-t-il pas tout à fait actuel et moderne?

Et que déclarent les savants d'aujourd'hui au sujet de maladies telles que le cancer ou les troubles cardiaques? Ils disent qu'il y a des preuves que le choix du genre de vie, c'est-à-dire régime alimentaire, exercice, exposition à l'environnement et caractéristiques émotionnelles, a un lien direct avec le fait de contracter ces maladies. Par exemple, les gens qui ont une personnalité de type A, avec une tendance à se surmener, sont plus susceptibles d'avoir des crises cardiaques. Les femmes qui ont eu un cancer du sein et luttent maintenant contre leur maladie ont beaucoup plus de chances de survie que celles qui se laissent aller passivement.

Et maintenant, au sujet des régimes alimentaires, il faut mentionner que dans le Sud des États-Unis, du temps de Cayce, la nourriture était généralement frite avec beaucoup de graisse. Je suis certain que c'est le régime que Cayce a connu pendant ses années de croissance à la ferme, et pourtant, les recommandations diététiques des lectures sont tout à fait en accord avec les opinions contemporaines. Ouvrez un magazine, qu'y voyez-vous? Que vous devez éviter le sucre, les sucreries et les hydrates de carbone raffinés; éviter les aliments gras et frits; éviter les viandes rouges comme le porc et le bœuf; que vous devez manger de grandes quantités d'hydrates de carbone non raffinés et peu de viande, et que cette viande doit être, de préférence, de la volaille, du poisson ou de l'agneau. Edgar Cayce insistait pour que les régimes alimentaires respectent la proportion correcte acido-alcaline. Les régimes riches en fibres végétales conseillés dans les lectures n'étaient généralement pas recommandés par les médecins, même lorsque j'étudiais en faculté de médecine à la fin des années cinquante et au début des années soixante.

Le Dr Burkitt, missionnaire et médecin en Afrique, a remarqué que les indigènes, qui ont une nourriture pauvre mais riche en fibres, ne sont pas sujets aux affections dégénératives si répandues en Occident, comme l'arthrite, les maladies cardiovasculaires, le cancer, le diabète de l'adulte, les maladies de la vésicule biliaire, etc. Un bon exemple, qui montre à quel point les lectures pouvaient être en avance sur la doctrine médicale officielle, concerne le traitement de la douloureuse inflammation des poches formant des extrusions sur le gros intestin, inflammation appelée diverticulite.

Quand j'étais interne et résident en chirurgie générale, nous avions l'habitude de mettre l'intestin de ces patients «au repos», ce qui veut dire qu'ils ne consommaient aucune fibre pour que leur intestin reste inactif pendant la guérison. La thérapie en usage aujourd'hui est plus en harmonie avec celle des lectures. En fait, on pense généralement que les régimes à haute teneur en fibres peuvent prévenir non seulement la diverticulite, mais aussi l'apparition des poches que l'on appelle diverticulose. On peut donc se rendre compte que ce qui était anathème pour les savants de l'époque de Cayce paraît être aujourd'hui un traitement de pointe.

Les traitements recommandés provenaient de diverses disciplines, souvent, par exemple, de l'ostéopathie, de la chiropractie et de l'homéopathie, aussi bien que de la médecine et de la chirurgie traditionnelles. Pour les gens d'aujourd'hui, beaucoup de ces thérapies peuvent sembler bizarres ou archaïques. Il m'est impossible de porter un jugement sur la plupart d'entre elles, mais le lecteur ne doit pas oublier que Cayce les conseillait bien avant l'avènement des drogues miracles que sont les antibiotiques et certaines thérapies antitumeurs.

Les conseils de Cayce visaient essentiellement à remettre l'organisme en hémostasie, ou équilibre, parce qu'un organisme en harmonie aussi bien psychologique que physique risque moins de contracter telle ou telle maladie. Je pense qu'aujourd'hui, nous serions toujours d'accord avec un tel énoncé. Mais il y a plus; le fait est que les thérapies semblaient bénéfiques. Les traitements décrits dans des témoignages récents sont des plus impressionnants, c'est-à-dire qu'à l'heure actuelle, les gens utilisent les thérapies conseillées par Cayce et semblent en tirer profit. Je me contenterai de citer un exemple, mentionné par Reba Karp, celui du recours à la pommade pour masser les cicatrices, justement pour les effacer, à la suite du terrible accident subi par une patiente de l'hôpital de l'université Duke. Il est évident que la pommade a agi et a effacé les cicatrices, et nous n'avons pas besoin de recourir à une étude à double insu pour valider une telle thérapie. C'est aussi évident que le nez au milieu de la figure de la patiente. Un autre cas, qui n'est pas mentionné dans le présent ouvrage, concerne un homme pratiquant le jogging qui avait soulagé les douleurs de ses genoux avec de l'huile d'arachide, après que toutes les autres thérapies eurent échoué.

En dernière analyse, nous ne pouvons pas, comme membres de la communauté scientifique, expliquer de quelle source – ou sources – proviennent ces lectures. Nous savons seulement qu'elles ont pris place à un moment donné et que les contenus scientifiques de beaucoup d'entre elles se sont révélés parfaitement exacts. Les traitements et les conseils qu'on y trouve furent souvent d'un grand secours. N'oublions pas non plus qu'en fait de conseil pour un certain nombre de maladies, Cayce n'offrait ni traitement ni thérapie. Par exemple, il prévenait souvent les malades en phase terminale que leur mal était incurable et qu'ils devaient se préparer spirituellement. Cela ne ressemble-t-il pas étrangement aux nouvelles orientations que prennent beaucoup d'hôpitaux?

Nous pouvons aussi prendre note de l'échec de tous ceux qui ont tenté de discréditer les lectures en soumettant les noms de patients inventés et inexistants. Dans ces cas-là, une fois que

Cayce était plongé dans son état de transe, il ne trouvait personne et restait muet. Et cela constitue un autre indice qui prouve que nous avons affaire à un phénomène réel et authentique.

Et, pour terminer, nous ne pouvons que reconnaître l'aide que les lectures ont apportée à des milliers de gens, aussi bien maintenant que du vivant de Cayce. En vérité, il y a dans ces lectures suffisamment de matériel pour faire de nombreuses recherches et investigations, et pour bien des années.

Continuez à faire ce que vous faites, un jour, nous vous rattraperons.

Dr Randall A. Langston, 1985.